Nachtrag

zum

Lehrbuch des Konkursrechts

§ 43.

Die Vergleichsordnung vom 26. Februar 1935.

I. Das neue, am 1. April 1935 in Kraft getretene Gesetz[1]) verfolgt **den Zweck**, das gemeinsame Wohl der Gläubiger in erweitertem Maße zu sichern. Es ersetzt daher das außergerichtliche Vorverfahren durch ein gerichtliches, erhöht den Mindestsatz, verschärft die Ablehnungsgründe, verstärkt die Richtermacht besonders bei Auswahl des Vergleichsverwalters, schränkt die Bewegungsfreiheit des Schuldners ein und gewährleistet die Vergleichserfüllung durch Überwachung. Überdies bemüht sich das Gesetz, Zweifelsfragen zu schlichten und einzelnen Mißständen abzuhelfen.

II. Das außergerichtliche **Vorverfahren** der VerglO. von 1927 hatte sich nicht bewährt. Das erforderliche Einverständnis mit der Eröffnung des Vergleichsverfahrens erklärte die Gläubigermehrheit oft genug nur aus Furcht, im Konkurse noch größere Einbußen zu erleiden. Eigensüchtige Vergleichsstörer wußten sich unter dem Drucke zulässiger Sondervollstreckung Vollbefriedigung auf Kosten der Allgemeinheit zu verschaffen. Das neue gerichtliche Vorverfahren setzt eine Gläubigerzustimmung nicht mehr voraus und schützt die gemeinsamen Gläubigerbelange vom Eingange des Eröffnungsantrags ab (§§ 1ff.):

1. durch das Gebot der Bestellung eines vorläufigen, den Schuldner überwachenden Vergleichsverwalters (§ 11 mit §§ 38ff.);
2. durch Zulassung gerichtlicher Sicherungsmaßnahmen, besonders in Gestalt von Verfügungsbeschränkungen (§ 12 mit §§ 59ff.);
3. durch die Ermächtigung des Vergleichsgerichts, auf Antrag des vorläufigen Verwalters Sondervollstreckungen einstweilen einzustellen (§ 13, vgl. § 48 I).

III. In **Mindestsätzen** erblickt das Gesetz nach wie vor ein unentbehrliches, erzieherisch auf den Schuldner wirkendes Mittel des Gläubigerschutzes. Es verlangt jetzt 35, bei mehr als einjähriger Stundung 40 v. H. und führt den Mindestsatz von 35 auch für Liquidationsvergleiche durch (§ 7, vgl. § 9 III, IV).

IV. Die Gründe **der Ablehnung** des beantragten Vergleichsverfahrens sind erweitert und nun allesamt zwingend (§§ 17, 18). Ablehnungsgründe bilden die Verursachung des Vermögensverfalls durch Unredlichkeit, Preisschleuderei oder Leichtsinn und (von Liquidationsvergleichen abgesehen) die offenbare Aussichtslosigkeit der Sanierung (§ 18 Nr. 1, 4).

V. Bei Eröffnung des Vergleichsverfahrens (§ 20) ist ein endgültiger **Vergleichsverwalter** (bisher Vertrauensperson genannt) zu bestellen. Als solchen kann das Gericht den vorläufigen Verwalter beibehalten. An Vorschläge der Gläubiger, die bisher meist auf den vom Schuldner mit den außergerichtlichen Vorverhandlungen betrauten „Vergleichsagenten“ hinausliefen, ist das Gericht bei Auswahl der geeigneten Persönlichkeit nicht mehr gebunden. Unparteilichkeit bildet ein Haupterfordernis der Eignung (§ 38, vgl. § 43 IV). Juristische Personen hat das Gesetz als Mitglieder des Gläubigerbeirats (§ 44 I 2), nicht aber als Vergleichsverwalter zugelassen.

Die Befugnisse des Vergleichsverwalters gehen weiter als die der bisherigen Aufsichtspersonen. Zwar steht die Geschäftsführung nach wie vor beim Schuldner selbst. Von Rechts wegen büßt er die Macht, über sein Vermögen zu verfügen, nicht ein. Auch erleidet er keine Minderung der Verpflichtungsfähigkeit. Er soll aber Verbindlichkeiten, die nicht zum gewöhn-

[1]) Dazu im allgemeinen Bley DJZ. 1935 Sp. 391ff.

lichen Geschäftsbetriebe gehören, also z. B. solche, die auf eine Umgestaltung des Unternehmens abzielen, nur mit Zustimmung des Verwalters eingehen und gegen dessen Einspruch auch keine betriebsüblichen Schulden machen (§ 57 I). Auf Verlangen hat er dem Verwalter die ganze Kassenführung zu überlassen (§ 57 II). Schuldhaftes Zuwiderhandeln beeinträchtigt die Wirksamkeit der eigenmächtigen Rechtsgeschäfte nicht, zieht aber die Einstellung des Vergleichsverfahrens und damit die Konkurseröffnung nach sich (§§ 100 I Nr. 1, 101). Auskunft- und Eidespflicht des Vergleichsschuldners: § 69 mit §§ 100 I Nr. 4, 7, 101.

VI. Das Recht, die Erfüllung **gegenseitiger Schuldverhältnisse** abzulehnen oder sie als Miet-, Pacht- oder Dienstverhältnisse vorzeitig aufzukündigen, ist dem Gläubiger entzogen, dem Schuldner — unter Ausschluß ursprünglicher Abdingbarkeit — verblieben (§§ 50 bis 53). Um die nach wie vor erforderte gerichtliche Ermächtigung zur Ablehnung oder Kündigung kann der Vergleichsschuldner schon bei Beantragung des Verfahrens und muß er spätestens binnen zwei Wochen seit Bekanntmachung des Eröffnungsbeschlusses nachsuchen (§ 50 II 2). Der Gegenseitigkeitsgläubiger bleibt als solcher auch fernerhin vom Vergleich unberührt (§ 36 I), wird aber, wenn die geschuldeten Leistungen teilbar sind, mit seinem Anspruch auf das Entgelt der vor dem Vergleichsverfahren geleisteten Teile den Vergleichsgläubigern eingereiht (§ 36 II). Damit sollen Unzuträglichkeiten und Zweifel abgestellt werden, die sich bei Einheitsverträgen auf Sukzessivlieferung, bei Wiederkehrschuldverhältnissen auf Bezugsmengen (Wasser, Gas, Kraft, Wärme) und bei Verkäufen unter Eigentumsvorbehalt ergeben haben. Auch soll ein Gegenseitigkeitsgläubiger den Vergleichswirkungen nicht um des willen entgehen, weil er seinerseits mangelhaft und darum unvollständig geleistet hatte (§ 36 III).

Beispiele. Verkauft waren 1200 t Kohlen in Teillieferungen von je 100 t; bei Eröffnung des Vergleichsverfahrens auf Antrag des Käufers sind 800 t geliefert: die Kaufpreisforderung wird zu $^2/_3$ vom Vergleich betroffen, zu $^1/_3$ bleibt sie vom Vergleich unberührt; wird aber Erfüllung für Restdrittel vom Schuldner abgelehnt (§ 50 I 2), so bildet auch der Schadensersatzanspruch nur ein Vergleichsgläubigerrecht (§ 52 I). Entsprechend, wenn 1200 Paar Schuhe unter Eigentumsvorbehalt für den Gewerbebetrieb des Schuldners geliefert, bei Eröffnung des Verfahrens 800 weiterveräußert und insoweit der Vorbehalt erledigt ist.

Der Verkäufer hat dem jetzigen Vergleichsschuldner mit Fehlern im Sinne des § 459 BGB. behaftete Waren geliefert. Verlangt der Schuldner, wäre es auch erst im Laufe des Verfahrens, Minderung (§ 462 BGB.), dann ist der Verkäufer mit seinem herabgesetzten Kaufpreisanspruche bloßer Vergleichsgläubiger (§ 36 III). Aus der mangelhaften Lieferung soll ihm der Vorteil, vom Vergleich unberührt zu bleiben, auch für den gekürzten Preis nicht erwachsen. Wandelt aber der Schuldner, dann bleibt der Anspruch des Verkäufers auf Rückübereignung der Ware gegen Rückerstattung des Preises vom Vergleich unberührt.

VII. **Abstimmung.** Zur Annahme des Vergleichsvorschlags bedarf es auch künftig einer Kopf- und einer Summenmehrheit. Bei Berechnung der Kopfmehrheit zählen die im Termin anwesenden oder ordnungsmäßig vertretenen Stimmberechtigten und diejenigen, deren „Zustimmung" dem Gericht vor Schluß der Abstimmung schriftlich zugegangen ist (§ 74 I Nr. 1 mit § 73). Wer schriftlich ablehnt, aber unvertreten ausbleibt, zählt bei Berechnung der Kopfmehrheit nicht mit. Eine Beeinflussung der Kopfmehrheitsbildung durch Forderungsteilung nach Eintritt der Zahlungsunfähigkeit unterbindet der § 72 II. Wer weder durch Stundung noch durch Erlaß seiner Hauptforderung beeinträchtigt werden soll, wie etwa sofort und voll zu befriedigende Kleingläubiger, hat überhaupt kein Stimmrecht, auch nicht bei Zinsverlust (§ 72 I, vgl. §§ 29 Nr. 1, 83 II). Wer dagegen nur beschränkt bevorzugt werden soll (z. B. durch höhere Quote), nimmt an der Abstimmung über den Vergleichsvorschlag selbst teil, nicht aber an der Abstimmung über die ungleiche Behandlung (§ 8 II). Wird nur eine der erforderlichen Mehrheiten erreicht, dann muß das Gericht auf Antrag des Schuldners die Vergleichsverhandlung vertagen. Wiederholte Vertagung aus diesem Grunde ist unstatthaft. § 77 I.

VIII. Bei Versagung der Bestätigung des angenommenen Vergleichs ist das Gericht an Anträge beteiligter Gläubiger nicht mehr gebunden: alle Versagungsgründe sind **von Amts wegen** zu berücksichtigen (§ 79).

Wie bisher ist nur der Versagungs-, nicht der Bestätigungsbeschluß anfechtbar (§§ 80 II, 121). Der Bestätigungsbeschluß erwächst also sofort mit der Verkündung in Rechtskraft (§ 78), was um so bedenklicher ist, als deren Eintritt Verfahrensverstöße (z. B. das Fehlen der gesetzlichen Mehrheiten) und unbeschadet der §§ 88, 89 auch Willensmängel (z. B. Irrtum) heilt.

Die vergleichsmäßige Vollstreckbarkeit einer Forderung wird durch den Widerspruch des Schuldners oder des Verwalters, nicht mehr durch Gläubigerwiderspruch unterbunden (§ 85 I). Letzterer hat nur Bedeutung für das Stimmrecht (§ 71).

IX. **Wegfall der Vergleichsnachteile.** Verzug und Konkurs des Schuldners beseitigen die Vergleichsnachteile von Rechts wegen nicht nur bei Erlaß-, sondern auch bei bloßen Stundungsvergleichen, der Verzug zugunsten des Einzelgläubigers, der Konkurs zugunsten aller (vergleichsmäßig noch nicht vollbefriedigten) Gläubiger. Vergleichsverzug setzt aber erst ein, wenn der Schuldner unter Nachfrist fruchtlos gemahnt ist. Beim Liquidationsvergleich wäre das „Wiederaufleben" eine allzu große Härte für den Schuldner, der sein Vermögen zugunsten der Gläubiger hergegeben hat. Darum unterbleibt es, wenn der Vergleich nur insofern nicht ganz erfüllt wird, als der Schuldner nicht zuzahlt, was am gesetzlichen Mindestsatz oder am vereinbarten höheren Satze noch fehlt. § 9. Verzug bei bestrittenen oder teilweise gedeckten Forderungen: § 97. Wie bisher können trotz vollständiger Vergleichserfüllung die Vergleichsschranken infolge rechtskräftiger Verurteilung des Schuldners wegen Eidesverletzung oder Bankrotts zugunsten aller und infolge einer Anfechtung wegen arglistiger Täuschung zugunsten anfechtender Gläubiger entfallen. §§ 88, 89.

X. **Überwachte Vergleichserfüllung.** Bisher endete das Vergleichsverfahren mit der Bestätigung des Vergleichs (§ 69 VerglO. v. 1927). Die Vergleichserfüllung war gesetzlich nicht gewährleistet. Das neue Recht sieht ein Nachverfahren zum Zweck ihrer Überwachung vor (§§ 90ff.), stellt es aber dem Gericht frei, auch künftig schon bei der Vergleichsbestätigung eine mit dem Gemeinwohle der Gläubiger verträgliche Aufhebung des Verfahrens auf Antrag der nach § 74 erforderlichen Gläubigermehrheiten oder bei Kleinvergleichen (20000 *RM.* Grenze), die den Kostenaufwand einer Überwachung nicht lohnen, zu beschließen (§ 90). Auch kann an Stelle des gerichtlichen Nachverfahrens eine schon im Vergleich vereinbarte Überwachung durch einen oder mehrere „Sachwalter der Gläubiger" mit dem Erfolge gesetzt werden, daß Vergleichsbestätigung und Verfahrensaufhebung zu verbinden sind (§ 91). Für die vereinbarte Überwachung, die bei allen Vergleichsarten statthaft ist, gelten die ergänzenden (§ 91 II) Regeln der §§ 92, 93 über Sachwalter und Sicherungshypothek. Verfügungsbeschränkungen dauern fort; neue können auf Antrag des Sachwalters vom Vergleichsgericht erlassen werden (§ 94). Die Beendigung der vereinbarten Überwachung wird öffentlich bekanntgemacht (§ 95). Die gesetzliche Überwachung vollzieht sich unter Fortdauer des Vergleichsverfahrens bis zur Vergleichserfüllung (§ 96). Der Vergleichsverwalter bleibt im Amte mit der Aufgabe, die Erfüllung des Vergleichs zu überwachen (§ 96 II mit §§ 39ff.). Erst nach ihrem Vollzuge wird das Vergleichsverfahren aufgehoben (§ 96 V). Auch ein Gläubigerbeirat wirkt weiter (§§ 44f). Verfügungsbeschränkungen bestehen fort und können neu verhängt werden (§§ 58ff.). Konkurs- und Vollstreckungsschutz entfallen; die Anspruchsverjährung ist nicht mehr gehemmt (§ 96 III). Erweist der Vergleich sich als unerfüllbar, so hat das Vergleichsgericht auf Gläubigerantrag oder von Amts wegen über die Eröffnung des Konkurses zu entscheiden (§ 96 V). Wenn das Gericht den Konkurs — Anschlußkonkurs im Sinne des § 102 — eröffnet oder mangels Masse die Eröffnung ablehnt, hat es das Vergleichsverfahren einzustellen (§ 96 VI). Die zulässige Konkurseröffnung von Amts wegen braucht der Richter, wenn die Nichterfüllung des Vergleichs verhältnismäßig geringfügig ist, nicht auszusprechen: er kann statt dessen das Vergleichsverfahren seinen Fortgang nehmen lassen, es aber auch aufheben, wenn ihm die Beendigung angemessen erscheint (§ 96 VII). Eine Konkurseröffnung auf Antrag wird damit nicht ausgeschlossen. Zugunsten aller Gläubiger, denen gegenüber der Vergleich nicht ganz erfüllt ist, hebt der Konkurs Erlaß und Stundung auf (§ 9 II).

Druck Brandstetter, Leipzig

Lehrbuch des Deutschen Konkursrechts

Von

Ernst Jaeger

Dr. jur., Dr. rer. pol. h. c.

Professor der Rechte zu Leipzig

Achte, erweiterte Auflage
des Grundrisses zur Vorlesung
über Konkursrecht

Berlin und Leipzig 1932

Walter de Gruyter & Co.

vormals G. J. Göschen'sche Verlagshandlung — J. Guttentag, Verlagsbuchhandlung
Georg Reimer — Karl J. Trübner — Veit & Comp.

Archiv-Nr. 230632

Druck von Oscar Brandstetter in Leipzig

Der treuen Gefährtin meines Lebens

Vorwort.

Das Buch ist aus einem Grundrisse zur Vorlesung über Konkursrecht erwachsen, den ich seit 1900 in sieben Auflagen an meine Hörer ausgegeben habe. Die letzte Bearbeitung war 1924 als Bestandteil der von Kaskel und Kohlrausch herausgegebenen Enzyklopädie erschienen und nach wenigen Jahren vergriffen. Was mich veranlaßte, den Grundriß zu einem kleinen Lehrbuch auszubauen, ist der Mangel einer den Bedürfnissen der Gegenwart genügenden systematischen Darstellung des Konkursrechts. Die guten älteren Lehrbücher liegen um Jahrzehnte zurück und entsprechen den veränderten rechtlichen und wirtschaftlichen Verhältnissen nicht mehr. Es gibt aber kaum einen Rechtsstoff, der sich so zur Schulung des juristischen Denkens eignet wie der unsere; kaum einen, der an Lehrer und Lernende so hohe Anforderungen stellt. Auch die Praxis, die heute mehr denn je mit konkursrechtlichen Aufgaben befaßt ist, bedarf eines das ganze Rechtsgebiet gedrängt und übersichtlich behandelnden Systems. So war ich bemüht, überall das Wesentliche herauszuarbeiten und Einzelheiten nur soweit zu erörtern, als es dessen bedarf, um Grundbegriffe zu klären, Sinn und Tragweite der Rechtssätze zu veranschaulichen. Im übrigen darf ich auf meinen Kommentar verweisen. Es kommt mir auch durchaus nicht darauf an, alle Rechtssätze konkursrechtlichen Inhalts zu behandeln oder gar das Studium des Gesetzes selbst durch wörtliche oder umschreibende Wiedergabe seines Inhalts überflüssig zu machen. Vielmehr wird vom Leser erwartet, daß er jede angeführte Gesetzesstelle nachliest, um die Richtigkeit der Darstellung zu beurteilen und diese zu ergänzen. Alles Gewicht lege ich darauf, die grundsätzliche Regelung des Stoffes auf Zweck und Zweckmäßigkeit zu prüfen und ihre Bedeutung für das Rechtsleben klarzustellen. Rechtsgeschichtliche und rechtsvergleichende Hinweise waren dabei nicht zu entbehren. Die erläuterten „Beilagen" dienen der Anschauung. Sie sind auf den Lehrzweck zugeschnitten und deshalb möglichst einfach gehalten, wollen aber da und dort auch der Rechtsanwendung Fingerzeige geben. Der neue Entwurf einer Zivilprozeßordnung ist berücksichtigt. Desgleichen das Notverordnungsrecht bis Ende 1931. Möge es dem Buche beschieden sein, Anfänger in den Gedankenkreis des Konkursrechts einzuführen, gereiften Juristen förderliche Anregungen zu bieten und dem Gesetzgeber Bausteine zu liefern für eine fortschreitende Gestaltung des Konkurses und der Konkursabwendung.

Walchensee, am 24. Dezember 1931.

Ernst Jaeger.

Inhaltsverzeichnis.

Vierter Abschnitt.

Die besonderen Konkursarten.

Fünfter Abschnitt.

Sechster Abschnitt.

Das gerichtliche Konkursabwendungsverfahren.

Beilagen.

Einleitung.

§ 1.

Zweck und Wesen des Konkurses.

I. Solange ein Schuldner im allgemeinen noch pünktlich zu zahlen vermag, besteht kein Grund, ihn in der Herrschaft über sein Vermögen oder seine Gläubiger bei der Verfolgung ihrer Ansprüche zu beschränken. Auch dann nicht, wenn die Verbindlichkeiten seine eigenen Kräfte übersteigen und er mit fremden Mitteln leistet, die ihm zu diesem Zwecke anvertraut werden. Denn der Kredit kann selbst dem Überschuldeten den Aufstieg ermöglichen, wenn seine persönliche Tüchtigkeit sich frei auswirken darf. Schnürt sie der Gesetzgeber ein, dann gefährdet er nicht nur die Gläubiger des Überschuldeten, sondern bei der Verkettung unseres wirtschaftlichen Lebens notwendig auch weitere Kreise.

Wird dagegen das Zahlungsunvermögen des Schuldners offenbar, dann ändert sich die Lage. Nun gebietet die Billigkeit, daß jeder persönliche Gläubiger zu seinem Teile den zu erwartenden Ausfall mittrage. Fortab darf daher weder dem Schuldner die rechtliche Bewegungsfreiheit verbleiben noch darf seinen Gläubigern der ungehemmte Einzelzugriff auf sein Vermögen offenstehen. Sonst könnte ein Gläubiger dem anderen den Rang ablaufen. Der vom Schuldner begünstigte, rechtzeitig gewarnte, flinke, rücksichtslose Gläubiger würde vielleicht noch volle Befriedigung erzielen, während andere das Nachsehen hätten. Die Gläubiger haben gleichmäßig am Verluste teilzunehmen. Sie müssen ihn gemeinsam tragen. Diesem Zwecke dient die Ordnung des Konkurses.

II. Zur Erreichung des Konkurszweckes haben sich im Laufe der geschichtlichen Entwicklung zwei verschiedengeartete Systeme ausgebildet: das eine betraut mit dieser Aufgabe von Staats wegen das Gericht, dessen Maßnahmen die Beteiligten sich zu fügen haben; das andere gesteht den Beteiligten in engeren oder weiteren Grenzen Selbstverwaltung zu. Als Amtsverfahren behandelt den Konkurs der Spanier Salgado de Samoza, Kgl. Rat zu Valladolid, in dem zu hohem Ansehen gelangten Werke Labyrinthus creditorum concurrentium[1]). Unter seinem Einfluß hat im Jahrhundert des Dreißigjährigen Krieges, in Zeiten tiefster Zerrüttung unseres staatlichen und wirtschaftlichen Lebens, der gemeinrechtliche Gerichtsgebrauch, dem die Quellen des römischen Rechts nur unzulängliche Stützen boten, eine streng behördliche Konkurseinrichtung entwickelt, die bald auch in Landesgesetzen Anerkennung fand. Den gegenteiligen Gedanken einer Selbsthilfe der Gläubiger, der bereits die römische missio in bona beherrscht[2]), bilden die italischen Stadtrechte vom 13. bis 16. Jahrhundert aus. Ihnen folgt

---

[1]) Der vollständige Titel lautet: Labyrinthus creditorum concurrentium ad litem per debitorem communem inter illos causatam. Seit dem Jahre der Vollendung (1645) ist das Werk in einer ganzen Reihe von Drucken erschienen. Über seinen Einfluß auf die Entwicklung des gemeinen Konkursrechts siehe Endemann ZZP. 12 S. 40ff.

[2]) Universalexekution ist die missio in bona zwar insofern, als sie alles Schuldnervermögen erfaßt und allen Gläubigern die Möglichkeit eröffnet, dem betreibenden beizutreten. Sie führt auch schon bei der ursprünglichen, in eine bonorum venditio ausmündenden Gestaltung zu konkursähnlichen Ergebnissen, indem der Ersteher des Vermögens zu dem von ihm als Entgelt gebotenen Bruchteil in die Schulden gegenüber den beteiligten Gläubigern einrückt. Trotzdem ist sie kein Konkurs in unserem Sinne, weder den Voraussetzungen noch dem Zwecke nach: Vermögensverfall des Schuldners (Zahlungsunfähig-

die französische Handelsgesetzgebung (Ordonnance de commerce 1673, Code de commerce 1807, Buch 3 „des faillites et banqueroutes“, neugefaßt 1838), dieser wiederum die preußische Konkursordnung von 1855 und die bayerische Prozeßordnung von 1869 (5. Buch „Gant“). Durch Vermittlung der preußischen Konkursordnung hatte das französische System auch in Österreich Eingang gefunden, dessen (nun beseitigte) Konkursordnung von 1868 den Grundsatz der „Gläubigerautonomie“ in verhängnisvoller Weise überspannte. Auch unsere Reichskonkursordnung hat sich, wiewohl weit zurückhaltender als ihre Vorgänger, für eine staatlich überwachte Selbstverwaltung entschieden. Danach wird der Konkurs eröffnet und fortentwickelt nicht von Amts wegen, sondern nur auf Betreiben der Beteiligten und ihrer Vertreter. Nicht als Beamter, weder als Werkzeug des Gerichts noch als selbständige Behörde, sondern als Vermögenspfleger ohne staatliche Gewalt hat der Konkursverwalter die Masse zu sammeln, zu verwalten, zu verwerten und zu verteilen. Vor besonders wichtigen oder ungewöhnlichen Maßnahmen soll er zwar die Gläubiger (den Gläubigerausschuß oder die Gläubigerversammlung) befragen. Das Konkursgericht aber hat nicht die Macht, die Tätigkeit des Verwalters durch bindende Weisungen zu regeln. Es hat ihn nur zu beaufsichtigen, ähnlich wie der Vormundschaftsrichter einen anderen Sondergutspfleger. Siehe unten § 2 II.

Wohl geht noch heutzutage das Konkursgericht in gewissen Grenzen von Amts wegen vor. Namentlich kann es nach § 75 aufklärende Ermittelungen ohne Parteibegehren anstellen. Auch obliegt ihm eine Reihe beiläufiger Entscheidungen[3]). Dagegen sind Rechtsstreitigkeiten über Aussonderung, Absonderung, Anfechtung, Aufrechnung und Masseansprüche, ja selbst der Streit um das Konkursgläubigerrecht, außerhalb des Konkursverfahrens nach allgemeinen Regeln auszutragen. Nur in der Zuständigkeitsvorschrift des § 146 II klingt noch der gemeinrechtliche Gedanke einer vis attractiva concursus nach, demzufolge alle Vermögensstreitsachen des Gemeinschuldners vom Konkursgericht zu schlichten waren[4]).

III. Unser Reichsrecht regelt den Konkurs einheitlich für kaufmännische und für nichtkaufmännische Schuldner. Auch Landwirte, Beamte, Offiziere, Künstler und Rentner sind konkursfähig. Ihr Konkurs wird nicht anders behandelt als der des Kaufmanns, wenngleich das Konkursstrafrecht in einzelnen Vorschriften noch Voraussetzungen aufstellt, die nur bei Kaufleuten zutreffen können (wie z. B. im § 239 Nr. 3, 4, im § 240 Nr. 3, 4 KO.). Doch liegt es in der Natur der Sache, daß das Handelsgewerbe, zumal der Warenhandel, besonders stark am Konkurse beteiligt ist, da dieser meist im Fehlschlagen wirtschaftlicher Unternehmungen seine Ursache hat[5]).

---

keit oder Überschuldung) erfordert sie nicht; ihr eigentliches Ziel liegt auch nicht in einer Vermögensveräußerung, sondern in der Nötigung des Schuldners, zu erfüllen oder sich zu verteidigen; endlich entzieht ihm die missio noch nicht die rechtliche Verfügungsmacht und erübrigt daher auch die Konkursanfechtung nicht (Dig. 42, 8, 9).

[3]) Siehe z. B. §§ 95f., 158, 160, 162, 176, 184. Verwaltungsanordnungen trifft das Konkursgericht nur als Aufsichtsbehörde und ganz vereinzelt (vgl. §§ 161 II, 166, 169). Keineswegs hat es die Sammlung, Verwaltung und Verwertung der Masse zu leiten und dabei dem Verwalter in Zweckmäßigkeitsfragen Vorschriften zu machen. Auch Grundstücksveräußerungen sind der Selbstverwaltung anheimgestellt (§§ 134—136 KO.; vgl. dagegen §§ 1821, 1829 BGB.).

[4]) Auch Anfechtungs-, Aus- und Absonderungsansprüche im heutigen Sinne waren vor dem Konkursgericht als solchem anhängig zu machen, also im Rahmen des Konkursverfahrens auszutragen, und ursprünglich mit der Feststellung bestrittener Konkursforderungen in einem umfassenden Erkenntnis zu schlichten. Erst wenn dieses die Rechtskraft erlangt hatte, wurden allgemeine Auszahlungen zulässig. Die unerträglichste Verschleppung des Konkurses war die Folge. Auch flüssige Mittel blieben — schlecht oder gar nicht verzinst — unverteilt liegen und darum selbst Gläubigern mit völlig einwandfreien Forderungen vorenthalten. Bis zur preuß. KO. von 1855 beherrschten solche den Verkehrsbedürfnissen hohnsprechende Regelungen den größten Teil Deutschlands. In der sächsischen Staatengruppe und in einzelnen anderen Gebieten haben sie sich sogar bis zu den Reichsjustizgesetzen behauptet. Siehe die Übersicht in Anlage I der Motive zum Entw. einer KO.

[5]) Die Vierteljahreshefte zur Statistik des Deutschen Reichs enthalten Nachweisungen über die Beteiligung der einzelnen gewerblichen Gruppen am Vermögenszusammenbruch. Siehe 1930 II 126ff., wonach 10647 gewerblichen Gemeinschuldnern (darunter 6019 Handelsgewerbetreibenden) nur 706 nichtgewerbliche im Jahre 1929 gegenüberstanden (1827 Nachlaßkonkurse sind dabei nicht berücksichtigt). In der Landwirtschaft ist der Konkurs schon vor dem Kriege eine seltene Erscheinung gewesen. Hier verdrängt die Liegenschaftsvollstreckung vielfach den Konkurs.

Die führenden italischen Stadtrechte, der Code de commerce und zahlreiche ihm nachgebildete Gesetze haben das Konkursrecht als Teil des Handelsrechts entwickelt. Noch heute ist namentlich in Frankreich, Belgien, Italien, Bulgarien, Rumänien, Griechenland, in Ägypten, Mexiko und den meisten südamerikanischen Staaten das Konkursrecht ein Sonderrecht kaufmännischer Schuldner. Anderwärts, wie in Norwegen, Dänemark, Ungarn, Spanien und Rußland bestehen Unterschiede zwischen dem kaufmännischen und dem nichtkaufmännischen Konkurse. Diesen Standpunkt hatte auch noch die preußische Konkursordnung von 1855 und verschärft die österreichische von 1868 eingenommen. Die unterschiedslose Zulassung und Behandlung des Verfahrens, wie sie bereits dem gemeinen deutschen Konkursrecht eigentümlich war, hat unter den neuzeitlichen Gesetzgebungen vor allem die englische durchgeführt. Ihr folgen außer dem Deutschen Reiche namentlich Holland, Schweden und die Vereinigten Staaten, die Schweiz, neuestens auch Österreich (KO. v. 1914), Japan (KO. v. 1922), die Türkei (KO. v. 1929), Jugoslawien (KO. v. 1929) und die Tschechoslowakei (1931)[6]. Die Verkehrsbedürfnisse der Gegenwart drängen zu dieser Regelung. So wenig wie der Kredit ist der Konkurs ein rein kaufmännischer Begriff. Und hat etwa ein Kaufmann nur kaufmännische Verpflichtungen und Ansprüche? Die Verbundenheit der wirtschaftlichen Beziehungen gestattet es nicht, das kaufmännische Schuldenwesen, was die Zulässigkeit, den Grund und die Lösung des Konkurses betrifft, in seiner Vereinzelung zu betrachten. Für uns kommt hinzu: Da unsere Zwangsvollstreckung im Unterschiede vom französischen Recht unter dem Grundsatze vom Vorrange des Erstzugreifenden steht [darüber IV], dieser Grundsatz aber nur bei allgemeiner Möglichkeit des Konkurses und der ihm eigentümlichen Konkursanfechtung (§§ 30, 35) erträglich wird, war die Zulassung des nichtkaufmännischen Konkurses für uns ein unabweisbares Bedürfnis. Eine zwiespältige Ordnung des kaufmännischen und des gemeinen Konkurses empfiehlt sich nicht. Unterscheidungen, wie sie namentlich hinsichtlich der Konkurseröffnung, der Konkurszuständigkeit, der Vorrechtsordnung, des Zwangsvergleichs und der Wiederbefähigung gemacht worden sind, entbehren jeder inneren Berechtigung.

IV. Streit besteht über die rechtliche Natur des Konkursverfahrens. Da es eine auch wider Willen des Schuldners durchführbare[7]) Verwirklichung von Forderungen mit Hilfe der Staatsgewalt bezweckt, gehört es schon begrifflich nicht der freiwilligen Gerichtsbarkeit, sondern dem Zivilprozeß an. Dem entspricht auch die gesetzliche Regelung. Denn nach § 72 KO. finden auf den Konkurs die Verfahrensvorschriften der ZPO. und nicht etwa die des FGG. ergänzende Anwendung. Namentlich ist die Beschwerde der streitigen, nicht der freiwilligen Gerichtsbarkeit das Rechtsmittel des Konkurses (§ 73 III KO., § 577 ZPO). Auch im Kostenpunkt wird das Konkursverfahren als „Rechtsstreit" behandelt (§§ 1, 40ff., 71ff. GKG.)[8]).

Freilich ist der Konkurs kein Erkenntnisverfahren, das Konkursgericht kein im Sinne des § 128 ZPO. (§ 169 GVG.) erkennendes Gericht, kein Prozeßgericht in diesem engeren Sinne. Die rechtskraftfähige Entscheidung über ein aus Anlaß des Konkurses streitig gewordenes Vermögensrecht, sogar über eine bestrittene Konkursforderung, hat es gerade nicht zu fällen. Solche Streitigkeiten sind außerhalb des Konkursverfahrens auszutragen [oben II]. Im Prüfungsverfahren (§§ 141ff. KO.) gibt das Verhalten der Beteiligten, nicht ein Richterspruch den Ausschlag. Das Konkursgericht hat nur die Aufgabe, Bestreitung oder Nichtbestreitung zu beurkun-

[6]) Näheres Jaeger KO.[7] Bd. I S. XXIIff.; dort auch über die vom Reich und von Österreich losgerissenen Gebiete. Wie die jugoslawische (wenn auch minder stark) lehnt die tschechoslowakische Gesetzgebung sich an die österreichische an. Die tschechoslowakische Konkurs-, Ausgleichs- und Anfechtungsgesetzgebung vom 27. März 1931 hat inzwischen E. Weiß (2. Aufl. Reichenberg 1931) mit Auszügen aus der bisherigen Rechtsprechung in deutscher Sprache herausgegeben.

[7]) Siehe namentlich die §§ 101, 103, 106, 125 KO. Auch wenn der Schuldner den Konkurs selbst erwirkt hat, wickelt sich dieser unabhängig von seinem Willen ab.

[8]) Da die Grenzen zwischen Prozeß und freiwilliger Gerichtsbarkeit fließen, muß das positive Recht den Ausschlag geben. In der deutschen Rechtslehre wird daher das Konkursverfahren nur vereinzelt der freiwilligen Gerichtsbarkeit eingereiht (anders z. B. Bartsch-Pollak ÖsterrKO.[2] S. 782f. mit Übersicht über das Schrifttum). Natürlich kann die im § 72 KO. verordnete Anwendbarkeit prozeßrechtlicher Rechtssätze im Konkursverfahren, wie etwa die des § 81 ZPO. auf eine zur Vertretung im Konkursverfahren erteilte Vollmacht, nur eine sinngemäße sein. Näheres unten § 25 I.

den (§ 145 I KO.). An die Beurkundung der Unbestrittenheit knüpfen besondere Rechtssätze zwar den Erfolg der Rechtskraft und der Vollstreckbarkeit (§§ 145 II, 164 II mit §§ 194, 206 II KO.). Allein diese — ebenso eigenartige als zweckmäßige — Regelung ändert nichts an der Tatsache, daß der Konkursrichter hier nur zu beurkunden, nicht zu erkennen hat. Seine Tätigkeit unterscheidet sich dem Inhalt und der Wirksamkeit nach wesentlich von der Erlassung eines Anerkenntnisurteils im Sinne des § 307 ZPO. Auch ist die Feststellung des § 145 II KO. nicht etwa Zweck des Konkurses, sondern — wie der die Gleichbehandlung der persönlichen Gläubiger sichernde Konkursbeschlag [unten § 11 II] — nur Mittel zum Zwecke der konkursmäßigen Schuldenbereinigung. Darum bestimmt weder die Feststellung noch der Sicherungsbeschlag das Wesen des Konkursverfahrens.

Sein Endziel liegt in einer gerechten Befriedigung der persönlichen Geldansprüche mit Hilfe der Staatsgewalt. Dieser Zweck stempelt den Konkurs zum Vollstreckungsverfahren. Innerhalb der Vollstreckung steht der Konkurs in Parallele, aber auch im Gegensatz zur „Zwangsvollstreckung wegen Geldforderungen", wie sie die §§ 803 ff. ZPO. regeln. Die Zwangsvollstreckung verwirklicht einzelne Ansprüche durch Zugriff auf einzelne beschlagsfähige Stücke des Schuldnervermögens und zwar nach Reichsrecht dergestalt, daß der Erstzugriff einen dinglichen Vorrang verleiht (§ 804 III ZPO., § 11 II ZVG.)[9]. Der Konkurs dagegen erfaßt mit einem Schlage alles zugriffsfähige Schuldnervermögen, um es einer anteilsmäßigen Befriedigung aller persönlichen Gläubiger zuzuführen (§§ 1, 3, 61 Nr. 6, 181 KO.). So gelangen wir zu einem höheren Rechtsbegriffe der zivilprozessualen Vollstreckung (Exekution), der sich verzweigt in die Zwangsvollstreckung (Spezial- oder Singularexekution) und in den Konkurs (General- oder Universalexekution). Daß die Vollstreckung gegen den Willen des Schuldners eingeleitet werde, gehört nicht zu ihrem Wesen. Es genügt vielmehr, daß der staatliche Zwang auch für den Fall der Widersetzlichkeit des Schuldners zur Verfügung steht[10]).

V. Der tiefgreifende Unterschied zwischen Einzelvollstreckung und Gesamtvollstreckung hat zu gesonderten gesetzlichen Regelungen geführt. Wenn demgegenüber eine verbreitete akademische Übung das Konkursrecht als Teil der Vorlesungen über Zivilprozeßrecht behandelt, darf doch nicht übersehen werden, daß nur das zweite Buch der Konkursordnung („Konkursverfahren") und auch dieses nur der Hauptsache nach prozeßrechtlichen Inhalt hat, während der ganze Stoff des ersten Buches („Konkursrecht", d. h. materielles Konkursrecht) dem bürgerlichen Recht angehört. Bedeutung und Schwierigkeit des Konkursprivatrechts überwiegen stark gegenüber dem Konkursprozeßrecht. Da aber das eine nicht vom anderen zu trennen ist, sollte das gesamte (das materielle und das formelle) Konkursrecht auch im Rechtsunterricht als selbständiges Fach vorgetragen werden[11]).

VI. Nach alledem läßt sich sagen: Der Konkurs ist Zwangsvollzug der persönlichen Haftung eines in Vermögensverfall geratenen Schuldners unter Verlustgemeinschaft der Gläubiger.

---

[9]) Viele Auslandrechte, namentlich das französische, verwerfen den Präventionsgrundsatz (prior tempore potior iure) mit seiner ein Pfand- und Absonderungsrecht (§ 49 I Nr. 2 KO.) begründenden Wirksamkeit und verteilen den Erlös anteilsmäßig auch auf die Gläubiger, die dem Betreibenden rechtzeitig beigetreten sind. In solchen Rechtssystemen ist das Konkursbedürfnis geringer als bei uns. Sie kommen eher mit einem auf Kaufleute beschränkten Konkursverfahren aus. Der reichsrechtliche Grundsatz, der übrigens beim Inkrafttreten der Reichsjustizgesetze für $^7/_8$ unseres Vaterlandes eine Neuerung bedeutete, hat den Vorzug, daß er das Verbot der Überpfändung (§ 803 I 2 ZPO.) und die damit verbundene Schonung des Schuldners stützt und empfiehlt sich, solange noch auf Vollbefriedigung aller Gläubiger zu rechnen ist. Über den Entwurf einer ZPO. von 1931 siehe unten S. 136 Note 2.

[10]) Auch das Erfordernis eines Vollstreckungstitels ist eine Eigentümlichkeit der Zwangsvollstreckung. Näheres unten S. 79 Note 4.

[11]) Auch die Sätze des Konkursprivatrechts bezwecken vorwiegend den Schutz einer unbestimmten Vielheit von Beteiligten und sind insoweit zwingend. Daraus folgt beispielsweise, daß die in den §§ 17 bis 23 zugunsten der Konkursmasse verordnete Lösung oder Lösbarkeit von Schuldverhältnissen nicht von vornherein durch Vertrag mit dem späteren Gemeinschuldner wegbedungen oder erschwert, daß eine Aufrechnungsbefugnis nicht im Widerspruch mit den Verboten des § 55, ein Vorrecht nicht entgegen der Rangfolge des § 61 durch Vereinbarung mit ihm begründet werden kann.

Die deutsche Sprache hat keinen Fachausdruck, der das Wesen des Begriffs kennzeichnet. Das Wort **Konkurs**, das wohl erst unter dem Einflusse des Werkes von Salgado zu seiner heutigen Bedeutung gelangt und namentlich auch in der Schweiz, in Österreich, in Schweden, Norwegen und Dänemark Gesetzessprache geworden ist, erklärt sich als Vereinigung der Gläubiger in einem gemeinschaftlichen Befriedigungsverfahren (concursus creditorum)[12]. Der in Süddeutschland und der Schweiz volkstümliche, noch in der bayerischen Prozeßordnung von 1869 gebrauchte Ausdruck **Gant** kommt vom italienischen incanto (= incantatio, lautes Aus- und Anbieten) und weist auf die öffentliche Versteigerung der Masse hin. Crida (processus cridae) bedeutet den Aufruf der Gläubiger (italienisch gridare, französisch crier) und hat sich in der besonders noch dem österreichischen Verkehr geläufigen Bezeichnung des Gemeinschuldners als Cridar oder Cridatar erhalten. Das italienische Wort **fallimento**, das französische **faillite** und das holländische **faillissement** gehen auf das lateinische fallere (italienisch fallire = fehlschlagen) zurück. **Bankerutt** (so nach dem französischen banqueroute die §§ 239f. KO.) oder **Bankrott** (so endlich die §§ 22, 68, 76 VerglO.), deutsch Bankbruch, ist in unserer Gesetzessprache (nicht in der englischen, **bankruptcy**, und nicht im Volksmund) ausschließlich zum strafrechtlichen Fachausdruck geworden. Wir pflegen das Wort abzuleiten von banco rotto (banca rotta), weil die Wechselbank des zahlungsunfähigen Geldwechslers angeblich auf öffentlicher Gerichtsstätte zertrümmert wurde. Der Vulgärausdruck **Pleite** ist hebräischen Ursprungs und weist auf das Entrinnen des zahlungsunfähigen Schuldners hin. Daher bedeuten pleite gehn oder plattdeutsch fleuten gahn soviel als flüchten. „Pleitegeier" ist der Flüchtiggänger. Mit der Vogelwelt hat die Wendung ebensowenig zu tun als das „Flötengehen" mit der Musik.

§ 2.

Die grundsätzliche Gestaltung des deutschen Konkurses.

I. **Die Eröffnung des Konkurses** kann der Schuldner selbst und kann jeder seiner künftigen Konkursgläubiger erwirken (§ 103). Sie setzt den Vermögensverfall des Schuldners, für die Regel dessen Zahlungsunfähigkeit voraus (§ 102). Bei juristischen Personen bildet auch die Überschuldung einen Konkursgrund (§§ 207, 213). Bei ihnen besteht sogar eine Konkursantragspflicht der Organe, jetzt freilich im Bereiche der Zulässigkeit eines konkursabwendenden Vergleichsverfahrens nur in dem Sinne, daß entweder dieses oder der Konkurs beantragt werden muß.

Konkursgericht ist ausschließlich das Amtsgericht der gewerblichen Niederlassung und mangels einer solchen das Amtsgericht des allgemeinen Gerichtsstandes (§ 71). Es erläßt seine Entscheidungen, auch den Eröffnungsbescheid und die mit ihm verbundenen Anordnungen, in Beschlußform (§ 73 I). Seine Beschlüsse unterliegen der sofortigen Beschwerde (§ 73 III, vgl. § 109).

II. Alles im Zeitpunkte der Konkurseröffnung (§ 108) dem Schuldner zustehende beschlagsfähige Vermögen gehört zur **Konkursmasse** (§ 1). Neuerwerb ist konkursfrei, damit der Schuldner schon während des Verfahrens mit dem Wiederaufbau seiner Wirtschaft beginnen kann. Die Herrschaft über sein konkursgebundenes Vermögen verliert er; doch bleibt es auch als Konkursmasse sein eigen (§ 6 I). Die zur Masse gehörenden Rechte übt der **Konkursverwalter** als gesetzlicher Vertreter des Masseträgers aus (§ 6 II). Vom Konkursgericht ernannt und beaufsichtigt (§§ 78, 83f.), bekleidet er die Stellung eines Sondergutspflegers. Er hat die Masse zu sammeln und in Geld umzusetzen (§ 117). Die Erfassung des Vermögens wird durch eine Auskunfts- und Offenbarungspflicht des Schuldners (§§ 100, 125), durch Anzeige- und Vorlegungspflichten Dritter (§§ 118ff.) und durch strenge Strafvorschriften (§ 239 I Nr. 1, § 242 I Nr. 1) gewährleistet.

---

[12]) Noch zu Beginn des 19. Jahrhunderts handeln gemeinrechtliche Schriftsteller (wie Dabelow und Schweppe) vom „Konkurse der Gläubiger". Heute hat der ursprüngliche Wortsinn sich so verwischt, daß man allgemein vom Konkurse „des Schuldners" redet. Diese Verbindung als „unlogisch" zu beanstanden, ist eine Gipfelleistung öder Schulweisheit.

Die Verwertung kann der Konkursverwalter auch in den Formen der Zwangsvollstreckung betreiben (§§ 126, 127). Er schaltet selbständig und unter persönlicher Verantwortung (§ 82). Wo er vor seinen Maßnahmen die Gläubiger befragen soll, kommt dem Gebote nur innenrechtliche Wirksamkeit zu (§§ 132ff., 136). Der Konkursrichter hat überhaupt keinen bestimmenden Einfluß auf die Zweckmäßigkeit der Verwaltung. Staatliche Machtbefugnisse sind dem Konkursverwalter nicht verliehen. Allen erforderlichen Zwang übt der Staat, und er übt ihn in keinem Falle durch den Verwalter, sondern durch die staatlichen Vollstreckungsbehörden[1]).

Die Wiederergänzung der vor dem Konkurse durch den Schuldner oder durch Einzelgläubiger verkürzten gemeinschaftlichen Befriedigungsmasse, die Anfechtung (§§ 29ff.), ist wie die Sammlung der noch im Vermögen des Schuldners stehenden Gegenstände Aufgabe des Konkursverwalters (§ 36).

III. Der Gemeinschuldner erleidet in seiner bürgerlichen und staatsbürgerlichen Rechtsstellung erhebliche Einbußen. Vor allem verliert er die Befugnis, über Gegenstände seines konkursgebundenen Vermögens zu verfügen (§§ 6, 7). Verkehrsschutz wird einem des Konkurses unkundigen Dritten nur beschränkt zuteil (§ 7 I 2, § 8). Zu Sicherungszwecken können Verfügungsbeschränkungen schon im Eröffnungsverfahren erlassen werden (§ 106 KO., §§ 136, 135 BGB.). Der Konkurs engt selbst die Bewegungsfreiheit des Schuldners ein (§ 101) und beraubt ihn wichtiger familienrechtlicher Machtbefugnisse (§§ 1419, 1647, 1781 Nr. 3 BGB.). Verbleibt ihm heute auch das politische Wahlrecht, so büßt er doch noch manch andere öffentlichrechtliche Befähigung ein, wie die zur Bekleidung eines Laienrichteramts (§ 32 Nr. 3, § 109 III GVG.).

Seine schwebenden Rechtsgeschäfte erfahren mit Rücksicht auf den Konkurszweck eine besondere Behandlung (§§ 17ff.). Namentlich hat bei einem auf beiden Seiten noch unerfüllten Kaufvertrage der Konkursverwalter nach § 17 die Wahl zwischen Erfüllung (unter voller Massehaftung) und Nichterfüllung (unter konkursmäßiger Schadensersatzpflicht). Manche Schuldverträge erlöschen von Rechts wegen (§ 23 KO., § 705 BGB., §§ 77, 79 AufsG. i. F. v. 6. 6. 1931, § 13 VVG.).

Rechtshängige Vermögensstreitigkeiten des Schuldners unterbricht der Konkurs, wenn sie nicht etwa (wie Eheprozesse) außer Beziehung zu diesem stehen (§ 240 ZPO.). Ihre Aufnahme folgt eigenen Regeln (§§ 10ff., 146).

IV. Wie der Aktivbestand des Konkurses sind dessen Passiven insofern einheitlich und endgültig auf den Zeitpunkt der Eröffnung des Verfahrens abgegrenzt, als nur ein jetzt schon begründeter Vermögensanspruch Konkursforderung sein kann (§ 3). Wie der Neuerwerb steht die Neuschuld außerhalb des Konkurses. Diese der Rechtslogik und der Zweckmäßigkeit entsprechende Regelung hat einen standfesten gesetzlichen Wertmesser zur Voraussetzung (§ 69), wie er zur Zeit der Blüte des Reiches vorhanden war. Die mit dem Zusammenbruch unserer Wirtschaft Hand in Hand gehende Geldentwertung entzog einer gedeihlichen Anwendung des Konkursgesetzes den Boden. Daher versagte beim Eintritte des Währungsverfalles auch die Einrichtung des Konkurses [siehe unten § 4 II].

Die Träger der Konkursforderungen nennt das Gesetz Konkursgläubiger (§§ 3, 61ff.). Ihnen soll die Masse im gemeinsamen Befriedigungsverfahren anteilsmäßig zugeführt werden. Vorrechte bestehen nur noch in engen Grenzen (§ 61 Nr. 1—5).

---

[1]) Der Verwalter vollstreckt nicht. Er übt selbstverständlich auch nicht etwa stellvertretend Rechte des Schuldners aus, sondern macht eigene Befugnisse geltend, wenn er die staatliche Zwangsgewalt gegen den widerspenstigen Schuldner in Bewegung setzt (§§ 100, 125) oder eine Verwertung gerade in Vollstreckungsformen „betreibt" (§§ 126f.). Fehl geht daher der Einwurf (Kleinfeller ZZP. 50 S. 340f.): wer im Konkurs ein Vollstreckungsverfahren und im Verwalter den Vertreter des Schuldners sehe, der gelange zu dem Ergebnis einer Vollstreckung des Schuldners gegen sich selbst. Das wäre freilich ein „Unding". Was dem Konkurs das Gepräge einer Vollstreckung gibt, ist sein einheitliches Ziel: eine auch gegen den Willen des Schuldners durchführbare gerechte Gläubigerbefriedigung. Selbsttätige Mitwirkung der Beteiligten und ihrer Vertreter bei dieser Aufgabe ist keineswegs ausgeschlossen. In welchen Grenzen sie zuzulassen sei, darüber entscheiden Erwägungen der Zweckmäßigkeit.

Wer Deckung für seine Konkursforderung erstrebt, muß sie ordnungsgemäß anmelden und damit der Prüfung unterbreiten, die in einem vom Konkursgericht anberaumten und geleiteten Termine stattfindet (§§ 12, 138ff.). Grundlage des Verfahrens ist die Konkurstabelle, ein vom Gericht angelegtes Gläubigerverzeichnis, dessen Feststellungsvermerk das Gesetz mit urteilsmäßiger Wirksamkeit ausgestattet hat (§§ 140, 145, 146 I 2, VII, 164 II). Konkursforderungen, die im Prüfungsverfahren nach Grund, Betrag oder Vorrecht bestritten werden, sind außerhalb des Konkursverfahrens im Prozeßwege zur Feststellung zu bringen (§§ 146, 147). Die Verteilungen vollzieht der Verwalter (§§ 149ff.).

Ihr gemeinsames Wohl wahren die Gläubiger selbstverwaltend in den gesetzlichen Grenzen durch eigene Organe, durch den Gläubigerausschuß und durch die Gläubigerversammlung (§§ 87ff., 93ff., 129ff.).

V. Den Konkursgläubigern kommt nur die reine Masse zu. Sie ergibt sich, nachdem fremdes Gut „ausgesondert", Pfand- und andere Wertrechte an Massegegenständen durch „abgesonderte" Befriedigung gedeckt und eine mit dem Gebote der Gleichbehandlung aller Konkursgläubiger verträgliche Aufrechnung gegen konkursbefangene Forderungen vollzogen ist (§§ 43ff., 47ff., 53ff.).

Ehe aber die so verbleibenden Mittel zugunsten der Konkursforderungen verwendet werden dürfen, sind die Verbindlichkeiten zu befriedigen oder sicherzustellen, die der Vollzug des Konkurses der Masse „vorweg" zur Last legt: Massekosten (besonders Gerichtsgebühren, Verwalterhonorar, Schuldnerbeihilfe) und Masseschulden (wie sie aus Handlungen des Verwalters, aus Erfüllung gegenseitiger Verträge und infolge ungerechtfertigter Bereicherung der Masse selbst erwachsen können). Die Gläubiger dieser vorweg zu berichtigenden Ansprüche heißen „Massegläubiger" (§§ 57ff.) und bilden eine Klasse für sich.

VI. Nach Ausschüttung der Masse wird das Konkursverfahren durch Beschluß des Konkursgerichts „aufgehoben", unbeschadet einer Forthaftung des Schuldners für ungedeckt gebliebene Konkursforderungen (§§ 163ff.). Günstiger für die Beteiligten selbst und für weitere Verkehrskreise pflegt der Konkurs sich zu lösen, wenn ein Zwangsvergleich zustande kommt, zumal wenn dabei Dritte die Leistungskraft des Schuldners durch Zuschüsse oder Bürgschaften verstärken (§§ 173ff.). Diese Art der Konkursbeendigung fördert das Gesetz. Gelingt sie, dann beschließt das Gericht ebenfalls die „Aufhebung" des Verfahrens. Die Vorteile erhöhen sich, falls man es gar nicht zu der mit jeder Konkurseröffnung verknüpften Masseentwertung kommen läßt, sondern dem Konkurse durch Vergleich vorbeugt. Heute können auch solche vorbeugende Vergleiche durch Mehrheitszwang in einem gerichtlichen Konkursabwendungsverfahren erwirkt werden (VerglO. v. 5. Juli 1927).

Zu einem vorzeitigen Abbruche des Konkurses („Einstellung des Verfahrens") kann es aus zwei verschiedenartigen Gründen kommen: einmal auf Schuldnerantrag (etwa nach außerkonkursmäßiger Volldeckung der Konkursforderungen) oder von Amts wegen, wenn sich ergibt, daß die Mittel der Masse nicht einmal den Kosten des Konkurses gewachsen sind (§§ 202ff.).

§ 3.

Gesetzgebung und Schrifttum.

I. Der Werdegang unserer Konkursordnung ist dieser: Auf der Grundlage der preußischen Konkursordnung vom 8. Mai 1855 war im Schoße des preußischen Justizministeriums auf eine noch vor der Gründung des Reiches vom Bundesrat des Norddeutschen Bundes ausgegangene Anregung der „Entwurf einer deutschen Gemeinschuldordnung" ausgearbeitet worden. Der Schöpfer des 1873 mit mustergültigen Motiven veröffentlichten Entwurfs war Carl Hagens (1838—1924), ein Meister der Gesetzgebung, der es verstand, die Errungenschaften des In- und Auslandes zu nützen und den Verkehrsbedürfnissen mit sicherem

Empfinden Rechnung zu tragen[1]). Durch eine Kommission von Juristen und Kaufleuten fortgeführt (1874), wurde die Arbeit als „Entwurf einer Konkursordnung" 1875 dem Bundesrat und, in Einzelheiten geändert, dem Reichstag mit Motiven vorgelegt. Eine besondere Kommission des Reichstags beschloß abermals einzelne Abänderungen, über die ihre „Protokolle" Auskunft geben. Gegen Ende des Jahres 1876 vom Reichstag angenommen, als Gesetz vom 10. Februar 1877 mit Einführungsgesetz (EG. KO.) vom gleichen Tage verkündet und durch Gesetz, betr. die Anfechtung von Rechtshandlungen eines Schuldners außerhalb des Konkursverfahrens (AnfG.), vom 21. Juli 1879 ergänzt, hat die Konkursordnung wie die übrigen Reichsjustizgesetze am 1. Oktober 1879 Gesetzeskraft erlangt.

Das Bürgerliche Gesetzbuch und seine Begleitgesetze machten Änderungen der Konkursordnung notwendig, von denen viele schon aus Anlaß der Vorarbeiten zum BGB. in Aussicht genommen worden waren. Die Novelle erging als Gesetz vom 17. Mai 1898, betr. Änderung der Konkursordnung, mit besonderem Einführungsgesetz vom gleichen Tage (EG. KonkNov.). Im Hinblick auf die hier verordneten Streichungen und Einschaltungen wurde der Reichskanzler durch ein weiteres Gesetz vom gleichen Tage ermächtigt, den neuen Text der KO. in fortlaufender Nummernfolge der Paragraphen bekanntzumachen. Das ist unter dem 20. Mai 1898 geschehen. Die Vorkriegszeit hat im übrigen den Wortlaut des Konkursgesetzes unberührt gelassen, aber neben ihm manche bedeutsame konkursrechtliche Einzelregelung geschaffen. Dahin gehört namentlich das Zwittergebilde eines auf Teile der Konkursmasse beschränkten besonderen Konkursvorrechts, das zuerst zugunsten der Pfandbriefgläubiger im Konkurse der Hypothekenbanken (§ 35 HypBankG. vom 13. Juli 1899) anerkannt, dann mehrfach, besonders auf die Ansprüche der Versicherten im Konkurse der Lebensversicherungsanstalten (jetzt § 77 AufsG. i. F. v. 6. Juni 1931) erstreckt worden ist. In Vorkriegsverhältnissen begründet, aber erst unterm 8. Juni 1915 erlassen ist das Gesetz zur Einschränkung der Verfügungen über Miet- und Pachtzinsforderungen, das den § 21 KO. geändert hat.

Der Weltkrieg hat namentlich konkursrechtliche Sondervorschriften zum Schutze der Kriegteilnehmer notwendig gemacht (Gesetz vom 4. August 1914) und in der Geschäftsaufsicht eine nachhaltige Neuschöpfung zum Zwecke der Sanierung notleidender, aber noch lebensfähiger Unternehmungen entstehen lassen, zunächst für den Fall, daß der Konkursgrund sich als behebbare Kriegsfolge eingestellt hatte [siehe II].

In der Nachkriegszeit verfiel unser Konkursgesetz unter den Inflationsfolgen der schwersten Belastungsprobe. Da Teilungs- und Schuldenmasse einheitlich auf den Zeitpunkt der Konkurseröffnung abgestimmt sind (§§ 1, 3, 69 KO.), bedarf der Konkurs eines standfesten Wertmessers. Diesem Erfordernis entsprach als gesetzliches Zahlungsmittel die Reichsgoldmark, jedoch nicht mehr die aller Beständigkeit ermangelnde Reichspapiermark. Darum hätte die Praxis der Konkurse mit einem stabilen Maßstabe rechnen sollen; aber sie versagte im Wahne „Mark gleich Mark". So behandelt, konnte der Konkurs nicht mehr durchgeführt werden. Das Jahr des tiefsten Verfalls unserer Geldwirtschaft (1923) verzeichnet daher die niedrigste Konkurszahl (270 gegen rund 10000 des Jahres 1913). Erst als es zu spät war, griff der Gesetzgeber ein. Eine VO. vom 14. Februar 1924 über die Goldmarkrechnung im Konkurse bestimmte nun ausdrücklich: Konkursforderungen behalten den Goldmarkwert des Eröffnungstages und sind, nach diesem Werte berechnet, festzustellen. Darüber unten § 4 II.

II. Selbst das beste Konkursgesetz vermag die Nachteile nicht auszuschließen, die der Konkurs jeder größeren Unternehmung für die unmittelbar Beteiligten, aber auch für weitere Verkehrskreise im Gefolge hat. Schon die Tatsache seiner Eröffnung entwertet das Schuldnervermögen.

[1]) Hagens, von Adolf Leonhard ins preußische Justizministerium berufen, war später Präsident des Oberlandesgerichts Frankfurt a. M. Schon im „Entwurf einer Gemeinschuldordnung" hatte er die gesetzliche Regelung eines „Vergleichsverfahrens zur Abwendung des Gemeinschuldverfahrens" vorgesehen (§§ 233—256). Der Verdeutschungsversuch „Gemeinschuldverfahren" („Gemeinschuldordnung", „Gemeinmasse", „Gemeingläubiger", „Gemeinverwalter"), der sich an den schon der damaligen Gesetzessprache vertrauten, noch heute auch in Österreich und in der Schweiz festgehaltenen Ausdruck „Gemeinschuldner" (die Übersetzung von debitor communis) anlehnte, wurde im späteren Verlaufe der Entwicklung des Gesetzes wieder aufgegeben.

Die Versilberung der Masse artet nur zu oft in eine Verschleuderung aus und pflegt den Handel schwer zu schädigen. Darum bildet die Konkursverhütung, zumal in Zeiten wirtschaftlicher Not, eine überaus ernste Aufgabe des Gesetzgebers. Er muß dafür sorgen, den Widerstand selbstsüchtiger, unverständiger oder gleichgültiger Minderheiten gegen die Sanierung notleidender, aber lebensfähiger Betriebe überwindbar zu machen, ohne daß zugleich dem Schuldner Wege erschlossen werden, auf denen er sich seinen Verpflichtungen böswillig zu entziehen vermag. Diesen Gedanken suchte das Kriegsnotrecht nach dem Vorgange zahlreicher Auslandsgesetze in Verordnungen des Bundesrats vom 8. August 1914 und vom 14. Dezember 1916 zu verwirklichen. Die „Geschäftsaufsicht zur Abwendung des Konkurses" verstattete in der Regelung von 1916 auch die Konkursverhütung durch einen Vergleich mit Mehrheitszwang (Präventivakkord). Ihren vorläufigen Abschluß fand die Bewegung im Gesetz vom 5. Juli 1927 über den Vergleich zur Abwendung des Konkurses, in der Vergleichsordnung, die mit ihren Vorschriften über den beim Scheitern der Rettungsversuche zu eröffnenden „Anschlußkonkurs" (§§ 82—87) unmittelbar ins Konkursrecht eingreift. Im Einklange mit dem Zwecke des vorbeugenden gerichtlichen Vergleichsverfahrens hat ein Gesetz vom 25. März 1930 die in der Kriegs- und Nachkriegszeit großenteils außer Kraft gesetzten Konkursantragspflichten dergestalt wiederaufleben lassen, daß heute — soweit jenes Vergleichsverfahren offen steht — entweder der Konkurs oder das Vergleichsverfahren beantragt werden muß.

III. Die Konkursordnung hat drei Bücher. Im ersten behandelt sie das Konkursprivatrecht, im zweiten das Konkursprozeßrecht, im dritten (an Stelle der früheren §§ 281—283 StGB.) das Konkursstrafrecht[2]). Sie hat das Konkursrecht anderer Reichsgesetze grundsätzlich unberührt gelassen, das Landeskonkursrecht grundsätzlich verdrängt (§§ 3ff. EG.KO.).

Die Materialien der KO., des AnfG. und der Novellen sind gesammelt von Hahn und Mugdan (1881, 1897).

Kommentare schrieben: Jaeger (6. u. 7. Aufl. Bd. I 1931), Petersen und Kleinfeller (4. Aufl. 1900), v. Sarwey und Bossert (4. Aufl. 1901), v. Wilmowski, Kurlbaum und Kühne (6. Aufl. 1906), Th. Wolff (2. Aufl. 1921); kürzer Meyer-Bleyer (3. Aufl. 1928) mit steter Nachweisung des benutzten Schrifttums und ohne solche Mentzel (3. Aufl. 1928).

Aus dem systematischen Schrifttum seien hervorgehoben: Fitting, Lehrbuch (3. Aufl. 1904), Hellmann (Lehrbuch 1907), Kleinfeller (Lehrbuch 1912), Kohler Lehrbuch (1891, Leitfaden 2. Aufl. 1903), Oetker, Konkursrechtliche Grundbegriffe (I 1891), A. S. Schultze, das deutsche Konkursrecht in seinen juristischen Grundlagen (1880), Seuffert, Konkursprozeßrecht (1899); kurze Darstellungen: v. Aufseß, Konkursrecht und Konkursverfahren (2. Aufl. 1931), Kisch, Grundriß (7. Aufl. 1929), Levy, Konkursrecht (2. Aufl. 1926), Stern, Konkursverfahren (2. Aufl. 1927).

Ausschließlich für die Praxis sind bestimmt: Senst-Müller, Handbuch für Konkursrichter (4. Aufl. 1928) und Senst-Müller, Verwaltung von Konkursen (9. Aufl. 1928).

Die von Leop. Levy seit 1927 herausgegebene Monatsschrift Konkurs- und Treuhandwesen ist der Praxis des Konkursrechts schon heute ein unentbehrlicher Führer geworden.

Im übrigen siehe Jaeger KO.[7] I S. XXff. und wegen des ausländischen Schrifttums S. XXIIff.

§ 4.

Hilfswissenschaften.

I. **Rechtsvergleichung.** Den Ruhm, das trefflichste der Reichsjustizgesetze zu sein, verdankt unsere Konkursordnung nicht zum wenigsten der sorgsamen und klugen Berücksichtigung, die der Redaktor — wie die Begründung der Entwürfe zeigt — den ausländischen Gesetzen hat angedeihen

[2]) Die Hoffnung auf eine zeitgemäße, großzügige Erneuerung des Konkursstrafrechts, das noch völlig im Bann veralteter Schuldvermutungen steht und dessen Auslegung unter hoffnungslosen Streitigkeiten leidet, soll trotz tiefdringender wissenschaftlicher Vorarbeiten und wertvoller Auslandsentwürfe bitter enttäuscht werden. Der Entw. eines EinfGes. zum künftigen StGB. (Art. 78) beschränkt sich, wie

lassen. So erklärt sich auch der starke Einfluß, den das nach Inhalt und Form mustergültige Reichsgesetz auf alle späteren konkursrechtlichen Regelungen des Auslandes geübt hat, besonders auf die Konkursgesetzgebung in Ungarn (1881), in der Schweiz (1889), in Holland (1893), in Österreich (1914), in Japan (1922) und über das österreichische Recht in Jugoslawien (1929) wie in der Tschechoslowakei (1931). Die rechtsvergleichende Arbeit fördert das großangelegte Sammelwerk Die Handelsgesetze des Erdballs, begründet von O. Borchardt, neu herausgegeben von Kohler, Meyer, Dove und Trumpler (3. Aufl., vollendet 1914), welches das Handels-, Wechsel-, Konkurs- und Seerecht der Kulturstaaten enthält, nun aber leider zu veralten beginnt.

II. **Konkursstatistik.** Zuverlässige Angaben über die Zahl der Zusammenbrüche (Konkurseröffnungen, Ablehnung von Konkursanträgen mangels Masse, Vergleichsverfahren), über den Beruf der Schuldner, über die Höhe der Aktiven und der Passiven, über die Dauer des Verfahrens und die Art der Beendigung sowie über das finanzielle Ergebnis (das beim Konkurs im umgekehrten Verhältnisse zur Dauer zu stehen pflegt) haben nicht nur volkswirtschaftlichen Wert[1]); sie fördern auch in erheblichem Maße die Fortbildung der Gesetze, indem sie Unzweckmäßigkeiten der bestehenden Rechtseinrichtungen aufdecken. Beispielsweise zeigt die unverhältnismäßige Zunahme der Nachlaßkonkurse, wie verfehlt es war, den Nachlaßkonkurs zum ordentlichen Mittel der erbrechtlichen Gütersonderung zu machen und seine Beantragung unter strengen Zwang zu stellen (§§ 1975, 1980, 1985 BGB.). Zugleich ergab diese statistische Tatsache, daß es sich dringend empfahl, das gerichtliche Konkursabwendungsverfahren auch Nachlässen zugänglich zu machen. Im Reiche hat die Konkursstatistik sich als Begleiterscheinung der Reichsjustizgesetze und zunächst als Bestandteil der Reichsjustizstatistik eingestellt; aber erst auf Grund eines Bundesratsbeschlusses vom 29. November 1894 (Vierteljahrshefte zur Statistik des Deutschen Reiches 1895 I 3ff.) erfuhr sie eine zweckentsprechende Gestaltung, die in der Folgezeit fortgebildet wurde (VO. über die Konkurs- und Vergleichsstatistik vom 29. Dezember 1927, RMBl. 1928 S. 12).

Während bis zum Ausbruche des Krieges die Konkurse immer häufiger geworden waren (die Zahl der Neueröffnungen stieg von 5252 im Jahre 1881 auf 9775 im Jahre 1913), zeigte sich im Laufe des Krieges unter dem Einflusse des Kriegsteilnehmerschutzes und der konkursabwendenden Geschäftsaufsicht ein stetiges Sinken der Konkurszahl (1914 noch 7849, dagegen 1918 nur noch 816 Neueröffnungen). Diese Abnahme hat sich in der Nachkriegszeit fast bis zum Verschwinden der Konkurse verstärkt (1923 sind im ganzen Reiche nur noch 270 Konkurse eröffnet worden), aber leider nicht infolge einer gesunden, sondern infolge einer unerhört ungesunden Wirtschaftslage und der mit ihr verknüpften maßlosen Papiermarkentwertung. Unter stabilen Währungsverhältnissen war die Konkurszahl ein Wertmesser für die Ergiebigkeit der Wirtschaft gewesen. Die Zahl sank oder stieg Hand in Hand mit den wirtschaftlichen Gewinnen oder Verlusten. Je stärker nun aber unsere Papiermark sich entwertete, desto leichter ward es dem Schuldner, der seine Zahlungen noch zum vollen Nennwerte der verschlechterten Währung anbrachte, seine Verbindlichkeiten zu begleichen. So schienen Konkursmassen mit wertbeständigem Grundstock[2]) im Laufe des Verfahrens immer zahlungsfähiger zu werden. Die Gläubiger erhielten schließlich 100 % ihrer festgestellten Forderungen (mehr wagte die Praxis in der Regel nicht zuzuteilen) und sahen sich am Ende mit einem Nichts abgefunden. Darum verfielen sie auf den Gedanken, unter dem Gesichtspunkte der Haftbarkeit des Schuldners für Verzugsschaden die Erstattung der Geldentwertung entweder innerhalb des Konkurses in wiederholten Nachträgen zur ursprünglichen Anmeldung oder außerhalb des Verfahrens als neue, stetig weiterwachsende Forderung zu

die Begründung S. 112 bemerkt, „geflissentlich" darauf, den bisherigen Rechtszustand aufrecht zu erhalten (!) und den Wortlaut der alten Regelung mit der Sprachweise des neuen Strafgesetzes in Einklang zu bringen. Eine dem Ansehen des Reformwerkes stark abträgliche Entsagung.

[1]) So z. B. als Auskunft über das Gedeihen verschiedener Unternehmungsformen, über die Lage der einzelnen Erwerbszweige, über die Dauer der Gebundenheit konkursbefangener Kapitalien, über die Auswirkung von Krisen. Siehe namentlich A. Wirminghaus im Handwörterbuch der Staatswissenschaften, 4. Aufl., Bd. V (1922) S. 852ff. (Hier auch Auslandsstatistik.)

[2]) Mit Warenlagern, Rohstoffen, Devisen. Andere, namentlich die in Bankguthaben angelegten Massen, hatten sich völlig verflüchtigt, dergestalt, daß vielfach nicht einmal die Mittel zur Erschwingung der Gerichtsgebühren übrig blieben. Die Folge waren zahlreiche Einstellungen wegen Massemangels.

verfolgen. Von solcher Verzugshaftung des Konkursschuldners kann aber keine Rede sein[3]). Der Konkurs ist ja bereits ein Befriedigungsverfahren und zwar eben dasjenige, das der Gesetzgeber im Interesse gleichmäßiger Deckung aller auf die Konkursmasse angewiesenen fälligen und noch nicht fälligen Forderungen als das zweckmäßigste erachtet und unter seinen besonderen Schutz gestellt hat. Auf eine Erfüllung anderer Art hat kein Konkursgläubiger ein Recht (§§ 12, 14). Darum kann auch keiner aus dem allgemeinen Erfüllungsaufschub, den das gemeinsame Befriedigungsverfahren seiner Natur nach mit sich bringt, einen Anspruch auf Ersatz von Verzögerungsschaden ableiten.

Die Abhilfe war auf anderem Wege zu suchen. Ein Konkursgesetz, das wie das unsere den Bestand der Aktiv- und der Passivmasse gleichmäßig auf den Zeitpunkt der Konkurseröffnung begrenzt (§§ 1, 2, 69), bedarf eines stabilen Wertmessers. Einen solchen hatte die Reichsgoldmark geboten. Die Reichspapiermark als gesetzliches Zahlungsmittel genügte diesem Bedürfnisse nicht mehr. So blieb kein anderer Ausweg als der, neben das gesetzliche, aller Beständigkeit ermangelnde Zahlungsmittel für den Konkurszweck einen standfesten Wertmesser zu setzen. Dies verfügte, nachdem das Rechnen mit der Papiermark die Durchführung der Konkurse unmöglich gemacht hatte, eine VO. vom 14. Februar 1924 über die Goldmarkrechnung im Konkurse (RGBl. I S. 115), die ausdrücklich ausspricht, daß Konkursforderungen den Goldmarkwert des Eröffnungstages behalten (§ 1) und daß sie, in Goldmark berechnet, festzustellen sind (§ 2). Eine nachhaltige Abstellung des Konkursnotstandes ist freilich nur von der Gesundung unserer wirtschaftlichen Verhältnisse und der dann erst gesicherten Währungsbeständigkeit zu erhoffen.

Die Konkurskurve hat vom Jahre des Kriegsbeginnes bis zur Gegenwart folgenden Verlauf genommen:[4])

a) Kalenderjahr	b) Neu eröffnete Konkurse	c) Mangels Masse abgelehnte Konkursanträge	d) Gesamtzahl der Zusammenbrüche unter b und c	e) Gerichtliche Konkursabwendungsverfahren (Geschäftsaufsichten, Vergleiche)
1914	7849	2631	10480	
1915	4545	1947	6492	3865
1916	2258	1573	3831	1029
1917	1229	1263	2492	463
1918	816	826	1642	235
1919	1019	1005	2024	172
1920	1318	806	2124	231
1921	3070	1059	4129	516
1922	984	717	1701	132
1923	270	227	497	163
1924	6187	1847	8034	7111
1925	11380	3425	14805	6052
1926	12034	3795	15829	7454
1927	5702	2168	7870	1083
1928	8120	2475	10595	3147
1929	10001	3179	13180	5001
1930 [5])	11506	3980	15486	7178

[3]) Die schon vor Konkursbeginn als Folge des Verzugs eingetretene Geldentwertung hatte der Schuldner freilich nach § 286 BGB. zu ersetzen. Näheres Alfr. Werner (Staudinger) BGB.[9] Bd. II (1930) S. 344ff. mit Verw. (hier u. S. 63 Unterschied zwischen Geldentwertungsschaden und Aufwertung).

[4]) Unterlagen: Vierteljahreshefte zur Statistik des Deutschen Reichs 1926 I 146, 1929 II 48, 1930 II 116, 1931 II 17.

[5]) Im Jahre 1931 sind nach vorläufiger Zählung 13587 Konkurse und 8499 Vergleichsverfahren neu eröffnet worden (KonkTreuh. 1932 S. 15). Die Gesamtzahl der Zusammenbrüche (Neukonkurse u. Konkursablehnungen mangels Masse) wird auf 17000 berechnet (Mitteilungen des Creditoren-Vereins von 1870, Wien, 1932 Nr. 3 S. 4).

Erster Abschnitt.

Die Konkursbeteiligten.

I. Der Konkursschuldner.

§ 5.

1. Die Konkursfähigkeit.

I. Das Konkursverfahren ist eine Prozeßart. Die Fähigkeit, Träger der Gemeinschuldnerrolle zu sein (Konkursfähigkeit), entspricht daher im allgemeinen der passiven Parteifähigkeit des Zivilprozesses. Konkursfähig ist also, wer verklagt werden kann. Das bestätigt der § 213 KO., da er die Konkursfähigkeit „eines Vereins, der als solcher verklagt werden kann", voraussetzt (nicht erst verordnet). Im einzelnen kann Konkursschuldner sein:

1. Jede natürliche Person (§ 50 I ZPO., § 1 BGB.), mag sie geschäftsfähig sein oder nicht. Auf Gewerbetreibende im allgemeinen oder auf Kaufleute im besonderen ist der deutsche Konkurs nicht beschränkt [oben § 1 III]. Ausländer, die der deutschen Gerichtsbarkeit unterstehen [unten III], können bei uns in Konkurs verfallen, auch wenn sie nach dem Recht ihres Heimatstaates (z. B. als Nichtkaufleute) konkursunfähig sind.

2. Jede juristische Person des bürgerlichen Rechts, z. B. eine Aktiengesellschaft (§ 207), ein rechtsfähiger Verein oder eine Stiftung (§ 213). Zwar knüpft der Wortlaut des Gesetzes die „Auflösung" (z. B. § 292 I Nr. 3 HGB.) oder den „Verlust der Rechtsfähigkeit" (§§ 42 I, 86 BGB.) schon an die „Eröffnung des Konkurses", allein zunächst nur in dem Sinne, daß die juristische Person in den Zustand der Abwickelung versetzt wird. Für die Zwecke des Konkurses, freilich auch nur für sie, dauert ihre Rechtspersönlichkeit noch fort. Das muß für die konkursmäßige Liquidation nicht minder gelten als für die außerkonkursmäßige (§ 49 II BGB.). Gemeinschuldnerin ist also die juristische Person selbst. Sonst könnte ja auch von einem Konkurse der juristischen Person und gar von deren „Fortsetzung" nach dem Konkurse (§ 307 II HGB., § 60 I Nr. 4 GmbHG.) keine Rede sein. Rechte und Obliegenheiten eines Gemeinschuldners (z. B. §§ 173, 100) haben die verfassungsmäßig berufenen Vertreter der juristischen Person wahrzunehmen. Sie walten insoweit auch ferner noch ihres Amtes, ähnlich wie im Konkurse des Mündels dessen Vormund tätig bleibt. Ausdrücklich anerkannt wird die Notwendigkeit des Fortbestandes der Organisation in den §§ 104, 108 (trotz § 101) GenG. Die Einziehung rückständiger Mitgliederbeiträge ist ausschließlich Sache des Konkursverwalters. Er verdrängt den allgemeinen gesetzlichen Vertreter des geschäftsunfähigen Schuldners genau so weit aus der Herrschaft über das Schuldnervermögen wie den geschäftsfähigen Schuldner selbst (§ 6).

3. Der Verein ohne Rechtsfähigkeit[1]). Träger der Gemeinschuldnerrolle ist der Verein als solcher, nicht etwa jedes seiner Mitglieder. Der Verband hat, wie in einem gegen ihn gerich-

---

[1]) Hierher gehören vor allem die zahlreichen Vereine, deren Hauptzweck nicht auf einen wirtschaftlichen Geschäftsbetrieb gerichtet ist, die aber die zur Erledigung der Rechtsfähigkeit erforderliche Eintragung (§§ 21, 55 ff. BGB.) nicht erwirken, sei es in der Annahme, so der Verantwortlichkeit für ihre Organe (§ 31 BGB.) auszuweichen, wie die Gewerkschaften (denen a. 124 II 2 RV. gerade die Ein-

teten Erkenntnis- oder Zwangsvollstreckungsverfahren, so auch im Konkurse für dessen ganzen Zweckbereich „die Stellung eines rechtsfähigen Vereins" (§§ 50 II, 735 ZPO.), handelnd durch seinen Vorstand als „gesetzlichen Vertreter" (§ 26 II BGB.). Rechte (z. B. § 173) und Obliegenheiten eines Gemeinschuldners (z. B. § 100) hat daher der Vorstand wie der eines rechtsfähigen Vereins wahrzunehmen. Rückständige Vereinsbeiträge klagt wie im Konkurs eines rechtsfähigen Vereins der Konkursverwalter ein[2]).

4. Solche Gemeinschaften zur gesamten Hand, denen das Gesetz Parteifähigkeit zuerkennt. So die offene Handelsgesellschaft und die Kommanditgesellschaft (§§ 124 I, 161 II HGB., §§ 209 ff. KO.). Als Träger der Gemeinschuldnerrolle behandelt das Gesetz die persönlich haftenden Gesellschafter (vgl. §§ 210, 211). Dagegen ist die Gesellschaft des bürgerlichen Rechtes (§ 705 BGB.) und dementsprechend auch die stille Gesellschaft (vgl. § 335 HGB.) nicht konkursfähig, wie sie auch als solche weder verklagt noch ausgepfändet werden können[3]). Der § 54 BGB. stellt zwar den Verein ohne Rechtsfähigkeit in gewissen Grenzen unter Gesellschaftsrecht, keineswegs aber die Gesellschaft unter Vereinsrecht.

II. Die Konkursfähigkeit juristischer Personen des öffentlichen Rechts versteht sich keineswegs von selbst. Ihre Rechts- und Parteifähigkeit allein entscheidet nicht. Denn es fragt sich, ob und inwieweit der Zwang eines zivilprozessualen Vollstreckungsverfahrens gegenüber dem öffentlichen Gemeinwesen geübt werden kann. Geleitet von der richtigen Erkenntnis, daß die auf private Schuldner zugeschnittene Ordnung der Zwangsvollstreckung und des Konkurses mit der Stellung und den Aufgaben öffentlicher Gemeinwesen schwer zu vereinbaren und daher durch ein Verwaltungszwangsverfahren zu ersetzen sei, überläßt das Reichsrecht die ganze Regelung der Geldbeitreibung gegenüber juristischen Personen des öffentlichen Rechts den Landesgesetzen (§ 15 Nr. 3 EG. ZPO., Art. IV EG. KonkNov.). In der Vorkriegszeit hielten Wohlstand und Ansehen des Reiches, der Länder und der Gemeinden die Gefahr wirtschaftlicher Zusammenbrüche derart im Hintergrunde, daß Gesetzgebung und Wissenschaft ihr kaum Beachtung schenkten. Nur vereinzelt haben die Landesgesetze den rechten Weg eingeschlagen und die zivilprozessuale Zwangsvollstreckung wie den Konkurs durch administrative Maßnahmen verdrängt. So namentlich Bayern (Art. 9, 10 AG. ZPO.), das alle „Einmischung der Gerichte" ablehnt und dem neuestens Thüringen folgt (§ 145 GemO. v. 8. 7. 1926), beschränkter Hessen (Art. 2, 6 AG. ZPO.), das wenigstens den Konkurs der öffentlichen Gemeinwesen ausschließt und die Statthaftigkeit der Zwangsvollstreckung von der vorgängigen Benachrichtigung der zuständigen Verwaltungsstelle und einem Fristablauf abhängig macht. Anderwärts ist der Konkurs entweder nicht ausgeschlossen (so in Preußen, das nach AGO. Teil I Titel 24 § 45 und Anhang § 153 zur Exekution nur das Einvernehmen mit Verwaltungsbehörden fordert) oder geradezu als statthaft anerkannt (so bei politischen Gemeinden, Kirchen- und Schulgemeinden in Sachsen nach § 4 AG. ZPO.). Heute drängt die Notlage der öffentlichen Gemeinwesen zu gesetzlicher Regelung. Was den Fiskus und die politischen Gemeinden betrifft, so sei folgendes hervorgehoben:

1. Reich und Länder sind einem Konkurs im eigentlichen Sinne unzugänglich. Der finanzwissenschaftliche Begriff „Staatsbankrott" hat eine andere Bedeutung. Er bezeichnet einen Zustand des Unvermögens der Erfüllung öffentlichrechtlicher und bürgerlichrechtlicher Verbindlichkeiten, der seinem ganzen Wesen nach durch eine konkursmäßige Haftungsverwirklichung überhaupt nicht zu lösen ist. Gegenüber souveränen Staaten versagt die Möglichkeit eines „Konkurses" im Rechtssinne schon deshalb, weil es an einer rechtlich übergeordneten Gewalt fehlt, die ein solches Verfahren verhängen und durchführen könnte. Eine Regelung, die feindliche Übermacht einem

---

tragungsmöglichkeit gewährleisten sollte), sei es aus mangelndem Interesse, wie so mancher Radlerbund, Ruderklub, Krieger-, Sänger- oder Studentenverein. Die Konkursfähigkeit eines nicht rechtsfähigen Verbandes hat übrigens auch Bedeutung für das Vorstadium vor der Erwirkung und für das Nachstadium nach Beendigung der Rechtspersönlichkeit.

[2]) Namens des auch insoweit einer juristischen Person gleichbehandelten Vereins: eine ergänzende aktive Parteifähigkeit, die innerhalb des im § 50 II ZPO. bestimmten Zweckes liegt.

[3]) Beachte den Gegensatz zwischen § 736 ZPO. einerseits und § 735 ZPO., § 124 II HGB. andererseits. Auch müßte, wenn die Gesellschaft des bürgerlichen Rechts selber konkursfähig wäre, im § 728 BGB. vor allem der Gesellschaftskonkurs als Auflösungsgrund aufgeführt sein (vgl. § 131 Nr. 3, 5 HGB.).

vergewaltigten Staate aufzwingen würde, wäre keine Rechtseinrichtung. Ordnet sich aber ein Land kraft freier Entschließung dergestalt einem höheren Staatswesen ein, daß es sich als dessen Glied einer übergeordneten Befehls- und Zwangsmacht unterwirft, dann ergibt sich zwar die begriffliche Möglichkeit eines Konkurses, ähnlich wie für Gemeinden, Kreise und Provinzen. Diese Möglichkeit müßte aber durch eine ausdrückliche gesetzliche Regelung des Verfahrens verwirklicht werden, weil die Besonderheit der öffentlichrechtlichen Aufgaben des Staates den konkursrechtlichen Grundsätzen widerstreitet. Darum kann auch im heutigen Reiche von einem Konkurse „des Fiskus" keine Rede sein. Dem entspricht es, daß der Abs. II des § 89 BGB. im Gegensatze zum Abs. I den Fiskus nicht erwähnt.

2. Gemeinden (und Gemeindeverbände) sind, soweit das Landesrecht nicht auf Grund des Art. IV EG.KonkNov. ihre Konkursfähigkeit verneint, rechtlich dem Konkurse ausgesetzt. Seine tatsächliche Durchführung stößt aber, da auch bei der Gemeinde öffentlichrechtliche Aufgaben im Vordergrunde stehen, die der allgemeinen konkursrechtlichen Behandlung widerstreiten, auf kaum zu überwindende Hindernisse. Schon die Konkursantragspflicht des § 89 II mit § 42 II BGB. wird bei der allgemeinen Notlage der Gemeinden wohl nirgendwo ernst genommen. Einen bemerkenswerten Versuch, wenigstens die nächstliegenden Schwierigkeiten zu beheben, weist das sächsische AG. ZPO. (§ 4) auf. Es schränkt die Konkurszulässigkeit und darum auch die Konkursantragspflicht (§ 89 II BGB.) durch eine Häufung der Konkursgründe ein: die Gemeinde muß zahlungsunfähig und überschuldet sein. Die Feststellung des doppelten Konkursgrundes hat bei politischen Gemeinden das Ministerium des Innern in einer für das Konkursgericht bindenden Weise zu treffen. Dabei hat es „die für die Erfüllung der öffentlichrechtlichen Aufgaben der Gemeinde unentbehrlichen Gegenstände" nach seinem Ermessen zu bestimmen. Diese Bestimmung wird auf Anfechtungsklage durch das Oberverwaltungsgericht nachgeprüft (§ 6 sächs. AG. ZPO.)[4]. Wo Gemeindekonkurse statthaft sind, erscheint eine Maßregel dieser Art unentbehrlich, weil sonst eine feste Abgrenzung der Konkursmasse überhaupt nicht zu gewinnen ist. Mit der unsicheren Scheidung zwischen Verwaltungs- und Finanzvermögen der Gemeinden kommt man nicht aus. Besondere Schwierigkeiten bereitet die Behandlung der unselbständigen Stiftungen und der gemeindlichen Sparkassen. Was letztere betrifft, so empfiehlt sich für die konkursmäßige wie für die administrative Schuldenbereinigung eine

---

[4]) In dem am 10. Juli 1929 eröffneten Konkursverfahren über das Vermögen der Stadtgemeinde Glashütte hat das Sächsische Oberverwaltungsgericht durch Urteil vom 3. Mai 1930 die Unentbehrlichkeitserklärungen des Innenministeriums auf Anfechtungsklage des Konkursverwalters in erheblichem Umfange beschränkt. Siehe Windler BankA. 29. Jahrg. S. 402ff., Ascher LZ. 1929 Sp. 809ff., Steiniger LZ. 1930 Sp. 1418ff. Bezeichnenderweise hat unter dem Drucke der Schwierigkeiten, die der Konkursbehandlung im Glashütter Falle entgegentraten, die auf Grund der VO. des Reichspräsidenten v. 24. August 1931 (RGBl. I S. 453) erlassene VO. zur Sicherung des Staatshaushalts und der Haushalte der Gemeinden (SparVO.) v. 21. September 1931 (GBl. S. 155) im Vierten Teil Kap. III § 8 unter der Überschrift „Zwangsvollstreckung in das gesamte Vermögen" bestimmt:

„Über das Vermögen einer Gemeinde, eines Bezirksverbandes oder eines Schulbezirkes findet das Konkursverfahren nicht statt."

Damit ist also auch für Sachsen — wenngleich zunächst nur im Notverordnungswege — die Zulässigkeit des Gemeindekonkurses verneint. Übergangsvorschriften enthalten die §§ 17ff. VO., denenzufolge ein schwebender Gemeindekonkurs (Glashütte) „nach den bisherigen Vorschriften durchgeführt wird". An Stelle des verdrängten Konkursverfahrens setzt die sächs. SparV. §§ 9—15 (GBl. S. 187) eine „staatliche Verwaltung", die einem vom zuständigen Ministerium ernannten Staatskommissar übertragen wird (§ 9 VII). Er übt als gesetzlicher Vertreter der Körperschaft das Verwaltungs- und Verfügungsrecht über ihr Vermögen aus (so § 9 VIII) und hat für eine „planmäßige Tilgung der Verbindlichkeiten tunlichst durch einen Vergleich zu sorgen" (§ 11 I), dabei aber „das Spar- und Girokassenvermögen für die Sicherung und Deckung der Forderungen der Spareinleger und der Girokassengläubiger vorzubehalten" (§ 11 IV). Von Reichs wegen bestimmt die VO. v. 7. Oktober 1931 (RGBl. I S. 537) Tit. 5 Kap. I Art. 1 § 2: Spar- und Girokassen, die unselbständige Einrichtungen öffentlicher Körperschaften sind, sollen zu Anstalten mit eigener Rechtspersönlichkeit umgestaltet werden (unter Fortdauer der bisherigen Haftung des „Gewährverbandes" für alte und neue Schulden). Damit werden sie selber konkursfähig und dem Gemeindekonkurs als solchem entrückt. Nach § 15 ÖsterrExekO. v. 1896 hängt die Beschlagsfähigkeit der Bestandteile des Gemeindevermögens davon ab, daß sie „ohne Beeinträchtigung der durch die Gemeinde zu wahrenden öffentlichen Interessen" zur Gläubigerbefriedigung verwendet werden können. Dazu Bartsch-Pollak ÖsterrKO.[2] S. 26.

Gesetzesvorschrift, die den Gläubigern der Kasse, besonders den Spareinlegern, die gesonderte Haftung des getrennt zu verwaltenden Kassenvermögens gewährleistet. Damit ermöglicht sich ein Sonderkonkurs [unten § 6 II]. Die sächsische GemO. v. 1923 erübrigt ihn durch Anerkennung eines gesetzlichen Absonderungsrechtes[5]).

III. Wer der deutschen Gerichtsbarkeit entrückt ist, besonders als Exterritorialer im Sinne des § 18 GVG. (z. B. als Gesandter einer auswärtigen Macht), kann — er mag Ausländer oder Inländer sein — innerhalb des Reiches nicht in Konkurs erklärt werden[6]). Gewohnheitsrechtlich gilt diese Befreiung auch für fremde Staatsoberhäupter. Unsere früheren Landesherren und ihre Häuser dagegen unterliegen heute der ordentlichen Konkursgerichtsbarkeit. Der Vorbehalt des § 7 EG.KO. hat infolge der Einführung freistaatlicher Verfassungen seine Bedeutung verloren.

IV. Im gerichtlichen Konkursabwendungsverfahren entspricht der Konkursfähigkeit die Vergleichsfähigkeit (vgl. § 1 VerglO.). Darum sind auch Vereine ohne Rechtsfähigkeit so vergleichsfähig, wie wenn sie Rechtspersönlichkeit hätten; desgleichen öffentliche Gemeinwesen, falls sie konkursfähig sind. Während aber ein Verband auch noch im Stande der Liquidation konkursfähig bleibt, weil er für deren Zwecke noch fortbesteht, wird insoweit die Vergleichsfähigkeit ausdrücklich verneint (§§ 88, 89 Nr. 1, 91 Nr. 1 VerglO.), mit der Begründung, daß der Verband nun ja „ohnehin erlöschen solle". Die Konkursabwendung würde indessen zum Vorteil aller Beteiligten die mit jedem Konkurse verknüpfte Vermögensentwertung vermeidbar machen und könnte schon darum auch im Auflösungsstande erwünscht sein. Bei Versicherungsunternehmungen wird die Konkursverhütung durch Sondervorschriften angebahnt und im Einklange damit die Vergleichsfähigkeit ausgeschlossen (§ 94 VerglO.; desgleichen für Bausparkassen nach § 120 [§ 133 III] AufsG. i. F. v. 6. Juni 1931). Siehe unten § 39 II 2.

§ 6.

2. Die Zulässigkeit eines Sonderkonkurses.

I. Nach der Frage der Konkursfähigkeit erhebt sich die andere Frage, wann ein Konkursfähiger mit einer Sondermasse seines Vermögens im Konkurse stehen könne. Für die Regel ergreift der Konkurs bei natürlichen wie bei juristischen Personen deren gesamtes beschlagsfähiges Vermögen (§ 1) zugunsten der Gesamtheit ihrer persönlichen Gläubiger (§ 3). Mitunter aber beschränkt er sich objektiv und subjektiv dergestalt, daß nur eine Sondermasse des Schuldnervermögens einer Sonderklasse der persönlichen Gläubiger zur gemeinsamen Befriedigung dient. Ein solches Verfahren nennen wir Sonderkonkurs (Partikularkonkurs). Den Hauptfall bildet der Nachlaßkonkurs. Hier steht der Erbe nur mit seinem ererbten, nicht mit seinem eigenen Vermögen im Konkurse; hier kommen nur Nachlaßgläubiger, nicht Eigengläubiger des Erben zum Zuge.

---

[5]) Der § 11 SächsGemO. v. 1923 (i. F. v. 15. 6. 1925) verordnet nicht nur, daß das Sparkassenvermögen vom übrigen Gemeindevermögen „gesondert zu halten und zu verwalten" sei; sondern fügt hinzu: „Den Spareinlegern steht im Falle des Konkurses für ihre Spareinlagen an dem Sparkassenvermögen ein gesetzliches Pfandrecht im Sinne von § 49 Abs. 1 Ziffer 2 der Konkursordnung zu. Dieses Pfandrecht steht allen vor der Konkurseröffnung entstandenen Pfandrechten nach." Damit wird also eine Sicherheit geschaffen, die sich ausschließlich als Absonderungsrecht auswirkt. Der Vorbehalt des a. 99 EG.BGB. deckt (auch gegenüber dem § 4 I KO.) die landesrechtliche Besonderheit, die freilich mit Wegfall des Gemeindekonkurses [Anm. 4] ihre Bedeutung verliert und daher durch den § 18 II SparVO. (SächsGBl. 1931 S. 189) außer Kraft gesetzt wird.

[6]) Der inländische Eröffnungsbeschluß wäre ein Nichts (ein decretum non existens). Dem Inlandsstaat und damit seinen Gerichten fehlt dem Exterritorialen gegenüber die Gerichtsbarkeit. Es liegt weder Unzulässigkeit des Rechtsweges noch sachliche Unzuständigkeit des Gerichts vor. Daher besteht auch weder unter dem einen noch unter dem anderen Gesichtspunkte die Möglichkeit des Eintritts einer den Mangel heilenden Rechtskraft. Zur Kernfrage siehe Baumbach ZPO.[6] (1931) S. 48 gegen RG. v. 4. 6. 1930 Jur.Rundsch. Nr. 1647.

II. Für drei Gruppen von Sonderkonkursen stellt die Konkursordnung eigene Regeln auf, nämlich

1. für den Konkurs der offenen Handelsgesellschaft und der Kommanditgesellschaft in den §§ 209—212,
2. für den Nachlaßkonkurs in den §§ 214—235 und
3. für den Konkurs über das Gesamtgut der fortgesetzten Gütergemeinschaft im § 236.

Im übrigen läßt das Gesetz (im Gegensatz zu einem nicht übernommenen Vorschlage des Entwurfs) die Frage der Zulässigkeit von Sonderkonkursen offen. Jene drei Gruppen behandelt es also nur deshalb eigens, weil es für sie vom Regelkonkurs abweichende Rechtssätze aufstellt[1]). Die Praxis hat längst erkannt, daß es auch nicht ausdrücklich geregelte Sonderkonkurse gibt, wie etwa den über das übernommene Vermögen nach liquidationsloser Verschmelzung von Aktiengesellschaften (§ 306 IV HGB.)[2]). Der bequeme Lehrsatz, Sonderkonkurse seien nur kraft gesetzlicher Verstattung zulässig, genügt den Verkehrsbedürfnissen nicht. Noch weniger befriedigt er die Wissenschaft. Denn er läßt völlig unerklärt, warum über bestimmte Sondergüter, wie z. B. über das Vermögen einer Gesellschaft des bürgerlichen Rechts, ein eigenes Konkursverfahren unstatthaft ist[3]).

Wiederholt hat man bis in die neueste Zeit versucht, die Statthaftigkeit eines Sonderkonkurses aus der Tatsache gesonderter Verwaltung abzuleiten. So namentlich bei städtischen Sparkassen [oben § 5 II 2] und bei unselbständigen Einrichtungen gewerblicher Betriebe zur Versorgung ihrer Angestellten. Indessen rechtfertigt eine gesonderte Verwaltung den Sonderkonkurs nicht einmal dann, wenn sie gesetzlich geboten, und noch weniger, wenn sie dem freien oder dem nur rechtsgeschäftlich gebundenen Willen des Schuldners entsprungen ist. Auch eine noch so scharfe Scheidung in der Buchführung, wie sie Handels- und Privatvermögen des Kaufmanns, die Geschäftsbereiche mehrerer Niederlassungen und sogar wesensverschiedene Betriebe desselben Unternehmers trennt, genügt anerkanntermaßen nicht, um Sonderkonkurse des Handelsvermögens, der einzelnen Niederlassung oder des einzelnen Unternehmens zu rechtfertigen. Weshalb nicht? Weil trotzdem alles beschlagsfähige Vermögen des Schuldners allen seinen persönlichen Gläubigern auf gleicher Stufe haftet[4]). Der Konkurs ist ein Verfahren zur Verwirklichung der persönlichen Haftung [oben § 1]. Aus diesem seinem Zwecke ergibt sich die begriffliche Voraussetzung für die Statthaftigkeit eines Sonderkonkurses. Sonderkonkursen sind nur **gesondert haftende** Teilmassen des Schuldnervermögens zugänglich. Dem Erfordernis ist genügt, wenn bestimmte Gläubiger nur aus der Teilmasse, aber auch schon dann, wenn sie vor anderen aus ihr Befriedigung zu beanspruchen haben[5]). Jenes gilt für den Nachlaßkonkurs bei beschränkter, dieses bei unbeschränkter Erbenhaftung.

---

[1]) Die Statthaftigkeit des Nachlaßkonkurses und die des Gesamtgutskonkurses wird in den §§ 214, 236 keineswegs erst verordnet, sondern bereits vorausgesetzt. Wenn aber der § 209 den Gesellschaftskonkurs in bestimmten Fällen verstattet, so geschieht dies nur zur Ausschließung von Zweifeln und zur Abgrenzung gegenüber der Gesellschaft des bürgerlichen Rechts [oben § 5 Note 3]. Der im § 209 genannte Konkurs der Kommanditgesellschaft auf Aktien ist, da ihr (wenigstens nach herrschender Lehre) eigene Rechtspersönlichkeit zukommt, überhaupt kein Sonderkonkurs, sondern Gesamtkonkurs (Universalkonkurs) einer juristischen Person. Ebenso ist der Konkurs eines Vereins ohne Rechtsfähigkeit nicht etwa Sonderkonkurs der Vereinsmitglieder mit dem Vereinsvermögen, sondern Gesamtkonkurs des insoweit als rechtsfähig behandelten Verbandes [oben § 5 I 3].

[2]) RG. 84 S. 242; Breit ZHR. 95 (1930) S. 381.

[3]) Wendungen wie die, es seien nur Personen, nicht Massen, also z. B. nicht das Vermögen einer Gesellschaft im Sinne des § 705 BGB., konkursfähig, lösen die Schwierigkeit nicht, sondern verschleiern sie bloß. Denn auch der Sonderkonkurs ist Konkurs einer Person oder einer Personenmehrheit mit dem Sondergut, z. B. der Gesellschafter mit dem Vermögen der offenen Handelsgesellschaft (einer Masse, die stärker verselbständigt ist als das bürgerlichrechtliche Gesellschaftsvermögen). Auch der Nachlaßkonkurs ist nicht Konkurs einer Masse, sondern Konkurs des Erben mit seinem ererbten Vermögen. Als dessen Träger, nicht in seiner vermögensrechtlichen Gesamtpersönlichkeit, steht der Erbe im Konkurse.

[4]) So den Gläubigern einer Stadtsparkasse auch sonstiges Gemeindevermögen (RG. 122 S. 180), den Handelsgläubigern eines Kaufmanns auch dessen Privatvermögen.

[5]) Nur die persönliche, in Konkursforderungen ausmündende Haftung steht in Frage. Für Gläubiger, die aus einzelnen Gegenständen des Schuldnervermögens als Absonderungsberechtigte oder nach Art von solchen Vorzugsbefriedigung zu beanspruchen haben [unten § 17], liegt kein Bedürfnis nach einem Sonderkonkurse vor. Über den Schutz der Sparkassengläubiger durch Absonderungsrecht siehe oben § 5 Note 5.

III. Die Eigenart des Sonderkonkurses äußert sich hinsichtlich der Konkursvoraussetzungen wie hinsichtlich der Konkursfolgen. So ist der Konkursgrund ausschließlich in Begrenzung auf das Sondervermögen (z. B. auf den Nachlaß, § 215) festzustellen. Nur dieses Sondervermögen verfällt dem Konkursbeschlage (z. B. den Wirkungen der §§ 6, 14, 15), nur seine Verkürzung der Konkursanfechtung (§§ 29ff.). Gemeinschuldner ist der Träger des Sondervermögens oder eine Mehrheit von solchen in dieser Eigenschaft (z. B. der Erbe oder die Mehrheit der Miterben im Nachlaßkonkurse), soweit nicht Ausnahmen verordnet sind (wie sie beim Konkurs über das Gesamtgut einer fortgesetzten Gütergemeinschaft in der Verdrängung der Abkömmlinge aus der Gemeinschuldnerrolle liegen, § 236). Konkursgläubiger sind nur diejenigen persönlichen Gläubiger, denen das Sondergut ausschließlich oder im voraus haftet. Inwieweit Rechts- und Ehrenminderungen eines Gemeinschuldners den oder die Träger des Sonderguts treffen, wird in anderem Zusammenhang erörtert. Die ausdrücklich geregelten Sonderkurse sind unten [§§ 33, 36] dargestellt.

§ 7.

3. Die rechtliche Stellung des Konkursschuldners.

Der Konkurs unterwirft den Schuldner einer folgenschweren Rechts- und Ehrenminderung. Diese capitis deminutio wirkt sich vor allem auf vermögensrechtlichem Gebiete aus: im Verluste der Verfügungsmacht (§§ 6ff.), in eigenartiger Lösung schwebender Schuldverträge (§§ 17ff.) und im Stillstand anhängiger Rechtsstreitigkeiten (§ 240 ZPO. mit §§ 10ff. KO.). Zur Erklärung dieser Verfangenschaft des beschlagsfähigen Schuldnervermögens ist die Annahme einer pfandrechtsartigen Massebelastung weder geboten noch ausreichend [darüber unten § 11 II].

I. Verlust der Verwaltungs- und Verfügungsmacht.

1. Die Konkursmasse dient dem Zwecke der Gläubigerbefriedigung (§§ 3, 57, 61). Um diesen Erfolg zu gewährleisten, entzieht das Gesetz dem Schuldner die „Befugnis", sein zur Konkursmasse gehörendes Vermögen zu verwalten und über dessen Gegenstände zu verfügen, und bestimmt zugleich, daß der Konkursverwalter das Verwaltungs- und Verfügungsrecht „auszuüben" habe (§ 6). Der Zusammenhang beider Rechtssätze stellt klar, daß dem Verwalter die Macht eingeräumt wird, die der Schuldner verliert: die zur Konkursmasse gehörenden Rechte hat an Stelle des Schuldners der Konkursverwalter „auszuüben". Nicht die Rechtszuständigkeit, nur die Ausübungsbefugnis wechselt. Nach wie vor hat das konkursbefangene Vermögen im Gemeinschuldner seinen Rechtsträger. Er ist und bleibt Eigentümer der zur Masse gehörenden Sachen, Gläubiger der zur Masse gehörenden Forderungen. Darüber lassen Zweck und Wortlaut des Gesetzes keinen Zweifel. Es spricht von „seinem" zur Masse gehörenden (§ 6 I) und vom „sonstigen Vermögen des Gemeinschuldners" (§ 14 I). Die Masse wird nicht selber zum Rechtssubjekt. Von einem Rechtsübergang auf die einzelnen Gläubiger oder auf eine Gläubigerschaft ist keine Rede. Noch weniger wird der Konkursverwalter Träger der zur Masse gehörenden Vermögensgegenstände[1]). Sie „gehören" nach den klaren Worten

[1]) Er hat auch keinerlei persönliches Interesse an der Masse. Schon deshalb ist der Vergleich ganz schief, der zwischen dem Konkursverwalter und dem das eingebrachte Gut der Frau verwaltenden Ehemann (§§ 1363, 1373ff. BGB.) gezogen wird. Die Nutzverwaltung des Mannes ist ein vorwiegend in seinem Interesse begründetes Recht „am" eingebrachten Gute, wenn auch nicht im Sinne sachenrechtlicher Einzelbelastung, so doch als familienrechtliche Rechtsmacht an einer Vermögensmasse im ganzen. Verfolgt der Mann nach § 1380 Satz 1 BGB. ein zum eingebrachten Gute gehörendes Recht der Frau, klagt er z. B. eine eingebrachte Forderung der Frau ein, so macht er zwar einen fremden Anspruch geltend, aber kraft eignen Rechts (kraft der Nutzverwaltung), im eignen Interesse und im eignen Namen. Klagt dagegen der Konkursverwalter Außenstände der Masse ein, dann handelt er ausschließlich in fremdem Interesse und in fremdem Namen. Seine Verwaltungsbefugnis ist eine durchaus fremdnützige Rechtsmacht. Darüber zu streiten, ob sie „am" Schuldnervermögen oder nur „in Ansehung" desselben besteht, hat keinen Wert, sobald einmal erkannt ist, daß sie weder in sachenrechtlicher Belastung noch in einer der Nutzverwaltung entsprechenden Verfangenschaft einer Vermögensmasse beruht. Sie ist von der gleichen Art wie die Verwaltungsmacht anderer Vermögenspfleger.

des Gesetzes dem Gemeinschuldner. Dem Konkursverwalter wird im Zweckbereiche des Konkurses Macht über fremdes Vermögen gegeben. Rechtsgeschäfte, die er „als Verwalter der Konkursmasse" abschließt, Rechtsstreitigkeiten, die er in solcher Eigenschaft führt, berechtigen und binden ihn nicht selber, sondern den Masseträger[2]). Insoweit handelt der Konkursverwalter kraft einer gesetzlichen, vom Willen des Schuldners unabhängigen Ermächtigung in fremdem Namen und mit unmittelbarer, ausschließlicher Wirksamkeit für den Masseträger, somit im Fachsinne des Wortes als dessen Vertreter (§ 164 BGB.). Da das Gesetz dem Gemeinschuldner die Vertretung um der Vollstreckung willen aufnötigt, wird der Konkursverwalter am besten als Zwangsvertreter des Masseträgers gekennzeichnet. Auch den anfechtungsrechtlichen Rückgewähranspruch behandelt das Gesetz (§ 37) aus Zweckmäßigkeitsgründen[3]) als ein zur Masse gehörendes Recht, das der Verwalter in Zwangsvertretung des Masseträgers „ausübt" (§ 36). In Masseprozessen ist Partei der Masseträger: für und gegen ihn, nicht für und gegen den Verwalter, wirkt das Urteil (und zwar auch über den Konkurs hinaus) Rechtskraft und Vollstreckbarkeit [unten § 9 I]. Die Masse kann der Verwalter nicht vertreten, weil sie kein Rechtssubjekt ist; die Gläubiger nicht, weil diese kein vom Verwalter für sie auszuübendes Recht am Massevermögen haben.

Der Annahme einer Vertretungsmacht des Konkursverwalters steht nicht entgegen, daß die Konkursordnung (§§ 81, 84, 86) den Kreis der Verwalteraufgaben gelegentlich als „Amt" bezeichnet. Das Bürgerliche Gesetzbuch redet auch von einem „Amte" des Vormundes (z. B. § 1885), und doch ist die Vormundschaft gerade der Musterfall einer gesetzlichen Vertretung. Wie die Nachlaßverwaltung bildet die Konkursverwaltung eine besonders geregelte Pflegschaft, eine Vermögenspflegschaft „zum Zwecke der Befriedigung der Gläubiger" (§ 1975 BGB.), die Pflegschaft selbst aber nur eine Unterart der Vormundschaft (§ 1915 BGB.). Keineswegs bekleidet der Konkursverwalter ein Staatsamt. Er handelt nicht als Organ der staatlichen Rechtspflege, wie eine auf RG. Bd. 29 S. 36 zurückgehende[4]) und schon um ihrer Be-

[2]) Wenn etwa der Konkursverwalter, um den Grundbesitz des Gemeinschuldners vorteilhaft abzurunden, eine Liegenschaft für die Masse anschafft (§ 134 Nr. 2), so wird durch den von ihm abgeschlossenen Kaufvertrag der Gemeinschuldner (nicht der Verwalter) als Käufer berechtigt und im Sinne des § 59 Nr. 1 verpflichtet. Durch Auflassung und Eintragung wird der Gemeinschuldner (nicht der Verwalter) Eigentümer des Grundstücks. Auf seinen Namen, nicht auf „die Konkursmasse" und vollends nicht auf den Konkursverwalter, hat der Bucheintrag nach ständiger Rechtsprechung (z. B. LZ. 1907 Sp. 604) zu lauten. Nur ist der Konkursvermerk (§ 113) beizufügen, damit der Erwerb als Massebestandteil gekennzeichnet wird. Handelte der Konkursverwalter eigenen Namens, dann bliebe völlig unerklärt, warum dieses Handeln sich unmittelbar und ausschließlich zugunsten und zu Lasten der Konkursmasse auswirkt. Nur, wenn er entweder die Masse selbst oder den Masseträger vertritt, ergeben sich jene Rechtsfolgen zwanglos. Jeder Versuch, der Masse Rechtspersönlichkeit zuzubilligen, scheitert an der Tatsache, daß auch das konkursbefangene Vermögen dem Gemeinschuldner gehört, daß es also in ihm seinen festbestimmten, gegenwärtigen Rechtsträger hat. Es würde ja auch nur zur Annahme einer vermeidbaren, besonders im Prozesse störenden Rechtsnachfolge führen, wenn die konkursbefangenen Vermögensgegenstände nun erst noch auf eine besondere Persönlichkeit der Masse übergingen, um im Falle der konkursmäßigen Veräußerung oder der Konkursbeendigung (etwa durch Einstellung) den Rechtsträger sofort wieder zu wechseln.

[3]) Wohl gestattet der Wortlaut des § 37 auch eine andere Auslegung, aber die Bedürfnisse der Praxis drängen dazu, den Konkursanfechtungsanspruch selber als Massebestandteil zu betrachten, den der Verwalter wie noch unveräußerte Masserechte in Zwangsvertretung des Masseträgers zu verfolgen hat. Denn nur so gelangt man zu einer einheitlichen Behandlung. Beispielsweise würde in dem wichtigen Falle, daß der Verwalter eine Vermögensentäußerung zunächst unter dem Gesichtspunkte bloßer Scheinübertragung bekämpft hat, der Beweisschwierigkeit halber aber zum Rückgewähranspruche des § 37 übergegangen ist, ein Parteiwechsel vorliegen, falls der Verwalter diesen Anspruch als Gläubigerrecht in Vertretung der Gläubiger geltend zu machen hätte.

[4]) Daß wir materiellrechtlich nur unter Zuhilfenahme des Vertretungsbegriffes zu angemessenen und zwanglosen Konstruktionen gelangen, da die Willenserklärungen des Verwalters unmittelbar und ausschließlich für und gegen die Masse wirken, die doch Vermögen des Gemeinschuldners bleibt, das läßt sich ernsthaft gar nicht bestreiten. Das erkennt gerade auch das RG. a. a. O. S. 30 mit aller Bestimmtheit an: „Man mag die Stellung des Verwalters konstruieren wie man will, ohne den Grundsatz ist nicht auszukommen, daß die Handlungen des Konkursverwalters für den Gemeinschuldner bindend sein müssen. In diesem Sinne kann auch nicht bestritten werden, daß der Konkursverwalter den Gemeinschuldner vertrete." Nur für die Anwendung des Prozeßgesetzes hat das Urteil andere Wege gehen zu müssen geglaubt, obwohl doch der § 51 ZPO. auch für den Prozeß am bürgerlichrechtlichen Begriff der gesetzlichen Vertretung festhält. Siehe das Nähere unten § 9 I.

quemlichkeit willen weitverbreitete Ansicht unter Ablehnung jedes Vertretungsgedankens behauptet. Diese Auffassung widerstreitet dem unsern Konkurs beherrschenden Grundsatze der Selbstverwaltung. Sie verkennt überdies, daß der Verwalter, wenn er wirklich als „Willenswerkzeug" des Staates tätig würde, gerade in dieser Eigenschaft Vertreter, nämlich Vertreter des Staates, wäre. So viel wird heute allgemein erkannt, daß der Konkursverwalter keine staatliche Zwangsgewalt, überhaupt keine obrigkeitliche Macht ausübt und daß er kein Beamter im Sinne des Strafgesetzbuchs ist[5]), wenn sich auch nicht leugnen läßt, daß die Fürsorgetätigkeit des Verwalters wie die des Vormunds zugleich dem öffentlichen Interesse dient[6]). Selbst wenn aber das Verwalteramt eine öffentliche Behörde wäre, würde damit die Vertreterstellung des Verwalters nicht ausgeschlossen sein. Denn auch das Jugendamt handelt in gesetzlicher Vertretung des Mündels (§§ 2, 8, 32 JWG.)[7]).

Freilich erschöpft die Vertretungstätigkeit des Konkursverwalters seinen Amtsbereich nicht. Es sind ihm zur Erfüllung seiner Aufgaben auch Eigenbefugnisse verliehen, Pflichtrechte, in deren Wahrnehmung er niemanden vertritt. Hier handelt es sich um Verrichtungen, die nur um des besonderen Zweckes dieser Güterpflege willen vorgesehen sind. Dahin gehört die Befugnis, Auskunft vom Schuldner zu verlangen, seine Zwangsvorführung, seine Verhaftung, seinen Offenbarungseid zu erwirken (§§ 100, 101, 125) oder seine Briefe zu öffnen (§ 121 I 2). Von einer Vertretung des Schuldners durch den Verwalter kann in solchen Fällen ebensowenig die Rede sein als von einer Vertretung des Mündels durch den Vormund, wenn dieser etwa die Zwangserziehung des Mündels erwirkt (§ 1838 BGB.).

Zusammenfassend haben wir zu sagen: Soweit der Konkursverwalter seine gesetzliche Verwaltungs- und Verfügungsmacht in Ansehung der Konkursmasse ausübt, handelt er als Zwangsvertreter des Masseträgers. Insoweit vertritt er den Gemeinschuldner als solchen. Er vertritt ihn nicht in seiner Gesamtpersönlichkeit, sondern nur als Subjekt des konkursbefangenen Sondervermögens. So verstanden kann man den Verwalter in abgekürzter Redewendung als Vertreter der Konkursmasse bezeichnen.

Über die Rechtsstellung des Konkursverwalters wird seit Jahrzehnten lebhaft gestritten. Unleugbar hat der Meinungskampf befruchtend auf die Wissenschaft des bürgerlichen Rechts (besonders die Vertretungslehre) und des Prozeßrechts (besonders die Parteilehre) eingewirkt. Eine Stellungnahme zum Streit ist unerläßlich, weil von ihr die Anwendbarkeit wichtiger Rechtssätze abhängt. Belanglos ist also die Frage keineswegs. Ihre Tragweite mag überschätzt worden sein; aber es trifft gewiß nicht zu, wenn Anhänger der „soziologischen Rechtsfindungsmethode" meinen, der ganze Streit verdanke seine Entstehung nur einem krankhaften Drange zum Konstruieren. Einer der scharfsinnigsten Vorkämpfer der Freirechtsschule, James Breit, möchte die Kontroverse als vollkommen bedeutungslos „der juristischen Rumpelkammer überweisen" (JurW. 1916 S. 1077 ff.). Er geht davon aus, daß Willenserklärungen des Konkursverwalters als solchen für und gegen die Masse wirken, daß daher insoweit der Verwalter „ruhig als Ver-

---

[5]) Also z. B. nicht im Sinne der §§ 33, 34, 113, 331, 340, 350 StGB., aber auch nicht Beamter im Sinne des Art. 131 RV. (Art. 77 EG.BGB.) und der Zuständigkeitsvorschrift des § 71 III GVG. Der Konkursverwalter ist auch kein „öffentlicher Beamter" im Sinne der §§ 376 (doch kann er nach § 383 I Nr. 5 zur Verweigerung des Zeugnisses berechtigt sein), 432, 811 Nr. 7 u. 8, 850 Nr. 8, 910 ZPO. Ebensowenig eine „öffentliche Behörde" oder eine „mit öffentlichem Glauben versehene Person" im Sinne des § 415 ZPO.

[6]) Diese Fürsorgetätigkeit gehört Grenzgebieten des bürgerlichen und des öffentlichen Rechts an. Inwieweit sie auf „öffentlicher Dienstpflicht" beruht, steht bei der Unsicherheit dieses Begriffs dahin. Er wird lebhaft erörtert im Streit über die Frage der Gewerbesteuerpflicht des Konkursverwalters, die das PreußOVG. bejaht (KonkTreuh. 1930 S. 45, Boyens ebenda S. 89 ff., dawider Bley KonkTreuh. 1929 S. 178 ff., 1930 S. 187 ff.). Die Frage liegt entsprechend für die Aufsichtsperson des Vergleichsverfahrens [unten S. 224]. Die Umsatzsteuerpflicht wird für beide Fälle bei dauernder Tätigkeit bejaht (RFH. v. 12. 6. u. v. 28. 9. 1928 KonkTreuh. S. 106, 188, Bley ebenda S. 165).

[7]) Derselbe 5. Zivilsenat des RG., der das in Note 4 besprochene Urteil Bd. 29 S. 29 gefällt hat, betont später Bd. 53 S. 352, nachdrücklich: der Verwalter „vertrete" kraft seines Amtes vor allem den Gemeinschuldner. Siehe auch RG. 80 S. 418, wo die Anwendbarkeit des § 177 BGB. auf das Handeln kraft vermeintlicher Verwalterstellung mit dem Satze begründet wird: „Die Wirkung" des Handelns eines wahren Verwalters „entspreche der der unmittelbaren Stellvertretung". Auch von dem oben § 5 Note 4 erwähnten Staatskommissar des sächsischen Rechts, dem an Stelle des Konkursverwalters die Befriedigung der Gemeindegläubiger obliegt und der zu diesem Zwecke statt des Konkursverwalters „das Verwaltungs- und Verfügungsrecht über das Gemeindevermögen ausübt", sagt die dort angeführte SparVO. (§ 9 VIII) ausdrücklich, daß er als gesetzlicher Vertreter der Gemeinde tätig werde.

treter des Gemeinschuldners bezeichnet werden könne[8])". Diese Vertretung sei aber nur „das formale Mittel", die Gläubigerinteressen zu wahren und die Gläubigerrechte zu verwirklichen. „Nicht um des Schuldners, sondern um der Gläubiger willen sei der Konkursverwalter da." „Die Interesselosigkeit des Schuldners" werde von der Lehre der Schuldnervertretung verkannt. Die Behauptung, daß es zugleich im objektiv gewürdigten Interesse eines redlichen Schuldners liege[9]), wenn sein Vermögen zwangsweise versilbert und zur Schuldenbereinigung verwendet werde, sei nicht „wissenschaftliche Erkenntnis", sondern „im günstigsten Falle ein schlechter Witz".

Es hat keinen Wert, darüber zu rechten, ob es wirklich wahr ist, daß die Befriedigung der Gläubiger nicht auch im Interesse des Schuldners liegt. Denn für unsere Frage kommt es weit weniger auf den Gesamtzweck des Verfahrens, als auf die einzelne Tätigkeit des Verwalters an. Darum handelt es sich, ob er das Wohl des Schuldners zu wahren oder mindestens mitzuwahren hat, wenn er einen zur Masse gehörenden Gegenstand veräußert oder einklagt, wenn er eine angemeldete Konkursforderung im Prüfungstermin und im Feststellungsprozesse bekämpft, wenn er die behauptete Belastung eines Massegegenstandes bestreitet[10]). Um des Schuldners Rechte und Pflichten geht es hier, und es sollte nicht um sein Interesse gehen? Der Konkursverwalter sollte nicht dem Schuldner als „Beteiligtem" (Interessenten) haftbar werden (§ 82), wenn die Veräußerung eine schuldhafte Verschleuderung, die Prozeßniederlage Folge schuldhafter Säumnis des Verwalters ist? Allerdings gilt es, bei der Anwendung jedes auf gesetzliche Vertretung abgestellten Rechtssatzes zu prüfen, inwieweit er auf die besonders geartete Zwangsvertretung unseres Falles paßt. Dabei müssen die Interessen der Gläubiger gebührend berücksichtigt werden. Kein verständiger Anhänger der „konstruktiven Methode" hat die Notwendigkeit solcher Interessenabwägung jemals bestritten. Wird dieses Gebot beachtet, dann ergeben sich durchaus angemessene Schlüsse, ohne daß dem Gesetze Gewalt angetan zu werden braucht.

Als eine besonders abschreckende Folgerung der Lehre von der Schuldnervertretung wird es bezeichnet, daß von ihrem Standpunkt aus der Konkursverwalter ein Massegrundstück nicht an sich selber freihändig veräußern oder es doch, falls Verstöße wider den § 181 BGB. auch in Fällen der Zwangsvertretung durch Genehmigung des Vertretenen heilen, nur mit dem Willen des Gemeinschuldners erwerben könne. Letzternfalls sei „zustimmungsberechtigt eine Person, die in 99 von 100 Fällen vollständig uninteressiert (!) an dem Vorgange ist, und nicht genehmigungsberechtigt diejenige Gemeinschaft, deren Interessen in Wahrheit allein auf dem Spiele stehen". Nun wird doch aber offenbar das gemeinsame Wohl der Gläubiger durch das Genehmigungserfordernis des § 134 Nr. 1 KO. ausreichend gewahrt, da der Verwalter pflichtwidrig handelte, wenn er bei Einholung des Konsenses die Absicht, selber zu erwerben, verschweigen würde. Anderseits kann der Verwalter zweifellos das Massegrundstück unabhängig vom Willen des Gemeinschuldners erstehen, wenn die Veräußerung in den Formen der Zwangsvollstreckung (§ 126 KO., §§ 172ff. ZVG.) oder doch als öffentliche Versteigerung durch einen dritten Versteigerer (z. B. einen vom Verwalter betrauten Notar) bewirkt wird, sich also unter besonderen Garantien vollzieht[11]). Daß der Verwalter auch persönlich aus freier Hand an sich selbst veräußern könne, ist minder unbedenklich. Es hat guten Sinn, wenn hier das Verbot des § 181 BGB. einsetzt. Löst aber seine Verletzung auch in Fällen gesetzlicher Vertretung nur eine durch Zustimmung des Vertretenen heilende Unwirksamkeit aus (so mit Recht Breit a. a. O. S. 1071), dann darf getrost auch die Folgerung gezogen werden, daß die Entscheidung beim Gemeinschuldner steht. Er ist als Eigentümer des Grundstücks unleugbar der nächste Beteiligte und wird, da der Aufwand einer kostspieligeren Verwertungsart doch immer wieder ihm selbst zur Last fällt, es aus eigenem Interesse nicht ohne triftigen Grund auf eine solche ankommen lassen[12]).

---

[8]) Kann die Wirkung auch **anders** als unter dem Gesichtspunkt einer Vertretung (dahingestellt, wessen) erklärt werden? Besondere Gesetzesvorschriften (etwa nach Art der §§ 815 III, 819 ZPO.) fehlen. Welche allgemeinen Rechtssätze aber, wenn nicht die der Stellvertretung, sollten das Ergebnis sichern?

[9]) Von diesem Gedanken ist (wie die Begründung zum § 5 des Entwurfs ergibt) der Redaktor des Gesetzes ausgegangen. Er hat unzweifelhaft die grundlegenden Vorschriften unter dem Gesichtspunkte der Vertretung des Gemeinschuldners durch den Konkursverwalter abgefaßt.

[10]) „Am klarsten", meint Breit a. a. O. S. 1081 N. 12, „trete die Interesselosigkeit des Gemeinschuldners beim **Nachlaßkonkurs** zutage. Er setze Überschuldung voraus (§ 215). Die gesamte Masse diene also der Befriedigung der Konkursgläubiger". Und gebührt ein Überschuß, der hier, wo die Konkurseröffnung mit Rücksicht auf die strenge Antragspflicht (§§ 1980, 1985 BGB.) oftmals überstürzt wird, gar keine Seltenheit bildet, nicht ganz wie sonst dem Gemeinschuldner-Erben? Ist dieser nicht wie sonst auch Träger der konkursbefangenen Rechte und Pflichten? Schützt die ganze Einrichtung des Nachlaßkonkurses nicht vornehmlich oder mindestens gleichzeitig den Erben (§ 1975 BGB.)?

[11]) Hier wie dort kann der Verwalter das Grundstück für sich persönlich oder für die Masse (§ 134 Nr. 2 KO.) erstehen. Beides gestatten die §§ 456, 457 BGB., die für ihren Sonderbereich den § 181 BGB. ausschalten.

[12]) Wie bedenklich es ist, den sicheren Weg der Vertretungslehre zu verlassen, das zeigt die gerade von Freirechtlern scharf und mit Fug bekämpfte Entscheidung des RG. Bd. 99 S. 161ff. (Kupferkonkurs). Sie versteigt sich zu der Behauptung: der Rückforderungsausschluß des § 817 Satz 2 BGB. gelte, wenn der nachmalige Gemeinschuldner durch seine Leistung ebenso wie der Empfänger durch deren Annahme gegen die guten Sitten verstoßen habe, zwar außerhalb des Konkurses gegenüber einer Rückforderungs-

2. An die Entziehung der Verwaltungs- und Verfügungsbefugnis (§ 6) knüpft das Gesetz die Folge, daß „Rechtshandlungen", die der Gemeinschuldner während des Konkurses vornimmt, „den Konkursgläubigern gegenüber unwirksam sind" (§ 7).

a) Unwirksam sind „Rechtshandlungen" im weiten Sinne des Wortes und zwar solche, die der Schuldner persönlich vornimmt, wie solche, die er durch eine von ihm bevollmächtigte Person vornehmen läßt; desgleichen Rechtshandlungen seines allgemeinen, für den Massebereich durch den Konkursverwalter verdrängten gesetzlichen Vertreters (z. B. eines Vormunds, Vereinsvorstandes). Unter den Rechtshandlungen spielen hier die Hauptrolle rechtsgeschäftliche Verfügungen, sie mögen auf Übertragung (z. B. Übereignung, Abtretung), auf Belastung (z. B. mit Pfandrechten i. w. S. oder mit Dienstbarkeiten), auf Aufhebung oder inhaltliche Veränderung von Rechten gerichtet sein, aber — wie Zweck und Zusammenhang des Gesetzes ergeben — nur solche, die in aktiver oder passiver Beziehung zur Konkursmasse stehen. Rechtshandlungen des Schuldners, die nur das konkursfreie Vermögen treffen (wie die Verfügung über unpfändbare oder neuerworbene Gegenstände, mag sie auch in irriger Annahme ihrer Massezugehörigkeit erfolgen) oder überhaupt nicht auf vermögensrechtlichem Gebiete liegen (wie Eheschließung, Annahme an Kindesstatt) sind vollwirksam[13]).

---

klage des Leistenden selbst, nicht aber im Konkurse gegenüber der Rückforderungsklage seines Verwalters. Dazu fehle „der innere Grund", da dem Verwalter persönlich „irgendein Sittenverstoß nicht zur Last gelegt werden könne". Wie aber sollte der Verwalter hier zu einer über den § 6 KO. hinausgehenden Macht gelangen! Er kann nichts weiter als den Anspruch des Leistenden so, wie er diesem zusteht, „ausüben". Die Begründung träfe auch auf den Vormund des nach der Leistung entmündigten Verschwenders zu. Und wie, wenn der Rückgewähranspruch schon vor dem Konkurse vom Leistenden erhoben, nach Konkursbeginn aber vom Verwalter weiterverfolgt wird (§ 10) oder umgekehrt der Verwalter die Klage erhebt, der Schuldner sie nach dem Konkurse fortführt? Verbleibt, wenn nach Durchführung des Anspruchs der Konkurs gemäß § 202 eingestellt wird, die zurückgewährte Leistung dem bisherigen Gemeinschuldner oder kann sie ihm nun etwa der Gegner wieder abstreiten? Ungeachtet all dieser Bedenken billigt neuestens RG. v. 29. 1. 1931 JW. S. 2093 Nr. 5 (im Gegensatz zu den beiden Vorinstanzen) jenen Fehlspruch mit dem Beifügen, die KO. selbst habe ja in den §§ 17, 29ff., 127 dem Verwalter Rechte eingeräumt, die dem Gemeinschuldner nicht zustehen (!!). Solche Ausnahmen bestätigen doch gerade den Regelsatz, daß der Konkursverwalter die Rechte des Schuldners nur so „ausüben" kann, wie sie diesem zustehen (§ 6 KO.). Das Urteil des RG. v. 29. 1. 1931 aaO. (dem Haymann in der Note zustimmt) glaubt, seine Ansicht mit dem angeblichen Strafcharakter des § 817 Satz 2 BGB. begründen zu können. Allein, auch wenn der Ausschluß zur Strafe eintritt, bedeutet er, daß der Anspruch auf Rückgewähr der unsittlichen Zuwendung gar nicht zur Entstehung kommt. Nach den klaren Worten des Gesetzes soll die Rückforderung ausgeschlossen sein, wenn auch „den Leistenden" der Vorwurf eines Verstoßes gegen die guten Sitten trifft, wenn also auch er beim Leisten die Gebote der Moral verletzt hat (treffend Matthießen JW. 1931 S. 2563f. zu Nr. 3). Spätere Schicksale seines Vermögens können an der Tatsache dieses ursprünglichen Forderungsausschlusses gar nichts ändern. Wie soll es auch zu erklären sein, daß Rückgewähranspruch entsteht, wenn der Leistende binnen der nächsten 30 Jahre (!) in Konkurs verfällt? Wie, daß gerade sein Konkursverwalter insolange die beiderseits unsittliche Zuwendung (auch Dirnenlohn) zugunsten der Konkursgläubiger kondizieren könnte? Das wäre ein alles Maß übersteigender Gläubigerschutz, für den jeder gesetzliche Anhalt fehlt. In Wahrheit liegt der Zweck des Rechtsausschlusses viel tiefer: Das Gesetz verneint den Anspruch auf Rückgewähr einer unsittlichen Zuwendung (die condictio ob turpem causam) bei beiderseitiger Unsittlichkeit (in pari turpitudine), um hier zu verhüten, daß die Gerichte nur angerufen werden, um dem einen Gauner wider den andern zu helfen. Auch den Gläubigern des Leistenden zuliebe darf der alte Schmutz später nicht wieder aufgewühlt werden. Dem berechtigten Schutzbedürfnisse der Gläubiger genügen die §§ 29ff. KO., im Einzelfall auch Ansprüche der Masse aus § 826 BGB. (vgl. RG. Bd. 111 S. 155). Der § 817 Satz 2 BGB. aber muß, wenn er dem Leistenden selbst entgegenstand, auch die Rückforderung durch seinen späteren Konkursverwalter wie die durch einem später bestellten Verschwendervormund ausschließen. Unter dem Gesichtspunkt der Vertretung ergibt sich für beide Fälle die durch Rechtslogik und Billigkeit gebotene Lösung.

[13]) Durch die Wiederverheiratung der im Konkurse stehenden Witwe erlischt ein ihr unter der auflösenden Bedingung der Wiederverheiratung vermachter Nießbrauch am Nachlasse des Mannes auch zum Schaden ihrer Konkursmasse, die bisher den Nießbrauch ausnutzen durfte (§ 1 KO. mit § 857 III ZPO., §§ 1059 Satz 2, 1068 II BGB.). Denn die Nutzbarkeit gehörte von vornherein nur unter der Bedingungsschranke zur Masse. Bedenklich RG. 36 S. 126. Auch ein dem nachmaligen Gemeinschuldner unter der auflösenden Bedingung eines Glaubenswechsels vermachtes Vermögensstück würde (entgegen einer Entscheidung des österreichischen Obersten Gerichtshofs, Bartsch-Pollak a. a. O. S. 53, 211), wenn ein solches Vermächtnis wirksam wäre, der Masse beim Glaubenswechsel des Gemeinschuldners verloren gehen. Nach unserem Rechte sind so bedingte Vermächtnisse nichtig (§ 138 BGB.; Kipp Erbrecht[8] § 20 V).

Die Geschäftsfähigkeit wird einem bis dahin geschäftsfähigen Schuldner durch den Konkurs nicht — auch nicht teilweise — entzogen. Deshalb bleibt er auch befähigt, „sich" (seine Person) durch Eingehung neuer und darum zwar im Konkurse selbst nicht mehr verfolgbarer, aber doch von vornherein wirksamer Verbindlichkeiten zu verpflichten. Geht er erst während des Verfahrens durch Aufnahme eines Darlehns, durch Einkäufe oder durch Wechselzeichnung persönliche Verpflichtungen ein, dann steht der Gläubiger als Neugläubiger nach § 3 (nicht nach § 7) außerhalb des Konkurses. Gleiches gilt für die Verpflichtung, über Gegenstände der Masse zu verfügen, wie z. B. für den Verkauf einer Massesache durch den Gemeinschuldner. Im Hinblick auf eine demnächst zu erwartende Konkursbeendigung, die dem Schuldner die freie Verfügung über die Masse zurückgibt (§§ 192, 206), können auch Schuldverträge über Massegegenstände guten Sinn haben. Erfüllen (z. B. die Massesache dem Käufer übereignen) kann der Gemeinschuldner freilich einstweilen nur mit Zustimmung des Verwalters. Ein Schadensersatzanspruch wegen Nichterfüllung erwächst wie der Erfüllungsanspruch selbst als Neuschuld. Die Masse bleibt unberührt. Auch kann der Gemeinschuldner die auf einem Massegrundstück lastende Höchstbetragshypothek (§ 1190 BGB.) nicht etwa durch Neuverpflichtungen steigern. Diesen Erfolg vereitelt der § 7.

Nach ausdrücklicher Vorschrift bleibt auch die Annahme oder Ausschlagung einer schon vor dem Konkurs angefallenen Erbschaft dem Gemeinschuldner persönlich überlassen. Das mit Rücksicht auf die Unvollkommenheit des ausschlagbaren Erwerbs und aus Billigkeitsgründen[14]). Nimmt der Schuldner an, so gehört die Erbschaft zur Masse. Schlägt er aus, so wird rückwirkend sein Nachmann Erbe. Eine Ausschlagung unterliegt weder dem § 7 noch (bei Erklärung vor dem Konkurse) den §§ 29ff. Gleiches gilt für Vermächtnisse und für die Fortsetzung einer Gütergemeinschaft. § 9.

b) Nur „den Konkursgläubigern gegenüber" versagt das Gesetz (§ 7 I) den die Masse betreffenden Rechtshandlungen des Gemeinschuldners die Wirksamkeit. Was diese „Relativität" bedeuten soll, ist streitig. Sie besagt nicht, daß der sonst mit der Handlung verknüpfte Rechtserfolg (z. B. der Übergang des Eigentums, die Entstehung eines Pfandrechts, das Erlöschen einer Dienstbarkeit) zwar im Verhältnis zu den Konkursgläubigern ausbleibe, im Verhältnis zu anderen Personen aber eintrete. Auch nicht, daß die Unwirksamkeit nur von Konkursgläubigern oder doch nur für sie vom Konkursverwalter gerügt werden könne. Vielmehr besteht die Unwirksamkeit im Verhältnis zu jedermann, aber nur zu dem Zwecke, den Konkursgläubigern die zu ihrer Befriedigung bestimmte Masse (§ 3) ungeschmälert zu erhalten. Im gemeinsamen Interesse der Konkursgläubiger kann daher jedermann die Unwirksamkeit geltend machen. So vor allem kraft seiner Aufgabe (§ 117) der Konkursverwalter [siehe unter c]. So auch ein einzelner Konkursgläubiger (etwa durch Widerspruch im Prüfungsverfahren). So aber auch irgendein Dritter, z. B. der Finder einer vom Gemeinschuldner veräußerten Massesache gegenüber dem Käufer, der sie nach Empfang vom Gemeinschuldner verloren hatte (vgl. §§ 118, 119); der Drittschuldner gegenüber dem Zessionar, an den der Gemeinschuldner seine zur Masse gehörende Forderung abgetreten hatte[15]). Das Grundbuchamt hat die Unwirksamkeit einer durch den Gemeinschuldner erklärten Eintragungsbewilligung auch ohne Rüge eines Beteiligten zu beachten [unten 4].

Die eigenartige Beschränkung der Unwirksamkeit des § 7 äußert sich in einer doppelten Möglichkeit der Heilung (keine relative „Nichtigkeit"). Da nämlich die Unwirksamkeit nur zugunsten der gemeinschaftlichen Befriedigungsmasse besteht, kann vor allem der Konkursverwalter kraft seiner Herrschaft über diese Masse (§ 6 II) durch Genehmigung verbotswidrigen Verfügungen des Gemeinschuldners über Massegegenstände nach rückwärts die volle und

[14]) Der Erwerb stellt, wenn er sich auch von Rechts wegen vollzieht, solange der Berufene ihm rückwirkend entsagen kann, nur einen vorläufigen Vermögenszuwachs dar. Die endgültige Wahl zwischen Annahme und Ausschlagung ist aber keineswegs nur eine Geldfrage, bei deren Lösung Rücksichten auf die Gläubiger des Berufenen entscheidend wären.

[15]) RG. LZ. 1913 Sp. 398 Nr. 5; Bd. 83 S. 198. Der gutgläubig zahlende Drittschuldner genießt einen dem § 8 entsprechenden Schutz; derjenige aber, der an den Zessionar des Gemeinschuldners leistet, obschon er weiß, daß dieser erst während des Konkurses zediert hatte, muß abermals zur Masse leisten.

endgültige Wirksamkeit verschaffen[16]). Solche Verfügungen erstarken ferner von selbst, wenn auch nur für die Zukunft, zur Vollwirksamkeit, wenn der Verfügungsgegenstand infolge Konkursbeendigung, also wegen Fortfalls der geschützten Interessengemeinschaft, in die freie Herrschaft des bisherigen Gemeinschuldners zurückkehrt[17]).

c) Die verbotswidrige Rechtshandlung ist „unwirksam", sie ist nicht etwa nur anfechtbar. Von vornherein also ermangelt sie der Wirksamkeit, einerlei, ob sie im Ergebnis der Masse zum Vorteil oder zum Nachteil gereicht. Daher kann z. B. der Verwalter, wenn der Gemeinschuldner eigenmächtig über eine zur Masse gehörende persönliche Forderung verfügt hatte, diese Forderung so für Rechnung der Masse geltend machen, als ob die Verfügung (Abtretung, Verpfändung, Aufrechnung, Erlassung, Stundung) nicht erfolgt wäre[18]). So kann der Verwalter ferner eine vom Schuldner während des Konkurses veräußerte Sache unmittelbar nach § 985 BGB. für die Konkursmasse in Anspruch nehmen und dementsprechend aus der Masse des selbst in Konkurs verfallenen Erwerbers nach § 43 KO. aussondern oder dem Einzelzugriffe seiner Gläubiger durch Widerspruch nach § 771 ZPO. entziehen[19]). Ob und inwieweit der Geschäftsgenosse des Schuldners bei Unmöglichkeit der Rückgewähr Schadensersatz zur Masse zu leisten hat, bestimmt sich nach allgemeinem bürgerlichen Rechte (vgl. z. B. §§ 989, 990 BGB.). Soweit die Konkursmasse selbst durch die Gegenleistung bereichert ist, muß diese dem andern Teil voll erstattet werden (§ 7 II mit § 59 Nr. 3).

d) Dem Geschäftsgenossen des Schuldners wird in der Regel auch bei Unkenntnis des Konkurses kein Schutz gewährt.

Ausnahmen:

α) Der öffentliche Glaube des Grundbuchs deckt den Mangel der Verfügungsbefugnis (nicht der Geschäftsfähigkeit) des Gemeinschuldners (§ 7 I Halbs. 2) schon im unmittelbaren rechtsgeschäftlichen Verkehr mit ihm. Ein in Unkenntnis der noch nicht verbuchten Verfügungsbeschränkung, also in Unkenntnis des Konkurses, vollzogener rechtsgeschäftlicher Erwerb von Buchrechten (z. B. des Eigentums an einem eingetragenen Massegrundstück) ist daher auch den Konkursgläubigern gegenüber wirksam. § 892 BGB. Ebenso die in Unkenntnis des Konkurses bewirkte Leistung (z. B. von Hypothekenzinsen) an den nach Inhalt des Grundbuchs noch zur Empfangnahme befugten Gemeinschuldner statt an den Konkursverwalter. Endlich bei entsprechender Lage anderweite Verfügungen über Buchrechte, wie die vom Gemeinschuldner ausgehende oder an ihn gerichtete Kündigung oder die Aufgabe einer Belastung (z. B. ein erkaufter Verzicht auf eine eingetragene Grunddienst-

---

16) Das folgt aus § 185 II mit §§ 182, 184 BGB. Denn die im § 185 II vorgesehene Konvaleszenz muß erst recht gelten für Verfügungen eines Berechtigten (z. B. Eigentümers), dem nur die Verfügungsbefugnis fehlte. Hier kommen namentlich Veräußerungen in Betracht, die für die Masse vorteilhaft sind, etwa solche, die der redliche Gemeinschuldner im offenen Laden noch nach der Eröffnungsstunde vorgenommen hat. Verfügt der Gemeinschuldner mit Einwilligung des Verwalters, dann ist die Verfügung von vornherein wirksam (das folgt aus § 185 I mit § 183 BGB.).

17) Wenn Verfügungen eines Nichtberechtigten konvaleszieren, sobald er den Gegenstand (z. B. die Sache selbst, ihr Eigentum) erwirbt (§ 185 II BGB.), müssen erst recht Verfügungen eines Berechtigten erstarken, der die (ihm zur Zeit der Verfügung fehlende) Verfügungsbefugnis wiedererlangt. Dieser Fall der Heilung wird besonders in Fällen der §§ 192, 206 KO. bedeutsam. Heilend wirkt aber auch eine Freigabe des Gegenstandes der verbotswidrigen Verfügung [unten 93f.]. So z. B. die Freigabe einer zur Masse gehörenden, aber für sie wertlosen oder unverwertbaren Sache, die der Gemeinschuldner verschenkt hat. Für sich selber kann er sie nicht zurückverlangen; die Unwirksamkeit besteht nicht in seinem persönlichen Interesse.

18) Die Forderung bleibt, der Verfügung unerachtet, als Massebestandteil in voller Kraft. Das ist der Zweck und der Sinn der im § 7 verordneten Unwirksamkeit. Darin erschöpft sie sich. Besteht die verbotswidrige Verfügung des Gemeinschuldners in der Einziehung einer zur Masse gehörenden Forderung oder hat er über eine hypothekgesicherte Forderung verfügt, dann greift möglicherweise der im Text unter d dargelegte Verkehrsschutz ein.

19) Zahlungen, die der Gemeinschuldner mit Massegeldern einem einzelnen Konkursgläubiger geleistet hat, muß dieser zur Masse erstatten, ohne eine Zurückbehaltungs- oder Aufrechnungsbefugnis zu haben. Wer einen auf verbotswidrige Verfügung des Gemeinschuldners gestützten Erwerb im Prozesse gegen den Verwalter verfolgt, ist auch bei dessen Ausbleiben mit der Klage abzuweisen, sofern der Sachvortrag des Klägers die Rechtsfolge des § 7 I (Halbsatz 1) ergibt. § 331 II (Halbsatz 2) ZPO.

barkeit). § 893 BGB. Die so zunächst rechtsbeständige Verfügung kann jedoch unter entsprechenden Voraussetzungen (§§ 29ff.) wie eine Rechtshandlung aus der Zeit vor dem Konkurse anfechtbar sein (§ 42). So etwa als unentgeltliche Zuwendung (§ 32). Die Ausnahmen der §§ 892f. BGB. wirken sich auch im Bereiche der §§ 1138, 1155 BGB. gegenüber der mit dem Konkurse verknüpften Verfügungsbeschränkung des Buchberechtigten aus. Gleiches wird, wenn der Gemeinschuldner mit einem Grundstück eignes Zubehör veräußert, im Anwendungsgebiete des § 926 I BGB. gelten müssen, da für den Erwerb dieses Zubehörs der Erwerb des Grundeigentums den Ausschlag gibt.

Bei Fahrnis genießt, wer sie unmittelbar vom Gemeinschuldner erwirbt, keinen Verkehrsschutz. Die Unterscheidung wird ab und zu bekämpft. Sie erweist sich aber als gerechtfertigt. Denn erfahrungsgemäß ist vornehmlich das bewegliche Vermögen der Gefahr verbotswidriger Eingriffe des Gemeinschuldners ausgesetzt, gerade hier aber fehlt die Möglichkeit, durch eine dem Grundbuchvermerk entsprechende Verlautbarung den Verkehrsschutz alsbald auszuschalten. So hat es guten Sinn, die Rücksichten auf den einzelnen Geschäftsgenossen des Gemeinschuldners hinter denen auf die Gesamtheit seiner Gläubiger zurücktreten zu lassen. Erst der gutgläubige Dritterwerber wird geschützt (z. B. auf Grund der §§ 932, 936, 1032, 1207f. BGB.). Er würde auch dann geschützt, wenn seinem Vormanne der gute Glaube gefehlt hätte. Im Anwendungsbereiche des § 932 BGB. spielt der Grund, warum der Veräußerer nicht Eigentümer war[20]), keine Rolle.

Beispiele. Der Gemeinschuldner hat eine bis dahin in seinen Händen verbliebene, zur Masse gehörende Uhr nach der Konkurseröffnung an A verkauft und zum Zwecke der Übereignung übergeben. A, der den Konkurs weder kannte noch kennen mußte, hat die Uhr an den ebenso gutgläubigen B weiter übertragen. A wird im Erwerbe nicht geschützt. Er haftet der Konkursmasse zunächst nach Maßgabe der §§ 985ff. BGB. und, wenn er vor Eintritt der Rechtshängigkeit in gutem Glauben weiterveräußert hat, von da ab nach § 816 I 1 BGB. Dagegen wird B Eigentümer nach § 932 BGB.; er haftet nur nach unentgeltlichem Erwerb und auch dann nur unter dem Gesichtspunkte der Bereicherung schuldrechtlich auf Rückgewähr (§§ 816 I 2, 818 BGB.).

Wer ein dem Gemeinschuldner oder dem Konkursverwalter abhanden gekommenes, zur Masse gehörendes Inhaberpapier in gutem Glauben vom Dieb oder Finder erwirbt, wird Eigentümer (§ 935 BGB., § 367 HGB.). Wer dagegen das Erwerbsrechtsgeschäft mit einem Bevollmächtigten des Gemeinschuldners abschließt, ist als unmittelbarer Vertragsgegner des Gemeinschuldners (§ 164 BGB.) der Regel des § 7 unterworfen.

Hat der Gemeinschuldner nach Konkurseröffnung einen zur Konkursmasse gehörenden Wechsel weiterbegeben, so erlangt der redliche Nachmann des Gemeinschuldners den Konkursgläubigern gegenüber nicht das Eigentum am Wechsel und das Wechselgläubigerrecht. Vielmehr kann ihn der Konkursverwalter auf Herausgabe des Wechsels belangen. Ein fernerer Indossatar hingegen, an den der Wechsel inzwischen vom Nachmanne des Gemeinschuldners weiterbegeben worden ist, kann sich nach a. 74 WO. auch dem Konkursverwalter gegenüber auf gutgläubigen Erwerb berufen.

β) Abgesehen vom Buchverkehr kommt einer in Unkenntnis des Konkurses bewirkten Leistung an den Gemeinschuldner befreiende Wirkung auch „gegenüber den Konkursgläubigern" zu. Die Beweislast ist dabei verschieden geregelt, je nachdem die Leistung vor oder nach der ersten Konkursbekanntmachung (§§ 76, 111) erfolgte. Vorher wird die Unkenntnis, nachher die Kenntnis des Konkurses vermutet (§ 8).

3. Die mit dem Konkurse verknüpfte Verfügungsbeschränkung beginnt sofort zu der im Konkurseröffnungsbeschluß anzugebenden Eröffnungszeit (§§ 6, 108), nicht erst mit der Bekanntmachung, Zustellung oder Rechtskraft dieses Beschlusses [unten § 27 IV 4]. Rechtshandlungen am Eröffnungstage gelten als nach Konkursbeginn erfolgt. Diese Vermutung rechtfertigt sich durch den Verdacht, der allen am Eröffnungstage vorgenommenen Schuldnerhandlungen anhaftet. Sie ist aber frei widerlegbar (§ 7 III KO., § 292 ZPO.).

---

[20]) Vom Falle des Abhandenkommens abgesehen. Man kann aber nicht sagen, jede unbefugte Besitzübertragung durch den Gemeinschuldner bedeute ein „Abhandenkommen", das zur Anwendung des § 935 BGB. führe. Erst wenn der Verwalter den Besitz der Sache erlangt hat (von Rechts wegen erwirbt er ihn nicht), kann sie ihm „abhanden kommen". Dann freilich auch durch Handlungen des Gemeinschuldners, obwohl dieser selbst der Eigentümer ist. Das entspricht dem Geiste des Gesetzes. Der § 15 KO. bildet hier überall seinem beschränkten Zwecke nach kein Erwerbshindernis.

Die Verfügungsbeschränkung kann zum Schutze der künftigen Konkursgläubiger vorweg genommen werden, und zwar dadurch, daß das um Konkurseröffnung angerufene Konkursgericht ein **allgemeines Veräußerungsverbot** an den Schuldner erläßt (§ 106 I 3). Die Wirkung des Verbots bestimmt sich nach den §§ 136, 135 BGB. und erstreckt sich daher auch auf Zwangsverfügungen. Es genügt zu sagen: „Dem Kaufmann Franz Faller in Gantheim wird, nachdem die Eröffnung des Konkursverfahrens beantragt ist, einstweilen jede Verfügung über sein Vermögen verboten." Damit werden ihm Übereignungen, Abtretungen, Verpfändungen und andere Belastungen, seinen persönlichen Gläubigern aber zugleich die Geldvollstreckung in bewegliches und unbewegliches Vermögen verboten[21]). Verbotswidrige Verfügungen (mit Einschluß der Zwangsverfügungen) ermangeln von vornherein und im Verhältnis zu jedermann des Rechtsbestandes, aber die Unwirksamkeit besteht nur zum Schutze der künftigen Konkursmasse und ist dementsprechend heilbar: nach rückwärts durch Genehmigung des Konkursverwalters, für die Zukunft durch dessen Freigabe. Hier wird — anders als im Bereiche des § 7 KO. — die Unkenntnis des anderen Teiles geschützt, ohne daß sich der Schutz auf den Grundbuchverkehr beschränkt (§ 136 mit § 135 II BGB.). Darum ist besonders der gutgläubige Erwerb dessen, an den der Schuldner eine bewegliche Sache übereignet oder verpfändet oder einen Wechsel indossiert, vorbehaltlich einer Gläubigeranfechtung (§§ 29—41 KO.), auch den Konkursgläubigern gegenüber wirksam (§§ 932ff., 1207 BGB., Art. 74, 82 WO.). Die Beweislast für die Kenntnis des Verbots (oder für dessen grobfahrlässige Verkennung) trägt der Verwalter. Kommt es zum Konkurse, so geht das Veräußerungsverbot im Konkursbeschlag (§§ 6, 7) auf. Weist dagegen das Gericht den Eröffnungsantrag ab, so muß es zugleich das Verbot aufheben (§ 106 II).

Die Veräußerungsverbote eines scheiternden gerichtlichen Vergleichsverfahrens wirken sich auch zugunsten der Masse eines Anschlußkonkurses aus (§ 83 Satz 2 VerglO.).

4. Soweit das Konkursgericht von Buchrechten des Schuldners Kenntnis hat, muß es das Grundbuchamt ersuchen, den Konkursvermerk (desgleichen schon ein Veräußerungsverbot) einzutragen, damit eine Berufung auf den öffentlichen Glauben des Grundbuchs ausgeschlossen wird. Der Eintrag (Verlautbarung einer „Verfügungsbeschränkung" im Sinne des § 892 I 2 BGB.) wirkt nach § 3 Satz 2 GBO. jeweils nur für das einzelne Grundbuchblatt und hat darum in allen Grundbüchern und auf jedem Blatte zu erfolgen, auf dem Eigentum oder ein begrenztes Recht (z. B. eine Hypothek) des Schuldners verbucht ist. Bei begrenzten Rechten ist der Konkursvermerk entbehrlich, wenn die Masse ohnehin schon (etwa durch Briefbesitz) ausreichend geschützt erscheint. §§ 113—115 KO., § 39 GBO. Fortab muß das Grundbuchamt jeden ein Masserecht treffenden und auf eine Bewilligung des Gemeinschuldners gestützten Eintragungsantrag von Amts wegen zurückweisen. In diesem Sinne ist das Grundbuch gegenüber eigenmächtigen Neuverfügungen des Schuldners gesperrt[22]).

II. Sonstige Rechtseinbußen.

1. Die **Durchführung des Verfahrens** legt dem Gemeinschuldner eine Reihe persönlicher Schranken auf. Dahin gehören namentlich die Auskunftpflicht (§§ 100, 125 KO. mit §§ 807, 900ff., 497 ZPO.), der Wohnortszwang (§ 101 I), die Sicherheitshaft (§ 101 II, vgl. § 106) und die Postsperre (§ 121). Solche durch den Konkurszweck gebotene Lasten treffen im Konkurs eines Mündels den Vormund, im Konkurs einer juristischen Person deren verfassungsgemäß berufenen gesetzlichen Vertreter[23]). Sie bleiben auch dem Gemeinschuldner des Sonderkonkurses (z. B. offenen Handelsgesellschaftern und Erben) nicht erspart.

---

[21]) Wer schon früher eine dingliche Sicherheit erworben hatte (z. B. durch Verpfändung oder Pfändung), den hindert das allgemeine Veräußerungsverbot nicht, sie zum Zwecke seiner Befriedigung zu verwerten. Ob alsdann im Konkurs ein anfechtungsrechtlicher Anspruch auf Rückgewähr zur Masse entsteht (§ 30), ist eine Frage für sich. Einen dem Verbot widerstreitenden und darum schon nach den §§ 136, 135 BGB. unwirksamen Erwerb dagegen braucht der Verwalter nicht erst anzufechten: die verbotswidrig übereignete Sache gehört noch zur Masse, die verbotswidrig verpfändete ist lastenfrei.

[22]) Siehe § 18 GBO.; RG. LZ. 1909 Sp. 938, KGJ. 40 S. 282.

[23]) Durch Scheinrücktritt kann sich der Vorstand einer in Konkurs geratenen Aktiengesellschaft der Auskunft- und Offenbarungseidespflicht nicht entziehen (OLG. Nürnberg v. 7. August 1930, JW. 1930 S. 3783 Nr. 11).

2. Eine weitgehende Rechtsminderung erleidet der Gemeinschuldner auf **familienrechtlichem** Gebiete. Mit der Rechtskraft des Beschlusses[24]), durch den der Konkurs über das Vermögen des Ehemanns eröffnet wird, enden die Güterstände der Nutzverwaltung und der Errungenschaftsgemeinschaft (§§ 1419, 1543, 1547 BGB.). Nicht so die allgemeine Gütergemeinschaft und die Fahrnisgemeinschaft: die Aussicht auf eine Mitberechtigung am künftigen Erwerbe des Mannes und auf die Vorteile einer fortgesetzten Gütergemeinschaft soll der Frau nicht wider[25]) ihren Willen entzogen werden. Der elterliche Gewalthaber verliert, sobald der Konkurs rechtskräftig eröffnet ist, das Recht der Vermögensverwaltung, nicht aber auch die gesetzliche Nutznießung am Kindesvermögen (§§ 1647, 1656, 1667, 1686 BGB.). Zur Übernahme einer Vormundschaft oder Pflegschaft ist der Gemeinschuldner untauglich (§§ 1781 Nr. 3, 1915 BGB.). Der Konkurs eines Vormunds oder Pflegers bildet einen Entlassungsgrund (§§ 1886, 1915 mit 1781 Nr. 3 BGB.). Siehe auch §§ 1792, 1866, 1878, 1895 BGB. Den Gemeinschuldner des Sonderkonkurses treffen diese Rechtsverluste, wenn nach der Art des Sonderguts seinem Träger die Abwirtschaftung zur Last zu legen ist. So den offenen Handelsgesellschafter im Konkurse der Firma, nicht aber den Erben im Nachlaßkonkurse[26]). Auf Vereinsvorstände passen diese Rechtssätze nicht; der Konkurs des Vereins ist nicht ihr Konkurs.

3. In seinen **staatsbürgerlichen** Rechten ist der Gemeinschuldner noch heute reichsrechtlich namentlich insofern beschränkt, als er die Befähigung zum Laienrichter (zum Schöffen, Geschworenen, Handelsrichter, Beisitzer einer Arbeitsgerichtsbehörde), zu Ämtern der Arbeiterversicherung, zum Rechts- oder Patentanwalt und die Befugnis zum Börsenbesuch entbehrt[27]). Diese Schranken fallen bei Konkursbeendigung. Dann fallen sie von selbst und sofort, selbst wenn der Konkurs eingestellt wird, weil seine Masse nicht einmal seine Kosten deckt. Einer förmlichen, an gewisse Voraussetzungen (Beweis der Nachzahlung oder Unschuld) geknüpften Wiederverleihung der staatsbürgerlichen Rechte, einer Wiederbefähigung oder Rehabilitation, wie sie die meisten Auslandsgesetze verlangen, bedarf es bei uns nicht. Der wegen einer Konkursstraftat ausgesprochene Verlust der bürgerlichen Ehrenrechte (§§ 32 ff. StGB., §§ 239 ff. KO.) hat seine selbständige Dauer (§ 32 II StGB.).

4. Einfluß des Konkurses auf schwebende Rechtsgeschäfte und Rechtsstreitigkeiten des Schuldners.

§ 8.

A. Rechtsgeschäfte.

I. Die persönlichen Gläubiger müssen sich, soweit sie nicht durch Aufrechnungs- oder Sicherungsrechte, besonders pfand- oder vormerkungsweise gedeckt sind, mit anteilsmäßiger Befriedigung in Geld (§ 69) begnügen. Dies gilt auch für **gegenseitige Schuldverhältnisse**, wenn der Vertragsgenosse des Gemeinschuldners bereits vor Konkursbeginn ganz erfüllt hatte. So kann z. B. der Verkäufer, der vorgeleistet hatte, seinen Kaufpreisanspruch nur als Kon-

---

[24]) Also nicht schon zu der im Beschlusse bestimmten Eröffnungszeit [Gegensatz: oben I 3]. Den mit der Anfechtbarkeit des Beschlusses verknüpften Schwebezustand dulden die familienrechtlichen Konkursfolgen nicht.

[25]) Vielleicht allerdings wird sie in der Lage sein, auf Aufhebung der Gemeinschaft zu klagen (§§ 1468 Nr. 4 u. 5, 1549 BGB.). Der Konkurs des Mannes bildet aber als solcher keinen Aufhebungsgrund.

[26]) Nachweisungen bei Jaeger KO.[7] § 1 Anm. 68.

[27]) Übersicht bei Jaeger KO.[7] § 25 Anm. 33 ff. Das Reichswahlgesetz und das ihm nachgebildete Landesrecht ist unempfindlich gegen den Makel des Konkurses, während früher der Verlust des aktiven und passiven Reichs- und Landtagswahlrechts die wichtigste staatsbürgerliche Rechtseinbuße des Gemeinschuldners war. Auch Österreich hat den Wandel mitgemacht, während dem Gemeinschuldner noch heute in Frankreich das aktive und das passive, in England und Schottland das passive parlamentarische Wahlrecht verloren geht. Die typische Wendung „Personen, welche in der Verfügung über **ihr** Vermögen beschränkt sind" (so namentlich § 32 Nr. 3 mit §§ 84, 109 III GVG., §§ 21 II, 37 II, 43 III ArbGG., §§ 5 Nr. 3, 22 RAO.) trifft weder den Gemeinschuldner des Sonderkonkurses noch die Organe juristischer Personen.

kursforderung geltend machen[1]). Bei einem beiderseits noch **unerfüllten** Austauschvertrage dagegen wäre es unbillig, dem Gegner zuzumuten, daß er voll leiste und sich selbst mit einem Teile des Entgelts begnüge. Deshalb erkennt das Gesetz im § 17 den Schutzgedanken der Einrede des nicht erfüllten Vertrags (§ 320 BGB.) auch für den Konkurs an. Ist nämlich ein solcher Vertrag bei Konkursbeginn noch auf keiner Seite vollständig erfüllt, so hat zwar der Konkursverwalter die Wahl zwischen Erfüllung und Nichterfüllung; allein er muß auf Anfrage des Gegners seine Entscheidung unverzüglich treffen; und, wenn er auf Erfüllung besteht, auch seinerseits die volle Gegenleistung gewähren.

1. Anwendungsgebiet der bedeutsamen Regel des § 17 ist nach den Worten des Gesetzes der „zweiseitige Vertrag", d. h. der vollkommen zweiseitige, in den §§ 320ff. BGB., §§ 28, 30 VerglO. als „gegenseitig" bezeichnete Schuldvertrag. Er geht auf Leistung **um** Gegenleistung. Die Verpflichtung ist also nicht bloß auf jeder Seite wesentlich, sondern es bildet die Leistung der einen Seite nach dem übereinstimmenden Willen der Vertragsgenossen zugleich das Entgelt für die Leistung der anderen[2]). Sonach scheiden aus sowohl die einseitig verpflichtenden Schuldverträge (wie das Darlehn) als auch die unvollkommen zweiseitigen (wie Leihe, Auftrag, unentgeltliche Verwahrung). Hauptanwendungsfälle des § 17 sind Kauf, Werklieferung und Tausch. Für eine Reihe anderer Gegenseitigkeitsverträge, wie für Verlags- und Versicherungsvertrag, für Miete und Pacht und für die entgeltliche Geschäftsbesorgung, gilt die Vorschrift nur, soweit nicht die unter II erörterten Besonderheiten Platz greifen.

2. Vorausgesetzt wird ein zur Zeit der Konkurseröffnung auf beiden Seiten noch nicht oder nicht ganz erfüllter Gegenseitigkeitsvertrag. Das Ausstehen auch einer nur geringfügigen Teil- oder Nebenleistung, wie des Kaufpreisrestes oder der Kaufpreiszinsen, bedeutet Unvollständigkeit der Erfüllung. Geht die geschuldete Leistung auf das Bewirken eines Erfolges, wie beim Verkauf einer Sache auf Verschaffung des Eigentums, dann hat der Schuldner nicht schon dadurch erfüllt, daß er das Seine zur Herbeiführung dieses Erfolges tat, also die Leistungshandlung vornahm (etwa als Verkäufer die Sache der Beförderungsstelle des § 447 BGB. oder selbst dem Käufer persönlich zum Zwecke der Übereignung übergab), sondern erst dann, wenn der geschuldete Erfolg wirklich auch eingetreten ist. Darum ist die Verschaffungspflicht noch unerfüllt, solange ein Eigentumsvorbehalt wirkt. Insolange hat der Verkäufer beim Platz- wie beim Versendungskaufe seiner Hauptpflicht nicht genügt und, da der Käufer nicht zahlte, auch noch gar nicht genügen wollen[3]). Der Verkäufer eines Grundstücks hat trotz der Übergabe noch nicht erfüllt, solange die Auflassung oder die Eintragung, und trotz der Übereignung nicht, solange noch die Übergabe aussteht[4]). Andrerseits hat der Käufer einer Sache noch nicht erfüllt, wenn er zwar den vollen Kaufpreis bezahlt, aber die Sache nicht abgenommen hat (§ 433 II BGB.). Den Kaufpreis bezahlt der Käufer nicht schon dadurch, daß er

---

[1]) Eine Rückforderung der dem jetzigen Gemeinschuldner übereigneten (also nicht etwa nur unter Eigentumsvorbehalt gelieferten) und bei Konkursbeginn zu seinem Vermögen gehörenden Ware schließt die Regel des Gesetzes aus (§ 26).

[2]) Die so erstrebte „Äquivalenz" gibt den Ausschlag. Daß aber Leistung und Gegenleistung einander auch dem objektiven Werte nach entsprechen, das setzt der Begriff des gegenseitigen Vertrags nicht voraus. Beim Leihvertrag ist wesentlich sowohl die Pflicht des Verleihers, den Sachgebrauch unentgeltlich zu gestatten, als auch die des Entleihers zur Rückgabe (§§ 598, 604 BGB.); aber Gebrauchsgestattung und Rückgabe stehen nicht im Verhältnisse von Leistung und Gegenleistung. Wohl aber begründet der Vertrag auf entgeltliche Gewährung des Gebrauchs einer Sache, die Miete (§ 535 BGB.), ein gegenseitiges Schuldverhältnis. Der Verwahrungsvertrag (§ 688 BGB.) ist gegenseitig, wenn als Entgelt für die Aufbewahrung eine Vergütung vereinbart wird (§ 689 BGB.), wie bei der Bankverwahrung (Depotgeschäft) und beim Lagergeschäft (§§ 416ff. HGB.); sonst unvollkommen zweiseitig. Der Gesellschaftsvertrag setzt zwar nach § 705 BGB. die „gegenseitige" Verpflichtung der Genossen zur Erstrebung eines gemeinsamen Zweckes voraus, aber nicht im Sinne eines Austauschs von Leistung und Gegenleistung. An dieser Eigenart scheitert bereits die glatte Anwendbarkeit der §§ 320ff. BGB. Auch der § 17 KO. versagt. Statt seiner greift die Sonderregelung des § 728 BGB. (§ 25) ein. Darüber unter III. Siehe auch unten § 40 Note 18 (Vergleichsverfahren).

[3]) Die reichsgerichtliche Rechtsprechung stimmt zu (RG. Bd. 64 S. 207, 336, Bd. 85 S. 403, Bd. 95 S. 105, Bd. 133 S. 40); im Schrifttum besteht lebhafter Streit (siehe Jaeger KO.[7] § 17 Anm. 11, § 43 Anm. 17 mit Verw.).

[4]) RG. Bd. 84 S. 235, Bd. 90 S. 222.

seinen Schuldner anweist, an den Verkäufer zu leisten (§ 788 BGB.), und nicht schon dadurch, daß er erfüllungshalber eine Wechselverpflichtung eingeht (§ 364 II BGB.), also z. B. zur „Regulierung" ein Akzept übergibt. Dagegen wirken Annahme an Zahlungsstatt und befugte Hinterlegung unter Rücknahmeverzicht der Zahlung gleich (§§ 364 I, 378 BGB.).

3. Die Wahl zwischen Erfüllung und Ablehnung steht ausschließlich dem Konkursverwalter, nicht auch dem Vertragsgegner zu (anders § 28 VerglO.). Der Verwalter hat bei Ausübung dieser rechtsgestaltenden Befugnis nur auf den Vorteil der Masse zu achten. Seine Erklärung ist formlos, einseitig, empfangsbedürftig (§§ 130ff., 174, 182 BGB.) und nach den allgemeinen Vorschriften anfechtbar wegen eines Willensmangels (§§ 119ff., 142ff. BGB.). Widerruflich ist sie nicht.

a) Wenn der Konkursverwalter auf Erfüllung besteht, sind Leistung und Gegenleistung so, wie sie nach Inhalt des Vertrags geschuldet werden, zu bewirken. Die andere Partei hat also voll zu leisten, dafür aber als Massegläubigerin im Sinne des § 59 Nr. 2 auch ihrerseits die geschuldete Leistung selbst (in Natur, also z. B. Übereignung einer Sache, Herstellung eines Werkes) zu beanspruchen. Ihr Gegenanspruch geht als Masseschuldanspruch allen Konkursforderungen, ja selbst den Massekosten vor (§§ 57, 60) und wird als solcher weder vom Verbote der Sondervollstreckung (§ 14) noch von Zwangsvergleichsminderungen betroffen (§§ 191 I, 193). Mit Rücksicht auf die erhebliche Tragweite des Erfüllungsbegehrens gebietet das Gesetz dem Verwalter, wenn auch nur mit innenrechtlicher Wirksamkeit, sich der Zustimmung des Gläubigerausschusses zu versichern (§§ 133 Nr. 2, 136). Gerichtlicher Ermächtigung bedarf er nicht (anders § 28 VerglO.). Der Konkursverwalter hat die Leistung „an Stelle des Gemeinschuldners", also so, wie dieser sie schuldet, zu bewirken, dementsprechend gegebenenfalls vorzuleisten und im Zweifel Zug um Zug zu erfüllen (§§ 320ff. BGB.). Ihm steht wie die Einrede des nicht erfüllten Vertrags jede sonst gegenüber dem Gemeinschuldner begründete Einwendung (z. B. auf Grund der §§ 117, 119, 123 BGB.) entgegen. Einen Einheitsvertrag kann der Verwalter nur als Ganzes erfüllen oder ablehnen. Waren daher beim Einheitsvertrag auf Lieferung nach und nach (etwa von Kohlen, Kupfer, Bier) einzelne Ratenleistungen des Gegners schon vor Konkursbeginn bewirkt, aber nicht bezahlt worden, dann macht das Erfüllungsbegehren des Verwalters die gesamte Zahlungsverbindlichkeit des Gemeinschuldners zur Masseschuld, auch die Pflicht zur Zahlung der vor dem Konkurse gelieferten Raten. So bürdet der Verwalter beim Einheitsvertrag auf Lieferung von zehn Raten, wenn er die allein noch ausstehende Schlußrate „abruft", der Masse die Kaufpreisschuld für alle zehn Raten als Masseschuld auf, falls sich herausstellt, daß noch keine bezahlt ist. Diese Folge gereichte schon mancher Masse zum Verhängnis[5]). Freilich kann der Verwalter, wenn die Gegenpartei darauf eingeht, mit dieser vereinbaren, daß nur der Preis der an die Masse bewirkten Lieferungen als Masseschuld bezahlt werden solle. Einseitig aber vermag er diese Rechtsfolge nicht herbeizuführen. Im Anfordern einer Teilleistung mit der bestimmten Erklärung, nur sie als Masseschuld bezahlen zu wollen, läge der frei ablehnbare Antrag des Verwalters zu einem neuen Vertragsschlusse, nicht aber ein den Gegner und die Masse nach Maßgabe der §§ 17, 59 Nr. 2 bindendes Erfüllungsbegehren. Bei solchen Lieferungsverträgen, bei denen das Schuldverhältnis für aufeinanderfolgende Zeitabschnitte wiederkehrend entsteht, wird die Wahl des § 17 gesondert für den bei Konkursbeginn laufenden Zeitabschnitt ausgeübt. So liegt ein Wiederkehr-, nicht ein Einheitsschuldverhältnis vor, wenn z. B. ein Fabrikant mit einer Kohlenhandlung vereinbart hat, daß ihm jeden Kalendermonat so lange 100 Doppelzentner Kohlen zu festem Monatspreise zu liefern seien, bis der eine oder andere Vertragsteil spätestens am 3. eines Kalendermonats für dessen

[5]) Eine Anfechtung der im „Abruf" liegenden Willenserklärung wegen Irrtums (§§ 119, 121 BGB.) hilft nur selten, auch wenn sie unverzüglich erfolgt. Es fragt sich besonders, ob die Anfechtbarkeit besteht: 1. wenn der Konkursverwalter wußte, daß die gelieferten Raten noch unbezahlt waren, aber meinte, nur der Preis der an die Konkursmasse zu leistenden Raten werde zur Masseschuld, 2. wenn er (vielleicht auf Grund falscher Buchführung) angenommen hatte, alle früheren Lieferungen seien bezahlt, 3. wenn er sich gar keine Meinung vom Stand der Dinge gebildet hatte. Nur im zweiten Falle kann er anfechten. Siehe RG. Bd. 51 S. 281, Bd. 62 S. 201 (205), Bd. 85 S. 223, Bd. 98 S. 136, LZ. 1916 Sp. 2?ff.

Schluß den Bezug aufkündige. Wird hier der Konkurs des Abnehmers am 1. eines Monats eröffnet, die weitere Erfüllung aber vom Verwalter am 3. abgelehnt, dann hat der Verkäufer nur wegen Nichterfüllung dieses Monats Schadensersatz als Konkursgläubiger zu beanspruchen. Würde der Verwalter auf Erfüllung bestehen, dann hätte er das laufende Monatsentgelt nach § 59 Nr. 2, jedes spätere nach § 59 Nr. 1 als Masseschuld, ältere Rückstände nur als Konkursforderungen zu bezahlen[6]).

b) Wenn der Konkursverwalter die Erfüllung ablehnt, erlöschen für die Zukunft die Erfüllungsansprüche beider Vertragsteile. Erleidet die Gegenpartei infolge der Ablehnung Verlust, so erwächst ihr eine einseitige Konkursforderung auf Schadensersatz wegen Nichterfüllung des Vertrags. In dieser Forderung geht das ganze wechselseitige Schuldverhältnis auf. In ihr wirkt zwar der ursprüngliche Vertrag fort, aber seine weitere Erfüllung kann von keiner Seite mehr verlangt werden. Insofern tritt für die Zukunft eine neue Rechtslage ein als besondere gesetzliche Folge der Ablehnungserklärung des Verwalters[7]). Die Ablehnung der Erfüllung bedeutet keineswegs Rücktritt vom Vertrag. Ein Rücktritt würde die Parteien schuldrechtlich verpflichten, den Zustand wieder herzustellen, der vor dem Vertragsabschlusse bestand (§§ 327, 346ff. BGB.). Dem Vertragsgegner wird aber das Recht, Rückgewähr eines durch bereits vollzogene Teilleistung in das Vermögen des Gemeinschuldners übergegangenen Gegenstandes zu beanspruchen, ausdrücklich versagt (§ 26 Satz 1)[8]). Ebensowenig kann der Gegenstand einer durch den jetzigen Gemeinschuldner bewirkten Teilleistung nun für die Masse zurückverlangt werden[9]). Da aber auch der Gegner weitere „Erfüllung" nicht zu beanspruchen hat, kann er dem ablehnenden Verwalter, der eine vom Gemeinschuldner verkaufte und übergebene, aber noch nicht übereignete Sache nach § 985 BGB. für die Masse in Anspruch nimmt, die Herausgabe nicht mehr auf Grund der §§ 433, 986 BGB. verweigern[10]). Den Schaden darf der Gegner nach seiner Wahl konkret (besonders auf Grund eines tatsächlich abgeschlossenen Deckungsgeschäfts z. B. anderweiten Verkaufs) oder abstrakt (besonders nach Kurswerten) berechnen. Weil seine Forderung auf Schadensersatz wegen Nichterfüllung im ursprünglichen Vertrag ihren Rechtsgrund hat, verfällt infolge der Erfüllungsablehnung des Verwalters auch eine Vertragsstrafe, die der nachmalige Gemeinschuldner für den Fall der Nichterfüllung versprochen hatte[11]), mag

---

[6]) Mitunter erneuert sich das Schuldverhältnis nicht für Zeitabschnitte, sondern für Bezugsmengen. So meist Verträge auf wiederkehrende Zuleitung von Wasser, Gas, Dämpfen, Wärme und Elektrizität. Alsdann bedarf die Konkursmasse des Abnehmers eines Schutzes im Sinne des § 17 überhaupt nicht. Nur was sie bezieht, bezahlt sie als Masseschuld (nach § 59 Nr. 1). Immer wieder aber machen städtische Werke unter Mißbrauch ihres Monopols den Versuch, hier die Anerkennung rückständiger Preise als Masseschulden zu erzwingen, indem sie mit Lieferungssperre drohen. Darin liegt eine rechts- und sittenwidrige Notstandsausbeutung im Sinne der §§ 123 I, 826 BGB. So jetzt auch RG. v. 24. 3. 1931 Bd. 132 S. 273 im Anschluß an Jaeger KO.[7] § 17 Anm. 18b; dazu Warneyer KonkTreuh. 1931 S. 161f., Sperlich Annalen des Deutschen Reichs 1931 S. 48.

[7]) Diese für den § 17 KO. schon frühzeitig zur Herrschaft gelangte Auffassung (vgl. RG. Bd. 11 S. 51, Bd. 22 S. 111, Bd. 56 S. 239ff.) entspricht der später für den Schadensersatzanspruch des § 326 I 2 BGB. entwickelten „Differenztheorie" (vgl. RG. Bd. 61 S. 87, Bd. 66 S. 67) und hat sich gewohnheitsrechtlich gebildet. Das Gesetz selber ist mehr als dürftig. Der Wortlaut des § 17 KO. spricht dem Gegner für den Fall, daß der Verwalter seine (vom Gesetz nur stillschweigend anerkannte) Ablehnungsbefugnis ausübt, „eine Forderung wegen Nichterfüllung" nicht ausdrücklich zu, aber Zweck und Zusammenhang des Gesetzes (vgl. §§ 18 I, 19 Satz 2, 22 II) stellen den Anspruch außer Zweifel. Der § 30 Satz 1 VerglO. bestätigt ihn. Er ist nach § 26 Satz 2 einfache Konkursforderung und als solche z. B. den §§ 14, 69, 193 unterworfen.

[8]) Der § 26 gilt hauptsächlich für den Bereich des § 17. Nur handelt es sich hier nicht um eine unmittelbare, sondern um eine bloß mittelbare Folge der Konkurseröffnung, weil erst die durch diese ermöglichte Erfüllungsablehnung des Verwalters die fernere „Nichterfüllung" nach sich zieht.

[9]) Wie aber, wenn der Wert einer solchen Leistung den Schaden des Gegners übersteigt? Dann ist der Gegner insoweit ohne rechtlichen Grund bereichert. Denn das inhaltlich verwandelte Vertragsschuldverhältnis rechtfertigt den Verbleib des Wertüberschusses bei der Gegenpartei nicht mehr (§ 812 I 2 BGB., condictio causa finita). Eine vielerörterte Frage.

[10]) Für die Zukunft ist eben der Besitzer dem Eigentümer gegenüber nicht mehr zum Besitze berechtigt, weil er infolge der inhaltlichen Verwandlung des Schuldverhältnisses Eigentumsverschaffung als Käufer nicht mehr verlangen kann. RG. Bd. 90 S. 218.

[11]) RG. Bd. 49 S. 189, Bd. 94 S. 207. Auch dieser Anspruch ist bloße Konkursforderung (§ 26 Satz 2; vgl. § 62 Nr. 2).

sie auch den wirklichen Schaden übersteigen. Ebendarum deckt eine früher bestellte Bürgen- oder Pfandhaftung auch den Ersatzanspruch des Gegners.

In der Ablehnung der Erfüllung liegt auch nicht etwa eine Freigabe der Vertragsrechte des Gemeinschuldners. Ihn bindet die Entschließung des Verwalters auch für die Zukunft. Keiner der beiden Vertragsgenossen kann außerhalb des Konkurses oder nach diesem auf den ursprünglichen Inhalt des Schuldvertrags zurückgreifen[12]).

c) Solange der Verwalter die Wahl nicht ausdrücklich oder stillschweigend betätigt, bleibt das Schicksal des Schuldvertrags in der Schwebe. Eine Wahlfrist besteht nicht. Doch kann der Gegner den Verwalter zu ungesäumter Entscheidung drängen.

Gibt der Verwalter auf Anfrage nicht „ohne Verzug"[13]) eine bestimmte und wirksame Erklärung ab, so tritt die Folge ausdrücklicher Ablehnung ein (§ 17 II). Kommt es aber im Konkurse, vielleicht wegen baldiger Einstellung oder Vergleichsschließung, überhaupt nicht zu einer Entscheidung, dann bleibt das Schuldverhältnis unberührt; es kann nach Konkursbeendigung im ursprünglichen Inhalt und nur in diesem geltend gemacht werden.

4. Ist der Anspruch der Gegenpartei durch den dinglichen Schutz einer Vormerkung gesichert, so kann er durch Erfüllungsablehnung nicht verkümmert werden. Der Verwalter muß auf Verlangen des Anwärters die geschuldete Rechtsänderung selbst, also bei Eigentumsvormerkungen die Übereignung, bei Pfandvormerkungen die Hypothekbestellung vornehmen (§ 24). Damit vollendet sich noch im Konkurse der Erwerb von Aus- oder Absonderungsrechten.

5. Konkursfreie Schuldverhältnisse sind dem Wahlrecht unzugänglich. Das gilt einmal dann, wenn der Gemeinschuldner als Gläubiger eine Leistung zu beanspruchen hat, die an die Konkursmasse gar nicht bewirkt werden kann oder darf, wie z. B. Dienste eines Vorlesers, eines Lehrers, einer Amme oder Lieferung oder Ausbesserung beschlagsunfähiger Sachen, etwa im Sinne des § 811 Nr. 12 ZPO., § 1 KO.[13a]). Zum anderen dann, wenn die vom Gemeinschuldner als dem Verpflichteten zu erbringende Leistung nur von ihm persönlich bewirkt werden kann (wenn er etwa als Künstler versprochen hat, ein Gemälde herzustellen, auf der Bühne oder im Konzert aufzutreten)[13b]). Dagegen unterliegen Werkverträge auf ein vom Gemeinschuldner als Unternehmer durch ersetzbare Tätigkeit (z. B. Ausführung gewöhnlicher Bauarbeiten) herzustellendes Werk dem § 17. Nicht minder Kommissionen, deren Ausführung im Machtbereiche des Konkursverwalters steht (z. B. Ein- und Verkauf von Wertpapieren, wenn er den Bankbetrieb des Kommissionärs fortsetzt).

6. Für den Kauf von Marktwaren[14]), deren Lieferung nach Konkurseröffnung genau zu einer festbestimmten Zeit oder binnen einer festbestimmten Frist zu bewirken ist, gilt eine Besonderheit. **Lieferungsfixgeschäfte** solcher Art verwandeln sich nämlich nach § 18 bei Konkurseröffnung von Rechts wegen in Differenzgeschäfte. Der Konkursverwalter hat also zwischen Erfüllung und Erfüllungsablehnung nicht die Wahl. Diese Ausnahme trägt der besonderen Natur des Fixkaufes Rechnung, der häufig nur ein Glied in einer Kette gleichartiger Geschäfte bildet und daher zum allseitigen Besten sofort erledigt werden muß. Der § 18

---

[12]) Im Ergebnis ebenso RG. Bd. 41 S. 133, Bd. 79 S. 211. Die Gegenansicht widerstreitet dem Zwecke des Gesetzes.

[13]) Gleichbedeutend mit „unverzüglich" im Sinne des § 121 I BGB., so daß also nur ein schuldhaftes Zögern die Säumnisfolge auslöst. Da der Verwalter, ehe er Erfüllung verlangt, die Zustimmung des Gläubigerausschusses einzuholen hat (§ 133 Nr. 2), trifft, solange die ordnungsmäßig erbetene Entschließung des Ausschusses noch aussteht, den mit der Antwort zögernden Verwalter keine Schuld. Ob im Einzelfalle schuldhafte Verzögerung der Antwort vorlag oder nicht, ist eine letzten Endes vom Prozeßgericht zu entscheidende Tatfrage.

[13a]) Auch aus Dienstverträgen, die sich nicht zugunsten der Masse ausnutzen lassen, entstehen im Rahmen des § 59 Nr. 2 Masseschulden auf das Entgelt [siehe unten § 19 II 2 b]. Die vorzeitige Lösbarkeit des § 22 bietet der Masse den angemessenen Schutz.

[13b]) Der Anspruch des Gemeinschuldners auf Entlohnung einer von ihm persönlich während des Konkurses geleisteten Arbeit erwächst als konkursfreier Neuerwerb [unten § 14 II 4].

[14]) Mit Einschluß von Wertpapieren (z. B. Aktien, Pfandbriefen, Staatsschuldverschreibungen). Die Ware muß also einen Markt- oder Börsenpreis, als Wertpapier einen Kurswert haben, nicht nur einen Gelegenheitspreis.

setzt einen bei Konkursbeginn noch von keiner Seite vollständig erfüllten Vertrag voraus, dessen Erfüllungszeit nicht vor dem zweiten Werktage nach Konkursbeginn liegen darf. Im Gegensatz zum § 17 verwandelt sich der Anspruch aus dem Lieferungsvertrage mit Konkurseröffnung kraft Gesetzes in einen Entschädigungsanspruch, und zwar in einen Entschädigungsanspruch desjenigen Vertragsteiles, dessen Vertragsabschluß sich als gewinnbringend erweist, zugunsten des Gegners aber nur als Konkursforderung (§ 26). Die Vergütung berechnet sich abstrakt, nämlich nach dem Unterschied zwischen dem Kaufpreis und demjenigen Marktpreise, der am Erfüllungsort für gleichartige, am zweiten Werktage nach Konkurseröffnung geschlossene Lieferungsgeschäfte ermittelt wird (§ 18 II).

Beispiel. A kauft am 1. Juli 1931 von B Aktien einer bestimmten Art zum Tageskurse von 120, lieferbar Ultimo September in Berlin. Der Verkäufer B gerät am 31. Juli 1931 in Konkurs. Stichtag ist, da der 2. August auf einen Sonntag fällt, der 3. August 1931. Es fragt sich also: welchen Kurs haben die Aktien in Berlin am 3. August, wenn als Lieferungszeit der 30. September und als Lieferungsort Berlin bedungen ist? Angenommen, der Kurs ist am Stichtag auf 115 gefallen, dann würde der Käufer A, wenn der Vertrag erfüllt würde, alsbald nur mit einem Verlust von 5 weiterverkaufen können. Diesen Unterschied (120 — 115 = 5) muß A zur Konkursmasse des B zahlen. Wäre umgekehrt der maßgebende Kurs auf 125 gestiegen, so hätte der Käufer A als einfacher Konkursgläubiger 5 zu beanspruchen. Er könnte ja jetzt mit einem Gewinn von 5 weiterverkaufen, wenn es beim ursprünglichen Kaufe geblieben wäre. Wie der Kurs sich bis Ultimo September weiter entwickelt, ist einerlei. Auf seine wirkliche Höhe kommt es nicht an. Die errechnete Differenz kann vom gewinnenden Teil voll verlangt werden, auch wenn er gar keinen Schaden oder einen geringeren erleidet, und nur sie wird geschuldet, auch wenn der Schaden sich tatsächlich viel höher stellt. Wäre aber ein Kurs jener Aktien unter den bezeichneten Bedingungen für den Stichtag überhaupt nicht zu ermitteln, dann würde es mangels Anwendbarkeit des § 18 bei der Regel des § 17 bewenden: der Verwalter hätte zwischen Erfüllung und Nichterfüllung des Fixgeschäfts zu wählen.

7. Ein vollkommen zweiseitiges Schuldverhältnis, wie es der § 17 voraussetzt, begründet auch der **Verlagsvertrag**. Doch gelten mit Rücksicht auf das ihm eigene Vertrauensverhältnis Besonderheiten für den Fall, daß der Verleger in Konkurs gerät. Die Regelung (§ 36 VerlG.), die aus lebhaften Kämpfen der beteiligten Kreise erwachsen ist, geht dahin: Hatte der Druck bei Konkurseröffnung noch nicht begonnen, so steht dem Verfasser ein Rücktrittsrecht und damit die Möglichkeit zu, das Erfüllungsbegehren des Verwalters aus § 17 KO. abzuschneiden (§ 36 III VerlG.). Wird der Rücktritt nicht rechtzeitig erklärt (§ 37 VerlG. mit § 355 BGB.) oder besteht ein Rücktrittsrecht nicht, weil der Druck schon vor dem Konkurse begonnen hatte, so greift der § 17 KO. Platz, und zwar selbst dann, wenn bereits das ganze Manuskript vor dem Konkurs an den Verleger abgeliefert worden war (§ 36 I VerlG.)[15]. Entscheidet sich der Konkursverwalter für Erfüllung und Übertragung der Rechte des Verlegers auf einen Dritten[16], so rückt dieser an Stelle der Konkursmasse in den Verlagsvertrag ein, d. h. Verlegerrechte und Verlegerpflichten gehen, wie sie durch den Vertrag begründet sind, auf den Erwerber über (§ 36 II 1 mit § 14 VerlG.). Der Verfasser muß sich sonach fortan mit seinem Anspruch „auf Erfüllung" (Vervielfältigung, Verbreitung, Honorar) an den Erwerber halten. Doch haftet die Konkursmasse kraft gesetzlicher Selbstschuldbürgschaft für den Schaden, der dem Verfasser wegen „Nichterfüllung" des Vertrags durch den Erwerber entsteht (§ 36 II 2 mit § 32 VerlG.). Diese Verbindlichkeit ist bedingte Masseschuld und als solche bei Konkursbeendigung vom Verwalter sicherzustellen (§ 36 II 3 VerlG.).

Führt der Rücktritt des Verfassers oder die Erfüllungsablehnung des Verwalters zum Erlöschen des Verlagsverhältnisses, dann endet damit von selbst auch das in ihm ruhende Verlagsrecht. Das Urheberrecht steht nun dem Verfasser wieder uneingeschränkt zu.

II. Die Regel des § 17 gilt vornehmlich solchen Verträgen, die einer durch den Austausch von Leistung und Gegenleistung zu bewirkenden raschen Abwicklung zugänglich sind. **Dauer-**

---

[15]) Daß der Autor auch dann von seiner Seite den Verlagsvertrag noch nicht vollständig im Sinne des § 17 I KO. erfüllt habe, wird im eignen Interesse des Autors durch den § 36 I VerlG. unterstellt.

[16]) Wählt der Verwalter die Erfüllung, dann bilden die Vertragsansprüche des Autors (auf Vervielfältigung, Verbreitung, Vergütung) Massegläubigerrechte im Sinne des § 59 Nr. 2. Diese Vollziehung des Vertrags wird aber dem Verwalter häufig unmöglich sein. Alsdann gewinnt die Übertragbarkeit der Verlegerrechte Bedeutung. Sie besteht im Zweifel (§ 28 VerlG.). Ist sie dem Verleger selbst vertragsmäßig entzogen, dann entbehrt sie auch der Konkursverwalter.

schuldverhältnisse, wie Miete und Pacht, Arbeitsvertrag und Versicherungsvertrag, erfordern eine ihrer Eigenart angemessene Behandlung. Siehe auch §§ 29, 30 VerglO.

1. Der Gemeinschuldner ist **Mieter** (Pächter).

a) War ihm die Mietsache (der Pachtgegenstand) bereits vor dem Konkurs **überlassen, so wird** zwar durch die Konkurseröffnung selber der Bestand des Vertragsverhältnisses nicht berührt. Der Zins für die Zeit von der Konkurseröffnung ab ist Masseschuld (59 Nr. 2) und überdies gedeckt durch das Absonderungsrecht des § 49 Nr. 2. Allein beide Teile — Verwalter und Vermieter — sind von nun ab andauernd zu vorzeitiger Lösung des Verhältnisses befugt. Nur müssen sie dabei die gesetzlichen Kündigungsfristen (§§ 565, 580, 581, 595 BGB.) einhalten. Gestattet der Vertrag selbst eine schleunigere, vielleicht sofortige Lösung, so bleibt diese Möglichkeit unberührt. Macht aber der Verwalter von der vorzeitigen gesetzlichen Kündigungsbefugnis Gebrauch, so hat der Gegner eine einfache Konkursforderung auf Ersatz alles ihm infolge der vertragswidrigen Lösung etwa erwachsenden Schadens. §§ 19, 26 Satz 2 mit § 49 Nr. 2.

Der § 19 gilt unterschiedslos für Liegenschaften wie für Fahrnis. Das Mieterschutzgesetz, das die Lösbarkeit der Miete durch den Vermieter, nicht auch durch den Mieter und dessen Konkursverwalter, aufs äußerste beschränkt, hat für die ihm unterworfenen Mietverhältnisse über Gebäude und Gebäudeteile ohne Unterschied zwischen gewerblichen Räumen und Wohnräumen im § 26 ausdrücklich bestimmt, daß die dem Vermieter nach § 19 KO. zustehende Kündigungsbefugnis unberührt bleibe. Soweit aber der Gemeinschuldner in der Miete belassen wird, erwachsen alle ferneren Mieterverbindlichkeiten als Masseschulden (§ 59 Nr. 2 KO.), einerlei ob die Miete der Masse zugute kommt oder nicht.

Beispiel. A mietet von B ab 1. Januar 1930 eine Wohnung auf fünf Jahre, kündbar nur für den Schluß eines Kalenderjahrs, und zwar spätestens am 31. Mai des Jahres, zu einem am Monatsende zu entrichtenden Monatszinse von 100 *RM*, bezieht sie sofort und gerät am 1. Juni darauf in Konkurs, ohne den Mietzins für Mai bezahlt zu haben. Nun steht nach § 19 sowohl dem Vermieter als dem Konkursverwalter das Recht zu, spätestens Donnerstag, den 3. Juli 1930, mit Wirkung für den Ablauf des 30. September 1930 zu kündigen (§ 565 I 1 mit IV, nicht also etwa — obgleich der Mietzins nach Monatsraten bemessen ist — bereits am 15. Juni mit Wirkung für den Ablauf des 30. Juni 1930, da der § 565 I 2 dem Abs. IV zufolge nicht in Betracht kommt). Vertragsmäßig könnte erst mit Wirkung für den 31. Dezember 1931 gekündigt werden.

1. Kündigt der Konkursverwalter nach § 19 für den 30. September 1930, so hat der Vermieter, wenn ihm die anderweite Vermietung trotz redlichen Bemühens erst von Neujahr 1931 ab gelingt,
   a) eine Konkursforderung in Höhe von 100 *RM* für den Zinsrückstand des Mai, gedeckt durch ein Absonderungsrecht an den eingebrachten Sachen des A (§ 49 Nr. 2 KO. mit § 559 BGB.);
   b) eine nach § 59 Nr. 2 KO. als Masseschuldanspruch zu verfolgende und zugleich durch das gesetzliche Pfandrecht gedeckte Forderung auf 400 *RM* Mietzins für die Monate Juni bis einschließlich September;
   c) eine durch ein Absonderungsrecht nicht gesicherte Konkursforderung auf Ersatz eines Schadens in Höhe von 300 *RM*, der durch das Leerstehen der Wohnung während der Monate Oktober, November und Dezember erwächst (§§ 19 Satz 3, 26 Satz 2, 49 I Nr. 2).
2. Kündigt der Vermieter nach § 19 für den 30. September 1930, so hat er die unter 1a und b bezeichneten Ansprüche, aber keine Entschädigungsforderung, auch wenn er das Haus vor dem 1. Januar 1931 nicht anderweit vermieten kann.
3. Kündigt kein Teil, so kann B außer der Konkursforderung zu 1a den Mietzins für den ganzen Rest der Vertragszeit (und zwar in den vertragmäßigen Raten von je 100 *RM* am Schlusse jedes Monats) als Massegläubiger verfolgen (§ 59 Nr. 2 Fall 2). Diese Forderung ist im vollen Umfange nach § 559 Satz 2 BGB. durch das Vermieterpfandrecht gedeckt.

b) War die Mietsache dem Gemeinschuldner bei Konkursbeginn **noch nicht** überlassen, so hat der Vermieter ein einseitiges Rücktrittsrecht. Er muß also nicht etwa erst den Vertrag durch Überlassung „antreten" und dann zum nächsten Ziele „kündigen". Dies mutet ihm das Gesetz nicht zu, weil die Persönlichkeit des Mieters (und namentlich des Pächters) eine wesentliche Rolle spielt. Der Gemeinschuldner kann sich, da er noch nicht angetreten hat, nicht beklagen. Erklärt der Vermieter den Rücktritt auf Anfrage des Konkursverwalters nicht unverzüglich, so darf dieser nach der Regel des § 17 Erfüllung gegen Erfüllung (§ 59 Nr. 2) verlangen. Zur Ablehnung der Erfüllung (vgl. § 26 Satz 2) ist der Konkursverwalter von vornherein befugt. § 20.

2. Der Gemeinschuldner ist **Vermieter** (Verpächter).

a) War die Mietsache bei Konkursbeginn bereits **überlassen**, so bleibt der Verwalter an den Vertrag gebunden (§ 21 I). Ist ja doch selbst ein gänzlicher Wechsel der Person des Vermieters (Tod, Veräußerung) ohne Einfluß auf den Bestand der Miete, für ein Lösungsrecht des Mieters aber hier kein Bedürfnis begründet[17]). Veräußert der Verwalter die Sache (vgl. § 931 BGB.), so kann der Mieter bis zum Vertragsende die Herausgabe verweigern (§ 986 BGB.). Das gilt jedoch nur für Fahrnis, also z. B. für den Fall, daß der jetzige Gemeinschuldner einen Kraftwagen oder eine Maschine vermietet hatte. Bei Grundstücken wirkt die Veräußerung durch den Verwalter, auch wenn sie nicht in den Formen der Zwangsversteigerung (§ 126 KO., §§ 172 ff. ZVG.), sondern der — häufig vorteilhafteren[18]) — freiwilligen Verwertung erfolgt, auf den Bestand der Miete wie eine Zwangsversteigerung (§ 21 III). Der Ersteher hat daher das Recht vorzeitiger Kündigung unter Einhaltung der gesetzlichen[19]) Frist; aber er muß es gleich bei erster Gelegenheit ausüben, sonst erlischt es (§ 57a ZVG.). Ohne diese Möglichkeit vorzeitiger Vertragslösung würde das vermietete Grundstück oft für unabsehbare Zeit nicht zu verwerten sein. Einen ihm infolge der verfrühten Lösung erwachsenden Schaden kann der Mieter, mag die Veräußerung eine freiwillige oder eine Zwangsversteigerung gewesen sein, als Konkursgläubiger geltend machen (entsprechend dem § 19 Satz 3). **Vorausverfügungen** des Gemeinschuldners über den Grundstückszins[20]) wirken der Konkursmasse gegenüber nur in engen Grenzen: nur für das bei Konkursbeginn bereits laufende Kalendervierteljahr und, wenn der Konkurs im letzten Halbmonat eines Kalendervierteljahres (§ 189 I BGB.) eröffnet wurde, auch noch für das nächste Vierteljahr. § 21 II (vgl. §§ 1124 f. BGB.) i. F. v. 8. Juni 1915.

Beispiel. A vermietet dem B am 1. Juli ein Haus auf ein Jahr; der Mietzins beträgt 4000 *RM* und ist vierteljährlich nachzahlungsweise zu entrichten. Am 15. Juli tritt A seinem Darlehnsgläubiger C erfüllungshalber von den beiden Zinsraten des laufenden Mietjahres je die Hälfte (500 *RM* für Juli bis Ende September und 500 *RM* für Oktober bis Ende Dezember) ab. Am 1. August läßt sich B auf Bitte des A herbei, diesem die andere Hälfte der beiden Raten vorauszubezahlen. Verfällt nun A am 16. September oder später in Konkurs, dann berührt der § 21 die Wirksamkeit der Abtretung und der Vorauszahlung nicht, obwohl beide in der Zeit vor dem letzten Halbmonat des Kalendervierteljahrs der Konkurseröffnung liegen. Es genügt, daß diese selbst innerhalb der letzten fünfzehn Tage des September erfolgt. Hätte freilich A noch vor dem 15. Juli seine Zahlungen eingestellt, so könnte die gesamte Abtretung an C nach § 30 Nr. 2 anfechtbar sein. Wird der Konkurs bereits am 15. September eröffnet, dann sind Abtretung und Vorauszahlung der Konkursmasse gegenüber nach § 21 nur für den Zins bis 30. September wirksam. Alsdann muß B die volle Rate bis Dezember (1000 *RM*) — der Abtretung und der Vorauszahlung ungeachtet — an die Konkursmasse entrichten[20a]).

b) War die Mietsache bei Konkursbeginn **noch nicht** überlassen, so bewendet es beim Wahlrecht des Verwalters nach der Regel des § 17.

---

[17]) Der Konkurs des Vermieters bildet also für keinen Vertragsteil einen gesetzlichen Kündigungsgrund. Dem Konkursverwalter des Vermieters wird aber auch die Wahlbefugnis des § 17 versagt.

[18]) Das einfachere Verfahren der freiwilligen Verwertung, besonders als Freihandverkauf, ermöglicht es, die Gunst des Augenblicks sofort auszunützen.

[19]) Siehe die §§ 565 I Satz 1, IV, 580, 595 BGB. Es bleibt wohl zu beachten, daß nach § 565 IV hier, wo eine vorzeitige gesetzliche Lösbarkeit in Frage steht, § 565 I Satz 2, 3 außer Anwendung bleiben, es also keinen Unterschied für die Kündigungsfrist macht, nach welchen Zeitabschnitten der Mietzins bemessen ist.

[20]) Etwa durch Abtretung, Verpfändung oder Erlassung, besonders aber durch Einziehung im voraus, wenn der Mieter kraft Vertragspflicht oder auf Bitte des Vermieters Vorauszahlung geleistet hat. Der Mieter muß, soweit das Gesetz die Vorauszahlung gegenüber der Konkursmasse nicht gelten läßt, zu dieser noch einmal zahlen. Die Aufrechnungsbefugnis des Mieters gegenüber seiner Zinsenschuld wird durch den § 21 II 2 ebenso begrenzt wie die Vorausverfügungsmacht des Vermieters.

[20a]) Die VO. des Reichspräsidenten v. 8. Dezember 1931 (RGBl. I S. 699) setzt im dritten Teile § 12 (RGBl. S. 711) an Stelle des Kalendervierteljahrs einen Kalendermonat, will also die Wirksamkeit von Vorausverfügungen noch viel stärker einschränken, als dies die Novelle von 1915 getan hat.

3. Der Gemeinschuldner ist **Arbeitgeber.**

a) Ein im Haushalt, Wirtschaftsbetrieb oder Erwerbsgeschäft des Gemeinschuldners angetretenes „Dienstverhältnis" unterliegt nach § 22 fortan — wie die Miete nach § 19 — dauernder beiderseitiger Kündbarkeit zu den gesetzlichen Zielen (§§ 621ff. BGB., § 66 HGB., §§ 122, 133aff., 134 GewO.). Siehe auch §§ 29, 30 VerglO.

Ein Dienstverhältnis treten z. B. an: im Haushalte das gesamte häusliche Gesinde (Herrschaftsdiener, Köchin, Stubenmädchen, Kinderfräulein), aber auch Zugeh-, Scheuer-, Waschfrau, im Wirtschaftsbetrieb (unterschieden vom Erwerbsgeschäft) Gärtner und Förster, Gutsknecht und Stallmagd des land- oder forstwirtschafttreibenden Gemeinschuldners, im Erwerbsgeschäfte Handlungs- und Gewerbegehilfen, Fabrikarbeiter, Werkmeister, Techniker, Betriebsbeamte, Pförtner, auch die Angestellten von Rechtsanwälten und Ärzten[21]). Auch der Lehrling pflegt im Erwerbsgeschäft des Lehrherrn „ein Dienstverhältnis" anzutreten. Das ist freilich bestritten. Allein jedenfalls hat der Lehrling Dienste im Erwerbsgeschäfte des Lehrherrn zu leisten (denn nur so erlernt er den Beruf), der Lehrherr aber um die Ausbildung des Lehrlings bemüht zu sein. Damit wird dem § 22 genügt.

Ob das Kündigungsschutzgesetz (RGBl. 1926 I S. 399), das zugunsten von älteren Angestellten die Kündigungsfristen staffelmäßig bis zu sechs Monaten erstreckt, auch im Konkurse des Arbeitgebers anzuwenden sei, ist streitig. Die Arbeitsgerichtsbehörden bejahen die Anwendbarkeit (RAG. 4 S. 187), weil es sich eben um „gesetzliche" Mindestfristen im Sinne des § 22 I 2 KO. handle. In Wahrheit haben die Verfasser des anerkanntermaßen flüchtig verabschiedeten Sondergesetzes an den Konkursfall überhaupt nicht gedacht. Was aber dem leistungsfähigen Arbeitgeber angesonnen werden darf, ist darum noch lange nicht auch seiner Konkursmasse zuzumuten. Für sie wird, wie die Praxis zeigt, die erschwerte Kündbarkeit geradezu unerträglich, zumal wenn sie dahin führt, daß hohe Gehälter von Prokuristen und Gesellschaftsorganen noch für längere Zeit als Masseschulden (§ 59 Nr. 2) zu befriedigen sind, vielleicht mit der Folge, daß wirtschaftlich schwächere Angestellte trotz des § 61 Nr. 1 leer ausgehen. Die Anwendbarkeit des Sondergesetzes scheitert am Konkurszwecke, der das Wohl des einzelnen dem der Gesamtheit hintanstellt.

b) Verträge auf „Geschäftsbesorgung" — entgeltliche (Dienst- oder Werkvertrag auf Geschäftsbesorgung) oder unentgeltliche (Auftrag) — läßt der Konkurs des Geschäftsherrn (nicht auch der des Geschäftsbesorgers) von Rechts wegen und endgültig erlöschen, falls sich die Geschäftsbesorgung auf die Konkursmasse bezieht (§ 23). Um eine „Geschäftsbesorgung" (vgl. §§ 662, 675 BGB.) handelt es sich dann, wenn jemand für fremde Rechnung Verrichtungen rechtsgeschäftlicher oder tatsächlicher Art vornimmt, die der Verkehr als Geschäfte zu bezeichnen pflegt. Als Schuldverträge, die durch den Konkurs des Geschäftsherrn nach § 23 gelöst werden, kommen z. B. in Betracht solche mit Kommissionären, Spediteuren und Frachtführern, mit Maklern und Agenten, mit Rechts- und Patentanwälten, mit Baumeistern, mit Haus- und Gutsverwaltern. Die Führung eines fremden Prozesses, die Verwaltung eines fremden Vermögens, die Leitung eines fremden Baues ist zwar keine rechtsgeschäftliche Tätigkeit, aber doch eine Geschäftsbesorgung. Keine Geschäftsbesorgung im Verkehrssinne bildet dagegen die wissenschaftliche Unterweisung, die ärztliche Pflege oder die sonstige Behandlung der Person des Auftraggebers. Das Gesetz läßt Geschäftsbesorgungsverträge, die in Beziehung zur jetzigen Konkursmasse stehen, bei Konkurseröffnung namentlich zu dem Zwecke von Rechts wegen und endgültig erlöschen, um damit die ordnungsmäßige Verwaltung und Verwertung der Masse sicherzustellen, also störende Eingriffe eines Dritten in die Tätigkeit des Konkursverwalters auszuschließen.

---

[21]) Auch die Ämter der besoldeten Organmitglieder juristischer Personen, namentlich von körperschaftlich eingerichteten Handelsgesellschaften, beruhen für die Regel auf Dienstverhältnissen im Sinne des § 22. Die Organe zu entfernen, hat aber der Konkursverwalter nicht die Macht (vgl. z. B. § 104 GenG.). Er kann zwar die Masse für die Zukunft entlasten, indem er das Dienstverhältnis nach § 22 löst, aber die satzungsmäßigen Ämter kann er den Gekündigten nicht entziehen. Über Zweifel und Schwierigkeiten siehe Jaeger KO.[7] § 22 Anm. 12 mit Verw.

Doch gelten zwei Einschränkungen, die eine bei Verzugsgefahr, die andere zum Schutze der Unkenntnis des Gegners:

α) Unaufschiebbare Geschäfte sind fortzuführen, bis der Konkursverwalter eingreifen kann (§ 23 KO. mit §§ 672 Satz 2, 675 BGB.). Die Fortführung dient dem Vorteil der Masse. Darum wird eine dabei erwachsende Erstattungsverbindlichkeit gegenüber dem Geschäftsbesorger zur Masseschuld erhoben (§§ 27, 59 Nr. 2).

β) Im Eigeninteresse des Geschäftsbesorgers gilt das Vertragsverhältnis solange als fortbestehend, bis er dessen Erlöschen kennt oder kennen muß (§ 23 KO. mit §§ 674, 675 BGB.). Ein bei solcher Tätigkeit erwachsender Erstattungsanspruch ist bloße Konkursforderung, begründet in dem vor Konkursbeginn entstandenen Schuldverhältnis (§§ 27, 61 Nr. 6).

4. Der Gemeinschuldner ist **Arbeitnehmer.**

Mangels einer Sondervorschrift gilt die Regel des § 17, vorausgesetzt, daß der Vertrag gegenseitig (für den Auftrag siehe § 671 BGB.) und die vom Gemeinschuldner zu bewirkende Leistung (etwa als Ausführung eines alltäglichen Bauwerks im Konkurse des vom Verwalter fortbetriebenen Bauunternehmens) ersetzbar ist. Siehe oben I 5; vgl. auch §§ 320, 321 BGB.

5. Der Gemeinschuldner ist **Versicherer.**

Die Lebensversicherung erlischt, wenn der Versicherer in Konkurs verfällt, sofort und von Rechts wegen (§ 77 AufsichtsG. i. F. 6. Juni 1931, RGBl. I S. 315), die Schadensversicherung erst nach Ablauf eines Monats (§ 13 VVG.)[22]). Im zweiten Falle soll der kurze Fortbestand es dem Versicherungsnehmer ermöglichen, sich rechtzeitig durch Eingehung einer anderen Versicherung zu decken. Tritt während der Monatsfrist der Versicherungsfall ein, so löst er eine Masseschuld aus (§ 59 Nr. 2). Andrerseits gebühren der Masse noch einen Monat lang die Prämien aller Versicherungsnehmer. Für die Seeversicherung gilt Besonderes nach § 898 HGB. Sie erlischt nicht von selbst, aber die „Zahlungsunfähigkeit" des Versicherers ermächtigt den Versicherungsnehmer entweder vom Vertrage zurückzutreten oder „auf Kosten des Versicherers" eine Deckungsversicherung zu nehmen.

6. Der Gemeinschuldner ist **Versicherungsnehmer.**

Es bewendet beim Wahlrecht des Konkursverwalters nach der Regel des § 17 KO., es sei denn, daß der jetzige Gemeinschuldner als Versicherungsnehmer bereits voll geleistet hatte (etwa durch Vorauszahlung einer Einheitsprämie). Beschlagsfähige Versicherungsansprüche (z. B. aus der Versicherung nun zur Masse gehörender Sachen gegen Feuer, Einbruch, Aufruhr) sind Massebestandteile. Hatten die Vertragsgenossen vereinbart, daß bei Konkurs des Versicherungsnehmers das Versicherungsverhältnis von selbst erlöschen oder daß es vom Versicherer kürzer als unter Monatsfrist gekündigt werden dürfe, dann versagt der § 14 VVG. solcher Abrede die Wirksamkeit gegenüber der Konkursmasse. Ihr muß mindestens noch ein Versicherungsmonat bleiben, binnen dessen sie eine neue Versicherung nehmen kann.

III. **Gesellschaftsverhältnisse** im Sinne des § 705 BGB. verfallen infolge der Konkurseröffnung über das Vermögen eines Gesellschafters nach § 728 BGB. von Rechts wegen der Lösung[23]), es sei denn, daß im ursprünglichen oder im ergänzten Gesellschaftsvertrage für den Fall eines solchen Konkurses der Fortbestand unter den übrigen[24]) — mindestens

---

[22]) Wegen der Konkursvorrechte siehe unten S. 70 (Schadensversicherung), S. 72f. (Lebensversicherung).

[23]) Damit wird ein durch den Gesellschaftszweck gebundener Anteil des Gemeinschuldners am Gesellschaftsvermögen frei für die Befriedigung seiner Gläubiger. Die Auflösung tritt aber auch ein, wenn er keinen Geschäftsanteil hat.

[24]) Eine Fortsetzung der Gesellschaft mit dem in Konkurs verfallenden Gesellschafter selbst kann nicht vereinbart werden, da sein etwa in der Gesellschaft steckendes Vermögen für die Befriedigung seiner Gläubiger frei werden soll [Note 23]. Insoweit ist der § 728 BGB. zwingend. Der Gemeinschuldner hört auf, wenn er es bis dahin war, geschäftsführender und vertretender Gesellschafter zu sein. Im Auseinandersetzungsverfahren (§§ 730ff. BGB.) vertritt ihn der Konkursverwalter [unten § 17 IV]. Wird der Konkurseröffnungsbeschluß auf Beschwerde endgültig aufgehoben, so gilt die Gesellschaft als nie erloschen [unten § 27 IV 7].

noch in der Zweizahl vorhandenen — Teilhabern vereinbart ist (§ 736 BGB.). Vereine ohne Rechtsfähigkeit (vgl. § 54 BGB.) werden durch den Konkurs eines Mitglieds im Bestande nicht berührt. Denn der auf Bildung eines „Vereins" gerichtete Wille der Beteiligten ergibt, daß der Verband vom Wechsel seiner Mitglieder unabhängig sein soll. Damit wird die abdingbare Vorschrift des § 736 BGB. verdrängt. Da die stille Gesellschaft nur zwei Mitglieder hat, löst der Konkurs des einen oder des anderen die Gesellschaft unabdingbar auf[25]).

Wenn der Konkurs eines Gesellschafters die Gesellschaft in den Stand der Abwicklung versetzt, sind die übrigen Gesellschafter so lange zur Fortführung der ihnen übertragenen und nicht ohne Gefahr aufzuschiebenden Geschäfte verpflichtet, bis der Konkursverwalter als Vertreter des Gesellschafters in Gemeinschaft mit ihnen anderweit Fürsorge treffen kann. „Die Gesellschaft gilt insoweit als fortbestehend." § 728 Satz 2 mit § 727 II BGB. Die Fiktion des Fortbestandes dient hier dem Vorteil der Masse. Zugunsten eines weiter tätigen Mitgesellschafters besteht die gleiche Fiktion, solange dieser den Konkurs weder kennt noch kennen muß. § 729 BGB. Dementsprechend wird der geschäftsführende andere Teilhaber bei Verzugsgefahr oder Unkenntnis wie in den Fällen II 3b geschützt (§ 28).

IV. Das Erlöschen einer **Vollmacht** (§ 166 BGB.) bestimmt sich nach dem der Erteilung zugrunde liegenden Rechtsverhältnisse (§ 168 Satz 1 BGB.). Das gilt für jede aus Anlaß und zum Zwecke eines bestimmten Innenverhältnisses ausgestellte Vollmacht. Denn so notwendig bei der Vertretung die begriffliche Scheidung des Innen- und Außenverhältnisses sein mag, so natürlich ist ihr Zusammenhang. Freilich kommen auch Vollmachten vor, die nach dem erkennbaren Willen des Machtgebers vom Bestand eines Innenverhältnisses unabhängig sein sollen. Sie bilden aber Ausnahmen. Regel ist die unselbständige Vollmacht. Sie beruht meist auf Gesellschafts- oder Geschäftsbesorgungsverträgen (Auftrag, Dienst- oder Werkvertrag). Da nun die Gesellschaft durch Eröffnung des Konkurses über das Vermögen eines Gesellschafters, der die Konkursmasse betreffende Geschäftsbesorgungsvertrag durch Eröffnung des Konkurses über das Vermögen des Geschäftsherrn endet, **erlischt** infolge solcher Konkurseröffnung auch die Vollmacht des Gesellschafters oder Geschäftsbesorgers und zwar endgültig. Selbständige Vollmachten unterliegen, wenn sie die Konkursmasse betreffen, dem Widerrufe des Konkursverwalters (§ 168 Satz 2, 3 BGB., § 6 KO.). Unter allen Umständen und von selbst erlöschen Prokura und Handlungsvollmacht (§§ 48ff., 54ff. HGB.) im Konkurse des Prinzipals, weil ihre Fortdauer dem Konkurszwecke widerstreitet. Eine Prozeßvollmacht erlischt, da der allgemeingültige Rechtssatz des § 168 Satz 1 BGB. auch für sie maßgebend ist, wenn der Konkurs das ihr unterliegende Innenverhältnis (besonders als Dienstvertrag auf Geschäftsbesorgung) beendet. So die Vollmacht für einen unter den § 240 ZPO. fallenden, also aktiv oder passiv die jetzige Konkursmasse betreffenden Rechtsstreit. Das bestätigt der Zusammenhang der §§ 240, 246 ZPO.: weil die Vollmacht für jeden die Masse angehenden Prozeß erlischt, unterbricht der Konkurs des Machtgebers ausnahmelos solche Prozesse (zust. RG. 118 S. 185).

Die Vollmacht in Massesachen erlischt wie das Grundverhältnis endgültig. Sie lebt auch dann nicht wieder auf, wenn der Konkurs infolge Zwangsvergleichs oder Einstellung endet. Wird freilich der Eröffnungsbeschluß selbst im Beschwerdeweg rechtskräftig aufgehoben, dann gilt das Erlöschen als nicht eingetreten. Besteht das der Vollmacht zugrunde liegende Rechtsverhältnis fort, so bleibt auch die Vollmacht bestehen. So die Ermächtigung zum Verkauf beschlagsfreier Gegenstände, die Prozeßvollmacht für Ehesachen oder zur Einklagung familienrechtlichen Unterhalts, die Vollmacht zu Neuanschaffungen für den jetzigen Gemeinschuldner.

V. Die **Anweisung** ist weder Auftrag noch Vollmacht, sondern eine selbständige Rechtseinrichtung. Darum ist sie auch konkursrechtlich weder nach den Sätzen des Auftrags noch nach

[25]) Offene Handelsgesellschaften und Kommanditgesellschaften werden in den Auflösungsstand versetzt, wenn ein persönlich haftender Gesellschafter oder auch nur ein Kommanditist in Konkurs gerät (§§ 131 Nr. 5, 161 II; vereinbarter Fortbestand: §§ 138, 141 II HGB.). Dagegen fallen juristische Personen durch den Konkurs eines Mitglieds nicht von selbst der Auflösung anheim, auch nicht Gesellschaften mit beschränkter Haftung (siehe aber § 61 GmbHG., RG. Bd. 82 S. 292). Ein Konkurs des Verbandes selbst versetzt diesen in die Abwicklungslage [siehe oben § 5 I 2].

denen der Vollmacht zu beurteilen. Sie erlischt nicht schon kraft Gesetzes durch den Konkurs des Anweisenden, auch nicht als Anweisung auf Schuld. Die Widerrufsbefugnis des Anweisenden übt dessen Konkursverwalter aus (§ 790 BGB., § 6 KO.). Leistet der Angewiesene in Unkenntnis des Konkurses, so wird er dem § 8 entsprechend geschützt. Dies gilt auch für Wechsel- und Scheckanweisung.

Beispiel. A hat seinen Schuldner B angewiesen, für Rechnung des A eine Zahlung an C zu leisten. Verfällt der Anweisende A in Konkurs, so ist der Konkursverwalter ermächtigt und verpflichtet, die Anweisung zu widerrufen, solange B dem C gegenüber noch nicht (in der Form des § 784 II BGB.) angenommen und auch noch nicht an C geleistet hat (§ 790 BGB.). Der Konkurs des Anweisungsempfängers C berührt den Fortbestand der Anweisung nicht. War sie schon vor Konkurseröffnung angenommen, so gehört der Anspruch des C zur Masse (§ 784 BGB.), vorher bei Übertragbarkeit der Anweisung die Anwartschaft aus ihr (vgl. § 792 BGB.). Gerät der Angewiesene B in Konkurs, so ist C kraft einer schon vor der Eröffnung vollzogenen Annahme des B Konkursgläubiger (neben ihm bis zur Leistung noch, wenn auch ohne Wettbewerbsbefugnis, der A), während Annahme durch den Verwalter den C zum Massegläubiger machen würde (§ 59 Nr. 1). Überall bleibt die Frage der konkursmäßigen Anfechtbarkeit offen.

§ 9.

B. Rechtsstreitigkeiten.

I. Der Masseträger als Prozeßpartei.

Der Schuldner hört trotz der Konkurseröffnung nicht auf, Träger der nun zur Konkursmasse gehörenden Rechte zu sein. Er ist es, der nach wie vor für die zu Lasten der Konkursmasse bestehenden persönlichen und dinglichen Ansprüche haftet. Er bleibt auch Partei, wenn für oder wider ihn Prozesse um massezugehörige Rechte oder aus der Masse zu erfüllende Haftungen schweben: er ist aktiv oder passiv „zur Sache legitimiert", er „die rechte Partei". Ebenso bekleidet er als Träger der umstrittenen Rechte und Pflichten in neu beginnenden Masseprozessen die Parteirolle. Wie aber steht es mit seiner Prozeßfähigkeit? Da ein bisher geschäftsfähiger Gemeinschuldner „sich", d. h. seine Person, auch fernerhin „durch Verträge verpflichten" kann, bleibt er auch im allgemeinen prozeßfähig (§ 52 ZPO.). Seine Prozeßfähigkeit wirkt sich nicht nur auf personenrechtlichem Gebiete (wie in Namen- und Eheprozessen) aus, sondern auch in den vom Konkurs unberührten Vermögensstreitsachen (z. B. wenn er Neuerwerb einklagt oder aus Neuschulden verklagt wird). Für den Bereich der vom Konkursverwalter zu führenden Sondergutspflegschaft[1]) aber verliert der Gemeinschuldner die Prozeßfähigkeit. Das folgt aus dem Zwecke der §§ 6, 7 KO. mit § 53 ZPO. Da nämlich dem Gemeinschuldner von vornherein jeder Eingriff in Masseangelegenheiten, also auch in noch nicht vom Verwalter oder gegen ihn begonnene Masseprozesse verboten ist, muß er auch von vornherein für den gesamten Bereich der Zwangsvertretungsmacht des Konkursverwalters einer prozeßunfähigen Partei gleichstehen. Nur so wird ein fester Rechtsboden gewonnen. Der in Masseangelegenheiten selber klagende oder verklagte Gemeinschuldner ermangelt der Prozeßfähigkeit. Dieser Mangel ist in jeder Lage des Prozesses von Amts wegen zu beachten (§ 56 ZPO.), heilt aber rückwirkend, wenn der Konkursverwalter oder nach Erlöschen des Konkursbeschlags (Konkursbeendigung, Freigabe) der Schuldner selbst die Prozeßführung genehmigt, und begründet ungeheilt die Nichtigkeitsklage (§§ 551 Nr. 5, 579 Nr. 4 ZPO.). Im Erkenntnisverfahren wirkt die Rüge des Mangels als „prozeßhindernde Einrede" (§ 274 II Nr. 7 ZPO.). Die Zuschiebung oder Zurückschiebung des Eides in Masseprozessen findet nach Maßgabe des § 473 I ZPO. an den Konkursverwalter als gesetzlichen Vertreter einer „nicht prozeßfähigen Partei" statt. Der sonach parteieidesunfähige Gemeinschuldner selbst kann ebendarum Zeuge in den Prozessen des Verwalters sein.

Rechtsstreitigkeiten der Konkursmasse führt sonach der Konkursverwalter als Zwangsvertreter des Masseträgers. Der Verwalter führt sie auf fremden Namen, um fremde

---

[1]) Siehe darüber oben S. 26.

Rechte und Pflichten, in fremdem Interesse. Soweit das Gesetz den Parteien eine „Herrschaft über den Prozeß" (über dessen Gang, Ziel und Stoff) zugesteht, übt sie der Verwalter ganz wie sonst ein gesetzlicher Vertreter nur als ein Fremder aus. Kein Prozeßrechtssatz, der für die Partei und ausschließlich für sie gilt, paßt auf den Konkursverwalter. Sein Wohnsitz, sein Aufenthalt, seine Niederlassung, sein Vermögen begründet, wenn Ansprüche gegen die Masse erhoben werden, nicht die Gerichtsstände der §§ 13, 16, 20, 21, 23 ZPO.; seine Dürftigkeit nicht das Armenrecht nach § 114 ZPO.; seine Ausländer-Eigenschaft, wenn er Klage erhebt, nicht die Sicherheitslast gemäß § 110 ZPO. Beim Unterliegen trägt nicht er selber die Prozeßkosten nach § 91 ZPO. Rechtshängigkeit, Rechtskraft und Vollstreckbarkeit (§§ 263 Nr. 2, 325 I, 727 ZPO.) wirken sich nicht in seiner Person aus. Wohl aber treffen alle diese Sätze den Gemeinschuldner als den Träger der Masse. Nur er kann also nach geltendem Recht die Partei sein. Den Verwalter Partei nennen, aber gleichwohl die Parteirechtssätze nicht auf ihn, sondern auf den Masseträger anwenden, wie es Vertreter der Lehre von der „Partei kraft Amtes" tun, ist Selbstwiderlegung, nicht „Analogie".

Hervorgehoben sei, daß Urteile auf Masseprozesse des Verwalters ein für allemal für und gegen den Masseträger in Rechtskraft erwachsen (§ 325 I ZPO.), mag auch der Konkurs infolge Zwangsvergleichs oder Einstellung enden. Die Rechtskraft kommt dem früheren Gemeinschuldner noch nach dem Konkurse zustatten, wenn der Verwalter z. B. Aus- oder Absonderungsansprüche siegreich niedergekämpft hat. Sie steht umgekehrt dem früheren Gemeinschuldner etwa dann entgegen, wenn die vom Verwalter für die Masse erhobene Eigentums- oder Pfandklage rechtskräftig als unbegründet abgewiesen worden war. Einen Parteiwechsel hat weder der Beginn noch das Ende des Konkurses noch eine Ersetzung des Verwalters durch einen anderen noch endlich die Freigabe umstrittener Gegenstände an den Gemeinschuldner zur Folge. Keiner dieser Vorgänge löst eine Rechtsnachfolge im Sinne der §§ 265, 325, 727 ZPO. aus. Einer Umstellung der Vollstreckungsklausel bedarf es daher beispielsweise weder dann, wenn der Konkursverwalter den vor Konkursbeginn zugunsten des jetzigen Gemeinschuldners vollstreckbar zuerkannten Eigentumsherausgabeanspruch für die Masse verwirklichen, noch dann, wenn ein Aussonderungsberechtigter einen gegen den Verwalter erlangten Titel nach Konkursbeendigung gegen den bisherigen Gemeinschuldner vollstrecken will.

Die S. 27 ff. abgewehrten Angriffe der Freirechtsschule richten sich auch gegen unsere „Konstruktion" der prozeßrechtlichen Verhältnisse. Daß Anhänger der sog. Amtstheorie, die jede Vertreterstellung des Verwalters leugnet, zu ähnlichen Ergebnissen gelangen wie wir, trifft zu. Es fragt sich nur, inwieweit bei solchem Verzicht auf die Konstruktion noch von einer Gesetzesanwendung die Rede sein kann. Es fehlt auch für den Zivilprozeß nicht an schweren Entgleisungen, die darauf zurückzuführen sind, daß mit der Annahme eigner Parteistellung des Konkursverwalters Ernst gemacht wird. Dahin gehört z. B. die Ansicht des BayObstLG. v. 19. 2. 1917 JW. 1918 S. 103, daß die Kosten des verlorenen Masseprozesses der Konkursverwalter selbst als unterliegende Partei im Sinne des § 91 ZPO. zu tragen habe [2]). In Wahrheit haftet der Masseträger als unterlegene Partei nach § 59 Nr. 1 KO. Das Reichsgericht hat aber geglaubt, den Gemeinschuldner deshalb nicht als Partei anerkennen zu dürfen, weil es mit der damals herrschenden Lehre annahm, Zeuge könne nur sein, wer nicht Partei sei. Da der Schuldner selbst über seine Vermögensverhältnisse am besten unterrichtet zu sein pflegt, wäre es allerdings ein Übelstand, wenn man seine Tatsachenkenntnis in den Prozessen des Verwalters nicht im Wege des Zeugenbeweises verwerten könnte. So nahm die Praxis ihre Zuflucht zum Trugbild der „Partei kraft Amtes" und leugnete für den Prozeß jede Vertreterstellung des Verwalters, obwohl dieser in Sachen der Masse weder eigene Rechte oder Pflichten wahrnimmt, noch im eigenen Interesse noch eigenen Namens tätig wird. Statt diesen Sprung ins Dunkle zu wagen, hätte die Rechtsprechung den jeder Grundlage ermangelnden Satz, Parteien seien zeugnisunfähig, auf seine Stichhaltigkeit nachprüfen sollen. In Wahrheit müssen, wenn unser Beweissystem lückenlos sein soll, Parteieidesfähigkeit und Zeugnisfähigkeit einander ergänzen: nicht die Partei, sondern der Parteieidesfähige ist zeugnisunfähig, eine Erkenntnis,

---

[2]) Auch die Versagung des Armenrechts für Prozesse einer dürftigen Konkursmasse (RG. 81 S. 292, OLG. München v. 15. 10. 1930 LZ. 1931 Sp. 50, OLG. Dresden v. 28. 2. 1931 JW. S. 2153) ist ein unerfreuliches Ergebnis der Amtstheorie, das sich nachgerade bis zur Unerträglichkeit gesteigert hat. Dies springt besonders in die Augen, wenn ein Aktivprozeß in erster Instanz vom jetzigen Gemeinschuldner im Armenrecht gewonnen war und nun in den höheren Instanzen vom Konkursverwalter (§ 10) für die Masse nicht durchgeführt werden kann. Daß die Dürftigkeit der Masse (des Gemeinschuldners als solchen) und nicht die des Verwalters entscheiden muß, ist ernsthaft nicht zu bestreiten. Siehe auch Anm. 3.

die bereits als Gemeingut der neuen Prozeßrechtswissenschaft gelten darf. Parteieide in Massenprozessen hat der Konkursverwalter zu leisten (§ 473 I ZPO.), der Gemeinschuldner kann daher Zeuge sein. Als Zeuge ist er nach der Regel des Gesetzes unbeeidet zu vernehmen; doch kann das Gericht seine Beeidung anordnen (§ 393 I Nr. 4, II ZPO.). Die Angehörigen des Gemeinschuldners verlieren das Zeugnisverweigerungsrecht, das ihnen nach § 383 I Nr. 1—3 ZPO. zusteht, nicht dadurch, daß an Stelle des Schuldners der Konkursverwalter den Prozeß beginnt oder weiterführt, ebensowenig, als sie es einbüßen würden, wenn an Stelle des entmündigten Schuldners dessen Vormund prozessierte. Bei folgerechter Durchführung der Amtstheorie werden sie aussagepflichtig, was Breit JW. 1916 S. 1083 für das befriedigendere Ergebnis hält. Führte der Schuldner den Prozeß persönlich, dann wäre seine Tatsachenkenntnis in der Form des Parteieides verwertbar, der nahe Angehörige aber zur Zeugnisverweigerung berechtigt. Löst nun ein gesetzlicher Vertreter den Schuldner in der Parteieidesfähigkeit ab, dann setzt die ergänzende Zeugnisfähigkeit des Schuldners ein. Was an diesem Ergebnis uneben sein sollte, ist nicht recht einzusehen. Welcher innere Grund aber rechtfertigt es, den Angehörigen bei solchem Wechsel das Weigerungsrecht zu entziehen? Übrigens wird aus § 383 I Nr. 1—3 ZPO. gefolgert werden müssen, daß die zeugnisfähige Partei selber erst recht das Zeugnis verweigern darf. Endlich soll es widerspruchsvoll sein, den Gemeinschuldner in Masseprozessen als Partei und zugleich als Dritten im Sinne der Vorschriften über die Nebenintervention (§§ 66ff. ZPO.) zu betrachten (a. a. O. S. 1084). Er ist aber Partei nicht in seiner Gesamtpersönlichkeit, sondern nur in seiner Eigenschaft als Träger des konkursbefangenen Sondervermögens. Bei solcher Spaltung wird auch sonst die Interventionsfähigkeit der Partei anerkannt. Übrigens fehlt es auch in der neueren Rechtsprechung des Reichsgerichts keineswegs an Entscheidungen, die den Gemeinschuldner als die Partei des Masseprozesses bezeichnen oder doch erkennbar davon ausgehen (z. B. Bd. 53 S. 352; Bd. 73 S. 315, LZ. 1908 Sp. 705f., 1911 Sp. 153f.). Jedenfalls aber begegnet die Annahme eigner Parteistellung der Sondergutsverwalter in wachsendem Maße dem Widerstande der Prozeßrechtswissenschaft[3]).

II. **Umfang und Folgen der Prozeßunterbrechung.** Da der Gemeinschuldner in Angelegenheiten der Konkursmasse zur Prozeßtätigkeit weder befugt noch befähigt ist, können Rechtsstreitigkeiten[4]) für und gegen die Masse nur von und gegenüber dem Konkursverwalter begonnen werden. Wie aber steht es mit solchen Rechtsstreitigkeiten des Gemeinschuldners, die zur Zeit der Konkurseröffnung anhängig sind? Manchen Prozeß mag der in Vermögensverfall geratene Schuldner nur deshalb heraufbeschworen haben, weil er die Vollstreckung hinauszögern wollte. Aber auch in Fällen, in denen der Schuldner seinen Angriff oder seine Verteidigung für berechtigt hält, darf schon mit Rücksicht auf das hohe Kostenrisiko (§ 59 Nr. 1) fortab nicht mehr sein Wille, sondern nur der des Konkursverwalters maßgebend sein. Damit nun der Verwalter ungestört überlegen könne, ob es der Konkursmasse zum Vorteil gereicht, für deren Rechnung schwebende Prozesse weiterzuführen, läßt das Gesetz einen Prozeßstillstand eintreten: alle die Masse angehenden Rechtsstreitigkeiten werden im Zeitpunkte der Konkurseröffnung sofort und von Rechts wegen **unterbrochen** (§ 240 ZPO.). Die Unterbrechung tritt ein ohne Rücksicht darauf, ob der Schuldner im allgemeinen prozeßfähig oder (etwa als entmündigter Verschwender) prozeßunfähig, ob er bei Konkursbeginn durch einen Prozeßbevollmächtigten vertreten ist oder nicht[5]). Sie trifft aber nur den anhängigen

---

[3]) Außer dem bei Jaeger KO.[7] § 6 Anm. 8, 30ff. angeführten Schrifttum seien aus jüngster Zeit genannt: W. Kisch i. d. Festgabe der jurist. Fakultäten für das RG. Bd. VI (1929) S. 15ff., Lent ebenda S. 275ff., Levin JW. 1930 S. 34, Rosenberg Zivilprozeßrecht[3] (1931) S. 109f., 125. Demungeachtet will der Entwurf einer ZPO. (1931) im § 51 II den Streit über die Rechtsstellung der Sondergutsverwalter „im Sinne der Amtstheorie lösen" (Begr. S. 290), sieht sich aber im § 117 III zu dem Satze genötigt: Die Partei kraft Amtes habe das Armenrecht zu beanspruchen, wenn der Vermögensträger bei eigner Parteistellung den Prozeß im Armenrecht führen könnte. Die Begründung (S. 297) fügt bei: Da der Gemeinschuldner „die Anfechtungsrechte der Konkursgläubiger" nicht verfolgen könnte, komme für Anfechtungsprozesse des Konkursverwalters (also gerade im Falle des dringendsten Bedürfnisses) das Armenrecht nicht in Frage. So würde weder der Theorie noch der Praxis geholfen.

[4]) Die Prozeßvollmacht in Massesachen erlischt. Siehe oben S. 44. Der Konkurs bildet einen durchaus selbständigen und tatsächlich den wichtigsten Prozeßunterbrechungsgrund.

[5]) Auch in Sachen der freiwilligen Gerichtsbarkeit tritt der Konkursverwalter für den Bereich seiner gesetzlichen Aufgabe an die Stelle des Gemeinschuldners. Nur der Verwalter, nicht der Gemeinschuldner persönlich kann in Ansehung von Masserechten Grundbucheintragungen erwirken. Das Verfahren vor der Aufwertungsstelle ist der freiwilligen Gerichtsbarkeit eingereiht (§ 73 AufwG.). Die Aufwertung zur Masse gehörender Rechte hat der Verwalter zu betreiben. Er übt das Beschwerderecht des Schuldners aus (§ 74 AufwG.). Die Kostenlast wird Masseschuld (§§ 75, 76 AufwG., §§ 57, 59 Nr. 1 KO.). Eine Verfahrensunterbrechung im Sinne des § 240 ZPO. ist der freiwilligen Gerichtsbarkeit fremd.

Zivilprozeß, diesen freilich auch als Güteverfahren (§ 495a ZPO.), auch als Verfahren auf Schiedsurteil (§§ 18ff. EntlVO.), auch als Mahnverfahren und als Wechselprozeß, nicht dagegen ein schiedsrichterliches Verfahren im Sinne des 10. Buches der ZPO. und nicht die Zwangsvollstreckung. Bloßen Konkursgläubigern verwehrt der § 14 wie den Beginn so auch die Fortsetzung des Einzelzugriffs. War dieser aber bereits bis zum Erwerb eines Absonderungsrechtes, besonders eines Pfändungspfandrechtes, gediehen, dann steht dem Gläubiger — unbeschadet einer konkursmäßigen Entkräftung (§§ 30, 35 KO., §§ 84, 87 VerglO.) — auch die Durchführung der Sondervollstreckung offen. Vollstreckungen, die zu Gunsten des jetzigen Gemeinschuldners begonnen hatten, führt dieser persönlich durch, soweit konkursfreie, und der Verwalter für Rechnung der Masse, soweit konkursbefangene Ansprüche zu verwirklichen sind.

1. Unterbrochen werden nur Prozesse, welche die Konkursmasse (§ 1) aktiv oder passiv betreffen. Das umstrittene Recht muß also zu Gunsten oder zu Lasten des nun konkursbefangenen Vermögens in Anspruch genommen sein, einerlei, ob der Schuldner Kläger oder Beklagter ist. So wird unterbrochen z. B. seine Forderungsklage auf Übereignung eines gekauften Grundstücks wie seine Eigentumsfeststellungsklage, so aber auch die gegen ihn gerichtete Kaufpreisklage und die Klage auf Feststellung seines Nichteigentums. Daß auch zu Lasten der Konkursmasse schwebende Prozesse unterbrochen werden, folgt aus dem Zwecke des § 240 ZPO. und wird durch die §§ 11, 144 II, 146 III KO. bestätigt. Vom Konkurs unberührt bleiben dagegen Prozesse über nichtvermögensrechtliche Ansprüche (wie etwa schwebende Ehesachen oder Klagen auf Unterlassung unbefugter Führung eines Namens oder einer Firma) oder über konkursfreie Vermögensrechte des Gemeinschuldners (z. B. Klagen des jetzigen Gemeinschuldners auf gesetzlichen Unterhalt). Der Sonderkonkurs unterbricht nur Prozesse mit Beziehung auf die Sonderkonkursmasse, ein Nachlaßkonkurs also nur Prozesse über Nachlaßaktiven oder Nachlaßpassiven, nicht über eingeklagte Eigenansprüche oder Eigenschulden des Erben.

2. Die Folgen der Prozeßunterbrechung regelt der mangelhaft gefaßte § 249 ZPO. Sie treten unmittelbar mit Konkurseröffnung (§ 108 KO.) und auch dann ein, wenn Anwälte und Gerichte, wie das beim Schweben des Prozesses in höherer Instanz nicht selten vorkommt, von der Konkurseröffnung noch keine Kenntnis haben. Diese Folgen sind:

a) Der Lauf echter Prozeßfristen wird abgebrochen. Diese können während des Prozeßstillstandes ihren Lauf weder beginnen noch fortsetzen und vollenden. Sobald aber der Stillstand beseitigt ist, fangen sie von selbst und von neuem wieder zu laufen an. Das gilt namentlich auch für die innerhalb des unterbrochenen Prozesses laufenden Notfristen (wie für die der §§ 339, 516, 552, 557 ZPO.)[6]).

b) Parteihandlungen sind, soweit sie nicht etwa gerade der Beseitigung des Prozeßstillstandes dienen, für unwirksam erklärt, aber nur „der anderen Partei gegenüber", also in deren Interesse (§ 249 II ZPO.). Das gilt namentlich für Zustellungen und Ladungen auf Parteibetreiben. So setzt die von einer Partei erwirkte Urteilszustellung während der Unterbrechung eine Rechtsmittelfrist nicht in Gang und zwar für keine der Parteien. Da die Unwirksamkeit nur zum Schutze des Gegners verordnet ist, heilt sie durch dessen Verzicht oder Verschweigung nach § 295 I ZPO., auch wenn die Handlung die Wahrung einer Notfrist bezweckte.

c) An die Außenwelt gerichtete Prozeßhandlungen des Gerichts sind während der Prozeßunterbrechung unstatthaft. Das gilt z. B. für Zustellungen und Ladungen im Amtsbetrieb, namentlich aber für die Erlassung von Entscheidungen aller Art, auch solcher des Vorsitzenden oder der Geschäftsstelle. Nur die Verkündung einer Entscheidung, die noch auf Grund einer schon vor dem Konkurse geschlossenen Verhandlung zu erlassen ist, erlaubt das Gesetz (§ 249 III

---

[6]) Waren etwa am Tage der Konkurseröffnung zwei Drittel der Berufungsfrist (§ 516 ZPO.) verstrichen, dann beginnt, sobald z. B. eine den Konkurs und damit den Prozeßstillstand beendende Einstellung „bewirkt" ist (§§ 205, 76 I 2 KO.), die volle Monatsfrist von neuem zu laufen, ganz von selbst und einheitlich für beide Parteien, einerlei, ob sie sich dieses Wiederbeginns bewußt sind oder nicht. Beachte aber auch RG. Bd. 114 S. 280, Bd. 118 S. 159 (für die Fristen der §§ 519 VI, 554 VII ZPO.), Bd. 122 S. 51 (für die Fünfmonatschranken der §§ 516, 552 ZPO.).

ZPO.)[7]). Verstöße gegen das Regelgebot, wie z. B. die Erlassung des Urteils auf Grund einer erst während der Unterbrechung in deren Unkenntnis abgehaltenen Verhandlung, müssen durch den nach Lage des Einzelfalles zulässigen Anfechtungsbehelf (Rechtsmittel, Einspruch, Nichtigkeitsklage nach § 579 Nr. 4 ZPO.) rechtzeitig gerügt werden[8]). Sonst bleibt die Entscheidung bei Bestand. Die innere Gerichtstätigkeit (Beratung, Abstimmung, inhaltliche Fassung der Entscheidung) wird durch den Prozeßstillstand überhaupt nicht unterbunden.

III. **Die Prozeßunterbrechung dauert** nach § 240 ZPO. bis zu der Zeit, da entweder der Prozeß „nach den für den Konkurs geltenden Bestimmungen aufgenommen" oder „das Konkursverfahren aufgehoben" wird.

1. Für die konkursmäßige Prozeßaufnahme sind folgende Möglichkeiten zu unterscheiden:

A. **Aktivprozesse.** Die erste Gruppe bilden Rechtsstreitigkeiten, durch die Vermögensgegenstände „für den Gemeinschuldner" (den Masseträger als solchen), d. h. als Bestandteile der Teilungsmasse in Anspruch genommen werden. Wir nennen einen derartigen Prozeß **Teilungsmassestreit.** Beispiele: die vom nachmaligen Gemeinschuldner erhobene Eigentumsklage auf Feststellung seines Eigentums und auf Herausgabe seiner nun zur Konkursmasse gehörenden Sache oder seine Klage auf Zahlung eines nun der Masse gebührenden Kaufpreises. Die Partei, die das umstrittene Recht für sich in Anspruch nimmt, ist hier der Gemeinschuldner[9]), nicht der Gegner. Darum bedeutet es keine allzu starke Zumutung, wenn der Gegner erst einmal die Entschließung des Verwalters darüber abwarten muß, ob eine Fortführung des Prozesses für Rechnung der Masse in deren Interesse liegt. So erklärt sich der § 10: der Konkursverwalter und nur er hat die Wahl, den Prozeß aufzunehmen oder abzulehnen. Die Aufnahme vollzieht er durch Zustellung eines Schriftsatzes auf Parteibetrieb, im amtsgerichtlichen Verfahren durch eine bei Gericht einzureichende oder zu Protokoll anzubringende, von Amts wegen zuzustellende Aufnahmeerklärung (§§ 250, 496, vgl. § 295 ZPO.). Gewohnheitsrechtlich gilt es als genügend, daß der Aufnahmewille dem anwesenden Gegner einseitig in der mündlichen Verhandlung erklärt wird[10]). Eine Form für die Ablehnung schreibt das Gesetz überhaupt nicht vor. Der Verwalter kann den Ablehnungswillen auch in schlüssigem außergerichtlichem Verhalten zum Ausdruck bringen. Bei seiner Entschließung hat er sich nur durch den Vorteil der

---

[7]) Den Regelsatz, die Unstatthaftigkeit jeder Tätigkeit des Gerichts nach außen, setzt die Ausnahme des § 249 III ZPO. als selbstverständlich voraus. Die Ausnahme ergibt: Wird der Konkurs erst eröffnet, nachdem die mündliche Verhandlung geschlossen war, dann ist das Gericht trotz Kenntnis der Unterbrechungstatsache ermächtigt und bei Spruchreife verpflichtet (vgl. § 300 ZPO.), die Entscheidung nicht nur ihrem Inhalte nach durch Beratung und Abstimmung festzustellen, sondern ihr auch durch Verkündung die Wirksamkeit nach außen zu verleihen. Das RG. (JW. 1916 S. 326) folgert so: nach § 249 II ZPO. sei die mündliche Verhandlung der Parteien während der Unterbrechung unwirksam; diese Unwirksamkeit erstrecke sich auf das Urteil. Die Begründung ist schief, schon mit Rücksicht auf den § 295 I ZPO. Ob die Ausnahme des § 249 III ZPO. im schriftlichen Verfahren des § 7 EntlVO. entsprechende Anwendung finden kann, ist zweifelhaft, aber doch wohl zu bejahen. Die Analogie ergibt: Liegt der Verhandlungsschluß (beachte den § 230 II 2 Entw. e. ZPO. v. 1931) vor Eröffnung des Konkurses, dann darf die Entscheidung trotz des Konkurses noch durch schriftliche Mitteilung (als Urteil durch Zustellung der Formel) erlassen werden. Siehe LandG. I Berlin JW. 1930 S. 735 Nr. 1, Rosenberg Zivilprozeßrecht³ § 128 IV 3. Die Fassung des § 249 ZPO. kehrt im Entw. v. 1931 (§ 202) unverbessert wieder.

[8]) Anfechtbarkeit, keine Nichtigkeit! Gegenüber Nichtversäumnisurteilen, die das RG. in Unkenntnis der Unterbrechung erlassen hat, eröffnet sich nur der Weg des § 579 Nr. 4 ZPO.: der Gemeinschuldner war als Partei nicht nach Vorschrift der Gesetze „vertreten". Genehmigung heilt aber den Mangel rückwirkend. Genehmigen im Sinne des § 579 Nr. 4 ZPO. kann nach Maßgabe der §§ 6, 7 KO. ausschließlich der Konkursverwalter als Zwangsvertreter „der Partei". Für eine vom Gemeinschuldner persönlich ausgehende Aufnahme und Anfechtung ist daher kein Raum (abw. RG. JW. 1916 S. 324ff., siehe dagegen dort die Note).

[9]) Er ist es auch dann, wenn er das Recht gegenüber einer seinen Bestand leugnenden negativen Feststellungsklage als bestehend in Anspruch nimmt, wenn er es also in der Beklagtenrolle verfolgt. Auch dieser Prozeß fällt (bei Massezugehörigkeit des Rechtes) unter den § 10.

[10]) Einer Zustimmung des Gegners im Sinne des § 295 ZPO. bedarf es also nicht. RG. Bd. 78 S. 344.

Masse leiten zu lassen. Lehnt er ausdrücklich oder stillschweigend ab, so überläßt er damit den Rechtsstreit und das umstrittene Recht der freien Verfügung des Gemeinschuldners. Diese Freigabe beendet den Prozeßstillstand noch nicht, aber sie setzt beide Parteien — den Gemeinschuldner persönlich und den Gegner — in die Lage, nun untereinander den Rechtsstreit aufzunehmen (§ 10 II). Ein späterer Sieg des Schuldners kommt der Masse nicht mehr zustatten[11]). Wenn der Verwalter die Entscheidung verzögert, so finden die bei Prozeßunterbrechung durch den Tod einer Partei geltenden Vorschriften des § 239 ZPO. entsprechende Anwendung (§ 10 I 2). Alsdann darf also der Prozeßgegner den Konkursverwalter zur Aufnahme und, wenn der Konkurs vor dem Schlusse der mündlichen Verhandlung eröffnet worden ist, zur Verhandlung der Hauptsache laden[12]).

B. **Passivprozesse.** Rechtsstreitigkeiten über Ansprüche, die „gegen den Gemeinschuldner" anhängig sind, unterliegen ihrerseits wieder einer verschiedenen Behandlung:

a) Meist bildet der zu Lasten des Schuldners rechtshängige Anspruch eine Konkursforderung (eine einfache oder eine bevorrechtigte), die vom Gegner behauptete Verbindlichkeit also einen Bestandteil der Schuldenmasse. Wir nennen einen solchen Prozeß **Schuldenmassestreit.** Beispiele: der jetzige Gemeinschuldner ist als Käufer ihm gelieferter Waren auf Zahlung des Kaufpreises, als Darlehnsempfänger auf Rückerstattung, wegen Verzugs oder unerlaubten Verhaltens auf Schadensersatz verklagt. So auch dann, wenn er bereits verurteilt, das Urteil bei Konkursbeginn aber noch nicht rechtskräftig ist (vgl. § 146 VI). Hier gebietet der Zweck des Konkurses, daß der Gläubiger, der Sicherstellung oder Befriedigung aus der Konkursmasse begehrt, am gemeinschaftlichen Verfahren teilnehme, also zunächst einmal seine Forderung anmelde (§§ 12, 138 ff.). Nun fragt es sich, wie das Prüfungsverfahren (§§ 141 ff.) verläuft. Unterbleibt jeder Widerspruch, dann erledigt die konkursmäßige Feststellung (§ 144 I) auf die denkbar einfachste Weise den Prozeß. Soweit aber das Konkursgläubigerrecht des Anmelders bestritten wird, hat dieser — in Fällen des § 146 VI der Widersprechende — durch Prozeßaufnahme den Streit zum Austrage zu bringen (§§ 144 II, 146 III). Näheres unten § 28.

b) Der gegen den Gemeinschuldner schwebende Rechtsstreit kann aber auch um ein Recht anhängig sein, das jetzt, da der Konkurs eröffnet ist, sich nicht als bloße Konkursforderung, sondern als Aussonderungs-, Absonderungs- oder Massegläubigerrecht darstellt, somit unmittelbar auf eine Minderung der Teilungsmasse, nicht erst auf eine Mehrung der Schuldenmasse abzielt. Diese Art des Passivprozesses nennen wir den **Teilungsmassegegenstreit.** Beispiele: der Schuldner ist verklagt nach § 985 BGB. auf Eigentumsherausgabe (Aussonderung, § 43), auf Zahlung einer Grundschuld aus einer nun zur Masse gehörenden Liegenschaft (Absonderung, §§ 47 ff.) oder auf Leistung aus einem beiderseits unerfüllten Kaufvertrage, dessen Erfüllung der Verwalter nach § 17 verlangt (Masseschuld, § 59 Nr. 2). Auch hier entscheidet die Parteirolle nicht schlechthin. Meist ist zwar der Gemeinschuldner der Beklagte. Dem § 11 untersteht z. B. aber auch die vom Gemeinschuldner selbst erhobene negative Feststellungsklage, die eine vom Beklagten behauptete Dienstbarkeit oder Hypothek an einem Massegrundstück leugnet. In Fällen dieser Art wird der Gegenpartei, weil sie selbst es ist, die ein Recht verfolgt, nicht zugemutet, erst die Entschließung des Verwalters abzuwarten. Vielmehr kann sowohl der Konkursverwalter als der Gegner den Prozeß durch alsbaldige Aufnahme in Bewegung setzen

---

[11]) Der Gefahr, daß die Kostenlast des schwebenden Prozesses sich einheitlich zur Masseschuld nach § 59 Nr. 1 auswachse, entgeht in den Fällen des § 10 die Masse nur dadurch, daß sie jedes Anrecht an den Streitgegenstand opfert. Die Ablehnung hat nicht nur prozeßrechtliche, sie hat zugleich und zunächst materiellrechtliche Wirksamkeit (siehe schon RG. Bd. 27 S. 357, Bd. 41 S. 134). Sie führt als Freigabe keinen Parteiwechsel und keine Rechtsnachfolge im Sinne des § 265 ZPO. herbei (vgl. RG. Bd. 79 S. 28, Bd. 105 S. 314). Wenn umgekehrt der Gemeinschuldner nach Ablehnung des Verwalters im weitergeführten Prozeß unterliegt, kommt der Kostenerstattungsanspruch des Gegners weder als Massegläubigerrecht noch als Konkursforderung, sondern als ein nur vom Schuldner persönlich zu tragender Anspruch zustande. Die Neuschuld ist den §§ 12, 14, 193 entrückt. Zust. KG. KonkTreuh. 1927 S. 19.

[12]) Vor den Amtsgerichten ist eine Ladung im Amtsbetriebe nach Maßgabe der §§ 496, 497 ZPO. zu erwirken.

(§ 11 I). Wenn der Konkursverwalter den Anspruch der Gegenpartei sofort anerkennt, diese also mit ihrer Rechtsbehauptung durchdringt, wird die Prozeßkostenschuld (§ 91 ZPO.) nicht „als ihm zur Last fallend", d. h. nicht als eine durch Handlung des Verwalters ausgelöste und dementsprechend nach § 59 Nr. 1 zu den Masseschulden zählende Verbindlichkeit, sondern als gewöhnliche Konkursforderung behandelt. Das ist der Sinn des § 11 II, nicht aber — wie eine seltsame Buchstabenauslegung gelehrt hatte —, daß der Sieger die Kosten zu tragen hätte[13]).

2. Abgesehen von der konkursmäßigen Prozeßaufnahme endet nach § 240 ZPO. die Unterbrechung, wenn „das Konkursverfahren aufgehoben", genauer: wenn seine Beendigung wirksam wird. War also der Rechtsstreit nicht schon während des Konkurses aufgenommen worden, so hört nun die Unterbrechung von selbst auf. Der geschäftsfähige Schuldner verfügt jetzt wieder frei über die Masse und führt schwebende Masseprozesse als prozeßfähige Partei fort[14]). Darum bedarf es keiner besonderen Aufnahme, auch nicht durch formlose Anzeige. Unterbrochene Fristen fangen sofort und von selbst wieder zu laufen an[15]). Ein Versäumnisverfahren ist beim Ausbleiben des Schuldners alsbald zulässig. Eine vom Verwalter erteilte Prozeßvollmacht bleibt nach § 86 ZPO. wirksam. Der Ausdruck „aufgehoben" wird vom § 240 ZPO. nicht im Fachsinne der KO. gebraucht. Er umfaßt nach dem Zwecke der Vorschrift außer der „Aufhebung" der §§ 163, 190 KO. auch die Einstellung nach §§ 202, 204 KO. und selbst die Aufhebung des Konkurseröffnungsbeschlusses im Beschwerdeverfahren (§ 109 KO.)[16]).

Nicht dagegen hat eine Freigabe des Streitgegenstandes schon als solche wie die wirksame Konkursbeendigung den Erfolg der Beseitigung des Prozeßstillstandes. Das ergibt mit aller Sicherheit der § 10 II [oben A], der gerade für den Fall der Freigabe des umstrittenen Rechtes die Notwendigkeit einer besonderen Prozeßaufnahme ausspricht. Es wäre auch eine unerträgliche Härte, wenn der Wiederbeginn des Fristenlaufs [oben II 2a] ohne Rücksicht auf die Kenntnis des Gegners schon in dem Augenblick einsetzte, in dem der Verwalter dem Gemeinschuldner ausdrücklich oder auch nur stillschweigend die Freigabe erklärt. So könnten Notfristen — sogar während der Gerichtsferien (§ 223 II ZPO.) — ihren Lauf wieder beginnen und vollenden, ohne daß der Gegner in die Lage kam, sie zu wahren. Jede Art der Konkursbeendigung wird erst mit Vollzug der amtlichen Bekanntmachung wirksam (§§ 163 II, 190 II, 205 I mit § 76 I 2). Diesem öffentlichen und rechtsförmlichen Vorgang die private und nach außen unerkennbare Freigabe gleichzustellen, ist schlechthin ausgeschlossen[17]).

IV. Für den Bereich einer vom Konkursgericht angeordneten Nachtragsverteilung (§ 166) lebt die gesetzliche Vertretungsmacht des Konkursverwalters wieder auf. Er wird durch die gerichtliche Anordnung der Nachtragsverteilung trotz förmlicher Konkursbeendigung wiederum zur Führung — zur Neuerhebung wie zur Fortsetzung — von Masseprozessen ermächtigt[18]).

V. Besonderheiten gelten für Anfechtungsprozesse [unten § 24 IV].

---

[13]) Die ganze neuere Praxis stimmt zu (z. B. SeuffA. 59 Nr. 113, 61 Nr. 184, OLG. 15 S. 226, LZ. 1907 Sp. 922, 1910 Sp. 485). Anders liegt der Fall des § 93 ZPO.

[14]) Die Zwangsvertretung erlischt, die Partei erlangt die Machtbefugnisse zurück, die nun den Vertreter ausschalten. Daher kommt es nicht, wie in Fällen des § 241 ZPO., zu einer abermaligen Prozeßunterbrechung. Von unserm Standpunkt aus vollzieht sich weder ein Parteiwechsel noch eine Rechtsnachfolge im Sinne des § 265 ZPO.

[15]) Siehe das Beispiel oben Note 6.

[16]) Andernfalls würden mit Rücksicht auf die Unterbrechungsfolgen (die z. B. eine Notfristwahrung inzwischen ausschlossen) unlösbare Schwierigkeiten eintreten. Sonst freilich beseitigt eine solche Rückgängigmachung des Konkurses rückwirkend alle unmittelbaren Konkursfolgen. Die Rechtsprechung stimmt zu. So auch RG. Bd. 122 S. 55f. Daß der Entwurf einer ZPO. (1931) im § 193 die anerkannt ungenaue Wendung „bis das Konkursverfahren aufgehoben wird" unverbessert wiederholt, ist nicht zu billigen.

[17]) Die abweichende Ansicht des Reichsgerichts (Bd. 122 S. 56) ist daher unhaltbar, obwohl ihr Rosenberg Lehrbuch³ S. 436 u. Baumbach ZPO.⁶ § 240 Anm. 5 beipflichten. Man kann auch dem Gegner nicht zumuten, daß er sich fortwährend beim Verwalter erkundige.

[18]) Vgl. RG. Bd. 28 S. 68, Bd. 32 S. 74.

II. Die Konkursgläubiger.

§ 10.

1. Begriff der Konkursgläubiger.

I. **Konkursgläubiger** sind nach § 3 alle persönlichen Gläubiger, die einen erzwingbaren, bei Konkurseröffnung begründeten und aus dem Vermögen des Schuldners zu erfüllenden Anspruch haben. Ein solcher Anspruch heißt Konkursforderung.

1. Konkursgläubiger sind nur **persönliche** Gläubiger des Gemeinschuldners. „Persönliche" Haftung bedeutet heutzutage nicht mehr, daß der Schuldner mit seiner Persönlichkeit (mit Leib und Leben, Ehre und Freiheit) dem Gläubiger verfangen wäre. Nicht einmal auf die Arbeitskraft des Schuldners haben seine „persönlichen" Gläubiger ein Anrecht. Die persönliche Haftung (die Haftung des „persönlichen" Schuldners, vgl. z. B. § 1137 BGB.) bildet den Gegensatz zur dinglichen. Die dingliche wurzelt — namentlich als rechtsgeschäftliche, vollstreckungsmäßige oder unmittelbar gesetzliche Pfandhaftung — in der Belastung eines Gegenstandes. Rein kann sie z. B. als Grundschuld auftreten. Meist verbinden sich persönliche und dingliche Haftung. Als solche aber begründet die dingliche Haftung niemals ein Konkursgläubigerrecht, gewährt also keinesfalls einen Anspruch auf anteilsmäßige Befriedigung aus der allgemeinen Masse. Ruht sie in der Belastung eines jetzt zur Masse gehörenden Gegenstandes, dann wirkt sie sich als Absonderungsrecht aus und führt auf Grund einer außerhalb des Konkursverfahrens zu vollziehenden Verwertung zur Vorzugsbefriedigung aus dem belasteten Einzelgegenstande (§§ 4, 47ff.).

So sind bei Verbindung von persönlicher und dinglicher Haftung drei Möglichkeiten auseinander zu halten:

a) Der Gläubiger ist Konkursgläubiger, aber nicht absonderungsberechtigt. So wenn die persönliche Haftung des Gemeinschuldners durch Belastung eines fremden Gegenstandes (z. B. durch Hypothek an einem Grundstück seiner Frau) gesichert ist.

b) Der Gläubiger ist absonderungsberechtigt, aber nicht Konkursgläubiger. So wenn der jetzige Gemeinschuldner einen nun zur Masse gehörenden Gegenstand für fremde Schuld (z. B. für eine Verbindlichkeit seiner Frau) belastet hatte.

c) Der Gläubiger ist absonderungsberechtigter Konkursgläubiger. So wenn für eine persönliche Verbindlichkeit des Gemeinschuldners ein nun zur Masse gehörender Gegenstand belastet ist (Normalfall). Hier darf der Gläubiger seine Forderung im Konkurse zwar voll anmelden und feststellen lassen, anteilsmäßige Befriedigung aus der Teilungsmasse aber nur für den Betrag des Ausfalls beanspruchen, den er bei der abgesonderten Befriedigung erleidet (§ 64). Darüber unten § 17 V 4.

Für die Regel haftet dem persönlichen Gläubiger alles Vermögen des Schuldners. Es gibt aber auch Fälle beschränkter persönlicher Haftung. Beschränkt kann die persönliche Haftung dem Betrag oder dem Gegenstande nach sein: dem Betrage nach z. B. als Haftung des Kommanditisten gegenüber den Gläubigern der Kommanditgesellschaft bis zur Höhe seiner noch nicht geleisteten Einlage (§ 171 HGB.), dem Gegenstande nach z. B. als Haftung des Erben gegenüber den Nachlaßgläubigern ausschließlich mit dem Nachlasse (§§ 1975, 1990f. BGB.). Es ist die Aufgabe des Konkursverwalters, in Ausübung der Rechte des Gemeinschuldners (§ 6) Beschränkung und Beschränkbarkeit der Haftung geltend zu machen[1]).

Mitgliedsrechte der Teilhaber im Konkurse der Handelsgesellschaften bilden keine Konkursgläubigerrechte. Die „Geschäftsanteile" stellen die Hauptunterlage des Kredits der Firma dar, nicht aber Forderungen an die Gesellschaft. Weder kann der Aktionär im Konkurse der Aktien-

---

[1]) So ist z. B. der Verwalter im Konkurs über das Gesamtvermögen des Erben ermächtigt (§ 6) und unter persönlicher Verantwortlichkeit (§ 82) verpflichtet, die erbrechtliche Gütersonderung zu erwirken, wenn der Stand des ererbten Vermögens erheblich ungünstiger ist als der des eigenen (§ 1975 BGB., § 92 VerglO.). Das geschieht in Ausübung der Beschränkungsrechte des Erben kraft objektiver Würdigung der Lage, nicht in Sonderbegünstigung der Eigengläubiger.

gesellschaft seine Aktieneinlage noch der Gesellschafter im Konkurse der offenen Handelsgesellschaft oder Kommanditgesellschaft seinen aktiven Kapitalanteil (obgleich diesen die kaufmännische Buchführung als Guthaben an die Firma bucht) als Konkursforderung verfolgen. Dagegen darf der stille Gesellschafter seine Einlage als Konkursgläubiger zurückfordern, soweit sie seinen vertragsmäßigen Verlustanteil übersteigt (§ 341, vgl. § 342 HGB.). Denn er hat anders als der Kommanditist keinen Anteil am Geschäftsvermögen (§ 335 HGB.). Vielmehr bildet sein Rückforderungsanspruch, soweit er die seine Garantiehaft begrenzende Verlustbeteiligung übersteigt, ein gewöhnliches Gläubigerrecht (ein Kreditum)[2]).

Die Massegläubigerrechte hat das Gesetz als eine besondere und selbständige Art von Gläubigerrechten ausgebildet (§ 57)[3]).

2. **„Vermögensansprüche"** im Sinne des § 3 I KO. sind Forderungen auf geldwerte, aus dem Vermögen des Gemeinschuldners zu entrichtende Leistungen. Demnach scheiden aus: einmal Ansprüche, die ihrem Inhalte nach überhaupt nicht „aus dem Vermögen" zu befriedigen, sondern auf ein persönliches Tun (z. B. Auskunfterteilung, Rechnungslegung) oder Lassen des Schuldners (z. B. Nichtgebrauch eines Namens oder einer Firma) gerichtet sind; sodann Ansprüche auf Herausgabe von Gegenständen, die nicht im Vermögen „des Gemeinschuldners" stehen (z. B. auf Rückgabe fremder, von ihm entliehener oder verwahrter Sachen, § 43). Der aus dem Vermögen des Gemeinschuldners zu erfüllende persönliche Anspruch kann nicht nur schuldrechtlicher, sondern etwa auch sachen-, familien- oder erbrechtlicher Herkunft sein. So Ansprüche aus dem Eigentum auf Schadensersatz (vgl. §§ 902 I, 987 ff. BGB.), gesetzliche Unterhaltsansprüche in den Grenzen des § 3 II (z. B. auf Nachzahlung nach § 1711 BGB.), Vermächtnisansprüche im Konkurse des Beschwerten (vgl. auch § 226 II Nr. 4, 5). Ist der Anspruch nicht auf einen bestimmten Geldbetrag (sondern z. B. auf Übereignung oder Rückübereignung einer Einzelsache, auf Gewährung von Kost und Wohnung) gerichtet, so hat ihn der anmeldende Gläubiger für den Konkurs in Geld zu veranschlagen. Eine ausländische Währung hat er in die Reichswährung umzuwerten (§ 69). In jedem Falle ist — dem Grundsatze des § 3 I entsprechend — der Wert bei Konkursbeginn endgültig maßgebend. Die Schätzung bedeutet keine Verwandlung der Ansprüche, vollends nicht deren Übergang in Schadensersatzforderungen. Vielmehr bildet die Veranschlagung zunächst nur die für die Teilnahme am gemeinschaftlichen Befriedigungsverfahren unerläßliche Art der Geltendmachung. Würde der Konkurs gleich wieder eingestellt, dann könnte die noch unerfüllte Forderung in ihrem ursprünglichen Inhalt und nur in diesem gegenüber dem Schuldner selbst und mithaftenden Dritten (z. B. Bürgen) verfolgt werden. Wohl aber hat die Feststellung zur Konkurstabelle, da sie die Haftung des Masseträgers, wenn auch zunächst nur für die Zwecke des Konkurses, so doch mit einer diesen überdauernden Wirksamkeit gestaltet (§§ 145 II, 164, 194, 206), eine nachhaltige Inhaltsänderung zur Folge: fortab kann weder der Gläubiger noch der Schuldner einseitig auf den ursprünglichen Inhalt des Anspruchs zurückkommen[4]). Eine Abschätzung nach § 69 greift auch Platz bei Ansprüchen auf wiederkehrende Leistungen, die entweder dem Betrag oder der Zeitdauer nach unbestimmt sind (z. B. bei Renten auf Lebenszeit oder bis zur Wiederverheiratung). Nur solche wiederkehrende Hebungen, die nach Betrag und Zeitdauer bestimmt sind, werden nach Maßgabe des § 70 kapitalisiert. Danach wird eine feste Jahresrente von 1000 auf 30, 40 oder 50 Jahre beim gesetzlichen Zinsfuße von 4% in allen drei Fällen gleichmäßig nur mit 25000 angesetzt. Insoweit verwischen sich die Zeitunterschiede. Für Hebungen von unbestimmter Dauer (und das sind die Hauptfälle) gilt aber nicht der § 70, sondern der § 69. So namentlich für Renten oder Unterhaltsansprüche auf Lebenszeit. Der Abschätzung muß die mutmaßliche

---

[2]) Siehe noch unten § 32 I a. E.

[3]) Darüber unten § 19.

[4]) So mit verschiedenartiger Begründung die herrschende Lehre, nun auch RG. Bd. 93 S. 213, Bd. 112 S. 297 (JW. 1926 S. 1818 ff. Note 8), Bd. 132 S. 115; abw. Fürst ZZP. 56 (1931) S. 381 ff. Gleiches gilt für den § 70. Ein die Gläubiger auf Geldprozente beschränkender Zwangsvergleich trifft mit dieser Wirkung alle einfachen Konkursgläubiger, auch nichtanmeldende (§ 193), und dementsprechend auch solche, deren Ansprüche nach § 69 (§ 70) zu veranschlagen waren, aber nicht veranschlagt oder doch nicht festgestellt worden sind. Diese Folge hat im Streitfalle das Prozeßgericht klarzustellen.

Lebensdauer des Gläubigers zugrunde gelegt werden, für deren Ermittelung die Wahrscheinlichkeitsrechnungen der Versicherungstechnik eine Stütze bieten.

Reichswährung im Sinne des § 69 ist das reichsgesetzliche, mit allgemeinem Annahmezwang ausgestattete Zahlungsmittel. Als solches hat unter den Folgen des Weltkriegs die Goldmark der Papiermark weichen müssen. Jene war Zahlungsmittel und Wertmesser zugleich. Diese büßte, einmal ins Gleiten geraten, die Eignung als Wertmesser vollkommen ein. Die ungeheuren Wertunterschiede zwischen Gold- und Papiermark, zwischen besserer und schlechterer Papiermark fanden aber auch zur Zeit des schlimmsten Währungsverfalls in der Konkurspraxis keine ausreichende Berücksichtigung. Wer im Oktober 1913 dem Schuldner hunderttausend Goldmark, wer ihm im Oktober 1919 ebenso viele Papiermark dargeliehen hatte, der durfte zu einem im Oktober 1923 eröffneten Konkurse im allgemeinen nur hunderttausend Papiermark anmelden, nicht etwa ein Vielfaches, berechnet nach dem Wertunterschied zwischen Gold- und Papiermark, zwischen besserer und schlechterer Papiermark. Je länger bei fortschreitender Geldentwertung der Konkurs dauerte, um so trostloser gestaltete sich die Lage der Gläubiger. Diesen Mißständen suchte endlich die oben S. 16, 19 genannte VO. vom 14. Februar 1924 über die Goldmarkrechnung im Konkurse Einhalt zu gebieten. Um wieder einen festen Wertmesser für die Behandlung der Konkursforderungen zu gewinnen, bestimmte sie, daß der Goldmarkwert des Eröffnungstages dauernd maßgebend sein sollte. Die Frage, ob bei dieser Berechnung auf die eben bezeichneten Wertunterschiede Rücksicht zu nehmen sei, ob eine sog. Aufwertung oder nur eine Festhaltung des am Eröffnungstage bestehenden Wertes stattzufinden habe, sollte nach der Begründung der VO. offen bleiben. Dem Gedanken des § 69 KO. entspricht es aber, in allen Fällen, in denen die für Konkurszahlungen maßgebende Währung von anderer Güte ist als diejenige, auf welche die Forderung lautet, eine „Schätzung" des Wertes der Forderung eintreten zu lassen. Wie diese Wertung vorzunehmen und welche Höchstgrenze dabei einzuhalten sei, das bestimmt sich nach den außerhalb des Konkurses maßgebenden Regeln[5]). Nur gebietet ein oberster Grundsatz des Konkurses, das Prinzip der Gleichbehandlung aller Konkursgläubiger, sämtliche Forderungen nach einheitlichem Maßstabe zu werten, einerlei, ob der Gläubiger Inländer oder Ausländer, ob seine Forderung in inländischer oder in ausländischer Währung ausgedrückt ist. Muß der Goldmarkgläubiger sich die Minderung seiner Forderung auf ein Zehntel ihres wahren Wertes gefallen lassen, dann hat auch der „Valutagläubiger" solche Abwertung zu tragen. Für alle nach § 69 vorzunehmenden Schätzungen ist einheitlich die Zeit der Konkurseröffnung und der Ort der Konkursverwaltung (der für sämtliche Konkursforderungen den Zahlungsort bildet) maßgebend.

3. Der Anspruch muß bei Konkurseröffnung **begründet** sein. Daß er zu dieser Zeit bereits fällig ist, wird nicht vorausgesetzt. Vielmehr gelangen betagte und selbst aufschiebend bedingte Forderungen im Konkurse des Schuldners zum Zuge. Auch weisen eine Reihe konkursrechtlicher Einzelsätze darauf hin, daß es genügt, wenn der rechtliche Grund des Anspruchs bei Konkurseröffnung gelegt ist. So die §§ 19 (Satz 3), 22 II, 27, 28. Namentlich aber erklärt sich das Wörtchen „nur" in der grundsätzlichen Vorschrift des § 67 lediglich aus der Annahme, daß aufschiebend bedingte Ansprüche im Sinne des § 3 schon zu den „begründeten" zählen, obwohl sie in Wahrheit noch nicht entstanden sind. Schuldrechtliche Ansprüche sind „begründet", wenn das Schuldverhältnis besteht, aus dem sie erwachsen sind oder noch erwachsen können. Ein Vertragsschuldverhältnis besteht, sobald der Schuldvertrag abgeschlossen ist.

a) Eine bloß betagte Konkursforderung[6]) wird, soweit ihre Geltendmachung gegenüber der Konkursmasse des Schuldners in Frage steht[7]), als fällig behandelt, bei gänzlicher

---

[5]) Der § 5 VO. verweist in seinem nach Abfassung der Begründung ergänzten Wortlaute hinsichtlich der in schwebenden Konkursen nachzutragenden Umrechnung ausdrücklich auf die „für eine Aufwertung" bestehende gesetzliche Höchstgrenze. So hat der Aufwertungsgedanke doch eine gewisse Anerkennung gefunden. Siehe auch ZZP. 49 (1925) S. 30ff., KG. JW. 1930 S. 1522f. mit Note.

[6]) Also ein Anspruch, bei dem lediglich noch die Fälligkeit aussteht. Von dieser und nur von ihr sieht der § 65 I ab, um eine rasche und vollständige Schuldenbereinigung zu ermöglichen. Den Gegensatz zu bloß betagten (vgl. §§ 813 II, 2217 II BGB.) bilden solche Rechte, deren Entstehung auf einen Termin mit sicherem Eintritt aufgeschoben ist. Eine so „befristete" Forderung würde wie im allgemeinen bürgerlichen Rechte (§ 163 BGB.) so auch für die Konkursteilnahme (§ 67 KO.) gleich einer aufschiebend bedingten zu behandeln sein. Hätte beispielsweise die Vermächtnisanordnung, der Testamentserbe solle dem A oder dessen Erben ein Jahr nach dem Tode des Erblassers eine bestimmte Summe auszahlen, nicht nur den Sinn eines Aufschubs der Zahlungszeit, sondern den Sinn eines den Anfall nach § 2177 BGB. hinauszögernden Anfangstermines, dann würde dem Bedachten die Teilnahme am Konkurse des Beschwerten nicht nach § 65, wohl aber nach § 67 verstattet. Das entspricht auch dem § 2179 BGB.

[7]) Also besonders für die Teilnahme an Abstimmungen und Auszahlungen sowie für die Aufrechnung (§ 54 II) im Konkurse. Zu Lasten von Gesamtschuldnern und Bürgen des Gemeinschuldners tritt die Fälligkeit nicht ein. Ob sie auf die eine Konkursforderung deckende dingliche Haftung zum Zwecke

Unverzinslichkeit jedoch um den Zwischenzins gekürzt (§ 65; vgl. § 70). Zwischenzins (interusurium, Diskont, Rabatt) ist der Unterschied zwischen dem Gegenwartswert und dem Nennbetrag eines erst später verfallenden Anspruchs. Anmeldbar ist der Betrag, der mit seinen vom Konkursbeginn bis zur Fälligkeit berechneten gesetzlichen Zinsen (ohne Rücksicht auf Zinseszinsen) den Nennbetrag der Forderung ergeben würde.

Über die Art der Berechnung des Zwischenzinses ist jahrhundertelang gestritten worden. Der § 65 II KO., dem nun auch die §§ 1133, 1217 BGB., § 111 ZVG. folgen, hat sich entschieden für die Methode Hoffmann („Klugheit Haus zu halten", 1731). Hiernach darf der Betrag angemeldet werden, der bei zinsbarer Anlegung mit seinen von der Konkurseröffnung bis zum Verfalltag auflaufenden gesetzlichen Zinsen (§ 246 BGB., § 352 HGB., Art. 50f. WO.) — aber ohne Zinseszinsen (anders die Methode Leibniz, 1683) — den Nennbetrag der Forderung ergeben würde. Beim gesetzlichen Zinsfuße von 4% ist daher, wenn n den Nennwert und a die Zahl der vollen Jahre von der Konkurseröffnung bis zum Verfalltage bedeutet, folgende Gleichung zugrunde zu legen:

$$x + x \cdot \frac{4}{100} \cdot a = n; \quad x = \frac{100\,n}{100 + 4\,a}.$$

Eine genau nach 10 Jahren verfallende unverzinsliche Forderung von 28000 kommt hiernach jetzt mit 20000 in Ansatz. Denn 20000 würden zu 4% in 10 Jahren 8000 abwerfen; der Betrag von 8000 ist also Zwischenzins. Die mathematisch korrektere Leibnizmethode rechnet damit, daß der Empfänger die erhaltenen Zinsen gleich wieder zinsbar anlegt, was tatsächlich nur selten möglich sein wird. Unrichtig wäre es, einfach die Zwischenzinsen des vollen Nennbetrags (28000), für den der Gläubiger ja gar nicht befriedigt wird, abzuziehen. Diese Berechnungsart (Carpzow, 1654) würde dahin führen, daß ein Gläubiger, dessen Kapital erst in 25 Jahren verfällt, beim gesetzlichen Zinsfuße von 4% überhaupt nichts bekäme. Ist das Kapital auch nur zu ½ % verzinst, so wird es sofort zum vollen Nennbetrage von 28000 berücksichtigt.

Gewöhnlich ist nach Tagen zu rechnen. Dann lautet die Gleichung, wenn t die Zahl der Tage bedeutet:

$$x = \frac{36\,500\,n}{36\,500 + 4\,t}$$

Für ein 73 Tage nach Konkursbeginn verfallendes Kapital von 20160 käme danach als Gegenwartswert der Betrag von 20000 in Ansatz (Zwischenzins 160).

b) Aufschiebend bedingte Forderungen sind noch nicht entstanden (§ 158 mit § 163 BGB.). Allein der bedingt Berechtigte hat schon während der Schwebezeit eine rechtlich geschützte Anwartschaft (§§ 160ff. BGB., § 916 II ZPO.). Darum wird er auch im Konkurse berücksichtigt, aber während der Schwebe nur durch Sicherstellung (§ 67). Bei Abschlagsverteilungen sind die für den ganzen Forderungsbetrag berechneten Anteile zurückzubehalten. Sogar bei der Schlußverteilung werden sie noch in voller Höhe hinterlegt. Doch scheiden aussichtslose Anwartschaften für die Schlußverteilung[8]) aus. Nach Eintritt der Bedingung werden die hinterlegten Anteile ausbezahlt. Bei Ausfall der Bedingung werden sie frei. §§ 154, 156, 168 Nr. 2, 169. Ausfall nach dem Vollzuge der Schlußverteilung kann Anlaß zu einer Nachtragsverteilung bieten (§ 166). Stimmberechtigt, auch beim Vergleichsabschluß, ist der Anwärter zum vollen angemeldeten Betrag; auf Widerspruch (etwa wegen Aussichtslosigkeit) entscheidet unanfechtbar das Konkursgericht von Fall zu Fall (§ 96).

Nach dem Zwecke des § 67 steht der rechtsgeschäftlichen die gesetzliche Bedingtheit gleich. Das gilt besonders für Rückgriffsansprüche. Es genügt, daß die rechtliche Grundlage der Rückgriffspflicht bei Konkursbeginn besteht. So vor allem beim Wechselregreß, wenn der die Garantiehaft des Gemeinschuldners begründende Vorgang (z. B. die Ausstellung, Indossierung) vor dem Konkurse liegt, der Regreßberechtigte den Wechsel aber erst später einlöst. Weiter gehören hierher die Rückgriffsansprüche ausgleichsberechtigter Mitschuldner oder Bürgen des Gemeinschuldners, sofern diese Ansprüche

---

der Ausfallermittlung im Sinne des § 64 erstreckt werden darf, ist bestritten. Verneinend RG. Bd. 86 S. 248, Bd. 93 S. 213; bejahend mit Jaeger (zu § 65 KO.) OLG. Königsberg v. 4. 4. 1914 LZ. Sp. 1142.

[8]) Warum erst für diese? Steht die Aussichtslosigkeit von vornherein fest, dann hat auch die Berücksichtigung bei Abschlagsverteilungen keinen Sinn. Sie erschwert nur die Arbeit des Verwalters. Aussichtslos sind in der Konkurslage des Schuldners Nachleistungspflichten, die er bei früherer Sanierung (in sog. Besserungsscheinen) für den Fall zugesichert hatte, daß er binnen bestimmter Zeit wieder zahlungsfähig werden sollte [Beispiel: unten S. 243].

davon abhängen, daß Mitschuldner oder Bürgen den Hauptgläubiger befriedigen. Bleibt der Hauptgläubiger dem Konkurse — vielleicht im Vertrauen auf die Zahlungsfähigkeit des Mithaftenden — fern, so darf der letztere unzweifelhaft seinen Anspruch auf Erstattung der künftig von ihm zu leistenden Zahlung als bedingte (zunächst zur Sicherung berechtigende) Konkursforderung anmelden[9]). Beteiligt der Hauptgläubiger sich aber selbst am Konkurse, dann verdrängt er den Eventualgläubiger. Denn die einmalige Schuldenlast des Gemeinschuldners, der doch außerhalb des Konkurses nur entweder den einen oder den anderen zu befriedigen hätte, kann sich im Konkurse nicht verdoppeln. Der Eventualanspruch (die Regreßforderung) des Mithaftenden darf daher im Konkurse nur soweit berücksichtigt werden, als der Hauptgläubiger nicht selbst am Konkurse teilnimmt[10]). Wenn der Mithaftende den Hauptgläubiger während des Konkurses voll befriedigt, erwirbt er nach Maßgabe der §§ 426 II, 774 BGB. den Hauptanspruch in der durch Anmeldung und Feststellung geschaffenen Rechtslage. Vollzahlung des Mithaftenden vor dem Konkurse schaltet den Hauptgläubiger ganz aus; aber auch Teilzahlung vor dem Konkurse bewirkt, daß für ihren Bereich der Mithaftende allein und unbedingt Konkursgläubiger geworden ist. Da die Hauptforderung in Höhe der vor dem Konkurse bewirkten Teilzahlung bei Konkurseröffnung gar nicht mehr besteht, kann nach konkursrechtlichen Grundsätzen (§§ 3 I, 68) keine Rede davon sein, daß der Hauptgläubiger etwa unter Berufung auf den Satz „nemo subrogat contra se“ (§§ 426 II 2, 774 Satz 2 BGB.) noch in der ursprünglichen Höhe der Forderung am Konkurse teilnehmen dürfte[11]).

Ist bei Konkursbeginn ein Rechtsstreit für oder gegen den jetzigen Gemeinschuldner anhängig, dann besteht, was die Prozeßkostenlast betrifft, ein Schwebezustand, den erst die rechtskräftige Verurteilung der einen oder anderen Partei in die Kosten lösen wird. In diesem Sinne bildet die Anwartschaft der Gegenpartei auf Kostenerstattung eine gesetzlich bedingte Konkursforderung wie die Gegenanwartschaft des Gemeinschuldners eine gesetzlich bedingte Forderung der Konkursmasse. Bürdet der Konkursverwalter das Kostenrisiko durch Prozeßübernahme der Masse auf, dann erstarkt im Falle seines Unterliegens die Kostenpflicht einheitlich zur Masseschuld (§ 59 Nr. 1). Im besonderen Falle des § 11 II erwächst sie als bloße Konkursforderung [oben S. 50f.]. Beim Schuldenmassestreit erübrigt eine den Kostenanspruch als Konkursforderung mitumfassende Feststellung (§ 144 I) auch die Austragung des Prozesses im Kostenpunkt. Ist die Hauptforderung bevorrechtet, dann ist es mit gleichem Rang auch der Kostenanspruch (§ 62 Nr. 1). Durch persönliche Prozeßtätigkeit des Gemeinschuldners kann nach § 7 I eine im Konkurse verfolgbare Forderung nicht ausgelöst werden. Das gilt für freigegebene (§ 10 II) wie für gesetzlich konkursfreie Ansprüche und ganz allgemein für Nichtvermögensstreitsachen. Alle Einzelheiten sind lebhaft umstritten.

c) Auflösend bedingte Forderungen sind gegenwärtig begründet und werden dementsprechend wie unbedingte geltend gemacht (§ 66). Tritt nach Auszahlung von Anteilen die Bedingung ein, so können sie nach § 812 I 2 Fall 1 BGB. zurückgefordert werden: vom Verwalter, wenn die Bedingung vor Konkursbeendigung eintritt, sonst vom früheren Konkursschuldner selbst. Ist der Gläubiger dem Schuldner gegenüber zu einer Sicherheitsleistung wegen der etwaigen Rückgewähr verpflichtet, so darf der Verwalter die Anteile erst nach der Sicherheitsleistung auszahlen (§§ 168 Nr. 4, 169). Das Stimmrecht des Anwärters ist nicht beschränkt.

d) Forderungen, die bei Konkursbeginn nicht einmal als aufschiebend bedingte begründet waren, kommen — falls sie nicht etwa Masseansprüche bilden — für den Konkurs nicht in Betracht. Sie können als Nichtkonkursforderungen in das konkursfreie Vermögen des Schuldners (z. B. in eine nach Konkursbeginn angefallene Erbschaft), aber auch nur in dieses (§ 3) vollstreckt werden und unterliegen nicht den Wirkungen eines Zwangsvergleichs (gegen §§ 14, 193). So z. B. die Ansprüche aus einem vom Schuldner persönlich während des Konkurses aufgenom-

---

[9]) Nicht selten verschwindet der Regreßschuldner infolge des Konkurses ganz von der Bildfläche, was im Konkurs einer juristischen Person oder eines Nachlasses zu gewärtigen ist. Übrigens können die Dinge auch so liegen, daß der Hauptanspruch unanmeldbar ist, etwa als verbürgte Forderung aus einer Freigebigkeit des Gemeinschuldners (§ 63 Nr. 4). Alsdann darf der Hauptgläubiger gar nicht am Konkurse teilnehmen. Freilich wird man dem Bürgen die Notbedarfseinrede des Schenkers zubilligen müssen (§§ 519, 768 I 1 BGB.).

[10]) So seit RG. BZS. Bd. 14 S. 172 eine ständige Praxis. Vgl. z. B. RG. Bd. 32 S. 87, Bd. 37 S. 3, Bd. 42 S. 35, Bd. 72 S. 290, Bd. 83 S. 402, Bd. 85 S. 57 u. ö. Dieser Grundsatz leuchtet ohne weiteres ein für den gesetzlichen Forderungsübergang der §§ 426 II, 774 BGB., da hier zwei Gläubiger nur nacheinander, nicht nebeneinander Träger der Forderung sind. Er drängt aber auch einen Regreß aus dem Innenverhältnis zwischen Bürgen und Hauptschuldner (besonders aus einem Geschäftsbesorgungsvertrag oder unbeauftragter Geschäftsführung) in die zweite Reihe.

[11]) Im Ergebnis ebenso RG. Bd. 83 S. 401. Dagegen schützt den Hauptgläubiger der § 68, wenn ein neben dem Gemeinschuldner aufs Ganze haftender Mitverpflichteter während des Konkurses eine Teilzahlung leistet. Darüber unten 74.

menen (wenn auch schon vorher unverbindlich in Aussicht gestellten) Darlehn oder aus einer von ihm während des Konkurses verübten unerlaubten Handlung.

Hinsichtlich der **Unterhaltsansprüche** ist zu unterscheiden:

α) Bei den familienrechtlichen Unterhaltsansprüchen — des gegenwärtigen oder früheren Ehegatten (§§ 1351, 1360f., 1578—1583, 1586), der Verwandten gerader Linie (§§ 1601—1615), des unehelichen Kindes (§§ 1708—1714 BGB.) — geht das Gesetz (auch § 323 ZPO.) davon aus, daß sie auf der Grundlage des Familienverbands fort und fort neu entstehen[12]). Den Unterhaltsansprüchen sind die Rechte der unehelichen Mutter auf Entbindungs- und Wochenbettkosten gleichgestellt (§§ 1715f. BGB.).

Aus dieser Auffassung folgt: die bezeichneten Ansprüche können für die Zukunft, d. h. soweit sie erst nach Konkursbeginn verfallen, nicht geltend gemacht werden[13]). Nur soweit der Gemeinschuldner als Erbe des Verpflichteten haftet (§ 1967 BGB.), kommen auch künftige Unterhaltsansprüche zum Zuge. Diese Ausnahme setzt also voraus: daß der ursprüngliche Unterhaltsschuldner gestorben, daß die Unterhaltspflicht auf den Erben übergegangen und daß dieser mit seinem Gesamtvermögen oder doch mit dem Nachlaß in Konkurs geraten ist. § 3 II KO.; vgl. einerseits §§ 1360 III, 1615 (passiv unvererblich), andrerseits §§ 1351, 1582, 1586, 1712, 1715 BGB. (passiv vererblich)[14]).

Für die Vergangenheit erwachsene Unterhaltsansprüche des Familienrechts bilden Konkursforderungen. Beachte § 1613 gegen § 1711 BGB.

β) Die ausschließlich auf Rechtsgeschäft (Vertrag, Verfügung von Todes wegen) beruhenden Unterhaltsansprüche sind Konkursforderungen, wenn sie bei Konkursbeginn bereits — wäre es auch nur betagt oder bedingt — entstanden und nicht aus einer Freigebigkeit „des Gemeinschuldners" (§ 63 Nr. 4) erwachsen sind. Darum können namentlich Rentenansprüche aus Versicherungsverträgen in ihrer nach den §§ 69, 70 zu bestimmenden Gesamtheit Konkursforderungen bilden, wenn der Versicherungsfall vor Konkursbeginn eintrat.

γ) Unterhaltsansprüche aus unerlaubter Handlung sind, wenn die unerlaubte Handlung in die Zeit vor dem Konkurse fällt, Konkursforderungen für Vergangenheit und Zukunft. So namentlich die nach § 69 zu bemessenden Rentenansprüche wegen Körperverletzung und Tötung (§§ 618 III, 843—845 BGB.). Die Unterhaltsansprüche aus Delikten bilden ein für allemal begründete Gläubigerrechte und unterliegen als Konkursforderungen den Schranken der §§ 14, 193.

e) Das Erfordernis des Begründetseins bei Konkursbeginn schließt einen Wechsel in der Person des Gläubigers während des Konkurses (z. B. durch Erbgang, aber auch durch Abtretung, Anweisung, Pfändung) keineswegs aus. Ja es kann infolge des im § 405 BGB. zugunsten des gutgläubigen Erwerbs verbriefter Scheinforderungen vorgesehenen Verkehrsschutzes geschehen, daß solche auf Grund einer Abtretung, die der Scheingläubiger erst während des Konkurses des Scheinschuldners vornimmt, Wirksamkeit auch gegenüber der Konkursmasse des Scheinschuldners erlangen. Nur muß der nachmalige Gemeinschuldner die Schuldurkunde

[12]) Das Leistungsvermögen ist nicht stets Voraussetzung der Unterhaltspflicht (so zwar nach Maßgabe des § 1603, nicht aber nach § 1708 BGB.).

[13]) Doch wird der Anspruch auf Vorauszahlung für einen bestimmten Zeitabschnitt begründet und fällig mit dessen Beginn: die Vorauszahlung „gebührt" dem Bezugsberechtigten, der den Eintritt der Fälligkeit erlebt hat, voll als Konkursgläubiger. § 760 III (mit §§ 1361, 1580, 1612), § 710 III BGB. (abw. die herrschende Lehre).

[14]) Damit dem unehelichen Kinde gegenüber dem Nachlasse des Vaters nicht weitergehende Rechte zukommen als dem ehelichen, räumt der § 1712 II BGB. dem Erben die im Nachlaßkonkurse vom Konkursverwalter (§ 6) auszuübende Macht ein, das uneheliche Kind wegen seines ferneren Unterhalts mit dem Betrag abzufinden, den es, wenn es ehelich wäre, als Pflichtteil erhielte. Bei Berechnung der Abfindungssumme gehen aber die übrigen Erblasserschulden vom Werte des Nachlasses ab (§§ 2311—2313), so daß im Falle einer zur Zeit des Erbfalls bestehenden Nachlaßüberschuldung die Abfindungssumme gleich Null ist. Der Anspruch wird alsdann vereitelt. Insoweit bewendet es für uneheliche wie für eheliche Nachkommen bei der gemeinrechtlichen Regel: concursus non alit infantes. Die Praxis stimmt zu (JW. 1916 S. 1357 Nr. 8, 1917 S. 855 Nr. 7, 1921 S. 420 Nr. 8; OLG. 30 S. 142, 35 S. 265; RG. Bd. 90 S. 204 steht nicht entgegen).

vor dem Konkurse vollzogen und ausgehändigt haben. Alsdann greift der § 7 KO. dem Verkehrsschutze nicht vor[15]).

4. Der bei Konkurseröffnung begründete Vermögensanspruch muß endlich erzwingbar sein. Konkurs ist Zwangsbefriedigung. Aus „unvollkommenen Schuldverhältnissen" erwächst daher eine Konkursforderung jedenfalls in den Fällen nicht, in denen nach den Worten des Gesetzes „eine Verbindlichkeit nicht begründet" wird. So beim Versprechen eines Ehemakellohns, bei Spiel- und Wettschulden (§§ 656, 762—764 BGB.; Ausnahme: § 58 BörsG.). Der Anmeldung kann sich nicht bloß der Konkursverwalter, sondern auch jeder einzelne Konkursgläubiger widersetzen (§ 144 I KO.). Dasselbe wird von dem durch Zwangsvergleich erlassenen Bruchteil eines Anspruchs (unbeschadet des § 7 VerglO.) und wohl auch von der verjährten Forderung (§§ 222, 390 BGB.) gelten müssen.

II. Der Kreis der Konkursgläubiger wird für den Regelkonkurs **eingeengt** durch die besonderen Vorschriften des § 63. Danach sind von den Vorteilen (Stimmrecht, Bestreitungsrecht, Anteilsrecht), aber auch von den Nachteilen der Konkursforderungen (§§ 12, 14, 193) ausgeschlossen:

1. Zinsen einer Konkursforderung, soweit sie für die Zeit nach Konkursbeginn auflaufen. Der Wortlaut des Gesetzes (§ 63 Nr. 1) schließt nur die Anmeldbarkeit, nicht das Fortentstehen der Zinsen aus. Danach können Zinsen von Konkursforderungen auch während des Konkurses neu erwachsen, gedeckt durch eine die Konkursforderung sichernde Pfand- oder Bürgenhaftung. Die Möglichkeit konkursmäßiger Verfolgung wird deshalb ausgeschlossen, weil sonst die Berechnungen des Verteilungsverfahrens allzusehr erschwert würden. Der Ausschluß trifft rechtsgeschäftliche wie gesetzliche Zinsen. Es fragt sich aber, ob Verzugszinsen von Konkursforderungen während des Konkurses überhaupt entstehen können. Seine Eröffnung bedeutet ja bereits die Einleitung des gesetzlichen Befriedigungsverfahrens. Der rechtsnotwendig mit ihm verknüpfte und nach dem Grundsatze des § 12 von jedem Konkursgläubiger hinzunehmende Erfüllungsaufschub kann keine Verzugsfolgen auslösen noch sonstwie eine Verzinslichkeit der Konkursforderungen rechtfertigen. Deshalb wird der § 63 Nr. 1 wohl dahin zu deuten sein, daß der Konkurs jeden Zinsenlauf anmeldbarer Hauptansprüche für die Dauer des Verfahrens als konkurszweckwidrig abbricht[16]).

2. Einzelkosten, die einem Konkursgläubiger erst durch die Konkursbeteiligung (z. B. als Anwaltsgebühren für die Vertretung im Konkurse, §§ 55 ff. RAGO.) erwachsen. Die Unanmeldbarkeit ist eine Folgerung aus § 3, deren ausdrückliche Festlegung gegenüber den §§ 58 Nr. 1, 62 Nr. 1 zweckmäßig erschien.

3. Geldstrafen (§ 62 Nr. 2). Ihre Zulassung würde die Gläubiger des Missetäters härter treffen als den Missetäter selbst. Seine Haftung besteht fort. Der Zweck des Gesetzes trifft nicht nur für echte Kriminalstrafen zu, sondern auch für Disziplinar- und Ordnungsstrafen, desgleichen für Vollstreckungsstrafen, sie mögen dem Strafzwang (§ 890 ZPO.) oder dem Beugezwang (§ 888 ZPO.) dienen; nicht aber für die einem geschädigten Einzelnen gebührende Genugtuung in Gestalt von Vertragsstrafen (§ 62 Nr. 2) oder Bußen. Einziehung (Konfiskation) ist Vermögensstrafe, aber nicht Geldstrafe. Auch die erst während des Konkurses für verfallen erklärte Sache (z. B. eingezogene Waffe) geht der Masse verloren[17]).

4. Freigebigkeiten des Gemeinschuldners: nemo liberalis nisi liberatus! So besonders die Forderung auf Erfüllung eines Schenkungsversprechens (§ 518 BGB.). Die Erwähnung der Freigebigkeiten von Todes wegen im § 63 Nr. 4 paßt nicht mehr (vgl. §§ 226 ff. i. F. v. 1898). Für die noch im Rahmen einer Verpflichtung liegende Freigebigkeit des Gemeinschuldners

---

[15]) Siehe den interessanten Fall RG. Bd. 87 S. 420 (JW. 1916 S. 396 mit Note).

[16]) Schwierigkeiten haben sich besonders im Falle des Zwangsvergleichs ergeben (vgl. RG. Bd. 92 S. 182, Bd. 125 S. 411). Für das gerichtliche Konkursabwendungsverfahren gilt die Sonderregelung des § 74 VerglO. Absonderungs- und Massegläubiger unterliegen als solche nicht der Schranke des § 63 Nr. 1.

[17]) Der § 15 hindert seinem Zwecke nach diese Entstehungsart von Aussonderungsrechten nicht. Siehe unten 61.

schaltet der Ausschluß des Bedachten aus dem Kreise der Konkursgläubiger das Bedürfnis der Anfechtung aus[18]). Von der Konkursteilnahme ausgeschlossen sind nur Freigebigkeiten „des Gemeinschuldners" selbst. Verbindlichkeiten aus Vermächtnissen und Auflagen sind im Konkurs über das Eigenvermögen des Beschwerten — des Erben oder Vermächtnisnehmers — als gewöhnliche Konkursforderungen verfolgbar.

Besonderheiten gelten im Nachlaßkonkurse [unten § 36 III].

§ 11.

2. Die rechtliche Stellung der Konkursgläubiger.

I. **Grundsatz der Gleichbehandlung.** Die Konkursmasse dient allen Konkursgläubigern zur gemeinschaftlichen (§ 3) und für die Regel gleichmäßigen (§ 61 Nr. 6) Befriedigung[1]). Alle werden durch eine Mehrung oder Minderung der Haftungsmasse betroffen. Allen gereicht die Abwehr eines Konkurrenten zum Nutzen. Par condicio omnium creditorum facta est (Ulpianus l. 6 § 7 Dig. quae in fraudem creditorum 42, 8). Die Gleichstellung wird namentlich durch folgende Rechtssätze gewährleistet:

1. Kein Konkursgläubiger darf seine Forderung, die nun auf Sicherstellung oder Befriedigung aus der Konkursmasse geht, einzeln und außerhalb des gemeinschaftlichen Verfahrens gegen den Konkursschuldner verfolgen (§ 12). Auch wenn der Konkursgläubiger dem Konkurse tatsächlich fernbleibt, unterliegt er den rechtlichen Beschränkungen eines Konkursgläubigers, namentlich dem Verbote der Sondervollstreckung und den mit einem Zwangsvergleiche verknüpften Rechtseinbußen. Denn diese Beschränkungen treffen jeden, der befugt ist, sich am Konkurse zu beteiligen (§§ 3 I, 14, 193). Nur soweit der Gläubiger durch die Möglichkeit einer Aufrechnung im Konkurse der Teilnahme am Verfahren überhoben ist, entgeht er auch dem Zwangsvergleich: er darf eines Teilerlasses unerachtet noch seine volle Forderung aufrechnungsweise geltend machen (§ 53).

Unrichtig ist die verbreitete Lehre, nach § 12 habe der Konkursgläubiger die Wahl zwischen konkursmäßiger und außerkonkursmäßiger Rechtsverfolgung[2]). Vielmehr darf eine Konkursforderung gegen den Gemeinschuldner selbst (durch Prozeßaufnahme oder Klagerhebung) nach § 144 II nur dann geltend gemacht werden, wenn sie angemeldet und vom Gemeinschuldner bestritten worden ist. Sonst fehlt jedes Rechtsschutzbedürfnis für eine persönliche Ausklagung des Schuldners. Die Klage würde daher von Amts wegen als unzulässig durch Urteil abzuweisen sein[3]).

---

[18]) Über die Schenkungsanfechtung (§ 32) unten § 22 III.

[1]) Der auf eine Konkursforderung entfallende Verhältnisanteil (die Konkursdividende, pars dividenda, franz. le dividende) wird meist nicht auf einmal, sondern stufenweise ausgeworfen. Unten § 29.

[2]) Siehe z. B. mit den Motiven S. 46ff. RG. Bd. 29 S. 74, Bd. 86 S. 394; LZ. 1913 Sp. 691. Daß dem einzelnen Konkursgläubiger, auch wenn er dem Konkurse fernbleibt, während des Verfahrens die Zwangsvollstreckung in konkursgebundenes und in konkursfreies Vermögen des Gemeinschuldners verwehrt ist (§ 14), steht außer Zweifel. Es soll ihm aber verstattet sein, den Gemeinschuldner persönlich mit dem Antrage zu belangen, daß dieser verurteilt werde, nach Konkursbeendigung an den Kläger zu leisten (so RG. Bd. 29 S. 74).

[3]) Der Schluß aus § 144 II ist zwingend. Bestreitet der Schuldner die Konkursforderung, dann hat der Gläubiger an der alsbaldigen persönlichen Ausklagung des Schuldners ein schutzwertes Interesse, weil er durch sie eine auch außerhalb des Konkurses wirkende Vollstreckbarkeit der konkursmäßigen Feststellung erzielen kann (§§ 164 II, 194, 206 II). Unterbleibt aber ein Widerspruch des Schuldners, dann stellt sich auch dieses Bedürfnis nicht ein. Da es nun gar keinen einfacheren, rascheren und billigeren Weg für den Konkursgläubiger gibt, um eine rechtskräftige, innerhalb wie außerhalb des Konkurses vollziehbare Zuerkennung seines Anspruchs zu erwirken als die Teilnahme am Konkursverfahren (§§ 145 II, 164 II), muß — schon zur Ersparung zweckloser Belästigung der Gerichte — der Konkursgläubiger auf die Konkursteilnahme verwiesen werden. So verstanden, hat der § 12 einen guten Sinn. Die Gegenansicht beraubt ihn jedes Inhalts. Zutreffend und bestimmt später auch RG. JW. 1916 S. 326: „Die Verfolgung eines die Konkursmasse betreffenden Anspruchs gegen den Gemeinschuldner selbst ist, abgesehen vom Falle des § 144 II, unzulässig". Siehe ferner LZ. 1907 Sp. 525, 1909 Sp. 868.

2. Den Konkursgläubigern als solchen ist für die Dauer des Konkurses jede Einzelvollstreckung in Gegenstände des konkursbefangenen und des konkursfreien Schuldnervermögens verwehrt (§ 14 KO., siehe §§ 32ff. VerglO.). So namentlich jede Pfändung (§§ 803ff. ZPO.), aber z. B. auch die Erwirkung von Zwangs- und Arresthypotheken (§§ 866ff., 932 ZPO.). Es leuchtet ein, daß die Konkursmasse im gemeinsamen Befriedigungsverfahren aufzuteilen ist. Soweit aber das Verbot das erst nach Konkursbeginn erworbene oder erst nachher beschlagsfähig gewordene Schuldnervermögen schützt, verfolgt es — wie die Ausschaltung des Neuerwerbs aus der Konkursmasse (§ 1) — den Zweck, dem Schuldner schon während des Verfahrens die Gründung eines neuen wirtschaftlichen Daseins zu ermöglichen, und zugleich auch den, seinen Neugläubigern die Befriedigung aus dem neuen Vermögen, auf das sie doch angewiesen sind, zu gewährleisten[4]). Die Unstatthaftigkeit der dem § 14 widerstreitenden Sondervollstreckungen besteht endgültig und allgemein, nicht nur für die Konkursdauer und nicht nur zum Schutze der Gläubigergemeinschaft. Sie bedeutet zwar keine Nichtigkeit in dem Sinne, daß verbotswidrige Zugriffsmaßnahmen rechtlich gar nicht vorhanden wären. Vielmehr lösen auch sie eine unter Strafschutz stehende öffentlich-rechtliche Verstrickung aus (§ 137 StGB.), die von den Beteiligten auf dem ihnen vom Gesetz gewiesenen Wege angefochten werden muß. Wohl aber ermangelt der verbotswidrige Zwangszugriff jeder bürgerlich-rechtlichen Wirksamkeit. Wertrechte im Sinne der §§ 804, 866 ZPO. vermag er nicht zu begründen. Die mit dem staatlichen Zwangsvollzuge betrauten Behörden müssen das Verbot von Amts wegen beachten: der Gerichtsvollzieher hat eine ihm angesonnene Pfändung zu verweigern, das Grundbuchamt ein Gesuch um Eintragung einer Zwangshypothek zurückzuweisen. Bleibt das Verbot (vielleicht aus Unkenntnis des Konkurses) unbeachtet, dann ist die Unstatthaftigkeit vollzogener Zwangsvollstreckungen (namentlich von Pfändungen) im Erinnerungsverfahren des § 766 (mit §§ 775 Nr. 1, 776 ZPO.) geltend zu machen, zum Schutze beschlagnahmter Massegegenstände vom Konkursverwalter, im übrigen vom Schuldner persönlich. Die Eintragung von Zwangs- und Arresthypotheken obliegt dem Grundbuchamt als solchem und gehört darum der Form nach als Grundbuchsache der freiwilligen Gerichtsbarkeit an. Im Verfahren des § 766 ZPO. kann sie also nicht angefochten werden. Da aber die verbotswidrige Buchung einen Rechtssatz (eben den § 14 KO.) verletzt und zu einer Unrichtigkeit des Grundbuchs geführt hat (denn eine Grundstücksbelastung ist überhaupt nicht entstanden, weder als Gläubigerhypothek noch als Eigentümergrundschuld), kann sie im Verfahren der §§ 54 I 1, 71 II 2 GBO. durch Widerspruch unschädlich gemacht werden. Sonst wäre zu besorgen, daß rechtsgeschäftliche Verfügungen über die Forderung (etwa nach § 1154 III BGB.) das dingliche Recht in dritter Hand kraft Verkehrsschutzes zur Entstehung bringen (§ 892 BGB., § 15 Satz 2 KO.).

Das Verbot der Sondervollstreckung gilt nur Konkursgläubigern, diesen freilich auch, wenn sie sich am Konkursverfahren nicht beteiligen. Dagegen trifft es weder Massegläubiger noch Absonderungsberechtigte als solche. Daher dürfen Gläubiger, die bei Konkursbeginn bereits ein unanfechtbares Zwangssicherungsrecht (z. B. ein Pfändungspfandrecht) erlangt hatten (vgl. §§ 30, 35), als Absonderungsberechtigte die Vollstreckung bis zur Sonderbefriedigung durchführen[5]). Im Nachlaßkonkurse gewährt nur eine vor Eintritt des Erbfalls erwirkte Zwangssicherung Anspruch auf abgesonderte Befriedigung (§ 221, vgl. § 236). Nach Konkursbeginn entstandene oder auf Grund der §§ 3 II, 5 II, 63 von der Konkursteilnahme ausgeschlossene Forderungen können aus neuerworbenem Vermögen des Schuldners beigetrieben werden.

3. Zum Nachteile der Konkursgläubiger können Aus- oder Absonderungsrechte an

---

[4]) Zwangsvormerkungen gegenüber konkursfreiem Vermögen des Schuldners verbietet der § 14 nicht. Auch die Einzelanfechtung, die doch nur Mittel zum Zwecke der Geldbeitreibung ist, steht während des Konkurses einem Konkursgläubiger gegenüber solchen Rechtshandlungen offen, die der Gemeinschuldner in Ansehung seines konkursfreien (neuerworbenen) Vermögens trifft (§ 13 V AnfG.). Zweitkonkurs: unten Seite 91 Note 21.

[5]) Auch der Arrestvollzug begründet Absonderungsrechte (§§ 930ff. ZPO. mit §§ 47, 49 Nr. 2 KO.), wenngleich er zunächst keine Verwertbarkeit auslöst. Diese setzt erst mit der Vollstreckungsreife, auch mit einer solchen im Sinne des § 164 II KO. ein, und zwar bei beweglichen Sachen von selbst. Eine arrestweise erwirkte Höchstbetragshypothek kann der Gläubiger nach Eintritt der Vollstreckungsreife in eine festbegrenzte Zwangshypothek umschreiben lassen (JW. 55 S. 360ff.).

Massegegenständen nach Konkursbeginn auch ohne Zutun des Schuldners (vgl. § 7) nicht „erworben" werden (§ 15 Satz 1). Diese Erwerbsschranke ist nicht nur den einzelnen Konkursgläubigern, sondern jedermann gesetzt. An ihr scheitert auch der Zwangszugriff eines von der Konkursteilnahme ausgeschlossenen Gläubigers, z. B. die Pfändung eines Massegegenstandes wegen eines nach § 63 unanmeldbaren Anspruchs. Rechtserhaltenden Maßnahmen, wie der Grundbuchberichtigung und dem Widerspruche, steht der § 15 nicht im Wege. Auch wird dem verbotswidrigen Erwerb die Wirksamkeit nicht schlechthin (wie im Falle des § 14), sondern nur beschränkt, nur „gegenüber den Konkursgläubigern" versagt. Dementsprechend besteht (wie im Bereiche des § 7) die Möglichkeit der Heilung. Im gemeinschaftlichen Interesse der Konkursgläubiger spricht das Gesetz (§ 55 Nr. 1 u. 2) auch einem nachträglichen Erwerb der Aufrechnungsbefugnis die Wirksamkeit für den Konkurs ab.

Der § 15 ergänzt die §§ 7, 14, indem er auch solchen Erwerbsvorgängen, die weder in einer während des Konkurses erfolgenden Willensbetätigung des Gemeinschuldners (§ 7) noch in Sondervollstreckungen eines Konkursgläubigers (§ 14) bestehen, einen Riegel vorschiebt: der gesamte Erwerbstatbestand muß sich **vor** Konkurseröffnung vollendet haben, wenn er „gegenüber den Konkursgläubigern" wirken soll. Das gilt für den Erwerb von Vollrechten (besonders des Eigentums an einer Sache) ganz ebenso wie für den Erwerb begrenzter Rechte (wie der Pfandrechte und Dienstbarkeiten an Massegegenständen). So genügt es zu einem den Konkursbeschlag überwindenden Erwerbe des Grundeigentums nicht, daß Auflassung und Eintragungsbewilligung vor dem Konkurs erfolgt sind, wenn die Eintragung selbst erst während des Konkurses geschieht[6]); nicht zum Erwerb eines kaufmännischen Zurückbehaltungsrechtes an massezugehörigen Waren, daß diese schon vor dem Konkurse mit des Schuldners Willen auf Grund eines Handelsgeschäfts in fremde Verfügungsmacht gelangt sind, wenn der Retinent eine Forderung gegen den Gemeinschuldner erst während des Konkurses als ein im Konkurse nicht verfolgbares Gläubigerrecht erlangt (§ 369 HGB.). Dort wird das Zustandekommen eines Aussonderungsrechtes (§ 43), hier das Zustandekommen eines Absonderungsrechtes (§ 49 I Nr. 4) durch den Konkursbeginn unterbunden. Der Konkurs hindert aber nach § 15 nur den Erwerb von Rechten an Gegenständen der Masse, nicht solche Maßnahmen, die lediglich der Wahrung bereits erworbener Rechte dienen. So nicht die Eintragung eines ohne Eintragung entstandenen oder übertragenen buchfähigen Rechts an einem Massegrundstück[7]) oder die eines bloßen Widerspruchs gegenüber der Unrichtigkeit des Grundbuchs. Darum kann der Grundpfandgläubiger auch noch während des Konkurses die hypothekarische Haftung der mit dem belasteten Massegrundstück verstrickten, aber zunächst noch aus dem Haftungsverbande lösbaren Gegenstände (§§ 1120 ff. BGB.) durch Erwirkung der zu diesem Zweck erforderlichen Beschlagnahme aufrechterhalten[8]).

Der Regelsatz des § 15 erleidet eine Reihe von **Einschränkungen**, die teils in seinem begrenzten Zwecke teils in ausdrücklichen Ausnahmevorschriften ihren Grund haben:

a) Rechtsverwirkungen aus Rücksichten des öffentlichen Wohles, wie Zwangsenteignung und Strafeinziehung, machen vor dem nur die privaten Interessen der Konkursgläubiger schützenden Konkursbeschlage nicht halt. So z. B. nicht die Beschlagnahme und Einziehung von Vereinsvermögen auf Grund des § 10 RepublSchutzG. v. 25. 3. 1930 (RGBl. I S. 91), der immerhin die Länder „zur Vermeidung von Härten" ermächtigt (wenn auch nicht verpflichtet), aus dem eingezogenen Gut Vereinsgläubiger zu befriedigen. Es gibt auch der Verkehrssicherheit dienende Erwerbsvorgänge des bürgerlichen Rechts, die aufzuhalten nicht im Zweckbereiche des § 15 liegt.

---

[6]) Nicht schon der § 7 (I Halbs. 1), erst der § 15 (Satz 1) steht der Vollendung dieses Erwerbs entgegen und nicht die Ausnahme des § 7 (I Halbs. 2), sondern die des § 15 (Satz 2) erstreckt auf ihn den öffentlichen Glauben des Grundbuchs. Siehe unten bβ.

[7]) Etwa eines nach § 1075 I BGB. entstandenen Nießbrauchs oder einer nach § 1287 Satz 2 BGB., § 848 II ZPO. entstandenen Sicherungshypothek oder eines nach § 1154 II (§ 1192) BGB. ohne Eintragung übertragenen Briefpfandrechtes. Gleiches gilt nach bloß versehentlicher Löschung von Buchrechten. Der dingliche Berichtigungsanspruch dringt auch dem Konkursverwalter gegenüber durch (§ 894 BGB., § 43 KO.).

[8]) Auch der § 14 steht nicht im Wege, da der Hypothekengläubiger als Absonderungsberechtigter diese Beschlagnahme erwirkt.

Dahin gehören Verbindung, Vermischung und Verarbeitung (§§ 946 ff. BGB.), dahin auch die Vollendung der Ersitzung (§§ 937 ff., 900 BGB.) oder des Funderwerbs (§ 973 BGB.)[9]).

b) Auf Rücksichten der Verkehrssicherheit beruhen weiter die positiven Ausnahmen, die — unbeschadet einer etwa begründeten Gläubigeranfechtung (§§ 29 ff., 42) — im § 15 Satz 2 verordnet sind:

α) Eine vor dem Konkurse vom Schuldner bewilligte Eintragung in das Grundbuch oder Schiffsregister bleibt wirksam, wenn bereits vor dem Konkurse die Bewilligung bindend geworden (§§ 873 II, 875, 1260 BGB.) und der Eintragungsantrag beim Grundbuchamt oder der Schiffsregisterbehörde eingereicht war (§§ 878, 1260 I BGB.). Das Grundbuchamt muß also, auch wenn es vom Konkurse Kenntnis und den Konkursvermerk bereits eingetragen hat (§ 113), die bewilligte Buchung vollziehen, und diese Buchung wirkt auch „gegenüber den Konkursgläubigern".

β) Darüber hinaus schützt der öffentliche Glaube des Grundbuchs (§ 892 BGB.) den redlichen[10]) rechtsgeschäftlichen Erwerb (z. B. in Fällen, in denen die Buchung zwar schon vor Konkursbeginn bindend bewilligt, aber erst nachher vom Begünstigten beantragt worden ist). Gutgläubige Dritte, nicht schon die Geschäftsgenossen des Gemeinschuldners (§ 7), genießen einen durch § 15 überhaupt nicht berührten Schutz auch im Fahrnisverkehre (besonders nach Maßgabe der §§ 932 ff. BGB.). Denn der Grund, warum der Vormann das weiterveräußerte Recht nicht erworben hatte, ist (vom § 935 I BGB. abgesehen) belanglos. Beispiel: Der nachmalige Gemeinschuldner hat vor dem Konkurse Wertsachen bei einem Freunde hinterlegt, der Verwahrer veruntreut sie nach Konkursbeginn durch Übereignung oder Verpfändung an einen gutgläubigen Erwerber (§§ 932, 1207 BGB.). So auch, wenn der Gemeinschuldner während des Konkurses über Fahrnis (die noch in seinen Händen blieb) verfügt, der nach § 7 nicht geschützte Geschäftsgenosse aber daraufhin an einen gutgläubigen Dritten weiterveräußert. Hat ein Gläubiger seine Forderung vor dem Konkurse nach § 398 BGB. auf den jetzigen Gemeinschuldner übertragen, aber gleichwohl noch nach Konkursbeginn von dem der Abtretung unkundigen Drittschuldner eingezogen, dann ist dieser nach § 407 I BGB. auch der Masse gegenüber befreit. Freilich stehen der Masse in solchen Fällen mindestens Ansprüche aus § 816 BGB. zu.

c) Auch gewisse Anwartschaften halten dem Konkursbeschlage stand. So zunächst die Anwartschaft eines Dritten, zu dessen Gunsten der Schuldner vor dem Konkurs unter aufschiebender Bedingung über einen beschlagsfähigen Vermögensgegenstand verfügt hat (etwa durch bedingte Übereignung oder Verpfändung einer beweglichen Sache), wenn die Bedingung im Laufe des Konkurses und nicht als Folge einer Rechtshandlung des Gemeinschuldners (§ 7) eintritt. Hier erwirbt der Anwärter je nach dem Inhalte der Verfügung ein Aus- oder Absonderungsrecht. Das bestätigt der § 161 I 2 BGB., demzufolge sogar eine konkursmäßige Weiterveräußerung durch den Verwalter (vorbehaltlich des § 161 III BGB.) der Anwartschaft unschädlich wäre. Gleiches gilt für den Rückerwerb eines beschlagsfähigen Rechts, das der nachmalige Gemeinschuldner unter auflösender Bedingung erworben hatte (§ 161 II BGB.). Eine entsprechende Rechtslage erzeugt die Vormerkung (vgl. § 883 II mit § 161 I BGB.). Auch sie kann daher für den Konkurs die Vollendung des Erwerbs von Aus- und Absonderungsrechten sicherstellen (§ 24). Durch die Vormerkung wird der gesicherte schuldrechtliche Anspruch aus dem Kreise bloßer Konkursforderungen herausgehoben und damit den §§ 12, 14, 61 ff., 138 ff., 193 entzogen[11]). Auch bewährt sich gegenüber dem § 15 die Anwartschaft des Gläubigers, zu dessen Befriedigung der Schuldner vor dem Konkurs eine Hinterlegung im Sinne der §§ 372 ff. BGB. bewirkt hatte. Denn, da weder der Verwalter die hinterlegten Sachen zur Masse ziehen noch der Schuldner persönlich sie zurücknehmen darf (§ 377 BGB.), behält der Gläubiger die rechtliche Möglichkeit, noch während des Konkurses der Hinterlegungsstelle wirksam die Annahme zu erklären und damit das Eigentum an den Sachen zu erwerben.

4. Endlich bezweckt die besondere Konkursanfechtung des § 30 eine Wahrung des Gleichgewichts unter den Konkursgläubigern, insofern sie Sicherungen oder Befriedigungen, die einzelnen Konkursgläubigern zwar vor der förmlichen Konkurseröffnung, aber unter den sichtbaren Anzeichen des drohenden Konkurses (der Zahlungseinstellung oder des Eröffnungsantrages) zuteil geworden sind, zugunsten der Gesamtgläubigerschaft den Erfolg versagt. Sie erstreckt also den Grundsatz der Gleichbehandlung nach rückwärts auf die Zeit des „immi-

---

[9]) Auch der § 7 KO. kann nicht verhindern, daß der Gemeinschuldner persönlich die mit einer Verbindung, Vermischung oder Verarbeitung rechtsnotwendig verknüpfte Verschiebung der dinglichen Rechtslage zugunsten eines Dritten herbeiführt.

[10]) Hier wird also vorausgesetzt, daß der Konkurs weder auf dem in Frage kommenden Grundbuchblatte (§ 3 GBO.) vermerkt noch zu der im § 892 II BGB. bestimmten Zeit dem Erwerber bekannt ist. Sonst bewendet es bei der Regel des § 15 Satz 1.

[11]) Veräußerungsverbote im Sinne der §§ 135, 136 BGB. versagen dagegen (trotz des § 888 II BGB.) im Konkurse (§ 13).

nenten" („materiellen", aber noch nicht förmlich eröffneten) Konkurses. Auch die im § 55 Nr. 3 verordnete Beschränkung der Aufrechenbarkeit beruht auf diesem Gedanken[12]).

Trotz der weitherzigen Auslegung, die Rechtslehre und Rechtsprechung dem § 30 angedeihen lassen, gelingt es nur unvollkommen, die Auswüchse zu beschneiden, die der unsere Zwangsvollstreckung beherrschende Präventionsgrundsatz bei Unzulänglichkeit des Schuldnervermögens zeitigt. Zufällige Umstände, nicht selten auch die heimliche Gunst des Schuldners, verschaffen betriebsamen Gläubigern während der Krisis nur allzu häufig einen solchen sachlich unangemessenen Vorrang; der Anfechtungsprozeß aber ist so zeitraubend und mit solchen Beweisschwierigkeiten verknüpft, daß er oft genug unter schweren Kostenopfern scheitert, noch öfter mit Rücksicht auf das Kostenrisiko gar nicht erst gewagt oder nicht durchgeführt wird[13]). Um diesem Übelstand abzuhelfen, empfiehlt es sich dringend, dem Zwangszugriff der Konkursvorzeit in bestimmten Grenzen die Wirksamkeit schon von Rechts wegen abzusprechen. Die jüngste Rechtsentwicklung trägt diesem Bedürfnisse wenigstens in dem beim Scheitern des gerichtlichen Konkursabwendungsverfahrens zu eröffnenden Anschlußkonkurse Rechnung (§ 84 VerglO.)[14]).

II. **Art der Gläubigergemeinschaft.** Der Konkurszweck (§ 3) verbindet die Konkursgläubiger zu einer Interessengemeinschaft, die in der Gläubigerversammlung durch den Willen der maßgebenden Mehrheit einheitliche Entschließungen trifft und durch die Versammlung, möglicherweise auch durch einen von ihr bestellten Gläubigerausschuß (§ 87 II), bei der Konkursverwaltung mitwirkt. Eine Rechtsgemeinschaft im Sinne des bürgerlichen Rechts besteht unter den Konkursgläubigern nicht. Das Gegenteil ist oft gelehrt worden. Zwar darf die Ansicht gemeinrechtlicher Juristen, daß durch die Konkurseröffnung das Vermögen des Schuldners auf die Konkursgläubiger übergehe, als ein überwundener Standpunkt gelten. Die Konkursmasse „gehört" dem Schuldner, nicht den Gläubigern. Allein es fragt sich, ob etwa sonst gemeinschaftliche Vermögensrechte der Konkursgläubiger vorhanden sind. Noch heute wird mitunter behauptet, der Konkurs lasse in Parallele zu den der Zwangsvollstreckung wegen Geldforderungen zugrunde liegenden Rechten (§ 804 ZPO., § 10 Nr. 5 ZVG.) ein gemeinsames Wertrecht (Beschlagsrecht, Konkurspfandrecht) zur Sicherung aller Konkursforderungen an allen zur Masse gehörenden Gegenständen von Rechts wegen entstehen[15]). Die Motive (S. 15f.) lehnen solche Annahme als „legislativ fehlerhaft und unzureichend" ab. In unserer Praxis hat sie niemals Fuß gefaßt. Sie ermangelt auch jeder zureichenden Stütze im positiven Recht und ist weder erforderlich noch genügend, die eigenartigen Folgen der Konkurseröffnung, wie z. B. den Einfluß auf schwebende Schuldverhältnisse (§§ 17ff.) oder die Entstehung der besonderen Anfechtbarkeit des § 30 zu erklären. Gerade unsere Konkursgesetzgebung[16]) war es, die von Reichs wegen zuerst und in aller Schärfe mit der die Kreditsicherheit untergrabenden Einrichtung stillschweigender Generalpfandrechte gebrochen hat. Und diese Gesetzgebung sollte, den eigenen Verfassern unbewußt, ein Pfandrecht anerkannt haben, dessen Gegenstände und Träger vielleicht im ganzen Konkursverlaufe nur teilweise ermittelt und jedenfalls nicht schon im Zeitpunkte, da es entstehen müßte, erkennbar gemacht werden?[17]) Daß der Konkursverwalter die

---

[12]) Vgl. ferner §§ 50, 56 KO.; § 13 AnfG.

[13]) Da eine rückständige Praxis Konkursmassen das Armenrecht versagt [oben § 9 Note 2], der Konkursverwalter aber bei persönlicher Haftbarkeit (§ 82) verpflichtet ist, Prozesse nicht zu beginnen oder nicht weiterzuführen, wenn er mit der Möglichkeit zu rechnen hat, daß die unterliegende Masse der Kostenlast (§ 59 Nr. 1) nicht gewachsen sein würde, sieht er sich mehr und mehr genötigt, auch von aussichtsvoller Rechtsverfolgung abzusehen. Den heute auf die bescheidensten Anteile beschränkten Gläubigern Kostenvorschüsse anzusinnen, ist eine starke Zumutung.

[14]) Siehe unten § 20 I (dort auch über den Entw. e. ZPO.).

[15]) Siehe namentlich Kohler Lehrbuch §§ 22ff., Leitfaden § 11, Seuffert Konkursprozeßrecht § 25, Hellmann Lehrbuch § 65. Ob das Konkursbeschlagsrecht den Gläubigern zur gesamten Hand (Seuffert) oder nach Bruchteilen zustehen soll (Hellmann), ist unter den Vertretern der Beschlagrechtslehre keineswegs ausgemacht.

[16]) Siehe namentlich §§ 14ff. EG. KO.

[17]) Publizität und Spezialität gebieten, daß alle einzelnen Pfandgegenstände (Fahrnis durch Besitzergreifung, Buchrechte durch Eintragung) als solche gekennzeichnet werden, die zugunsten bestimmter Einzelansprüche haften. Weder der offene Arrest (§§ 118, 110 I) noch die öffentliche Bekanntmachung des Konkurses entsprechen auch nur annähernd diesem Gebote.

Masse unmittelbar in Ausübung der Schuldnerrechte und nicht in Ausübung eines den Konkursgläubigern am Schuldnervermögen eingeräumten Verwertungsrechtes (ius distrahendi) zu versilbern hat, bestätigt die Fassung der ausschlaggebenden Gesetzesvorschrift (§ 6). Auch ist es noch niemandem in den Sinn gekommen, bei der Nachlaßverwaltung ein Pfandrecht der Nachlaßgläubiger am Nachlasse anzunehmen, obwohl doch der § 1984 BGB. gerade den wesentlichsten Inhalt des angeblichen Konkurspfandrechts auf die Nachlaßverwaltung überträgt[18]). Die Ausdrücke Konkursbeschlag oder Konkursverfangenschaft sind daher nur mit Vorsicht zu gebrauchen. Wir verstehen darunter den Inbegriff der gesetzlichen Wirkungen, die der Konkurs auf das zur Masse gehörende Vermögen ausübt. Zu einer Beschlagnahme im Sinne des § 137 StGB., also zu einer Unterwerfung dieses Vermögens unter obrigkeitliche Verfügungsmacht, führt weder die Konkurseröffnung an sich[19]) noch eine wörtliche oder tatsächliche Inbeschlagnahme des Konkursverwalters, der aller staatlichen Machtbefugnis ermangelt.

Weit näher liegt es, gemeinsame Rechte der Konkursgläubiger in den anfechtungsrechtlichen Ansprüchen auf Rückgewähr zur gemeinsamen Befriedigungsmasse zu sehen und den Konkursverwalter in Ausübung dieser Rechte als gesetzlichen Vertreter der Gesamtgläubigerschaft zu betrachten. Der Wortlaut des Gesetzes (§§ 36, 37) verträgt sich mit solcher Annahme. Zweckmäßigkeitserwägungen geben aber derjenigen Auslegung den Vorzug, die in den anfechtungsrechtlichen Rückgewähransprüchen Massebestandteile sieht und so zu einer einheitlichen Auffassung der Verwalterstellung gelangt[20]).

Nach alledem besteht nur eine verfahrensrechtliche Verbundenheit der Konkursgläubiger: wollen sie ihre Forderungen verwirklichen, dann müssen sie am einheitlichen Befriedigungsgange teilnehmen (§ 12) und ihr „gemeinsames Interesse" mit den ihnen vom Gesetze gebotenen Mitteln wahren (vgl. § 99). Eine „Gläubigerschaft" anderer Art gibt es nicht, weder als juristische Person noch als Gesamthand noch als Bruchteilsgemeinschaft.

III. **Die Vorrechtsordnung des Konkurses.** Nach der Regel des Gesetzes stehen die Konkursgläubiger einander gleich (§ 61 Nr. 6) und beschränken sich daher wechselseitig bei der Teilnahme am gemeinschaftlichen Befriedigungsverfahren. Solche Gleichstellung gehört zu den unerläßlichen Vorbedingungen für eine gesunde Entwicklung des Personalkredits. Das Vorrecht ist der Feind des Rechts. Geleitet von dieser Erkenntnis, hat unser Konkursgesetz nicht nur die Fülle der privilegia exigendi, wie sie im Streben nach „minutiöser Gerechtigkeit" das gemeine Recht und viele ihm folgende Landesgesetze anerkannten, verworfen und besonders das verkehrsschädliche Vorrecht der Ehefrau beseitigt, sondern auch noch am unmittelbaren Vorbilde der preußischen Konkursordnung von 1855 starke Abstriche vorgenommen. Allein auch ihre Regelung ist nicht mehr zeitgemäß.

Im Wandel der gesellschaftlichen und rechtlichen Gestaltung unseres Lebens haben die Konkursvorrechte ihre Daseinsberechtigung verloren. So vor allem das Steuervorrecht, das heute ganze Massen verschlingt und schon durch die vielbeklagte Lässigkeit der Liquidierung den Gang des Konkurses emp-

[18]) Auch unter dem Gesichtspunkt eines „Konkursanspruchs" läßt sich die Annahme einer privatrechtlichen Rechtsgemeinschaft der Gläubiger nicht erweisen. Die Motive (S. 14f., 18, 102f., 117ff., 330f.) verstehen darunter einen privatrechtlichen Anspruch der Gläubiger auf gemeinsame und ausschließliche Befriedigung aus der Konkursmasse und konstruieren auf dieser Grundlage eine „rechtliche Gemeinschaft" der Konkursgläubiger. In Wahrheit sind nur Forderungen der einzelnen Gläubiger da, die in der Konkurslage einander widerstreiten und sich wechselseitig beschränken. Von einer „Gemeinschaft" der Forderungsrechte kann keine Rede sein. In einem anderen Sinne haben Anhänger der Lehre vom Rechtsschutzanspruch einen öffentlichrechtlichen, gegen den Staat oder gegen Staat und Schuldner gerichteten „Konkursanspruch" als Recht zur Erwirkung und Durchführung des Konkurses erdacht. Zu einer Rechtsgemeinschaft der Gläubiger leitet der Begriff nicht. Er hat in keiner Weise fördernd auf die Lösung der konkursrechtlichen Probleme eingewirkt, wohl aber die irrige Vorstellung veranlaßt, Gegenstand des Feststellungsverfahrens sei nicht die Konkursforderung selbst, sondern als deren Ausfluß ein von ihr zu unterscheidendes publizistisches Konkursteilnahmerecht. S. unten S. 180.

[19]) Anders die Praxis des Reichsgerichts in Strafsachen (z. B. Bd. 14 S. 286, Bd. 41 S. 256). Siehe dagegen Frank StGB.[18] (1931) § 137 Anm. I. Daß ein vor Konkursbeginn erlassenes allgemeines Veräußerungsverbot (§ 106 I 3 KO.) keine Verstrickung im Sinne des § 137 StGB. bewirkt, erkennt auch das Reichsgericht an (Straff. Bd. 20 S. 244).

[20]) Siehe dazu oben § 7 Note 3.

findlich hemmt. Es widerstreitet aller Billigkeit, daß der Fiskus, dessen Konkursverluste von Millionen zu tragen und darum kaum zu verspüren sind, mit seinen ins Ungemessene gesteigerten Abgabenansprüchen etwa einem Verkäufer oder Darlehnsgeber vorgeht, der die ganze Schwere des Ausfalls persönlich zu tragen hat. Wenn man einwendet, der Fiskus könne ohne Steuervorrecht keine Steuernachsicht üben, so lehrt die Erfahrung, daß er sich dem geschäftstüchtigsten Privatmann zum Trotz durch ausbedungene Sicherheiten zu decken weiß und sich keineswegs bei seiner Vorrechtsstellung beruhigt. In einer Reihe von Fällen waren die Gerichte schon veranlaßt, Knebelungen von Abgabenschuldnern durch den Fiskus für sittenwidrig und nichtig zu erklären. Auch das Lidlohnvorrecht ist aus einer Wohltat zur Plage geworden. Zugeschnitten auf Unterordnungsverhältnisse, die es dem Bediensteten schwer machten, gegen den Dienstherrn im Rechtswege vorzugehen, entsprach es ursprünglich einem einleuchtenden Schutzbedürfnis. Diese Zeiten sind dahin. Dem Arbeitnehmer aller Art wird die Rechtsverfolgung vor anderen Gläubigern erleichtert. Der Schutzgrund ist entfallen, aber das Vorrecht besteht fort und wird für Summen in Anspruch genommen, die außer allem Verhältnis zu den wirtschaftlichen Zuständen stehen, aus denen das Schutzbedürfnis erwachsen ist. Unserm Rechte fehlen nicht nur die engen Wertschranken, wie sie z. B. englische, österreichische, tschechoslowakische und jugoslawische Gesetze ziehen; es hat den Vorzug auch noch auf die den Trägern der Sozialversicherung geschuldeten Beitragsrückstände erstreckt. Geradezu seltsam mutet es weiter an, wenn man das Heilpflege-Vorrecht als Antrieb zur „Menschenhilfe" rechtfertigen will. Sogar das Vorrecht der Schutzbefohlenen, das noch am meisten anspricht, hat sich infolge einer unsichern Gesetzesfassung und unfreien Rechtsprechung zu einem Schädling der Konkurse ausgewachsen. Jedenfalls aber gibt es viel triftigere Vorrechtsgründe als die des § 61. So etwa für das nun in der Sowjet-Republik anerkannte Privileg der Unterhaltsansprüche wegen Tötung des Ernährers. Die künftige Gesetzgebung muß hier gründlich Wandel schaffen, die Auslegung des geltenden Rechtes aber äußerste Zurückhaltung üben.

Der Regel nach sind die Konkursforderungen einfache. Diese gelangen erst zum Zuge, wenn die bevorrechtigten gedeckt sind (§ 61 Nr. 6). Im Nachlaßkonkurse gibt es noch eine dritte Gruppe, die minderberechtigten Konkursforderungen. Auf sie entfällt nur ein nach Berichtigung aller sonstigen Nachlaßverbindlichkeiten etwa noch verbleibender Überschuß (§ 226, vgl. § 236).

Die Vorrechte der KO. selbst (§ 61 Nr. 1—5) gelten[21]) für die Befriedigung aus dem gesamten konkursbefangenen Vermögen. Wir nennen sie allgemeine Konkursvorrechte. Spätere Reichsgesetze haben eigenartige, auf bestimmte Teile des Schuldnervermögens begrenzte Vorrechte geschaffen, die wir den allgemeinen als besondere gegenüberstellen. Dem Absonderungsrecht angenähert bildet das besondere Konkursvorrecht eine Halbheit, die in diesen Zeiten des Niedergangs leider immer größere Bedeutung gewinnt[22]). In seinen beiden Erscheinungsarten, als allgemeines und als besonderes, ist das Konkursvorrecht eine Eigenschaft, die der Forderung um ihres Rechtsgrundes willen innewohnt (privilegium causae), nicht eine Begünstigung der Person des Gläubigers. Je nachdem die Forderung dem bürgerlichen (z. B. als Lohnanspruch, § 61 Nr. 1) oder dem öffentlichen Recht (z. B. als Staats- oder Kirchensteuer, § 61 Nr. 2, 3) angehört, ist das Privileg bürgerlich-rechtlicher oder öffentlich-rechtlicher Art. Eine Beerbung des Gläubigers oder des Schuldners läßt das Vorrecht unberührt. Auch bei einer Sondernachfolge in die Forderung besteht es für diese weiter (§§ 401 II, 412, 774 I BGB.); bei einer Sondernachfolge in die Schuld erlischt es (§ 418 II BGB.)[23]).

Auch die Vorrechtsgläubiger sind Konkursgläubiger. Als solche sind sie genötigt, wenn sie Deckung aus der Masse anstreben, am Konkursverfahren teilzunehmen (§ 12), d. h. hier die Forderung nach Grund, Betrag und Vorrecht anzumelden und sie so zur Feststellung zu bringen (§§ 139, 142 II, 145 II). Ihre Befriedigung erfolgt — auch bei den besonderen Vorrechten — nicht etwa wie die abgesonderte „unabhängig vom Konkursverfahren" (§ 4 II). Als Konkursgläubiger stehen auch die Vorrechtsgläubiger unter den Verboten der Einzelvollstreckung und

---

[21]) Ergänzt durch den § 80 AufsG. in der Fassung vom 6. Juni 1931 (RGBl. I S. 315). Darüber unten A 6.

[22]) Unten B.

[23]) Dort bleibt die Lage anderer Gläubiger des Schuldners unberührt (so auch beim Einrücken von Zoll- und Steuerbürgen in die von ihnen bezahlte Abgabenforderung); hier würde sich die Lage anderer Gläubiger des Neuschuldners verschlechtern (solche Macht darf das Gesetz dem Schuldübernehmer nicht einräumen). Das Vorrecht, das eine Forderung im Konkurse des Schuldners genießt, kann nicht als solches auch im Konkurse des Dritten geltend gemacht werden, der sich für die Schuld verbürgt hat. Denn trotz ihrer Abhängigkeit hat die Bürgenhaftung ihren selbständigen Rechtsgrund. Der Gläubiger kann auf den Vorrang seiner Forderung verzichten. Einen Bürgen deckt für diesen Fall der § 776 BGB.

der Einzelanfechtung (§§ 14, 36). Auch sie unterliegen, was Zinsen und Kosten betrifft, den Schranken des § 63. Vorrechtsansprüche genießen aber nicht nur den Vorteil, mit Nebenansprüchen vor allen einfachen Konkursforderungen befriedigt zu werden. Sie bleiben auch ungeschmälert von einem Zwangsvergleich (§§ 173, 181, 191 II, 193)[24].

A. **Allgemeine Vorrechte** genießen nach § 61 und zwar in der folgenden, zwingend festgelegten Rangordnung, bei Gleichrang anteilsmäßig:

1. Letztjährige Dienstbezüge (Lidlohn) der für Haushalt, Wirtschaftsbetrieb oder Erwerbsgeschäft[25]) des Schuldners gedungenen Personen, besonders des häuslichen und landwirtschaftlichen Gesindes, der Fabrikarbeiter, der Handlungsgehilfen. Auch Lohn für vorübergehende und vereinzelte Dienstleistungen (z. B. der Tagelöhner, Näherinnen, Waschfrauen) gehört hierher. Das Vorrecht ist auf Kleinbezüge gemünzt, wenn auch zahlenmäßig nicht begrenzt.

Der geschichtliche Werdegang des Vorrechts hat (wie bemerkt) seinen Ursprung in einer sozialen Abhängigkeit des Bediensteten, die das Vorgehen gegen den Dienstherrn erschwert und insofern ein Schutzbedürfnis begründet. Darauf weisen noch heute die Gesetzesworte „zur Leistung von Diensten verdungen" hin. Es genügt also nicht schon diejenige Unterordnung, die sich aus jeder Vertragspflicht zur „Leistung von Diensten" ergibt. Vielmehr muß — und dies deutet das Wort „verdingen" an — im Einklang mit der Entstehung des Vorrechts und zur Verhütung seines Mißbrauchs eine persönliche und wirtschaftliche Abhängigkeit des Arbeitnehmers gefordert werden. Sie pflegt zu fehlen bei selbständigen Kaufleuten, die, wie z. B. Handlungsagenten oder Treuhandgesellschaften, vertragsmäßig für andere tätig werden[26]). Noch weniger gebührt das Vorrecht den Organen einer im Konkurse stehenden juristischen Person: in ihnen schaltet und waltet der Prinzipal; sie sind nicht Angestellte im Sinne der Vorrechtsbedürftigkeit, sie selber stellen „das Personal" an[27]).

Das Vorrecht setzt voraus, daß die zu entlohnenden Dienste im letzten Jahre vor dem Konkurse, bei früherem Tode des Gemeinschuldners im letzten Jahre vor dem Erbfalle geleistet wurden. Der Lohn muß also im letzten Jahre verdient worden sein. Daß er erst binnen dieser Frist fällig geworden, genügt nicht. Daß er schon vorher verfiel, schadet nicht. Das Dienstverhältnis braucht im Zeitpunkte der Konkurseröffnung nicht mehr zu bestehen (vgl. den Wortlaut: sich verdungen „hatten"). Ruhegehaltsansprüche (Pensionen) aber, die frühere Angestellte gegenüber dem ehemaligen Dienstherrn haben, bleiben auch insoweit, als sie erst während des Konkursvorjahres fällig geworden sind, dem Vorrechtsbereich des § 61 Nr. 1 entzogen. Denn sie entlohnen nicht Dienste, die für diese Zeit geleistet wurden. Es gibt keine

---

[24]) Ihre Befriedigung außer der Reihe gestattet der § 170 [unten S. 183].

[25]) Die Begriffe „Haushalt, Wirtschaftsbetrieb oder Erwerbsgeschäft" entsprechen denen des § 22 KO. Darüber oben S. 42. Der Ausdruck lidlôn, der sich vorwiegend in oberdeutschen Quellen des Mittelalters findet, bedeutet (wie Grimm Deutsches Wörterbuch nachweist): Vergütung für die geleistete, die „erledigte" Arbeit, auch eines Freien. Die „Liten" (hörige Leute) bezogen in dieser ihrer Eigenschaft überhaupt keinen Lohn. So empfiehlt sich die Schreibweise „Lidlohn". Ebel JurRundsch. 1931 S. 251 gegen v. Rohr ebenda S. 165 (Litlohn) und gegen Duden (Liedlohn).

[26]) RG. Bd. 62 S. 231 (Handlungsagenten; siehe auch RAG. v. 16. 11. 1929 KonkTreuh. 1930 S. 180 v. 10. 12. 1930 ebenda 1931 S. 29, v. 22. 4. 1931 daselbst S. 170), Bd. 130 S. 333 (Treuhandgesellschaft zur Rettung notleidender Unternehmungen). Siehe dagegen für Zwischenmeister RAG. v. 9. 5. 1931 KonkTreuh. S. 107 f.

[27]) Darum ist das Vorrecht z. B. den Mitgliedern des Vorstandes einer Aktiengesellschaft oder den Geschäftsführern einer GmbH. zu versagen, eine Ansicht, die zuerst von Jaeger KO. 3. u. 4. Aufl. zu § 61 vertreten (JW. 1928 S. 2714 Note) und heute vom Reichsgericht ständig anerkannt ist. Siehe namentlich RG. Bd. 120 S. 300, JW. 1928 S. 2619 Nr. 6, 1930 S. 1403 Nr. 19 und die neueste Praxis der Untergerichte (z. B. JW. 1926 S. 2103 Nr. 9, 1930 S. 3783 Nr. 10). Vor 1912 war die gegenteilige Ansicht im Schrifttum unbestritten. Meist sorgten die Organe dafür, daß der Konkurs keine ihnen geschuldeten Gehaltsrückstände vorfand. So kam es, daß die Rechtsprechung lange Jahre mit der Frage nicht befaßt war. Im Falle RG. Bd. 120 S. 300 führte der das Lidlohnvorrecht beanspruchende Direktor „mit zwei Vettern in der Generalversammlung die entscheidende Stimme", beeinflußte also maßgebend alle Willensentschließungen der Aktiengesellschaft, auch die Maßnahmen der Abwirtschaftung. Er bezog außer der Tantieme jährlich 60000 *RM* Gehalt (!).

Dienstpflicht, keine den Vorzug rechtfertigende Abhängigkeit mehr. Die Ansprüche sind ein für allemal in der Vergangenheit begründet. Gleiches gilt für Ansprüche von Hinterbliebenen auf Witwen- oder Waisenversorgung. Aus einem Deckungsstock, der nur buchmäßig vom übrigen Vermögen des Unternehmers getrennt war, können die Pensionsberechtigten auch keine abgesonderte Befriedigung beanspruchen. Für einen Sonderkonkurs ist insoweit kein Raum. Im übrigen sichert das Vorrecht Dienstbezüge aller Art, auch Gewinnanteile und Unterhalt auf Grund des Dienstvertrags (z. B. im Falle des § 63 HGB.) sowie „Gratifikationen" (z. B. zu Weihnachten oder Neujahr), wenn sie als Dienstvergütung mitversprochen sind, nicht aber Ansprüche auf Auslagen- oder Schadensersatz. Zu den Dienstbezügen im Sinne des § 61 Nr. 1 gehört nach ausdrücklicher Vorschrift die Entschädigung, die bei vereinbartem Wettbewerbverbot dem Handlungsgehilfen für die Beschränkung seiner Erwerbstätigkeit vom Prinzipal nach beendetem Dienstverhältnis geschuldet wird (§ 75e I HGB.). Auch die Träger der Sozialversicherung (Krankenkassen, Berufsgenossenschaften, Versicherungsanstalten) genießen innerhalb der für Lohnansprüche geltenden Zeitschranken das Vorrecht. § 28 III RVO., § 212 III AngestVG. (RGBl. 1924 I S. 563), § 143 III ReichsknappschaftsG. (RGBl. 1926 I S. 369), § 145 III Ges. über Arbeitsvermittlg. u. ArbeitslosenVers. (RGBl. 1929 I S. 162)[28]).

Lohnansprüche für Dienste, die nach Konkursbeginn geleistet werden, bilden unter den Voraussetzungen des § 59 Nr. 1 u. 2 Massegläubigerrechte (vgl. § 22).

2. Öffentliche Abgaben an ein inländisches Gemeinwesen, soweit sie im letzten Jahre (spätestens nach § 65) fällig geworden sind. Die Finanzwissenschaft begreift unter dem Ausdruck Abgaben sowohl die Steuern als die Gebühren. Auch der § 71 III GVG. gebraucht den Ausdruck „öffentliche Abgaben" noch in diesem umfassenden Sinne. Es herrscht aber heute Einverständnis in Rechtslehre und Rechtsprechung darüber, daß der Vorrang des § 61 Nr. 1 sich auf Steuern und steuerartige Abgaben (mit Einschluß der Zölle) beschränkt, daß er den Gebühren, besonders den Gebühren der streitigen und nichtstreitigen Rechtspflege und der Verwaltung, nicht zukommt. Das entspricht der Entstehungsgeschichte des § 61 Nr. 2 und dem Gebot einer Eindämmung der Vorrechte[29]). Die Zulässigkeit einschränkender Auslegung bestätigt nun auch die Reichsabgabenordnung, da sie als Abgaben nur Steuern unter Ausschluß von Gebühren für eine besondere Leistung und von Beiträgen trifft (§§ 1, 3 RAbgO. i. F. v. 22. Mai 1931

---

[28]) Siehe dazu RG. Bd. 102 S. 71. Die Erstreckung des Vorrechts auf Beiträge hängt damit zusammen, daß diese in gewissen Grenzen vom Arbeitgeber bei den Lohnzahlungen einbehalten werden dürfen.

[29]) So namentlich RG. Bd. 21 S. 46, Bd. 28 S. 86, Bd. 83 S. 206 (grundlegend), Bd. 114 S. 373, Bd. 131 S. 137 und unter Aufgabe seiner älteren Praxis auch das bayer. ObLG. (Slg. n. F. 4, S. 301 ff.), das für den Bereich des Konkursrechts — abgesehen von der Gläubigeranfechtung (Art. IX EG.KNov. v. 17. Mai 1898) — noch immer als Revisionsgericht mit dem Reichsgerichte konkurriert, eine im Gebiet des bürgerlichen Reichsrechtes vereinzelt dastehende und eben darum bemerkenswerte Zuständigkeit. — Als Gebühren ermangeln des Vorrechts z. B. auch Fernsprechgebühren. Auch den Ansprüchen der Gemeinden auf Gebühren für Straßenreinigung, für die Benutzung einer Gemeindestraße (Pflasterzoll) oder für die Benutzung unterirdischer Entwässerungsanlagen (Kanalisationsabgabe) kommt das Vorrecht nicht zu. Ebensowenig Beiträgen, die für Bau und Unterhaltung der Gemeindestraßen von den Anliegern erhoben werden (RG. 131 S. 137). Steht aber einmal fest, daß die einem öffentlichen Gemeinwesen geschuldeten nichtsteuerartigen Abgaben vom Vorrechte ausgeschlossen werden sollten, dann ist es auch verfehlt, sie allgemein unter die an „öffentliche Verbände" zu entrichtenden „Abgaben und Leistungen" im Sinne der Nr. 3 des § 61 einzureihen (abw. Th. Wolff, KO.² § 61 Anm. 7). Nur im besonderen Zweckbereiche der Nr. 3 sind sie bevorrechtet, wie die Beiträge zur staatlichen Brandversicherung. Das Entgelt für die Lieferung von Gas, Wasser oder Elektrizität aus städtischen Werken scheidet für beide Nummern jedenfalls dann aus, wenn es auf Grund eines im privatwirtschaftlichen Betriebe der Stadt geschlossenen bürgerlich-rechtlichen Schuldvertrags (als Kaufpreis, als Werkvergütung) zu entrichten ist. Sind aber solche Gemeindeanstalten öffentlich-rechtliche Einrichtungen, dann ermangelt das vom Abnehmer zu entrichtende Entgelt als „Gebühr" des Vorranges (zur Unterscheidung siehe SächsOVG. Bd. 28 S. 215). Auf eine steuerartige Geldleistung richtet sich dagegen der Anspruch auf Bezahlung des Wertes von Steuerzeichen (Banderolen), durch deren Verwendung gewisse Verbrauchssteuern (Tabak, Schaumwein) entrichtet werden. RG. Bd. 114 S. 372; JZP. 52 S. 370. Die Statistik für 1930 weist den Konkurs einer Zigarettenfabrik nach, in dem 33796622 RM Vorrechtsansprüche angemeldet und nur 48465 gedeckt worden sind (!!). Vierteljahreshefte zur Statistik des Deutschen Reichs 1931 II 25 Fußnote 2.

RGBl. I S. 161). Im Vordergrunde steht jetzt das Heer der Reichssteuern[30]). Nach § 104 RAbgO. hat der Konkursverwalter als besonderer wie außerhalb des Konkurses ein allgemeiner gesetzlicher Vertreter (§ 103 RAbgO.) dafür Sorge zu tragen, daß die Steuern aus der von ihm verwalteten Masse entrichtet werden. Bei schuldhafter Pflichtverletzung wird er persönlich dem Reiche haftbar (§ 82)[31]). Steuerverbindlichkeiten, die erst während des Konkurses entstehen (vgl. § 99 RAbgO.), können nach Maßgabe des § 58 Nr. 2 als Massekosten erwachsen [unten S. 130]. So z. B. die Grunderwerbsteuer beim Erwerb und bei der Veräußerung von Liegenschaften für Rechnung der Masse.

3. Letztjährige Ansprüche, die Kirchen und Schulen, öffentlichen Verbänden und öffentlichen Feuerversicherungsanstalten gesetz- oder satzungsgemäß gegen die Beteiligten zustehen. Wie im Bereiche der Nr. 2 entscheidet die Fälligkeit, nicht (wie bei Nr. 1) die Entstehung. Wie dort sind nur öffentlichrechtliche Ansprüche (besonders auf Mitgliederbeiträge) und zwar nur solche des Verbandes selbst bevorrechtet (z. B. Kirchensteuern, Ansprüche der Schulgemeinden oder Länder auf das „Schulgeld", der Universitäten auf die ihnen zustehenden „Studiengebühren", nicht z. B. Stolgebühren der Geistlichen, Kollegienhonorare der Dozenten). Privatschulen (z. B. private Musik-, Turn-, Tanzlehranstalten, Fahrschulen) genießen, einerlei, ob der Unternehmer eine natürliche oder eine juristische Person des bürgerlichen Rechts ist, den Vorzug nicht, auch dann nicht, wenn sie nach a. 147 I RV. als Ersatz für öffentliche Schulen genehmigt sind. Denn auch dann haben sie keine „nach Gesetz oder Verfassung zu entrichtenden" Leistungen zu fordern[32]). Bei der Feuerversicherung kommt es darauf an, daß der dem öffentlichen Recht angehörende Versicherer (Staat, Provinz) nach Gesetz oder Satzung verpflichtet war, die Versicherung einzugehen, für die er die Beitragsleistung als bevorrechtet beansprucht. Ob auch der Gemeinschuldner zur Versicherung verpflichtet war, ist belanglos. Sonstige „öffentliche Verbände" im Sinne der Nr. 3 sind z. B. Wege- und Deich-, Wasser- und Waldgenossenschaften, Orts- und Landarmenverbände, Anwalts- und Ärztekammern, Innungen, jüdische Religionsgemeinschaften (wie die preußischen Synagogengemeinden). Staatliche Konzession, wie sie z. B. für Hypothekenbanken gefordert wird (§ 1 HypBankG.) genügt nicht. Auch die „milden Stiftungen" ermangeln im Gegensatz zu älteren Gesetzen des Vorrechts. Die Versicherungsträger der RVO. sind, wie unter 1 bemerkt, jetzt der ersten Klasse eingereiht.

4. Kosten von Kuren und Pflegen im Konkursvorjahr (ein Vorrecht der Ärzte mit selbstverständlichem Einschlusse der Zahnärzte und ausdrücklichem der Tierärzte, ferner der Apotheker, der Hebammen und der Krankenpfleger). Das Vorrecht soll der berufsmäßigen Heilpflege förderlich sein. Es soll den, der sie übt, gegen einen Vermögensverfall des Schuldners

---

[30]) Ausdrücklich erstreckt wird das Vorrecht der Nr. 2 durch den § 11 des Gesetzes zur Aufbringung der Industriebelastung v. 30. August 1924 (RGBl. II S. 269) für den Fall des Konkurses belasteter Unternehmer. Das IndustriebelastungsG. selbst und damit die in dessen §§ 47, 48 verordnete Erstreckung des § 61 Nr. 2 KO. ist aufgehoben (§ 20 IndustriebankG. v. 31. März 1931, RGBl. I S. 124).

[31]) Vgl. RFH. JW. 1923 S. 590 (634). Keine Rede aber kann davon sein, daß nach § 106 RAbgO. der Konkursverwalter in Fällen, in denen der Steuerschuldner als juristische Person infolge des Konkurses der Auflösung anheimfällt, die Steuerschuld (auch eine vor dem Konkurs entstandene) vor Masseschulden zu decken verpflichtet wäre. Dagegen mit Recht RFH. JW. 1926 S. 1685. Über die Art der Verfolgung von Steueransprüchen im Konkurse siehe unten S. 130.

[32]) Die Nr. 3 des § 61 hat, verglichen mit der ihr nahestehenden Nr. 2, einen auffallend mangelhaften Wortlaut; das Vorrecht ist im Bereiche der Nr. 3 noch weniger begründet, als in dem der Nr. 2. Strengste Auslegung erscheint daher geboten. Die Worte „nach Gesetz zu entrichten" bedeuten: unmittelbar kraft Rechtssatzes, nicht erst kraft eines Rechtsgeschäftes (Vertrags) — wie bei Privatschulen — geschuldet. Die „Schule" selbst kann Trägerin des Vorrechts nur sein, wenn sie eigne Rechtspersönlichkeit hat, wie z. B. in Sachsen die Universität Leipzig, die technische Hochschule Dresden, die Handelshochschule Leipzig, die Fürstenschulen Meißen und Grimma (sämtlich Körperschaften des öffentlichen Rechts). Der großen Mehrheit nach sind die öffentlichen Schulen unselbständige Einrichtungen der Gemeinden oder der Länder. Ihre „Schullasten" decken sie im allgemeinen durch Erhebung von öffentlichen Abgaben im Sinne der Nr. 2. Da „Unterricht und Lernmittel" in den Volks- und Fortbildungsschulen unentgeltlich sind (a. 145 Satz 2 RV.), scheidet die Nr. 3 insoweit überhaupt aus. Es ist längst an der Zeit, sie völlig zu streichen. Solange sie besteht, ist sie so auszulegen, daß ein Widerstreit mit der Nr. 2 vermieden wird. Der Nr. 3 sind also nur Fälle einzureihen, die nicht (positiv oder negativ) durch die Nr. 2 geregelt sind. Im einzelnen besteht viel Streit. Stark abweichend z. B. Th. Wolff KO.[2] § 61 Anm. 8.

sicherstellen. Es setzt aber Helfer von Beruf voraus, Approbation im Sinne des § 29 GewO. Dem Kurpfuscher und Naturheilkünstler bleibt es versagt. Desgleichen einem nichtapprobierten Zahntechniker und dem ein Drogengeschäft betreibenden Pharmazeuten. Soweit Taxen bestehen, begrenzen sie das Vorrecht, nicht die Forderung. Soweit sie fehlen, sind die Kosten des Konkursvorjahres in voller Höhe bevorrechtet. Ob der Gemeinschuldner selbst behandelt wurde oder nicht, gilt gleich. Nur muß er haften. Auch Privatkranken-, Privatentbindungs-, Privatirrenanstalten (§ 30 GewO.) und nicht minder Personen des öffentlichen Rechts, die Heilanstalten unterhalten (z. B. Spitäler und Kliniken einer Stadt oder Universität, eines Diakonissen- oder Ordenshauses), üben die Krankenpflege und genießen das Vorrecht der Nr. 4. Dieses deckt „Kur- und Pflegekosten", nicht aber sonstige „Lieferungen", die der Arzt in Ausübung seines Berufs macht. Bei Behandlung in eigener Klinik des Arztes ist also nicht nur das Honorar, sondern auch der zum Zwecke der Heilung erforderliche Aufwand von Arzneimitteln, sowie für Wohnung und Verköstigung bevorrechtet, nicht aber auch der oft beträchtliche Kaufpreis für künstliche Gliedmaßen und Apparate (z. B. Schienen), auch wenn sie der behandelnde Arzt selber in eigener Werkstätte herstellen läßt[33]).

5. An fünfter Stelle steht das Vorrecht der Schutzbefohlenen. Es deckt Forderungen der Kinder, Mündel und Pfleglinge des Gemeinschuldners „in Ansehung" der „gesetzlichen", also nicht einer freiwillig überlassenen oder angemaßten Vermögensverwaltung. Dem soll geholfen werden, der sich nicht selber helfen konnte, sondern die Verwaltung seines Vermögens durch den Gemeinschuldner hatte dulden müssen. Der unbestimmte Wortlaut des Gesetzes bedarf zweckentsprechender Begrenzung. Unstreitig trifft er nur Konkursforderungen, nicht Aussonderungs- und Masseansprüche (§§ 43, 59). Namentlich steht also das Recht des Schutzbefohlenen auf Ausantwortung verwalteter Gegenstände, die dem Gemeinschuldner nicht gehören, hier außer Betracht[34]). Vielmehr handelt es sich vornehmlich um Schadensersatzansprüche aus dem Grunde pflichtwidriger (ungetreuer) Vermögensverwaltung und um Ansprüche wegen Verwendung von Mitteln des Schutzbefohlenen für eigene Rechnung des Verwalters[35]). Insoweit ist das Schutzbedürfnis begründet und das Vorrecht gerechtfertigt. Die Praxis will aber auch Forderungen geschützt wissen, die in der Person eines Dritten aus irgendwelchem Rechtsgrunde (z. B. Kauf oder Darlehn) gegen den späteren Gemeinschuldner entstanden und vor Konkursbeginn dadurch unter dessen Vermögensverwaltung gelangt waren, daß sie durch Erb- oder Sonderrechtsnachfolge auf den Schutzbefohlenen übergingen[36]). Zu solcher Auslegung nötigt weder der Wortlaut noch der Zweck des Gesetzes. Sie öffnet unlauteren Schiebungen Tür und Tor, da jeder gewöhnlichen, vielleicht beim Stande des Schuldnervermögens uneinbringlichen Forderung durch Abtretung an den Schutzbefohlenen das Vorrecht und damit meist die volle Beitreibbarkeit verschafft werden könnte.

Während die übrigen Vorrechte des § 61 derart an zeitliche Schranken gebunden sind, daß sie nur Forderungen decken, die innerhalb einer gewissen Frist (binnen eines Jahres, beim Abgabenvorrecht binnen zwei Jahren) vor Konkurseröffnung[37]) entstanden oder fällig wurden, kommt das Vorrecht der Schutzbefohlenen auch Ansprüchen zugute, deren Entstehung oder Verfall um viele Jahre zurückliegt[38]). Nur dann, wenn die Vermögensverwaltung schon längere

---

[33]) Siehe Jaeger KonkTreuh. 1928 S. 145 gegen Th. Wolff aaO. Anm. 9b; anders als das unsere z. B. das österreichische Recht von 1914 (§ 51 Nr. 4 KO.), dem Jugoslawien (1929) und die Tschechoslowakei (1931) folgen.

[34]) Der Schutzbefohlene sondert sein Vermögen samt Surrogaten aus (§ 43). Vgl. §§ 1646, 1681, 1686, 1890, 1915 BGB.

[35]) Vgl. §§ 1653, 1664, 1805, 1834, 1897, 1915 BGB. Unter den Pflegschaften (§§ 1909ff. BGB.) kommen namentlich solche über Gebrechliche und Abwesende in Betracht, aber auch die Nachlaßpflegschaft zum Schutze unbekannter Erben (§ 1960 BGB.), da diese außerstande sind, den staatlichen Rechtsschutz anzurufen. Für die Nachlaßverwaltung (§ 1975 BGB.) und für die Konkursverwaltung besteht ein Schutzbedürfnis im Sinne des § 61 Nr. 5 nicht.

[36]) Siehe z. B. RG. Bd. 39 S. 70, Bd. 45 S. 156.

[37]) Die Befristung gilt auch im Anschlußkonkurse. Jaeger KonkTreuh. 1929 S. 33f.

[38]) Sie dürfen zwar noch nicht verjährt sein, aber die Verjährung der Ansprüche gegen diese Vermögensverwalter ist nicht etwa abgekürzt (§ 195 BGB.).

Zeit vor dem Konkurs ihr gesetzliches Ende erreicht hatte[39]), greift eine eigentümliche Beschränkung des Vorrechts Platz. Es entfällt nämlich, wenn der Schutzbefohlene seit dieser Beendigung zwei Jahre hat verstreichen lassen, ohne seinen Anspruch gerichtlich außerhalb oder innerhalb des Konkurses (§§ 12, 139) und ersternfalls bis zum Konkursbeginn verfolgt zu haben. Nun konnte er sich selber helfen. Hat er das freiwillig unterlassen, dann rechtfertigt sich der Schutz nicht mehr.

6. Eine sechste Klasse allgemeiner Konkursvorrechte hat das jüngste Reichsrecht im § 80 des Gesetzes über die Beaufsichtigung der privaten Versicherungsunternehmungen und Bausparkassen [AufsG.] vom 6. Juni 1931 (RGBl. I S. 315) geschaffen. Während die Versicherten bei der Lebensversicherung dadurch geschützt werden, daß ein eigener Deckungsstock (Prämienreservefonds) angelegt wird, aus dessen Bestandteilen sie im Konkurse des Versicherers voraus zu befriedigen sind[40]), sollen in Fällen einer Schadensversicherung, für die der Schutz einer gesetzlichen Deckungsrücklage nicht besteht, die Versicherten bei Befriedigung aus der allgemeinen Konkursmasse den übrigen Konkursgläubigern „des § 61 Nr. 6 KO. im Range vorgehen". Damit erhält der § 61 KO. eine sechste Vorrechtsklasse. Bevorrechtet sind „Forderungen aus Versicherungsverträgen"

a) „auf Ersatz eines zur Zeit der Konkurseröffnung bereits eingetretenen Schadens" und

b) „auf Rückerstattung eines auf die Zeit nach Beendigung des Versicherungsverhältnisses[41]) entfallenden Teiles des Versicherungsentgeltes" (auf Rückgewähr der sog. unverbrauchten Prämien, vgl. § 40 III VVG.).

Dabei gehen die Schadensersatzansprüche den Prämienrückgewähransprüchen vor. Es werden also innerhalb der neuen Vorrechtsklasse zwei Rangstufen unterschieden. Auf jeder dieser beiden Stufen findet anteilsmäßige Berichtigung statt. Auf der ersten kommen auch die Ansprüche auf Wiederherstellung versicherter Gebäude (§§ 97ff. VVG.) zum Zuge[42]). Daß der Schadensfall innerhalb einer bestimmten Frist vor Konkursbeginn eingetreten sein müßte, wird nicht verlangt.

B. **Besondere Vorrechte** erkennt die neue Reichsgesetzgebung in drei Hauptgruppen an. Solche haben nämlich:

1. Die Pfandbriefgläubiger im Konkurse der Hypothekenbank und zwar in bezug auf die in das Hypothekenregister der Bank eingetragenen Hypotheken und Wertpapiere und auf das dem Treuhänder zur Pfandbriefdeckung anvertraute Geld (§ 35 HypBankG.).

2. Die Versicherten im Konkurse der Lebensversicherungsanstalt (des Versicherungsvereins auf Gegenseitigkeit und der Versicherungsaktiengesellschaft) am Deckungsstock (Prämienreservefonds) wegen ihrer Forderung auf die rechnungsmäßige Deckungsrücklage (Prämienreserve) nach § 77 IV AufsG. i. F. v. 6. Juni 1931. Der § 51 AufsG. unterscheidet im Konkurse des Versicherungsvereins a. G. drei Rangklassen der nicht bevorrechtigten Konkursgläubiger[43]).

3. Die Einkaufskommittenten als Besteller von Wertpapieren im Sinne des § 1 DepotG. im Konkurse des Kommissionärs, wenn bei Konkursbeginn die Papiere voll-

---

[39]) Also besonders dadurch, daß Kind oder Mündel volljährig geworden waren (§§ 1626, 1882 BGB.).

[40]) Sie haben also ein besonderes Konkursvorrecht am Deckungsstock [unten S. 72].

[41]) Nach § 13 VVG. endet die Sachversicherung mit Ablauf eines Monats seit der Eröffnung des Konkurses über das Vermögen des Versicherers. Hierüber und über den Eintritt des Versicherungsfalles während der Monatsfrist siehe oben S. 43. Daran, daß die Verbindlichkeit zum Ersatz eines erst binnen dieser Zeit entstandenen Schadens Masseschuld ist, hat sich nichts geändert.

[42]) Die Begründung des Gesetzes (Drucksachen des Reichstags V. Wahlperiode 1930 Nr. 848 S. 19f.) weist unter dem Eindruck der Erfahrungen, die wir bei Zusammenbrüchen von Versicherungsunternehmungen in den letzten Jahren gemacht haben, darauf hin, daß bisher für die Schadensversicherung, verglichen mit der Lebensversicherung, eine „Lücke" im Schutze der Versicherten bestand. Es fragt sich aber, ob heute die Schaffung eines neuen Konkursvorrechts der gebotene Weg zur Abhilfe ist. Siehe den Text unter B.

[43]) Darüber unten S. 207.

ständig bezahlt, aber noch nicht in das Eigentum der Besteller übergegangen sind, und zwar bei Befriedigung aus gleichartigen Wertpapieren der Masse und aus deren Ansprüchen auf Lieferung solcher Papiere (§ 7a DepotG.).

In allen diesen Fällen findet auf die Befriedigung der Bevorrechtigten aus dem übrigen Konkursvermögen der für Absonderungsberechtigte geltende Ausfallgrundsatz (§§ 64, 153, 155, 156, 168 Nr. 3) entsprechende Anwendung (§ 35 HypBankG., § 77 AufsG., § 7a DepotG.). Andere Absonderungsnormen (wie z. B. die der §§ 11, 48, 120, 127, 133 Nr. 2 KO.) bleiben unanwendbar. Nicht minder muß die Anwendbarkeit des § 96 bei Abstimmungen über Angelegenheiten der allgemeinen Masse, da er nicht mit den übrigen Vorschriften des Ausfallgrundsatzes angeführt ist, verneint werden. Es bewendet daher auch für die Vorrechtsgläubiger bei der Regel des § 95. Für die Vergleichsabstimmung freilich ergibt der gesetzliche Ausschluß der Vorrechtsgläubiger (§§ 173, 191, 193), daß sie nur mitzureden haben, soweit sie vorrechtslos sind, also nur in Höhe ihres Ausfalls oder Verzichts. Die bevorzugten Gläubiger sind Konkursgläubiger. Als solche haben sie ihre Forderungen nicht wie Absonderungsansprüche unabhängig vom Konkursverfahren (§ 4 II), sondern in diesem zu verfolgen, sie also nach Grund, Betrag und Vorrecht anzumelden und zur konkursmäßigen Feststellung zu bringen (§§ 12, 63, 69, 138ff., 146). Einzelvollstreckung und Einzelanfechtung sind ihnen anders als Absonderungsberechtigten verwehrt (§§ 14, 36). Sache des Konkursverwalters ist es, die Deckungsmasse zu verwerten und zu verteilen. Ihm bleibt es (wenn auch unter persönlicher Haftbarkeit, § 82) vorbehalten, den Rechtsbestand eines Dritterwerbs an Gegenständen der Deckungsmasse (z. B. einer Pfändung nach § 30) zu bekämpfen. Die Vorrechtsgläubiger kommen erst nach den Massegläubigern (§ 57), um so mehr also erst nach Absonderungsberechtigten (z. B. auch jüngeren Pfandgläubigern) zum Zuge. Der Einstellung des Konkurses müssen nach § 202 auch die Vorrechtsgläubiger zustimmen. Es ist daher ganz verfehlt, die besonderen Vorrechte als Absonderungsrechte zu kennzeichnen; wertlos, sie „uneigentliche" oder „scheinbare" Absonderungsrechte zu nennen. Sie sind Zwittergebilde einer Gesetzgebung, die in Kompromissen verebbt, statt feste dingliche Rechtslagen (z. B. ein gesetzliches Pfandrecht der Pfandbriefgläubiger, Eigentum der Besteller von Wertpapieren) zu schaffen. Wenn zur Rechtfertigung solcher Halbheiten gesagt wird, es müsse genügen, die Gläubiger für den Fall eines Zusammenbruchs der Unternehmung des Schuldners sicherzustellen, so wird dabei übersehen, daß der Schutz im schlimmsten Falle des Zusammenbruchs, bei Unzulänglichkeit der Masse zur Kostendeckung ganz versagt und daß er an Zwangszugriffen persönlicher Gläubiger auf Gegenstände der Deckungsmasse scheitern kann.

Die besonderen Vorrechte beschränken sich auf solche Bestandteile der Konkursmasse, die von vornherein dazu bestimmt waren, den genannten Gläubigergruppen einen Rückhalt zu bieten. Damit hat es folgende Bewandtnis:

a) Die Hypothekenbanken, unter Staatsaufsicht stehende Aktien- oder Kommanditaktiengesellschaften[44]), betreiben gewerbemäßig die hypothekarische Liegenschaftsbeleihung mit der Ermächtigung, „auf Grund der erworbenen Hypotheken" Schuldverschreibungen auszugeben (§§ 1, 3 HypBankG.). Die weitaus wichtigste Art dieser Schuldverschreibungen ist der Hypothekenpfandbrief, ein Wertpapier (regelmäßig Inhaberpapier) über e ne festverzinsliche und nach bestimmtem Plane zu tilgende[45]) Schuld. Die Träger so verbriefter Rechte heißen Pfandbriefgläubiger. In ihrem Interesse verlangt das Gesetz, daß der Gesamtumlauf der Pfandbriefe stets durch Hypotheken von mindestens gleicher Höhe und Verzinsung gedeckt sei (§§ 6—9 HypBankG.). Im Falle eines nicht alsbald ausgleichbaren Rückstandes dieser Deckung (besonders infolge stärkerer Heimzahlung von Hypotheken) hat die Bank einen einstweiligen Deckungsersatz in Wertpapieren (des Reiches oder der Länder) oder in Geld zu beschaffen (§ 6 IV HypBankG.). Die zur Deckung der Pfandbriefe bestimmten Hypotheken und Wertpapiere sind von der Bank einzeln in ein eigenes Register, das Hypothekenregister, einzutragen (§ 22 HypBankG.). Ein staatlich bestellter Treuhänder überwacht die Erfüllung dieser Pflichten und verwahrt die Urkunden über die registrierten Hypotheken samt der Ersatzdeckung unter Mitverschluß der Bank (§§ 29ff. HypBankG.). Bei solcher Gestaltung der Verhältnisse lag es nahe, den Pfandbriefgläubigern ein Pfandrecht an den Gegenständen der Deckungsmasse und damit außerhalb wie innerhalb des Konkurses eine dingliche Sicherung zuzuerkennen. Dieser Gedanke hat sich aber nicht durchzuringen vermocht. Das Gesetz begnügt sich mit einer abgeschwächten, auf den Fall des Konkurses der Bank beschränkten Gewähr (§ 35 HypBankG.; im Aufwertungsverfahren gewahrt durch a. 59 III 2 DurchführVO. v. 29. Nov. 1925, RGBl. I S. 392).

---

[44]) Für ihren Konkurs gelten daher die Sondervorschriften der §§ 207ff. KO. Darüber unten § 34.

[45]) Auslosungen erübrigen sich im Konkurse nach § 65 KO.

Danach haben die Pfandbriefgläubiger, untereinander gleichgestellt, vor allen andern Konkursgläubigern Befriedigung aus der Deckungsmasse zu beanspruchen. Diese Vorzugsbefriedigung steht wie die Absonderung unter dem Ausfallgrundsatze[46]). Sie ist aber keine Absonderung. Die Pfandbriefgläubiger sind vielmehr Konkursgläubiger[47]), die nur innerhalb des Konkurses und nur unter den für Konkursgläubiger geltenden Schranken Befriedigung zu beanspruchen haben[48]). Die Fassung einheitlicher Willensentschließungen erleichtert ihnen eine im Schuldverschreibungsgesetze vom 4. Dezember 1899 (14. Mai 1914) für besondere Fälle und zwar namentlich für den Konkursfall vorgesehene Organisation. Die Versammlung der Schuldverschreibungsgläubiger kann einen gemeinsamen Vertreter bestellen, der Forderungen und Vorrechte im Konkurs anzumelden hat (§ 19 SchuldverschrG.). Sie darf auch zum Zwecke der Sanierung notleidender Unternehmungen unter gewissen Kautelen den Zinsfuß ermäßigen, eine Stundung von Zinsen und Kapital bewilligen, auf Teile der Hypothekendeckung verzichten oder sonstwie die Rechte der Gläubiger beschränken, nur nicht — was freilich vielleicht das einzige Rettungsmittel sein kann — deren Kapitalansprüche herabsetzen (§§ 11—13 SchuldverschrG.)[49]). Im Zusammenhange mit der Zulassung wertbeständiger Pfandbriefe hat das Reichsgesetz über wertbeständige Hypotheken vom 23. Juni 1923 (RGBl. I S. 407) für die verschiedenen Gattungen der Pfandbriefe Rangsonderungen eingeführt (§ 9 Nr. 5). Wie die Ansprüche aus Schuldverschreibungen der Hypothekenbanken auf Grund hypothekarischer Darlehen werden nach Maßgabe der §§ 41, 42 HypBankG. Kommunal- und Kleinbahnobligationen dieser Banken und nach den §§ 6ff. des Gesetzes vom 21. Dezember 1927 (RGBl. I S. 492) auch Ansprüche aus Pfandbriefen und Kommunalschuldverschreibungen öffentlich-rechtlicher Kreditanstalten konkursrechtlich behandelt. Ein entsprechendes Konkursvorrecht erkennt der § 15 des Gesetzes über die Errichtung der Deutschen Rentenbank-Kreditanstalt i. F. vom 4. März 1931 (RGBl. I S. 29) an zugunsten der Schuldverschreibungsgläubiger unter ausdrücklicher Erstreckung auf die seit Konkursbeginn laufenden Zinsansprüche.

b) Die Lebensversicherungsanstalten, besonders Versicherungsvereine auf Gegenseitigkeit und Versicherungsaktiengesellschaften[50]), haben im Interesse der Versicherten durch Rücklagen einen Deckungsstock (den Prämienreservefonds) zu bilden und diesen gesondert zu verwalten. Seine Bestände sind einzeln in ein Verzeichnis einzutragen; die Eintragungen werden staatlich überwacht (§§ 65ff. AufsG.). Ein Pfandrecht ist den Versicherten an dieser Deckungsmasse sowenig eingeräumt wie im Falle a den Pfandbriefgläubigern, wohl aber wie diesen im Konkurse der Anstalt ein Vorrecht nach Maßgabe des § 77 (früher § 61) AufsG. (vgl. a. 108, 109 V DurchfVO. z. AufsG.). Danach erlöschen infolge der Konkurseröffnung die Lebensversicherungsverhältnisse. Nun haben die Versicherten jedenfalls den Betrag zu beanspruchen, der als rechnungsmäßige Deckungsrücklage (Prämienreserve) zur Zeit der Konkurseröffnung auf sie entfällt. Möglicherweise stehen ihnen noch andere Ansprüche aus dem Versicherungsverhältnisse zu. So namentlich auf die volle Versicherungssumme, wenn der Versicherungsfall schon vor dem Konkurs eingetreten, diese aber nicht entrichtet war. Das Vorrecht haftet an den in das Bestandsverzeichnis des Deckungsstockes eingetragenen Gegenständen, sichert aber nur die Forderungen auf die rechnungsmäßige Deckungsrücklage, soweit für sie Zuführung zum Deckungsstock vorgeschrieben ist. Weitergehende Ansprüche aus dem Versicherungsverhältnisse sind einfache Konkursforderungen. Untereinander stehen die Vorrechtsgläubiger gleich. Der Ausfallgrundsatz gilt auch für sie. Auch sie unterliegen den Schranken, die der Konkurs der Rechtsverfolgung eines (wenn auch bevorrechteten) Konkursgläubigers zieht (z. B. den §§ 12, 14, 63 Nr. 1). Das Konkursgericht hat zur Wahrung der Vorrechte einen Pfleger zu bestellen, der die den Versicherten zustehenden Ansprüche ermittelt und (unbeschadet der Anmeldungsbefugnis des einzelnen) anmeldet (§ 78 AufsG.). Rettungsmaßnahmen zur Verhütung des Konkurses kann die Aufsichtsbehörde nach Maßgabe des § 89 AufsG. treffen[51]). Auch die Lebensversicherungsanstalten haben unter den Folgen des Krieges empfindlich gelitten, zumal solche, die

---

[46]) Siehe unten § 17 V 4.

[47]) Ihre Hypothekenpfandbriefe verbriefen weder Hypotheken noch Pfandrechte. Auch solche Kreditanstalten, die nicht zu den Hypothekenbanken gehören, aber (wie die landschaftlichen oder ritterschaftlichen Kreditvereine) Pfandbriefe ausgeben dürfen, sind durch § 17 I EG.KO. (Fass. v. 14. Juli 1923) darauf beschränkt, Konkursvorrechte in Ansehung der Deckungsmasse anzuerkennen.

[48]) Steht einmal fest, daß die Pfandbriefgläubiger Konkursgläubiger sind, dann würde die Annahme, daß sie während des Konkurses Zinsen aus der Deckungsmasse zu beanspruchen haben, nur zutreffen, wenn entweder der § 63 Nr. 1 ausgeschaltet (so § 15 II Satz 1 des im folgenden angeführten Gesetzes über die Rentenbank-Kreditanstalt) oder der § 48 für anwendbar erklärt wäre. Das gilt auch gegenüber den Ausführungen von Nußbaum, Hypothekenwesen (2. Aufl. 1921), S. 249f.

[49]) Hier versagt auch der konkursabwendende Zwangsvergleich des gerichtlichen Vergleichsverfahrens, da an ihm die Pfandbriefgläubiger nur mit dem der Befriedigung aus der Deckungsmasse erlittenen Ausfall beteiligt sind (§ 2 Satz 2 VerglO. mit § 35 HypBankG., § 64 KO.). Erst für den konkursbeendenden Zwangsvergleich ermöglicht das Gesetz den Kapitalerlaß (§ 18 VI gegen § 12 III SchuldverschrG.).

[50]) Bei jenen gelten für das Konkursverfahren gewisse Besonderheiten des Genossenschaftskonkurses (§§ 49ff. VAG.), bei diesen die §§ 207ff. KO. Darüber unten §§ 34, 35.

[51]) Sie kann nötigenfalls die Schulden aus den Versicherungen dem Stande des Vermögens entsprechend ermäßigen, nicht mehr bloß um höchstens ein Drittel (wie bis zur Novelle v. 14. Juli 1923), sondern ohne feste Grenze (wie im vorbildlichen englischen Recht) und nicht mehr bloß Schulden aus „laufenden" Versicherungen (wie bis zur Novelle v. 30. März 1931), sondern auch fällige Kapitalschulden,

Versicherungen in ausländischer Währung zu erfüllen hatten, weil sie früher auch die für solche Versicherungen erforderlichen Rücklagen dem Prämienreservefonds in Reichswährung hatten, zuführen müssen[52]).

c) Das Vorrecht des Depotgesetzes beruht auf der VO. vom 21. November 1923 (RGBl. I S. 1119), einer Folgeerscheinung der „Effekten-Inflation", die es den Banken unmöglich gemacht hatte, der Kommissionärpflicht zur Übersendung von Stückeverzeichnissen pünktlich nachzukommen. Jetzt entsteht diese Pflicht nur auf Verlangen des Kommittenten (§ 3 DepotG. i. F. d. VO.). War vor dem Konkurse des Kommissionärs das Stückeverzeichnis abgesandt worden, dann war spätestens damit das Eigentum an den verzeichneten Nummern von Rechts wegen auf den Kommittenten übergegangen, also hinsichtlich dieser bestimmten Stücke ein Aussonderungsrecht des Bestellers entstanden (§ 7 DepotG. mit § 43 KO.). Auch kann dieser auf Grund des § 392 II HGB. die Aussonderung des noch ausstehenden Anspruchs der Bank auf die feststehendermaßen gerade für ihn eingekauften Wertpapiere zu beanspruchen haben. Gegen Veruntreuung freilich bieten (vom § 46 KO. abgesehen) auch die Aussonderungsregeln keinen Schutz. Soweit nun aber die Besteller nicht schon durch Ansprüche hinsichtlich bestimmter Einzelstücke gedeckt sind, soll jeder von ihnen wegen seiner Forderung aus der Bestellung Vorzugsbefriedigung aus den im Eigentum oder Miteigentum der Masse stehenden Wertpapieren gleicher Gattung (z. B. derselben Aktienart, die bestellt war, etwa „Farben J. G. Aktien") und aus den Ansprüchen der Masse auf Lieferung solcher Papiere (z. B. durch Verkaufskommittenten) verlangen dürfen. Die Verschaffungsansprüche der Besteller verfallen, da sie Konkursforderungen bilden, dem Wandel des § 69 unter Maßgeblichkeit des Kurses zur Zeit der Konkurseröffnung. Ob die Papiere für Rechnung der Besteller oder für eigene Rechnung des Kommissionärs angeschafft waren, gilt gleich. Doch gehen dingliche Rechte Dritter (Pfandrechte, Eigentumsvorbehalt des Lieferanten) dem Vorzugsrechte der Besteller vor. Mehrere Besteller stehen ohne Rücksicht auf den Zeitpunkt der Bestellung, Bezahlung und Lieferung bei der Vorzugsbefriedigung einander im Range gleich. Der Ausfallgrundsatz gilt wie in den Fällen a und b. Ein Pfleger der Vorzugsgläubiger kann wie im Falle b bestellt werden. § 7a DepotG. i. F. d. VO. Diese konkursrechtlichen Besonderheiten gelten nicht für Eigengeschäfte, also für Kaufverträge zwischen Bank und Kunden. Die Praxis nimmt aber bei amtlich notierten Effekten regelmäßig Kommission, nicht Eigenhandel an und deutet die Eigenhändlerklausel als Kommission mit Selbsteintritt (RG. Bd. 114 S. 9). Bei der Effektenkommission vollzieht sich die Ausführung in aller Regel mittels Selbsteintritts (§§ 400ff. HGB.). Die konkursrechtlichen Sondervorschriften gelten aber gerade auch in diesem Falle. Nur fragt es sich hier stets, ob etwa, weil bei Eröffnung des Konkurses der Bank (des Kommissionärs) beiderseits noch nicht vollständig erfüllt war, der § 17 (bei Fixgeschäften der § 18) KO. platzgreift. Die bloße Erklärung des Selbsteintritts stellt noch keine „Erfüllung" durch die Bank dar. Denn diese hat als „Kommissionär" noch an den Besteller zu leisten (ihm zu übereignen, zu übergeben, mit ihm abzurechnen). Andrerseits hat der Besteller, der zwar den Kaufpreis, aber noch nicht die Provision bezahlte, als Kommittent noch nicht erfüllt.

IV. **Nebenansprüche** von Konkursforderungen teilen nach Maßgabe des § 62 deren Rang, gegebenenfalls also deren Vorrecht. Dahin zählen:

1. Kosten, die dem Gläubiger schon vor dem Konkurse durch die gerichtliche und außergerichtliche Geltendmachung seiner Forderung erwachsen waren. So z. B. die Kosten einer Kündigung (vgl. § 132 BGB.) und die Kosten eines schon vor dem Konkurse gewonnenen Prozesses gegen den Schuldner.

2. Vertragsstrafen (§§ 339ff. BGB., § 348 HGB.). Das gilt vor allem für Strafen, die vor Konkursbeginn verfallen sind, sie mögen neben oder statt der Erfüllung geschuldet sein. Eine statt der Erfüllung zu entrichtende Vertragsstrafe kann den Inhalt der Konkursforderung erschöpfen. Auch dann ist der § 62 Nr. 2 sinngemäß anzuwenden. Entscheidet sich der Konkursverwalter auf Grund des § 17 für Nichterfüllung, so hat der Vertragsgegner eine ihm für diesen Fall versprochene Vertragsstrafe als Konkursgläubiger (§ 26 Satz 2) an der Rangstelle des nicht erfüllten Anspruchs zu verlangen. Hatte sich aber der Vertragsgegner für den Fall einer solchen Ablehnung eine den Nichterfüllungsschaden übersteigende Vertragsstrafe ausbedungen, dann scheitert solche Vereitelung der dem Gemeinwohle der Konkursgläubiger dienenden Wahlbefugnis des Verwalters an der zwingenden Kraft des § 17. Gleiches gilt für vorzeitige

---

also auch Ansprüche auf Versicherungssummen, die infolge Todes oder Zeitablaufs auszuzahlen sind. Das gerichtliche Vergleichsverfahren zur Abwendung des Konkurses ist zugunsten dieser amtlichen Sanierung ausgeschaltet (§ 94 VerglO.).

[52]) Erst in der Fassung vom 30. Dezember 1921 hat das Gesetz gestattet, bei Fremdwährungsversicherungen dem Prämienreservefonds Rücklagen in gleicher Währung zuzuführen (jetzt § 68 I Nr. 6, 7). Über die Behandlung der Fremdwährungsschulden wurde lebhaft gestritten (LZ. 1924 Sp. 11 Note 25 mit Verw.).

Vertragslösungen auf Grund der §§ 19 (Satz 3), 22 II KO.[53]). Der Erfüllungsaufschub, den die konkursmäßige Schuldenbereinigung ihrem Wesen nach mit sich bringt, vermag für sich allein den Verfall einer Vertragsstrafe zu Lasten der Masse nicht zu rechtfertigen.

3. Zinsen einer Konkursforderung, bedungene oder gesetzliche, die bis zum Beginn des Konkurseröffnungstages aufgelaufen waren. Von da ab setzt der Ausschluß des § 63 Nr. 1 ein.

V. **Konkursgläubigerrecht kraft Gesamthaftung.** Wenn mehrere Schuldner nebeneinander persönlich auf das Ganze haften, muß der Gläubiger im Konkurs eines jeden für die ganze bei Konkurseröffnung noch ausstehende Forderungssumme bis zur Vollbefriedigung berücksichtigt werden (§ 68). Teilzahlungen, die ein Mitschuldner während dieses Konkurses freiwillig oder gezwungen leistet, er mag selber im Konkurse stehen oder nicht, bleiben daher so lange außer Betracht, bis der Gläubiger den ganzen Forderungsbetrag erhalten hat. Teilzahlungen vor dem einzelnen Konkurse mindern dagegen für diesen von vornherein den Berücksichtigungsbetrag. Nebeneinander auf das Ganze haften vor allem Gesamtschuldner (§ 421 BGB.), mag ihre Mithaftung auf Abrede (vgl. § 427 BGB.) oder unmittelbar im Gesetze (z. B. §§ 419, 769, 830, 840, 1459, 1480, 1833, 2058 BGB.) beruhen, aber auch Hauptschuldner und Bürge, falls diesem die Einrede der Vorausklage versagt ist (§ 773 BGB., §§ 349, 351 HGB.)[54]). Würde eine Konkursmasse noch Anteile auszahlen, nachdem der Gläubiger durch einen Mitschuldner vollbefriedigt war, dann stünde ihr ein Bereicherungsanspruch (condictio indebiti) zu. Die Ausgleichungsansprüche der Mitschuldner untereinander werden durch den Grundsatz des § 68 nicht berührt.

Beispiel. Hauptschuldner und Bürge geraten rasch nacheinander in Konkurs. Die Hauptschuld beider Konkurse steht noch in voller Höhe von 100000 aus und wird in jedem ganz angemeldet. Der Konkurs des Hauptschuldners endet zuerst und ergibt 60%. Gleichwohl kommt der Gläubiger im Bürgenkonkurs auch fernerhin mit der vollen ursprünglichen Forderung von 100000 zum Zuge (bei den Verteilungen und auch bei den Abstimmungen). Er wird also ganz befriedigt, wenn der Bürgenkonkurs auch nur 40% abwirft. Würde dagegen der Bürgenkonkurs erst nach Beendigung des Schuldnerkonkurses eröffnet, dann dürfte der Gläubiger bloß die im Zeitpunkte der Eröffnung noch ausstehenden 40000 anmelden und erlitte daher selbst dann einen Ausfall, wenn dieser zweite Konkurs mit 99% endete. Hätte aber der zunächst allein eröffnete Schuldnerkonkurs mit einem Zwangserlasse von 60% abgeschlossen, so könnte auch in dem nun erst eröffneten Bürgenkonkurse der Gläubiger, wenn er bis dahin noch keinerlei Zahlung erhielt, die volle Forderung von 100000 anmelden, weil der Zwangserlaß die Bürgenhaftung nicht mindert (§ 193 Satz 2). Die erst nach Eröffnung des Bürgenkonkurses vom Hauptschuldner entrichtete Vergleichsrate würde den Konkursbeteiligungsbetrag bis zur Vollbefriedigung ungeschmälert lassen (§ 68).

Der Grund für die im § 68 getroffene Regelung liegt keineswegs im Wesen der Gesamtschuld, auf die sich die Vorschrift ja gar nicht beschränkt. Im Gegenteil würde aus § 422 I BGB. folgen, daß die im Konkurse des einen Gesamtschuldners von andern geleistete Teilzahlung, weil die Erfüllung für ihren Bereich alle Gesamtschuldner entlastet, fortab den Konkursteilnahmebetrag minderte, wie er etwa vermindert wird, wenn während irgendeines Konkurses ein nicht haftender Dritter aus freien Stücken oder der Gemeinschuldner selbst mit konkursfreien Mitteln eine Teilzahlung leistet. Die Vorschrift des § 68 ist auch kein Gebot der Rechtslogik, sondern eine reine Billigkeitssatzung. Manche Gesetze lassen sogar vor dem Konkurse bewirkte Teilzahlungen von Mitschuldnern außer Ansatz. So das französische die aus Konkursmassen stammenden (a. 542ff. c. com.), das schweizerische alle (a. 216ff. SchuldbetrG.).

Was für Zahlungen gilt, muß auch für den Erfüllungsersatz gelten, also namentlich für Teilbefriedigungen durch Leistung an Erfüllungsstatt oder durch Hinterlegung (§§ 364, 378 BGB.), für Teilbefriedigungen durch Aufrechnung aber nur dann, wenn der Zeitpunkt, auf den die Aufrechnung zurückwirkt (§ 389 BGB.), nach der Eröffnung des in Frage stehenden Konkurses liegt[55]).

---

[53]) Gegen RG. Bd. 115 S. 271 siehe Jaeger KO.[7] § 19 Anm. 19a.

[54]) Der § 68 gilt also im Konkurse des Bürgen immer schon dann, wenn der Hauptschuldner bereits im Konkurse steht (§ 773 I Nr. 3 BGB.). Als „Gesamtschuldner" haften aber Hauptschuldner und Selbstschuldbürge nicht (vgl. §§ 767f. gegen § 425 BGB.).

[55]) Siehe Jaeger KonkTreuh. 1930 S. 34f.

Beschränkt die Gesamthaftung sich auf einen Teilbetrag der Konkursforderung, weil diese z. B. nur zur Hälfte verbürgt ist, dann wird der § 68 auch nur für den Teilbetrag anwendbar. Sobald er voll gezahlt ist, kommt eine Doppelberücksichtigung überhaupt nicht mehr in Frage. Hat also im Beispielsfalle der Teilbürge, der für eine Forderung von 10000 in Höhe von 5000 einstand, nach Konkursbeginn 5000 an den Gläubiger bezahlt, dann wird dieser bei den Verteilungen nur noch wegen der zweiten 5000 berücksichtigt.

VI. Von der rechtlichen Stellung der Auslandsgläubiger wird unten § 37 gehandelt.

§ 12.

3. Gläubigerausschuß und Gläubigerversammlung.

I. Die Konkursgläubiger nehmen das gemeinsame Interesse, das alle an einer möglichst ausgiebigen Verwendung der Befriedigungsmittel haben, dem Grundsatze der Selbstverwaltung entsprechend auch durch besondere Gemeinschaftsorgane wahr. Zwar hat ja schon der Konkursverwalter unter persönlicher Verantwortlichkeit das gemeinsame Wohl der Konkursgläubiger zu berücksichtigen. Er muß aber bei Erfüllung seiner Aufgaben zugleich das Interesse des Schuldners zur Geltung bringen, den er aus der Verwaltung des konkursbefangenen Vermögens verdrängt hat, und wird auch ihm wegen jeder schuldhaften Schädigung haftbar. So besteht für die Gläubiger das Bedürfnis, darüber zu wachen, daß der Konkurs auf eine dem Gemeinwohle der Gläubiger entsprechende Weise abgewickelt werde. Diesem Schutzzwecke dienen Gläubigerversammlung und Gläubigerausschuß, jene als ein unerläßliches, dieser als ein für die Regel freigestelltes Gemeinschaftsorgan. Der „Gemeinwille" äußert sich wie im Verfassungsleben in den mit der gesetzlichen Mehrheit gefaßten Versammlungsbeschlüssen. Sie gelten rechtlich als Ausdruck des Willens der Gesamtheit. Die Schwerfälligkeit dieses Verfahrens aber hat bei uns wie in der Mehrzahl der Auslandsstaaten dazu geführt, im Gläubigerausschuß eine leicht bewegliche Einrichtung zu schaffen. Er entlastet die Gläubigerversammlung in erheblichem Maße (§ 134) und wirkt darüber hinaus als ein den Verwalter überwachender Aufsichtsrat der Gläubigerschaft (§ 88). In den ersten beiden Jahrzehnten der Herrschaft unseres Konkursgesetzes hat der Gläubigerausschuß keine allzu große Rolle gespielt[1]); in der Folge wird er immer häufiger, besonders in den Großstädten. Einmal weil der Verwalter sich selber zu entlasten sucht, indem er bei allen wichtigeren Entschließungen den Rat des Ausschusses einholt[2]) und deswegen dessen Einsetzung nach Kräften fördert. Zum andern aber erstreben Leute, die aus der Mitgliedschaft im Gläubigerausschuß ein Gewerbe machen, in wachsendem Maße und oft mit recht unerfreulichen Mitteln seine Bestellung. Solche „Konkurshyänen" wissen es zu erreichen, daß ihnen Gläubiger, namentlich Angehörige des Schuldners, für hohe Beträge Vollmacht erteilen, erwirken dann den Beschluß einer Ausschußeinsetzung und wählen sich selbst als Mitglieder (§ 87 II), mehr zum persönlichen Vorteil und zu dem des Schuldners oder einer einzelnen Gläubigerschicht als zum gemeinsamen Besten der Konkursgläubiger. Dieses Unwesen hat zu einer unnützen Vermehrung der Ausschüsse und damit zu einer bedauerlichen Steigerung der Massekosten (§§ 58 Nr. 2, 91) geführt. Das Konkursgericht wird gegenüber dem Beschlusse zweckloser Einsetzung eines Ausschusses auf dem Wege des § 99 ankämpfen müssen. Was aber die Entlastung des Verwalters betrifft, so decken ihn Beschlüsse der Gläubigerversammlung oder des Gläubigerausschusses nicht unter allen Umständen. Selbst dort, wo das Gesetz dem Verwalter gebietet, Ausschuß oder Versammlung zu befragen, können besondere Umstände, wie das pflichtwidrige Verschweigen erheblicher Tatsachen, seine persönliche Haftbarkeit begründen. Wo er aber selbständig zu entscheiden hat, vermag er die Verantwortung erst recht nicht durch Einholung eines Zustimmungsbeschlusses von sich abzuwälzen.

---

[1]) Noch bis 1900 hat er nach der Statistik durchschnittlich in zwei Dritteilen der Konkurse gefehlt.

[2]) Auch wo das Gesetz die Befragung nicht gebietet, wie vor der Bestreitung hoher Konkursforderungen, vor der Anerkennung von Konkursforderungen der Angehörigen des Schuldners.

Gläubigerausschuß und Gläubigerversammlung haben ganz bestimmte, gesetzlich abgegrenzte Wirkungskreise. Namentlich sind die Verrichtungen des Ausschusses erschöpfend geregelt. Es ist keineswegs so, als ob die Gläubiger ihm seine Aufgaben vorzuschreiben hätten. Der Gläubigerausschuß ist weder „Beauftragter" noch „Bevollmächtigter der Gläubigerschaft". Er hat keine Vertretungsmacht und keine Parteifähigkeit[3]). Von einer Unterordnung des Ausschusses unter die Gläubigerversammlung derart, daß diese seine Beschlüsse abzuändern oder aufzuheben vermöchte, kann keine Rede sein. Das Gesetz räumt eben der Versammlung solche Macht nicht ein[4]).

II. **Der Gläubigerausschuß** (§§ 87—92). Seine Aufgabe besteht darin, als Beirat der Gläubiger den Verwalter zu unterstützen und zu überwachen (§ 88). Seine Befugnisse und Obliegenheiten sind durch Einzelvorschriften bestimmt (§§ 84, 86—88, 92, 93, 100, 123, 129, 132—135, 137, 150, 159, 176—180, 184). Dabei scheidet das Gesetz Verrichtungen, die der Ausschuß als Kollegium, und Verrichtungen, die seine Mitglieder wahrzunehmen haben. Gerade die allgemeine Aufgabe, den Verwalter bei seiner Geschäftsführung zu unterstützen und zu überwachen, legt das Gesetz den einzelnen Mitgliedern unter persönlicher Verantwortlichkeit auf mit der Ermächtigung, seine Bücher und Korrespondenzen einzusehen und seine Kasse zu prüfen[5]). Auch kann der Verwalter über hinterlegte Massewerte nur mittels einer von einem Ausschußmitglied gegengezeichneten Quittung oder Anweisung verfügen (§ 137). Im übrigen wird der Ausschuß nur als Kollegium tätig, das die gesetzlich gebotenen Beschlüsse dann wirksam faßt, wenn die Mehrheit der Mitglieder an der Entschließung teilnimmt und die für den Beschluß abgegebenen Stimmen absolut überwiegen (§ 90)[6]). Bedeutsam ist namentlich, daß der Konkursverwalter vor besonders wichtigen oder ungewöhnlichen Verwaltungsmaßnahmen sich der Zustimmung des Ausschusses als solchen zu vergewissern hat. Dabei unterscheidet das Gesetz Fälle, in denen mangels eines Ausschusses die Gläubigerversammlung zu befragen ist, und solche, da der Verwalter beim Fehlen eines Ausschusses selbständig vorgehen darf, weil hier Versammlungsbeschlüsse zu umständlich oder nicht „diskret" genug wären. Zur letzteren Gruppe (nur Ausschußerlaubnis einzuholen) gehören nach § 133 z. B. geschäftliche Maßnahmen, die einen erhofften Zwangsvergleich gefährden könnten, und bei größeren Werten (über dreihundert Reichsmark) das Erfüllungsbegehren der §§ 17ff. (weil es Masseschulden auslöst), die Neuerhebung

---

[3]) Die Wendung, der Gläubigerausschuß handle als „Organ" der Gläubigerschaft, ein beliebtes Bild, darf nicht mißverstanden werden. Freilich soll er im Gläubigerinteresse tätig werden, aber er hat nur eine nach innen gerichtete Wirksamkeit. Eine rechts- und vertretungsfähige Gläubigerschaft gibt es gar nicht [oben S. 63f.].

[4]) Die Annahme, daß in Fällen der §§ 133, 134 die Gläubigerversammlung eine vom Gläubigerausschuß bewilligte Maßnahme verbieten oder eine von ihm verbotene bewilligen könne, weil sie über dem Ausschuß stehe (eine ganz unbeweisbare Behauptung), widerstreitet dem klaren Wortlaut und Zweck des Gesetzes. Auch der § 135 II spricht gegen, nicht für diese Ansicht. Denn auf seinem Wege können nur Bewilligungen des Ausschusses, auch sie nur in Fällen des § 134, nur kraft Schuldnerantrags und einstweiliger gerichtlicher Anordnung und nur unbeschadet eines endgültigen Vetos nach § 99 vor die Gläubigerversammlung gebracht werden. Darum vermag auch der Ausschuß selber seine Verantwortung nicht auf die Gläubigerversammlung abzuwälzen. Auch kann diese nicht durch allgemeine, im voraus erteilte Ermächtigung den Ausschuß aus dem gesetzlichen Zuständigkeitsbereiche der §§ 133, 134 verdrängen. Unstreitig wird der Konsens des zuständigen Gläubigerorgans nicht durch Gerichtskonsens ersetzt.

[5]) So der Abs. I des § 88. Dagegen betraut der Abs. II den Ausschuß als solchen (nicht dessen einzelne Mitglieder) mit dem Rechte zur Einholung von Berichten und mit der Pflicht, mindestens einmal im Monat die Kasse des Verwalters durch ein Mitglied prüfen zu lassen.

[6]) Besteht der Ausschuß aus 5 Mitgliedern, dann müssen mindestens 3 an der Abstimmung teilnehmen und davon mindestens 2 für den Beschluß stimmen. Bei Stimmengleichheit kommt ein gültiger Beschluß nicht zustande. Ein Zweimännerausschuß kann also wirksam nur mit Stimmeneinheit beschließen. Ungerade Mitgliederzahl empfiehlt sich daher. Ob schriftlich (im Umlaufsweg) oder mündlich abzustimmen ist, wer die Abstimmung zu veranlassen, wer eine Beratung zu leiten hat, bestimmt der Ausschuß. Er regelt in Ermangelung gesetzlicher Vorschriften seinen Geschäftsgang selbst. In der Praxis pflegt der Konkursverwalter die Ausschußmitglieder einzuberufen. Er ist aber zur Teilnahme an Ausschußberatungen nicht verpflichtet und gegen den Willen des Ausschusses gar nicht berechtigt. Können Mitglieder wirksam auch dann abstimmen, wenn über ein Rechtsgeschäft mit ihnen oder über Prozesse (z. B. über Erhebung von Anfechtungsklagen) gegen sie Beschluß gefaßt werden soll? Das liegt nicht im Sinne des Gesetzes (vgl. § 89).

von Klagen, die Ablehnung der Prozeßaufnahme (nicht die Aufnahme selbst), die Anerkennung von Aussonderungs-, Absonderungs- oder Masseansprüchen; zur ersteren dagegen (Ausschuß und mangels eines solchen Versammlung zu befragen) nach § 134 z. B. die freihändige [7] Liegenschaftsveräußerung, der Verkauf des Warenlagers im ganzen [8]), Darlehnsaufnahme, Verbürgung sowie Schuld- oder Erfüllungsübernahme, Anschaffung von Grundstücken für die Masse. Bei keiner der beiden Gruppen beeinträchtigt der Zustimmungsmangel den Rechtsbestand der im Rahmen der gesetzlichen Aufgabe des Verwalters liegenden Handlung, sie mag im Erfolge für die Masse vorteilhaft sein oder nicht (§ 136) [9]). Schlägt sie zum Schaden der Masse aus, dann droht dem Verwalter persönliche Haftbarkeit (§ 82).

Bestellen kann den Gläubigerausschuß vorläufig das Konkursgericht, endgültig dagegen nur die Gläubigerversammlung. Der vorläufige Ausschuß ist aus Gläubigern oder Gläubigervertretern zusammenzusetzen (die in der Praxis meist der Konkursverwalter vorschlägt) und tritt bei Beginn des ersten Gläubigertermins von selbst außer Wirksamkeit. Den endgültigen bildet die Gläubigerversammlung nach freiem Ermessen. Sie darf auch andere geeignete Personen (natürliche oder juristische) zu Mitgliedern wählen (§ 87). Jede spätere Gläubigerversammlung kann die Zusammensetzung ändern und ergänzen. Die Bestellung von Ersatzmännern für Fälle des Ausscheidens und der vorübergehenden Verhinderung (z. B. bei Interessenwiderstreit) ist statthaft und empfehlenswert. Unerläßlich ist der Gläubigerausschuß im Genossenschaftskonkurse. Denn hier gebietet die Rücksicht auf haft- und nachschußpflichtige Genossen eine verstärkte Überwachung des Verwalters. Dieser Ausschuß muß vom Konkursgericht schon bei Eröffnung des Verfahrens bestellt werden. Die Gläubigerversammlung kann lediglich seine Zusammensetzung ändern (§ 103 GenG.). Für den Konkurs der Versicherungsvereine auf Gegenseitigkeit gilt, obwohl diese Verbände genossenschaftlich gestaltet sind, der § 103 GenG. nicht (siehe § 52 AufsG. i. F. v. 6. Juni 1931).

Die Ausschußmitglieder haben wegen ihrer Tätigkeit als einzelne und im Kollegium Anspruch auf Ersatz angemessener Barauslagen und auf Vergütung. Auslagen und Vergütung setzt stets das Konkursgericht nach freiem Ermessen fest (§ 91). Wegen vorsätzlicher oder auch nur fahrlässiger Verletzung der dem Ausschuß als Kollegium wie der den einzelnen Ausschußmitgliedern obliegenden Pflichten sind die letzteren allen Beteiligten (auch dem Gemeinschuldner) als Gesamtschuldner haftbar (§ 89 KO., §§ 421, 426 BGB.). So z. B. bei pflichtwidriger Versäumung der im § 88 II 2 gebotenen Kassenrevision, bei Verfolgung eigener Vorteile auf Kosten des Gemeinwohles. Während des Konkurses hat den Anspruch auf Ersatz wegen Schädigung der Masse ausschließlich der Konkursverwalter (oder dessen Nachfolger) als einen Bestandteil der Konkursmasse geltend zu machen (§ 6). Er muß es auch dann, wenn der Ausschuß die nach § 133 Nr. 2 einzuholende Zustimmung zur Klagerhebung versagt (§ 136).

---

[7]) Den Gegensatz bildet die öffentliche Versteigerung (§ 383 III mit § 156 BGB.), sie mag eine freiwillige oder eine vollstreckungsmäßige sein (vgl. §§ 172ff. ZVG.), denn beide bieten ausreichende Gewähr ordnungsmäßigen Vollzugs.

[8]) Ob der Verwalter ein gewerbliches Unternehmen als Betriebseinheit (mit der Kundschaft, den Geschäftsgeheimnissen) oder nur das Warenlager im ganzen veräußern oder ob er einen Ausverkauf im einzelnen vornehmen soll, ist offene Zweckmäßigkeitsfrage. Im ersten Falle muß „das Geschäft" zunächst für Rechnung der Masse fortgeführt werden (§ 132); eine Mitveräußerung der Firma aber setzt persönliche Bewilligung des Schuldners voraus [unten S. 89f.]. Einen „Konkursmasse-Ausverkauf" darf nur der Verwalter selbst ankündigen, nicht der Dritte, der Geschäft und Warenlager vom Konkursverwalter erworben hat. Dieses weit überspannte Verbot des § 6 UWG. trifft sogar die wahrheitsgemäße Angabe der Herkunft aus einer Konkursmasse. Es sollte den Kleinbetrieb gegen die Ankündigung von Massenausverkäufen schützen, gereicht nun aber den Konkursgläubigern zu schwerem Schaden, weil es dem Ankauf einer Masse viel von seiner Zugkraft nimmt.

[9]) „Genehmigung" im Sinne der §§ 133, 134 KO. ist (anders als im Sprachgebrauche des § 184 BGB.) nach dem Zwecke wie nach der Fassung des Gesetzes („wenn ... sollen"; vgl. auch den Wortlaut des § 135 I) unzweifelhaft die vorgängige Erlaubnis. Sie kann durch gerichtlichen Konsens nicht ersetzt werden. Unter Umständen wird der Verwalter zu selbständigem Vorgehen dadurch gedrängt, daß in der ordnungsmäßig einberufenen Gläubigerversammlung niemand erscheint. Weil das Genehmigungserfordernis nur innenrechtliche Bedeutung hat, bedarf die Genehmigung auch Behörden (Gerichten, Grundbuchämtern) gegenüber keines Nachweises. Namentlich hat die Erlaubnis zur Erhebung von Klagen nicht den Sinn einer „Ermächtigung zur Prozeßführung" (§§ 51, 56 ZPO.).

III. **Die Gläubigerversammlung** (§§ 93—99) ist die vom Konkursgericht berufene und geleitete Generalversammlung der Konkursgläubiger. Ihre Rechte und Obliegenheiten, vom Gesetz abschließend bestimmt, dienen dem gemeinsamen Wohle der Gläubiger (§§ 80, 84, 87, 91, 92, 100, 131—137, 162, 182). Die Gläubigerversammlung hat besonders das Recht, einen anderen als den vom Konkursgericht ernannten Verwalter vorzuschlagen (§ 80), endgültig darüber zu befinden, ob ein Gläubigerausschuß zu bestellen und wie er zusammenzusetzen sei (§ 87 II), dem Schuldner eine Unterstützung aus Massemitteln zu bewilligen, über die Schließung oder Fortführung des Geschäfts zu entscheiden (§ 132), einzelne wichtige oder ungewöhnliche Verwaltungsmaßnahmen in Ermangelung eines Gläubigerausschusses[10]) zu genehmigen (§ 134) und die Schlußrechnung des Verwalters abzunehmen (§ 162). Die Berufung der Gläubigerversammlung ist namentlich in den Fällen der §§ 86, 93 I 2, 110, 162, 179 geboten. Berufung und Tagesordnung sind bekanntzumachen (§§ 93 II, 98). Eine dreitägige Ladungsfrist muß offen bleiben (§ 72 KO. mit § 217 ZPO.).

Stimmrechte in der Gläubigerversammlung verleihen nur Konkursforderungen und zwar unantastbar nur die festgestellten (§ 144 I) zum festgestellten Betrag. Ob und inwieweit bestrittenen, ungeprüften, bedingten oder Ausfall-Forderungen ein Stimmrecht zukommt, entscheidet im Falle des Widerspruchs (unanfechtbar) das Konkursgericht[11]). Bei der Beschlußfassung zählen lediglich die im Termine selbst abgegebenen Stimmen erschienener oder vertretener Konkursgläubiger (§ 97), nicht etwa eingesandte schriftliche Voten. Es entscheidet absolute Mehrheit der Forderungsbeträge (Summenmajorität), nur im Falle einer (kaum vorkommenden) Summengleichheit die Zahl der Gläubiger (Kopfmajorität, § 94). Darum können 25 Gläubiger mit einer Gesamtsumme von 99900 durch einen einzigen Gläubiger mit 100000 RM überstimmt werden[12]). Besonderheiten gelten für den Zwangsvergleich.

Auf den noch in der Versammlung gestellten Antrag des Verwalters oder eines überstimmten Gläubigers hat das Konkursgericht die Ausführung eines dem gemeinsamen Wohle der Gläubiger widerstreitenden Beschlusses zu untersagen (§ 99). So z. B. den Beschluß, das Geschäft des Gemeinschuldners zu schließen (§ 132), wenn es offenbar so lebensfähig ist, daß sich eine Veräußerung des Unternehmens im Betrieb und darum ein weit höherer Erlös erhoffen läßt, als ihn der Verkauf des Warenlagers oder gar der Einzelausverkauf erbringen würde.

---

[10]) Darüber oben S. 77. Nur in Fällen des § 134, nicht in solchen des § 133 hat die Gläubigerversammlung mitzureden, und auch hier steht sie nur ersatzweise hinter dem Ausschusse [oben Note 4].

[11]) Die nähere Regelung enthalten die §§ 95, 96. Da mindestens eine Gläubigerversammlung (§ 110) stattfindet, ehe die Forderungen geprüft werden können (§ 138), muß das Gesetz auch ein Stimmrecht ungeprüfter Forderungen anerkennen. Sie sind so lange zum vollen Betrage stimmberechtigt, als ein Widerspruch vom Verwalter oder einem stimmberechtigten Gläubiger in der Versammlung nicht erhoben wird. Auf einen solchen (in der ersten Gläubigerversammlung nur selten vorkommenden) Widerspruch entscheidet das (hier meist auf unsichere Unterlagen angewiesene) Konkursgericht unanfechtbar, aber nur mit Wirksamkeit für den einzelnen Termin, ob und zu welchem Betrage der Anmelder mitstimmen darf. § 95 II, III. Ob einer geprüften, aber bei der Prüfung vom Verwalter oder einem Konkursgläubiger bestrittenen Forderung ein Stimmrecht zuzubilligen sei, soll noch im Prüfungstermin selbst durch Einigung oder Gerichtsbeschluß bestimmt werden. Ein solches Stimmrecht wird „bleibend", also auch für spätere Termine, zuerkannt (§ 95 I, III). Da nun aber im Prüfungstermin als solchem überhaupt nicht abgestimmt wird, auch das Gericht seine Entscheidung später auf Antrag ändern könnte (§ 95 I 4), besteht tatsächlich nur ein geringes Interesse an solcher Stimmrechtsfestsetzung. In den meisten Prüfungsterminen unterbleibt sie. Die Unanfechtbarkeit der konkursgerichtlichen Stimmrechtsfeststellung (§ 95 III, § 96 II) hat den Vorteil, daß sie eine sofortige und hinterher nicht in Frage zu stellende Beschlußfassung ermöglicht. Daß eine zur Abstimmung zugelassene Forderung später rechtskräftig verneint wird, berührt den Abstimmungserfolg nicht mehr. Selbstverständlich aber ist das endgültige Feststellungsergebnis auch für künftige Abstimmungen maßgebend. — Strafbarkeit eines Stimmverkaufs: § 243.

[12]) Absolute Summenmehrheit ist erreicht, wenn mehr als die Hälfte aller zählenden Forderungsbeträge erzielt wird. Dieser Mehrheit bedarf jeder einzelne Antrag: also z. B. 1. daß ein Gläubigerausschuß bestellt, 2. daß er aus drei Mitgliedern gebildet werde. Nur für die Auswahl der Personen, die Ausschußmitglieder werden sollen, läßt der § 94 II 2 relative Mehrheit genügen, um auch erheblicheren Minderheiten eine Vertretung im Ausschusse zu ermöglichen. Wer mehr Stimmen erhält als irgendein einzelner Konkurrent, ist danach in den Ausschuß gewählt. Bevorrechtete Forderungen haben kein Stimmvorrecht. Die Beträge der Nebenansprüche des § 62 zählen mit. Für die sog. Kombinationsmethode des § 196 II GVG. ist gegen den Willen der Abstimmenden kein Raum.

So ferner z. B. irgendein nach § 134 genehmigtes, nun vom Verwalter abzuschließendes Rechtsgeschäft, von dem zu besorgen ist, daß es einseitig dem Vorteile des Schuldners oder eines einzelnen Gläubigers oder dritter Personen dient. Von Amts wegen kann das Gericht dieses Veto nicht einlegen. Gegen die Ablehnung des Antrags auf Untersagung steht dem Antragsteller, gegen die Untersagung dem Konkursverwalter und jedem einzelnen Konkursgläubiger (der nicht etwa selbst gegen den nun untersagten Versammlungsbeschluß gestimmt hatte) die sofortige Beschwerde zu (§ 73 III). Solche Versammlungsbeschlüsse, die nicht von einer gerichtlich berufenen und geleiteten Gläubigervielheit oder über eine nicht ordnungsmäßig bekanntgemachte Tagesordnung gefaßt worden sind, ermangeln von vornherein jeder Wirksamkeit. Ihr Vollzug würde von Amts wegen zu verbieten sein.

III. Der Konkursverwalter.

§ 13.

I. Nach dem unser Konkurssystem beherrschenden Grundsatze der Selbstverwaltung wird die Befriedigung der Gläubiger nicht der Amtstätigkeit einer staatlichen Behörde zugewiesen, sondern einer gesetzlich geregelten und gerichtlich überwachten Selbsthilfe der Beteiligten überlassen[1]). Dabei fällt die Hauptrolle dem Konkursverwalter zu. Seine **Aufgaben** bewegen sich im wesentlichen nach zwei Richtungen: er hat eine möglichst ergiebige Teilungsmasse zu bilden und sie ihrem Zwecke zuzuführen, die Schuldenmasse aber von allen Ansprüchen freizuhalten, die in Wahrheit keine Konkursforderungen sind. In diesem Sinne soll er auch schwebende Rechtsverhältnisse und Prozesse abwickeln[2]). Im Zwangsvergleichsverfahren weist ihm das Gesetz nur untergeordnete Verrichtungen zu.

1. Was zunächst die Teilungsmasse betrifft, so hat sie der Konkursverwalter in selbständiger Tätigkeit und unter persönlicher Verantwortung zu sammeln, zu verwalten, zu verwerten und auszuschütten (§§ 117ff., 149ff.). Er schaltet und waltet im allgemeinen nach seinem eignen pflichtmäßigen Ermessen. Um überstürzte und sachwidrige Verwaltungsmaßnahmen zu verhüten, gebietet ihm das Gesetz in bestimmten Fällen, sich des Einverständnisses der Gläubigergemeinschaft zu versichern (§§ 132ff.)[3]). Keineswegs aber kann ihn das Gericht in der Frage, wie die Verwaltung zweckmäßig zu führen sei, durch Anweisungen binden. Der Konkursverwalter ist nicht etwa eine unselbständige Hilfskraft des Gerichts. Mit staatlicher Zwangsgewalt ist er nicht betraut; „Eigenmacht" im Sinne der Besitzschutzlehre ist ihm nicht „gestattet". Widerstand, den der Schuldner einer Besitzergreifung des Verwalters oder einer Räumung dem Gebote des § 117 zuwider entgegensetzt, wird durch Erwirkung der Beugehaft oder mit Hilfe eines Gerichtsvollziehers gebrochen, den das Konkursgericht vermöge der ihm anvertrauten Zwangsgewalt (§ 101 II) dem Konkursverwalter beiordnet[4]). Dritten gegenüber ist der Konkursverwalter auf die gerichtliche Geltendmachung der Herausgabeansprüche des Schuldners angewiesen (§ 6). Da der Verwalter ganz anders als der Gerichtsvollzieher (§ 155 GVG.) nicht Beamter im Sinne des StGB. (§ 359) ist, begeht der Gemeinschuldner, der den Verwalter gewaltsam an

---

[1]) Oben S. 10.

[2]) Oben S. 34ff., 45ff. Der Konkursverwalter des geltenden Rechts vereinigt also die im gemeinen Konkursrecht getrennten, aber nicht durch innere Gegensätzlichkeit geschiedenen Verrichtungen eines curator bonorum und eines contradictor. Treffend Fuchs Konkursverfahren (1863) S. 64f., der schon für das gemeine Recht den Verwalter in beiden Funktionen als Vertreter des Schuldners betrachtet.

[3]) Und auch dieses Erfordernis bedingt die Wirksamkeit seiner Maßnahmen nicht (§ 136). Oben S. 77

[4]) Gestützt auf die Motive (S. 340), nimmt eine verbreitete Lehre an, der Eröffnungsbeschluß bilde einen Titel im Sinne des § 794 I Nr. 3 ZPO., dessen vollstreckbare Ausfertigung (§ 724 ZPO.) den Gerichtsvollzieher gegenüber dem Schuldner zu gewaltsamer Wegnahme und Räumung nach Maßgabe der §§ 883, 885 ZPO. ermächtige. Allein der Beschlag, den der Eröffnungsbeschluß verhängt, vollzieht sich von Rechts wegen. Hier stehen nur mittelbare Folgen in Frage, die der Beschluß in der für einen Titel unbedingt erforderlichen Bestimmtheit gar nicht bezeichnet. Eine einigermaßen freie Gesetzesauslegung schließt aus der im § 101 II anerkannten Zwangsmacht des Konkursgerichts auf dessen Be-

der Inbesitznahme zur Masse gehörender Sachen hindert, nicht etwa Widerstand gegen die Staatsgewalt (§ 113 StGB.) und ebensowenig Verstrickungsbruch (§ 137 StGB.), wenn er vorsätzlich eine vom Verwalter zur Masse gezogene Sache beiseite schafft[5]).

Zum Schutze aller Beteiligten hat der Konkursverwalter die zur Masse gehörenden Vermögenswerte und die Schulden in einem Inventar systematisch zu verzeichnen und in einer Bilanz rechnerisch abzugleichen, Inventar und Bilanz aber zur Einsicht auf der Geschäftsstelle des Konkursgerichts niederzulegen (§ 124). Sobald das Verzeichnis aufgenommen ist, kann der Konkursverwalter, aber auch jeder einzelne Konkursgläubiger beantragen, daß der Gemeinschuldner den Offenbarungseid leiste, da sich das Inventar zum wesentlichen Teile auf die Angaben des Schuldners zu stützen pflegt (§ 125). Der Eid ist eine den Besonderheiten des Konkurses Rechnung tragende Abart des für Fälle fruchtloser Pfändung im § 807 ZPO. geregelten Manifestationseides. Nach § 1 KO. entscheidet der Vermögensstand zur Zeit des Konkursbeginnes, nicht zur Zeit der Eidesleistung. Die Offenbarungspflicht geht also dahin, daß der Gemeinschuldner das ihm bei Konkurseröffnung zustehende Vermögen nach bestem Wissen so vollständig angegeben habe, als er dazu imstande sei. Eine Beurteilung der Rechtsfrage des Zugehörens zur Konkursmasse gehört nicht in den Schwursatz. Auf das Verfahren finden die §§ 900ff. (mit §§ 478ff.) ZPO. entsprechende Anwendung. Es beginnt also nicht mehr, wie der Wortlaut des § 125 KO. noch besagt, mit einer Parteiladung, sondern mit dem Antrag des Verwalters oder eines Konkursgläubigers auf Ladung im Amtsbetrieb und zwar mit einem Antrag an das Vollstreckungsgericht (§ 899 ZPO.), nicht an das Konkursgericht als solches. Es gehört nicht zum „Konkursverfahren". Der Erzwingung des Eides dient die Haft der §§ 901ff. ZPO.[6]).

Die Umsetzung der ermittelten Massegegenstände in Geld erfolgt, sobald dies dem Verwalter zweckmäßig erscheint. Wie die Zeit, so bestimmt er auch die Art der Verwertung nach pflichtmäßigem Ermessen. An die Formen der Zwangsvollstreckung ist diese (anders als im gemeinen Recht) nicht gebunden. Doch gestattet das Gesetz dem Verwalter, unbewegliche

---

fugnis zur Beiordnung eines mit bestimmter Weisung zu versehenden Gerichtsvollziehers. Grundsätzlich beipflichtend nun OLG. München v. 3. 10. 1930 BayZ. 1931 S. 64. Körperlichen Zwang übt als Vollstreckungsbehörde der Gerichtsvollzieher (§ 753 mit §§ 883, 885 ZPO.). Einen solchen also hat das Konkursgericht auf Grund des § 101 II KO. mit einem genau bezeichneten Zwangsvorgehen zu betrauen, wenn der Gemeinschuldner die im § 117 vorausgesetzte Pflicht zur Auslieferung der Masse an den Verwalter nicht erfüllt. Es hat also namentlich den Gerichtsvollzieher anzuweisen, daß er dem Gemeinschuldner Wertsachen wegnehme oder daß er vom Schuldner und seiner Familie bewohnte Grundstücke räume und den Verwalter in Besitz setze. Der § 149 ZVG. duldet im Konkurse, wo der Stamm — nicht nur der Ertrag — des Schuldnervermögens sofort zu verwerten ist, keine entsprechende Anwendung. Wie und inwieweit dem Schuldner und seiner Familie über die gesetzlichen Zugriffsverbote hinaus auf Kosten der Masse zu helfen sei, das bestimmt die KO. selbst (§§ 58 Nr. 3, 129 I, 132 I). Keinesfalls aber kann der Konkursverwalter auf Grund einer vollstreckbaren Ausfertigung des Eröffnungsbeschlusses Dritten, etwa Aussonderungsprätendenten, Sachen, die er für Massebestandteile hält, wegnehmen lassen, wie OLG. Dresden v. 15. 11. 1922 OLG. 43 S. 154 meint.

[5]) Siehe S. 64.

[6]) Hinsichtlich der Gerichtskosten trifft der § 46 GKG. die Bestimmung: „besondere Gebühren werden nicht erhoben". Sie sollen also abgegolten sein durch die allgemeinen gerichtlichen Gebühren des Konkursverfahrens, obwohl ihm das Offenbarungseidverfahren gar nicht angehört. Auf Auslagen, namentlich auf die Haftkosten selbst (§ 72 Nr. 8 GKG.), erstreckt die Befreiung sich nicht. Doch ergibt sich unter dem Gesichtspunkt des § 46 GKG., der das Eidesverfahren wie einen Bestandteil des Konkursverfahrens bewertet, daß die Haftkosten, wenn der Verwalter die Haft beantragt hat, als Massekosten im Sinne des § 58 Nr. 1 KO. vorzuschießen sind (vgl. § 911 ZPO.). — Ist der Schuldner prozeßunfähig (z. B. entmündigt), dann hat den Eid statt seiner zu leisten, wer zur Zeit der Leistung allgemeiner gesetzlicher Vertreter (z. B. zu dieser Zeit der Vormund des Entmündigten) ist. Das gilt auch für die Organe einer im Konkurse stehenden juristischen Person. Durch Scheinrücktritt entrinnen sie der Offenbarungspflicht nicht (OLG. Nürnberg v. 7. 8. 1930 JW. S. 3783). Da der Eid des § 125 KO. einen auf die Vermögenslage bei Konkursbeginn zugeschnittenen Inhalt hat, ersetzt er nicht etwa nach dem Konkurse für die Zeitspanne des § 903 ZPO. den Manifestationseid des § 807 ZPO. Ebensowenig befreit umgekehrt der § 903 ZPO. für seinen Bereich von der Eidespflicht des § 125 KO. Während des Konkurses kommt eine dem § 903 ZPO. entsprechende Wiederholung des konkursmäßigen Offenbarungseides überhaupt nicht in Frage, da Neuerwerb konkursfrei bleibt.

Gegenstände schlechthin, Fahrnis dann, wenn daraus abgesonderte Befriedigung beansprucht wird, im Vollstreckungswege zu verwerten (§§ 126, 127 KO., §§ 172ff. ZVG.). Diese Art des Umsatzes führt zu einfacher, zuverlässiger Auseinandersetzung mit Absonderungsgläubigern und erspart der Masse jede Gewährpflicht (§ 56 Satz 3 ZVG., § 806 ZPO.). Vorteilhafter pflegen freiwillige Veräußerungen, besonders Freihandverkäufe zu verlaufen, da sie einen geringeren Kostenaufwand verursachen, die raschere Ausnutzung einer günstigen Gelegenheit ermöglichen und nicht selten Hypothekenausfälle vermeiden, die bei der Zwangsversteigerung zu erwarten wären[7]).

Zur Teilungsmasse gehört auch die Rückgewähr anfechtbar veräußerter Gegenstände (§ 37). Die Geltendmachung dieser Ansprüche steht ausschließlich dem Verwalter zu (§ 36).

2. In Ansehung der Schuldenmasse (§§ 138ff.) obliegt dem Konkursverwalter die schwere und verantwortliche Aufgabe, die Anmeldungen auf ihre Berechtigung nachzuprüfen. Der Zweck des Konkurses bringt es mit sich, daß die Teilnahme nicht auf Gläubiger mit bereits vollstreckbaren Ansprüchen beschränkt, sondern zunächst jedem Anmelder eröffnet wird. Einem besonderen Feststellungsverfahren bleibt es vorbehalten, ihren Kreis auf die in Wahrheit Berechtigten zu begrenzen. Die Seele des ganzen Prüfungsvorganges ist der Verwalter. Auf seine Gewissenhaftigkeit pflegt die große Mehrheit der Konkursgläubiger sich zu verlassen. Das Konkursgericht aber hat das Ergebnis der Unbestrittenheit einer Anmeldung einfach hinzunehmen und als Feststellung in der Konkurstabelle zu beurkunden (§§ 144, 145). Und doch ist der Verwalter, wenn er Behauptungen und Belege der Anmelder nachprüft, im wesentlichen angewiesen auf Auskünfte, die er aus dem Munde oder aus den Büchern und dem Briefwechsel des Gemeinschuldners schöpft oder von dessen Angehörigen oder Angestellten erhält, also auf private, nicht im Wege gerichtlicher Beweiserhebung ausgebeutete Quellen[8]).

Wie zur Mehrung der Teilungsmasse kann die in die Hände des Konkursverwalters gelegte Anfechtung auch zur Minderung der Schuldenmasse führen.

II. **Die Ernennung** des Konkursverwalters steht beim Konkursgericht (§ 78) und hat gleich bei Konkurseröffnung zu erfolgen (§ 110 I). Die nächste Gläubigerversammlung darf zwar, wenn ihr der Ernannte nicht genehm ist, eine andere Person vorschlagen[9]); aber das Gericht kann dem Vorgeschlagenen die Ernennung versagen (§ 80). Tatsächlich bildet der Gegenvorschlag eine Seltenheit. Während im Auslande vielfach die Gläubiger den Konkursverwalter zu bestellen oder doch bindend auszuwählen haben, hat bei uns das Konkursgericht freie Hand. Das empfiehlt sich schon deshalb, weil der Verwalter auch das objektiv gewürdigte Interesse des Schuldners, nicht nur das Interesse der Gläubiger oder gar nur das der betriebsamsten Gläubigerschichten zu wahren hat. Keinesfalls soll er sich als Sachwalter einer Clique fühlen. Auch die Frage, welchem Berufskreise der Konkursverwalter zu entnehmen sei, steht ganz dem pflichtmäßigen Ermessen des Gerichts anheim. Ein Verwalter hat Aufgaben tatsächlicher und rechtlicher Art zu lösen, von denen bald die einen, bald die andern überwiegen. Dort verdienen kaufmännisch oder technisch geschulte, hier rechtsgelehrte Verwalter den Vorzug. Ein allgemeiner Anwaltszwang wäre ebenso unangemessen wie ein allgemeiner Anwaltsausschluß. Die Auslese ist eine von Fall zu Fall zu entscheidende Zweckmäßigkeitsfrage[10]). Befähigt zum Verwalter-

---

[7]) Siehe die §§ 21 III, 134 Nr. 1 und über den Begriff des freihändigen Verkaufs oben S. 77.

[8]) Das Gesetz erschließt freilich im § 75 einen Weg, auch bei der Prüfung von Konkursforderungen amtliche Erhebungen durch das Konkursgericht zu veranlassen. Die Praxis macht aber von dieser Möglichkeit so gut wie keinen Gebrauch. Siehe unten S. 165.

[9]) Auch können die Gläubiger in einem Gläubigerausschusse Männer ihres Vertrauens dem Verwalter als Aufsichtsrat zugesellen (§§ 87, 88). Ernennung und Vorschlagsablehnung sind förmliche Beschlüsse, die der Gemeinschuldner und jeder Konkursgläubiger mit der sofortigen Beschwerde anfechten kann (§ 73 III). Gläubigerausschuß und Gläubigerversammlung haben als solche keine Beschwerdebefugnis, weil ihnen das Gesetz keine dahingehende Vertretungsmacht einräumt.

[10]) Siehe LZ. 1909 Sp. 1ff. (Äußerungen deutscher Konkursgerichte). Die Gewähr, die in der Standesdisziplin der Rechtsanwälte liegt, sollte freilich nicht unterschätzt werden. Gegenüber der gesetzlichen Freiheit des Richters haben Anordnungen der Justizverwaltung, die z. B. die vorgängige Befragung von Handels-, Gewerbe- und Landwirtschaftskammern fordern oder die Berücksichtigung gewisser Berufszweige empfehlen oder widerraten, keine den Rechtsbestand der Bestellung bedingende Wirk-

amte sind alle geschäftsfähigen natürlichen Personen, auch Frauen, auch Konkursgläubiger, auch nahe Angehörige des Schuldners (zumal sie vielleicht das Amt unentgeltlich führen), nach der gesetzlichen Gestaltung des Verhältnisses zwischen Verwalter und Gemeinschuldner aber (vgl. §§ 6, 121, 125, 129 I) weder der Schuldner persönlich (als solcher auch nicht der Erbe im Nachlaßkonkurse) noch dessen allgemeiner gesetzlicher Vertreter (z. B. Vormund)[11]. *Juristische Personen*, z. B. Treuhandgesellschaften, sind zum Verwalteramte *nicht* befähigt. Alle Gewähr liegt in der persönlichen Tüchtigkeit und Zuverlässigkeit gerade des Menschen, den das Konkursgericht seines Vertrauens würdigt und den es ständig unter Augen hat. Diese Garantie lassen Verbände vermissen, um so mehr, je größer sie sind. Darum hat das Gesetz die Vorschriften über das Verwalteramt auf natürliche Personen angelegt[12]. Eine förmliche Verpflichtung des Verwalters, etwa durch Handschlag oder Beeidigung, erfolgt nicht. Zum Ausweise gegenüber Dritten erhält er eine Bestallung (§ 81), die als gerichtliches Zeugnis eine öffentliche Urkunde (z. B. im Sinne des § 29 GBO.) bildet. Eine Verpflichtung zur Übernahme des Amtes besteht von Reichs wegen nicht.

Für mehrere getrennte Geschäftszweige (Fabrik und Ladengeschäft, Bierbrauerei und Tuchhandlung) können *mehrere* Verwalter — aber nur unter Trennung der Geschäftszweige, nicht zu gemeinschaftlichem Handeln — bestellt werden (§ 79).

III. Der Konkursverwalter bekleidet **ein Amt** (§§ 81, 84, 86), *aber ein Amt als Inbegriff bürgerlich-rechtlicher, nicht öffentlich-rechtlicher Obliegenheiten*. Er wirkt wie der Nachlaßverwalter als ein mit der Befriedigung der Gläubiger aus einer bestimmten Vermögensmasse betrauter Sondergutspfleger. Wie die Nachlaßverwaltung reiht die Konkursverwaltung sich dem Oberbegriffe der Vormundschaft ein (§§ 1915, 1975, 1984 f. BGB.). So wenig wie der Vormund ist der Konkursverwalter ein Staatsbeamter[13]. Immerhin läßt der Staat diesem Amte mit Rücksicht auf die unbestimmte Vielheit der Beteiligten seine Fürsorge angedeihen, indem er Ernennung (§§ 78—80, 110), Ausweis (§ 81), Beaufsichtigung und Entlassung des Verwalters (§§ 83, 84), wie auch die Bemessung seines Honorars (§ 85) in die Hand einer staatlichen Behörde, des Konkursgerichts, gelegt hat.

Die Machtbefugnisse, die dem Konkursgerichte gesetzlich gegenüber dem Konkursverwalter eingeräumt sind, bleiben inhaltlich weit zurück hinter der obervormundschaftlichen Gewalt, wie sie das Vormundschaftsgericht etwa gegenüber dem Vormund eines entmündigten Verschwenders übt. Während das Gesetz die Vertretungsmacht des Vormunds bei Vornahme zahlreicher Rechtsgeschäfte dadurch beschränkt, daß es ihn an eine obrigkeitliche, die Wirksamkeit der Geschäfte bedingende Erlaubnis bindet (vgl. §§ 1821 ff., 1828 ff. BGB.), handelt der Konkursverwalter im Rahmen seiner gesetzlichen Aufgabe[14] nach außen vollkommen selbständig, sogar dort, wo

---

samkeit. Alle Schablone ist vom Übel, am übelsten ein auf gleichmäßige Versorgung der Bewerber angelegter Turnus. Denn diese sind auch innerhalb des Anwaltstandes in sehr verschiedener Art zum Verwalteramt geeignet. Nur eine Schulung in steter Verwendung kann die ihrer Aufgabe gewachsenen „Fachanwälte für Konkurse" heranreifen lassen. Gleiches gilt für die Ausbildung von Bücherrevisoren, Volkswirten und Kaufleuten zum Verwalteramt. In einzelnen Großstädten, besonders in Berlin, hat sich ein Stand von *Berufsverwaltern* herausgebildet. Auch hier handelt es sich aber durchaus um private Bewerbungen. Eine Zulassung im Sinne der RAO. erfolgt nicht. Weder ist das Gericht genötigt, nur solche Bewerber zu berücksichtigen, noch der Bewerber, in jedem Einzelfalle das Amt zu übernehmen. Der Bestellte erwirbt keinen Anspruch gegen den Staat, weder einen bürgerlichrechtlichen noch einen öffentlichrechtlichen, sondern nur die Anwartschaft auf das Massegläubigerrecht der §§ 85, 58 Nr. 2.

[11]) Die an eine Aberkennung der bürgerlichen Ehrenrechte geknüpfte „Unfähigkeit" des § 34 Nr. 6 StGB. (Art. 34 I EG. BGB.) wirkt hier wie bei anderen Vermögenspflegschaften den §§ 1781 Nr. 4, 1915 BGB. zufolge nur als „Untauglichkeit". Die gleichwohl erfolgte Bestellung wäre rechtsbeständig.

[12]) So auch die Praxis bis zur Gegenwart. Neuestens OLG. Hamburg v. 12. 5. 1931 JW. S. 2155 Nr. 36.

[13]) Siehe oben S. 26 f.

[14]) Verpflichtungs- und Verfügungsgeschäfte des Verwalters, die *dem Konkurszwecke widerstreiten*, wie die reine Schenkung oder die Anerkennung von Aus- oder Absonderungsrechten im Widerspruche mit dem Gesetz, ermangeln jeder Wirksamkeit im Verhältnis zur Masse. Vgl. RG. Bd. 23 S. 62, Bd. 41 S. 2, Bd. 53 S. 192, Bd. 57 S. 199, Bd. 76 S. 249 u. ö. Über Geschäftsabschlüsse des Verwalters *mit sich selbst* siehe oben S. 28.

die Tragweite des Aktes zum Gebote vorgängiger Einholung einer Zustimmung des Gläubigerausschusses oder der Gläubigerversammlung geführt hat[15]). Wohl darf das Konkursgericht dem Verwalter in geschäftlichen Dingen Ratschläge erteilen. Durch bindende Weisungen aber vermag es den Gang der Verwaltung nicht zu beeinflussen[16]). Es hat den Verwalter nicht zu leiten, sondern nur zu beaufsichtigen (§ 83). In der Aufsichtsgewalt liegt die Befugnis des Gerichts, Berichte über den Geschäftsgang einzufordern, Kassen- und Buchführung zu prüfen, der Vornahme von Verwaltungsakten, z. B. einer öffentlichen Versteigerung beizuwohnen und namentlich gegen Pflichtwidrigkeiten[17]) durch geeignete Gebote und Verbote einzuschreiten. Das Gericht kann dem Verwalter jederzeit eine Sicherheit auferlegen (§ 78 II), Ordnungsstrafen gegen ihn verhängen[18]) und ihn seines Amtes entheben (§ 84). Von Amts wegen kann es aber nur den ohne Vorschlag der Gläubiger ernannten Verwalter und auch ihn nur vor Beginn der auf die Ernennung folgenden Gläubigerversammlung entlassen. Im übrigen wird der förmliche Antrag einer Gläubigerversammlung, die das Gericht jederzeit zu diesem Zwecke einberufen kann (§§ 93, 98), oder des Gläubigerausschusses erfordert (§ 84 I 2). Absetzungsgründe bilden besonders persönliche Untauglichkeit und grobe Pflichtwidrigkeit, aber z. B. auch unlösbare Konflikte mit der Gläubigermehrheit oder dem redlichen Schuldner und eigner Konkurs des Verwalters. Der Beschluß ist nach § 73 III anfechtbar. Die Aufsichtsgewalt ist Ausfluß der Gerichtsbarkeit und darum öffentliche Gewalt im Sinne des a. 131 RV. (a. 77 EG.BGB.).

Das Amt des Verwalters als Inbegriff der ihm unmittelbar durch das Gesetz zugewiesenen Befugnisse und Pflichten beginnt nicht schon mit der Ernennung, sondern erst mit ausdrücklicher oder stillschweigender Übernahme auf Grund der Ernennung. Es endet in der Regel, sobald das Konkursverfahren wirksam aufgehoben oder eingestellt ist[19]), während des Konkurses namentlich durch Entlassung wider Willen und Enthebung auf Antrag, nicht durch willkürliche (vielleicht ganz unzeitgemäße) Niederlegung[20]).

IV. Verletzt der Konkursverwalter in fahrlässigem oder vorsätzlichem Verschulden Pflichten, die ihm kraft seines Amtes gegenüber bestimmten Personen obliegen, so wird er den so „Beteiligten" persönlich **haftbar** (§ 82). So dem Gemeinschuldner selbst[21]) und jedem Konkurs-

---

[15]) Mag er ohne Anfrage oder selbst trotz ausdrücklicher Konsensverweigerung tätig werden. So im Interesse der Verkehrssicherheit der § 136. Siehe dazu oben S. 77.

[16]) Nur vereinzelt, wie für die Art der Hinterlegung nach § 169, hat das Konkursgericht einen bestimmenden Einfluß auf Verwaltungsmaßnahmen.

[17]) So z. B. gegen eine Überlassung der persönlich zu führenden Verwaltung an dritte Personen, gegen eigennützigen Gebrauch von Massegegenständen, gegen selbstsüchtige (vielleicht durch Strohmänner verschleierte) Geschäftsabschlüsse mit der Masse. Pflichtwidrigkeit ist auch das schuldhafte Unterlassen gebotener Amtsgeschäfte, z. B. rechtzeitiger und ordnungsmäßiger Inventur.

[18]) Das Strafmaß ist auf eine bis eintausend Reichsmark festgelegt (Art. II VO. über Vermögensstrafen und Bußen v. 6. Februar 1924, RGBl. I S. 44). Ihrem Wesen nach bildet die Strafe ganz wie die Ordnungsstrafe gegen Vormünder und Pfleger (§§ 1837 II, 1915 BGB.) einen Zwang zur Erfüllung gesetzlicher Pflichten, nicht eine Sühne für begangene Missetat, ist also nicht (wie viele behaupten) — auch nicht zugleich — Kriminalstrafe. Ihrer Festsetzung muß eine Androhung vorhergehen (§ 33 Satz 1 FGG.). Sie kann wiederholt (ohne Gesamthöchstgrenze) verhängt, aber nicht in Freiheitsstrafe umgewandelt werden. Gegen den Strafbescheid steht dem Verwalter die sofortige Beschwerde zu (§ 73 III KO.). Sie hat keine aufschiebende Kraft (§ 572 ZPO.). Das Konkursgericht selbst kann den Bescheid nicht ändern (§ 577 III ZPO.).

[19]) Unbeschadet der Möglichkeit eines Wiederauflebens für den Bereich einer Nachtragsverteilung (§ 166).

[20]) Manche bestreiten das. Es darf doch aber auch sonst ein Pfleger sein Amt nicht niederlegen, wann es ihm paßt. Daß man ja den Verwalter, der durch unzeitgemäße Niederlegung der Masse schweren Schaden zufügte, auf Ersatz belangen könne (falls er nämlich die nötigen Mittel hat), das ist ein schwacher Trost. Solange er des Amtes nicht enthoben ist, untersteht er der Disziplinargewalt des Gerichts, das ihn zur Fortführung mit Ordnungsstrafen anhalten kann. Liegt ein triftiger Grund (z. B. Kränklichkeit, Überlastung) vor, dann wird die Enthebung gewiß bewilligt, nötigenfalls durch Beschwerde gegenüber einer Zurückweisung des Antrags (§ 73 III) erzwungen.

[21]) So z. B. wenn in einem Falle überstürzter Konkurseröffnung der Verwalter das Unternehmen als Betriebseinheit zu einem Preise verschleudert, der zwar die Konkursforderungen sämtlich deckt, bei einer Sorgfalt aber beträchtlich zu steigern gewesen wäre.

gläubiger, der infolge der Pflichtwidrigkeit des Verwalters als Einzelner[22]) Schaden erlitten hat. So aber auch anderen Personen, deren Belange der Verwalter als solcher berücksichtigen muß, wie Massegläubigern, Aus- und Absonderungsberechtigten, wenn er ihre Ansprüche kennt, sie aber schuldhaft außer acht läßt. Ist durch die Pflichtwidrigkeit des Konkursverwalters die Konkursmasse benachteiligt worden, wie etwa durch Veruntreuung von Massegeldern[23]), dann entsteht der Ersatzanspruch in der Person des Massesubjekts als Bestandteil des konkursbefangenen Sonderguts und ist während des Konkurses durch einen neuen Verwalter (§ 6), nach Konkursbeendigung durch den nun wieder verfügungsbefugten Rechtsträger persönlich zu verfolgen. Da der Konkursverwalter keine öffentliche Gewalt ausübt, trifft die Verantwortlichkeit nicht etwa den Staat (im Sinne des a. 131 RV.), sondern unmittelbar und ausschließlich den Verwalter in Person.

V. **Die rechtliche Stellung** des Konkursverwalters ist bestimmt, sobald feststeht, daß sich die Konkursverwaltung wie die Nachlaßverwaltung als eine auf das Sondervermögen der Masse beschränkte Pflegschaft zum Zwecke der Befriedigung der Konkursgläubiger dem System unserer Rechtsordnung eingliedert. In diesem Zusammenhang erscheint der Verwalter als gesetzlicher Vertreter des Masseträgers. Soweit er also zur Masse gehörende Rechte ausübt, sie mögen vom Schuldner stammen oder um des Konkurszweckes willen durch besonderen Rechtssatz als Massebestandteile anerkannt sein (wie die Wahl- und Kündigungsbefugnis der §§ 17, 19, 22 oder der Rückgewähranspruch des § 37), soweit er ferner zu Lasten der Masse behauptete Haftungen bekämpft, handelt er als ein dem Masseträger als solchem aufgezwungener Vertreter. Er ist Privatmann, nicht Staatsorgan, aber weder Bevollmächtigter des Schuldners noch Bevollmächtigter der Gläubiger. Er hat weder einseitig jenem noch einseitig diesen zu dienen, sondern die Belange beider Kreise dem Konkurszweck entsprechend abzuwägen. Nicht alle seine Verwaltungshandlungen sind Akte der Vertretung. Wie anderen gesetzlichen Vertretern sind auch ihm zur Förderung seiner Aufgabe unabgeleitete Amtsbefugnisse eingeräumt, in deren Ausübung er niemanden vertritt, wie bei Erwirkung von Zwangsmaßnahmen im Sinne des § 101 II[24]). Auch die „Freigabe" aus dem Masseverband[25]) stellt keinen Vertretungsakt dar, sondern einen Verzicht auf die eigne Verfügungsbefugnis.

Das Innenrechtsverhältnis zwischen dem Verwalter und dem Masseträger ist kein Vertragsverhältnis. Doch lassen sich die Sätze der entgeltlichen oder unentgeltlichen Geschäftsbesorgung ergänzend verwerten, soweit die Besonderheiten der Konkursverwaltung dies gestatten. Unzweifelhaft kann ein dem Schuldner nahestehender Verwalter sich bei Übernahme des Amtes wie ein Beauftragter (§ 662 BGB.) zu unentgeltlicher Tätigkeit verpflichten. Nach der gesetzlichen Regel wird er entlohnt (§ 85). Vorschüsse können ihm, besonders in langdauernden Konkursen, bewilligt werden (vgl. §§ 669, 675, auch §§ 1835, 1915 BGB.). Nach § 85 hat der Konkursverwalter ein Honorar als Vergütung für seine eigentliche Verwaltungstätigkeit und daneben die Erstattung angemessener, in diesem Honorar nicht schon berücksichtigter Barauslagen (z. B. für Reisen, Schreibwerk, Postgebühren, unerläßliche Hilfskräfte) zu beanspruchen. Entsprechend den §§ 670, 675 (§§ 1835, 1915) BGB. wird aller Aufwand, den der Verwalter den Umständen nach für erforderlich halten durfte, zu ersetzen sein. Erfolglosigkeit schließt den Erstattungsanspruch nicht aus. Den Betrag der Vergütung und den der Auslagen setzt das Konkursgericht gesondert nach pflichtmäßigem, weder durch Zusicherung der Beteiligten noch durch die sonstige Übung des Gerichts gebundenem Ermessen

[22]) Etwa geflissentlich bei einer Verteilung ausgelassen wird.

[23]) Die Untreue des „Masseverwalters" ist strafbar nicht als Amtsvergehen, sondern nach der eigenen Strafvorschrift des § 266 Nr. 1 StGB. (vgl. RG. Strafs. Bd. 26 S. 108). Eine über den § 82 KO. hinausgehende Schadenersatzpflicht des Verwalters aus unerlaubtem Verhalten (§§ 823, 826 BGB.) kann z. B. bei zufälligem Untergang unterschlagener Massewerte (§ 848 BGB.) selbständige Bedeutung gewinnen. Solche Ersatzansprüche unterliegen einer kurzen (§ 852 BGB.), die des § 82 KO. hingegen der ordentlichen Verjährung (§ 195 BGB.). Vgl. RG. Bd. 78 S. 190; LZ. 1912 Sp. 695.

[24]) Alles Nähere oben S. 27.

[25]) Siehe unten S. 93f.

von Fall zu Fall fest[26]). Der Festsetzungsbeschluß unterliegt der sofortigen Beschwerde (§ 73 III) des Verwalters, des Gemeinschuldners und jedes durch die Höhe der Beträge beeinträchtigten Konkursgläubigers. Weitere Beschwerde läßt die Praxis, gestützt auf den § 568 III ZPO., nicht zu[27]). Die Ansprüche begründen Massekosten nach § 58 Nr. 2 (vgl. § 60). Von einer Haftung der Staatskasse kann keine Rede sein. Der Festsetzungsbeschluß ist Vollstreckungstitel im Sinne des § 794 I Nr. 3 ZPO.[28]).

---

[26]) Allgemeine Anordnungen der Landesjustizverwaltung bestehen nur vereinzelt (so in Württemberg und Baden). Anderwärts, namentlich in Preußen, verwenden größere Amtsgerichte Tarife, die sie für die Regel festhalten, aber nicht festhalten müssen. — Zu beachten ist, daß die Vergütung des § 85 nur der Konkursverwaltung als solcher gilt. Daher hat ein zum Verwalter bestellter Rechtsanwalt, der Masseprozesse selbst führt, noch eigens die gesetzlichen Anwaltsgebühren zu beanspruchen (§ 58 Nr. 2), auch wenn er unterliegt. — Daß der Gemeinschuldner, der etwa während des Konkurses erheblicheren Neuerwerb gemacht hat, persönlich dem Verwalter ein Zusatzhonorar verspricht, ist nicht im allgemeinen unstatthaft. Mitunter aber verstoßen solche Vereinbarungen gegen die guten Sitten (§ 138 BGB.). So namentlich, wenn sich der Verwalter unter Ausbeutung der Abhängigkeit des Schuldners oder für konkurszweckwidrige Sonderbegünstigungen desselben Vorteile ausbedingt (Beispiel: OLG. 27 S. 255). — Wie die Festsetzung überhaupt steht auch die Entscheidung darüber, ob der Verwalter einmal (am Schlusse seiner Tätigkeit) oder abschnittweise (namentlich bei längerer Konkursdauer) zu entlohnen sei, im Ermessen des Konkursgerichts. Lösen im selben Konkurse mehrere Verwalter einander ab, dann hat jeder nur für die eigene Mühewaltung Honorar zu beanspruchen. Die Verteilung ist Sache des Gerichts. Ein wegen Untreue entlassener Verwalter hat für die dem Nachmann ersparte, keinesfalls aber für die infolge der Untreue für die Masse wertlose Tätigkeit Vergütung zu beanspruchen. Insoweit läßt sich der Grundgedanke des § 628 BGB. verwerten (Nehrkorn KonkTreuh. 1931 S. 120f.).

[27]) Sie rechnet Vergütung und Auslagen unter die „Prozeßkosten" im Sinne dieser Vorschrift. Siehe z. B. JW. 1926 S. 69, 1928 S. 1321, 1930 S. 169. Bei erheblichen Beträgen erweist die Schranke sich nicht als angemessen.

[28]) Also schon vor Eintritt der Rechtskraft. Eine Vollstreckbarkeit gegenüber der Konkursmasse selbst kommt etwa in Frage, wenn die Person des Verwalters gewechselt hat. Nach Konkursbeendigung wirkt die Vollstreckbarkeit gegenüber dem früheren Gemeinschuldner in Person, soweit er für Massekosten haftet [unten S. 133]. Der Anspruch verjährt an sich schon in zwei Jahren (§ 196 Nr. 15 BGB.), vom Eintritt der Rechtskraft des Festsetzungsbeschlusses an aber erst in dreißig Jahren (§ 218 BGB.). Die durch die Festsetzung begründete Verbindlichkeit kann der Verwalter, solange er noch im Amte ist, durch Auszahlung an sich selbst erfüllen (§ 181 BGB.), freilich nur unbeschadet der gesetzlichen Rangfolge des § 60 KO.

Zweiter Abschnitt.

Die Konkursmasse und ihre Bildung.

§ 14.

1. Die Konkursmasse im allgemeinen.

I. Soll- und Istmasse.

Die Mittel zur gemeinsamen Befriedigung der Konkursgläubiger liefert die Konkursmasse (§ 3). Alles zur Masse gehörende Vermögen hat der Konkursverwalter an sich zu ziehen und dem Befriedigungszwecke zuzuführen (§ 117). Zur Masse gehört aber das gesamte beschlagsfähige Vermögen, das dem Schuldner bei Konkursbeginn zusteht. So bestimmt der § 1 KO. den gesetzlichen Umfang des Grundstocks der Masse (ihren Sollbestand). Tatsächlich pflegt die Masse im Einzelfalle größer oder geringer zu sein: größer, weil der Verwalter auch noch andere Vermögensstücke herangezogen; geringer, weil er einzelne (etwa verheimlichte, beiseite geschaffte) übersehen oder nicht erlangt hat (Istbestand). Leider verwendet unsere Gesetzessprache den Ausdruck Konkursmasse nicht überall im Sinne von Sollmasse, sondern ab und zu (namentlich im § 43) auch in dem der Istmasse. Der Zwiespalt zwingt den Ausleger zur Vorsicht[1]), beruht aber nicht etwa auf besonderen Zwecken des Gesetzes. Die Sache liegt einfach so: Der Verwalter hat die Amtspflicht, alles zur Konkursmasse gehörende Vermögen zu sammeln (§ 117), also eine Teilungsmasse zu schaffen, wie sie sein soll. Die Verwirklichung des Ideals scheitert wie überall im Leben an der Unzulänglichkeit unserer Kraft[2]). Überdies aber wäre es nicht einmal zweckmäßig, wenn sich die Verwaltung mit Gegenständen befassen wollte, die, wie überlastete Sachen oder uneinbringliche Forderungen, den Versuch einer Verwertung gar nicht lohnen. Darum hat der Konkursverwalter die Macht, auf die Massezugehörigkeit eines Gegenstandes zu verzichten[3]). Solche Freigabe wirkt rechtsändernd. Die massesammelnde Tätigkeit des Verwalters aber ist ein tatsächliches Vorgehen, das die von ihm herangezogenen Gegenstände, sie mögen von Rechts wegen zur Konkursmasse gehören oder nicht, keineswegs in eine neue konkursrechtliche Lage versetzt. Bestandteile der Masse bilden die ihr zugehörenden Sachen ganz ebenso schon, bevor der Verwalter ihren Besitz ergreift, die ihr zugehörenden

---

[1]) Insofern hat die Aufdeckung des Unterschieds (Oetker, Konkursrechtliche Grundbegriffe I 1891 S. 10 ff.) unleugbaren Wert. In den beiden eng zusammenhängenden §§ 10, 11 bedeutet das Wort einmal Sollmasse (§ 10), das andere Mal Istmasse (§ 11). Der Zweck des Rechtssatzes muß Aufschluß geben. Die ganze den Wirrwarr verschuldende Wendung „aus der Konkursmasse aussondern" (§ 43 mit §§ 11, 46) beruht auf einer unzulänglichen, aber unschwer zu verbessernden Gesetzestechnik. Siehe unten S. 99. Jedenfalls kann keine Rede davon sein, daß es geboten oder doch erwünscht wäre, den doppelsinnigen Ausdruck festzuhalten. Daß noch die neueste Fassung der österreich. KO. (vgl. § 1 gegen § 44) den Zwiespalt aufweist, ist gewiß kein Verdienst.

[2]) Nicht nur tatsächliche, auch rechtliche Hindernisse stellen sich in den Weg. Unter den tatsächlichen Hindernissen spielt nicht nur unlauteres Verheimlichen und Beiseiteschaffen von Massegegenständen (§§ 239, 242), sondern auch das Unvermögen der Masse, die Gefahr einer kostspieligen Rechtsverfolgung auf sich zu nehmen, eine erhebliche Rolle. Als rechtliche Hindernisse wirken sich namentlich Auslandsgesetze aus, die einer Hereinholung im Auslande befindlicher Vermögensstücke des Schuldners widerstreben.

[3]) Siehe unten S. 93 f.

Rechte ganz ebenso schon, bevor er den Willen kundgibt, sie dem Konkurszwecke zuzuführen[4]). Die rechtliche Zugehörigkeit wird durch solche „Einbeziehung" in die Masse nicht hergestellt, durch ein Übersehen nicht aufgehoben. Andrerseits vermag der Verwalter durch Übergriffe auf massefremdes Vermögen dieses den Konkursfolgen nicht zu unterwerfen. Die Istmasse stellt als solche nicht etwa das Ergebnis einer Rechtsgestaltung dar.

II. Abgrenzung des Sollbestandes.

Nach § 1 KO. erfaßt der Konkurs alles bei Konkursbeginn beschlagsfähige Schuldnervermögen, aber auch nur dieses.

1. Nur **Vermögen** des Gemeinschuldners, nicht seine Persönlichkeit. Auf seine Arbeitskraft haben die Gläubiger kein Anrecht. Ein Rechtszwang, seine gewerbliche, wissenschaftliche oder künstlerische Betätigung in den Dienst der Masse zu stellen, besteht für den Schuldner nicht. Mit der Persönlichkeit bleiben Persönlichkeitsrechte, wie Namenrechte, Firmenrechte[5]), Familienpersonenrechte[6]) dem Konkursbeschlag entrückt. Auch das Urheberrecht stellt als Recht des Schöpfers am Geisteserzeugnis einen Persönlichkeitswert dar, der in der Hand des Schöpfers selbst wider dessen Willen dem Zugriffe seiner Gläubiger verschlossen bleibt[7]).

2. Nur Vermögen **des Gemeinschuldners**, nicht Vermögen dritter Personen. Auch das Schuldnervermögen gehört nur so zur Konkursmasse, wie es dem Schuldner selber zusteht, also nur unbeschadet der darauf ruhenden Lasten und Beschränkungen. Fremdes Gut unterliegt der Aussonderung (§ 43). Einwendungen, denen der Masseträger z. B. als Zessionar (§ 404 BGB.) ausgesetzt ist, dringen auch dem Verwalter gegenüber durch, der ja nur die Rechte des Gemeinschuldners „ausübt" (§ 6 II). Hat also der Gemeinschuldner im Falle einer Leistung ohne rechtlichen Grund um deswillen keinen Rückgewähranspruch, weil er als Leistender gewußt hatte, daß er zur Leistung nicht verpflichtet war, oder weil die Leistung einer sittlichen Pflicht entsprach (§ 814 BGB.) oder weil er bei der Leistung wider die guten Sitten verstoßen hatte (§ 817 Satz 2 BGB.), dann kann auch keine Rede davon sein, daß seiner Masse ein Bereicherungsanspruch zustände[8]). Gegenstände, die dem Schuldner etwa nur für den Fall, daß der Spender kinderlos versterben sollte, übereignet waren, bilden, solange die auflösende Bedingung schwebt, auch nur unsichere und nur mit dieser Unsicherheit verwertbare Massebestandteile. Verjährte Forderungen des Schuldners kann auch der Verwalter nur auf die Gefahr hin geltend machen, daß der Verpflichtete die Leistung verweigert[9]). Rechtsbeständige Belastungen zugunsten Dritter begründen im Konkurs eine Aussonderung (z. B. kraft Nießbrauchs) oder Absonderung (z. B. kraft Pfandrechts). Auch unanfechtbare Liegenschaftsbeschlagnahmen und Pfändungen können sich im Konkurse durchsetzen (§§ 47, 49 I Nr. 2). Desgleichen vollzogene Arreste (§§ 930ff. ZPO.). Dagegen wird relativen Veräußerungsverboten als solchen durch ausdrückliche Vorschrift die Wirksamkeit im Konkurse des Verbotsbetroffenen versagt (§ 13). Hatte also z. B.

---

[4]) Nimmt der Konkursverwalter dem § 117 gemäß Sachen des Gemeinschuldners in Besitz, so kommt es zu einer Besitzabstufung im Sinne des § 868 BGB. Fortab hat der Verwalter den unmittelbaren und durch ihn der Schuldner den mittelbaren Besitz. Eigenmacht erlaubt der § 117 dem Verwalter nicht. Siehe oben S. 79.

[5]) Siehe unten S. 89.

[6]) Eine bei Konkursbeginn schwebende Scheidungsklage des Gemeinschuldners oder gegen ihn ist kein Prozeß, der im Sinne des § 240 ZPO. „die Konkursmasse betrifft". Familienrechtliche Unterhaltsansprüche gehören, obwohl sie auf geldwerte Leistungen gehen, deshalb nicht zur Konkursmasse des Gläubigers, weil sie unpfändbar sind. Gleiches gilt im Falle der Tötung des Ernährers für das die Unterhaltsansprüche ersetzende Rentenrecht des § 844 BGB. Siehe § 850 I Nr. 2 ZPO. mit § 1 I KO. Vgl. ferner § 850 III ZPO., § 7 II 2 HaftpflG., § 13 II KVG., § 24 II LuftVG.

[7]) Siehe unten S. 88f.

[8]) Wegen des § 817 Satz 2 BGB. siehe oben § 7 Note 12. Ob die Masse auf Grund der §§ 29ff. KO. einen Anfechtungsanspruch hat, ist eine Frage für sich.

[9]) Erfüllt er, dann fließt der Leistungsgegenstand zur Masse. Unter Umständen versagt ein Gegenrecht im Konkurse kraft ausdrücklicher gesetzlicher Vorschrift. So eine durch den § 49 Nr. 3, 4 nicht gedeckte Zurückbehaltungseinrede. Im Falle der Einrede des nicht erfüllten Vertrags greift der § 17 ein. Ein Veräußerungsverbot scheitert dem Konkursverwalter gegenüber nach näherer Maßgabe des § 13 [siehe den Text]. Das alles aber sind positivrechtliche Besonderheiten.

ein Vermächtnisnehmer vor dem Konkurs eine dem jetzigen Gemeinschuldner die Veräußerung der vermachten Sache verbietende einstweilige Verfügung erwirkt (§ 2174 BGB., §§ 935, 938 ZPO.), so ist der Vermächtnisnehmer trotzdem bloßer Konkursgläubiger (§§ 3, 69), der Konkursverwalter also nicht gehindert, die vermachte Sache für Rechnung der Masse zu verwerten.

Gehört ein Gegenstand dem Schuldner nicht allein, sondern nur in Rechtsgemeinschaft mit Dritten, dann bildet auch nur der Anteil des Schuldners, nicht der Gegenstand im ganzen, einen Massebestandteil. Es bedarf daher einer unabhängig vom Konkursverfahren vorzunehmenden Auseinandersetzung mit dem Verwalter, bei der die Gemeinschaftsgenossen wegen ihrer im Gemeinschaftsverhältnisse begründeten Forderungen durch Absonderungsrechte begünstigt sind (§§ 16, 51). Die beschlagsfähige Mitberechtigung oder Anwartschaft des Gemeinschuldners gehört zur Konkursmasse. Darum vertritt ihn der Verwalter im Auseinandersetzungsverfahren. Rechtsgeschäftliche Schranken des Teilungsrechtes binden nach § 16 II den Konkursverwalter nicht. Besonderheiten gelten für die Gemeinschaften des ehelichen Güterrechts[10]).

In wichtigen Fällen erklärt das Gesetz Rechte, die zum Schutze der Gläubiger anerkannt sind, im Konkurse des Schuldners für Massebestandteile, um eine einheitliche Geltendmachung zum gemeinsamen Vorteile der Gläubiger zu ermöglichen. Dahin gehören die §§ 1978 II, 1985 II 2 BGB. und die §§ 171 II, 217 II HGB. Im gleichen Sinne betraut der § 36 den Konkursverwalter mit der Verfolgung von Anfechtungsansprüchen auf Rückgewähr zur Konkursmasse (§ 37). Auch diese Ansprüche sind daher als Bestandteile der Konkursmasse zu betrachten, obgleich sie zur Zeit der Konkurseröffnung noch nicht zum Vermögen des Gemeinschuldners gehörten[11]). Daß Ansprüche auf Ersatz eines im Laufe des Verfahrens der Masse zugefügten Schadens, sie mögen gegenüber einem (vielleicht schon entlassenen) Konkursverwalter (§ 82), gegenüber Ausschußmitgliedern (§ 84), gegenüber dem seine Aufsichtspflicht verletzenden Konkursrichter und dem für ihn eintretenden Staat (§ 83 KO., Art. 77 EG. BGB., Art. 131 RV.) oder gegenüber irgendwelchen dritten Personen erwachsen, noch nach Konkursbeginn als Massebestandteile zur Entstehung gelangen, erklärt sich aus dem unten S. 92f. entwickelten Ersetzungsgrundsatze.

3. Nur **das beschlagsfähige** Vermögen des Gemeinschuldners, nicht zugriffsfreie Gegenstände. Wie gegenüber der Einzelvollstreckung wird im Konkurse dem Schuldner das Existenzminimum gewahrt[12]). Dementsprechend sind unpfändbare Sachen und Rechte auch konkursfrei (§ 1 I KO. mit §§ 811ff., 850ff. ZPO.). Unveräußerliche Rechte sind insoweit der Pfändung (§ 857 III ZPO.) und darum auch einer Ausbeutung zugunsten der Konkursmasse des Berechtigten zugänglich, als sie der Ausübung nach an Dritte überlassen werden können. So namentlich der Nießbrauch (§§ 1059, 1068 II BGB.), während die gesetzliche Nutznießung schlechthin beschlagsfrei ist (§§ 861, 862 ZPO., vgl. §§ 1419, 1647, 1656 BGB.)[13]). Ansprüche auf Leistung konkursfreier Sachen sind selbst konkursfrei. Desgleichen, was aus § 15 VVG. zu folgern ist, Ansprüche aus der Versicherung unpfändbarer Fahrnis, z. B. unentbehrlichen Hausrates. Die gesetzlich bedingte Pfändbarkeit begründet eine Anwartschaft, auf Grund deren der Gegenstand Massebestandteil wird, wenn die Bedingung auch erst im Laufe des Konkurses eintritt. Darum können, wenn der Urheber selbst im Konkurse steht, Urheberrecht und Werk (Handschrift) zur Masse gezogen werden, sobald der Urheber einwilligt (§ 10 Satz 1 LitUG.;

---

[10]) Darüber unten § 15.

[11]) Auch sie übt also der Konkursverwalter in Zwangsvertretung des Masseträgers aus. Siehe oben S. 26.

[12]) Darüber hinaus kann ihm und seiner Familie Unterstützung aus Massemitteln bewilligt werden (§§ 58 Nr. 3, 129 I, 132 I). Sog. freiwillige Kompetenz. Es ist ein Mangel unserer Gesetzgebung, daß sie die Pfändbarkeit von Rechten, die aus Versicherungsverträgen entstanden sind, nicht einmal zugunsten des erwerbsunfähigen Versicherten oder seiner unterstützungsbedürftigen Hinterbliebenen beschränkt (vgl. RG. Bd. 52 S. 51; DJZ. 1906 Sp. 421f.). Siehe dagegen z. B. die Beschlagsschranken des § 291 Nr. 2 Österr. ExekutO.

[13]) Selbst Früchte, die der Gemeinschuldner zur Zeit der Konkurseröffnung bereits gezogen hatte (z. B. die eingebrachte Ernte), sind konkursfrei, soweit er ihrer zum eigenen standesgemäßen Unterhalt und zur Erfüllung familienrechtlicher Pflichten bedarf. §§ 861 I 2, 862 II ZPO.

entsprechend § 14 I KunstUG.)[14]. Tritt dagegen unabhängig von solcher Anwartschaft die Pfändbarkeit erst im Laufe des Konkurses ein, so bleibt der Gegenstand beschlagsfrei. Denn der Sinn des § 1 I ist seinem Schutzzweck entsprechend dieser: Die Massezugehörigkeit soll auf das beschlagsfähige Vermögen des Schuldners beschränkt sein, das ihm so beschaffen (also beschlagsfähig) bei Konkurseröffnung zusteht. Wie bei der Einzelvollstreckung die Zeit der Pfändung, ist bei der Gesamtvollstreckung die Zeit der Konkurseröffnung als Vollstreckungsbeginn endgültig maßgebend. Wenn der Schuldner zu der nach § 811 Nr. 3 ZPO. beschlagsfreien Milchkuh im Laufe des Konkurses noch eine zweite erwirbt, gehört keine von beiden zur Masse (sonst würde ihm dem Ergebnisse nach der Neuerwerb verkümmert); wenn ihm umgekehrt von zweien eine als beschlagsfrei verblieben war und diese später eingeht, wird nicht die zweite von Rechts wegen beschlagsfrei.

Mitunter **erweitert** sich der Konkursbeschlag über die Grenzen der Pfändbarkeit hinaus. Namentlich gehört das Betriebsinventar der landwirtschaftlichen Güter, der Apotheken und der Posthaltereien, obwohl es unpfändbar ist, zur Konkursmasse (§ 1 II). Desgleichen das Betriebsmaterial der Eisenbahnen (Ges. v. 3. Mai 1886 RGBl. S. 131). Das erklärt sich so: die Pfändungsverbote sollen hier dem Schuldner einen ungestörten Fortbetrieb seiner Unternehmung sichern und werden daher zwecklos, wenn die Unternehmung im ganzen dem Beschlag verfällt. So würde der gesonderte Zugriff auf Geräte, Vieh und Futtervorrat eines Landgutes dessen Bewirtschaftung unterbinden. Darum verbietet ihn das Gesetz (§ 811 Nr. 4 ZPO.). Ergreift aber die Beschlagnahme das Gut selber, dann folgt aus der Unentbehrlichkeit des Zubehörs für die Wirtschaft nicht nur die Statthaftigkeit, sondern geradezu die Notwendigkeit einer Beschlagserstreckung. Dem verschließt der Gesetzgeber sich nicht einmal bei Regelung der Zwangsvollstreckung in die Hauptsache (§ 865 ZPO. mit §§ 1120, 98 Nr. 2 BGB.). Die Unpfändbarkeit des Zubehörs nach § 865 II 1 ZPO. bedeutet nur den Ausschluß der Fahrnis-, nicht den der Liegenschaftsbeschlagnahme, also keineswegs Unstatthaftigkeit der „Spezialexekution" überhaupt. Insofern versteht sich die Einbeziehung in den Konkurs (die „Generalexekution") von selbst. Eine ähnliche Bewandtnis hat es mit der im § 1 III für Geschäftsbücher verordneten Zugriffserweiterung. Denn sie sind Hilfsmittel des gewerblichen Betriebs. „Das Geschäft im ganzen", die gewerbliche Unternehmung des Schuldners als Betriebseinheit, als Inbegriff rechtlicher und tatsächlicher Aktivwerte, gehört zu seiner Konkursmasse und kann den Gegenstand einheitlicher Schuldverträge (eines Verkaufs, einer Verpachtung durch den Verwalter) bilden, obgleich dieser Inbegriff Werte einschließt, die (wie Kundschaft, Geschäftsgeheimnisse, Kenntnis von Bezugs- und Absatzquellen) der Zwangsvollstreckung unzugänglich sind)[15]. Mit dem Geschäft im ganzen gehören nun auch die einer gesonderten Pfändbarkeit entzogenen (§ 811 Nr. 11 ZPO.) Geschäftsbücher, soweit sie zur Fortführung des Betriebs unentbehrlich sind, zur Masse. Insoweit wird dem Verwalter gestattet, sie mit dem Geschäft im ganzen (nicht selbständig, nicht als Makulatur) zu veräußern (§§ 1 III, 117 II). Auch Warenzeichenrechte gehören mit dem Geschäft zur Masse[16]. Dagegen bildet das Recht am kaufmännischen Namen, das Firmenrecht (§§ 17 ff. HGB.), wie das bürgerliche Namenrecht (§ 12 BGB.) ein Persönlichkeitsrecht und darum keinen Massebestandteil. Will daher der Verwalter

[14]) Steht das Urheberrecht dem Erben des Urhebers zu, dann ist es vor Veröffentlichung des Werkes nur mit des Erben Zustimmung, nachher unbedingt beschlagsfähig. In der Hand eines Sonderrechtsnachfolgers (z. B. dessen, der ein Verlagsrecht am Urheberrecht erworben hat) ist das Urheberrecht uneingeschränkt beschlagsfähig. § 10 LitUG., § 14 KunstUG. Näheres Jaeger KO.[7] § 1 Anm. 9.

[15]) Das ergeben mit Sicherheit die §§ 117 II, 134 Nr. 1 KO. Hatte der Schuldner das Geschäft vor dem Konkurs anfechtbar veräußert, so ist der Erwerber nach § 37 verpflichtet, die noch bei ihm vorhandenen Geschäftsbestandteile zur Konkursmasse zurückzugewähren und im übrigen den Wert zu erstatten, nicht aber die Unternehmung in ihrem jeweiligen Bestande der Masse zuzuführen. Lehrreich RG. Bd. 70 S. 226 (für die Einzelanfechtung).

[16]) War dem Gemeinschuldner vor dem Konkurs ein Patent erteilt worden, dann bildet das Patentrecht als pfändbarer Vermögensgegenstand einen Bestandteil der Konkursmasse. Aus § 6 Satz 2 mit § 3 PatG. folgt aber, daß auch schon die vor Konkursbeginn vollzogene Anmeldung einer Erfindung eine beschlagsfähige, also zur Masse des Erfinders gehörende Anwartschaft begründet (RG. Bd. 52 S. 227). Erfolgt die Anmeldung erst während des Konkurses, dann bleiben Anwartschaft und Patentrecht konkursfrei.

das Handelsgeschäft mit der Firma veräußern, so bedarf er der persönlichen Zustimmung des Schuldners[17]).

Eine Erweiterung des Konkursbeschlags über die Grenzen der Einzelvollstreckung besteht wohl auch, wenngleich aus anderem Grunde, für Heimstätten. Die Heimstätte bildet als Wohnheimstätte (Einfamilienhaus mit Nutzgarten) wie als Wirtschaftsheimstätte (landwirtschaftliches oder gärtnerisches Anwesen im Familienbetrieb) ein gebundenes und durch Zugriffsschranken geschütztes Grundeigentum (Reichsheimstättengesetz v. 10. Mai 1920 RGBl. S. 962). Persönlichen Gläubigern des Heimstätters wird (mit Ausnahme von Alt- und Abgabengläubigern) die Einzelvollstreckung in die Heimstätte verwehrt (§ 20 RHG.), während der Zwangsvollzug dinglicher Haftungen offensteht. Der Ausschluß des persönlichen Zwangszugriffs würde nun an sich die Konkursfreiheit der Heimstätte bewirken. Allein das Gesetz geht von ihrer Zugehörigkeit zur Masse aus (§ 11 I 2 RHG.). Über den Grund dieser Besonderheit geben die Materialien keinen Aufschluß. Das Gesetz selbst aber weist daraufhin, daß der Heimstättenschutz nur einer ordentlichen Bewirtschaftung gebührt (§ 12 RHG.). Wer abwirtschaftet, verliert ihn[18]).

Siedelungen anderer Art gehören unzweifelhaft zur Konkursmasse des Siedelungseigentümers. Desgleichen sind Erbbau- und Erbpachtrechte beschlagsfähig. Soweit nicht gesetzliche Vorschriften eine auflösend bedingte Rechtsbegründung ausschließen (wie der § 1 IV ErbbaurechtsVO. v. 15. Januar 1919, RGBl. S. 72), kann auch für den Konkurs des Erwerbers ein Rückfall mit dinglicher Wirksamkeit vereinbart werden[19]).

Verschärft wird die Pfändungsschranke des § 812 ZPO. insofern, als gewöhnliche Hausratsstücke, die nur zu Schleuderpreisen verwertbar sein würden (wie etwa dürftige, in der Familie vererbte Möbel und sonstiger Urväterhausrat) und die deshalb nicht gepfändet werden „sollen",

---

[17]) Eine vielumstrittene Frage. Wie der Text z. B. RG. Bd. 9 S. 104, Bd. 58 S. 169 u. ö. Werden Geschäft und Firma durch den übereinstimmenden Willen des Verwalters und des Gemeinschuldners übertragen, dann trifft den Erwerber die im § 25 HGB. vorgesehene Schuldenhaftung nicht. Ebensowenig löst die Verwertung der Masse im ganzen, wie sie sich z. B. in der Geschäftsveräußerung oder in der Übertragung eines das Vermögen des Schuldners erschöpfenden Grundbesitzes vollziehen kann, die Übernehmerhaftung nach § 419 BGB. aus. Denn für den besonderen Gläubigerschutz, den diese Vorschriften bezwecken, ist im Falle der Masseverwertung kein Raum, weil ja der Konkurs gerade das gesetzlich vorgeschriebene und gerichtlich überwachte Verfahren der allgemeinen Schuldenbereinigung bildet. Für den § 25 HGB. im Ergebnis ebenso RG. Bd. 58 S. 167. Auch die Formvorschrift des § 311 BGB. würde ihrem Zwecke nach auf Schuldverträge, durch die sich der Verwalter zu einer den Vermögensbestand des Schuldners erschöpfenden Übertragung verpflichtet, offensichtlich unanwendbar sein. Wenn sich nun der Schuldner bereits vor dem Konkurse zur Übertragung seines „Vermögens" verpflichtet hatte, der Verwalter aber nach § 17 auf Erfüllung des Schuldvertrags besteht und seinerseits erfüllt, kann die gesetzliche Nebenfolge der Haftung des Übernehmers für die Altschulden nach § 419 BGB. oder nach § 25 HGB. ebensowenig einsetzen als im Falle einer unmittelbar vom Verwalter vorgenommenen Veräußerung. Sie wäre hier genau so zweckwidrig wie dort.

[18]) Dagegen spricht sich Erman ArchZivPrax. 132 (1930) S. 94 und ihm folgend RG. Bd. 131 S. 113 auch für die Konkursbeschlagsfreiheit der Heimstätte aus. Das verlange der Zweck des Heimstättenrechts, das „eine großzügige Erweiterung des vollstreckungsfreien Notbedarfs" bedeute und sich gerade dann bewähren müsse, „wenn die Not des Heimstätters am größten werde", im Konkurse. Da nun aber das (nach sorgfältigster Vorbereitung erlassene) Gesetz im § 11 I ausdrücklich bestimmt, das Vorkaufsrecht des Ausgebers solle auch platzgreifen, wenn der Konkursverwalter des Heimstätters die Heimstätte veräußere, eine solche Veräußerung jedoch ohne Zugehörigkeit der Heimstätte zur Masse ausgeschlossen wäre, will das RG. mit Erman die Vorschrift als bloßes „Redaktionsversehen" aus dem Wege räumen (!). Sie weise überdies nur „versteckt" (!) auf eine Massezugehörigkeit der Heimstätte hin. Das OLG. Dresden und das Sächs. Arbeits- u. Wohlfahrtsministerium hatten (mit Jaeger ZZP. 53 S. 411, KonkTreuh. 1928 S. 114) die Massezugehörigkeit bejaht. In der Tat hat es guten Sinn zu sagen: wenn ein Heimstätter bis zum allgemeinen Vermögensverfall abgewirtschaftet habe, möge der Ausgeber das Gut in bessere Hände legen. Das kann er bei „grober Mißwirtschaft" (§ 12 RHG.). Gewiß „braucht" solche dem Konkurse nicht vorangegangen zu sein. Sie liegt aber nahe, und schon die Tatsache, daß sie zur Verdrängung eines Heimstätters führen kann, lehrt, daß der Schutzzweck des Heimstättenrechts seine Grenzen hat. Unzweifelhaft kann das Heimfallrecht vertragsmäßig ganz allgemein für den Fall der Zahlungsunfähigkeit des Heimstätters begründet werden (§ 12 II RHG.). Im Wesen der Heimstätte liegt die Konkursbeschlagsfreiheit nicht. Für Eintragbarkeit des Konkursvermerks (§ 113): OLG. Stuttgart v. 2. März 1931 JW. S. 2159[42].

[19]) Über die konkursrechtliche Wirksamkeit von Wiedererwerbsrechten der Siedlungsunternehmungen und Landlieferungsverbände siehe Jaeger KO.[7] § 24 Anm. 4a.

für den Konkurs unter ein zwingendes Beschlagsverbot gestellt sind. Dies bestimmt der § 1 IV. Der Satz ist kaum von Belang, wird aber nicht selten irrtümlich auf Fälle der Unpfändbarkeit bezogen. Daß Gegenstände, die gar nicht gepfändet werden dürfen (wie die der §§ 811, 850 ZPO.), konkursbeschlagsfrei bleiben, bestimmt schon der § 1 I. Übrigens entfällt um deswillen allein, weil der Liebhaberwert einer Sache (z. B. von Autographen oder seltenen Briefmarken) für den Gemeinschuldner weit höher ist als ihr Verkaufswert, ihre Konkursbeschlagsfähigkeit nicht. Umgekehrt macht Unverwertbarkeit an sich nicht konkursfrei, wenn sie auch zur Freigabe führen kann [unten S. 93].

4. Nur das **bei Konkursbeginn** dem Schuldner bereits gehörende und schon zu dieser Zeit beschlagsfähige Vermögen, nicht später erworbene oder später beschlagsfähig gewordene Gegenstände. „Gehören" bedeutet im § 1 wie „gehörig" im § 43 KO. und anderwärts (z. B. im § 1362 BGB.) dem Rechte nach zustehen. Eine Sache „gehört" dem Eigentümer, eine Forderung dem Gläubiger. Durch den § 1 wird die Teilungsmasse wie durch den § 3 die Schuldenmasse dem Grundstocke nach abgegrenzt auf den im Eröffnungsbeschlusse bestimmten Zeitpunkt des Konkursbeginnes (§ 108). **Neuerwerb** ist konkursfrei. Mit diesem, der hannoverschen Prozeßordnung von 1850 (§ 619) entlehnten Grundsatze steht unser Reichsrecht allein. Wie fast alle früheren Landesgesetze zieht das Ausland (freilich in sehr verschiedenem Umfang) auch neuerworbenes Vermögen in den Konkurs[20]). Mit Unrecht. Es ist ein wirtschaftlich gesunder und Geboten der Billigkeit Rechnung tragender Gedanke, dem Schuldner die Möglichkeit offen zu halten, daß er sich und den Seinen noch während des Konkurses eine neue Existenz schaffe. Das liegt auch im Interesse seiner Konkursgläubiger, die selten auf Vollbefriedigung im Verfahren zu rechnen haben (vgl. § 164). Um so mehr entspricht es gerechter Rücksichtnahme auf die Neugläubiger, die doch auf Befriedigung aus neuerworbenem Vermögen angewiesen sind. Diesem Ziele dient die Zeitschranke des § 1 I. Sie findet eine zweckmäßige Ergänzung darin, daß der § 14 I Konkursgläubigern die Sondervollstreckung auch in neuerworbenes Schuldnervermögen verbietet[21]). Vereint fördern beide Rechtssätze das Zustandekommen eines Zwangsvergleichs, der erstrebenswertesten Art der Konkursbeendigung. Denn dieser findet nicht selten im Neuerwerb starke Unterlagen, die ihm entzogen würden, wenn einzelnen Konkursgläubigern ein das Gleichgewicht störender Zugriff auf den Neuerwerb verstattet wäre.

Als neuerworben ist von Rechts wegen konkursfrei alles, was der Schuldner erst während des Konkurses (wäre es auch schon in der Zeit zwischen der Eröffnung und dem Eintritte der Rechtskraft des Eröffnungsbeschlusses) durch körperliche oder geistige Arbeit, durch den selbständigen Betrieb eines Erwerbsgeschäfts oder durch Tätigkeit in fremden Diensten erringt. So auch das Beamtengehalt für Dienstleistungen während des Konkurses[22]). Die Gläubiger haben kein Recht, die Erwerbstätigkeit des Schuldners während des Konkurses für sich auszunützen. Seine Persönlichkeit wird ihnen nicht untertan. Neuerworben ist ferner, was dem Schuldner erst nach Konkursbeginn durch Schenkung oder als Erwerb von Todes wegen anfällt. Erbschaften und Vermächtnisse gehören, wenn der Erbfall vor dem Konkurse liegt, bei Annahme zur Masse; aber die Wahl zwischen Annahme und Ausschlagung bleibt dem Schuldner persönlich vor-

---

[20]) So auch noch der § 1 I österreich. KO. von 1914, deren § 5 I freilich bestimmt, daß dem Gemeinschuldner zu „überlassen" sei, was er durch eigene Tätigkeit erwerbe oder was ihm während des Konkurses unentgeltlich zugewendet werde, soweit es zum Unterhalte für ihn und die Seinen erforderlich sei. Der Sinn ist streitig.

[21]) Lohnt der Neuerwerb schon während der Schwebe des ersten Konkurses einen zweiten, so steht dessen Eröffnung frei. Auch die Konkursgläubiger des ersten Konkurses können den zweiten erwirken und als Ausfallgläubiger (entsprechend dem § 64) daran teilnehmen. Das Verbot des § 14 steht ihnen nicht im Wege, da es nur ungeordnete Einzelzugriffe unterbinden soll. Sie brauchen also keineswegs schutzlos zuzusehen, wie ein beträchtlicher, vielleicht ererbter Neuerwerb stückweise an andere (neue oder unter den § 63 fallende) Gläubiger verloren geht oder ihr Nachforderungsrecht (§ 164) durch einen sie ausschließenden Zweitkonkurs verkümmert wird. Doch besteht allerlei Streit.

[22]) Das wird mit Unrecht bestritten. Die Zulässigkeit einer Pfändung künftiger Gehaltsraten nach Maßgabe der §§ 832 f. ZPO. spricht nicht für die Gegenansicht. Denn der § 1 KO. verlangt Pfändbarkeit und Erworbensein zur Zeit der Konkurseröffnung. Nicht erworbene, wenn auch im voraus pfändbare Bezüge bleiben konkursfrei; erworbene fallen, soweit sie pfändbar sind (§ 850 ZPO.), in die Konkursmasse.

behalten (§ 9). Ist der zur Masse gehörende Erwerb nur eine Vorerbschaft (§ 2100 BGB.), dann kommen, und zwar auch bei Beschränkung des Nacherben auf den Überrest (§§ 2136 f. BGB.), der Konkursmasse des Vorerben nur die pfändbaren Erträgnisse (nicht das erbschaftliche Stammvermögen) zugute und auch sie nur bis zum Eintritte des Falles der Nacherbfolge (§ 128 KO., vgl. § 773 ZPO.)[23]).

Vom Neuerwerb ist streng zu scheiden der Erwerb **auf Grund** des schon bei Konkursbeginn vorhandenen, zur Masse gehörenden Vermögens. Zwar fehlt es an einer ausdrücklichen Surrogationsvorschrift; die Ersetzung folgt aber aus der durch den Konkurszweck gebotenen Verfangenschaft der Masse und galt deshalb dem Gesetzgeber als selbstverständlich. So fallen mit dem Stammvermögen auch dessen Nutzungen in die Konkursmasse (§ 100 BGB.). Desgleichen Ansprüche auf Ersatz eines der Masse zugefügten Schadens, etwa wegen schuldhaft rechtswidriger Zerstörung einer Massesache oder wegen Veruntreuung von Massewerten [oben § 13 IV]. Nicht minder ein Lotteriegewinn, wenn das Los dem Schuldner schon bei Konkursbeginn gehörte und ein durch Verbindung, Schatzfindung oder Anwachsung zugunsten von Massesachen sich vollziehender Erwerb[24]). Wird eine Hypothek an einem Massegrundstück infolge Befriedigung des Gläubigers durch den Konkursverwalter zum Eigentümergrundpfandrecht (§§ 1143, 1163, 1177 BGB.), so bildet auch dieses einen Massebestandteil, über den der Konkursverwalter (durch entgeltliche Übertragung, durch Empfangnahme des im Verteilungsverfahren auf die Rangstelle entfallenden Erlöses) zu verfügen hat. Ferner gehört zur Masse die Anwartschaft auf ein beschlagsfähiges Recht, das durch ein aufschiebend bedingtes Rechtsgeschäft[25]) auf den Schuldner übertragen worden war, und diese Anwartschaft vermittelt der Masse beim Eintritte der Bedingung den Vollerwerb. Auch Anwartschaften aus Versicherungsverträgen können hierher gehören, wie etwa aus der Versicherung von Gebäuden oder Waren gegen Feuer, wenn der Versicherungsfall nach Konkursbeginn in einem Zeitabschnitt eintritt, für den die Prämie schon vor dem Konkurs entrichtet war. Desgleichen gehört die nach § 881 BGB. dem Grundeigentümer vorbehaltene Befugnis zur Vorrangseinräumung mit dem Grundeigentum zur Masse. Beschlagsunfähig ist sie nur insofern, als sie vom Grundeigentum durch Verfügungen im Zwangsweg ebensowenig losgelöst werden kann, als durch rechtsgeschäftliche. Das wird gemeinhin verkannt. Im selben Sinne unterliegt die im § 7 AufwG. geregelte Befugnis dem Konkursbeschlag[26]).

III. Wechsel im Massebestand.

Der § 1 legt den Grundstock der Masse fest. Ihr Bestand kann sich während des Konkurses mehren und mindern. Zur Mehrung der Masse führen nicht nur Nutzungen massezugehöriger Stammrechte und ein sonstiger auf Grund solcher Rechte (z. B. durch gewinnbringenden Verkauf) erzielter Zuwachs, sondern namentlich die anfechtungsrechtliche Rückgewähr (§ 37), die strenggenommen freilich nur Verwirklichung einer schon zur Masse gehörenden Forderung ist. Vielleicht weist auch der Gemeinschuldner aus freien Stücken neuerworbenes Vermögen (z. B. eine ihm

---

[23]) Den Ertrag der Erbschaftsgegenstände wird der Konkursverwalter des Vorerben besonders im Wege der Verpachtung (§ 2135 mit § 1056 BGB.) oder der Zwangsverwaltung (§§ 126, 127 KO., § 172 ZVG., § 857 IV ZPO.) für die Masse erschließen. Tritt während des Vorerbenkonkurses die Nacherbfolge ein, dann kann nunmehr der Nacherbe die Erbschaft — Stamm und späteren Ertrag — aussondern (§ 2130 BGB.). So auch dann, wenn ein auf den Willen des Vorerben abgestelltes Ereignis, namentlich eine Wiederverheiratung, den Eintritt der Nacherbfolge auslöst. Siehe oben S. 29.

[24]) Daß alles Masse werde, was irgendwer rechtsgeschäftlich mit Mitteln der Masse erwirbt, kann freilich aus der Konkurslage allein nicht gefolgert werden. Selbst die rechtsgeschäftlichen Anschaffungen des Verwalters fließen, wenngleich er sie mit Massegeldern bestreitet, nur dann der Masse zu, wenn er für deren Rechnung und nicht etwa für sich persönlich oder für einen Dritten erwerben will.

[25]) Entsprechendes gilt für gesetzliche Bedingungen. So erwächst der Anspruch auf den Mäklerlohn für eine vom Gemeinschuldner vor dem Konkurse geleistete Vermittlertätigkeit noch als Massebestandteil, wenn der vermittelte Vertrag nach Konkursbeginn zustandekommt (§ 652 I BGB.). OLG. 35 S. 244. Umgekehrt bilden rechtsgeschäftlich und gesetzlich bedingte Forderungen gegen den Schuldner Konkursgläubigerrechte (§ 67).

[26]) Näheres Jaeger KO.[7] § 31 Anm. 4 (hier die Anfechtungsfragen).

erst nach Konkursbeginn angefallene Erbschaft) der Konkursmasse zu. Gemindert wird der nach Aussonderung fremden Vermögens ermittelte Sollmassebestand durch Absonderung (§§ 47ff.), Aufrechnung (§§ 53ff.), Vorwegbefriedigung von Massegläubigern (§§ 57ff.) und durch die sogleich näher zu behandelnde Freigabe. Eine Ersetzung einzelner Gegenstände der Masse kann sich besonders als Folge rechtsgeschäftlicher Vorgänge oder unerlaubter Eingriffe vollziehen. Zu letzteren gehört z. B. der Fall, daß die schuldhaft rechtswidrige Zerstörung einer Massesache einen Schadensersatzanspruch auslöst, zu ersteren die gesamte Tätigkeit der Masseverwertung (§ 117). In ihrem letzten Entwicklungsstand ist die Masse ein Bargelder, Geldpapiere oder Geldguthaben umfassender Wertinbegriff.

Unverwertbarkeit schließt (wie bereits bemerkt) für sich allein die Zugehörigkeit zur Konkursmasse und damit die Maßgeblichkeit der §§ 6, 7, 15 nicht aus. Da es aber keinen Zweck hat, daß sich der Verwalter mit Gegenständen befaßt, die eine Ausnutzung nicht ermöglichen (wie z. B. mit Forderungen an zahlungsunfähige oder unerreichbare Schuldner, mit unrettbar überlasteten Grundstücken, mit dem Streitgegenstand eines Prozesses, der aussichtslos oder dessen Risiko für die Masse untragbar ist), sieht das Gesetz die Möglichkeit **einer Freigabe** aus der Masse vor (vgl. §§ 114, 162). Das gesetzliche Verwertungsgebot des § 117 gilt nur unbeschadet dieser Möglichkeit. Die Entscheidung trifft der Konkursverwalter kraft der ihm über die Masse eingeräumten Verwaltungs- und Verfügungsmacht (§ 6). Sein pflichtmäßiges Ermessen ist maßgebend (vgl. § 82). In zweifelhaften Fällen deckt er sich, indem er eine Beschlußfassung der Gläubigerversammlung erwirkt[27]). Erforderlich ist aber die Zustimmung der Gläubigerschaft nicht und keinesfalls bedingt sie den Rechtsbestand der Freigabe (§ 136).

Die Freigabe vollzieht sich in formloser, einseitiger, aber empfangsbedürftiger Willenserklärung des Konkursverwalters an den Schuldner selbst. Sie muß den bewußten Willen dauernden Verzichts auf die Massezugehörigkeit des Gegenstandes bekunden und kann, einmal wirksam geworden, nicht mehr einseitig widerrufen werden[28]). Ihre Rechtsfolge besteht darin, daß Verwaltung, Verfügung und Nutzung in Ansehung des freigegebenen Gegenstandes für die Zukunft wieder beim Schuldner stehen. Die gesetzliche Vertretungsmacht des Konkursverwalters erlischt und zwar für Rechtsgeschäfte wie für Rechtsstreitigkeiten über den Gegenstand der Freigabe. Einen schwebenden Prozeß führt daher der Schuldner selbst als wiederum verfügungsbefugte Partei weiter, ohne daß eine Prozeßunterbrechung, eine Rechtsnachfolge oder eine (sei es subjektive, sei es objektive) Klagänderung einträte[29]). Einen Verzicht auf das freigegebene Recht selber (eine Dereliktion) schließt die Freigabe nicht ein. Dem Verwalter fehlt dazu die Macht. Wohl aber kann der Gemeinschuldner auf ein ihm freigegebenes Recht verzichten, also z. B. auf Eigentum an einem überlasteten Grundstücke aufgeben (§ 928 BGB.).

Keine Freigabe ist die Überlassung der schon von Rechts wegen konkursfreien Vermögens-

---

[27]) Eine solche sieht das Gesetz, da die Frage der Verwertbarkeit sich oft erst gegen Ende des Konkurses abschließend beurteilen läßt, erst für den Schlußtermin vor (§ 162). Es steht aber nichts im Wege, die Frage schon in einem früheren Termin zu erörtern.

[28]) Vgl. RG. LZ. 1912 Sp. 934, Bd. 94 S. 55. Wirksam wird die Erklärung, sobald sie dem Schuldner persönlich oder dem mit seiner sonstigen Vermögensverwaltung betrauten gesetzlichen Vertreter z. B. Vormund, Abwesenheitspfleger zugeht, wäre es auch auf Umwegen (§ 130 I BGB.). Ist der Gemeinschuldner an unbekanntem Ort abwesend und unvertreten, dann läßt sich durch öffentliche Zustellung helfen (§ 132 II BGB., §§ 204f. ZPO.). Eine Erklärung der Freigabe gegenüber Drittbeteiligten z. B. Hypothekengläubigern des freigegebenen Grundstücks genügt nicht. Die Erklärung ist formlos, auch wenn ein Grundstück freigegeben wird, weil nicht dieses selbst oder eine an ihm bestehende dingliche Belastung, sondern lediglich die Verfügungsmacht des Konkursverwalters den Gegenstand der Disposition bildet. Die Buchung, d. h. die Löschung des Konkursvermerks (§ 114), wirkt daher nicht rechtsbegründend, sondern nur berichtigend. Zwischen der Freigabe und der Löschung des Konkursvermerks ist das Grundbuch unrichtig, da es eine buchfähige, aber nicht mehr bestehende Verfügungsbeschränkung verlautbart. Jaeger KonkTreuh. 1929 S. 34.

[29]) Lehrreich RG. Bd. 79 S. 28, Bd. 105 S. 314. — Da ein wegen Überlastung freigegebenes Grundstück fortab nicht mehr zur Masse gehört, taucht die Frage auf, ob nun etwa die Grundpfandgläubiger, denen der Gemeinschuldner auch persönlich haftet, der Schranken des § 64 ledig werden. So Th. Wolff, KO.[2] § 64, Anm. 4a. Damit wäre der Schutzzweck des § 64 in sein Gegenteil verkehrt und die Freigabe für den wichtigsten Fall vereitelt.

stücke des Gemeinschuldners an diesen[30]), noch die Ausantwortung von Aussonderungsgegenständen an Dritte (§ 43), noch endlich die Ablehnung der Erfüllung schwebender Austauschverträge (§ 17). Wohl aber liegt darin, daß der Konkursverwalter die Aufnahme eines Teilungsmassestreits nach § 10 II ablehnt, zugleich eine Freigabe des Streitgegenstandes[31]).

IV. **Rechtliches Gepräge der Konkursmasse.**

Die Konkursmasse bildet ein Zweckvermögen. Denn sie dient nach der Bestimmung des Gesetzes (§ 3) ausschließlich zur gemeinsamen Befriedigung der Konkursgläubiger. Auch ein Zweckvermögen aber hat wie die „rechtsfähige Stiftung" (§ 80 BGB.) juristische Persönlichkeit nur, wenn die Rechtsordnung (Gesetz oder Gewohnheitsrecht) es zur Person erhebt. Für die Konkursmasse besteht ein solcher Rechtssatz nicht. Namentlich läßt die in den §§ 21ff., 80ff. BGB. eng begrenzte Zulassung juristischer Personen keinen Raum für die Annahme einer Persönlichkeit der Masse. Ja es erkennt die Konkursordnung selbst in grundlegenden Vorschriften ausdrücklich an, daß die Konkursmasse Vermögen des Gemeinschuldners ist (§§ 6, 14). In ihm hat sie ihren bestimmten Rechtsträger. Er ist nach wie vor Eigentümer der vom Konkursbeschlag erfaßten Sachen, Gläubiger der konkursbefangenen Forderungen, wie er umgekehrt Träger der im Konkurse verfolgbaren Schulden bleibt. Die Konkursmasse ist Rechtsobjekt, nicht Rechtssubjekt[32]).

Auch vollzieht sich nicht etwa bei Konkursbeginn eine Rechtsnachfolge der Konkursgläubiger in das zu ihrer Befriedigung bestimmte Schuldnervermögen, weder als Vollübergang der dazu gehörenden Gegenstände noch als Erwerb eines Wertrechts an ihnen. Davon war bereits oben S. 63f. die Rede. Noch weniger gehen die zur Masse gehörenden Rechte ihrem Bestande nach (als Eigentum, Forderungsrechte usw.) auf den Konkursverwalter über, eine unmögliche Vorstellung, von der sich die Praxis leider nicht ganz frei zu halten vermag. Auch erwirbt der Konkursverwalter in der ihm durch den § 6 eingeräumten Macht nicht etwa ein begrenztes Recht „an" den Gegenständen der Masse, das für seinen Bereich den Verwalter zum Rechtsnachfolger des Gemeinschuldners machte[33]).

Wie der Gemeinschuldner Träger seiner bei Konkurseröffnung begründeten Rechte und Haftungen bleibt, so wird er auch Träger von Rechten, die erst während des Konkurses für Rechnung der Masse erworben werden, und von Haftungen, die nun erst für Rechnung der Masse entstehen. Ihm fällt also z. B. das Eigentum an Sachen zu, die der Verwalter als solcher anschafft. Sie „gehören" weder dem Konkursverwalter noch den Konkursgläubigern noch der Konkursmasse als selbständiger Rechtsträgerin. Darum müssen Grundstücke, die der Verwalter für die Masse ersteht (vielleicht zur Abwendung von Hypothekenausfällen, vgl. § 134 Nr. 2), auf den Namen des Gemeinschuldners als des Eigentümers im Grundbuch eingetragen werden, freilich unter Zusatz des Konkursvermerks (§ 113)[34]). Endet das Verfahren, ohne daß so erworbene Gegenstände konkursmäßig verwertet worden sind, dann bilden sie für die Zukunft freies Vermögen des Schuldners.

---

[30]) Unwiderruflichkeit, wie sie der Freigabe eigentümlich ist, besteht hier nicht. Hat der Verwalter Sachen nur deshalb, weil er sie irrtümlich für unpfändbar hielt, in der Hand des Schuldners belassen, so kann er sie, sobald er sein Versehen erkennt, zur Masse ziehen, ohne auf eine Irrtumsanfechtung angewiesen zu sein. Anders, wenn er im Zweifelsfalle bewußt auf die etwaige Massezugehörigkeit verzichtet. Hier vollzieht er eine echte und endgültige Freigabe.

[31]) Siehe oben S. 51.

[32]) Auch im geltenden Reichsrecht betrachtet eine Reihe von Schriftstellern bis auf die jüngste Zeit die Masse voll oder „halb" als Rechtspersönlichkeit (so v. Völderndorff, Eccius, Hellwig, Siber u. a.). Nachweisungen bei Jaeger KO.[7] § 6 Anm. 3 unter ε; siehe dort auch Anm. 16.

[33]) Siehe oben S. 25.

[34]) Siehe oben S. 33. Buchungen, die auf die Konkursmasse Faller oder auf den Verwalter der Konkursmasse Faller lauten, sind nicht gerade unwirksam, sondern auf den Masseträger umzudeuten. Auch in Prozeßschriftstücken wird durch Anführung einer bestimmten Konkursmasse deren Träger als Partei bezeichnet. Das Gesetz selbst redet mitunter von Leistungen „an die Konkursmasse" (§ 37), von einer Bereicherung „der Masse" (§ 59 Nr. 3), von einer Wirksamkeit oder Unwirksamkeit „gegenüber der Konkursmasse" (§ 21), wie wenn diese Rechtspersönlichkeit hätte, meint aber damit den Masseträger als solchen.

Wird nun aber auch das konkursbefangene Vermögen durch seine Zweckbestimmung (§ 3) nicht selber zum Rechtssubjekt erhoben, so wird es doch durch diese vom sonstigen Vermögen des Schuldners scharf geschieden. Getrennter Haftung und Vollstreckung unterworfen, stellt die Konkursmasse **ein Sondervermögen** dar. Wie in Fällen der erbrechtlichen Güterscheidung (§§ 1975ff. BGB.) zwischen dem ererbten und dem eigenen Vermögen des Erben, so sind zwischen konkursbefangenem und konkursfreiem[35]) Vermögen des Schuldners Rechtsbeziehungen schuld- und sachenrechtlicher Art möglich (vgl. z. B. §§ 58 Nr. 3, 59 Nr. 1 u. Nr. 3, 224), deren Feststellung im Prozesse zwischen dem Verwalter (für Rechnung der Konkursmasse) und dem Schuldner in Person oder seinem allgemeinen gesetzlichen Vertreter (für Rechnung des sonstigen Schuldnervermögens) erfolgen kann. So sind namentlich Streitigkeiten zwischen Verwalter und Schuldner über die Zugehörigkeit eines Gegenstandes zur Konkursmasse im Klageweg auszutragen[36]). Auch steuerrechtlich stellt die Konkursmasse ein vom sonstigen Vermögen des Gemeinschuldners streng zu scheidendes Sondergut dar: als Träger seines Eigenvermögens und auf Grund einer außerhalb des Konkurses stehenden (vielleicht neu begründeten) Unternehmertätigkeit kann er persönlich auch während des Verfahrens Steuerschuldner werden; soweit dagegen aus der Verwaltung und Verwertung der Konkursmasse Steuerverbindlichkeiten erwachsen, treffen sie ausschließlich die Masse als Sondervermögen. Dort entstehen im Konkurse nicht verfolgbare Neuschulden, hier dagegen Massekosten[37]).

§ 15.

2. Einfluß des ehelichen Güterrechts auf den Massebestand.

I. Nutzverwaltung.

Beim ordentlichen gesetzlichen Güterstande der Verwaltung und Nutznießung (§§ 1363ff. BGB.) erfaßt der Konkurs eines Ehegatten ausschließlich dessen Vermögen. Zur Konkursmasse **des Mannes** gehört daher nur Vermögen des Mannes. Frauengut, auch eingebrachtes, haftet den Gläubigern des Mannes nicht (§ 1410 BGB.). Dem Manne steht zwar noch bis zum Eintritte der Rechtskraft des Eröffnungsbeschlusses die Verwaltung und Nutznießung des eingebrachten Gutes der Frau zu (§§ 1363, 1419 BGB.). Allein diese familienrechtliche Herrschaft des Mannes ist beschlagsfrei (§ 861 I 1 ZPO., § 1 I KO.). Dementsprechend zieht der Mann in der Zeit zwischen Konkurseröffnung und Rechtskraftbeginn die Nutzungen als konkursfreies Gut. Ja selbst die schon bei Konkurseröffnung gezogenen Früchte bleiben, soweit sie nach § 861 I 2 ZPO. unpfändbar sind, dem Konkursbeschlag entrückt [oben § 14 Note 13].

Ein Konkurs **der Frau** beendet als solcher die Nutzverwaltung des Mannes nicht; aber nur Vollgläubiger der Frau haben Anspruch darauf, der Nutzverwaltung ungeachtet aus dem eingebrachten Gute der Frau befriedigt zu werden (§ 1411 BGB.). Darum hat es der Mann auch nur zur Befriedigung von Vollschulden an die Konkursmasse der Frau herauszugeben. Vollschulden sind alle vor Eintritt des Güterstandes begründeten Schulden der Frau, später entstandene nur im Rahmen der §§ 1412—1414 (z. B. aus unerlaubtem Verhalten, ungerechtfertigter

---

[35]) Umfassend die von Rechts wegen beschlagsfreien, die freigegebenen und die neuerworbenen Vermögensgegenstände.

[36]) Es wäre gar nicht zweckmäßig, wenn das Konkursgericht als solches (also der Einzelrichter im Beschlußverfahren) mit der Schlichtung der vielleicht recht schwierigen und folgenschweren Frage (etwa, ob Neuerwerb oder nur Surrogationserwerb) betraut würde. Das Gesetz hat dies nicht getan. Jedenfalls liegt in der Aufsichtsgewalt des Konkursgerichts (§§ 83f.) keine Ermächtigung, materiellrechtliche Streitigkeiten zu entscheiden. Manche meinen aber, das Konkursgericht sei in entsprechender Anwendbarkeit des § 766 ZPO. (§ 72 KO.) berufen, den Streit über die Massezugehörigkeit im Erinnerungsverfahren zu erledigen. Die Analogie ist unzulässig und wird von der Praxis (RG. Bd. 37 S. 398) jedenfalls dann abgelehnt, wenn der Verwalter einen Gegenstand ohne Widerstand des Schuldners zur Masse gezogen hat.

[37]) Unten S. 130. Vgl. RFH. Bd. 27 S. 337.

Bereicherung, gesetzlicher Unterhaltspflicht). Verbindlichkeiten aus Rechtsgeschäften der Frau während des Güterstandes sind Vollschulden nur dann, wenn das Rechtsgeschäft die Zustimmung des Mannes findet oder (namentlich als Verpflichtung einer Erwerbsfrau nach § 1405 BGB.) ihm gegenüber auch ohne seine Zustimmung wirkt (§ 1412 BGB.). Wegen anderer Frauenschulden (besonders aus Schuldverträgen, die sie eigenmächtig während des Güterstandes abgeschlossen hat) kann nur Befriedigung aus ihrem Vorbehaltsgute verlangt werden (Vorbehaltsschulden). Dementsprechend ist zu unterscheiden[1]):

1. Alle Konkursgläubiger der Frau sind Vollgläubiger. Dieser Fall ist der bedeutsamste, da der Konkurs einer Handelsfrau im Vordergrunde steht, eine solche aber regelmäßig nur Vollschulden haben wird. Hier bildet alles Frauengut, das vorbehaltene und das eingebrachte, eine einheitliche Konkursmasse. Der Mann hat also das in seinen Händen befindliche eingebrachte Gut an die Konkursmasse herauszugeben und kann dazu vom Verwalter durch Klage und Zwangsvollstreckung angehalten werden. „Gemeinschuldner" ist der Ehemann nicht. Seine Herausgabepflicht besteht unabhängig davon, ob die Vollschulden den Wert des Eingebrachten überwiegen (was übrigens bei der hier vorausgesetzten Lage der Dinge fast selbstverständlich ist). Denn auch außerhalb des Konkurses könnte jeder Vollgläubiger nach Belieben auf jeden Gegenstand des eingebrachten Gutes greifen. Daß bloße Vorbehaltsgläubiger einen ungerechtfertigten Gewinn auf Kosten des Mannes erzielen könnten, ist ausgeschlossen, weil keine da sind. Verbleiben nach Befriedigung der Vollgläubiger noch Massewerte, dann kann sich an ihnen die Nutzverwaltung des Mannes wieder auswirken. Eine Verweisung der Vollgläubiger (also hier aller Konkursgläubiger) auf Einzelzugriffe in das an sich nicht überschuldete eingebrachte Gut würde am Verbote des § 14 KO. scheitern, von der Absonderlichkeit einer solchen Rechtslage ganz zu schweigen.

2. Alle Konkursgläubiger der Frau sind bloße Vorbehaltsgläubiger. So liegen die Dinge etwa, wenn eine nicht zum selbständigen Erwerbsbetrieb ermächtigte Ehefrau die nun als Konkursforderungen verfolgbaren Schulden sämtlich hinter dem Rücken ihres Mannes gemacht hat. Hier besteht die Konkursmasse der Frau ausschließlich aus ihrem Vorbehaltsgut: ein Sondervermögen dient zur konkursmäßigen Befriedigung der darauf angewiesenen Gläubiger einer besondern Art. Die Nutzverwaltung des Mannes am eingebrachten Gut der Gemeinschuldnerin wirkt sich uneingeschränkt aus.

3. Treffen Voll- und Vorbehaltsgläubiger zusammen, dann steht die Nutzverwaltung des Mannes, nicht aber irgendein Recht der Vollgläubiger einer Befriedigung der Vorbehaltsgläubiger aus dem eingebrachten Gut entgegen. Daher gehört zwar das eingebrachte Gut, auch wenn es an sich nicht überschuldet sein sollte, zur Konkursmasse. Der Konkursverwalter muß aber bei persönlicher Verantwortlichkeit (§ 82 KO.) die beiden Güter und die beiden Gläubigergruppen rechnungsmäßig sondern. Ein Überschuß des eingebrachten Gutes verbliebe der Nutzverwaltung des Mannes und wäre ihm auszuliefern. Bei Überschuldung des eingebrachten Gutes sind die Vollgläubiger zunächst aus diesem, nur mit dem Betrag ihres Ausfalls oder Verzichts aus Mitteln des Vorbehaltsgutes zu befriedigen. Denn auch außerhalb des Konkurses haften ihnen diese Güter nicht etwa im Sinne des § 68 KO. nebeneinander auf das Ganze.

II. Gütertrennung.

Beim außerordentlichen gesetzlichen Güterstande der Gütertrennung (§§ 1426 ff. BGB.) bleiben die Massen beider Ehegatten dem Stamm und dem Ertrage nach gesondert. Eine vertragsmäßige Überlassung der Verwaltung des Frauenvermögens an den Mann im Sinne des § 1430 BGB. erlischt als Geschäftsbesorgung, wenn die Frau, nicht aber, wenn der Mann in Konkurs verfällt, kraft Gesetzes (§ 23 KO.). Im Konkurse der Frau würde ein nach § 1427 II 2 BGB. dem Manne geschuldeter Beitragsrückstand Konkursforderung sein. Zur Konkursmasse des Mannes gehören Beitragsansprüche im Sinne des § 1427 II BGB. nicht, da sie unübertragbar und darum beschlagsfrei sind (§ 851 ZPO., § 1 I KO.).

---

[1]) Zum folgenden siehe Jaeger KO.[7] § 2 Anm. 32 ff. mit Verw. (vieles ist streitig).

III. Gemeinschaftsgüterstände.

1. Für alle Arten der ehelichen Gütergemeinschaft, für die allgemeine Gütergemeinschaft (§§ 1437ff.), für die Errungenschaftsgemeinschaft (§§ 1519ff.) und für die Fahrnisgemeinschaft (§§ 1549ff.), desgleichen für die fortgesetzte Gütergemeinschaft (§§ 1483ff., 1557 BGB.) gilt nach § 2 KO. eine bedeutsame konkursrechtliche Besonderheit. Wird nämlich während des Bestehens einer ehelichen Gütergemeinschaft Konkurs über das Vermögen des Mannes eröffnet, so gehört außer seinem Eigenvermögen das ganze Gesamtgut zur Konkursmasse, nicht nur der Gesamtgutsanteil des Mannes. Er allein hat Rechte und Obliegenheiten eines Gemeinschuldners. Die Mitherrschaft der Frau am Gesamtgut bleibt unbeachtet. Eine Auseinandersetzung hinsichtlich des Gesamtguts, wie sie sonst bei Gemeinschaftsverhältnissen erforderlich wird (§§ 16, 51 KO.), findet nicht statt. Umgekehrt ergreift in dieser Zeit ein Konkurs der Frau, auch wenn sie Handelsfrau ist, nicht einmal ihren Gesamtgutsanteil. Entsprechend wird während des Bestehens einer fortgesetzten Gütergemeinschaft das Gesamtgut vom Konkurse des überlebenden Ehegatten ganz erfaßt, vom Konkurs eines Abkömmlings aber überhaupt nicht berührt. Nur der Überlebende ist Träger der Gemeinschuldnerrolle.

Diese Regelung steht im Einklang mit der Haftungslage. Wie außerhalb des Konkurses alle Gläubiger des Mannes sich so an das Gesamtgut halten dürfen, als gehörte es dem Manne allein[2]), erfaßt auch der Konkurs des Mannes alles Gesamtgut. Die Frau hat vielleicht überhaupt keine Gläubiger, die sich an Gegenstände des Gesamtguts halten dürfen. Solche Frauengläubiger aber, die Gesamtgutsgläubiger sind, laufen keine Gefahr, da ihnen ja der Mann zugleich persönlich haftet[3]). Auch sie sind Konkursgläubiger im Konkurse des Mannes. Die Frau selber aber wird, auch wenn sie persönlich schuldenfrei ist, durch die konkursmäßige Verwirklichung der Haftung des Mannes nicht härter betroffen als durch die außerkonkursmäßige. Das Gesamtgut ist eben, mag es auch ganz von der Frau stammen, den Gläubigern des Mannes preisgegeben. Darin liegt der Sinn und die Gefahr der gütergemeinschaftlichen Haftungsgestaltung: „Die dem Manne traut, traut auch seinen Schulden".

Zur Konkursmasse des Mannes kann außer dem Gesamtgut bei allgemeiner Gütergemeinschaft ein Vorbehaltsgut, bei Errungenschafts- und Fahrnisgemeinschaft ein eingebrachtes Gut des Mannes gehören[4]). Nutzungen eines eingebrachten Gutes der Frau[5]) erfaßt der Konkurs des Mannes nicht, soweit sie dem Gesamtgut erst nach Konkursbeginn zufließen (konkursfreier Neuerwerb). Anders die Nutzungen eines eingebrachten Gutes des Mannes, da hier der Grundstock (das eingebrachte Gut) selbst zur Masse des Mannes gehört. Die bei Eröffnung des Manneskonkurses bereits gezogenen Früchte eingebrachter Güter beider Ehegatten bilden mit dem Gesamtgut Massebestandteile, ohne daß die Beschlagsschranke des § 861 ZPO. eingreift[6]).

2. Verfällt ein Ehegatte, der Mann oder die Frau, erst während der Auseinandersetzung des Gesamtguts einer bereits beendeten ehelichen Gütergemeinschaft in Konkurs, dann bleibt der § 2 KO. unanwendbar. Ebenso, wenn der Konkurs des überlebenden Ehegatten oder eines Abkömmlings erst während der Auseinandersetzung nach fortgesetzter Gütergemeinschaft ausbricht. Aus welchem Grunde die eine oder andere Gemeinschaft geendet hatte, gilt gleich. Das in Auflösung begriffene Gesamtgut steht den Beteiligten als gleichberechtigten Mitherren zu und unterliegt nur einer gegen beide Teile wirkenden Zwangsvollstreckung[7]). Darum muß auch der Konkurs die Mitherrschaft beachten. Ein in dieser Zeit eröffneter Konkurs über das Eigenvermögen eines Gemeinschaftsgenossen erfaßt daher dessen Anteil am Gesamtgut,

---

[2]) Siehe die §§ 1459 I, 1530, 1549 (fortgesetzte Gütergemeinschaft: § 1489) BGB., § 740 (fortgesetzte Gg.: § 745) ZPO.

[3]) Siehe § 1459 II. Für Schulden der Abkömmlinge haftet das Gesamtgut der fortgesetzten Gütergemeinschaft überhaupt nicht.

[4]) Vgl. §§ 1440, 1526 II, 1555; §§ 1520ff., 1527, 1550ff. BGB. Sondergut des Mannes im Sinne des § 1439 (vgl. §§ 1522, 1552) BGB. kann dem Ertrage nach zu seiner Konkursmasse gehören, soweit es wie der Nießbrauch zur Ausübung überlaßbar ist.

[5]) Vgl. §§ 1525, 1543, 1550 II BGB.

[6]) Jaeger KO.[7] § 1 Anm. 45.

[7]) §§ 1472, 1497, 1546, 1549 BGB.; §§ 743—745 ZPO.

den Anteil in jedem Falle (auch als Konkurs der Frau) und stets auch nur den Anteil (nicht das Gesamtgut im ganzen, auch nicht als Konkurs des Mannes). Dringende Rücksichten der Billigkeit gebieten aber die Zulassung eines Sonderkonkurses über das in Auflösung begriffene Gesamtgut. Seine Statthaftigkeit steht nach fortgesetzter Gütergemeinschaft fest, auch wenn die Auseinandersetzung schon vollzogen wäre (§ 236 Satz 1 mit § 216 II KO.). Nach Beendigung der ehelichen Gütergemeinschaft folgt die Zulässigkeit des Sonderkonkurses aus der ganz entsprechenden Haftungslage des Gesamtguts[8]). In diesem Sonderkonkurse sind Mann und Frau (oder der Erbe des einen oder anderen Ehegatten) Träger der Gemeinschuldnerrolle.

IV. **Erwerb der Frau während der Ehe.**

Unabhängig von der besonderen Gestaltung des ehelichen Güterrechts, also bei allen Güterständen, wird einer Ehefrau im Konkurse des Mannes die Aussonderung ihres ehezeitlichen Erwerbs durch den Beweis erschwert, daß sie den Erwerb nicht mit Mitteln des Mannes gemacht habe (§ 45). Die Kehrseite der Regelung ist die: unwiderlegt mit Mitteln des Mannes vollzogener Eheerwerb der Frau gilt als Bestandteil der Konkursmasse des Mannes[9]). Steht auch die Frau im Konkurse, dann sondert der Konkursverwalter des Mannes solchen Eheerwerb der Frau aus. Die Unterstellung trifft bewegliche und unbewegliche Sachen, körperliche und unkörperliche Vermögensgegenstände. Sie räumt zum Schaden der Ehefrau auch die Vermutungen der §§ 891, 1006, 1362 II BGB. aus, setzt aber erst bei Eröffnung des Manneskonkurses und ohne rückwirkende Kraft ein. Auch versagt der § 45, wenn die Frau den Erwerb mit Mitteln bestritten hat, die ihr der Mann selbst zugewendet, etwa geschenkt hatte. Denn die Wirksamkeit solcher Zuwendungen gegenüber der Konkursmasse des Zuwenders beurteilt sich nach der an besondere Erfordernisse und feste Zeitgrenzen gebundenen Konkursanfechtung (z. B. § 32 Nr. 2), neben der für das Aussonderungsverbot des § 45 kein Raum bleibt. Anwendbar ist diese Vorschrift beispielsweise, wenn die Ehefrau einen Schmuck mit Geldern anschaffte, die sie dem Manne gestohlen oder unterschlagen hatte. Hier kann der Konkursverwalter des Mannes den Schmuck als Eigentum der Masse in Anspruch nehmen, auch wenn der Schadensersatzanspruch des Mannes lange vor Konkursbeginn verjährt (§ 852 BGB.) oder unanfechtbar erlassen war. Oder: die Ehefrau hat ein Grundstück gekauft und den Preis mit Inhaberpapieren des Mannes, die sie für ihre eigenen hielt und halten durfte, beglichen. Fallen hier Mann und Frau kurz hintereinander in Konkurs, dann steht der Konkursmasse des Mannes ein Aussonderungsanspruch auf das Grundstück zu, das auf den Namen der Frau und bisherigen Eigentümerin verbucht ist (§ 45 KO. mit §§ 894, 985 BGB.). Auf Verfolgung eines Bereicherungsanspruchs (§ 816 BGB.) als Konkursforderung ist die Konkursmasse des Mannes hier nicht angewiesen. Oder: der Mann ist abwesend, die Frau verwaltet ohne Vollmacht das in ihren Händen befindliche Vermögen des Mannes, veräußert zur Verhütung drohender Verluste Wertpapiere desselben und legt den Erlös zunächst auf ihren Namen hypothekarisch an; der Mann kehrt zurück, die Ehegatten geraten in Konkurs. Auch hier steht der Konkursmasse des Mannes ein Aussonderungsrecht hinsichtlich der Hypothek auf Grund des § 45 zu; auf ein Konkursgläubigerrecht (§§ 681, 667 BGB.) ist sie nicht beschränkt. Fälle solcher Art bilden das Anwendungsgebiet des § 45. Wenn dagegen ein reicher Ehemann seiner Frau kurz nach der Hochzeit ein Landhaus schenkte, die Ehegatten darauf über dreißig Jahre in andauernd glänzenden Verhältnissen lebten, nun aber infolge einer allgemeinen Wirtschaftskatastrophe der Mann unversehens in Konkurs gerät, würde eine Anwendbarkeit des § 45 nicht nur zu unlösbarem Widerstreit mit den Grundsätzen der Konkursanfechtung führen, denenzufolge jener Erwerb der Frau schon nach zwei Jahren für die Gläubiger des Schenkers unangreifbar geworden war (§ 32 Nr. 2), sondern auch durch keine vernünftige Erwägung zu rechtfertigen sein. Darum nimmt auch die Praxis Zuwendungen des Mannes an die Frau vom Bereiche des § 45 aus[10]).

---

[8]) Auch das ist bestritten. Näheres Jaeger KO.[7] § 2 Anm. 19ff.

[9]) Siehe unten S. 109f.

[10]) Jaeger KO.[7] § 45 Anm. 11 u. 12 mit Verw.

§ 16.

3. Die Aussonderung.

I. Begriff.

Wenn der Konkursverwalter eine Sache, die im Eigentum eines Dritten steht, eine Forderung, deren Gläubiger (z. B. als Zessionar) ein Dritter ist, oder irgendein anderes Recht eines Dritten für die Konkursmasse als deren Bestandteil in Anspruch nimmt, kann der Dritte den Gegenstand (die Sache oder das Recht) aussondern. Das Wesen einer solchen Aussonderung liegt in der Abwehr einer Inanspruchnahme des Gegenstandes für die Konkursmasse. Aussonderung ist Drittwiderspruch gegenüber behaupteter Massezugehörigkeit. Wie eine Einwendung im Sinne des § 771 ZPO. der Einzelvollstreckung, so setzt die Aussonderung des § 43 KO. der Gesamtvollstreckung den Widerspruch eines Dritten entgegen: das Objekt des Zugriffs gehört dem Schuldner nicht. Die Parallele liegt klar zutage. Doch hat der Drittwiderspruch für jede der beiden Arten seinen selbständigen Ausbau gefunden[1]).

Im nächstliegenden Falle verläuft die Aussonderung so: der Konkursverwalter findet beim Gemeinschuldner eine Sache vor, die er für dessen Eigentum hält und nimmt sie daher in Besitz; ein Dritter, dem die Sache gehört, weist sein Eigentum dem Verwalter nach und nötigt ihn zur Herausgabe. Auf der Betrachtung dieses Vorganges beruht die landläufige Begriffsbestimmung: „aussondern" heißt, der Masse Gegenstände entziehen, die sich tatsächlich in ihr befinden, die aber rechtlich nicht zu ihr gehören. Der Wortlaut des § 43 und so auch noch der des ihm nachgebildeten § 44 österr. KO. leistet dieser Definition Vorschub. Der Kritik hält sie nicht stand. Sie ist vor allem zu eng, weil sie nur körperliche Vermögensgegenstände trifft, obgleich doch auch unkörperliche in Frage kommen. Wenn z. B. der jetzige Gemeinschuldner vor dem Konkurs eine Forderung abgetreten hatte, der Konkursverwalter aber die Wirksamkeit der Abtretung nicht anerkennt, ist der Kampf zwischen Zessionar und Verwalter ein Aussonderungsstreit um die Forderung[2]). Daß sie „sich in der Masse befinde", kann man gewiß nicht behaupten. Diese Wendung ist aber auch irreleitend, da sie den Kern der Sache verdunkelt. Die Gesetzesworte „aus der Konkursmasse" wollen besagen: gegenüber einer Inanspruchnahme für die Konkursmasse. Dadurch, daß im Beispielsfalle der Zessionar die vom Verwalter behauptete Massezugehörigkeit der Forderung verneint, sondert er die Forderung aus. Es ist denkbar, daß ein diese Nichtzugehörigkeit feststellender[3]) Richterspruch den Aussonderungsstreit erschöpfend erledigt. Der Aussondernde braucht gar nicht zu behaupten, die Forderung stehe ihm selber zu, sowenig als er bei Aussonderung einer Sache deren Eigentum für sich selbst in Anspruch nehmen muß[4]). Meist freilich liegen die Dinge so, daß sich Bestreitung der Massezugehörigkeit und Be-

[1]) Der innere Zusammenhang zwischen § 771 ZPO. und § 43 KO. rechtfertigt es, die durch den Wortlaut des § 771 ZPO. offen gelassene Frage, ob auch persönliche Ansprüche die Einwendung begründen können, auf Grund des § 43 KO. zu bejahen. Dagegen lassen sich die Regelwidrigkeiten der §§ 44—46 KO. nicht auf den Drittwiderspruch des § 771 ZPO., die besonderen Zuständigkeitsvorschriften der §§ 771 I, 802 ZPO. und die einstweiligen Anordnungen der §§ 771 III, 769f. ZPO. nicht auf die Aussonderung übertragen. Seltsamerweise empfiehlt der Entwurf einer ZPO. (1931) im § 820 die mißglückte und hoffnungslos umstrittene Wendung des bisherigen § 771 „ein die Veräußerung hinderndes Recht", da sie durch die Rechtsprechung hinreichend „geklärt" sei (Begr. S. 482), beizubehalten und nur hinzuzusetzen „als ein solches Recht gelte auch ein Herausgabeanspruch" (der Zusatz wäre für dingliche Ansprüche selbstverständlich, für persönliche nicht genau genug). Mindestens sollte doch der im § 43 KO. liegende Fortschritt beachtet und gesagt werden: „Ein Dritter kann auf Grund eines dinglichen oder persönlichen Rechts der Zwangsvollstreckung widersprechen, wenn ihr Gegenstand dem Schuldner nicht gehört." Alsdann könnte es der Auslegung überlassen bleiben festzustellen, daß auch „persönliche" Ansprüche auf „Herausgabe" von „Sachen", die dem Schuldner „nicht gehören", den Drittwiderspruch begründen [unten II 2].

[2]) RG. Bd. 98 S. 145.

[3]) Ob der Zessionar, der vielleicht unterdessen weiterzedierte, ein im Sinne des § 256 ZPO. ausreichendes Rechtsschutzbedürfnis an der bloßen Feststellung der Nichtzugehörigkeit hat (etwa weil er seinem Nachmann gewährpflichtig ist), das steht auf einem anderen Blatt.

[4]) Vielmehr kann, wie wir gleich sehen werden, z. B. auch der Verleiher einer fremden Sache diese aussondern. Vielleicht darf der Gemeinschuldner als Entleiher die Sache noch weiter gebrauchen. Dann kann der Verleiher die Herausgabe an sich selber noch gar nicht verlangen. Die Aussonderung kann aber schon vor der Fälligkeit des Herausgabeanspruchs statthaft sein.

hauptung eigener Rechtszuständigkeit verbinden. Dann geht die Aussonderungsklage dahin, daß das vom Verwalter für die Masse in Anspruch genommene Recht (Gläubigerrecht, Eigentumsrecht) dem Kläger zusteht. Begriffswesentlich ist aber wie in Fällen des § 771 ZPO.[5]) nur die Negative.

Wie die Einwendung des § 771 ZPO. ist die Aussonderung eine von dritter Seite, nicht vom Schuldner ausgehende Abwehr des Gläubigerzugriffs und wie jene richtet sich diese gegen die Zugehörigkeit zur Zugriffsmasse, nicht gegen den Schuldner in Person. Um eine Aussonderung handelt es sich also nicht, wenn der Gemeinschuldner der Inanspruchnahme eines Gegenstandes für die Masse die Behauptung der Unpfändbarkeit oder des Neuerwerbs entgegensetzt[6]). Weiter aber auch dann nicht, wenn der Drittberechtigte während des Konkurses nur mit dem Schuldner in Person über die Rechtszuständigkeit streitet[7]). Endlich muß die Freigabe im Fachsinne des Gesetzes streng vom Aussonderungsvorgang unterschieden werden. Sie ist Verzicht auf eine in Wahrheit bestehende Massezugehörigkeit und zwar ein Verzicht des Verwalters gegenüber dem Gemeinschuldner[8]).

Den Ausdruck „Aussonderung" hat erst unsere Konkursordnung in die Rechtssprache eingeführt. Das österreichische Konkursgesetz von 1914 ist gefolgt. Nach dem Hauptfalle, daß ein Dritter eine ihm, nicht dem Gemeinschuldner gehörende Sache in Anspruch nimmt (rei vindicatio), hat die gemeinrechtliche Lehre die Aussonderungsberechtigten „Vindikanten" (c. com. a. 574ff. „revendication") oder „Separatisten ex iure dominii" genannt. Auch die preußische KO. von 1855 (§§ 20ff.) redet noch von „Vindikations-Ansprüchen" und verdeutscht „vindizieren" in den Einzelvorschriften mit „zurückfordern", obwohl die Aussonderung auch bei Sachen nicht notwendig voraussetzt, daß sie aus der Hand des Aussondernden in die des Gemeinschuldners oder Verwalters gelangt sind (vgl. § 45).

Unser Gesetz reiht der „Aussonderung" (§§ 43ff.) die „Absonderung" an (§§ 47ff.) und versteht unter der „abgesonderten Befriedigung" eine vom Konkursverfahren unabhängige Vorzugsdeckung aus bestimmten, zur Masse gehörenden Gegenständen, wie sie namentlich kraft einer Pfandhaftung verlangt werden kann. In dieser Gegenüberstellung kommt aber nur ein Unterschied des Erfolgs zum Ausdruck, der nicht über den inneren Zusammenhang beider Rechtsvorgänge hinwegtäuschen darf. Behauptet etwa der Konkursverwalter, eine auf einer Liegenschaft des Gemeinschuldners ruhende Kreditbelastung gehöre als Eigentümergrundschuld zur Konkursmasse, während sie in Wahrheit einem Dritten als Gläubigerhypothek zusteht, dann liegt in der Abwehr der Inanspruchnahme für die Masse eine echte Aussonderung. Der Streit darüber, ob das Wertrecht wirklich der Masse zusteht, ist Aussonderungsstreit, mag nun ein massezugehöriges oder ein massefremdes Grundstück belastet sein. Nicht minder der Streit um den Rechtsbestand der Massebelastung selbst. Behauptet nämlich der Verwalter die als Gläubigerhypothek verbuchte Belastung des Massegrundstücks sei nichtig (vielleicht wegen Geschäftsunfähigkeit des Bestellers), dann nimmt er im Bereiche des geleugneten Wertrechts (nicht anders als wenn er einen Grundstücksnießbrauch leugnet) das Grundstück für die Masse in Anspruch. Eine Absonderung stellt erst die nachfolgende Vorzugsbefriedigung des Gläubigers aus dem Erlös oder den Erträgnissen des belasteten Massegrundstücks dar. So oft also der Verwalter die den Absonderungsanspruch begründende Haftung des Massegegenstandes bestreitet, geht der Absonderung begrifflich eine Aussonderung voraus. Heute stehen Aus- und Absonderungsberechtigte gleichermaßen außerhalb des Konkursverfahrens. Sie sind als solche keine Konkursgläubiger. Dagegen hatte das gemeine Recht lange Zeit (auch noch die preußische AGO. I 50

---

[5]) „Unzulässigkeit" dieser Zwangsvollstreckung in diesen Gegenstand. Siehe auch Note 8.

[6]) Über solche Streitigkeiten zwischen Schuldner und Verwalter oben S. 95.

[7]) Also etwa als Eigentümer einer Sache, deren Zugehörigkeit zur Masse vom Verwalter gar nicht behauptet wird, Herausgabe vom Gemeinschuldner selbst verlangt (§ 985 BGB.). Diesen Rechtsstreit berührt der Konkurs überhaupt nicht.

[8]) Darum wird im Aussonderungsstreit ein auf Freigabe lautender Antrag besser vermieden. Auch bei der Drittwiderspruchsklage des § 771 ZPO. versagen Anträge auf Freigabe (nämlich aus dem Gläubigerzugriffe) schon deshalb, weil sie den Weg zum Ziele der §§ 775 Nr. 1, 776 Satz 1 ZPO. nicht erschließen, und müssen deshalb „sachdienlich" umgestellt (§ 139 ZPO.) oder von Amts wegen umgedeutet werden. Näheres über die Freigabe oben S. 93.

§§ 296ff.) die Separatisten ex iure dominii (Aussonderungsberechtigte) wie die Separatisten ex iure crediti (Absonderungsberechtigte) als privilegierte Konkursgläubiger auf die Teilnahme am gemeinschaftlichen Befriedigungsverfahren verwiesen.

Was Aussonderung und Absonderung verbindet, ist die Dinglichkeit der sie tragenden Rechte. Wohl gibt es auch persönliche Aus- und Absonderungsansprüche, wie etwa den Aussonderungsanspruch des Verleihers, den Absonderungsanspruch des Lidlohngläubigers (in den Grenzen des § 10 Nr. 2 ZVG. mit § 47 KO.). Allein insoweit handelt es sich um gesetzliche Erweiterungen aus Rücksichten der Zweckmäßigkeit, nicht um begriffsmäßige Bildungen. Das Wesen des dinglichen Rechts (des Eigentums, Nießbrauchs oder Pfandrechts) an einer Sache besteht nun aber gerade darin, daß es für seinen Bereich Zugehörigkeit der Sache zum Vermögen des Rechtsträgers (des Eigentümers, Nießbrauchers oder Pfandgläubigers) begründet. Es stellt eine unmittelbare (nicht erst durch ein Schuldverhältnis vermittelte) Rechtsbeziehung zur Sache her, sei es als Vollrecht des Eigentümers oder als begrenztes Recht „an" der Sache (z. B. als Nießbrauch oder Pfandrecht). Die Kehrseite dieser Wirksamkeit ist die Verneinung einer fremden Sachherrschaft durch den dinglich Berechtigten: Aussonderung, bei Wertrechten Aussonderung mit anschließender abgesonderter Befriedigung. So haben die dinglichen Rechte als solche Aussonderungskraft. Es gibt kein dingliches Recht, das dieser Wirksamkeit ermangelt. Wie echtes Gold im Feuer, so wird die Dinglichkeit klar im Konkurse. Der Konkurs ist „ein Prüfstein" der Dinglichkeit.

II. Voraussetzungen.

1. Als Objekt setzt die Aussonderung (das liegt in ihrem Begriff) einen im einzelnen (individuell) unterscheidbaren „Gegenstand" voraus. Aussonderungsfähig kann Geld in Gestalt bestimmter Stücke oder Scheine, können auch Forderungen auf Geld sein, nicht aber Geldsummen, Wertbeträge oder andere vorgestellte Größen. Forderungen auf Ersatz eines Wertes oder Schadens in Geld sind niemals Aussonderungsansprüche[9]). Aussonderungsfähig sind alle Gegenstände, die im einzelnen Bestandteile einer Konkursmasse sein können, körperliche wie unkörperliche Rechtsgüter, also z. B. auch Forderungen, Patentrechte, Geschäftsgeheimnisse. Sachen (Fahrnis oder Liegenschaften) können dem Eigentum nach, möglicherweise aber auch nur für den Bereich begrenzter Sachenrechte der Aussonderung unterliegen. Ist der Hauptinhalt des Eigentums, etwa durch den Nießbrauch einer Gemeinde (§ 1061 Satz 2 BGB.) oder durch ein Erbbaurecht erschöpft, dann steht neben der Aussonderung des entwerteten Eigentums (der nuda proprietas) die der Belastung. In den Beispielsfällen kann der Eigentümer selbst die Herausgabe der Sache gar nicht verlangen, sondern nur die Anerkennung des belasteten Eigentums. So natürlich auch dann nicht, wenn die Belastung zugunsten des Gemeinschuldners besteht. Es ist also keineswegs gesagt, daß die Aussonderung kraft Eigentums eine Herausgabe an den Eigentümer erzielen müßte.

2. Welche Ansprüche eine Aussonderung begründen, bestimmt das Gesetz — anders als bei der Absonderung (§§ 4, 47ff.) — nicht im einzelnen. Es begnügt sich damit, ihren Inhalt im allgemeinen anzudeuten und hervorzuheben, daß Aussonderungsansprüche aus dinglichen oder persönlichen Rechten erwachsen können. Im übrigen verweist es auf die außerhalb des Konkursverfahrens geltenden Gesetze. § 43.

Dem dinglichen Recht an einer Sache ist, wie schon unter I bemerkt, die Aussonderungskraft wesenseigentümlich. Denn sein Inhalt ergibt, was der § 43 voraussetzt, daß für den Rechtsbereich die Sache einem anderen „nicht gehört". Der Herausgabeanspruch des Eigentümers[10])

---

[9]) Etwa auf Grund der §§ 818 II, 823ff. mit § 251 I BGB. Zust. RG. Bd. 94 S. 24 u. S. 194.

[10]) Von besonderem Belang ist heute der Fall, daß ein zur Kreditierung des Preises genötigter Verkäufer sich das Eigentum der Ware bis zur Vollzahlung vorbehält (§ 455 BGB.). Ein wirksam vereinbarter Eigentumsvorbehalt sichert zwar Aussonderung und Ersatzaussonderung (§ 46) für Waren, die selbständige Fahrnis bleiben oder Zubehör werden (§§ 97, 98 BGB.), vermag aber den infolge Verbindung, Vermischung oder Verarbeitung eintretenden Eigentumsverlust (§§ 93, 946ff. BGB.) nicht abzuwenden. Bei bewilligter Weiterveräußerung der Vorbehaltsware durch den Käufer versagt auch der § 46. Näheres Jaeger § 43 Anm. 17, 29, 58; § 46 Anm. 2 u. 3 mit Verw.

gegen den Konkursverwalter des Besitzers (§ 985 BGB.) stellt geradezu das Urbild der Aussonderungsansprüche dar. Auch der Abwehranspruch des Eigentümers (§ 1004 BGB.) kann auf echte Aussonderung gerichtet sein, nämlich dann, wenn er ein vom Konkursverwalter für die Masse in Anspruch genommenes Eingriffsrecht (z. B. eine Grunddienstbarkeit des Gemeinschuldners) verneint. Auch die entsprechenden (vindikatorischen oder negatorischen) Grundbuchberichtigungsansprüche haben Aussonderungskraft (z. B. der negatorische auf Löschung der zu Unrecht für den Gemeinschuldner eingetragenen Servitut, §§ 894, 899 BGB.). Dagegen bilden Neben- und Ersatzansprüche des Eigentümers (§§ 987—993 BGB.), soweit sie auf Erstattung von Wert- oder Schadensbeträgen gehen, bloße Konkursforderungen (im Bereiche des § 59 Nr. 1 Massegläubigerrechte)[11]). Auch der Besitz kann sich als dingliche Rechtsmacht in Aussonderungsansprüchen auswirken (§§ 861, 1007 BGB.). Nur wird eben hier die Sache nicht dem Eigentum, sondern bloß dem Besitze nach ausgesondert. Unter den gleichen Voraussetzungen wie außerhalb des Konkurses muß im Konkurse die vorläufige Rechtsmacht des Besitzers der endgültigen des Eigentümers weichen (§§ 864 II, 1007 II BGB.).

Der § 43 stellt nun aber bei aller Knappheit der Fassung so viel doch ausdrücklich klar, daß Aussonderungsansprüche nicht nur aus dinglichen, sondern auch aus persönlichen Rechten erwachsen können. Es soll also auch schuldrechtliche Ansprüche auf Aussonderung von Sachen geben. Nun braucht zwar, wer eine Sache aussondern will, nicht gerade darzutun, daß sie ihm selber „gehöre". Sie darf aber nicht „dem Gemeinschuldner gehören". Wenn ein Gegenstand jetzt im Vermögen des Schuldners steht und ein Dritter lediglich einen Anspruch auf Übertragung dieses Gegenstandes in sein Vermögen, einen Anspruch auf dessen „Verschaffung" (besonders auf Übereignung, Abtretung, Belastung) hat, dann begründet der Anspruch im Regelbereiche des Gesetzes keine Aussonderung. Eine solche setzt massefremde Gegenstände voraus. So bildet der Anspruch des Käufers auf Verschaffung der gekauften Sache im Konkurse des Verkäufers, so der Anspruch des Vermächtnisnehmers auf die vermachte Sache im Konkurse des Beschwerten, so der Rückübereignungsanspruch im Konkurse des ungerechtfertigt Bereicherten nur eine in Geld zu verfolgende Konkursforderung (§§ 3, 63, 69), soweit das Gesetz nicht besonderes verordnet (wie in den §§ 17ff., 44, 46 KO., § 392 HGB.). Bei schuldrechtlichen Ansprüchen auf Herausgabe (Rückgabe), wie sie der Verleiher, Hinterleger, Vermieter der einem anderen gehörenden Sache gegen den Gemeinschuldner haben kann, ergibt nun freilich der Nachweis des anspruchbegründenden Tatbestandes auch noch nicht mit Sicherheit, daß die Sache eine massefremde sei. Allein Entstehungsvorgang und Lebenserfahrung lassen hier immerhin vermuten, daß die Sache dem Schuldner und darum seiner Konkursmasse nicht zugehöre, weil man eben nach dem gewöhnlichen Lauf der Dinge nur fremde Sachen entleiht, verwahrt oder mietet. An solcher Wahrscheinlichkeit läßt es der § 43 genügen. So wird (darin vor allem liegt der Sinn dieser Zweckmäßigkeitsregelung) für die meisten Fälle eine Lösung der Eigentumsfrage erspart. Auch kann der Vertrauensmann, der eine fremde Sache empfangen und sie weiterüberlassen hat, deren Rückgabe gegenüber der Konkursmasse des Empfängers kraft eigenen Rechtes (nicht nur kraft Bevollmächtigung) durchsetzen. Ein schuldrechtlicher Anspruch in Ansehung einer Sache hat nur dann Aussonderungskraft, wenn er auf Sachherausgabe, nicht aber, wenn er auf Sachverschaffung geht.

Wenn für den Bereich des § 43 KO. oder des § 771 ZPO. die Frage aufgeworfen wird, unter welcher Voraussetzung persönliche Rechte die Klage begründen, so handelt es sich dabei nicht um den Fall, in dem eine Forderung selber das Objekt der Aussonderung oder des Drittwiderspruchs bildet. Daß der wahre Gläubiger (als Zessionar, Erbe) der Inanspruchnahme des Forderungsrechtes für die Zugriffsmasse ebenso entgegentreten kann wie der wahre Eigentümer einer Inanspruchnahme der Sache, war von vornherein zweifellos. Ihm und nicht dem Gemeinschuldner steht der Gegenstand (die Forderung wie die Sache) dem Rechte nach zu. Fraglich aber erscheint, wann eine für die Zugriffsmasse in Anspruch genommene Sache, in Ansehung deren ein Dritter einen schuldrechtlichen Anspruch hat, kraft dieses Anspruchs dem Zugriff entwunden werden kann. Hier handelt es sich also nicht um eine Aussonderung der Forderung, sondern um eine Aussonderung ihres Gegenstandes. Liegt das Wesen der Aussonderung

---

[11]) Auf die noch beim Gemeinschuldner vorhandene Ernte, die dieser als nicht gutgläubiger Besitzer eingebracht hat, steht dem Eigentümer ein Aussonderungsanspruch zu (§§ 953, 990 I mit § 987 I BGB.).

in der Verneinung der Zugehörigkeit eines Gegenstandes zum Schuldnervermögen, dann können Ansprüche darauf, daß der Schuldner einen derzeit ihm gehörenden Gegenstand aus seinem Vermögen in das des Gläubigers überführe, die Aussonderung (und den Drittwiderspruch) offenbar nicht begründen. Wir nennen diese Ansprüche nach dem typischen Falle der §§ 433, 434 BGB. „Verschaffungsansprüche". Sie stehen im Gegensatze zu solchen schuldrechtlichen Ansprüchen, die nicht erst auf Übertragung aus dem Schuldnervermögen, sondern unmittelbar auf Herausgabe gerichtet sind, wie die Forderungen auf Rückgabe einer Sache nach beendeter Leihe, Verwahrung, Miete, Pacht oder Verpfändung. Nach ihrem dinglichen Urbilde (§ 985 BGB.) nennen wir sie „Herausgabeansprüche". Doch bedarf es bei der Unsicherheit des gesetzlichen Sprachgebrauchs aller Vorsicht. Namentlich sind Forderungen „auf Herausgabe einer ungerechtfertigten Bereicherung" (§§ 812 ff. BGB.) wie z. B. auf Rückübereignung einer ohne rechtlichen Grund im Vermögen des Schuldners stehenden Sache, vom Ausnahmefall des § 46 abgesehen, keine Aussonderungsansprüche. Der echte Herausgabeanspruch dagegen begründet die Aussonderung der Sache (besonders einer anvertrauten), ohne daß der Aussondernde auch der Eigentümer zu sein brauchte. Sind der schuldrechtliche und der dingliche Anspruch in einer Hand vereinigt, dann hat der Berechtigte die Wahl, auf welchen von beiden er die Aussonderung stützen will. Zuständigkeit, Klagegrund und Beweislast sind danach zu trennen. Stehen die Ansprüche verschiedenen Personen zu, dann löst sich der Widerstreit nicht anders, als wenn kein Konkurs schwebte (vgl. § 76 ZPO.). Sollte es vorkommen, daß zwar ein schuldrechtlicher Herausgabeanspruch feststeht, gleichwohl aber vom Verwalter Zugehörigkeit der Sache zum Schuldnervermögen behauptet wird, dann trüge der Aussondernde die Beweislast für Massefremdheit. Näheres Jaeger KO.[7] § 43 Anm. 4, 5, 28 ff.; Bankverwahrung: Anm. 29.

III. Aussonderung von Treugut.

Wer dem jetzigen Gemeinschuldner mit dessen Einverständnis einen Gegenstand nur Scheines halber übertragen hatte (§ 117 I BGB.), kann fraglos diesen Gegenstand, also etwa ein dem Schuldner nur zum Schein übereignetes Grundstück trotz Umbuchung auf diesen, aussondern. Doch trägt eben der Aussondernde die Last des Simulationsbeweises. Entsprechendes gilt für andere Scheinrechte des Gemeinschuldners, einerlei, wer in Wahrheit der Rechtsträger ist.

Anders liegen die Dinge, wenn bei einer an den jetzigen Gemeinschuldner vollzogenen Verfügung der Rechtsübergang zwar dem ernsten Willen der Beteiligten entsprochen, aber im Einklang mit diesem Willen den erstrebten wirtschaftlichen Zweck überschritten hatte. So, wenn dem Schuldner Vermögensstücke dem vollen Rechte nach übertragen (wenn ihm Sachen übereignet, Forderungen abgetreten oder überwiesen) worden waren, aber nur zu dem Zwecke der Sicherstellung von Schulden des Übertragenden oder der Verwaltung und Verfügung (z. B. der Einziehung) für ihn[12]). So auch, wenn dem Schuldner als Sammler Spenden anvertraut wurden, damit er sie einem wohltätigen oder gemeinnützigen Zwecke zuführe. Oder wenn einem trustee Aktien nur übertragen wurden, damit er die Aktionärrechte im Interesse der Treugeber ausübe. Daß Treuhandverfügungen in diesem Sinne wirksam sein können, steht fest (vgl. § 223 II BGB.). Welche Rechtsstellung aber der Treugeber im Konkurse des Treuhänders einnimmt, ist streitig. In der Rechtslehre wird dem Treugeber überwiegend, vom Reichsgericht ständig ein Anspruch auf Aussonderung des Treuguts zuerkannt[13]). Nur diese Lösung wird den Bedürfnissen des Verkehrs, nur sie der Billigkeit gerecht. Wie aber läßt sie sich begründen?

Soll die Frage gedeihlich behandelt werden, dann gilt es vor allem, das Streitgebiet abzugrenzen. „Treuhand" ist kein scharf umrissener Rechtsbegriff. Nur Zuwendungen mit zweckùberschreitender Rechtseinräumung kommen hier in Frage, diese freilich einerlei, ob der Erwerber die ihm anvertraute Rechtsmacht zu seinem oder zu fremdem Vorteil auszuüben hat, ob also die Treuhand eine eigennützige (wie Sicherungsübereignung und Sicherheitsabtretung) oder eine uneigennützige (wie die Übertragung von Rechten zur Einziehung) ist. Zweckùberschreitende Anvertrauungen bleiben hier insoweit außer Betracht, als sie eine gesetzliche Sonderregelung erfahren haben wie die darlehnsartige Hinterlegung (§ 700 BGB., § 2

[12]) Der Ausdruck Inkassozession wird im unterschiedlichen Sinne gebraucht. Hier steht die Abtretung der Forderung selbst in Frage (wie sie RG. Bd. 132 S. 366 und an den hier angeführten Stellen gemeint ist). Liegt nur die Ermächtigung eines Dritten vor, durch Einziehung im eigenen Namen über eine fremde Forderung gemäß § 185 BGB. zu verfügen (Enneccerus-Lehmann Schuldrecht[11] 1930 § 80 IV 2), dann steht die Forderung zunächst noch dem bisherigen Gläubiger zu und unterliegt darum zweifellos seiner Aussonderung.

[13]) Darüber und zum folgenden Jaeger KO.[7] § 43 Anm. 38 ff. mit Verw.

DepotG.) und die Kommission (§ 392 II HGB.). Desgleichen Anschaffungen, die der jetzige Gemeinschuldner (abgesehen vom Bereiche des § 392 II HGB.) eigenen Namens, aber auf Geheiß und Rechnung eines Dritten vorgenommen hatte (sog. verdeckte Stellvertretung), mag nun der stille Mittler Treuhänder genannt werden oder nicht. Endlich Zuwendungen, bei denen der Eintritt einer wirksam vereinbarten auflösenden Bedingung den Aussonderungserfolg außer Streit stellt[14]).

Für das so abgesteckte Gebiet der zweckübersc hreitenden Zuwendung wird das Aussonderungsrecht des Treugebers durch die Entstehungsgeschichte des Gesetzes gerechtfertigt, jedenfalls aber reichsgewohnheitsrechtlich anerkannt. Bei den Verhandlungen, die im Schoße der gesetzgebenden Körperschaften über den Entwurf des jetzigen § 43 KO. stattfanden, stand im Vordergrunde das sog. fiduziarische Vollindossament, das den Indossatar eines Wechsels zur Einziehung eigenen Namens, aber für fremde Rechnung ermächtigen[15]) oder ihn als Gläubiger sicherstellen soll. Zahlreiche Auslandsgesetze erkennen im Anschluß an a. 574 c. com. das Aussonderungsrecht des Treugeber-Indossanten eigens an[16]). Mit Recht lehnt unser Gesetz, um zweckwidrigen Gegenschlüssen vorzubeugen, solche Einzelregelungen ab. Bei den Beratungen der Reichstagskommission von 1875/76 wurde aber ausdrücklich „als die übereinstimmende Auffassung der Kommission und der Regierungsvertreter" festgestellt, daß der (jetzige) § 43 KO. den Aussonderungsanspruch des Vollindossatars gar „nicht ausschließe". Darin liegt die für den Ausleger des Gesetzes maßgebende Anerkennung, daß ein durch zweckübersc hreitende Zuwendung anvertrautes Gut kein dem Zugriffe der Gläubiger des Treuhänders zugängliches Vermögen darstellt, daß es vielmehr gegenüber einer Inanspruchnahme für die Konkursmasse des Treuhänders der Aussonderung des Treugebers nach § 43 KO. und folgerecht gegenüber dem Zwangsvorgehen einzelner Gläubiger des Treuhänders einem Widerspruch des Treugebers nach § 771 ZPO. unterliegt. Im Sinne der Vollstreckung „gehört" es dem Treuhänder „nicht". Die Treuhänderverfügung hat insofern eine geminderte Wirksamkeit. Gleiches besagt dem Ergebnisse nach auch der in der Rechtsprechung des Reichsgerichts ständig wiederkehrende Satz, daß Treugut zwar formell im Rechte des Treuhänders stehe, „materiell und wirtschaftlich aber nicht zu seinem Vermögen gehöre"[17]). Die Ausdrucksweise ist nicht bedenkenfrei, aber sie entspringt der richtigen Erwägung, daß die zweckübersc hreitende Rechtsmacht des Treuhänders dessen Zugriffsmasse nicht vermehrt. In der steten Praxis des obersten Gerichtshofs hat diese Auffassung, wenn das Gesetz trotz jener Entstehungsvorgänge dem Zweifel noch Raum lassen sollte, sicherlich ihre gewohnheitsrechtliche Anerkennung gefunden[18]).

Für den Inhalt und dementsprechend für die Erfüllung des Anspruchs auf Treugutsaussonderung ergeben sich um deswillen Eigentümlichkeiten, weil das Gut dem jetzigen

---

[14]) Eine solche Bedingtheit muß inhaltlich genau bestimmt sein. Sie läßt sich nicht willkürlich unterstellen und scheitert für wichtige Fälle am Verbote des § 925 II BGB.

[15]) Das bloße Prokuraindossament (a. 17 WO.) meidet der Verkehr, um nicht den Anschein eines Mißtrauens gegenüber dem Indossatar zu erwecken.

[16]) Sogar England läßt die Aussonderung von Treugut zu, obwohl ihr die eigenartige Einrichtung des Reputed ownership dem Zwecke nach widerstreitet. Im allgemeinen gelten nämlich Gegenstände des beweglichen Vermögens, die noch bei Konkursbeginn mit Wissen und Willen des Dritteigentümers im Geschäftsbetrieb eines kaufmännischen Schuldners so verwendet werden, als gehörten sie dem Schuldner, um dieses Anscheins willen als Massebestandteile. So z. B. Waren und Möbel, die er sicherungshalber übereignet, aber in Händen behalten oder die er selbst unter Eigentumsvorbehalt erworben hatte. Bankruptcy Act v. 1914 s. 38 (für juristische Personen und Nachlässe nicht übernommen, auch nicht im Vergleichsverfahren maßgebend).

[17]) So z. B. RG. Bd. 91 S. 14. Nachweise für die Zeit von 1886 bis 1930 siehe bei Jaeger aaO. Anm. 40.

[18]) Der Verfasser hat die erstmals von ihm vertretene Ansicht, daß Treuhandverfügungen „relativ unwirksam" seien, nämlich im Verhältnis zwischen Treugeber und Treuhänder, im übrigen aber vollwirksam, längst aufgegeben (aaO. Anm. 40a). Niemand wird behaupten, daß eine Sicherungsübereignung im Verhältnis zwischen Eigner und Übereigner überhaupt nicht wirke. Nur soweit sie ihren Zweck (die Sicherung) überschreitet, ist ihre Wirksamkeit abgeschwächt, und zwar gegenüber den Gläubigern des Eigners. Solche Rechtslage vermag nur ein Rechtssatz (Gesetz oder Gewohnheitsrecht), nicht der Parteiwille zu schaffen.

Gemeinschuldner der Rechtsform nach uneingeschränkt zugewendet worden war. Hatte der Treugeber eine Forderung nur zum Zwecke der Einziehung abgetreten (Inkasso-Zession), dann hat er vom Konkursverwalter des Zessionars Rückabtretung zu beanspruchen, gegebenenfalls auch Rückgabe einer Abtretungsurkunde. Beim Vollindossament zur bloßen Einziehung hat der Konkursverwalter des Indossatars dem Indossanten das auf ihn rückindossierte Orderpapier auszuhändigen. Hatte der Eigentümer eines Grundstücks (etwa vor Antritt einer Forschungsreise auf unabsehbare Zeit) dem nachmaligen Gemeinschuldner ein Grundstück übereignet, um ihm als Verwalter völlig freie Hand einzuräumen, dann geht der Aussonderungsanspruch darauf, daß der Verwalter das Grundstück rückauflasse und die Rückeintragung bewillige, ähnlich wie ein durch Vormerkung gesicherter Rückübereignungsanspruch (§ 24). In der Richtung auf Rückübertragung nähern sich die Ansprüche des Treugebers der unter V behandelten regelwidrigen Aussonderung. Das der Treuhandverfügung zugrunde liegende Schuldverhältnis ist in den Beispielsfällen ein entgeltlicher oder unentgeltlicher Geschäftsbesorgungsvertrag (vgl. §§ 667, 675 BGB.). Bei Sicherungsübereignungen entspricht es dem Schuldverhältnis zwischen Pfandgläubiger und Verpfänder (vgl. §§ 1215 ff. BGB.). Hier wie dort können dingliche und persönliche Aussonderungsansprüche zusammentreffen. So hat im Konkurse des Sicherungseigners (Treuhänders) der Übereigner (Treugeber), wenn die gesicherte Schuld schon erloschen ist, kraft dinglichen (§ 985) und kraft persönlichen Rechts (entsprechend dem § 1223 BGB.) Anspruch auf Herausgabe des Treuguts. Beiden kann der Konkursverwalter wehren, solange die gesicherte Schuld noch unerfüllt ist (vgl. § 986 BGB.). Vorzeitig braucht er sich die Zahlung nicht aufdrängen zu lassen. Sobald aber der Schuldner der gesicherten Verbindlichkeit leisten darf, kann auch der Sicherungsübereigner gegen Erfüllung das Sicherungsgut aussondern (entsprechend dem § 1223 II BGB.)[19]).

IV. Aussonderungsvorgang.

Das Verfahren der Aussonderung wickelt sich unabhängig vom Konkurse ab. Der § 43 KO. verweist auch in dieser Hinsicht auf die „außerhalb des Konkursverfahrens geltenden Gesetze". Der Berechtigte kann den Aussonderungsanspruch gerichtlich und außergerichtlich, angriffs- und verteidigungsweise geltend machen, nur hat er ihn gegen den Konkursverwalter als den Zwangsvertreter des Masseträgers zu richten, weil der Verwalter den Gegenstand als Vermögen „des Gemeinschuldners", als Massebestandteil, in Anspruch nimmt (§§ 1, 11, 43). Den Kern des Richterspruchs im Aussonderungsprozesse bildet die Feststellung der Nichtzugehörigkeit zur Konkursmasse, die für sich allein zum Ziele führen kann, wie etwa zur Grundbuchberichtigung nach § 22 GBO. oder als Feststellung des Gläubigerrechts eines aussondernden Zessionars[20]). Meist aber beantragt der Aussonderungskläger zugleich ein Leistungsgebot, das im Regelfalle der Sachaussonderung auf Herausgabe durch den Konkursverwalter (nicht etwa bloß auf Gestattung der Wegnahme) zu lauten hat. In den besonderen Fällen unter III und V kann es auf Übertragung oder Rückübertragung an den Kläger gerichtet sein. Niemals gehen Aussonderungsansprüche auf Zahlung einer Geldsumme. Die Ansicht, daß die Aussonderungsklage Freigabe aus dem konkursgebundenen zugunsten des konkursfreien Vermögens begehre, beruht auf einer völligen Verwirrung der Begriffe. Was nützte ein solcher Erfolg dem Kläger! Auch für die Zuständigkeit gelten die allgemeinen Vorschriften. So ist im Regelbereiche des § 43 für die Klage auf Aussonderung des Grundeigentums oder einer Grundstücksbelastung (Feststellung, Bewilligung der Berichtigung) der dingliche Gerichtsstand begründet (§ 24 ZPO.). Einen eigenen

---

[19]) RG. Bd. 92 S. 280. Verfällt der Treugeber in Konkurs, dann übt dessen Ansprüche der Konkursverwalter aus (§ 6). Liegt der Treuhand ein Geschäftsbesorgungsvertrag zugrunde, dann erlischt er (§ 23). Bei der Sicherungsübereignung hat der Treuhänder (der gesicherte Gläubiger) im Konkurse des Treugebers (des Schuldners) wegen der noch unerfüllten Schuld abgesonderte Befriedigung aus dem Treugut zu beanspruchen. Siehe unten S. 113.

[20]) Beispiel: RG. Bd. 98 S. 145. Ist der Aussonderungsberechtigte als Eigentümer einer beweglichen Sache in deren Besitz oder ist er als Grundeigentümer eingetragen, dann ersparen ihm die Vermutungen der §§ 1006, 891 BGB. eine eigne Feststellungsklage (für die Regel fehlt es alsdann am Rechtsschutzbedürfnisse des § 256 ZPO.). Hier wird also der Aussonderungsberechtigte die Beklagtenrolle einnehmen.

gesetzlichen Gerichtsstand, wie ihn der § 771 ZPO. für den Drittwiderspruch gegenüber Einzelzugriffen geschaffen hat, gibt es für Aussonderungsklagen nicht. Auch für Anordnungen im Sinne der §§ 769, 771 ZPO. ist kein Raum. Wohl aber kann der Aussonderungsberechtigte vorläufigen Schutz nach Maßgabe der §§ 935f. ZPO. erwirken, etwa in Gestalt von einstweiligen Hinterlegungsgeboten oder Verwertungsverboten an den Konkursverwalter. Für die Anerkennung von Aussonderungsansprüchen gilt die innenrechtliche Schranke der §§ 133 Nr. 2, 136: der Verwalter soll zuvor einen etwa vorhandenen Gläubigerausschuß befragen. Die Wirksamkeit eines Anerkenntnisses im Aussonderungsprozesse (§ 307 ZPO.) wird durch dieses Gebot nicht bedingt.

V. Gesetzliche Erweiterungen.

Im Regelbereiche des § 43 KO. kommen nur massefremde Vermögensstücke als Gegenstände der Aussonderung in Frage. Bei der Treugutsaussonderung fehlt es, weil die zweckĂ¼berschreitende Rechtsmacht den Gläubigern des Treuhänders nicht zustatten kommt, insoweit auch an der Zugehörigkeit des Treuguts zu seiner Zugriffsmasse. Es gibt aber **Ausnahmefälle**, in denen das Gesetz Ansprüche auf Aussonderung massezugehöriger Gegenstände ausdrücklich anerkennt. Als Ausnahmen dulden diese Regelungen keine über ihren Zweckbereich hinausgehende Auslegung. Ihre inhaltliche Besonderheit liegt darin, daß sie dem Vermögen des Schuldners Bestandteile entziehen, die ihm aus Rücksichten der Billigkeit nicht gebühren. Ähnlich einer regelwidrigen Aussonderung wirkt der Vormerkungsschutz. Denn der Anwärter kann nach § 24 vom Konkursverwalter des Verpflichteten Befriedigung so verlangen, wie sie ihm außerhalb des Konkurses gebührt. So die Übereignung eines zur Masse gehörenden Grundstücks, die Bestellung eines begrenzten Rechtes an ihm, aber auch die Löschung noch bestehender Buchrechte der Masse oder deren Zurücksetzung im Range.

1. **Aussonderungsrecht des Kommittenten.** Forderungen aus dem Ausführungsgeschäft eines Kommissionärs gelten nach § 392 II HGB. im Verhältnis zwischen dem Kommittenten einerseits, dem Kommissionär und dessen Gläubigern andrerseits, noch ehe sie dem Kommittenten abgetreten sind, bereits als Forderungen des Kommittenten. Aus dieser Unterstellung folgt, daß der Kommittent im Konkurse des Kommissionärs die noch ausstehende „Forderung" (bei der Verkaufskommission auf den zu zahlenden Kaufpreis, bei der Einkaufskommission auf die zu liefernde Ware oder auf Gewährleistung wegen eines Rechts- oder Sachmangels) aussondern darf. Da sich aber die Fiktion auf das Verhältnis des Kommittenten zum Drittschuldner nicht erstreckt, bewendet es beim § 392 I HGB., demzufolge der Kommittent die Forderungen erst nach der Abtretung gegen den Drittschuldner verfolgen kann. Als Inhalt der regelwidrigen Aussonderung ergibt sich daher: der Kommittent hat die Abtretung vom Konkursverwalter des Kommissionärs zu beanspruchen.

Entsprechend hat der Versender im Konkurse des Spediteurs ein Aussonderungsrecht an den Forderungen des Spediteurs gegen den Frachtführer (§§ 407, 392 HGB.)[21]). Aussonderungsgegenstand ist aber nach § 392 II HGB. nur die noch ausstehende Forderung. Solange sie aussteht, ist dem Erfordernis der Unterscheidbarkeit genügt, die der eingezogene Leistungsgegenstand (zumal als Geldsumme) vielleicht rasch verliert. Darum beschränkt sich die Fiktion auf Außenstände. Demgemäß kann im Falle der Einkaufskommission die dem Kommissionär bereits übereignete Ware selbst, auch eine noch unterscheidbar bei ihm vorhandene, nach § 392 II HGB. nicht ausgesondert werden. Doch hatte möglicherweise der Kommissionär das Eigentum bereits, ehe er in Konkurs geriet, auf dem Wege der §§ 181, 930, 931 BGB. an den Kommittenten übertragen oder ihm die eingekauften Wertpapiere nach Maßgabe der Vorschriften des Depotgesetzes (§§ 3, 5, 7, vgl. § 10) übereignet[22]). Für Geschäftsbesorger des bürgerlichen Rechts, die eigenen Namens, aber auf fremde Rechnung tätig werden, fehlt es an einer dem § 392 II HGB. entsprechenden Vorschrift. Erstreckbar ist diese Besonderheit

[21]) RG. Bd. 92 S. 11. Ebenso sind Kommittent oder Versender durch das Recht des Drittwiderspruchs (§ 771 ZPO.) gegenüber Einzelzugriffen der Gläubiger des Kommissionärs oder Spediteurs geschützt. Diese Gläubiger müssen bei der Art des von ihrem Schuldner betriebenen Gewerbes damit rechnen, daß fremde Güter durch seine Hand gehen, können sich also über Kreditgefährdung nicht beklagen

[22]) Die ungeheuerliche Steigerung des Effektenverkehrs, die infolge des Verfalls unserer Währung eingetreten war, hatte eine strenge Beobachtung der depotgesetzlichen Schutzvorschriften vereitelt und führte zur Schaffung des S. 73 behandelten Konkursvorrechts der Besteller von Wertpapieren.

nicht[23]). Auch versagt ihnen gegenüber die Treuhandaussonderung, da sie die Anvertrauung von Gegenständen voraussetzt, die der Machtgeber bereits im Vermögen oder auf die er zum mindesten einen forderungsrechtlichen Anspruch hatte[24]). Im Falle der Versicherung für fremde Rechnung hat der dritte Versicherte gegenüber der Konkursmasse des Versicherungsnehmers auf Grund eigener Schutzvorschriften ein Aussonderungsrecht (§ 886 I 1 HGB., § 75 I VVG.).

2. **Verfolgungsrecht.** Bei Versendungskäufen darf der Verkäufer oder Einkaufskommissionär die von auswärts überschickte, noch unbezahlte Ware aus der Konkursmasse des Käufers oder des Kommittenten selbst dann aussondern, wenn das Eigentum auf den Adressaten — den jetzigen Gemeinschuldner — bereits vor dem Konkurs überging. Nur wenn die Ware schon vor dem Konkurs am Adreßort angelangt und vom Adressaten oder für diesen in Gewahrsam genommen ist, wird die Rückforderung, das Verfolgungsrecht, versagt[25]). Bedeutsam wird es namentlich in den Fällen der Übereignung durch Konnossement, Ladeschein oder Lagerschein (§§ 424, 450, 647 HGB.), durch Absendung des Stückeverzeichnisses nach Maßgabe der §§ 7, 3 DepotG. und in solchen Ausnahmefällen, in denen der Beförderer den Adressaten bei der Empfangnahme vertritt. Das Verfolgungsrecht kann dem Absender aber auch von Vorteil sein, wenn die Ware erst nach Konkursbeginn in das Eigentum des Konkursschuldners übergeht. Hier müßte, weil der Lieferungsanspruch Bestandteil der Konkursmasse war, an sich auch die gelieferte Ware in die Masse fallen. Durch Erfüllung im Sinne des § 17 (Vollzahlung des bei Konkursbeginn noch ausstehenden Kaufpreises), nicht aber durch Erfüllungsablehnung kann der Verwalter die Rückforderung hintertreiben. § 44.

Die Natur des Rechts ist bestritten. Nach der geschichtlichen Entwicklung bedeutet die Verfolgung einen besonders gearteten Fall des gesetzlichen Rücktritts vom gegenseitigen Schuldvertrag. Im Gebiet unseres bürgerlichen Rechts löst nun aber der rechtsgestaltende Rücktritt (er vollzieht sich in der „Rückforderung" des § 44 KO.) nur eine schuldrechtliche Verbindlichkeit zur Rückgewähr aus und zwar zur gegenseitigen Rückgewähr der vollzogenen Leistungen (vgl. §§ 346ff. mit § 327 BGB.). Darin, daß der bloße Verschaffungsanspruch auf Rückübertragung eines dem Gemeinschuldner gehörenden Gegenstandes mit Aussonderungskraft ausgestattet wird, liegt also eine — Rücksichten der Billigkeit Rechnung tragende — gesetzliche Besonderheit. Gegen dritte Erwerber dringt der schuldrechtliche Anspruch nicht durch. Auch kann der Absender Einzelzugriffen der Gläubiger des Adressaten nicht nach § 771 ZPO. widersprechen.

3. **Ersatzaussonderung.** Hatte der nachmalige Gemeinschuldner vor dem Konkurs oder hat der Verwalter während des Konkurses eine Verfügung über einen fremden Gegenstand (eine Sache, eine Forderung, ein sonstiges Recht) vorgenommen, die — etwa kraft Verkehrsschutzes im Sinne der §§ 892f., 932ff. BGB. — dem Berechtigten gegenüber wirkt, dann ist dessen Aussonderung vereitelt. Das Entgelt oder den Anspruch darauf könnte der Verletzte auf Grund irgendeiner Ausgleichsforderung nach der Regel des § 43 vom Konkursverwalter nicht ver-

---

[23]) Schon daran scheitert (ganz abgesehen von der Uferlosigkeit des Ergebnisses) der Versuch, die geflissentlich engbegrenzte und nur in engen Grenzen zu rechtfertigende Ausnahme des § 392 II HGB. „in allen Fällen fiduziarischer Berechtigung entsprechend anzuwenden" (so Schleß Mittelb. Stellvertretung u. Treuhand, Heft 66 der Leipz. rechtsw. Studien, 1931 S. 76ff.). Ebensowenig läßt die eigenartige gesetzliche Fiktion sich rechtsgeschäftlich übertragen, wie dies in jüngster Zeit zur Erstreckung des Eigentumsvorbehalts auf den ausstehenden Preis der vorbehaltsfrei veräußerten Ware versucht worden ist. Hier hilft nur eine im voraus vereinbarte Sicherungsabtretung der künftigen Kaufpreisansprüche. Jaeger KonkTreuh. 1930 S. 17ff.

[24]) So die weit überwiegende, aber von Schwankungen nicht freie Praxis des Reichsgerichts (z. B. Bd. 84 S. 216, Bd. 91 S. 16, Bd. 94 S. 308, Bd. 127 S. 344). Allerdings ist es nicht ausgeschlossen, daß ein stiller Mittler zum Treuhänder gemacht wird. Wenn der Kommittent bei der Verkaufskommission (was vorkommt) dem Kommissionär durch Übereignung der von diesem zu verkaufenden Waren volle Macht einräumt, der Kommissionär aber vor der Weiterveräußerung in Konkurs verfällt, unterliegen die Waren als Treugut der Aussonderung.

[25]) Die Einrichtung entstammt dem englischen Recht (right of stoppage in transitu) und hat sich über die ganze Erde verbreitet. Der a. 576 c. com., das unmittelbare Vorbild unseres § 44 KO., nennt die Verfolgung revendication. Der Ausdruck droit de suite hat in der französischen Rechtssprache einen andern Sinn (Jaeger KO.[7] Bd. I S. 788 Note 2). Die österr. KO. von 1914 hat im § 45 das Verfolgungsrecht im engsten Anschluß an unsern § 44 eingeführt. Die ganze Entwicklung steht im Zusammenhang mit der Ausbildung des Konnossements und der ihm entsprechenden Warenpapiere. Daß es zu einem Anhalten (Stoppen, Arretieren) der Ware auf der Reise kam, verlangt unser Gesetz nicht mehr. Es genügt, daß sie bei Konkursbeginn noch unterwegs war.

langen, weil diese Gegenstände dem Gemeinschuldner „gehören". Namentlich würde eine vor dem Konkurs erwachsene Bereicherungshaftung des Schuldners (§ 816 BGB.) sich als bloßes Konkursgläubigerrecht (§ 3), eine nachher erwachsene sich nur in den Grenzen des § 59 Nr. 3 als Massegläubigerrecht auswirken, während der Masse das volle Entgelt verbliebe. Das wäre ungerecht. Darum erweitert das Gesetz den Kreis der Aussonderungsansprüche dahin, daß es Erstattungsansprüchen des Verletzten im Rahmen des § 46 eine regelwidrige Aussonderungskraft verleiht. Es begründet diese Ansprüche nicht, sondern setzt sie voraus; aber es bekleidet sie mit einer konkursrechtlichen Wirksamkeit, die ihnen nach der Regel des § 43 nicht zukäme. Indem das Gesetz die Ausgleichsansprüche des Dritten, sie mögen auf ungerechtfertigter Bereicherung, auf unerlaubtem Verhalten, auf vertragsmäßiger Geschäftsbesorgung oder auftragloser Geschäftsführung beruhen, zu Aussonderungsansprüchen verstärkt, verleiht es ihnen einen einheitlichen konkursrechtlichen Inhalt: sie gehen auf Abtretung des ausstehenden Entgeltanspruchs (§ 46 Satz 1) oder auf das noch unterscheidbar vorhandene Entgelt selber, also z. B. auf Übereignung einer eingetauschten Sache (§ 46 Satz 2), hier wie dort regelwidrig, weil ihre Gegenstände derzeit noch Massebestandteile bilden[26]). Immer aber will der § 46 nur Ersatz für vereitelte Aussonderungsrechte gewähren. Die Billigkeitsvorschrift würde ins Gegenteil umschlagen, wenn die Ersatzaussonderung auch bei Unwirksamkeit der Verfügung über den fremden Gegenstand begründet wäre, also z. B. dann, wenn die veräußerte fremde Fahrnis ihren Eigentümer gar nicht gewechselt hat, weil sie ihm vielleicht abhanden gekommen, weil der Erwerber nicht in gutem Glauben war, oder dann, wenn die eingezogene fremde Forderung dem bisherigen Gläubiger noch immer zusteht, weil die Zahlung den Schuldner nicht befreit hat[27]). Dem Eigentümer oder Gläubiger möchte freilich auch in solchen Fällen der Ersatzaussonderungsanspruch erwünscht sein. Wie aber wäre solche Schädigung der Konkursgläubiger sachlich zu rechtfertigen? Und worin bestände bei Unwirksamkeit der Verfügung die „dem Recht auf die Gegenleistung" entsprechende „Leistung" des Verfügenden?

So setzt der § 46 als „Veräußerung" eine dem Berechtigten gegenüber wirksame Verfügung über den ursprünglichen Aussonderungsgegenstand voraus. Ob die Veräußerung einer Sache das Vollrecht des Eigentums oder ein begrenztes Recht an ihr (Nießbrauch, Pfandrecht) vereitelt, ist einerlei. Desgleichen, ob sie freiwillig oder zwangsweise, im Wege der Geldvollstreckung oder der Enteignung geschieht[28]).

Im übrigen sind drei Möglichkeiten auseinander zu halten:

a) Steht die Gegenleistung noch aus, so kann der Verletzte vom Verwalter die Abtretung des Anspruchs auf die Gegenleistung (z. B. der Forderung auf den Kaufpreis) verlangen (§ 46 Satz 1). Ob bereits der Schuldner oder erst der Verwalter verfügt hat, macht keinen Unterschied.

---

[26]) Darin liegt der Gegensatz zu der — auch außerhalb des Konkurses durchdringenden — „dinglichen Surrogation". Sind z. B. vom Ehemann mit Mitteln des eingebrachten Gutes erworbene oder als Haushaltsersatz angeschaffte Sachen auf Grund der §§ 1381, 1382 BGB. eingebrachtes Gut der Ehefrau geworden, so sondert diese sie im Konkurse des Mannes als Eigentümerin nach der Regel des § 43 aus. Andere Surrogationsfälle: RG. Bd. 94 S. 23f.

[27]) Weil der Schutz des § 407 BGB. versagte. Das Reichsgericht hatte Bd. 98 S. 148f. die Ersatzaussonderung selbst für begründet erklärt; im Bd. 115 S. 264 dagegen erkannte es mit uns an, daß der § 46 neue Ansprüche nicht schaffen wolle. Die wichtigste der in Frage kommenden Ausgleichsforderungen, der Bereicherungsanspruch des § 816 BGB., setzt ausdrücklich die Wirksamkeit der Verfügung gegenüber dem Berechtigten voraus. Und selbst wirksame Verfügungen genügen dem § 46 nicht, wenn die Wirksamkeit darauf beruht, daß der Berechtigte in die Verfügung des Nichtberechtigten eingewilligt oder sie genehmigt und sich so von vornherein oder rückwirkend aus freien Stücken des die Aussonderung begründenden Rechtes begeben hat (§§ 185, 184 II BGB.). Dies ist in der Praxis namentlich für solche Fälle bedeutsam geworden, in denen der Verkäufer einer unter Eigentumsvorbehalt gelieferten Ware der vorbehaltlösenden Weiterveräußerung durch den Käufer zustimmte. Hier war der § 46 unanwendbar. Hatte dagegen der Vorbehaltskäufer eine vertragswidrige, aber unter Verkehrsschutz wirksam gewordene Verfügung über die Ware vorgenommen, dann bewährt sich der Schutz des § 46: der Lieferant hat Anspruch auf den Weiterverkaufspreis und zwar auf den vollen, nicht etwa nur bis zur Höhe des ihm geschuldeten Preises. Durchaus beipflichtend RG. Bd. 115 S. 263, 265.

[28]) Für Zwangsveräußerungen zust. RG. Bd. 94 S. 25.

b) Ist die Gegenleistung nach Konkursbeginn zur Masse eingezogen worden, so richtet sich die Ersatzaussonderung auf den noch unterscheidbar in der Masse vorhandenen Leistungsgegenstand, z. B. auf die gegen einen fremden Kraftwagen eingetauschte Liegenschaft (§ 46 Satz 2). Dieser Aussonderungsanspruch geht auf Leistung dem Stücke nach (im Beispielsfall auf Übereignung der Liegenschaft) und gelangt noch vor den Masseansprüchen zum Zuge. Ist aber die nach Konkursbeginn eingezogene Gegenleistung (besonders eine Geldsumme) mit der übrigen Masse vermengt worden oder aus anderen Gründen nicht mehr unterscheidbar vorhanden, so ist der Verletzte Massegläubiger nach § 59 Nr. 1 oder Nr. 3.

c) War die Gegenleistung schon vor dem Konkurse vom Schuldner eingezogen worden, so versagt der § 46. Der Verletzte kann seine Ansprüche (auf Erfüllung, Schadensersatz, Bereicherung) nur als Konkursgläubiger verfolgen. So auch dann, wenn das Entgelt (z. B. als Tauschgegenstand) noch unterscheidbar in der Masse vorhanden ist. In dieser Schranke liegt eine empfindliche Härte.

Auch aus der Vereitelung einer regelwidrigen Aussonderung, wie sie dem Kommittenten im Konkurse des Kommissionärs zusteht, können Ansprüche auf Ersatzaussonderung erwachsen. So gewährleistet der § 46 KO. über den § 392 HGB. hinaus die Aussonderung einer vom jetzigen Gemeinschuldner kommissionsweise eingetauschten, von seinem Verwalter zur Masse eingezogenen und noch unterscheidbar in ihr vorhandene Ware. Andrerseits erschließt der § 392 HGB. eine nicht durch den § 46 KO. gedeckte Aussonderung des noch ausstehenden Anspruchs auf Lieferung der kommissionsweise eingekauften Güter[29]).

VI. Gesetzliche Beschränkungen.

Die Erfahrung lehrt, daß die Gläubiger eines Ehemanns häufig durch gewollte und ungewollte Vermögensverschiebungen zugunsten der Frau benachteiligt werden. Schon im § 1362 I BGB. wird daher[30]) bei allen Güterständen zugunsten der Gläubiger des Ehemanns die widerlegbare Vermutung aufgestellt, daß die im Besitz eines oder beider Ehegatten befindliche Fahrnis mit Einschluß der Inhaber- und Blankopapiere dem Manne gehört. Nur beim „Frauengeräte" streitet die Vermutung umgekehrt für Eigentum der Frau (§ 1362 II BGB.). Im Konkurse des Mannes rechtfertigt aber die Feststellung, daß ein Gegenstand nicht dem Manne, sondern der Frau gehört, für sich allein die Aussonderung bloß bei solchen Gegenständen, welche die Frau bereits vor der Ehe erworben hatte. Fand der Erwerb erst während der Ehe statt, so steht der Frau ein Aussonderungsrecht nach § 45 KO. nur zu, wenn (was sie im Streitfalle zu beweisen hat) der Erwerb nicht mit Mitteln des Mannes — vielmehr mit Mitteln der Frau oder eines Dritten — erfolgt ist. Sonst gehört er zur Konkursmasse des Mannes[31]). Das gilt auch für Grundstücke der Frau, auch für Sachen ihres persönlichen Gebrauchs, auch für Forderungen, auch für ein auf ihren Namen lautendes Wertpapier (z. B. für einen an die Frau indossierten Wechsel oder für ein auf sie gestelltes Rektapapier). Gegenstände, die der Mann entgeltlich oder unentgeltlich an seine Frau übertragen hat, sind „vom" Ehemann, aber nicht

[29]) Siehe oben S. 106f. So hat jede dieser Regelungen ihren selbständigen Wert. Sie ergänzen einander. Der § 46 KO. schützt den Kommittenten nur gegenüber der Konkursmasse des Kommissionärs, der § 392 HGB. auch gegenüber Einzelzugriffen der Gläubiger des letzteren. Insofern der § 392 HGB. bei der Verkaufskommission dem Kommittenten die Aussonderung des noch ausstehenden Anspruchs auf die verkauften Waren sichert, erhebt er freilich nur einen Gedanken zum Rechtssatze, der heute aus der allgemeinen Vorschrift des (viel jüngeren) § 46 KO. zu folgern wäre. Insofern ist der (jetzige) § 392 ein Vorläufer unseres § 46 KO., geht aber keineswegs in diesem auf.

[30]) In vorläufigem Abschluß einer weit zurückführenden Rechtsentwicklung (praesumtio Muciana). Ob neben dem § 1362 BGB. der § 45 KO. noch zu rechtfertigen ist, fragt sich sehr.

[31]) Im § 45 steckt zunächst die Vermutung zugunsten der Konkursmasse des Mannes: alles, was die Frau während der Ehe erwarb, hat sie mit Mitteln des Mannes erworben. Wird diese Vermutung nicht widerlegt, dann „kann" die Frau ihren Eheerwerb gegenüber der Konkursmasse des Mannes nicht „in Anspruch nehmen". Das bedeutet: dann wird dieser Frauenerwerb rechtlich so behandelt, als wäre er Erwerb des Mannes selbst und darum Bestandteil seiner Konkursmasse. So reiht sich der unwiderlegten Vermutung eine Fiktion an. Im Ergebnisse läuft diese Regelung auf eine seit Eröffnung des Manneskonkurses wirkende dingliche Surrogation hinaus. Abgrenzung gegenüber der Konkursanfechtung mit Beispielen oben S. 98.

„mit Mitteln" des Ehemanns erworben und bilden fortab Mittel der Frau. Was die Frau späterhin mit diesen Mitteln erwirbt, ist daher der Aussonderung nicht entzogen. Doch unterliegen unentgeltliche Zuwendungen des Mannes an die Frau einer erweiterten Konkursanfechtung (§ 32 Nr. 2). Soweit der § 45 die ursprüngliche Aussonderung der Frau ausschließt, verdrängt er auch die Ersatzaussonderung (§ 46).

Der § 45 KO. gilt wie der § 1362 BGB. für alle Güterstände. Doch bleibt für die Fälle der Gütergemeinschaft zu beachten, daß nach § 2 KO. der Konkurs des Mannes das ganze Gesamtgut ergreift. Insoweit wird der Frau jede Aussonderung verwehrt[32]).

§ 17.

4. Die Absonderung.

I. Begriff.

1. Die „abgesonderte Befriedigung" (§§ 4, 47, 48 u. ö.) ist eine vom Konkursverfahren unabhängige Vorzugsdeckung aus einzelnen Gegenständen der Konkursmasse. Den Grundstock der Rechte, die einen „Anspruch auf abgesonderte Befriedigung" begründen, bilden **die Wertrechte.** Sie beruhen in der Haftung eines Gegenstandes auf eine bestimmte Wertsumme, die der Berechtigte aus dem Gegenstande beitreiben darf, sei es durch Veräußerung oder durch Ausnutzung, sei es in den Formen der freiwilligen oder der vollstreckungsmäßigen Verwertung. Das Wertrecht kann von einer Forderung abhängen oder selbständig sein. Seine Hauptercheinungsform bildet das Pfandrecht im weiteren, die Grundkreditbelastung einschließenden Sinne des Wortes. Daneben spielen gerade in der Gegenwart die auf Sicherungsübereignungen und Sicherungsabtretungen beruhenden Wertrechte eine bedeutsame Rolle. Auch die im Eigentumsvorbehalt ruhende Sicherung einer Schuld kann sich als Wertrecht auswirken, wenn der Vorbehalt zur Beitreibung der Schuld, nicht zum Rücktritt vom Schuldvertrag ausgenutzt wird[1]).

Abgesonderte Befriedigung wird aus Gegenständen der Konkursmasse beansprucht, während der Aussonderung massefremde Gegenstände unterliegen. Trotzdem stehen Aussonderung und Absonderung in innerem Zusammenhang und in logischer Folge. Mit gutem Grunde reiht das Gesetz der „Aussonderung" (§§ 43—46), der gemeinrechtlichen separatio ex iure dominii, die „Absonderung" (§§ 47—52), die gemeinrechtliche separatio ex iure crediti, an. Denn die Inanspruchnahme von Wertrechten an Massegegenständen bedeutet für den Wertrechtsbereich die Behauptung ihrer Nichtzugehörigkeit zum Vermögen des Schuldners, also Aussonderung gegenüber dem das Wertrecht bestreitenden Konkursverwalter. Erst die Rechtsverwirklichung ist abgesonderte Befriedigung. Das leuchtet ohne

---

[32]) Darüber oben S. 98.

[1]) Daß die Geltendmachung des Vorbehalts den Rücktritt vom Schuldvertrag einschließen müsse, ergibt weder der Begriff des Vorbehalts noch die Fassung des § 455 BGB. — Die in der Rechtslehre umstrittene Frage, ob der jeweilige Träger des pfandbelasteten Gegenstandes (z. B. der jeweilige Eigentümer einer grundschuldbelasteten Liegenschaft) dem Gläubiger zur Leistung verpflichtet sei, ob dieser jenem gegenüber einen bürgerlich-rechtlichen „Anspruch" auf die Leistung habe, kann für den Konkurs (vgl. z. B. § 4 I KO.) wie für die Zwangsvollstreckung (vgl. z. B. § 10 I Nr. 4 ZVG.) nur bejahend beantwortet werden. Mit dem kindlichen Einwurf, „aus" der belasteten Sache „könne" eine Geldsumme gar nicht gezahlt werden, wird der Streit nicht abgetan. Der Belastete haftet eben auf Zahlung bei Gefahr einer Beitreibung der Wertsumme „aus" dem belasteten Gegenstand, d. h. durch dessen Verwertung. Sonst könnte doch auch nimmermehr ein „Zahlungsbefehl" gegen ihn erwirkt werden. Vgl. § 688 Satz 2 ZPO., dessen Wortlaut wie der § 10 I Nr. 4 und viele andere Vorschriften des ZVG. einen „Anspruch aus" dem Grundpfandrecht voraussetzt und wie etwa auch der § 794 I Nr. 5 Satz 2 ZPO. nur klarstellt, daß mahn- und vollstreckungsfähige Ansprüche auch aus dinglicher Belastung erwachsen können, was nicht überflüssig gewesen sein mag, da die ZPO. die Beitreibung von Wertsummen als Zwangsvollstreckung „wegen Geldforderungen" regelt. Auch ein Fahrnispfand, das für eine zunächst nicht auf Geld gehende Forderung bestellt ist, begründet eine Haftung, die letzten Endes auf Zahlung einer Wertsumme geht (§§ 1228 II 2, 1234 I 1 BGB.). Desgleichen münden Reallasten, soweit sie nicht schon von vornherein auf Geldleistungen gerichtet sind, für die Zwecke der Beitreibung in Geldhaftungen aus (§§ 46, 92 ZVG.). Auch sie sind Wertrechte mit Absonderungskraft.

weiteres ein bei Sicherungsübereignungen und Sicherungsabtretungen, trifft aber nicht minder für andere Wertrechte, besonders für Pfandrechte, zu[2]). Daß andrerseits bei Sicherungsübereignungen und Sicherungsabtretungen die Rechtsverwirklichung nicht zu endgültiger Vollausscheidung, sondern nur zur Vorzugsbefriedigung führt, erklärt sich daraus, daß der zwecküberschreitenden Anvertrauung die Wirksamkeit zugunsten der Gläubiger des Treuhänders versagt bleibt[3]).

Vom Konkursbeginn ab ist das Zustandekommen von Absonderungsrechten wie das von Aussonderungsrechten, sei es mit oder ohne Zutun des Konkursschuldners, für die Regel unterbunden (§§ 7, 15). Doch sichert die Pfandvormerkung den Vollerwerb eines Absonderungsrechtes sogar gegenüber dem Konkursbeschlage (§ 24). Daß an den im Auslande belegenen Sachen der Masse Pfand- oder Zurückbehaltungsrechte nach der insoweit maßgebenden lex rei sitae begründet werden, etwa im Wege der Zession einer ungedeckten Konkursforderung an den Besitzer einer solchen Sache, dies vermag der inländische Gesetzgeber nicht zu hindern. Derartige Schiebungen gefährden die Masse. Darum wird ihr ersatzpflichtig, wer nach Ausbruch oder doch unter den Anzeichen des Konkurses eine Konkursforderung mit dem Erfolg abgetreten hat, daß kraft ausländischen Rechtes eine nach unserer KO. nicht verstattete Absonderung geltend gemacht werden kann (§ 50). Entsprechendes gilt für den Fall der Schaffung einer unserm Gesetz widerstreitenden Aufrechenbarkeit (§ 56).

Im gemeinen Rechte waren die stillschweigenden Generalhypotheken, besonders die der Ehefrau, dem Personalkredit zum Verhängnis geworden. Demgegenüber hat bereits die Konkursgesetzgebung des Jahres 1877 die Prinzipien der Publizität und Spezialität, die nun Grundpfeiler unseres Sachenrechts bilden, in weitem Umfang für den Konkurs zur Geltung gebracht (vgl. §§ 11—16 EG KO. a. F.). Noch enger ist heute der Kreis der Absonderungsrechte begrenzt (§§ 4, 47—52, 221). Bei ihrer Normierung wird unbewegliches (§ 47) und bewegliches Vermögen (§§ 48, 49) entsprechend geschieden wie für die Zwangsvollstreckung wegen Geldforderungen[4]).

So unleugbar in dieser Hinsicht der Fortschritt des Reichsrechtes ist, so nachteilig wirkt sich der Konkursmasse des Schuldners gegenüber das Präventionsprinzip aus, das reichsgesetzlich die Zwangsvollstreckung beherrscht (§ 804 III ZPO., § 11 II ZVG.). Nur allzu oft vereiteln kurz vor dem Konkurs erworbene Vollstreckungspfandrechte einzelner Gläubiger als Absonderungsrechte die gebotene Gleichbehandlung. Auch die Konkursanfechtung gewährt hier nur einen unzureichenden Schutz. Von Rechts wegen wird einem Zwangszugriff, der nach dem Erbfall in Nachlaßgegenstände erwirkt wurde, für den Nachlaßkonkurs (§ 221) und einem Zwangszugriff, der später als am 30. Tage vor Beantragung des gerichtlichen Vergleichsverfahrens stattfand, für den Anschlußkonkurs die Absonderungskraft versagt (§ 84 mit §§ 24, 21, 80 VerglO.)[5]).

2. Meist wird durch das Absonderungsrecht eine Konkursforderung gesichert. Für diesen Regelfall gilt der Grundsatz der Ausfallhaftung. Siehe unten V 4. Es kann aber auch das Absonderungsrecht in reiner Sachhaftung begründet[6]) oder vom Gemeinschuldner zur Deckung einer fremden Schuld bestellt sein[7]). Mitunter erkennt das Gesetz die Absonderungskraft auch unmittelbar einer persönlichen Forderung zu[8]).

II. Unbewegliches Vermögen.

1. Aus körperlichen und unkörperlichen Gegenständen, die im Sinne der Geldvollstreckung zum unbeweglichen Vermögen gehören, hat nach § 47 abgesonderte Befriedigung zu beanspruchen, wer bei der Zwangsvollstreckung in unbewegliches Vermögen zum Zuge gelangt. Durch die zwiefache Verweisung will das Gesetz das Objekt der Absonderung bestimmen und zugleich klarstellen, wer daraus abgesondert zu befriedigen ist, wie weit das Absonderungsrecht reicht und welchen Rang es einnimmt.

---

[2]) Oben S. 100.

[3]) Oben S. 104 und unten S. 113. Auch können Aussonderungsrechte, die ihrem Inhalte nach ursprünglich keine Wertrechte sind, in Wert- und Absonderungsrechten aufgehen. So z. B. ein Grundstücksnießbrauch nach § 92 ZVG. [siehe unten S. 112].

[4]) Dem entspricht die Einteilung unter II und III des Textes. Für beide Gruppen kommt das Absonderungsrecht des Gemeinschaftsgenossen in Betracht. Darüber unter IV S. 116f.

[5]) Darüber Näheres S. 145, 227, 235.

[6]) So kann namentlich das Liegenschaftspfandrecht in der verselbständigten Gestalt der Grundschuld ohne Forderung bestehen (§§ 1191, 1192 I BGB.). Desgleichen die seerechtliche Sachhaftung (etwa in Fällen der §§ 486, 679 HGB.).

[7]) So, wenn der jetzige Gemeinschuldner zur Sicherung einer Verbindlichkeit seiner Frau eine Hypothek an einem jetzt zur Masse gehörenden Grundstück bestellt hatte. Siehe oben S. 52.

[8]) So in Fällen des § 47 KO. mit § 10 Nr. 1—3 ZVG.

In seiner gedrängten Fassung erschwert der § 47 das Verständnis sehr. Deutlicher war der alte Wortlaut des Gesetzes (§ 39 II): „Den Umfang der Immobiliarmasse, sowie den Umfang und die Rangordnung der aus derselben zu berichtigenden Ansprüche bestimmen die Reichsgesetze und die Landesgesetze.“ Welche „Gegenstände“ (Sachen und Rechte) der Zwangsvollstreckung wegen einer Geldforderung in das unbewegliche Vermögen unterliegen, ergeben die §§ 864, 865 ZPO.; welche „Ansprüche“ aus diesen Gegenständen abgesondert zu befriedigen sind, die §§ 10ff., 155, 162 ZVG. Die Reihenfolge des § 10 ZVG. ist Rangfolge (vgl. auch § 11 ZVG.). Innerhalb der Hauptklasse (§ 10 I Nr. 4 ZVG.) kommen besonders die Rangbestimmungen der §§ 879—881 BGB. in Betracht. Der § 47 KO. kann aber, was den Verfassern entgangen zu sein scheint, seinem allgemeinen Zwecke nach eine von der Gläubigerseite oder vom Konkursverwalter selbst (§ 126 KO., § 172 ZVG.) betriebene Verwertung im Vollstreckungswege nicht voraussetzen. Vielmehr müssen auch dann, wenn der Konkursverwalter Grundstücke in den Formen der freiwilligen Verwertung veräußert, die durch Verweisung im § 47 bezeichneten Rechte, beispielsweise die Ansprüche auf Lidlohn und Steuern im Umfang und Range des § 10 Nr. 2, 3 ZVG., als Absonderungsrechte zum Zuge gelangen. Für diesen Fall fehlt es nun aber an der Bestimmung eines der Beschlagnahme im Sinne der §§ 13, 173 ZVG. entsprechenden Zeitpunktes. Er wird im Abschlusse des die Veräußerung einleitenden Kaufvertrags (§ 313 BGB.) zu erblicken sein. Je mehr Realgläubiger konkurrieren, um so mehr Anlaß wird der Verwalter haben, ihre Befriedigung dem gerichtlichen Verteilungsverfahren der Zwangsvollstreckung zu überlassen. Unrettbar überlastete Grundstücke gibt er frei.

Im Vordergrunde der Immobiliarabsonderung steht das Liegenschaftspfandrecht als Hypothek, Grundschuld und Rentenschuld (§§ 1113, 1191, 1199 BGB. mit § 10 Nr. 4 ZVG.). Wie ein Hypothekengläubiger letzter Stelle hat der Beschlagnahmegläubiger als solcher[9]) abgesonderte Befriedigung aus dem Grundstück und den mithaftenden Gegenständen zu beanspruchen (§ 10 Nr. 5 ZVG., vgl. § 13 Halbs. 2 KO.). Auch Reallasten (§ 1105 BGB.), Überbau- und Notwegrenten (§§ 912—916, 917 II BGB.) begründen Absonderungsrechte. Verwandeln sich Liegenschaftsrechte, die (wie z. B. Dienstbarkeiten) nicht auf Geldzahlung gerichtet sind, infolge des Zuschlags in Ansprüche auf Wertersatz aus dem Versteigerungserlöse (§ 92 ZVG.), dann münden auch sie in Ansprüche auf abgesonderte Befriedigung aus. Zu den Immobiliarabsonderungsrechten des § 47 zählt auch das Pfandrecht an eingetragenen Schiffen, weil diese nach Maßgabe der §§ 864f. ZPO. im Sinne der Geldvollstreckung unbewegliches Vermögen bilden[10]).

2. Gehört ein Eigentümergrundpfandrecht des Gemeinschuldners zur Masse, dann gebührt ihr der bei der Grundstücksverwertung auf die Rangstelle dieses Rechtes entfallende Teil des Erlöses oder Ertrags. Hier handelt es sich einfach um die Umsetzung eines der Masse schon zustehenden Wertes. Ein Ausfall nachstehender Rechte kommt den Konkursgläubigern in ihrer Allgemeinheit zugute. Wer so ausfällt, muß mit ihnen ins Teil gehen, wenn er sich überhaupt aus der Konkursmasse befriedigt[11]). Ist das Eigentümergrundpfandrecht die einzige oder die letzte Belastung, so kann der Verwalter es auch löschen lassen und dann das entlastete Grundstück verwerten[12]). Eine Grundstücksverwertung betreibt der Verwalter des Eigentümerpfandgläubigers nicht kraft des Pfandrechts, sondern kraft der allgemeinen gesetzlichen Ermächtigung und Verpflichtung, die Masse zu versilbern (§§ 117, 126). Darum steht der § 1197 BGB. nicht im Wege. Das Eigentümerpfandrecht kann für die Masse auch noch während des Konkurses erworben werden, etwa dadurch, daß der Gläubiger vom Verwalter mit Mitteln der Masse befriedigt wird[13]) oder daß er auf das Grundpfandrecht mit Wirksamkeit zugunsten der Masse verzichtet[14]).

---

[9]) So also namentlich auch dann, wenn die Beschlagnahme zur Zwangsversteigerung oder Zwangsverwaltung nur wegen eines persönlichen Anspruchs erwirkt worden war.

[10]) Beachte § 870 II ZPO. mit §§ 162ff. ZVG. Hauptfälle: §§ 754ff. HGB., §§ 102ff. BinnenschiffG., §§ 1259ff. BGB. — Die abgesonderte Befriedigung aus Lehen, Stammgütern und Fideikommissen regelt sich nach den Landesgesetzen (§ 52 KO.; vgl. a. 155 II 2 RV.).

[11]) Was voraussetzt, daß ihm der Gemeinschuldner auch persönlich haftet (§ 64).

[12]) Denkbar wäre auch eine Verwertung durch Verkauf und Abtretung des Eigentümerpfandes.

[13]) Mag solchenfalls der Gemeinschuldner zugleich persönlich haften (§§ 1163 I 2, 1177 I BGB.) oder nicht (§§ 1143, 1153, 1177 II BGB.).

[14]) Sei es aus freien Stücken (vgl. § 64) oder in Erfüllung gesetzlicher Pflicht auf Verlangen des Verwalters, weil dem Grundpfandrecht eine Dauereinrede entgegensteht (Beispiele: RG. Bd. 86 S. 301, Bd. 91 S. 224). §§ 1168, 1169, 1192 BGB. Auch die nach § 37 bestehende Rückgewährpflicht des Gläubigers, der die hypothekgesicherte Forderung oder das Grundpfandrecht anfechtbar erlangt hatte, kann

III. **Bewegliches Vermögen.**

1. Aus körperlichen und unkörperlichen Gegenständen, die im Sinne der Geldvollstreckung zum beweglichen Vermögen gehören, kann abgesonderte Befriedigung kraft der in den §§ 48, 49 bezeichneten Rechte verlangt werden. Diese Rechte sind:

a) Das rechtsgeschäftlich bestellte Pfandrecht im engeren Sinne (§ 48). Es steht heute schon nach den Vorschriften des allgemeinen bürgerlichen Rechts unter dem Gebote der Erkennbarkeit[15]). Dementsprechend muß namentlich das Vertragspfand an beweglichen Sachen und Inhaberpapieren Besitzpfand (Faustpfand) sein. Ersetzung der Besitzübergabe durch Besitzkonstitut wird bei Verpfändungen gerade im Hinblick auf die bei einem Konkurse des Verpfänders für dessen persönliche Gläubiger besonders empfindlichen Folgen einer ihnen unerkennbar gebliebenen Belastung nicht zugelassen (siehe § 1205 gegen § 930 BGB.). Da aber die Verkehrsbedürfnisse dazu drängen, die Bestellung einer dinglichen Sicherheit auch an solcher Fahrnis zu verstatten, deren Besitz dem Schuldner unentbehrlich ist, erkennt eine gewohnheitsrechtliche Neubildung ernsthafte und mit den guten Sitten zu vereinbarende Sicherungsübereignungen durch Konstitut als rechtswirksam an. Der auf diese Art gedeckte Gläubiger (der Sicherungseigner) hat im Konkurse des Übereigners die Stellung eines Absonderungsberechtigten und unterliegt als solcher bei gleichzeitiger persönlicher Haftung des Übereigners dem Grundsatze der Ausfallhaftung.

Entsprechendes gilt für die Sicherungsabtretung (cessio in securitatem), wie sie namentlich von Kaufleuten als Abtretung ihrer durch die Geschäftsbücher verlautbarten Außenstände zur Meidung kreditgefährdender Anzeigen an die Kunden (§ 1280 BGB.) als sog. Diskontierung von Buchforderungen vorgenommen wird. In diesen Einrichtungen hat sich ein dem BGB. noch unbekanntes Wertrecht entwickelt, das von der gesicherten Forderung abhängt. Daß es der Gläubiger nur im Wege abgesonderter Befriedigung, nicht durch volle Inanspruchnahme (wie bei der Aussonderung uneingeschränkt übereigneter Sachen) verwirklichen darf, liegt daran, daß die zweckĂĽberschreitende Anvertrauung nicht zugunsten der Gläubiger des Treuhänders wirkt, das Sicherungsgut vielmehr belastet zur Konkursmasse des Treugebers (des Schuldners) gehört, auch im Sinne der §§ 6, 7, 15, 30 KO., und dementsprechend ein Übererlös dieser Konkursmasse zukommen muß [oben S. 104]. Der § 48 ist demgemäß auf diese Wertrechtsarten entsprechend anzuwenden. So gewinnt man einen festen Rechtsboden für die ganze konkursrechtliche Behandlung, da mit dem § 48 alle die abgesonderte Befriedigung regelnden Rechtssätze maßgebend werden. So namentlich der Ausfallgrundsatz des § 64 mit ergänzenden Vorschriften [unten S. 121ff] und das Gebot schleuniger Rechtsverwirklichung nach § 127 [unten S. 119ff.]. Über die Angemessenheit des Ergebnisses besteht kein Zweifel. Österreich hat ausdrücklich verordnet: „Soweit in der Konkursordnung nichts anderes bestimmt ist, gelten die für Absonderungsgläubiger getroffenen Bestimmungen auch für persönliche Gläubiger, die zur Sicherung ihrer Ansprüche bestimmte Vermögensstücke des Gemeinschuldners, insbesondere Buchforderungen, erworben haben" (§ 10 III KO. von 1914). Das Reichsgericht erkennt nicht nur die grundsätzliche Statthaftigkeit von Sicherungsübereignungen und Sicherungsabtretungen, sondern auch die Anwendbarkeit der Sätze über die abgesonderte Befriedigung im Konkurse des Treugebers an (z. B. RG. Bd. 91 S. 14, Bd. 118 S. 209), hat aber bisher für die Stellung des Gläubigers (Treuhänders) gegenüber Einzelzugriffen anderer Gläubiger des Treugebers auf das Sicherungsgut noch nicht die unausweichliche Folgerung gezogen, daß hier ebenfalls der Absonderungsgedanke des § 805, nicht der Aussonderungsgedanke des § 771 ZPO. maßgebend sein müsse (siehe vielmehr z. B. noch RG. Bd. 124 S. 73, dagegen aber RFH JW. 1926 S. 2124, Wolff JW. 1930 S. 1470ff., Kernert ebenda S. 2763f.). Zum Schutze der persönlichen Gläubiger des Treugebers hatte der 31. Deutsche Juristentag (Verh. I S. 409ff., III S. 188ff., 945) vorgeschlagen, die Anfechtbarkeit zu erweitern. Damit wäre aber nur unzulänglich geholfen worden. Auswüchse der in

---

zum Erwerb eines Eigentümerpfandrechts durch die Masse führen. Im ersten Falle geht die Rückgewähr dahin, daß der Gläubiger auf die Forderung (§§ 1163 I 2, 1177 I BGB.), im zweiten dahin, daß er auf das Pfandrecht verzichte (§§ 1168, 1192 BGB.).

[15]) Siehe namentlich die §§ 1205f., 1253, 1280, 1293 BGB. Damit hat sich die besondere Regelung der §§ 14—16 EG.KO. erledigt (vgl. Art. II Nr. 4 EG.KNov. v. 1898). Bei der Verpfändung einer schlichten Forderung (auch eines Sparkassenguthabens oder eines Versicherungsanspruchs) dient dem Gebote der Erkennbarkeit die außer der (formlosen) Verpfändungseinigung im § 1280 vorgeschriebene Anzeige des Verpfänders an den Schuldner der zu verpfändenden Forderung (z. B. an die Sparkasse oder Versicherungsanstalt). Sie ist empfangsbedürftige Willenserklärung, die sich nach RG. Bd. 89 S. 289 auch in schlüssigem Verhalten des Verpfänders vollziehen kann, aber wie die Einigung vor dem Konkurse liegen muß (§ 15). Aushändigung der Schuldurkunde (auch des Sparkassenbuchs, des Versicherungsscheines) ist weder erforderlich noch genügend. Das Forderungspfandrecht erstreckt sich von Rechts wegen auf die Urkunde (§ 952 I 2 BGB.).

Rede stehenden Treuhandverfügungen können freilich üble Verkehrsschädlinge bilden[16]). Das Reichsgericht (Übersicht über die Rechtspr. bis 1931 BayZ. 1931 S. 223f.) behandelt Knebelungs- und Kredittäuschungsvorgänge als nichtig (§ 138 I BGB.), gegebenenfalls als Gründe einer Schadenshaftung (Warn. Rspr. 1931 Nr. 118). Art der Verwertung des Sicherungsgutes: unten S. 121.

b) Die dem Vertragspfandrechte nach § 49 gleichstehenden Rechte, nämlich:

α) Das Abgabenabsonderungsrecht des Reiches, eines Landes oder eines engeren staatlichen Verbandes an zurückgehaltenen oder in Beschlag genommenen zoll- oder steuerpflichtigen Sachen wegen der auf ihnen selbst ruhenden Zölle, Übergangsabgaben, Verbrauchs- oder Verkehrssteuern. Vorausgesetzt wird eine gesetzliche Ermächtigung des Verbands, bestimmte, etwa bei Ein- oder Ausfuhr, Herstellung oder Vertrieb einer Abgabe unterliegende Sachen wegen der Abgabe zurückzuhalten oder in Beschlag zu nehmen. Die „Beschlagnahme" vollzieht sich wie nach § 14 VereinszollG. so nach § 101 RAbgO. durch bloßes Verfügungsverbot (dort des Zollbeamten, hier des Finanzamtes) an den, der die Erzeugnisse oder Waren (z. B. steuerpflichtigen Wein oder Tabak) in Gewahrsam hat[17]).

β) Die gesetzlichen Pfandrechte, besonders des Vermieters und Verpächters (§§ 559ff., 580, 585), des Pächters (§ 590), des Werkunternehmers (§ 647), des Gastwirts (§ 704), des Sicherungsberechtigten bei der Hinterlegung zur Sicherheit (§ 233 BGB.), des Kommissionärs, Spediteurs, Lagerhalters, Frachtführers und Verfrachters (§§ 397, 410f., 421, 440ff., 623f., 627, 674 HGB.). Unter diesen Absonderungsrechten pflegt namentlich das Vermieterpfandrecht, zumal in den Großstädten, mit Rücksicht auf die Höhe der Geschäftsmieten, den Konkursgläubigern verhängnisvoll zu werden. Nicht selten zehrt es den Wert der Masse dergestalt auf, daß der Rest nicht einmal ausreicht, die Kosten des Konkurses zu decken (§§ 107, 204). Darum wird das Vermieterpfandrecht im § 49 I Nr. 2 zugunsten der Konkursmasse beschränkt: als Absonderungsrecht kann es nicht für alle Zinsrückstände, sondern nur für die des Konkursvorjahres und nicht für den durch Kündigung des Verwalters (§ 19) entstehenden Entschädigungsanspruch geltend gemacht worden. Gleiches gilt für das Verpächterpfandrecht. Nur deckt bei der Pacht eines landwirtschaftlichen, d. h. ganz oder vorwiegend der Fruchtgewinnung gewidmeten Grundstücks, das Absonderungsrecht den gesamten Pachtzins[18]).

γ) Das Pfändungspfandrecht. Vorausgesetzt wird eine gesetzmäßige amtliche (§§ 804, 928, 930 ZPO., §§ 325, 430 StPO., §§ 343ff. RAbgO.) oder private (Art. 89 EG.BGB.) Pfändung. Das Pfandrecht muß bei Konkursbeginn bereits entstanden sein und wirkt auch dann im Konkurse nur unbeschadet einer Anfechtbarkeit oder eines gesetzlichen Erfolgausschlusses [oben I 1]. Die „Pfändung" von Bodenerzeugnissen, die in regelmäßiger Wiederkehr reifen,

---

[16]) So sind in der Praxis des Leipziger Konkursgerichts (nach einem Berichte des Amtsgerichtsrats Dr. Schumann) Fälle ermittelt worden, in denen der Schuldner zur Erschwindelung von Darlehen dieselben Gegenstände (Waren, Maschinen, Inventarstücke) hintereinander 25mal jeweils als angeblich freies Eigentum immer wieder an neue Gläubiger konstitutweise übertrug (die Regel bildeten etwa 10 solcher Übereignungen!). Auch abgesehen vom § 138 hatten schon vom zweiten Erwerber ab alle noch so gutgläubigen Nachmänner mit Rücksicht auf den § 933 BGB. Eigentum nicht mehr erwerben können. Die ungeheuerliche Gefahr eines solchen Kreditschwindels liegt auf der Hand. Die Strafbarkeit des Schuldners (RG. Straff. v. 5. Oktober 1928 KonkTreuh. 1929 S. 43) ist für die Geschädigten nur ein schwacher Trost. Auch die gesetzliche Einführung eines Registerzwanges stößt auf ernste Bedenken. Eine besondere Art der Erkennbarmachung genügt zur Verpfändung des landwirtschaftlichen Pachtinventars an ein zugelassenes Kreditinstitut nach Maßgabe des KapitalkreditbeschaffG. v. 9. Juli 1926 (RGBl. I S. 399, 412). Sie bedarf schriftlicher Einigung und Offenlegung des Verpfändungsvertrags beim Amtsgericht zur Einsicht der Interessenten (§§ 2, 16 Ges.). Das Pfandrecht kann mit dem gesetzlichen des Verpächters in Widerstreit geraten (vgl. § 11 Ges.).

[17]) Über den Vorrang des Abgabenabsonderungsrechtes siehe den Text unter 3. Mit dem Absonderungsrecht kann das Konkursvorrecht des § 61 Nr. 2 konkurrieren. Konfiskation wegen Hinterziehung oder sonstiger Verstöße gegen die Steuergesetze (§§ 365, 370, 379, 380 RAbgO.) führt zur Aussonderung (§ 43). Weder ihr noch der Zurückbehaltung oder Beschlagnahme im Sinne des § 49 Nr. 1 steht die Sperre des § 15 entgegen. Siehe oben S. 61f. Zwangsvollstreckung im Sinne des § 14 KO. ist die in Rede stehende Beschlagnahme überhaupt nicht.

[18]) Allen rückständigen, laufenden und künftigen. Siehe § 585 Satz 1 gegen § 559 Satz 2 BGB. Der Erweiterung entspricht der § 49 Nr. 2 KO. Die Erstreckung der Pfandhaftung soll es dem Verpächter erleichtern, bei Mißernten schonende Stundungen zu bewilligen.

ist als wertrechtbegründender Beschlag (§ 804 ZPO.) nach Wortlaut, Zweck und Entstehung des § 810 ZPO. schon vor der Trennung statthaft. Der § 93 BGB., den eine verbreitete Lehre für maßgebend hält, steht der prozeßrechtlichen Sondervorschrift nicht im Wege. Das Absonderungsrecht kann also auch dann begründet sein, wenn die vor dem Konkurse „gepfändeten" Halm-, Baum- oder Erdfrüchte erst während des Konkurses geerntet werden.

Zugunsten einer persönlichen Forderung kann durch Pfändung im Sinne der §§ 803ff. ZPO. nach Konkursbeginn ein Absonderungsrecht nicht mehr begründet werden. Dem Gläubiger einer Konkursforderung steht das Verbot des § 14, dem Gläubiger einer (nach den §§ 3, 63) unanmeldbaren Forderung die Sperre des § 15 entgegen. Auch einer Vorpfändung gemäß § 845 I ZPO. kann daher nach Konkursbeginn nicht mehr auf dem Wege des § 845 II ZPO. Absonderungskraft verschafft werden. Ebensowenig einer im Sinne der §§ 798, 810 I ZPO. verfrühten Pfändung dadurch, daß die zeitlichen Erfordernisse sich erst nach Konkursbeginn erfüllen (vgl. RG. Bd. 125 S. 289). Dagegen hindert weder der § 14 noch der § 15 eine Pfändung, die von einem Hypothekengläubiger kraft seines dinglichen Anspruchs als Beschlagnahme zur Aufrechterhaltung der Mithaftung von Miet- oder Pachtzinsansprüchen (§§ 1123f. BGB.) erwirkt wird. Dem stimmt die neue Praxis bei (RG. WarnRsp. 1915 S. 84; OLG. München u. KG. OLG. 29 S. 245, 246). Der Arrestbeschlag (§§ 930ff. ZPO.) erstarkt, sobald die durch ihn gesicherte Forderung konkursmäßig festgestellt ist, von selbst mit dem bisherigen Rang zu einem verwertungsreifen Absonderungsrecht (OLG. Darmstadt ZZP. 55 S. 360, 363).

δ) Das Zurückbehaltungsrecht wegen einer noch jetzt werterhöhenden Aufwendung[19]) und jedes handelsgesetzliche Zurückbehaltungsrecht, namentlich das zum Verwertungsrecht verstärkte kaufmännische der §§ 369ff. HGB. Ein Gegenschluß aus § 49 Nr. 3, 4 stellt außer Zweifel, daß einer anderen Rückbehaltungsbefugnis die Absonderungskraft versagt bleibt. So namentlich derjenigen wegen eines durch die (z. B. verliehene) Sache verursachten Schadens (§ 273 II mit § 600 BGB.)[20]).

2. Für die Haftpflichtversicherung hat der § 157 VVG. ein gesetzliches „Absonderungsrecht" eigener Art geschaffen. Im Konkurse des Versicherungsnehmers kann nämlich der Haftpflichtgläubiger wegen des ihm gegen den Versicherungsnehmer zustehenden Anspruchs abgesonderte Befriedigung aus der Entschädigungsforderung verlangen, die dem Versicherungsnehmer gegen den Versicherer zusteht. Die Besonderheit liegt darin, daß außerhalb des Konkurses eine gesetzliche Pfandhaftung der Versicherungsforderung nicht besteht.

Das Absonderungsrecht sichert also die Forderung, die dem Haftpflichtgläubiger (dem verletzten Dritten) gegen den jetzigen Gemeinschuldner zusteht, weil dieser z. B. als Gastwirt nach § 701 BGB. oder als Tierhalter nach § 833 BGB. oder als Halter eines Kraftfahrzeugs nach den §§ 7ff. KFG. oder als Halter eines Luftfahrzeuges nach den §§ 19ff. LuftverkG. schadensersatzpflichtig geworden war. Das Ergebnis der Haftpflichtversicherung wendet der § 157 VVG. dem Verletzten unter dem Gesichtspunkte zu, daß diese Versicherung wirtschaftlich seinem Interesse zu dienen bestimmt sei. Vor der Tatsache, daß der Versicherungsnehmer (der jetzige Gemeinschuldner) durch die Haftpflichtversicherung in erster Linie sich selber, nicht den Verletzten gegen Verluste decken wollte, verschließt sich das Gesetz. Seine engbegrenzte Regelung bereitet mancherlei Schwierigkeiten. Entsprechend der pfandrechtlichen Vorschrift des § 1282 (§ 1257) BGB. wird anzunehmen sein, daß der Verletzte zur Befriedigung seines Haftpflichtanspruchs die nun zur Masse gehörende Versicherungsforderung einziehen darf[21]).

3. Die Reihenfolge des § 49 ist keine Rangfolge. Vielmehr bestimmt sich der Rang der Ansprüche auf abgesonderte Befriedigung aus Gegenständen des beweglichen Vermögens nach dem sonstigen bürgerlichen Recht. Die Zurückbehaltungsbefugnis wegen werterhöhenden Aufwandes (§ 49 Nr. 3) geht ihrer Natur nach der Pfandhaftung vor. Im übrigen entscheidet für

---

[19]) Wie es z. B. dem Geschäftsbesorger (§§ 670, 675, 683) oder dem Besitzer einer fremden Sache als solchem (§§ 994ff. BGB.) zustehen kann.

[20]) Oder die rein negative Rückbehaltungsbefugnis, die der § 32 RAO. dem Anwalt an den Handakten zuerkennt (KG. JurW. 1921 S. 636). Dagegen ist die bei der Versicherung für fremde Rechnung dem Versicherungsnehmer namentlich wegen seines Anspruchs auf Erstattung der von ihm verauslagten Prämie gegenüber dem Versicherten eingeräumte Befugnis, den Versicherungsschein zurückzuhalten, verstärkt zu einem zugleich an der Versicherungsforderung bestehenden Absonderungsrecht mit eigner Verwertungsbefugnis (§§ 888, 889 HGB., § 77 VVG.).

[21]) Beachte RG. Bd. 93 S. 212 mit Bd. 81 S. 253. — Ein außerhalb des Konkurses als Pfandrecht nicht wirksames gesetzliches Absonderungsrecht hatte auch die oben § 5 Note 5 erwähnte landesrechtliche Schutzvorschrift zugunsten der Spareinleger gemeindlicher Sparkassen geschaffen.

die Regel das Alter. Zu den schon außerhalb des Konkurses geltenden Ausnahmen, wie sie sich z. B. aus § 1208 BGB., aus § 366 III oder aus § 443 HGB. ergeben können, tritt im Konkurse der Vorrang des Abgabenabsonderungsrechts vor jeder anderen Fahrnisabsonderung (§ 49 II). Diesen Vorrang erstreckt aber hinwiederum der Art. III EG.KNov. v. 1898 auf die Rechtsverfolgung außerhalb des Konkurses. Damit gewinnt das Abgabenabsonderungsrecht die Bedeutung eines allgemeinen gesetzlichen Vorzugspfandrechts[22]).

4. Für alle Rechte auf abgesonderte Befriedigung aus Gegenständen des beweglichen Vermögens gilt der Anrechnungsgrundsatz des § 48 (mit § 49). Danach werden aus dem Erlöse gedeckt:

a) zuerst die Kosten (der Kündigung, der Rechtsverfolgung, der Verwertung, vgl. § 1210 II BGB.),

b) dann die Zinsen (die laufenden und die unverjährten Rückstände, die gesetzlichen und die bedungenen),

c) zuletzt das Kapital, d. h. der Geldbetrag der Hauptforderung (vgl. § 1228 II 2 BGB.) nebst einem (besonders durch vertragswidriges Verhalten des Schuldners bewirkten) Zuwachs (Vertragsstrafe, Schadensersatz)[23]).

Solche Anrechnung wird bedeutsam für die Geltendmachung des Ausfalls im Konkurse (§ 64): einmal, weil die seit Konkursbeginn laufenden Zinsen unanmeldbar sind (§ 63 Nr. 1); sodann, weil am selben Gegenstand eine Mehrheit sich widerstreitender Absonderungsrechte bestehen kann[24]).

IV. Gemeinschaftsverhältnisse.

Bei Gemeinschaften des beweglichen oder des unbeweglichen Vermögens[25]) hat der Gemeinschaftsgenosse des Schuldners wegen solcher Forderungen, die ihm vermöge seiner Zugehörigkeit zur Gemeinschaft zustehen, ein Recht auf abgesonderte Befriedigung aus Anteilen des Schuldners. § 51. Ist beispielsweise das Gemeinschaftsverhältnis eine aus zwei Personen bestehende Gesellschaft des bürgerlichen Rechts, deren einer Teilhaber in Konkurs verfällt (§ 728 BGB.), so gebührt dem andern, wenn er als Gesellschafter den Ersatz einer Auslage in Höhe von 2000 zu beanspruchen hat, der Schuldneranteil für sich betrachtet aber 3000 wert ist, vorab der volle Betrag von 2000, der Konkursmasse nur der Restwert des Schuldneranteils in Höhe von 1000. Dies sollte durch den § 51 einer älteren Lehre gegenüber klargestellt werden, die der Masse 3000 zuerkennen, den Gemeinschaftsgenossen aber mit seinem Ersatzanspruch auf die Konkursdividende beschränken wollte. Die Teilung oder sonstige Auseinandersetzung findet dem § 16 I zufolge außerhalb des Konkursverfahrens zwischen dem Gemeinschaftsgenossen und dem nach § 6 den Konkursschuldner vertretenden Verwalter statt[26]). Bei dieser Auseinandersetzung gehört nun der Ersatzanspruch des Gemeinschaftsgenossen schon zu den Schulden, die nach § 733 (vgl. § 756) BGB. zunächst aus dem gemeinschaftlichen Vermögen zu berichtigen sind[27]). Worin liegt nun aber, wenn in dieser Weise verfahren wird, der besondere Sinn des § 51? Soll die Vorschrift etwa nur dann Bedeutung gewinnen, wenn die im Gemeinschaftsverhältnisse be-

---

[22]) Die §§ 1257, 1249 BGB. sind unbedenklich anwendbar (RG. Bd. 67 S. 220, Bd. 70 S. 409).

[23]) Pfandgedeckte Verwendungsansprüche des Absonderungsberechtigten (§§ 292, 994 ff., 1216 BGB.) sind nach § 1210 II BGB. von den Kosten zu unterscheiden, bilden aber auch keinen bloßen Kapitalzuwachs. Sie werden daher nach der Hauptschuld anzusetzen sein.

[24]) Der § 48 KO. hat sowohl dem § 12 ZVG., der nach § 47 KO. für die abgesonderte Befriedigung aus unbeweglichem Vermögen maßgebend ist, als dem für die Erfüllung geltenden § 367 BGB. als Vorbild gedient.

[25]) Der § 51 unterscheidet nicht und nimmt darum eine selbständige Stellung sowohl gegenüber dem § 47 als gegenüber den §§ 48, 49 ein.

[26]) Nach § 16 II kann der Konkursverwalter die Teilung auch dann verlangen, wenn das Teilungsrecht durch Übereinkunft der Gemeinschaftsgenossen (bei der Erbgemeinschaft durch Anordnung des Erblassers) ausgeschlossen oder erschwert war.

[27]) Gleiches gilt z. B. für Gewinnrückstände (§ 722) oder für die Ausgleichung einer die innerrechtliche Beitragspflicht übersteigenden Inanspruchnahme (§ 426 II BGB.).

gründete Forderung des Genossen beim Vollzuge der Auseinandersetzung außer acht gelassen oder der Anteil des Schuldners ohne jede Auseinandersetzung in die Masse einbezogen wird? In Wahrheit besagt erst der § 51 (was eigener gesetzlicher Anerkennung bedarf), daß die Forderung des Genossen auch als rein persönlicher Anspruch gegenüber dem Konkursschuldner bei der Auseinandersetzung mit diesem ein Recht auf Vorausbefriedigung aus dem Schuldneranteile gewährt und daß dieses Recht konkursmäßig als Absonderungsrecht zu behandeln ist (vgl. §§ 4, 64).

Das Verständnis wird dadurch sehr erschwert, daß ein einheitlicher Gedanke (der im vorbildlichen § 36 preuß. KO. von 1855 noch einheitlich gefaßt war) in den §§ 16, 51 auseinander gerissen ist. Überdies sind die Worte „aus dem bei der Auseinandersetzung ermittelten Anteile" (§ 51) ungenau, da sich die Absonderung schon bei der Auseinandersetzung vollzieht. Es sollte heißen: der Genosse kann wegen seiner im Gemeinschaftsverhältnisse begründeten Forderungen bei der Auseinandersetzung abgesonderte Befriedigung aus dem Anteile des Gemeinschuldners verlangen. Die Fassung des § 756 BGB., der eine verallgemeinernde Fortbildung des dem § 51 KO. zugrunde liegenden Gedankens enthält, ist wesentlich besser gelungen. Für einen Hauptanwendungsfall des früheren Rechts, für die eheliche Gütergemeinschaft, verdrängt jetzt der § 2 die §§ 16, 51. Jedenfalls ist es irrig, zu lehren, der § 16 gewähre den Gemeinschaftsgläubigern an den Gemeinschaftsgegenständen, der § 51 dagegen dem Gemeinschaftsgenossen am Schuldneranteil ein Absonderungsrecht. Denn einmal gehört zu den bei der Auseinandersetzung vorab zu deckenden Passiven auch die Forderung des Genossen, überdies aber erkennt der § 16 dritten Gemeinschaftsgläubigern ein Recht auf Vorausbefriedigung überhaupt nicht zu.

Schwebt ein eigener Konkurs über das Gemeinschaftsvermögen (etwa als Konkurs über das Gesellschaftsvermögen einer offenen Handelsgesellschaft, § 209), dann zehrt dieser den Anteil des selbst im Konkurse stehenden Teilhabers auf und verdrängt damit für seinen Bereich auch die Absonderung eines Genossen.

V. Verfahren.

1. Die abgesonderte Befriedigung erfolgt nach § 4 II unabhängig vom Konkursverfahren, also nicht wie die der Konkursforderungen, nicht in Erfüllung einer allgemeinen Amtspflicht durch den Konkursverwalter, nicht unter Aufsicht des Konkursgerichts[28]). Es ist Sache des Absonderungsgläubigers, durch die gesetzlichen Mittel die Anerkennung und Verwirklichung seiner Rechte zu betreiben. Da der Absonderungsgegenstand zur Masse gehört und ein Übererlös ihr verbleibt, richtet sich die Rechtsverfolgung, namentlich die Klage und die Zwangsvollstreckung, gegen den Verwalter als den Zwangsvertreter des Masseträgers, unbeschadet der Befugnis des Verwalters, Absonderungsgegenstände freizugeben, von denen die Masse nichts zu erhoffen hat (§ 6, vgl. § 11). Prozesse sind außerhalb des Konkurses nach den gewöhnlichen Zuständigkeitsregeln auszutragen[29]).

Das Recht des Eigentümers eines hypothekbelasteten Grundstücks, Gegenstände, „auf die sich die Hypothek erstreckt", die aber noch nicht „zugunsten des Gläubigers in Beschlag genommen worden sind", nach Maßgabe der §§ 1121 ff. BGB. aus der Pfandhaftung zu lösen, also z. B. Bodenerzeugnisse zu ernten oder Miet- und Pachtzinsen einzuziehen, übt der Konkursverwalter ebenso aus wie der Eigentümer selbst außerhalb des Konkurses oder im Falle der Freigabe. Im Rahmen solcher Rechtsausübung kann von „rechtloser" Bereicherung der Masse im Sinne des § 59 Nr. 3 keine Rede sein. Anders liegen die Dinge, soweit dem Eigentümer außerhalb des Konkurses die rechtliche Möglichkeit einer Enthaftung versagt ist. Braucht der Verwalter sich auch nicht von Amts wegen mit der Ermittelung und Befriedigung von Absonderungsrechten zu befassen, so hat er doch die Pflicht, ihm gegenüber geltend gemachte Absonderungsrechte zu berücksichtigen und der Masse nur den Übererlös zuzuführen. Schuldhafte Verstöße können die Masse (§ 59 Nr. 1, 3), aber auch den Verwalter persönlich (§ 82) haftbar machen. Nicht selten empfiehlt es sich, durch Einlösung von Pfandstücken (§§ 133 Nr. 2, 136) oder sonstige Übereinkunft mit Absonderungsgläubigern, den Vorteil der Masse wahrzunehmen.

---

[28]) Namentlich sind die §§ 12, 14, 63 Nr. 1, 138 ff., 149 ff., 193 auf einen Absonderungsgläubiger als solchen unanwendbar.

[29]) Das Konkursgericht hat sie nicht selber zu schlichten. Die §§ 145, 146 gelten für Absonderungsrechte als solche nicht. Vermerke in der Konkurstabelle über die Anerkennung von Absonderungsrechten durch den Verwalter sind üblich und sachdienlich; doch bleibt der Anerkennung die Rechtskraftwirkung des Tabelleintrags (§ 145 II) versagt. Muster: unten S. 241. Vgl. §§ 133 Nr. 2, 136.

Die Rechte der Absonderungsgläubiger auszuüben liegt aber nicht im Rahmen der gesetzlichen Vertretungsmacht des Konkursverwalters (§ 6). Darum darf er dem Dritten, der die Aussonderung (§ 43) ihm vor dem Konkurs übereigneter, aber nicht vom Grundstück entfernter Zubehörsachen beansprucht, die Herausgabe nicht deshalb verweigern, weil diese Sachen nach § 1121 BGB. Grundpfandgläubigern noch verhaftet sind[30]).

Wenn der Verwalter einen Gewerbebetrieb, für dessen Zwecke das hypothekbelastete Grundstück des Gemeinschuldners eingerichtet ist, endgültig aufgibt, dann erlischt mit der im § 97 BGB. vorausgesetzten Zweckbestimmung der Hauptsache die Zubehöreigenschaft der Einrichtungsstücke und eben damit, soweit diese dem Hypothekengläubiger nicht schon durch förmliche Beschlagnahme verstrickt waren, auch ihre hypothekarische Mithaftung (sie endet also nicht etwa erst auf dem Wege der §§ 1121 f. BGB.). Nimmt nun der Konkursverwalter die im Interesse der Konkursmasse gebotene Veräußerung der früheren Einrichtungsstücke vor, dann hat der Hypothekengläubiger keinen Anspruch auf den Erlös. Das Gegenteil ist in der Praxis (RG. Bd. 69 S. 85 u. ö.) mit der Begründung behauptet worden, die Veräußerung durch den Verwalter stehe einer Pfändung im Sinne des § 865 II 1 ZPO. gleich, was unzutreffend ist und selbst im Falle des Zutreffens nach dem Erlöschen der Zubehöreigenschaft ohne Belang sein würde. Wirkte die Veräußerung des Konkursverwalters in der Tat wie eine Pfändung, dann könnte er nicht einmal auf dem Wege der §§ 1121 f. BGB. Zubehörstücke in Ausübung der Rechte des Gemeinschuldner-Eigentümers veräußern. Solches Zubehör freizugeben und damit der Verfügungsmacht des Gemeinschuldners zu unterstellen, der es dann für eigene Rechnung enthaften könnte, wäre aber der Verwalter unleugbar nicht gehindert[31]).

2. Da der Konkursverwalter ganz allgemein die Aufgabe hat, die zur Masse gehörenden Gegenstände zwecks Befriedigung der Konkursgläubiger zu verwerten (§§ 3, 6, 117), ist es auch seines Amtes, Massegegenstände, an denen Absonderungsrechte bestehen, zu Geld zu machen. Nur liegt es außerhalb dieser Aufgabe, Gegenstände zu verwalten und zu versilbern, die wegen unanfechtbarer Überlastung einen den Konkursgläubigern zugute kommenden Überschuß nicht abwerfen. Ihrer entledigt sich der Verwalter nach pflichtmäßigem Ermessen durch Freigabe. Für die Verwertung von Absonderungsgegenständen **durch den Konkursverwalter** gelten aber wichtige Besonderheiten. Während nach der gemeinrechtlichen Praxis das Konkursgericht die Masse öffentlich versteigerte, hat sie heutzutage der Verwalter nach seiner Wahl im Wege der freiwilligen[32]) Veräußerung oder in dem der Zwangsverwertung zu versilbern. Eine Verwertung in den Formen der Zwangsvollstreckung zu betreiben, ist der Verwalter bei Gegenständen der Liegenschaftsvollstreckung[33]) schlechthin (§ 126), im übrigen dann ermächtigt, wenn aus den Gegenständen abgesonderte Befriedigung beansprucht wird (§ 127). Die freiwillige Veräußerung ist minder umständlich und kostspielig und pflegt höhere Erlöse zu erzielen als die vollstreckungsmäßige. Namentlich ermöglicht es der Freihandverkauf, die flüchtige Gunst des Augenblicks zu nutzen. Im Wege freiwilliger Verwertung kann aber der Konkursverwalter belastete Gegenstände nur mit ihren Lasten übertragen. Auch haftet die Masse aus seinen Verkäufen nach gesetzlicher Regel wegen eines Mangels im Rechte und wegen eines Mangels der Sache (§ 59 Nr. 1 KO., vgl. §§ 434 ff., 459 ff. BGB.). Andrerseits bietet die Zwangsverwertung namentlich bei belasteten Gegenständen den großen Vorteil, daß sie dem Verwalter lästige Verhandlungen mit Absonderungsprätendenten erspart, die Mängelgewährpflicht der Masse ausschaltet[34]) und in weitem Umfange zur Lastenbereinigung führt[35]). Für die Betrei-

---

[30]) Freilich liegt es in dem vom Verwalter zu wahrenden Interesse der Konkursgläubiger, daß der an der Konkursmasse heimgehende Ausfall der Absonderungsberechtigten so gering als möglich werde (§ 64); aber dieses Interesse allein gibt ihm nicht die Macht, massefremde Sachen für fremde Rechnung zu verwerten oder auch nur zurückzuhalten. RG. Bd. 99 S. 210.

[31]) Näheres Jaeger KO.[7] § 4 Anm. 5 ff. mit Verw.

[32]) Sei es in öffentlicher Versteigerung (z. B. durch einen damit vom Verwalter betrauten Notar) oder freihändig. Das gilt auch für Grundstücke (vgl. §§ 134 Nr. 1, 135, 136). Siehe oben S. 77.

[33]) Im Sinne der §§ 864, 865 ZPO. Dahin gehören auch im Schiffsregister eingetragene Schiffe. Bei ihnen kommt nur die Zwangsversteigerung, bei Grundstücken (und diesen gleichbehandelten Rechten) auch die Zwangsverwaltung als vollstreckungsmäßige Verwertungsform in Betracht (§ 870 II ZPO.).

[34]) § 56 Satz 3 ZVG., § 806 ZPO. (vgl. §§ 461, 935 II, 1244 BGB.).

[35]) Siehe namentlich die §§ 44, 52, 59, 91, 169 ZVG., § 127 I 2 KO., § 805 ZPO., §§ 1181, 1242 BGB. Die Zwangsverwertung von Grundstücken kann (abgesehen von einer Vermeidung der Gewährpflicht) auch dann, wenn Absonderungsansprüche nicht erhoben werden, namentlich mit Rücksicht auf den § 37 Nr. 4, 5 ZVG. von Vorteil sein.

bung der Zwangsverwertung von Gegenständen des unbeweglichen Vermögens durch den Konkursverwalter gelten mit wenigen Abweichungen die regelmäßigen Vorschriften der Zwangsversteigerung und Zwangsverwaltung. Soweit die Zwangsverwertung Belastungen tilgt, setzen diese sich um in Vorzugsrechte auf den Erlös (§ 127 I 2 KO., § 92 ZVG., § 805 ZPO.).

3. Durch die Befugnisse des Konkursverwalters wird eine eigene Verwertungsmacht **des Absonderungsgläubigers** nicht ausgeschlossen. Ob aber dem Absonderungsgläubiger solche Macht zusteht und in welcher Weise er seine Befriedigung suchen kann, das bestimmen die außerhalb des Konkurses maßgebenden Vorschriften (§ 4 II). Keine eigene Verwertungsbefugnis hat im Regelfalle, wer wegen nützlicher Verwendung auf eine bewegliche Sache der Masse nach § 49 I Nr. 3 absonderungsberechtigt ist[36]). Er darf daher dem Konkursverwalter gegenüber die Sache nicht zurückhalten, sondern lediglich Vorzugsbefriedigung aus ihrem Erlöse verlangen, wenn der Verwalter sie verwertet (§§ 117, 127 I 2). Meist sind Absonderungsrechte Verwertungsrechte. Unter ihnen erfahren Immobiliar- und Mobiliarabsonderung eine verschiedene gesetzliche Behandlung. Bei jener steht die Verwertungsbefugnis des Verwalters von vornherein neben der des Absonderungsgläubigers (§ 126), der hier seinerseits darauf angewiesen ist, seine Befriedigung in den Formen der Zwangsvollstreckung zu betreiben[37]). Bei der Mobiliarabsonderung dagegen nimmt, da die haftende Fahrnis sich meist in der Verfügungsgewalt des Gläubigers befindet, dessen Verwertungsbetrieb die erste Stelle ein. Insoweit gilt die Sonderregelung des § 127, dessen beide Absätze scharf zu trennen sind:

a) Der § 127 II greift Platz, wenn bei der Mobiliarabsonderung der Gläubiger sich „ohne gerichtliches Verfahren" d. h. durch eine an die Mitwirkung eines Gerichts nicht gebundene Art der Verwertung befriedigen darf. So liegen die Dinge beim rechtsgeschäftlichen und gesetzlichen Pfandrecht an beweglichen Sachen, beim Pfandrecht an Forderungen und beim kaufmännischen Zurückbehaltungsrecht[38]). Hier überall steht dem Absonderungsgläubiger der außergerichtliche Verwertungsbetrieb ohne weiteres auch im Konkurse frei. Nur kann dem Gläubiger auf Antrag des Verwalters vom Konkursgericht eine Verwertungsfrist gesetzt werden. Erst nach deren Ablauf ist der Konkursverwalter berechtigt, die Verwertung selbst zu betreiben. § 127 II. Der Zweck dieser Regelung geht dahin, einer Verschleppung der Pfandverwertung durch den Absonderungsgläubiger vorzubeugen[39]). Nach fruchtlosem Fristablauf kann der Verwalter die Verwertung nicht nur im Wege freiwilliger Veräußerung selber vollziehen, sondern auch in Verwertungsarten „betreiben" (d. h. vornehmen lassen), die dem Belasteten selbst (dem Gemeinschuldner)

---

[36]) Im Ausnahmefall des § 1003 I 2 BGB. hat der Verwendungsgläubiger nach fruchtlosem Fristverlauf das Recht, sich selber aus der zurückbehaltenen Sache zu befriedigen, und zwar ohne gerichtliche Mitwirkung oder Ermächtigung im Wege pfandmäßiger Verwertung (§§ 1228 ff. BGB.). Hier gilt also der § 127 II KO. Genehmigt der Verwalter innerhalb der Frist die Verwendungen, dann hat der Verwendungsgläubiger in Höhe des noch vorhandenen Vorteils das Absonderungsrecht des § 49 I Nr. 3, muß aber die Sache dem Verwalter zur Verwertung ausantworten. Alsdann greift wieder unmittelbar der § 127 I Platz. Eine dingliche Haftung besteht in keinem dieser Fälle (RG. Bd. 71 S. 427).

[37]) „Im Wege der Zwangsvollstreckung" haben Hypotheken-, Grund- und Rentenschuldgläubiger (§§ 1147, 1192, 1199), desgleichen Reallastgläubiger (§§ 1107, 1147), ferner aber auch Schiffspfandgläubiger (§§ 1268, 1272 BGB., § 761 HGB., § 103 III BinnenschG.) ihre Befriedigung zu suchen (vgl. §§ 864 ff. ZPO.). Der § 1268 BGB. gilt auch für das Pfandrecht an einer Schiffspart (§ 1272 BGB.) und an Schiffen im Bau (§ 3 Ges. v. 4. Juli 1926, RGBl. I S. 367); die Zwangsvollstreckung ist aber bei jener nach § 858 ZPO., bei dieser nach § 5 Ges. v. 1926 Fahrnisvollstreckung, also der § 127 KO. maßgebend. Pfandrechte an nicht eingetragenen Schiffen sind gewöhnliche, dem § 127 unterliegende Fahrnispfandrechte. Dem Verbote der Sondervollstreckung (§ 14) sind Absonderungsgläubiger als solche nicht unterworfen, mögen sie auch zugleich Konkursgläubiger sein.

[38]) §§ 1228, 1233 ff., 1257 (Pfandrecht an beweglichen Sachen), 1282 (an Forderungen), 1291 (an Grund- und Rentenschulden), 1293 ff. (an Wertpapieren); §§ 368 (handelsrechtliche Pfandrechte), 371 II HGB. (kaufmännisches Zurückbehaltungsrecht).

[39]) Daß der Gläubiger in einem für die Masse ungünstigen frühen Zeitpunkte verwertet, vermag der Verwalter nur durch rechtzeitige Pfandeinlösung oder durch ein gütliches Übereinkommen mit dem Gläubiger zu verhindern. Dieser kann durchaus selbständig vorgehen, sobald die Pfandreife eingetreten ist.

außerhalb des Konkurses nicht offen stünden, nämlich im Wege der Zwangsvollstreckung oder des Pfandverkaufs.

Sowohl im Falle des Abs. I als im Falle des Abs. II des § 127 bleibt (wie im Bereiche des § 126) die freiwillige Veräußerung dem Verwalter unbenommen. Er hat nach pflichtmäßigem Ermessen den Weg einzuschlagen und den Zeitpunkt zu wählen, den er vom Standpunkt der Masse aus für den vorteilhaftesten hält. Die Vollstreckungsformen kommen nur für „die Verwertung" in Frage. Eine Pfändung hat nicht vorauszugehen. So wenigstens die Ansicht des RG. (Bd. 58 S. 12, Bd. 62 S. 232), die freilich nicht widerspruchsfrei ist und manchem Zweifel Raum läßt. Gibt der Absonderungsberechtigte eine ihm haftende Sache freiwillig an den Gerichtsvollzieher heraus, dann vollzieht sich die Verwertung nach Maßgabe der §§ 814, 816 II—IV, 817, 819—825 ZPO. Rechte Dritter können dabei auf dem Wege der §§ 771, 805 ZPO. zur Geltung gebracht werden (RG. Bd. 14 S. 1, Bd. 69 S. 92 u. ö.). Widersetzt sich aber der Absonderungsberechtigte der ihm (mittelbar durch den § 127 I 2 zur Pflicht gemachten) Herausgabe, dann muß der Verwalter sie erst im Rechtswege verfolgen. Als Gegengewicht gegenüber dem gesetzlich gestatteten Eingriff in das Verwertungsrecht des Gläubigers erkennt diesem die Praxis einen Anspruch darauf zu, vom Verwalter wie von einem Geschäftsbesorger Auskunft und Rechenschaft zu verlangen (§§ 666, 681 BGB.; RG. Bd. 98 S. 306). Unter demselben Gesichtspunkt ergibt sich, wenn der Verwalter den Erlös, statt daraus vorzugsweise den Absonderungsberechtigten zu befriedigen (§ 127 I 2), mit Massegeldern vermengt hat, ein Masseanspruch desselben aus § 59 Nr. 1 (3) KO. mit §§ 667, 681 BGB. Der Pfandverkauf vollzieht sich nach Maßgabe der §§ 1235—1240 BGB. Eine davon abweichende Verwertungsart mit dem Absonderungsberechtigten zu vereinbaren, steht dem Verwalter auf Grund des § 1245 BGB. frei. Das Recht des Gläubigers auf Vorzugsbefriedigung aus dem Erlöse wird dadurch nicht verkümmert (RG. Bd. 84 S. 70).

b) Nach § 127 I muß bei der Mobiliarabsonderung der Gläubiger, wenn er eine eigne Verwertungsbefugnis überhaupt nicht hat (wie im oben erwähnten Falle der Zurückbehaltung wegen nützlicher Verwendung) oder wenn er sie nur unter gerichtlicher Mitwirkung ausüben darf (wie etwa beim Pfandrecht an Gesellschafteranteilen, Patenten, Urheberrechten, § 1277 BGB., § 857 ZPO.), sich eine vollstreckungs- oder pfandverkaufsgemäße Verwertung durch den Konkursverwalter von vornherein gefallen lassen. Die Wahl zwischen beiden Verwertungsarten steht beim Verwalter. Er bestimmt die Verwertungszeit. Dem Gläubiger gebührt nur ein rangmäßiger Erlösanteil.

c) Im geltenden Reichsrecht ist sonach der Abs. I des § 127 KO. zur Ausnahme, der Abs. II zur Regel geworden, während der Pfandgläubiger nach älteren Landesrechten meist auf gerichtliche Mitwirkung bei der Pfandverwertung angewiesen war (wie besonders nach den §§ 192ff. I 20 ALR.). Doch haben sich für wichtige Fälle Zweifel ergeben:

α) Darf der Verwalter nach § 127 I einem Pfändungspfandgläubiger den Verwertungsbetrieb entwinden? Dies hat man mit der Behauptung, der Gläubiger könne sich nur in einem „gerichtlichen Verfahren" befriedigen, zu begründen versucht. Allein ganz abgesehen davon, daß der Gerichtsvollzieher nicht das Gericht, sondern selbständiger Staatsbeamter (§ 154 GVG., § 753 ZPO.) und daß bei Forderungspfändungen die „Befriedigung" selber in der Einziehung, nicht in einer gerichtlichen Tätigkeit enthalten ist, fehlt es an jeder gesetzlichen Vorschrift, die das Konkursgericht oder eine andere Staatsbehörde ermächtigt, die Einstellung der Zwangsvollstreckung und etwa die Herausgabe gepfändeter Sachen an den Verwalter anzuordnen[40]). Den Ausschlag geben sachliche Erwägungen. Die abgesonderte Befriedigung soll grundsätzlich vom Konkursverfahren unabhängig d. h. so wie die Befriedigung außerhalb des Konkurses vor sich gehen. Der § 127 will die Masse nur dagegen schützen, daß der Absonderungsgläubiger die Verwertung verschleppt und so eine günstige Verkaufsgelegenheit vereitelt. Gegen-

---

[40]) Zweifellos stützt der § 106 I 2 KO. solche Anordnungen des Konkursgerichts nicht, da er nur der Massesicherung vor Konkursbeginn dient (LG. Duisburg v. 23. 6. 1925 JW. 1925 S. 2383f. Nr. 7). Auch für eine Anwendung des § 771 (§ 769 II) oder des § 766 ZPO. ist kein Raum (abw. OLG. Kiel v. 11. 10. 1929 JW. 1930 S. 280 Nr. 12 u. Bendix daselbst). Andererseits können einstweilige Verfügungen zugunsten eines Rückgewähranspruchs der Masse statthaft sein, wenn die Pfändung anfechtbar ist (§§ 30, 35 KO., §§ 935, 938 ZPO.). Hier aber handelt es sich um die Frage, ob Pfändungen mit der vollen Wirksamkeit von Absonderungsrechten (§ 49 I Nr. 2) dem § 127 I anheimfallen.

über dieser Gefahr bietet nun aber gerade eine Befriedigung in den Formen der staatlichen Zwangsvollstreckung höhere Gewähr als jede andere. Und wie wäre es zu rechtfertigen, daß der Konkursverwalter die Verwirklichung der Beschlagnahme beweglichen, nicht aber unbeweglichen[41]) Vermögens nach Belieben sollte hemmen dürfen? Wie vollends, daß Pfändungspfandgläubiger der eigenen Betreibungsbefugnis beraubt werden könnten und daß sie gleichwohl einer Rechtsverwirkung mangels schleunigen Ausfallnachweises [unten S. 123] ausgesetzt blieben? All das nötigt zu der Annahme, daß der § 127 I dem Verwalter nicht die Macht einräumen sollte, Pfändungspfandgläubiger vom Eigenbetriebe der Befriedigung auszuschließen. Keinesfalls kann zwischen der Zeit vor und nach Beginn der Verwertung ein Unterschied bestehen[42]).

β) Wie vollzieht sich die abgesonderte Befriedigung aus Gegenständen einer **Sicherungsübereignung**? Ist der Gläubiger nach dem innenrechtlich (zwischen ihm und dem Schuldner, also auch seiner Konkursmasse) bestehenden Treuverhältnis **nicht** „befugt", sich aus dem Sicherungsgut ohne gerichtliches Verfahren zu befriedigen, dann greift unmittelbar der § 127 I Platz. Befinden sich solchenfalls Sachen, die dem Gläubiger konstitutweise übereignet und dem Schuldner als Besitzmittler verblieben waren, in den Händen des Konkursverwalters, so hat er, da die Übereignung im Konkurse des Übereigners nur als Belastung wirkt, das Recht und die Pflicht, die Sachen — wenn sie nicht etwa überlastet und darum freizugeben sind — zu verwerten (§§ 6, 117). Freihändig dürfte er aber die Sachen nur unter Wahrung der ihm bekannten Belastung veräußern. Darum ermächtigt der § 127 I den Verwalter, durch Verwertung in den Formen eines Pfand- oder Zwangsverkaufs den Gläubiger auf den Erlös zu verweisen. Hätte dagegen der Gläubiger innenrechtliche Selbstverwertungsmacht, dann würde zunächst der § 127 II maßgebend sein. So z. B. zweifellos dann, wenn der jetzige Gemeinschuldner zur Sicherung einer Verbindlichkeit seinem Gläubiger einen Schmuck unter körperlicher Übergabe übereignet und dem Gläubiger die Befugnis zur Verwertung durch Pfandverkauf eingeräumt hatte[43]).

4. Nicht jeder Absonderungsberechtigte ist zugleich Konkursgläubiger. Die Dinge können auch so liegen, daß der Gemeinschuldner einem Absonderungsberechtigten persönlich überhaupt nicht haftet, weil etwa ein Massegegenstand zur Sicherung fremder Schuld (vielleicht einer Verbindlichkeit der Ehefrau) belastet ist. Alsdann steht der Absonderungsberechtigte ganz außerhalb des Konkursverfahrens (§ 4 II). Wenn umgekehrt einem Konkursgläubiger ein dem Gemeinschuldner nicht gehörender Gegenstand pfandweise haftet, weil vielleicht die Ehefrau des Gemeinschuldners für dessen Schuld an einem ihr gehörenden Grundstück eine Hypothek bestellt hatte, nimmt der Gläubiger in diesem Konkurs ausschließlich die Stellung eines Konkursgläubigers ein[44]). Meist aber sind **Absonderungsberechtigte zugleich Konkursgläubiger**. So in dem alltäglichen Falle, daß der Gemeinschuldner für eigene Verbindlichkeiten eigene, nun zur Konkursmasse gehörende Vermögensstücke durch Verpfändung oder Sicherungsübereignung verstrickt hatte. Für die Befriedigung eines solchen **absonderungsberechtigten Konkursgläubigers** gelten wichtige Besonderheiten. Zwar darf er seine Forderung zum vollen Betrag anmelden. Soweit er aber nicht etwa auf abgesonderte Befriedigung verzichtet, wird er bei

---

[41]) Daß die Verwirklichung eines durch Grundstücksbeschlagnahme erworbenen Absonderungsanspruchs dem Gläubiger nicht aus der Hand genommen werden kann, steht fest (§ 10 I Nr. 5 ZVG., §§ 47, 13 KO.).

[42]) Dazu fehlt nicht nur jeder Anhalt im Gesetz, sondern auch jeder innere Grund (abw. **Mentzel** KO.[3] S. 419). Im übrigen siehe **Jaeger** ZZP. 49 S. 201ff., 52 S. 492; zust. OLG. Dresden v. 16. 2. 1926 ZZP. 51 S. 489 unter Aufgabe seiner früheren Praxis u. LG. Magdeburg v. 1. 11. 1929 KonkTreuh. 1929 S. 13f.

[43]) Die lebhaft umstrittene Frage, **wie** der Sicherungseigner sich zu befriedigen habe, ist hier nicht auszutragen (**Staub-Koenige** HGB.[13] § 368 Anm. 98f., 111). Innenrechtsverhältnis, Wertrechtsnatur der Sicherheit und Zugehörigkeit des Sicherungsgutes zur Konkursmasse des Übereigners drängen zu einer entsprechenden Anerkennung der Pfandverwertungsregeln (§§ 1233ff., auch der §§ 1245, 1246 BGB.). Lehrreicher konkursrechtlicher Fall: KG. v. 9. 7. 1928 ZZP. 54 S. 143ff.

[44]) Auch ihm gilt die Schranke des § 64 nicht. Übersicht oben S. 52.

den Konkursverteilungen nur in Höhe des Ausfalls berücksichtigt, den er bei der abgesonderten Befriedigung erleidet. Die Konkursdividende wird also (vom Verzicht abgesehen) nur für den Ausfallbetrag ausgeworfen. Das besagt der wichtige **Grundsatz der Ausfallhaftung** (§ 64)[45]). Die Ordnung ist zwingend. Sie entspricht einer billigen Rücksichtnahme auf die Lage der ungesicherten Konkursgläubiger. Diese trifft es schon hart genug, daß der Absonderungsberechtigte für seine volle Forderung Vorwegbefriedigung aus einem Gegenstande der Masse suchen darf. Mag er sich also zunächst an diesen Gegenstand halten, vielleicht auf Kosten von Nachmännern, die nicht (wie er) ihren Ausfall auf die Konkursmasse abwälzen können. Auch würden bei Bemühungen um einen Zwangsvergleich (mit Einschluß des konkursabwendenden, § 2 VerglO.) zur Aufbringung einer annehmbaren Quote weit mehr Mittel erforderlich sein, wenn durch Wertrechte gedeckte Gläubiger voll am Vergleiche teilnehmen und später aus der Sonderdeckung den Überschuß ihrer Forderung beitreiben dürften. Es ist genug, daß der absonderungsberechtigte Konkursgläubiger zum vollen Betrag seines Ausfalls bei den Konkursverteilungen und beim Zwangsvergleich mit der Allgemeinheit der Konkursgläubiger konkurrieren darf. Absonderungsgegenstand und Masse nebeneinander in Anspruch zu nehmen oder erst aus der Masse und dann aus dem Absonderungsgegenstande Befriedigung zu suchen, wird ihm verwehrt. Die Schranken sind geboten überall, aber auch nur dort, wo die Sonderdeckung auf Kosten der allgemeinen Zugriffsmasse erworben wurde.

Beispiele. Nehmen wir an, eine Bank habe gegen den Gemeinschuldner eine Darlehnsforderung von 50000 und für sie eine Hypothek an einem Massegrundstück. Auf die Hypothek gelangen vom Grundstückserlöse 40000 zur Auszahlung an die Bank; sie fällt also mit 10000 aus. Beträgt die reine Teilungsmasse 20000, die Schuldenmasse (außer der Bankschuld) 50000, so errechnet sich eine Konkursdividende in Höhe von

$$\frac{20000}{50000 + 10000} = 33\tfrac{1}{3}\,\%.$$

Dürfte dagegen die Bank sich zunächst aus der Konkursmasse für die volle Darlehnsforderung von 50000 befriedigen, dann ergäbe sich als Konkursdividende nur

$$\frac{20000}{50000 + 50000} = 20\,\%.$$

Die Bank erhielte dann 10000 aus der allgemeinen Teilungsmasse und 40000 aus der Sonderdeckung, somit volle Befriedigung.

Oder: Dasselbe Grundstück sei an 1. Stelle für die Bank mit 50000, an 2. Stelle mit der Grundschuld eines Nichtkonkursgläubigers von 30000 belastet, der für beide verfügbare Reinerlös betrage 70000. Dürfte die Bank voll an der Masseausschüttung teilnehmen, dann ergäbe sich wiederum eine Dividende von nur 20%. Die übrigen 40000 erhielte die Bank aus dem Grundstückserlös. Den Vorteil hätte der Nichtkonkursgläubiger, der ebenfalls noch ganz aus dem Grundstück befriedigt würde. Muß aber die Bank sich zunächst an das Grundstück halten, dann wird ihre Forderung aus dem Erlöse zwar voll gedeckt, der Nichtkonkursgläubiger aber fällt mit 10000 aus, ohne in der Lage zu sein, diesen Ausfall auf Rechnung der Masse zu verfolgen. Die Dividende beläuft sich also auf

$$\frac{20000}{50000} = 40\,\%.$$

Beim Zwangsvergleich, der Absonderungsrechte als solche unberührt läßt (§ 193), gilt dieselbe Reihenfolge. Der absonderungsberechtigte Konkursgläubiger hat die Vergleichsquote, da er sie eben bloß als Konkursgläubiger verlangen kann, nur berechnet nach Höhe des bei der abgesonderten Befriedigung erlittenen Ausfalls zu beanspruchen, einerlei, ob diese Befriedigung vor oder nach dem Zustandekommen des Zwangsvergleichs verwirklicht wird. Dem entspricht auch die ständige Praxis des Reichsgerichts (z. B. Bd. 5 S. 394, Bd. 92 S. 184). Über den Sinn einer Empfangnahme der Vergleichsquote für die ganze Forderung siehe unten S. 124. Beispiel: Wenn ein absonderungsberechtigter Konkursgläubiger 1000 zu fordern und einen Ausfall von 600 bei der abgesonderten Befriedigung erlitten hat, die Vergleichsquote aber 25 beträgt, so hat er als Konkursgläubiger Anspruch auf $6 \cdot 25 = 150$.

Im Ausfallgrundsatz hat der Gedanke des beneficium excussionis realis, der sich gegenüber der Einzelvollstreckung nur in den engen Grenzen des § 777 ZPO. behauptet, zugunsten der Konkursmasse des Schuldners eine Anerkennung von erheblicher Tragweite gefunden.

---

[45]) Für Hypotheken und Schiffspfandrechte in ausländischer Währung (Valutapfand) siehe den § 10 III 2 VO. vom 13. Februar 1920 (RGBl. S. 231) mit § 2 I Ges. vom 29. März 1923 (RGBl. I S. 232), für wertbeständige Hypotheken den § 6 III Ges. vom 23. Juni 1923 (RGBl. I S. 407).

a) Den Grundsatz der Ausfallhaftung hat das Gesetz folgendermaßen durchgeführt: Der Anmeldbarkeit zieht es keine Schranke, sondern lediglich dem Begehren einer Befriedigung aus der Masse[46]). Durch Eintragung in die Konkurstabelle wird daher die vollangemeldete und von keiner Seite bestrittene Forderung in ganzer Höhe festgestellt, auch für den durch das Absonderungsrecht gedeckten Teil. Eine solche Feststellung hat für den vollen Betrag der Forderung die im § 145 II verordnete Wirksamkeit rechtskräftiger Zuerkennung, nach Maßgabe der §§ 164 II, 194, 206 II auch außerhalb des Konkursverfahrens. Zur Zeit der Feststellung braucht der Gläubiger sich noch nicht darüber entschieden zu haben, ob er abgesonderte (für ihn vielleicht aussichtslose) Befriedigung verlangen oder ob er auf sie verzichten und sofort voll als Konkursgläubiger konkurrieren will[47]). Für die Abstimmung des absonderungsberechtigten Konkursgläubigers in den Gläubigerversammlungen, auch im Vergleichstermin, und für seine Berücksichtigung bei Abschlagsverteilungen bietet der vermutliche Ausfall eine genügende Grundlage (§§ 96, 153 II). Doch werden die danach berechneten Anteile nicht ausbezahlt, sondern einstweilen zurückbehalten (§ 168 Nr. 3). Bei der Schlußverteilung wird nur der wirkliche Ausfall berücksichtigt (§ 153 I). Wird dieser nicht rechtzeitig nachgewiesen, so werden für die Schlußverteilung auch die früher reservierten Dividenden frei (§ 156). Sobald er feststeht, ist er auch für Abstimmungen maßgebend.

Um dem absonderungsberechtigten Konkursgläubiger den rechtzeitigen Ausfallnachweis auch bei einer vom Verwalter selbst betriebenen Zwangsversteigerung zu ermöglichen, trifft der § 174 ZVG. eine besondere Bestimmung. Nach der Regel des § 44 ZVG. müßte das geringste Gebot alle Realrechte decken, weil der Verwalter die Versteigerung nur für Rechnung persönlicher Gläubiger betreibt. Ein alle Lasten deckendes Gebot wird aber selten zu erzielen sein. Darum darf der Absonderungsberechtigte verlangen, daß die Liegenschaft doppelt ausgeboten werde: einmal nach der Regel und einmal so, daß nur seine eigenen Vormänner durch das Gebot gedeckt zu sein brauchen.

b) Einen Verzicht auf abgesonderte Befriedigung vollzieht der Gläubiger nach dem Zwecke des § 64 nur dadurch, daß er das Absonderungsrecht auf eine die Masse entlastende, dem Verwalter nachzuweisende Art (§ 153) endgültig aufgibt. Mit einem bloßen Verzicht darauf, das Recht im Konkurs auszuüben, etwa die Zwangsversteigerung des hypothekbelasteten Grundstücks zu betreiben, wäre der Konkursmasse nicht gedient. Vielmehr muß das Recht, das den Anspruch auf abgesonderte Befriedigung begründet, selber den Gegenstand des Verzichts bilden. Wie es aufzugeben ist und von wann ab die Aufgabe bindet, darüber entscheiden die für das Recht maßgebenden Vorschriften[48]). Keineswegs ist der Verzicht deshalb, weil die (inso-

---

[46]) Was der § 64 sagen will, wenn er dem Gläubiger uneingeschränkt gestattet, „die Forderung zur Konkursmasse geltend zu machen", das wird klar durch den Gegensatz „aber nur für den Betrag verhältnismäßige Befriedigung verlangen". „Geltend machen" heißt also: anmelden und zur Feststellung bringen; „Befriedigung verlangen" heißt: als Konkursgläubiger, besonders bei Ausschüttung der Masse oder auf Grund eines Zwangsvergleichs, Zahlung begehren. Die Schranke gilt überall, wo der Gläubiger „als Konkursgläubiger" befriedigt sein will, also auch für Nachforderungen auf Grund des § 164 II (§§ 194, 206 II).

[47]) Schon deshalb erweist sich der übliche Wortlaut des Tabellvermerks „festgestellt in Höhe des Ausfalls" als irreführend. Die Schranke gilt nur, soweit der nicht auf die Absonderung verzichtende Gläubiger „als Konkursgläubiger" „Befriedigung verlangt" oder abstimmt [Note 46]. Vollfeststellung kann ihm auch im Verfahren der Verwertung des Absonderungsgegenstandes von Vorteil sein, soweit es auf die Höhe der persönlichen Forderung ankommt. Es wäre wohl zweckmäßig, wenn das Gesetz vorschriebe, daß die Wahl des Gläubigers und die Stellungnahme des Verwalters zum Absonderungsanspruch schon vor der Feststellung zu klären und die Klärung in der Tabelle zu vermerken wäre. Solche Tabellangaben (in der Bemerkungsspalte) sind heute schon gebräuchlich, aber nicht geboten und ohne besondere gesetzliche Wirksamkeit. Steht im Prüfungsverfahren fest, daß der absonderungsberechtigte Anmelder auf abgesonderte Befriedigung nicht verzichtet (tatsächlich der Regelfall), und wird dies in der Tabelle vermerkt, dann mag der Feststellungsvermerk etwa lauten: „festgestellt; als Konkursforderung in Höhe des Ausfalls". Bliebe die Verzichtsfrage noch offen, dann müßte auch dies zum Ausdruck gebracht werden, etwa durch Einschaltung der Worte „mangels Verzichts auf die Absonderung" hinter „Konkursforderung". Muster: S. 241.

[48]) Beachte z. B. für das Fahrnispfandrecht die §§ 1253 I, 1255 BGB. Ist das Absonderungsrecht eine Hypothek, dann dient dem Zwecke des § 64 jedenfalls ein Verzicht auf diese mit der Folge des Zu-

weit gar nicht zuständige) Konkursordnung keine Verzichtsförmlichkeit vorschreibt, allgemein formlos. Keiner Form bedarf namentlich eine Aufgabe der Rechte am Erlös. Formloser Verzicht kann auch in schlüssigem Verhalten betätigt werden. Nur für ihn taucht die in der Praxis oft erörterte Frage auf, ob in einer uneingeschränkten Ausübung des Konkursgläubigerrechts, besonders im Mitstimmen für den vollen Forderungsbetrag oder doch im Einziehen der vollen Zwangsvergleichsquote, ein Verzicht im Sinne des § 64 zu erblicken sei. Wie bei anderen bloßen (der Mitteilungsabsicht ermangelnden) Willensbetätigungen ist davon auszugehen, daß die wirkliche Meinung des Handelnden (hier des Gläubigers) entscheidet, die nach der Lage des einzelnen Falles erforscht werden muß. Unter diesem Gesichtspunkte kann sich ergeben, daß selbst eine vorbehaltlose Abstimmung zum ganzen Forderungsbetrag im Vergleichstermin ohne Verzichtswillen stattfand, etwa in Fällen, in denen das Absonderungsrecht bestritten oder von zweifelhaftem Erfolg ist. Anders aber, wenn der Gläubiger die Vergleichsquote für den ganzen Forderungsbetrag beansprucht und in Empfang nimmt, also die vergleichsmäßige Vollbefriedigung eines Konkursgläubigers verlangt und erhält. Denn Befriedigung als Konkursgläubiger gebührt ihm nur entweder für den Ausfall oder für den Verzichtsbetrag. Ein drittes gibt es nicht. Anders denn als Vollverzicht kann daher sein Verhalten gar nicht gedeutet werden. Auch eine ausdrückliche Verwahrung würde der zwingenden Regelung des Gesetzes gegenüber nichts fruchten. Ein Irrtum des Gläubigers über die rechtliche Begleitfolge seines Handelns wäre denkbar, bildete aber keinen Anfechtungsgrund[49]). Nach Vollbezug der Quote erscheint daher der Gläubiger um das ihm etwa der Rechtsform nach noch zustehende Deckungsrecht ohne rechtlichen Grund bereichert[50]). Den Verzicht auf einen bestimmten Teilbetrag zu beschränken, steht dem Gläubiger frei.

c) Ersatzloser Wegfall des Absonderungsgegenstandes (z. B. zufälliger Untergang der unversicherten Pfandsache) ist weder Ausfall noch Verzicht, wirkt aber für die Anwendung des § 64 ganz ebenso, da nun feststeht, daß der Gläubiger fortab nur noch Konkursgläubiger und darum durch den Grundsatz der Ausfallhaftung nicht weiter beschränkt ist[51]).

d) Der Grundsatz der Ausfallhaftung gilt auch in solchen Fällen, in denen ein Konkursgläubiger durch Vollübertragung jetzt zur Masse gehörender Gegenstände als Treuhänder gesichert ist (Sicherungsübereignung, Sicherungsabtretung). Denn auch hier trifft der Schutzzweck des § 64 zu[52]). Dagegen muß die umgekehrte, dem § 68 entsprechende Behandlungsweise, also eine Doppelberücksichtigung, stattfinden, wenn die Vorzugsdeckung nicht zu Lasten der Konkursmasse, sondern zu Lasten von Vermögensstücken **dritter** Personen besteht. Denn alsdann versagt der vom § 64 erstrebte Schutzzweck[53]).

---

standekommens einer zur Masse gehörenden Eigentümergrundschuld (§ 1168 BGB.). Der Vorgang eines solchen Verzichtes entspricht den §§ 875 f. BGB., aber statt der „Löschung des Rechtes" ist der „Verzicht des Gläubigers auf die Hypothek" zu buchen. Eine rechtsgeschäftliche Aufhebung der Belastung selbst mit der Folge des Aufrückens dritter Nachmänner wäre zweckwidrig und ungenügend. In anderen Fällen kann die Aufhebung zweckdienlich sein, besonders als Tilgung der einzigen Belastung. Dann ist sie mit Zustimmung des Konkursverwalters als Zwangsvertreters des Grundeigentümers statthaft (§ 1183 BGB.) und als Verzicht im Sinne des § 64 wirksam.

[49]) Gegen die Anfechtbarkeit siehe RG. Bd. 88 S. 284. — Mit unseren Fragen hat sich schon das ROHG. (Bd. 24 S. 219) und nach ihm häufig, aber sehr schwankend das RG. befaßt. Dieses trifft den springenden Punkt in SeuffA. 50 Nr. 299, indem es betont, daß bei Erhebung der Vollquote dem Verzichtswillen keine ausschlaggebende Bedeutung zukommt. Siehe auch RG. Bd. 77 S. 403, LZ. 1914 Sp. 493.

[50]) § 812 I 2 Halbs. 2; vgl. § 1169 BGB.

[51]) Siehe LZ. 1917 Sp. 522 f.

[52]) Der 31. DJT. (Bd. 3 S. 188, 258) hatte empfohlen, dies ausdrücklich auszusprechen. Dem folgt die neue österr. KO. von 1914 § 10 III. Unsere Rechtsprechung hatte schon vorher den richtigen Weg gefunden. Näheres oben S. 113.

[53]) Hatte für eine Darlehnsverbindlichkeit des Schuldners dessen Ehefrau an einem ihr gehörenden Grundstück eine Hypothek bestellt und sich zugleich persönlich neben dem Manne verpflichtet, dann findet der § 68 zweifellos und unmittelbar Anwendung. Entsprechend greift er Platz, wenn die Frau nur eine Hypothek bestellt, sich also selber nicht mitverpflichtet hat. Denn eine Beschränkung der Gläubigerrechte, wie sie der § 64 vorsieht, rechtfertigt sich auch im zweiten Falle durch keine sachliche Erwägung. Beidemal hat daher der Gläubiger für den ganzen, bei Eröffnung des Konkurses über

e) Ganz erheblich **erweitert** wird der Anwendungsbereich des Ausfallgrundsatzes durch eine Reihe ausdrücklicher Vorschriften. Das Gesetz beschränkt nämlich die konkursmäßige Berücksichtigung entsprechend auf den Ausfall oder auf den Verzichtbetrag:

α) beim Zusammentreffen des Gesellschafts- und des Privatkonkurses für die Haftung der Privatkonkursmasse wegen der Gesellschaftsschulden einer offenen Handelsgesellschaft, Kommanditgesellschaft oder Kommanditaktiengesellschaft (§ 212);

β) beim Zusammentreffen des Eigenkonkurses eines Erben und des Nachlaßkonkurses für die Haftung der Eigenkonkursmasse wegen solcher Nachlaßverbindlichkeiten, für die der Erbe endgültig unbeschränkt einzustehen hat (§ 234; siehe auch § 236);

γ) im Konkurse von Hypothekenbanken, von Lebensversicherungsanstalten und von Einkaufskommissionären für die Haftung der allgemeinen Masse wegen der durch Sondervorrecht gedeckten Ansprüche der Pfandbriefgläubiger, der Versicherten und der Kommittenten [oben S. 71].

§ 18.

5. Die Aufrechnung.

I. Die Regelung im allgemeinen[1]).

1. Wer zugleich Gläubiger und Schuldner eines anderen ist, hat bei gegenständlicher Gleichartigkeit beider Forderungen von Gesetzes wegen die einseitige Befugnis aufzurechnen, sobald er die Leistung des Gegners fordern und die seine bewirken darf (§ 387 BGB.). Auf diese Weise verwendet der Aufrechnende die Forderung des Gegners zur Erfüllung seiner eigenen. Das ist für ihn um so vorteilhafter, je weniger Aussicht auf den vollen Eingang der Barzahlung des Gegners besteht. Die Bedeutung der Aufrechenbarkeit erschöpft sich daher keineswegs im Vermeiden eines lästigen, vielleicht mit Kosten und Gefahren verknüpften Hin- und Herzahlens. Sie liegt tiefer. Die Macht des Aufrechnungsberechtigten, sich durch Verfügung über die Forderung des Gegners zu befriedigen, ähnelt einem in pfandmäßiger Verstrickung dieser Forderung begründeten Verwertungsrechte. So besteht eine unverkennbare Parallele zwischen der Konkursaufrechnung und der abgesonderten Befriedigung aus der zur Masse gehörenden Forderung. Es wäre eine nicht zu rechtfertigende Härte, dem Gläubiger die in der Aufrechenbarkeit liegende Deckung gerade dann zu entziehen, wenn er ihrer besonders dringend benötigt, nämlich im Konkurse des Schuldners, also dem Gläubiger zuzumuten, daß er seine Schuld voll zur Konkursmasse einzahle und sich für seine Forderung mit der Konkurs- oder Vergleichsdividende abfinden lasse. Darum geht das Gesetz in seinen unmittelbar auf den Absonderungstitel folgenden und mit ihm in innerem Zusammenhange stehenden Aufrechnungsvorschriften davon aus, daß aufrechnungsbefugte Konkursgläubiger nicht — wie andere (§ 12) — genötigt sein sollen, ihre Forderungen im Konkurs anzumelden. Zugleich aber erkennt es an, daß ein aufrechnungsberechtigter Konkursgläubiger keine Gefahr läuft, wenn er sich dem Konkurse fernhält und sich bei der in der Aufrechenbarkeit liegenden Deckung beruhigt. Daraus folgt namentlich, daß er von den Rechtsminderungen eines Zwangsvergleichs, dem Erlasse wie der Stundung, auch dann verschont bleibt, wenn er die ihm gestattete Aufrechnung nicht schon vor dem Zustandekommen des Zwangsvergleichs ausgeübt hatte.

Der nächstliegende Sinn des § 53 ist der: aufrechnungsbefugte Konkursgläubiger können am Konkurse teilnehmen, müssen es aber nicht. Sie dürfen sich vielmehr (soweit die Aufrechenbarkeit besteht) auch außerhalb des Konkursverfahrens wie Absonderungsgläubiger (§ 4 II) vorzugsweise aus den zur Masse gehörenden Gegenforderungen des Gemeinschuldners Deckung verschaffen. Dabei

---

das Vermögen des Mannes noch ungetilgten Schuldbetrag ungeachtet einer im Laufe dieses Verfahrens aus dem Vermögen der Frau erzielten Teilbefriedigung die Konkursdividende und ebenso die Zwangsvergleichsquote zu beanspruchen, bis er voll befriedigt ist. Siehe Jaeger LZ. 1919 Sp. 1055 (in Berichtigung von KO.⁵ § 64 Anm. 3).

[1]) Die Streitfragen erörtert scharf und treffend K. Herling Aufrechnung im Konkurse (Leipz. rechtsw. Studien Heft 68, 1932).

fährt der aufrechnungsberechtigte Konkursgläubiger noch besser als der absonderungsberechtigte, da nur dieser, nicht auch jener durch den Grundsatz der Ausfallhaftung (§ 64 mit §§ 96, 153, 155 f., 168 Nr. 3) beschränkt wird. Der aufrechnungsberechtigte Konkursgläubiger braucht sich also nicht in erster Linie an die Sonderdeckung zu halten. Er darf vielmehr zunächst die konkursmäßige Befriedigung für die ganze angemeldete und festgestellte Konkursforderung beziehen und dann seine Restforderung durch Aufrechnung tilgen. Die vorbehaltlose Konkursbeteiligung bedeutet also keineswegs notwendig einen Verzicht auf die Aufrechenbarkeit. Wenn er z. B. 100000 zu fordern und 80000 zu zahlen hat, steht es ihm frei, entweder alsbald aufzurechnen und für die überschießenden 20000 die Konkursdividende zu beziehen oder diese zunächst für 100000 zu erheben und danach erst aufzurechnen. Beträgt die Dividende 20%, dann wird der Gläubiger ersternfalls im ganzen für den Betrag von 84000, letzternfalls dagegen im ganzen für 100000, also voll gedeckt. Sobald freilich der Konkursverwalter die Gegenforderung der Masse einziehen oder mit ihr aufrechnen darf, kann er auch jener Wahl des Gläubigers ein Ziel setzen. In der Mehrzahl der Fälle werden die Dinge so liegen. Wenn aber die Gegenforderung des Gemeinschuldners noch nicht fällig ist, kann der Konkursverwalter sie auch noch nicht einziehen oder zur Aufrechnung bringen. Denn ihm selber hilft weder der § 54 I noch der § 65 I. Hier gewinnt die Unanwendbarkeit des Grundsatzes der Ausfallhaftung besonderen Wert für den Gläubiger. Ihm die Vorteile der Betagtheit oder Bedingtheit seiner Schuld zu entziehen, bestand kein ausreichender Grund.

Die tieferliegende und wesentlichere, nun auch in der Rechtsprechung des RG. (z. B. Bd. 80 S. 407) anerkannte und durch die ausdrückliche Regelung des § 36 Satz 2 VerglO. bestätigte Bedeutung des § 53 ist die: aufrechnungsbefugte Konkursgläubiger leiden keinen Schaden, wenn sie die Konkursbeteiligung unterlassen. Mit der Möglichkeit eines Vergleichsabschlusses ist im allgemeinen zu rechnen. Das Gesetz behandelt den Zwangsvergleich als eine besonders erstrebenswerte Art der Konkurslösung [unten S. 191, 193]. Wäre aber der aufrechnungsbefugte Konkursgläubiger, um die Nachteile eines Zwangsvergleichs abzuwenden, genötigt, anzumelden und gegen den Vergleichsvorschlag zu stimmen, dann würde eben nicht zutreffen, was der § 53 sagt, daß er seine Forderung im Konkursverfahren nicht geltend zu machen „brauche". Gerechtfertigt wird das Ergebnis durch den inneren Zusammenhang zwischen Aufrechnungs- und Absonderungsdeckung. Der § 193 Satz 2 ist also entsprechend verwertbar, keineswegs zum Gegenschlusse geeignet. Endlich spricht auch die Billigkeit für diesen Standpunkt. Wenn ein nichtbevorrechteter Konkursgläubiger 100000 zu fordern und 50000 zu zahlen, aber vor dem wider Erwarten rasch gelingenden Vergleichsabschlusse keinen Anlaß zur Aufrechnung hat, würde er nach der Gegenmeinung bei einer Vergleichsquote von 20% dem Schuldner noch 30000 herauszahlen müssen. So gelangte man zu dem unannehmbaren Schlusse, daß die in der Aufrechenbarkeit ruhende Sonderdeckung zu Lasten der Konkursmasse selbst aufrecht erhalten, aber zugunsten des Schuldners nach dem Konkurse beseitigt würde.

2. Die Aufrechenbarkeit des bürgerlichen Rechts wird mit Rücksicht auf den Konkurszweck durch einige Sondervorschriften erweitert (§ 54), durch andere erheblich beschränkt (§ 55). Die Abweichungen gelten aber nur für den Konkurs (also auch nur während seiner Dauer) und nur für die Aufrechnung durch einen Konkursgläubiger (nicht für die Aufrechnung durch den Konkursverwalter oder durch den Gemeinschuldner persönlich, nicht für die Aufrechnung zwischen Nichtkonkursforderungen und konkursfreien Gegenforderungen, nicht für diejenige zwischen Masseansprüchen und Gegenforderungen der Masse). Die Aufrechnung mit massezugehörigen Forderungen und gegenüber solchen kann gerichtlich wie außergerichtlich nur vom Konkursverwalter und ihm gegenüber vollzogen werden (§ 6). Sie ist auch insoweit eine einseitige, empfangsbedürftige Willenserklärung (§ 388 BGB.) und bewirkt, daß beide Forderungen, soweit sie einander decken, als in dem Zeitpunkt erloschen gelten, in dem sie sich aufrechenbar gegenübertraten (§ 389 BGB.). Die Aufrechnungsverbote des sonstigen Rechts (z. B. §§ 393 ff. BGB.) gelten auch im Konkurse. Namentlich die gesellschaftsrechtlichen gewinnen hier Bedeutung, wenn der Verwalter im Konkurse des Verbandes rückständige Einlagen und Beiträge der Mitglieder einzieht (vgl. §§ 221, 320 III HGB., § 19 II GmbHG., § 22 III GenG., §§ 26, 53 AufsG. i. F. v. 6. Juni 1931)[1a]).

3. Nicht selten erweisen Rechtsgeschäfte, aus denen im Konkurse zur Aufrechnung gebrachte Forderungen entstammen, sich als anfechtbar im Sinne der §§ 29 ff. Auch die vertragsmäßige Schaffung einer nicht schon von Gesetzes wegen begründeten Aufrechenbarkeit und der vertragsmäßige Aufrechnungsvollzug können solcher Anfechtung unterliegen. Die Wirksamkeit

---

[1a]) Im Konkurse des Vermieters sind der Aufrechnung gegen massezugehörige Zinsansprüche im § 21 II dieselben zeitlichen Schranken gezogen wie der Zinseinziehung im voraus. Siehe oben S. 41. Wer eine nach deutschem Recht im Konkurse (besonders nach § 55) nicht aufrechenbare Forderung durch Zession an einen im Auslande wohnenden Schuldner der Masse zu ihrem Schaden aufrechenbar gemacht hat, wird ihr nach Maßgabe der §§ 56, 50 ersatzpflichtig. Darüber oben S. 111.

von Vereinbarungen, durch die der nachmalige Gemeinschuldner einzelnen Gläubigern eine dem § 55 widerstreitende Aufrechnungsbefugnis zugestanden hat, scheitert bereits an der zwingenden Kraft dieser Vorschriften[2]).

4. Andrerseits fragt es sich, ob ein vertragsmäßig vor dem Konkurse vereinbarter Verzicht auf die gesetzliche Aufrechenbarkeit den Verzichtenden auch für den Fall bindet, daß der Gegner hinterher in Konkurs verfällt. Zweifellos kann auch in diesem Sinne eine gegenwärtige oder künftige Aufrechenbarkeit preisgegeben werden. Ob aber der Wille des Verzichtenden wirklich so weit geht, ist Tatfrage. Rechtliche Vermutungen bestehen nach keiner Seite. Wer beim Vertragsschlusse zusichert, die Erfüllung zweifelsfreier Vertragsschulden nicht durch Geltendmachung unsicherer Gegenansprüche bestimmter Art (etwa auf Verzugsschaden wegen verspäteter Lieferung) aufzuhalten, den Vertrag aber gar nicht abschließen würde, wenn er mit der Möglichkeit eines Konkurses der anderen Partei zu rechnen hätte, dessen Wille wird im Zweifel nicht darauf gerichtet sein, die in der Aufrechenbarkeit liegende Deckung sogar für den Konkursfall aufzuopfern. Das gilt namentlich für einen in formularmäßig aufgestellten „allgemeinen Geschäftsbedingungen" vereinbarten Verzicht[3]). Der bloße Hinweis auf eine „Veränderung der Umstände" aber würde das Erlöschen der Wirksamkeit des Verzichts keinesfalls rechtfertigen.

II. Erweiterungen der Aufrechenbarkeit.

Um schwebende Schuldverhältnisse einer möglichst vollständigen und einfachen Lösung zuzuführen, hat das Gesetz die Aufrechenbarkeit zugunsten eines Konkursgläubigers[4]) erleichtert.

1. Nach der Regel des § 387 BGB. muß die Forderung dessen, der aufrechnen will, in dem Sinne fällig sein, daß er als Gläubiger die Erfüllung verlangen, die Gegenforderung in dem Sinne, daß er als Schuldner die Erfüllung bewirken darf: jene muß verfolgbar, diese wenigstens erfüllbar sein (§ 271 II BGB.). Der Konkursaufrechnung aber sollen nach § 54 I Betagtheit oder Bedingtheit auf keiner Seite im Wege stehen. Dabei gilt Folgendes:

a) Eine betagte unverzinsliche Forderung gegen den Gemeinschuldner wird, wenn der Gläubiger aufrechnet, um den Zwischenzins gekürzt (§ 54 II mit § 65).

Die Maßgeblichkeit des § 65 versteht sich, auch was die Forderung gegen den Gemeinschuldner betrifft, keineswegs von selbst, weil die Aufrechnung ja außerhalb des Konkurses erfolgt. Für die Forderung des Gemeinschuldners gilt der § 65 nicht einmal innerhalb des Konkursverfahrens. Ist auch sie oder nur sie betagt, dann steht dem Gläubiger ebenfalls die alsbaldige Aufrechnung frei. Vollzieht er diese, dann kommt seine eigene betagte Schuld auch bei völliger Unverzinslichkeit ganz, also ohne Zwischenzinsabzug, in Ansatz. Er darf ja getrost zuwarten.

b) Ist die Forderung gegen den Gemeinschuldner aufschiebend bedingt, dann darf der Gläubiger die Aufrechnung zwar nicht sofort, sondern erst „bei dem Eintritte der Bedingung" vollziehen. Ist also seine Schuld an die Masse schon fällig, dann muß er auf Verlangen des Verwalters zahlen, aber nur unter Vorbehalt der Aufrechnung für den Fall des Eintritts der Bedingung und nur Zug um Zug gegen Sicherstellung ihres künftigen Vollzugs (also der Rückgewähr des vollen, durch die Aufrechenbarkeit gedeckten Betrags, nicht nur der Dividende darauf). § 54 I, III.

---

[2]) Die Schranken des § 55 sind deshalb zwingend, weil sie den Schutz der Allgemeinheit der Konkursgläubiger bezwecken. Nach dem Konkursverfahren aber und bei Unmöglichkeit des Konkurses wegen Massemangels gelten sie nicht [siehe oben I 2].

[3]) RG. Bd. 124 S. 8 (unter dem Gesichtspunkte der Vertragsauslegung mit RG. Bd. 60 S. 356 vereinbar). Ob man weiter gehen und mit J. Breit JW. 1916 S. 1079 sagen darf, regelmäßig sei schon ein ohne Bezugnahme auf bereits bestehende Gegenforderungen ausgesprochener Verzicht auf den Konkursfall nicht gemünzt, ist heute noch zweifelhafter als früher, da im Geschäftsleben der Gegenwart die Einstellung auf die Möglichkeit eines Konkurses nicht gerade unwahrscheinlich sein dürfte.

[4]) Dem Konkursverwalter räumt der § 54 eine erweiterte Aufrechnungsmacht nicht ein. Auch der Konkursgläubiger kann sich nur während des Konkurses, nicht mehr nach dessen Beendigung auf den § 54 berufen. Siehe oben I 2.

Ist die Forderung des Gemeinschuldners (also die Schuld des Gläubigers) aufschiebend bedingt, dann kann der Gläubiger seine eigene (anmeldbare) Forderung im Konkurse verfolgen und die Aufrechnung bis zum Bedingungseintritt aufschieben. Er kann aber auch sofort aufrechnen, freilich nur unter ersatzloser Preisgabe der Aussicht auf das Versagen der Bedingung (also ohne Rückgewähranspruch beim Ausfalle). Den rechtsgeschäftlich bedingten stehen — wie überall im Bereiche der KO. — gesetzlich bedingte Forderungen gleich. Siehe oben S. 55f.

c) Auflösende Bedingtheit der einen oder anderen Forderung bildet schon nach allgemeinem bürgerlichen Recht kein Hindernis des unbedingten Aufrechnungsvollzuges. Konkursrechtliche Sondervorschriften (namentlich für den Fall des Eintritts der Bedingung) bestehen nicht.

2. Nach der Regel des § 387 BGB. müssen die wechselseitig geschuldeten Leistungen ihrem Gegenstande nach **gleichartig** sein. Von diesem Erfordernisse wird, was den Anspruch gegen den Gemeinschuldner betrifft, insoweit abgesehen, als das nicht auf eine Geldsumme lautende Recht des Gläubigers nach Maßgabe der §§ 69, 70 zum Zwecke der Aufrechnung in Geld zu berechnen ist (§ 54 I, IV). Damit wird die Aufrechenbarkeit zwischen diesem Gläubigerrecht (z. B. einem Leibrentenrecht, einem Anspruch auf Übereignung oder Rückübereignung bestimmter Sachen) und einer Geldforderung der Masse hergestellt. Geht die Forderung des Gläubigers, nicht aber die Gegenforderung auf Geld, dann fehlt es auch im Konkurs an einer gesetzlichen Aufrechenbarkeit. Durch unanfechtbare Vereinbarung vor dem Konkurse freilich könnte die Aufrechenbarkeit auch mit Wirkung für den Konkurs hergestellt sein[5]).

III. Beschränkungen der Aufrechenbarkeit.

Die Aufrechnungsbefugnis des Einzelgläubigers wird durch die Vorschriften des § 55 stark eingeengt. Die Ausnahmen verschärfen gegenüber der Regel des § 387 BGB. das Erfordernis **der Gegenseitigkeit** in zeitlicher Hinsicht. Danach genügt es nicht, daß die aufzurechnenden Ansprüche einander bei Abgabe der Aufrechnungserklärung gegenüberstehen. Vielmehr muß die Gegenseitigkeit, wenn der Gläubiger mit Erfolg gegenüber der Konkursmasse aufrechnen will, schon im Zeitpunkte der Konkurseröffnung (§ 55 Nr. 1, 2), ja sogar schon zu der Zeit bestanden haben, in der eines der Anzeichen des Zusammenbruchs (die Zahlungseinstellung oder der Konkursantrag) dem Gläubiger bekannt geworden ist (§ 55 Nr. 3)[6]). Die letzte dieser Schranken fällt jedoch, wenn der Gläubiger, noch ehe er um die Krise wußte, sich zur Übernahme der Forderung verpflichtet hatte (§ 55 Nr. 3 II)[7]).

Die Regelung geht nach Zweck und Inhalt Hand in Hand mit den Sätzen, die den Erwerb der Absonderungsrechte begrenzen. Nicht weil das Konkursaufrechnungsrecht ein Absonderungsrecht wäre, aber weil es eine ihm ebenbürtige, ja überlegene Sonderdeckung bietet, müssen seinem Erwerb entsprechende Schranken gezogen werden. Vom Zeitpunkte der Konkurseröffnung ab schiebt der § 15 der Begründung von Absonderungsrechten einen Riegel vor, um die Gleichbehandlung der Konkursgläubiger zu gewährleisten und die Befriedigungsmasse bei Bestand zu erhalten. Denselben Zweck verfolgen die entsprechenden Zeitschranken des § 55 Nr. 1, 2. Und wie der § 30 den Grundsatz der Gleichbehandlung zurückerstreckt auf die Zeit des Erkenn-

---

[5]) Das Gleichartigkeitserfordernis des § 387 BGB. beruht nicht auf zwingendem Rechtssatze.

[6]) Die Gefahr, die sonst der Konkursmasse drohte, mag ein einfaches Beispiel veranschaulichen. Ein Konkursgläubiger G hat vom Gemeinschuldner S 100000 zu fordern; ein Dritter D schuldet dem S 100000. Könnte nun G durch Zession seiner Forderung an D die Aufrechenbarkeit noch schaffen, nachdem S in Konkurs geraten ist oder auch nur seine Zahlungen eingestellt hat, so wäre einem unsauberen Handel zwischen G und D auf Kosten der Allgemeinheit der Konkursgläubiger Tür und Tor geöffnet. Hätte etwa G, wenn D seine Schuld zur Masse einzahlte, als Konkursgläubiger 5% zu gewärtigen, dann würde er sowohl wie D ein glänzendes Geschäft machen, falls D als Entgelt für die Zession, die es ihm ermöglichte, durch Aufrechnung seine ganze Schuld an die Masse zu tilgen, 50000 an G bezahlte.

[7]) Vielleicht in einem früher abgegebenen Kreditversprechen. Hier liegt im Erwerb der Forderung keine unlautere Schiebung. Daher die Rückkehr zur Regel der Aufrechenbarkeit. Wer als Wechselgarant, Bürge oder Gesamtschuldner durch Einlösungszahlung eine Forderung erwirbt, fällt überhaupt nicht unter das Aufrechnungsverbot des § 55 Nr. 3, wenn er sich zur Zahlung schon vor der Krise oder doch ohne Kenntnis von ihr verpflichtet hatte, mag er sie auch zur Zeit der Zahlung gekannt haben.

barwerdens der Krise, so wehrt der § 55 Nr. 3 von da ab einem durch freiwilligen Forderungserwerb zum Schaden der Masse vermittelten Erwerbe der Aufrechenbarkeit. In diesem Schutzzwecke des § 55 beruht seine zwingende Kraft.

§ 19.

6. Die Massegläubiger.

I. Begriff.

Das nach Aussonderung fremder Gegenstände und nach Vorzugsbefriedigung der Absonderungs- und Aufrechnungsberechtigten verbleibende Schuldnervermögen wird der gemeinsamen Befriedigung der Konkursgläubiger (§ 3) nicht unmittelbar zugeführt: „**vorweg** sind die Massekosten und Masseschulden zu berichtigen" (§ 57). Mit dieser weiteren Minderung der Masse hat es folgende Bewandtnis: Soll der Zweck des Konkurses verwirklicht werden, dann müssen die Konkursgläubiger eine Reihe von Aufwendungen in Kauf nehmen: einerseits Kosten, die infolge der Eröffnung und Durchführung des Verfahrens erwachsen, wie Gebühren des Konkursgerichts, Ausgaben für die Konkursverwaltung und für den Unterhalt des Konkursschuldners („Massekosten"); andrerseits Verpflichtungen aus dem Verkehr mit Dritten, namentlich solche, die der Verwalter im Rahmen seiner Aufgabe unmittelbar zu Lasten der Konkursmasse begründet oder übernimmt oder unter dem Gesichtspunkt ungerechtfertigter Massebereicherung zu erfüllen hat („Masseschulden"). Da all dieser Aufwand dem gemeinsamen Wohle der Konkursgläubiger dient, ist es angebracht, daß sie ihn „vorweg" tragen. So rechtfertigt sich die Begünstigung der „Massegläubiger". Hätten solche nicht auf Volldeckung zu rechnen (nach der Regel des § 3 könnten sie als Neugläubiger nicht einmal die Konkursdividende fordern), dann wäre niemand zur Übernahme des Verwalteramtes, niemand zur Gewährung eines Kredits an die Masse bereit.

Die Massegläubiger bilden im Konkurs eine selbständige Gruppe der persönlichen Gläubiger, nicht etwa nur eine Art bevorrechteter Konkursgläubiger. Anders als Konkursgläubiger verfolgen sie ihre Ansprüche unabhängig vom gemeinsamen Befriedigungsverfahren, unberührt durch die §§ 12, 14, 15, 16ff., 138ff. Ein Zwangsvergleich trifft die Rechte der Massegläubiger nicht (§ 191 I). Sie haben Erfüllung „in Natur", Bewirkung der geschuldeten Leistung selbst (z. B. Übergabe und Übereignung gekaufter Waren) zu beanspruchen. Klage und Zwangsvollstreckung gegen den Verwalter der Masse (§ 6 II) stehen ihnen offen. Dieser hat alle ihm erkennbaren Massegläubigerrechte von Amts wegen und bei persönlicher Verantwortlichkeit (§ 82) gesetzentsprechend zu wahren (§§ 60, 172, 191 I, 205 II).

II. Arten.

1. Das Gesetz führt die Massegläubigerrechte einzeln und erschöpfend auf. Vom Standpunkte des Gläubigers aus nennt es sie einheitlich „Masseansprüche"[1]) (§§ 133 Nr. 2, 172, 191). Vom Standpunkte des Verpflichteten aus bezeichnet es sie in zwei Untergruppen als „Massekosten" und als „Masseschulden"[2]). Der Unterschied gewinnt Bedeutung, wenn die

[1]) Ein Ausdruck, der freilich eher auf Ansprüche „der" Masse als auf solche „gegen" die Masse hinweist.

[2]) Eine einheitliche Benennung von der Passivseite aus fehlt. Der Ausdruck „Masseverbindlichkeiten" (als Gegenstück zu „Masseansprüche") wäre undeutlich, da man bei dieser Beziehung vor allem an Konkursforderungen denkt. Wird nach der Aktivseite eine Unterscheidung der Massegläubigerrechte erforderlich, dann lassen sie sich als Massekostenansprüche und als Masseschuldansprüche trennen. Auf innerer Notwendigkeit beruht die Scheidung nicht. Die neue österr. KO. von 1914 (§§ 46, 47) hat sie aufgegeben, ohne darum auf Rangstufen verzichten zu müssen. Fällt ein anspruchbegründender Tatbestand zugleich unter den Wortlaut verschiedener Vorschriften (z. B. sowohl unter den § 58 Nr. 2 als unter den § 59 Nr. 2), dann geht die besondere der allgemeineren vor (z. B. der § 59 Nr. 2 dem § 58 Nr. 2 für die Ansprüche der Angestellten, die der Konkursverwalter zur Fortführung des Schuldnerunternehmens beibehalten hat).

Masse nicht einmal ausreicht, alle Masseansprüche zu decken. Dann gehen die Masseschulden nach § 60 den Massekosten vor.

2. **Die Massekosten** haben zum Grundstock den aus der Eröffnung und Durchführung des Konkurses erwachsenden Kostenaufwand. Dahin gehören nach § 58:

a) Die Gerichtskosten (Gebühren und Auslagen des Gerichts) für das gemeinschaftliche Verfahren d. h. für das gerichtliche Konkursverfahren (§§ 40ff., 71ff. GKG., §§ 53ff. RAGO.)[3]). Schließt der Konkurs sich einem gescheiterten gerichtlichen Vergleichsverfahren an, dann wird die Vergleichsgebühr auf die Konkursgebühr (des § 42 GKG.) angerechnet, während Auslagen des Vergleichsgerichts den Massekosten des § 58 Nr. 1 eingereiht sind (§§ 85, 99 VerglO., § 48a II GKG.).

b) Die Kosten der Verwaltung, Verwertung und Verteilung der Masse, z. B. Vergütung und Auslagen des Verwalters und der Mitglieder eines Gläubigerausschusses[4]). Mündet ein gerichtliches Vergleichsverfahren in den Konkurs aus, dann zählen die Ansprüche der Vertrauensperson auf Vergütung und Auslagenersatz ebenfalls zu den Massekosten des Anschlußkonkurses (§ 85 VerglO.). Doch kommen hier nur die gerichtlich festgesetzten Ansprüche des Konkursverwalters und einer Vertrauensperson zum Zuge (§ 85 KO., § 46 VerglO.), nicht etwa vom Schuldner bewilligte höhere[5]). Unter den Massekosten des § 58 Nr. 2 spielen heute eine nur allzu große Rolle auf die Zeit des Konkurses entfallende öffentliche Lasten, besonders Steuern, oder Beiträge zu staatlichen Personen- und Sachversicherungen[6]).

Mit Steueransprüchen[7]) kann das öffentliche Gemeinwesen (Reich, Land, Gemeinde) Konkursgläubiger, Massegläubiger oder auf konkursfreies Schuldnervermögen angewiesener Neugläubiger sein. War ein Steueranspruch schon vor Konkursbeginn „entstanden", wenn auch noch nicht fällig geworden, so bildet er eine Konkursforderung (§ 3), in den Grenzen des § 61 Nr. 2 eine bevorrechtete. So z. B. eine Einkommen- oder Körperschaftssteuer bis zu der den laufenden Steuerabschnitt beendenden Konkurseröffnung[8]). Ebenso Umsatzsteuern für Leistungen, Lieferungen, Einnahmen vor Konkursbeginn. Wann Steuerschulden entstehen, bestimmt das Steuerrecht. Nach der allgemeinen Vorschrift des § 99 RAbgO. i. F. v. 22. Mai 1931 (RGBl. I S. 161) entsteht die Steuerschuld, „sobald der Tatbestand verwirklicht ist, an den das Gesetz die Steuer knüpft", mag auch deren Betrag erst noch festzusetzen sein. Wann „der Tatbestand verwirklicht ist", ergeben die einzelnen Steuergesetze, freilich nicht alle mit wünschenswerter Bestimmtheit. „Massekosten" werden nach § 58 Nr. 2 Steuerschulden, die als Ausgaben für Verwaltung, Verwertung oder Verteilung der Masse entstehen. So z. B. Grundsteuern[9]) und bei Fortbetrieb des Unternehmens Gewerbesteuern von dem nach Konkurseröffnung beginnenden Rechnungsjahre ab (VO. v. 1. Dezember 1930 RGBl. I S. 531). Dahin sind wohl auch Umsatzsteuern für Umsätze des Konkursverwalters zu zählen, soweit sie überhaupt eine Umsatzsteuerlast auslösen. Die Einreihung unter den § 59 Nr. 1 wird deshalb abzulehnen sein, weil die Schuld nicht aus dem Verkehr zwischen Verwalter und Steuergläubiger erwächst, sondern recht eigentlich einen mit der Durchführung des Konkurses verknüpften Kostenaufwand darstellt[10]). Wenn der Gemeinschuldner während des Kon-

---

[3]) Die sumtus processus (cridae) im Sinne des gemeinen Konkursrechts. Sie bilden den Gegensatz zu den Konkursteilnahmekosten des einzelnen Gläubigers (z. B. für dessen Vertretung durch einen Anwalt im Vergleichstermin), die nicht einmal als einfache Konkursforderung anmeldbar sind (§ 63 Nr. 2; vgl. auch § 62 Nr. 1).

[4]) Die sumtus oeconomici des gemeinen Rechts.

[5]) Die höheren Ansprüche einer Vertrauensperson können einfache Konkursgläubigerrechte darstellen (§ 3 KO.).

[6]) Prämien aus Versicherungsverträgen können Masseschulden nach § 59 Nr. 1, 2 sein.

[7]) Grundlegend Bley ZZP. 51 S. 233ff., Becker RAbgO.[7] § 204 Anm. 7, Vorbem. 7 vor § 298, Liebisch Vierteljahrsschrift für Steuer- u. Finanzrecht 1929 S. 212ff. mit Verw.

[8]) RFH. Bd. 23 S. 70.

[9]) RFH. Bd. 25 S. 332 (auch für Wertzuwachssteuer); RG. Bd. 116 S. 111 (Hauszinssteuer).

[10]) Liebisch aaO. S. 255ff. Doch ist hier alles zweifelhaft. Für Anwendung des § 59 Nr. 1 KO. noch Popitz UmsSteuG.[3] (1928) S. 296ff., 354. Da Versteigerungen im Wege der Zwangsvollstreckung umsatzsteuerfrei sind (§ 1 Nr. 3 Ges.), sollten es auch die vollstreckungsmäßigen des Verwalters sein. Ja es liegt nahe, die gleiche Befreiung allen seinen Verwertungen zuzugestehen, da sie ihrem Zwecke nach ja auch als freiwillige Veräußerungen Zwangsnatur haben (siehe § 21 III KO.). Heumann KonkTreuh. 1927 S. 34f. Keinesfalls kann die Steuer der Masse zur Last fallen, wenn ausschließlich Absonderungsberechtigte die Verwertung betreiben, mag auch der Masse ein Übererlös zufließen. Pape KonkTreuh. 1931 S. 33f. mit Rechtspr. (für Wertzuwachssteuer). Ist die Masse mit der Praxis bei jeder (freiwilligen

kurses auf eigene Rechnung ein Unternehmen gründet oder ein solches nur (etwa mit einer ihm nach Konkursbeginn anfallenden Erbschaft) erwirbt, kommen nun entstehende Steuerschulden (z. B. Gewerbe- und Umsatzsteuern) als Neuschulden zustande, für die der Gläubiger aus der Konkursmasse Befriedigung überhaupt nicht zu beanspruchen hat. Ein Zugriff auf beschlagsfähigen Neuerwerb steht ihm offen. Der § 14 KO. trifft Neugläubiger so wenig als Massegläubiger. Wohl aber trifft er den Steuergläubiger als Konkursgläubiger und zwar selbst dann, wenn er dem Konkurse fernbleibt[11]).

c) Die Unterhaltszuschüsse, die dem Schuldner und seiner Familie zur Bestreitung der Lebensnotdurft bewilligt werden[12]). Siehe die §§ 129 I, 132 I. Der Schuldner hat kein Recht auf die Bewilligung, erwirbt aber (wenn auch unbeschadet künftiger Entziehung) ein solches aus der Bewilligung, dieses als Massegläubigerrecht. Die Sondergutsnatur der Masse ermöglicht den Bestand solcher Rechtsbeziehung.

3. **Die Masseschulden** entstehen teils aus Rechtsgeschäften, die unmittelbar der Konkursmasse zugute kommen, teils aus ungerechtfertigter Bereicherung dieser Masse. Im Regelkonkurse bilden nach § 59 Masseschulden:

a) Verbindlichkeiten aus dem Handeln des Konkursverwalters im Verkehr mit Dritten, sofern daraus nach sonstigen Rechtsvorschriften eine Haftung des Masseträgers gegenüber dem Dritten „entsteht". So z. B. die Verpflichtungen aus dem Verkauf von Massegegenständen, aus neu abgeschlossenen Dienstverträgen, aus der Aufnahme eines Darlehns für die Masse (vgl. §§ 134 Nr. 2, 136); so ferner die einheitliche Kostenschuld auf Grund einer vom Verwalter begonnenen oder fortgesetzten Prozeßführung[13]); so aber auch Verbindlichkeiten aus pflichtwidrigem Tun oder Lassen des Verwalters innerhalb seines gesetzlichen Wirkungskreises (etwa infolge Verzugs oder Vertragsverletzung).

Handelt der Konkursverwalter innerhalb eines bestehenden Schuldverhältnisses der Masse, so findet auf die Haftung der Masse (des Masseträgers als solchen) der § 278 BGB. (mit § 59 Nr. 1 KO.) unmittelbare Anwendung. Dagegen kann der § 31 BGB. auch nicht entsprechend herangezogen werden. Für ein unerlaubtes Verhalten des Verwalters außerhalb bestehender Schuldverhältnisse haftet die Masse auch dann nicht nach § 59 Nr. 1, wenn der Verwalter zu ihrem Vorteil handelte. Wenn er das Eigentum eines anderen wissentlich dadurch zum Erlöschen bringt, daß er eine fremde Sache für Rechnung der Konkursmasse an einen unter Verkehrsschutz erwerbenden Dritten übereignet, dann haftet nach § 823 I BGB. zwar er persönlich, nicht aber die Masse auf Schadensersatz (vgl. auch § 82 KO.). Diese kann im Rahmen des § 46 oder des § 59 Nr. 3 haftbar

---

wie vollstreckungsmäßigen) Einzelverwertung durch den Verwalter steuerpflichtig, dann wäre es doppelt befremdlich, daß sie es nicht sein sollte, wenn der Verwalter „das Geschäft im ganzen" veräußert (so RFH. Bd. 18 S. 211, Bd. 19 S. 216, während jetzt RFH. Bd. 29 S. 22 auch die Gesamtveräußerung als „letzten Akt der gewerblichen Tätigkeit des Veräußerers" grundsätzlich für umsatzsteuerpflichtig erklärt). Die im § 109 II RAbgO. zugunsten von Rechtsanwälten verordnete Haftungsschranke kommt einem Anwalt auch als Konkursverwalter zugute (RFH. Bd. 27 S. 56: der Verwalter hatte die nach Ansicht des Finanzamtes für einen Masseverkauf zu entrichtende Umsatzsteuer nicht nach Maßgabe der §§ 59 Nr. 1, 191 KO. berücksichtigt).

[11]) Irrig RG. Strafs. Bd. 61 S. 102. Siehe auch oben S. 95.

[12]) Die sog. freiwillige Kompetenz (sumtus alimentationis). Wegen der Beerdigungskosten siehe § 224 Nr. 2.

[13]) Diese Last wirkt, zumal die Gerichte hartnäckig das Armenrecht versagen [oben S. 46 f.], oft verheerend für die Masse, nicht selten auch verhängnisvoll für den Konkursverwalter selbst. Muß er sich bei pflichtmäßiger Überlegung sagen, daß die Masse der Kostenlast eines von ihm zu beginnenden oder weiterzuführenden Prozesses nicht gewachsen sein würde, dann hat er — falls ihm nicht freiwillige Vorschüsse geleistet werden — bei persönlicher Haftbarkeit (§ 82) den Kampf aufzugeben, mag er ihm auch noch so aussichtsvoll erscheinen und vom Gläubigerausschusse gebilligt sein (vgl. § 133 Nr. 2). Jaffa KonkTreuh. 1931 S. 100 f. Davon kann natürlich keine Rede sein, daß der Verwalter vor Erhebung oder Aufnahme einer Klage Gerichts- und Anwaltskosten für alle Instanzen sicherstellen müßte. Er darf aber den Prozeß in keiner Instanz beginnen oder fortführen, sobald erkennbar wird, daß die Masse den sie beim Unterliegen in dieser Instanz treffenden Kosten nicht gewachsen sein würde. Das gilt für Passivprozesse nicht minder als für Aktivprozesse. Hier wie dort bietet die Dürftigkeit der Masse den übelsten Prozeßschikanen Vorschub. Nicht als Masseschuld, sondern als eine gegenüber der Konkursmasse nicht verfolgbare Neuschuld erwächst die Kostenpflicht aus einer persönlichen Prozeßtätigkeit des Schuldners während des Konkurses. So auch im Falle einer vergeblichen Beschwerde gegen den Eröffnungsbeschluß (§ 109). Im übrigen siehe wegen der Prozeßkosten oben S. 56 und über die Besonderheit des § 11 II oben S. 51.

werden. Anders liegen die Dinge, wo der Verwalter als unbeauftragter Geschäftsführer sich bei Wahrnehmung seiner gesetzlichen Aufgaben fremder Angelegenheiten annimmt, wie etwa bei dem ihm nach § 127 zustehenden Eingriff in Rechte Dritter. Hier löst seine Geschäftsführerpflicht (§§ 677 ff. BGB.) möglicherweise Masseschulden im Sinne des § 59 Nr. 1 aus. Siehe RG. Bd. 98 S. 150, 306. Im Bereiche seiner gesetzlichen Vertretungsmacht kann der Konkursverwalter zur Masse gehörende und für deren Rechnung verpflegte Tiere an Stelle des Masseträgers „halten". So etwa, wenn der Verwalter Lastpferde oder Kraftwagen im fortgeführten Geschäftsbetriebe des Schuldners verwendet. Hier ist der Masseträger als solcher „der Halter". Die Gefährdungshaftpflicht des § 833 BGB. und ebenso die des § 7 KFG. erwächst solchenfalls als Masseschuld im Sinne des § 59 Nr. 1. Desgleichen die Haftpflicht aus vorzeitig verstatteter Vollstreckung des Verwalters für Rechnung der Masse, z. B. nach den §§ 717 II, 945 ZPO.

Die Vergünstigung des § 59 Nr. 1 ermöglicht die Gewährung eines der Konkursmasse erwünschten Kredits ohne dingliche Sicherung, etwa zur Beschaffung von Geldern, um Liegenschaften über eine Grundstückskrise hinaus zu bewirtschaften, einen Geschäftsbetrieb bis zu einer vorteilhaften Veräußerung des Unternehmens im ganzen weiterzuführen, einen aussichtsreichen Anfechtungsprozeß zu beginnen. Vielleicht ist die Masse gar nicht überschuldet, aber zur Zeit außerstande, Barmittel ohne unverhältnismäßige Verluste zu beschaffen. Auf ähnlichen Erwägungen beruht der § 86 VerglO. Er reiht für den Anschlußkonkurs Darlehnsverbindlichkeiten, die der Schuldner während eines (in der Folge gescheiterten) gerichtlichen Vergleichsverfahrens zu Zwecken der Betriebsaufrechterhaltung oder der Vergleichsförderung mit Zustimmung der Aufsichtsperson übernommen hatte, ausdrücklich den Masseschulden des § 59 Nr. 1 KO. ein[14]). Eigenmächtig oder zu anderen Zwecken begründete Darlehnsverbindlichkeiten eines Vergleichsschuldners bilden auch im Anschlußkonkurse (§§ 24, 71, 80 VerglO.) nur einfache Konkursforderungen.

b) Verbindlichkeiten aus gegenseitigen Schuldverträgen des jetzigen Gemeinschuldners, wenn

α) der Verwalter kraft seines Wahlrechts auf Erfüllung zur Masse besteht (§§ 17, 20 II, 44 II) oder

β) die Erfüllung kraft Gesetzes, also auch ohne Verlangen des Verwalters zu erfolgen hat (§§ 19, 21, 22, 25, 27, 28), mag sie nun der Masse zugute kommen oder nicht.

Im ersten Falle [α] werden Massegläubigerrechte des Gegners ganz allgemein seine „Ansprüche aus" dem Schuldvertrag, nicht gerade nur auf die rückständige Gegenleistung, sondern auch Ansprüche auf Gewährleistung wegen eines Mangels im Recht oder wegen eines Mangels der Sache[15]). Der zweite Fall [β] trifft namentlich Miet-, Pacht- und Dienstverhältnisse, die nach Konkursbeginn zunächst noch weiter bestehen, bis wirksam gekündigt oder der Vertrag abgelaufen ist. Wenn ein Kaufmann am 16. Oktober in Konkurs fällt, ist das Oktobergehalt seiner Handlungsgehilfen für die erste Monatshälfte bevorrechtete Konkursforderung (§ 61 Nr. 1), für die zweite Masseschuldanspruch (§ 59 Nr. 2 Fall 2), einerlei, ob der Verwalter die Angestellten verwendet oder das Geschäft schließt. Endet im Konkurs eines Mieters das Mietverhältnis, dann bildet die Verpflichtung zur Rückgabe der Mietsache und als unselbständiger Bestandteil dieser Pflicht die bei Lösung des Vertragsverhältnisses entstehende Verbindlichkeit zur Herstellung des vertragsmäßigen Zustandes sowie zur Entschädigung wegen Nichterfüllung der Herstellungspflicht (§§ 556, 548 BGB.) eine Masseschuld nach § 59 Nr. 2 Fall 2[16]).

c) Verbindlichkeiten aus einer ohne rechtlichen Grund erfolgten Bereicherung der Konkursmasse selbst. Ist die Bereicherung nicht erst zugunsten der Konkursmasse als solcher, sondern bereits vor Konkursbeginn oder zugunsten des konkursfreien Schuldnervermögens eingetreten, dann versagt der § 59 Nr. 3. Er trifft z. B. die Leistung auf eine Nichtschuld zur Masse[17]) (§§ 812 ff. BGB.); einen nach § 951 BGB. zurückzugewährenden Erwerb der Masse aus Verbindung, Vermischung oder Verarbeitung; die entgeltliche Ver-

[14]) Österreich hat im vorbildlichen § 46 Nr. 2 KO. von 1914 den Gedanken in weiterer Fassung und verbunden mit der (unserem § 59 Nr. 1 entsprechenden) konkursrechtlichen Hauptvorschrift ausgesprochen. Im Geiste des § 86 VerglO. liegt es, daß so aufgenommene und ihren Zwecken zugeführte Gelder (z. B. Löhne an Angestellte, Mietzins für Geschäftsräume, Kaufpreise für Betriebsstoffe, Zahlungen kleiner Vergleichsschulden) nicht etwa unter dem Gesichtspunkte des § 30 KO. zur Masse des Anschlußkonkurses zurückgefordert werden können (Jaeger KO.[7] § 30 Anm. 11a).

[15]) Jaeger KO.[7] § 17 Anm. 22f. mit Verw.

[16]) Ebenda § 19 Anm. 19b mit Verw.

[17]) So in dem häufigen Falle, da der Konkursverwalter infolge des Mangels ordnungsmäßiger Buchführung bereits bezahlte, aber noch ungelöschte Kaufpreisbeträge einfordert, die Käufer irrtümlich noch einmal und nun an den Verwalter leisten. Hier ist die condictio indebiti Masseschuld. Wäre die irrtümliche zweite Zahlung vor dem Konkurs an den Verkäufer geleistet worden, so wäre der Bereiche-

fügung des Verwalters über fremdes Gut (etwa in Ausnutzung bloßer „Buchrechte"), wenn er den Erlös ununterscheidbar mit Massegeldern vermengt und so den Ersatzaussonderungsanspruch vereitelt hat[18]).

III. **Rechtsstellung.**

1. Schuldner der Massegläubiger ist der Träger der Masse (der Gemeinschuldner als solcher), nicht die Masse selbst, auch nicht steuerrechtlich (denn sie ermangelt schlechthin der Rechtspersönlichkeit), noch aber die Konkursgläubiger (weder in ihrer Gesamtheit noch als einzelne). Eine Haftung der Konkursgläubiger gegenüber den Massegläubigern wäre denkbar, wenn die Masse gemeinschaftliches Vermögen der Konkursgläubiger wäre, was im gemeinen Recht lange Zeit die herrschende Auffassung gewesen ist. Von diesem Standpunkt aus läge eine dem Gegenstande nach beschränkte persönliche Haftung der Konkursgläubiger für Massekosten und Masseschulden vor. Das Reichsrecht hat solcher Annahme allen Boden entzogen: die Zugriffsmittel gehören auch als Konkursmasse dem Schuldner und nur ihm. Die Konkursgläubiger haben überhaupt kein Recht an der Konkursmasse, weder als einzelne noch als Gemeinschaft[19]). Und wie der Gemeinschuldner ausschließlich Träger der Konkursmasse ist, so hat ausschließlich er mit diesem seinem Vermögen auch für die Masseansprüche einzustehen: er und nur er ist der Schuldner der Massegläubiger. Zweifelhaft kann bloß der Umfang seiner persönlichen Haftung sein. In dieser Hinsicht ist zu unterscheiden. Soweit der Schuldner schon vor dem Konkurs unbeschränkt persönlich verpflichtet war, haftet er ebenso während des Konkurses (auch mit konkursfreiem Vermögen) und nach Konkursbeendigung fort[20]). So für Verbindlichkeiten aus einem gegenseitigen Vertrage, die sich als Masseschulden nach § 59 Nr. 2 auswirken. Für solche Masseansprüche aber, die erst während des Konkurses neu entstehen, haftet er nur beschränkt, nämlich nur mit der Konkursmasse und nach Konkursbeendigung nur mit den früheren Massebestandteilen (vgl. §§ 192, 206). So namentlich für die durch Rechtsgeschäfte des Verwalters neu begründeten Verbindlichkeiten (§ 59 Nr. 1), aber z. B. auch für die Honoraransprüche des Konkursverwalters (§§ 58 Nr. 2, 85). Auch die Verantwortlichkeit, die den Masseträger deshalb trifft, weil er nach § 278 BGB. für ein Verschulden des Verwalters (seines gesetzlichen Vertreters) einzustehen hat, ist eine solche gegenständlich beschränkte Haftung[21]).

---

rungsanspruch bloße Konkursforderung. Würde sie der Gemeinschuldner während des Konkurses für sich persönlich einziehen (die Leistung also nicht in die Masse gelangen), so könnte der Käufer seinen (erst während des Verfahrens entstandenen) Rückgewähranspruch im Konkurs überhaupt nicht verfolgen.

[18]) Anders dagegen wiederum, wenn schon der Schuldner vor dem Konkurs aussonderungsfähige Gegenstände veräußert und den Erlös für sich eingezogen hatte. Beispiel: RG. Bd. 94 S. 305 (Treu- und Kommissionsgut). Im Nachlaßkonkurse erweitert sich der Kreis der Masseschulden erheblich (§ 224, vgl. § 236). In den eigens geregelten Fällen der §§ 7 II, 38 Satz 1 bildet die Erstattungspflicht der Masse eine Masseschuld im Sinne des § 59 Nr. 3.

[19]) Im neuen Reichsrechte hat die Auffassung, daß die Konkursgläubiger in ihrer Gesamtheit oder einzeln Schuldner der Massegläubiger seien, noch Anhänger in den Kreisen der oben S. 63 abgelehnten Beschlagrechtslehre gefunden. Von diesem Standpunkt aus könnte aber nur gesagt werden, die Konkursgläubiger hätten mit ihrem an der Masse bestehenden Beschlagsrecht für die Erfüllung der Masseansprüche einzustehen. Wie eine solche Haftung zwangsweise zu verwirklichen wäre, zumal bei Annahme von Einzelbeschlagsrechten, bleibt völlig im Dunkeln. Die ganze Konstruktion scheitert aber schon daran, daß kein vernünftiger Grund vorliegt, den Schuldner hinsichtlich der bereits vor dem Konkurs entstandenen Masseschulden (§ 59 Nr. 2 mit § 17) und etwa gar noch endgültig der persönlichen Haftung zu entheben. Die Praxis lehnt daher auch diesen Gedanken entschieden ab (z. B. RG. Bd. 2 S. 24, Bd. 52 S. 332). Freilich kann der Schuldner selbst Massegläubiger sein. Dies ist aber eine auch anderwärts beim Sondervermögen auftretende Erscheinung. Daß der Verwalter im Rahmen seiner gesetzlichen Vertretungsmacht den Schuldner verpflichtet, daß dieser den Kostenaufwand des Konkurses in seiner Eigenschaft als exequendus zu tragen hat, daß ein ungerechtfertigter Erwerb der Masse den Masseträger selbst (nicht unmittelbar die Konkursgläubiger) bereichert, daß dieser andrerseits von der unbeschränkten Haftung für seine zu Masseschulden gewordenen alten Verbindlichkeiten (§ 59 Nr. 2) nicht befreit wird, das alles entspricht einer zwanglosen Betrachtung der Verhältnisse.

[20]) Der Zwangsvergleich trifft Massegläubiger nicht (§ 193).

[21]) Jaeger ZZP. 50 S. 166ff. Die heute herrschende Lehre hat sich angeschlossen. Aus der neuen Praxis siehe OLG. Hamburg v. 18. 5. 1912 LZ. Sp. 867, v. 11. 3. 1914 LZ. Sp. 1406, v. 16. 11. 1929 KonkTreuh. 1930 S. 28 Nr. 3. Eigene Masseansprüche des Gemeinschuldners erlöschen bei Konkursbeendigung per confusionem, da nun die Masse aufhört ein Sondergut zu sein.

2. Die Befriedigung der Massegläubiger erfolgt unabhängig vom Gange des Verteilungsverfahrens. Die Sätze über Anmeldung, Prüfung und Feststellung, das Verbot der Sondervollstreckung, die Rechtsfolgen eines Zwangsvergleichs treffen den Massegläubiger nicht [oben I]. Der Konkursverwalter hat unaufgefordert dafür Sorge zu tragen, daß alle ihm rechtzeitig (vgl. § 172) bekannt gewordenen Masseansprüche vorweg befriedigt oder sichergestellt werden. §§ 57, 82, 191 I (116, 205 II). Jeder Massegläubiger kann aber auch selbständig vorgehen, seine Ansprüche gerichtlich wie außergerichtlich gegenüber dem Konkursverwalter als Zwangsvertreter des Masseträgers verfolgen und sich ohne Rücksicht auf andere Massegläubiger Volldeckung verschaffen. Die Lage ändert sich, „sobald sich herausstellt", daß die Mittel der Masse nicht einmal soweit reichen, um alle Masseansprüche zu erfüllen. Nun setzt für die fernere Berücksichtigung der auf Geldsummen[22]) lautenden Ansprüche die folgende **Rangordnung** des § 60 ein. Es gelangen zum Zuge:

a) zuerst die Masseschulden (§§ 59, 224),

b) dann von den Massekosten die Barauslagen (z. B. des Gerichts oder Verwalters),

c) hierauf die übrigen Massekosten des § 58 Nr. 1, 2 (z. B. das Honorar des Verwalters),

d) zuletzt eine dem Schuldner bewilligte Beihilfe (§ 58 Nr. 3).

Innerhalb jeder Klasse gilt Gleichrang mit anteilsmäßiger Befriedigung. Nebenansprüche rangieren mit dem Hauptanspruch. Die Verteilung ist Sache des Verwalters. Ihm gilt wie das Gebot der Vorwegbefriedigung (§ 57) so das Gebot rang- und verhältnismäßiger Befriedigung (§ 60) der Massegläubiger. „Sobald sich herausstellt, daß die Masse zur vollständigen Befriedigung aller Massegläubiger nicht ausreicht", d. h. sobald der Verwalter die (späterhin bestätigte) Tatsache dieser Unzulänglichkeit erkennt[23]), hat er bei persönlicher Verantwortlichkeit (§ 82) Masseansprüche nur noch dem § 60 gemäß zu berichtigen und rangwidrigen Zwangszugriffen zu wehren (§ 767 ZPO., § 812 I 1 BGB.)[24]). Das lückenhafte Gesetz (der § 60 KO.) läßt manchem Zweifel Raum und bereitet der Praxis immer neue Schwierigkeiten. Unsicher ist namentlich, wie Streitigkeiten über Bestand oder Rang von Masseansprüchen zu erledigen sind. Die Auslegung muß davon ausgehen, daß der Konkurs sein Ziel verfehlt hat und wegen Massemangels einzustellen ist (§ 204). Zuvor hat der Konkursverwalter noch als solcher die Aufgabe, die Masseansprüche zu berichtigen, bestrittene sicherzustellen (§ 205 II mit § 191 I). Soweit also ein Streit über Bestand und Rang der Masseansprüche nicht besteht, sind diese durch Zahlung zu erfüllen. Alle von einem Streit berührten Massegläubiger dagegen hat der Verwalter sicherzustellen. Das geschieht — wie in Fällen des § 169 — durch Hinterlegung „für Rechnung der Beteiligten." Darauf hat das Konkursgericht, wenn es sich von einer Unzulänglichkeit der Masse im Sinne des § 204 überzeugt hat, den Konkurs einzustellen. Das Amt des Verwalters erlischt. Höchst zweckwidrig wäre es, wenn Streitigkeiten über Bestand und Rang von Masseansprüchen erst noch in Prozessen mit dem Konkursverwalter als solchem auszutragen, der Masse also immer neue Schulden aufzubürden wären (§ 59 Nr. 1). Es geht aber auch nicht an, so bequem der Rat auch sein mag, die Konkurrenten auf Prozesse „unter einander" zu verweisen. Je größer die Zahl der Beteiligten ist, desto empfindlicher müßte sich der Mangel eines geordneten Verteilungsverfahrens fühlbar machen. Daß sich die Sätze über die Verteilung der Masse an die Konkursgläubiger (§§ 149 ff.) auch nicht entsprechend anwenden lassen, steht heute wohl

[22]) Nicht für Ansprüche auf Verschaffung bestimmter Massegegenstände, z. B. durch den Verwalter verkaufter und vielleicht schon bezahlter Sachen. Diese Masseschulden sind nach wie vor ganz und in Natur zu erfüllen. Nur auf Geldforderungen ist die Rangabstufung gemünzt.

[23]) Siehe Obergericht Danzig v. 15. 2. 1928 JurRundsch. Nr. 2049.

[24]) Zust. OLG. Königsberg v. 30. 8. 1926 JW. 1927 S. 2644 Nr. 15. Für die Abwehr einer Zwangsvollstreckung kommt nicht der § 766 ZPO. in Betracht, aber auch nicht, wie dies das OLG. Dresden v. 17. 10. 1927 Arch. f. Rechtspfl. Jahrg. 5 (1928) S. 372 ff. annimmt, eine Analogie der §§ 780 ff. ZPO. Daß eine Konkursmasse in der Lage des § 60 keinen Kredit mehr genießt, ist klar. Dringend erforderliche Zahlungsmittel durch Barverkauf von Massestücken zu erwerben, steht dem Verwalter immer noch frei. Daß aber fortab neu entstehende Masseansprüche den bisherigen kraft Gesetzes vorgingen, etwa allemal der jüngste den ersten Rang einnähme, ist nicht zuzugeben. Stark abweichend besonders Wolff KO.[2] zu § 60.

fest. Zu angemessener Behandlung führt dagegen eine entsprechende Anwendung der §§ 872 ZPO. mit der Maßgabe, daß das Amtsgericht des Konkurses (nicht das Konkursgericht als solches) mit der Leitung des Verteilungsverfahrens betraut wird. Vielleicht gelingt es so, alle Prozesse zu vermeiden. Ob man die zur Lückenausfüllung gebotene Analogie auf den § 72 KO. stützt (der freilich nur vom „Konkursverfahren" selber redet) oder nicht, das ist eine Frage von ganz untergeordneter Bedeutung. Dieser Stütze bedarf es gar nicht.

3. Die Aufrechnung zwischen Masseansprüchen und Verbindlichkeiten „zur Masse" steht beiden Teilen frei. Auch der § 60 verkümmert sie nicht. Der § 55 Nr. 1 will mit den Worten „Forderung an den Gemeinschuldner" — wie der Gegensatz „zur Masse" deutlich zeigt — Ansprüche an die Masse als solche (d. h. an den Schuldner als Masseträger) gerade nicht treffen. Zur Lösung der Streitfrage, wer Schuldner der Massegläubiger sei, läßt dieser einem besonderen Zwecke dienende Sprachgebrauch sich nicht verwerten.

7. Die Masseergänzung im Wege der Konkursanfechtung.

§ 20.

a) Begriff und Arten der Gläubigeranfechtung.

I. Nur selten findet der Konkursverwalter die Masse unverkürzt vor. Alte Erfahrung lehrt, daß Schuldner, denen der Zusammenbruch droht, Vermögensstücke verschieben oder verschleudern, um mit dem Erlöse zu flüchten, um Restwerte für die Familie zu retten, um nahestehende Gläubiger vor anderen zu begünstigen. Solcher alienatio in fraudem creditorum tritt schon eine hochentwickelte Restitutionseinrichtung des römischen Rechts entgegen[1]), die, in den italischen Stadtrechten des Mittelalters und in der französischen Handelsgesetzgebung fortgebildet, zu weltrechtlicher Anerkennung gelangt ist. Sie weist aber als Kompromißinstitut stark wechselnde Gestaltungen auf. Denn so einleuchtend das Schutzbedürfnis der persönlichen Gläubiger sein mag, so nachdrücklich gebietet die Verkehrssicherheit, Verfügungen eines dispositionsfähigen Vermögensträgers im Interesse seines Geschäftsgenossen, zumal des gutgläubigen, aufrechtzuerhalten. Die Ausgleichung dieser Gegensätze stößt auf ernste Schwierigkeiten. Auch die Mittel schwanken. Namentlich weichen die Gesetze insofern voneinander ab, als eine Gruppe die Nichtigkeit, eine andere nur die Anfechtbarkeit der Vermögensentäußerungen ausspricht. Den ersteren Standpunkt vertritt unter Rückbeziehung des Konkursbeschlags mit großer Schärfe das ältere französische Recht (a. 442 code de commerce von 1807). Danach gilt der Schuldner bereits von dem einheitlich und bindend durch das Konkursgericht festzulegenden Zeitpunkte der Zahlungseinstellung ab als verfügungsunfähig, so daß alle seine späteren Dispositionen schon von Rechts wegen der Wirksamkeit im Verhältnis zur Konkursmasse ermangeln. Um der Verkehrssicherheit willen schwächt die Novelle von 1838 die Rückbeziehung ab und erklärt nur einen Teil der Benachteiligungsakte für nichtig (ihrer Natur nach verdächtige Entäußerungen, wie Freigebigkeiten, Leistungen an Zahlungs Statt, a. 446), andere dagegen (besonders die Erfüllung fälliger Schulden) nur für vernichtbar (a. 447, 449 c. com.). Belgien, Italien, Rumänien folgen. Die Gesetze der

[1]) Das Recht Justinians (Dig. 42, 8 quae in fraudem creditorum facta sunt ut restituantur, Cod. 7, 75 de revocandis his quae per fraudem alienata sunt) schützt die Gläubiger gegen Vermögensentäußerungen, die der Schuldner mit dem Willen und voraussehbaren Erfolg einer Benachteiligung der Gläubiger vorgenommen hat (alienatio in fraudem creditorum), wenn der Erwerber entweder um diesen Willen wußte (particeps fraudis war) oder unentgeltlich (ex titulo lucrativo) erwarb. In dieser Einrichtung hat Justinian verschiedenartige Rechtsschutzmittel der klassischen Zeit verschmolzen, daher eine Fülle von Interpolationen. Die gemeinrechtliche Doktrin, die den Rückgewähranspruch vorwiegend als Deliktsobligation auffaßt, nennt die Klage actio Pauliana. Dieser Name, die Bezeichnung eines älteren Rechtsschutzmittels, war im Digestentitel 42, 8 ausgemerzt worden (siehe freilich Dig. 22, 1, 38, 4).

Gegenwart aber entscheiden sich überwiegend für bloße Anfechtbarkeit. So nach deutschem Vorbilde besonders das geltende holländische, österreichische und ungarische Recht. Doch macht sich, was Beschlagnahmen aus der jüngsten Konkursvorzeit betrifft, die im Geltungsbereiche des Präventionsprinzips eine Gleichbehandlung der persönlichen Gläubiger zu vereiteln pflegen, neuestens unter dem Einflusse skandinavischer Gesetze eine Gegenströmung mit wachsendem Erfolge geltend. Nur allzuoft verschaffen sich einzelne Gläubiger, vom Zufall oder durch heimliche Gunst des Schuldners gefördert, noch während der Krise im Zwangszugriff einen sachlich unangemessenen Vorrang, der bei uns regelmäßig durch mühevolle, zeitraubende und mit hoher Kostengefahr verknüpfte Anfechtungsprozesse bekämpft werden muß. Wieviel zweckmäßiger erscheint da eine Regelung, die dem vorkonkursmäßigen Einzelzugriff in bestimmten Zeitschranken schon von Rechts wegen die Absonderungskraft versagt! So der § 12 Österr.KO. von 1914 für die letzten sechzig Tage vor dem Konkurse[2]). So nun aber auch die §§ 83, 84 unserer VerglO. Danach ermangeln alle im gerichtlichen Vergleichsverfahren verbotenen (§ 32 VerglO.) oder unter dessen Rückschlagssperre fallenden Sondervollstreckungen (§§ 3, 33 VerglO.) im Anschlußkonkurse schon von Rechts wegen der Wirksamkeit. Die Anfechtung wird insoweit dem Verwalter erspart[3]).

II. Das geltende Reichsrecht verpflichtet, wenn der Schuldner sich eines Vermögensgegenstandes zum Nachteile seiner Gläubiger entäußert hat, den Erwerber in bestimmten Grenzen, den erworbenen Gegenstand (in Natur, aushilfsweise dem Werte nach) so für den Gläubigerzugriff bereit zu stellen, als wäre er niemals aus dem Schuldnervermögen ausgeschieden. Auf „Rückgewähr" (restituere) in diesem Sinne, also auf Wiedererschließung der vereitelten Zugriffsmöglichkeit, geht das Anfechtungsrecht oder (was hier dasselbe besagt) der Anfechtungsanspruch. Die Rückgewährpflicht (die Anfechtbarkeit) bildet insofern ein Hilfsmittel der Geldvollstreckung, sowohl des Einzelzugriffs als des Konkurses. Nach beiden Richtungen wirkt sie als ausgleichende Haftung zum Schutze der durch die Vermögensentäußerung benachteiligten Gläubiger. Deshalb wird das Verlangen der Rückgewähr (die Anfechtung in diesem besonderen Sinne) passend als „Gläubigeranfechtung" gekennzeichnet.

III. Je nachdem die Anfechtbarkeit der Zwangsvollstreckung oder dem Konkurse aufzuhelfen bezweckt, unterscheiden wir Einzelanfechtung (geregelt im AnfG. v. 21. Juli 1879) und Konkursanfechtung (geregelt in der KO.). Die zweite ist wichtiger und umfassender als die erste und hat nach der Entwicklung unseres Reichsrechtes der ersten zum Vorbilde gedient. Beide haben dieselbe rechtliche Natur. Während aber die Konkursanfechtung als ein im gemeinschaftlichen Interesse aller benachteiligten Konkursgläubiger vom Konkursverwalter zu verfolgendes Masserecht ausgeprägt ist, bildet die Einzelanfechtung ein Sonderrecht jedes benachteiligten Gläubigers (§§ 1, 7 AnfG.). Eine Anfechtung „außerhalb des Konkursverfahrens", wie sie das AnfG. nennt, ist die Einzelanfechtung nur insofern, als sie nicht für Rechnung der Konkursmasse des Schuldners erfolgt. Sie findet auch während des Konkurses statt, sei es zugunsten eines Nichtkonkursgläubigers[4]), sei es zugunsten eines einzelnen Konkursgläubigers, soweit der

---

[2]) Entsprechend der § 12 Österr.AusglO. für die letzten sechzig Tage vor dem konkursabwendenden Ausgleichsverfahren. In ähnlicher Weise wird für den besonderen Fall des Nachlaßkonkurses durch unsern § 221 KO. die Anfechtung erspart.

[3]) Siehe unten S. 235. Sehr beachtenswerte Vorschläge macht der Entwurf einer ZPO. (1931) in den §§ 883ff. und ihrer gediegenen Begründung (S. 427ff., 520ff.). Im Streite zwischen dem Grundsatze des Vorrangs und dem des Gleichrangs aufeinanderfolgender Einzelzugriffe sucht der Entwurf die goldene Mitte. Er lehnt es einerseits ab, nach französischem Muster alle bis zur Verteilung des Erlöses beitretenden Gläubiger aus diesem gleichmäßig zu befriedigen, andrerseits mit der heute bei uns geltenden Regelung jedem auch noch so zufälligen Erstzugriffe den dinglichen Vorrang zuzuerkennen. Vielmehr sollen die in aufeinanderfolgenden Zeitabschnitten von je zehn Tagen erworbenen Pfändungspfandrechte Staffelrang genießen und zwar so, daß jede Staffel der folgenden vorgeht, innerhalb der Staffel aber Gleichrang gilt. Im Konkurse soll allen Pfändungspfandrechten bestimmter Konkursvormonate die Absonderungskraft versagt werden.

[4]) Namentlich eines Absonderungsberechtigten. So z. B. eines Hypothekengläubigers, der die Rückgewähr einer im Rahmen des § 1121 BGB. liegenden, also an sich wirksamen, ihn aber im Sinne des AnfG. (z. B. des § 3 Nr. 1) benachteiligenden Veräußerung und Entfernung von Zubehörstücken beansprucht (lehrreich RG. Bd. 100 S. 87).

§ 13 V AnfG. in Durchbrechung des Verbots der Sondervollstreckung (§ 12 KO.) schon während des Konkurses eine Anfechtbarkeit der Entäußerung beschlagsfähigen, aber konkursfreien Neuerwerbs vorsieht.

§ 21.

b) Der Anfechtungstatbestand.

Der gesetzliche Tatbestand, auf den die Anfechtbarkeit sich gründet, hat allgemeine und besondere Begriffsmerkmale. Den allgemeinen Anfechtungstatbestand bildet eine Rechtshandlung, die den Gläubigern zum Schaden gereicht. Der besondere besteht in gewissen erschwerenden Umständen, unter denen dieser Benachteiligungsvorgang sich vollzieht.

I. **Die allgemeinen Begriffsmerkmale.**

1. In jedem Falle setzt die Anfechtbarkeit eine die Gläubiger benachteiligende Rechtshandlung voraus (§ 29 KO., § 1 AnfG.). **Rechtshandlungen** in diesem weiten Sinne des Wortes sind alle Willensbetätigungen mit Rechtserfolg. Der Begriff ist umfassender als der des Rechtsgeschäfts, ein Erfolgswille ist ihm nicht wesentlich. Unter den Rechtsgeschäften, d. h. den Tatbeständen, die bestimmt und geeignet sind, Rechtsfolgen gemäß dem erklärten Parteiwillen auszulösen, kommen Verpflichtungen (z. B. die Schuldverträge des Kaufes, der Schenkung, der Verbürgung) und Verfügungen (Übereignung, Abtretung, Belastung, Veränderung oder Aufhebung eines Rechts) in Betracht. Begrifflich bedarf es der Trennung auch hier. Gewöhnlich aber stellen Rechtsgrundgeschäft (causa) und Erfüllungsgeschäft (z. B. Kaufvertrag und Übereignung) als ein von einheitlichem Zuwendungswillen getragener und erst im Verfügungsvollzug zum Abschlusse gelangender Benachteiligungsvorgang (somit als Ganzes) „die" anfechtbare Rechtshandlung dar. Doch ist auch gesonderte Anfechtbarkeit von Erfüllungsgeschäften denkbar, wie z. B. bei Hingabe an Erfüllungsstatt während der Krise (§ 30 Nr. 2) oder in erkennbarer Begünstigungsabsicht (§ 31). Daß der Vorgang sich unter Mitwirkung einer Staatsbehörde vollzieht (daß er etwa gerichtlich beurkundet oder verbucht wird), steht der Anfechtbarkeit keineswegs entgegen. Selbst Verurteilung und Zwangsvollstreckung schließen sie nicht aus (§ 35 KO., § 6 AnfG.). Daher muß, wer auf Grund eines innerhalb der gesetzlichen Zeitschranken abgegebenen Schenkungsversprechens das Geschenk gegen den Willen des Schuldners eingeklagt und zwangsweise beigetrieben hatte, gleichwohl Rückgewähr leisten (§ 32 KO., § 3 Nr. 3, 4 AnfG.). Ja es kann die Verschaffung des vollstreckbaren Titels selber und namentlich auch der Zwangszugriff als solcher den Rückgewähranspruch begründen[1]). Erstere z. B. als Unterwerfung des Schuldners unter die sofortige Zwangsvollstreckung im Sinne des § 794 Nr. 5 ZPO., als Anerkenntnis mit der Folge des § 307 ZPO. oder als geflissentliches Unterlassen[2]) der Verteidigung mit der Folge des § 331 ZPO., letzterer besonders im Anwendungsgebiete des § 30: die unter den Anzeichen des Konkurses mit oder ohne Zutun des Schuldners erwirkten Zwangsvollstreckungen bilden den weitaus wichtigsten Anfechtungstatbestand. So sind die anfechtbaren „Rechtshandlungen" zu einem sehr erheblichen, im Bereiche des § 30 zum überwiegenden Teile überhaupt keine Tatbestände des bürgerlichen Rechts. Doch kann eine wider Willen des Schuldners vollzogene Vollstreckung die Rückgewähr-

---

[1]) Auch dies besagt der § 35 KO. wie der § 6 AnfG. Es braucht also nicht schon im Zeitpunkte der Vollstreckung und außer dieser eine anfechtbare Rechtshandlung vorgelegen zu haben. Um so mehr muß eine anfechtbare Handlung auch dann anfechtbar bleiben, wenn ein Gläubiger den aus ihr erworbenen Anspruch eingeklagt und vollstreckt hat. Sonst könnte der Schuldner den Schutz der übrigen Gläubiger vereiteln, indem er sich verurteilen läßt.

[2]) „Rechtshandlung" kann nur bewußtes Unterlassen sein, wie das mit Wissen und Willen erfolgende Nichteinlegen von Rechtsbehelfen, Nichtverhandeln, Nichtunterbrechen laufender Verjährungs-, Ersitzungs- oder Ausschlußfristen. „Vorgenommen" im Sinne der z. B. durch die §§ 32, 41 gezogenen zeitlichen Schranken ist die Unterlassung erst im letzten Augenblick, in dem das versäumte Tun noch wirksam geschehen konnte. Unterlassen aus reiner Vergeßlichkeit ist kein anfechtbares Handeln.

pflicht nur in solchen Fällen begründen, in denen das Gesetz eine Rechtshandlung des Schuldners nicht voraussetzt[3]).

Die Rechtshandlung besteht meist in direkter Zuführung eines Gegenstandes aus dem Vermögen des Schuldners in das des Erwerbers. Nicht selten aber vollzieht der Benachteiligungsvorgang sich auch auf Umwegen (mittelbare Zuwendung). So z. B. dadurch, daß der Schuldner eine ihm gebührende Leistung, etwa die von ihm zu beanspruchende Übereignung eines gekauften Grundstücks, schenkweise an den Begünstigten bewirken läßt. Was hier der Drittschuldner auf Weisung des Schuldners leistet, unterliegt, wiewohl es in dieser Gestalt niemals dem Schuldnervermögen angehörte, der „Rückgewähr" ganz ebenso wie Gegenstände unmittelbarer Zuwendung. So hat im Beispielsfalle der Erwerber das Grundstück, obgleich nie zuvor dieses selber — sondern nur der Anspruch darauf — im Vermögen des Gemeinschuldners stand, der Konkursmasse zuzuführen[4]).

Die Rechtshandlung muß bei konkursmäßiger Anfechtung **vor** Konkursbeginn erfolgt sein (§ 29). Vermögensentäußerungen, die der Schuldner selbst nach Konkursbeginn betätigt, ermangeln im Regelbereiche des § 7, konkurszeitliche Erwerbsvorgänge ohne sein Zutun im Regelbereiche des § 15 der Wirksamkeit. Soweit aber ein Erwerb während des Konkurses ausnahmeweise Verkehrsschutz genießt, kann er unter den sonstigen gesetzlichen Voraussetzungen (z. B. als Freigebigkeit) anfechtbar sein (§ 42). Die für die Zeit vor dem Konkurse gesetzten Anfechtungsfristen (z. B. des § 32) bleiben insoweit außer Betracht.

2. In jedem Falle muß die Rechtshandlung, wenn sie eine Anfechtbarkeit begründen soll, den Gläubigern (den Konkursgläubigern oder dem anfechtenden Einzelgläubiger) **zum Nachteile** gereichen, d. h. im Erfolg ihren Zugriff vereiteln oder schmälern. Diese allgemeine Voraussetzung der Anfechtbarkeit ergibt sich ohne weiteres aus dem Anfechtungszweck[5]) und steht zur Beweislast des Konkursverwalters oder des Einzelgläubigers, der den Rückgewähranspruch nach § 37 KO. oder nach § 7 AnfG. erhebt. An solcher Benachteiligung kann es fehlen, weil der Gegenstand einer Verfügung beschlagsfrei oder überlastet ist oder einem Dritten gehört. Desgleichen bei der Ablehnung eines nicht einmal bedingt vollzogenen Erwerbs (z. B. eines Schenkungsanerbietens). Nur die Aufopferung von Vermögenswerten, wäre es auch bloß einer in aufschiebend bedingter Zuwendung begründeten Anwartschaft, keineswegs aber auch die Nicht-

[3]) Die Tatbestände des § 30 Nr. 1 Fall 2 u. Nr. 2 KO. erfordern keine Mitwirkung des Schuldners. Hier liegt das Hauptanwendungsgebiet des § 35 KO. Im übrigen, so im ganzen Bereiche der Einzelanfechtung, können Vollstreckungen nur anfechtbar sein, wenn sie der Schuldner durch Tun oder Lassen gefördert hat. Solche Beihilfe ist durchaus keine Seltenheit. Vielmehr kommt es oft genug vor, daß der Schuldner in bewußtem Zusammenwirken mit einem von ihm begünstigten Gläubiger diesem Vermögenswerte, vielleicht die letzten greifbaren, in die Hand spielt, etwa indem er sich verurteilen läßt oder absichtlich die ihm zustehenden Schutzbehelfe (Einspruch, Rechtsmittel, Vollstreckungsgegenklage) nicht gebraucht. Wirkt sein Verhalten in dieser Art ursächlich, dann beruht der Zugriffserwerb im Sinne der Anfechtungsvorschriften auf einer Rechtshandlung „des Schuldners".

[4]) In dem unten § 23 Note 6 dargelegten Sinne. Solche Zuwendungen auf Schleichwegen sind, wie die Praxis lehrt, der Verkehrssicherheit besonders abträglich. Nach dem Anfechtungszweck ist nicht die Weisung an den Drittschuldner, auch nicht die Empfangnahme des Gegenstandes durch den Erwerber gesondert als die anfechtbare Rechtshandlung aufzufassen. Vielmehr löst der Gesamttatbestand einer Zuwendung des Schuldners durch den Drittschuldner an den Begünstigten als anfechtbare Rechtshandlung den Rückgewähranspruch aus. Den gleichen Inhalt hat die Rückgewährpflicht des Erwerbers, wenn der Schuldner von vornherein sich die Leistung an den Begünstigten hatte versprechen lassen (§§ 328ff. BGB.). So, wenn er ein sonst vielleicht nur für 100000 verkäufliches Grundstück einem darauf versessenen Liebhaber um 200000 verkauft und schon im Kaufvertrage Zahlung des Preises an seine (des Verkäufers) Ehefrau, um diese zu beschenken, ausbedungen hatte. Der Zuwendungsvorgang im ganzen ist als Schenkung an die Ehefrau (§ 32 Nr. 2 KO., § 3 Nr. 4 AnfG.) anfechtbar. Diese hat — unbeschadet der Schranke des § 37 II KO. (§ 7 II AnfG.) — die vollen ihr vom Käufer ausgezahlten 200000 zurückzugewähren. Siehe unten S. 153. Über den besonders geregelten Fall des § 34 II unten S. 142.

[5]) Das Gesetz hat davon Abstand genommen, das allgemeine Benachteiligungserfordernis ausdrücklich hervorzuheben, um nicht der Meinung Vorschub zu leisten, als müsse die Benachteiligung stets eine unmittelbare sein. Nur wo diese verschärfte Voraussetzung gilt (§§ 30 Nr. 1 Fall 1, 31 Nr. 2), spricht das Gesetz — und zwar mit dem Verschärfungszusatze („durch die Eingehung", „durch den Abschluß" schon) — von einem die Gläubiger benachteiligenden Handeln. Keineswegs rechtfertigt es damit den Gegenschluß, daß im übrigen (besonders im Bereiche des § 32) das Benachteiligungserfordernis entfalle.

verwirklichung einer bloßen Erwerbsmöglichkeit kommt als anfechtbares „Aufgeben aus dem Vermögen des Schuldners" (§ 37 KO., § 7 AnfG.) in Frage. Die Ausschlagung von Erbschaften und Vermächtnissen, ebendarum auch der Erbverzicht, ist nach dem Grundgedanken des § 9 KO. einem Rückruf im Wege der Konkursanfechtung wie der Einzelanfechtung schlechthin entzogen[6]). Die Benachteiligung kann entweder in einer Schmälerung der Aktiven oder in einer Erhöhung der Passiven liegen. In beiden Fällen muß sie mit der anzufechtenden Handlung **ursächlich zusammenhängen** und zwar derart, daß ohne Dazwischentreten dieser Handlung die Rechtslage der Gläubiger sich günstiger gestaltet haben würde. Ohne Benachteiligung keine Anfechtbarkeit! Wenn der Schuldner seinen goldenen Trauring vor dem Konkurse verpfändet oder verschenkt hatte, sind seine Konkursgläubiger nicht beeinträchtigt; er könnte diese Verfügungen (von den §§ 6, 7 unbeeinflußt) auch noch während des Konkurses vornehmen, da der Ring nicht zur Konkursmasse gehört (§ 811 Nr. 11 ZPO., § 1 I KO.). Wenn der Schuldner im scheiternden gerichtlichen Vergleichsverfahren die festgestellte Vergütung der Aufsichtsperson bezahlt hatte, ist im Anschlußkonkurse für eine Anfechtbarkeit wiederum kein Raum, denn die Masseschuld wäre auch hier noch vor allen Konkursforderungen zu berichtigen (§ 85 VerglO., § 57 KO.). Für die Regel genügt eine mittelbare Benachteiligung. Nur in den Fällen der §§ 30 Nr. 1 Halbs. 1, 31 Nr. 2 KO. (§ 3 Nr. 2 AnfG.) wird verlangt, daß die Gläubiger schon „durch die Eingehung" des Rechtsgeschäfts, schon „durch den Abschluß des Vertrags" benachteiligt worden sind. Die Fassung soll das Erfordernis unmittelbarer Benachteiligung zum Ausdruck bringen. Daher versagt in diesen Ausnahmefällen die Anfechtbarkeit, wenn die Benachteiligung erst nach dem Geschäftsabschluß infolge eines davon unabhängigen Ereignisses eintrat, sei es infolge späterer Handlungen des Schuldners (Verbrauch, Mitnahme auf die Flucht), sei es infolge anderer Umstände (Entwertung, Zerstörung, Entziehung durch Dritte). Das Umsatzgeschäft selbst ist also in den Ausnahmefällen stets unanfechtbar, wenn an Stelle des veräußerten Gegenstandes ein vom Standpunkte der Gläubigerschaft aus vollwertiger — nicht minder zugriffstauglicher — Gegenwert, wäre es auch Bargeld, in das Vermögen des Schuldners gelangte. In den Regelfällen dagegen, in denen auch eine mittelbare Benachteiligung ausreicht (z. B. § 31 Nr. 1 KO., § 3 Nr. 1 AnfG.), kann sie dadurch verursacht worden sein, daß der Umsatz in Geld dem Schuldner das Verschleudern ermöglicht oder doch erleichtert hat. Hier braucht die Benachteiligung erst zur Zeit der Anfechtung (im Anfechtungsstreit am Schlusse der Tatsachenverhandlung) vorzuliegen, während sie in den Ausnahmefällen schon zur Zeit „der Eingehung" des Geschäfts, zur Zeit „des Abschlusses" des Vertrags gegeben sein muß. Keinesfalls aber genügt die Tatsache der Umsetzung eines Wertes in einen anderen (z. B. der Vertauschung oder Versilberung eines Grundstücks) für sich allein schon zum Beweise der Benachteiligung[7]).

Nach dem Zwecke der Gläubigeranfechtung kommt eine Preisgabe von Werten nur als zugriffsverkürzende Aufopferung „aus dem Vermögen des Schuldners" (§ 37 KO., § 7 AnfG.) in Betracht. An seiner Persönlichkeit haben die Gläubiger kein Recht, auf Grund dessen sie etwa die Arbeitskraft des Schuldners für sich auszunutzen imstande wären. Solange das Gesetz die Unantastbarkeit der Person des Schuldners anerkennt, solange muß es diesem freistehen, auch zum Schaden seiner Gläubiger untätig zu bleiben oder umsonst oder für einen hinter der üblichen Vergütung zurückbleibenden Lohn zu arbeiten und ebendarum auch Dienstverträge einzugehen, kraft deren der Anspruch auf beschlagsfreie Gehaltüberschüsse unmittelbar in der Person eines bedachten Dritten (z. B. der Ehefrau) entstehen soll.

Wenn der Schuldner sich verpflichtet, geldwerte Dienste ohne jedes Entgelt oder doch ohne eine ihm selber gebührende Entlohnung zu leisten, so unterläßt er es, von einer Erwerbsmöglichkeit Gebrauch zu machen, nicht aber gibt er Erworbenes auf. Dieses Ergebnis ändert sich auch nicht etwa rückwirkend dadurch, daß er hinterher die Arbeit tatsächlich leistet. Denn es bleibt auch jetzt dabei, daß er nichts „aus seinem Vermögen aufgibt". Daher ist es ganz schief zu sagen: auch eine Schenkung anzu-

---

[6]) So auch ständig das Reichsgericht (Bd. 54 S. 289, Bd. 67 S. 431, Bd. 84 S. 347) und die heute herrschende Rechtslehre.

[7]) Gegen Alb. Ehrenzweig ÖsterrAnfO. (1915) S. 63ff., 92ff. siehe Jaeger KO.[7] § 29 Anm. 40 mit Verw. Zum allgemeinen Erfordernisse der Benachteiligung vgl. außerdem noch RG. v. 19. 9. 1930 JurRundsch. Nr. 2174 (für § 30 Nr. 2 KO.).

nehmen, in der Lotterie zu spielen, sei der Schuldner seinen Gläubigern gegenüber nicht verpflichtet; wenn er es aber tue, dann unterliege, „was er dadurch erwerbe", dem Gläubigerzugriff; ebenso müsse die Lohnzuwendung an Dritte anfechtbar werden, wenn der Schuldner arbeite. Der Denkfehler liegt auf der Hand: dort gibt der Schuldner erworbene Vermögenswerte auf, hier erwirbt er nie. Dem „Vermögen" des Schuldners entstammt der Lohn auch nicht mittelbar. Wer diese Betrachtungsweise als „formalistisch" ablehnt, übersieht völlig, daß es sich um eine grundsätzliche Frage von großer Tragweite handelt. Lehrreich ist in dieser Hinsicht die Neuerung des österreichischen Rechts, das gerade, um unsere Fälle in den Bereich der Anfechtbarkeit einzubeziehen, um „auch die Hintanhaltung eines Vermögenszuwachses" zu treffen, nicht mehr (wie bisher im Anschluß an unser Reichsrecht) den Anfechtungsanspruch auf „Zurückleistung" dessen, „was durch die anfechtbare Rechtshandlung aus dem Vermögen des Gemeinschuldners veräußert, weggegeben oder aufgegeben wurde", sondern auf „Leistung" des diesem Vermögen „Entgangenen" gehen läßt (§ 39 KO., § 13 AnfG. v. 1914, Denkschrift dazu S. 44). Eine folgerechte Durchführung dieses Gedankens leitet zur Bejahung der Anfechtbarkeit einer Ablehnung angebotener Geschenke oder sonstiger Offerten, was weit über den Anfechtungszweck hinausgeht. Wenn die Ausleger des österreichischen Gesetzes zwischen dem bloßen Unterlassen der Annahme eines angebotenen Geschenks (unanfechtbar) und der ausdrücklichen Zurückweisung (anfechtbar) unterscheiden wollen oder gar lehren, nach der Ablehnung einer Vertragsofferte könne vom Antragsteller verlangt werden, daß er die nachträgliche Annahme zulasse, decken sie nur die Unhaltbarkeit der neuen Regelung auf. — Darüber, daß simulierte oder sittenwidrige Gehaltsverträge nichtig sind (§§ 117, 138 BGB.), besteht kein Zweifel. Nur ernstgemeinte und sittlich einwandfreie Vereinbarungen stehen hier in Frage, wie sie die Not des Schuldners heraufbeschworen hat und trotz einiger Verbesserungen unseres Lohnbeschlagnahmerechts noch immer heraufbeschwört[8]).

Der Benachteiligungsvorgang spielt sich im einfachsten Falle so ab, daß mit einer Vermögensminderung auf seiten des Schuldners eine Vermögensmehrung auf seiten des Anfechtungsgegners Hand in Hand geht. So, wenn ein Eigentums- oder Forderungsrecht vom Schuldner auf den Gegner übertragen, wenn durch Verzicht des Schuldners der Gegner von einer Last oder Verbindlichkeit befreit wird[9]). Es wäre indessen ein Irrtum zu meinen, die Anfechtbarkeit setze notwendig eine Bereicherung des Anfechtungsgegners voraus. Vielmehr stellt die Rückgewährpflicht weder dem Grunde noch dem Inhalte nach eine Bereicherungshaftung dar. Nur in einem engbegrenzten Ausnahmefall beschränkt das Gesetz die Rückgewähr auf die Bereicherung (§ 37 II KO., § 7 II AnfG.). Im übrigen haftet der Anfechtungsgegner nicht nur auf das, was in sein Vermögen gelangt oder etwa noch darinnen ist, sondern auf alles, was der Schuldner aus seinem Vermögen „aufgegeben" hat (§ 37 I KO., § 7 I AnfG.)[10]).

---

[8]) Zur vielumstrittenen Frage der Anfechtbarkeit von Gehaltsverfügungen (unter der alten Lohnbeschlagsgrenze als „Fünfzehnhundertmarkverträge" bekämpft) siehe Jaeger KO.[7] § 29 Anm. 35 mit Verw. Die dort angeführte Rechtsprechung des Reichsgerichts und des Reichsarbeitsgerichtes hält an der grundsätzlichen Unanfechtbarkeit der Vorausverfügung fest. Siehe auch noch Schaefer KonkTreuh. 1931 S. 101 ff. Der Entwurf einer ZPO. (1931) will im § 960 durch Fiktionen die Frage für den Bereich der Einzelvollstreckung dem Anfechtungsrecht entrücken, indem er nicht nur einer Vorausverfügung ungeachtet die Rechte Dritter (z. B. der Ehefrau) auf das bedungene Arbeitseinkommen als Vermögen „des Schuldners" behandelt, sondern überdies zu Pfändungszwecken unterstellt, daß eine gar nicht oder unverhältnismäßig niedrig vereinbarte Vergütung in angemessener Höhe bedungen sei, wenn der (etwa im Betriebe seiner Frau arbeitende) Schuldner tatsächlich, wäre es auch nur durch Unterhalt, mit einem die Unpfändbarkeitsschranke übersteigenden Wert entlohnt werde. Solche Fiktionen können, auch wenn man sich über die Unsicherheit der Regelung hinwegsetzt, die Tatsache nicht aus der Welt schaffen, daß der Schuldner beim echten Vertrag zugunsten eines Dritten seine Arbeitskraft, nicht den Lohn aufopfert. Und die Konsequenzen? Da bei uns der Konkurs den Neuerwerb des Schuldners nicht erfaßt, gehört nach Konkursbeginn verdientes Arbeitseinkommen nicht zur Konkursmasse. Dem Zugriffe der Konkursgläubiger wäre es verschlossen (§§ 1, 14), dem außerkonkursmäßigen Einzelzugriffe nicht. Und wie sollten andere Verträge zugunsten Dritter anfechtungsrechtlich zu behandeln sein, vor allem Versicherungsverträge, bei denen eine feste Praxis annimmt, daß nur das aus dem Vermögen des Versicherungsnehmers aufgeopferte Erwerbsmittel (die Prämien), keineswegs aber der diesem Vermögen nicht entflossene Erwerb selber (die Versicherungssumme) einer Anfechtbarkeit ausgesetzt sein könne [unten S. 150]? Nichts gefährlicher, als Fragen von solcher Tragweite isoliert zu regeln!

[9]) Schon hier aber ist zu beachten, daß der Erwerb im ganzen, nicht etwa nur der Wertunterschied vom Empfänger zurückzugewähren ist. So etwa, wenn der Schuldner unter den Anzeichen des Zusammenbruchs seine Habe verschleudert hat (§ 30 Nr. 1 Fall 1).

[10]) Auch die Schenkungsanfechtung (§ 32 KO.; § 3 Nr. 3, 4 AnfG.) setzt daher im Regelfall eine Bereicherung des Empfängers nicht voraus (vgl. z. B. RG. Bd. 92 S. 228). Wenn der liederliche Schuldner „gleichgestimmten Seelen" den Rest seines Vermögens in Sektgelagen zuwendet mit dem ausgesprochenen Zwecke, seinen Gläubigern auch die letzten Befriedigungsmittel zu entziehen, haften die Genossen, obwohl sie nicht bereichert sind, auf vollen Wertersatz (sei es nach § 31 oder nach § 32). Ein

II. Die besonderen Begriffsmerkmale.

Der allgemeine Benachteiligungsvorgang löst die Anfechtbarkeit nur aus, wenn er sich unter bestimmten **erschwerenden** Umständen vollzieht. Denn nur dann läßt sich der weitgehende Eingriff in einen vielleicht vom Standpunkte des Gegners vollkommen einwandfreien Erwerb rechtfertigen. Wenn ein reicher Mann Gelegenheit hat, eine Liegenschaft, die den Grundstock seines Vermögens bildet, weit über Wert zu veräußern, und darauf durch den Besitz des Bargeldes zu Spekulationen verleitet wird, die ihn nach und nach um seine ganze Habe bringen, kann keine Rede davon sein, daß der Käufer das Grundstück zur Konkursmasse zurückgewähren müßte. Er hat unantastbar erworben. Als besondere Begleitumstände, die innerhalb wie außerhalb des Konkurses eine anfechtungsrechtliche Rückgewährpflicht des Erwerbers zumutbar erscheinen lassen, betrachten unsere Gesetze: die erkannte Absicht der Gläubigerbenachteiligung (§ 31 KO.; § 3 Nr. 1, 2 AnfG.) und die Unentgeltlichkeit der Zuwendung (§§ 32, 222 KO.; § 3 Nr. 3, 4, § 3a AnfG.). Danach unterscheiden wir „Absichtsanfechtung" und „Schenkungsanfechtung". Für den Konkurs und nur für diesen kommt eine dritte Anfechtungsart hinzu, die „besondere Konkursanfechtung" (§ 30 KO.), beruhend auf dem Gedanken, daß das Vermögen des Schuldners, sobald es erkennbar konkursreif geworden ist, der Gesamtheit seiner persönlichen Gläubiger unter Verlustgemeinschaft verfangen sei. Sie bringt den Konkursgrundsatz schon für die kritische Vorzeit des Konkurses zur Geltung. Gleichfalls auf den Konkurs beschränkt ist die eigenartige Anfechtbarkeit der Teilhaberbegünstigung nach § 342 HGB.

§ 22.

c) Die einzelnen Anfechtungsgründe.

I. Die besondere Konkursanfechtung (§ 30 KO.).

1. Mit Rücksicht auf die Kenntnis des Erwerbers von der bereits durch Zahlungseinstellung oder Konkursbeantragung bekundeten **Krise** erklärt der § 30 Vermögensentäußerungen auf Kosten der gemeinsamen Befriedigungsmasse in zwei Gruppen für anfechtbar, die sich der Hauptsache nach als selbständige Neuabschlüsse und als bloße Deckungsvorgänge unterscheiden lassen:

a) „Rechtsgeschäfte" des Schuldners, die den Konkursgläubigern unmittelbar zum Nachteil gereichen (§ 30 Nr. 1 Fall 1). Da die Deckung bereits begründeter Ansprüche, falls diese „Konkursforderungen" bilden, in der Gruppe unter b einer gesonderten Behandlung unterworfen wird, scheidet sie hier aus, auch soweit sie rechtsgeschäftlicher Art ist[1]. In Betracht kommen vor allem Schleudergeschäfte, die der Schuldner am Vorabend des Konkurses vornimmt, namentlich um mit dem Erlöse zu flüchten. Ferner aber auch ein Kauf zu übersetztem Preise, die Gewährung eines langfristigen Darlehns, eine Darlehnsaufnahme unter ungünstigen Bedingungen, Verbürgung oder Verpfändung für fremde Schuld, der Verzicht auf ein beschlagsfähiges Recht.

b) Die Deckung (Sicherung oder Befriedigung) eines Konkursgläubigers[2], sie mag durch den Schuldner oder ohne dessen Zutun vollzogen werden (§ 30 Nr. 1 Fall 2,

---

„Empfangen", ein „Erwerben" im Sinne der Anfechtungsvorschriften (§§ 37, 39, 40 KO.; §§ 7, 8, 9, 11 AnfG.) liegt auch hier vor. Es bestimmt die Person des Haftenden und die Anteile der Haftung, aber nicht deren Inhalt. Daß die Vermögensentäußerung, um anfechtbar zu sein, das Vermögen des Empfängers vermehrt haben müsse, ergeben weder Fassung noch Zweck des Gesetzes.

[1]) Die rechtsgeschäftliche Sicherung oder Befriedigung von Gläubigern, die nicht zu den Konkursgläubigern zählen, kann dagegen zur ersten Gruppe gehören. So namentlich die Deckung eines nach § 63 **unanmeldbaren Anspruchs**.

[2]) Also nicht z. B. die Befriedigung, die ein Absonderungsberechtigter mit oder wider Willen des Schuldners aus Erlös oder Erträgnissen des Pfandes erhalten hat, aber auch nicht die Erfüllung

Nr. 2). Im Vordergrunde stehen **Zwangsvollstreckungen** eines Konkursgläubigers, auch wenn sie ohne Wissen und Willen des Schuldners erwirkt sind [oben S. 137 f.]. Rechtsgeschäftliche Deckungen gehören nur mit zwei erheblichen Ausnahmen hierher:

α) Die erste folgt nicht nur aus dem Wortlaut, sondern namentlich aus dem Zweck des Gesetzes. Es will verhüten, daß unter den vorhandenen und auf Anteilsbefriedigung verwiesenen Gläubigern einer dem andern noch während der Krise den Rang abläuft. Den Barverkehr trifft es nicht. So z. B. nicht den Fall, daß der Schuldner während der Krise gegen bar Lebensmittel einkauft, gegen bar sich von einem Arzt oder Anwalt beraten läßt[3]).

β) Die zweite Ausnahme gilt einer im kaufmännischen Verkehr besonders häufigen Schuldtilgungsart, der Wechsel- oder Scheckzahlung, und ist ausdrücklich festgelegt (§ 34 KO., § 24 ScheckG.). Solche Wechsel- oder Scheckzahlungen des nachmaligen Gemeinschuldners nämlich, die der Empfänger bei Verlust des Regresses annehmen mußte, bleiben aus Billigkeitsrücksichten der Anfechtbarkeit des § 30 Nr. 1 Fall 2 entrückt. Wer aber in Kenntnis der Krise einen Wechsel oder Scheck begibt oder begeben läßt, um sich auf Umwegen zu verschaffen, was bei direkter Leistung nach dieser Vorschrift anfechtbar wäre, der muß die gezahlte Wechsel- oder Schecksumme zur Konkursmasse zurückerstatten.

Weil der Schuldner zur Zahlung bereit war, hatte der Gläubiger keinen Protest mangels Zahlung erheben können. Das Regreßrecht war daher nach allgemeinen wechselrechtlichen Grundsätzen endgültig erloschen. Damit aber, daß bei Zahlungsrückgewähr die Forderung ohne Regreßrecht, also entwertet, wieder auflebte (§ 39), würde dem Gläubiger nicht gedient sein. Deshalb entzieht der § 34 I die notgedrungene Zahlungsannahme durch Wechsel- oder Scheckgläubiger der Anfechtbarkeit des § 30 Nr. 1 Fall 2 (freilich auch nur dieser). Mit der Ausnahme verknüpft sich eine Gefahr. Wenn ein Gläubiger, der die Krise kennt und deshalb nur noch anfechtbare Befriedigung zu gewärtigen hat, für den Betrag seiner Forderung einen Sichtwechsel auf den Schuldner zieht und den Wechsel verkauft, kann er sich im Gegenwert eine dem § 30 Nr. 1 Fall 2 entrückte Befriedigung verschaffen. Solchem Schleichhandel beugt der § 34 II vor, indem er die Rückgewährpflicht dem Schieber aufbürdet.

2. Die Kenntnis der Krise bildet den Angelpunkt im gesetzlichen Tatbestande des § 30. Krise der Einzelwirtschaft in diesem Sinne ist der Zustand erkennbar gewordener Konkursreife. Der Konkurs droht. Seine Vorboten sind schon da. „Es kriselt." Die gemeinrechtliche Wissenschaft nannte diese Konkursvorzeit den „imminenten" oder „materiellen" Konkurs im Gegensatze zum förmlich eröffneten, „formellen" Konkurse, Ausdrücke, die besser vermieden werden. Um feste Anhaltspunkte zu gewinnen, läßt das Gesetz nicht den zunächst vielleicht noch ganz unerkennbaren Eintritt des Konkursgrundes genügen, sondern die an die Außenwelt tretenden Vorgänge der Zahlungseinstellung und der Konkursbeantragung entscheiden. Daß der Erwerber die eine oder andere Äußerung des Konkursgrundes gekannt habe, das hat der die Rückgewähr beanspruchende Konkursverwalter zu beweisen. Die Beweisführung ist schwierig

---

oder Sicherstellung einer unanmeldbaren oder einer fremden Schuld. Siehe jedoch die vorige Note. Wenn der Schuldner nach § 1223 II BGB. einen „Pfandgläubiger" befriedigt, um das Pfand einzulösen, handelt es sich dem wesentlichen Zwecke des Geschäfts nach um die Befriedigung eines Absonderungsberechtigten, auch wenn er zugleich Konkursgläubiger ist. Zur Gruppe b gehört daher der Fall nicht. Ein Rechtsgeschäft im Sinne der Gruppe a bildet zwar auch die Einlösungsbefriedigung. Die Anwendbarkeit des § 30 Nr. 1 Halbs. 1 versagt indessen, wenn der Schuldner für die Zahlung ein vollwertiges Pfand zurückerhielt. Denn alsdann fehlt es an unmittelbarer Benachteiligung. Insofern zutreffend RG. Bd. 90 S. 70. Der Empfänger muß im Zeitpunkte des Erwerbs der Deckung (z. B. bei Annahme der Zahlung) Konkursgläubiger gewesen und als solcher (nicht z. B. als Absonderungsberechtigter) befriedigt oder sichergestellt worden sein (RG. v. 19. 9. 1930 JurRundsch. Nr. 2174).

[3]) Auf die vor oder bei der Neubegründung eines Konkursgläubigerrechts gewährte Sicherung oder Befriedigung bezieht sich das Deckungsverbot nicht. Ob der § 30 Nr. 1 Fall 1 oder etwa der § 31 einschlägt, ist eine Frage für sich. Den Ausschluß der Bardeckung aus dem Anwendungsbereiche des § 30 Nr. 1 Fall 2 erkennen Rechtslehre und Rechtsprechung (z. B. RG. Bd. 9 S. 50, Bd. 100 S. 64) heute fast einmütig an. Doch ergeben sich mancherlei Schwierigkeiten. Siehe Jaeger KO.[7] § 30 Anm. 37 u. 37a mit Verw.

und meist auf Eideszuschiebung beschränkt[4]). Das Schutzbedürfnis der Masse drängt daher zu einer Erleichterung der Anfechtbarkeit. Eine solche verordnet der § 30 Nr. 2 für Fälle, in denen der Konkursgläubiger eine ihm **nicht** gebührende Sicherung oder Befriedigung (eine **inkongruente** Deckung) erhalten hat, etwa in Gestalt einer ihm nicht geschuldeten Verpfändung oder Sicherungsübereignung, als verfrühte Zahlung, als Leistung von Waren statt von Geld. Hier gehört seine Kenntnis von der Krise nicht zum anspruchbegründenden Tatbestande. Vielmehr muß der Empfänger einer inkongruenten Deckung einwendungsweise eine doppelte Negative, Unkenntnis der Krise und Unkenntnis einer Begünstigungsabsicht[5]) des Schuldners dartun, um sich von dem in der Unebenheit des Vorgangs begründeten Verdachte zu entlasten. Überdies aber gilt die Verschärfung, daß auch eine in den letzten zehn Tagen vor der Zahlungseinstellung oder dem Eröffnungsantrag erlangte inkongruente Sicherstellung oder Befriedigung anfechtbar ist. Nur beschränkt sich naturgemäß bei Deckungen in dieser kritischen Vorzeit der Entlastungsbeweis auf die Unkenntnis der Begünstigungsabsicht.

Die verdachterregende **Unebenheit** der Deckung besteht in einer Abweichung der tatsächlichen Leistung vom Inhalte des Schuldverhältnisses. Nach dem Gesetze (§§ 30 Nr. 2, 241) kommen Abweichungen von dreierlei Art in Betracht: der Konkursgläubiger hatte die erlangte Sicherung oder Befriedigung „nicht" oder „nicht in der Art" oder „nicht zu der Zeit" zu beanspruchen.

a) Überhaupt „nicht zu beanspruchen". So namentlich, wenn dem Gläubiger durch Verpfändung, Hypothekbestellung, Sicherungsübereignung ein seine Konkursforderung deckendes Wertrecht vom Schuldner eingeräumt wurde, ohne daß dieser rechtsgeschäftlich oder gesetzlich (etwa nach § 648 BGB. oder nach a. 29 WO.) zur Sicherstellung verpflichtet gewesen wäre. Eine gar „nicht zu beanspruchende Befriedigung" hat der Gläubiger z. B. dann erhalten, wenn seine Konkursforderung erfüllt wurde, obgleich sie im Sinne des § 142 BGB. vernichtbar oder auf Grund der §§ 821, 853 BGB. einer Dauereinrede ausgesetzt war.

b) „Nicht in der Art zu beanspruchen". Dahin gehören namentlich Leistungen an Erfüllungs Statt oder erfüllungshalber (vgl. § 364 BGB.). So, wenn der Schuldner, statt die fällige Geldsumme zu zahlen, dem Gläubiger Waren an Zahlungs Statt oder sicherungshalber übereignet, Außenstände an Zahlungs Statt oder sicherungshalber abgetreten hatte.

c) „Nicht zu der Zeit zu beanspruchen". Die Deckung wurde dem Konkursgläubiger bereits gewährt, ehe sein Anspruch darauf fällig geworden war. Es war namentlich eine noch betagte oder aufschiebend bedingte Konkursforderung bezahlt worden.

Abweichungen, die der Verkehr als völlig belanglos behandelt, fallen auch anfechtungsrechtlich nicht ins Gewicht[6]). Im Recht auf Befriedigung liegt keineswegs auch ein Anspruch auf Sicherung. Wenn der Schuldner einer Geldsumme, statt diese zu zahlen, freiwillig oder gezwungen eine dingliche Sicherheit bestellt, leistet er nicht etwa teilweise, was er schuldet; er leistet etwas anderes als das, was er zu leisten hat, und verglichen mit der dem Gläubiger bevorstehenden anteilsmäßigen Konkursbefriedigung ein Zuviel. Selbst der Vollstreckungstitel für den auf Zahlung einer Geldsumme lautenden Anspruch verleiht nicht auch einen „Anspruch" auf Sicherung, jedenfalls nicht einen materiell-rechtlichen Sicherungsanspruch gegenüber dem Schuldner, wie er zum Begriffe der kongruenten Deckung erfordert wird. Vielmehr ist auch das Vollstreckungspfandrecht (Pfändungspfandrecht, Beschlagnahmevorrecht, Zwangs-

[4]) Eine solche begegnet bei der Unsicherheit des Begriffes der Zahlungseinstellung erhöhten Bedenken. Da die Zahlungseinstellung ein Verhalten des Schuldners, der Anfechtungsbeklagte aber dessen Rechtsnachfolger ist, kann ihm der Verwalter zugleich über dieses Verhalten (factum alienum) und über dessen Wahrnehmung (factum proprium) den Eid zuschieben (§§ 445, 459 ZPO.). War der Gegner beim Erwerbe der anfechtbaren Leistung vertreten, dann greifen die Vorschriften des § 166 BGB. Platz. Daher schadet z. B. die Kenntnis des prozeßbevollmächtigten Anwalts, der für seine Mandanten eine Abschlagszahlung in Empfang nimmt oder einen Arrest ausbringt (§ 166 II BGB.). Auf den Gerichtsvollzieher, der „im Auftrage" des Anfechtungsgegners gepfändet hat, läßt sich dagegen der § 166 II BGB. deshalb nicht entsprechend anwenden, weil er wegen Kenntnis der Krise die Pfändung gar nicht ablehnen darf, mag er auch als Bevollmächtigter des Gläubigers anzusehen sein. Im Ergebnis ebenso die Praxis (z. B. RG. Bd. 9 S. 361, Bd. 95 S. 154).

[5]) Die Begünstigungsabsicht gehört in den Fällen des § 30 Nr. 1 überhaupt nicht zum Klagegrund, aber die Inkongruenz rechtfertigt den Verdacht einer solchen Absicht. Auch das Strafverbot des § 241 greift hier ein.

[6]) So die Zahlung kleinerer Beträge in Briefmarken statt in Geld. Auch die Leistung an einem anderen Orte kann belanglos sein. Sie kann aber nach Lage des Falles auch eine „nicht in der Art" zu beanspruchende Befriedigung darstellen, wenn die Abweichung erheblich genug ist, um den Verdacht einer Begünstigung zu rechtfertigen.

und Arresthypothek) als eine Sicherung, die der Gläubiger nicht zu „beanspruchen" hatte, anfechtbar und zwar selbst dann, wenn er den Titel noch vor Eintritt der Krise unanfechtbar und für eine unanfechtbare Forderung verlangt hatte[7]). Daran hält die Rechtsprechung des Reichsgerichts seit einer Entscheidung der vereinigten Zivilsenate v. 6. Dezember 1883 Bd. 10 S. 33 im Einklange mit den Verkehrsbedürfnissen fest. Die Anfechtbarkeit der Vollstreckung wird durch deren Vollzug (z. B. durch Befriedigung des Gläubigers aus dem Erlöse der anfechtbar gepfändeten Sache) ebensowenig beseitigt, als die Anfechtbarkeit eines freiwillig bestellten Pfandrechts durch dessen Verwertung geheilt wird, wenn auch beidemal der Gläubiger letzten Endes nur die Geldsumme erhält, die er von vornherein zu beanspruchen hatte: seine Rückgewährpflicht geht nun auf den Erlös. Insofern eine Bargeldpfändung nach § 815 III ZPO. unmittelbar (also ohne Dazwischentreten eines Pfandrechts) die zu beanspruchende Befriedigung bewirkt, ist sie wegen Kenntnis der Krise nicht nach Nr. 2, sondern nur nach Nr. 1 Fall 2 anfechtbar, ganz entsprechend wie eine Barzahlung im Gegensatze zur Bestellung eines Pfandes, aus dessen Erlös der Gläubiger sich befriedigte.

Wegen Kenntnis der „Zahlungseinstellung" kann ein Erwerb nicht mehr angefochten werden, wenn der Erwerb — nicht die Zahlungseinstellung — bei Konkursbeginn um mehr als sechs Monate zurückliegt (§ 33, vgl. § 55 Nr. 3 KO.). Wegen Kenntnis des Eröffnungsantrages (§ 103 KO.) können auch Rechtshandlungen, die früher als sechs Monate vor dem Konkurs erfolgten, anfechtbar sein. Nur wird vorausgesetzt, daß der damals beantragte Konkurs auch wirklich eröffnet worden ist.

3. Den Begriff **der Zahlungseinstellung** bestimmt das Gesetz nicht näher. Er entstammt dem kaufmännischen Verkehr und bereitet einer Anwendung auf Nichtkaufleute Schwierigkeiten. Zahlungseinstellung ist jedes den Zustand der Zahlungsunfähigkeit offenbarende Verhalten des Schuldners. Sie kann ausdrücklich oder in schlüssigem Handeln erklärt werden, ausdrücklich z. B. in einem Rundschreiben an die Gläubiger, stillschweigend z. B. dadurch, daß der Schuldner sein Geschäft endgültig schließt, daß er flüchtet oder sich verborgen hält. Sie muß sich auf die Allgemeinheit der fälligen Geldschulden beziehen. Das Nichtzahlen muß auf einem Nichtkönnen beruhen. Vorübergehende Zahlungsverlegenheit (Zahlungsstockung) ist keine Zahlungseinstellung. Ob und wann der Schuldner wirklich seine Zahlungen eingestellt hatte, das vermag die Beurteilung oft erst späterhin rückschauend festzustellen. Hat eine Bank vor dem Ansturm ihrer in Panikstimmung auf Zahlung drängenden Kunden die Schalter schließen müssen, ohne daß sie dem Dauerzustande der Zahlungsunfähigkeit verfallen war, dann ergibt die Folgezeit, daß nur eine Zahlungsstockung vorlag. Offenbart die Zahlungsunfähigkeit sich anders als im Verhalten des Schuldners, so liegt keine „Zahlungseinstellung" vor. Allein der Zweck des § 30 rechtfertigt dessen entsprechende Anwendung auch auf sonstige Äußerungen des Konkursgrundes[8]).

Eine Zahlungseinstellung gewinnt für die Anfechtbarkeit des § 30 nur dann Bedeutung, wenn gerade aus dem durch sie offenbarten Konkursgrunde das Verfahren eröffnet worden ist. Wird der Schuldner wieder zahlungsfähig, weil er neue Mittel oder neuen Kredit (solchen etwa

---

[7]) Wer Waren pfändet, wird also anfechtungsrechtlich ebenso streng behandelt wie derjenige, der sich vom Schuldner Waren verpfänden läßt. Es besteht ja auch kein innerer Grund, die Fälle verschiedenartig zu behandeln. Nur bei dieser Auffassung lassen sich die schlimmsten Auswüchse des Präventionsgrundsatzes unschädlich machen. Siehe oben S. 136.

[8]) Wie schon betont, verlangt die Verkehrssicherheit, daß das Gesetz die besondere Konkursanfechtung nicht auf den latenten Zustand der Zahlungsunfähigkeit, sondern auf deutlich wahrnehmbare Äußerungen dieses Zustandes abstellt. Doch erweist sich der Wortlaut des § 30 als zu eng. Die Praxis des Reichsgerichts hat damit zu helfen versucht, daß sie dem fort und fort erörterten Begriffe der Zahlungseinstellung eine immer weitere Bedeutung beilegte und ihm schließlich **alle** Erscheinungsformen der Zahlungsunfähigkeit einreihte. Diese Auslegung widerstreitet nicht nur dem Wort- und Verkehrssinne, sondern auch dem gesetzlichen Sprachgebrauche, demzufolge die Zahlungseinstellung nur eine — wenn auch die wichtigste — Äußerung der Zahlungsunfähigkeit bildet (§ 102 II). Siehe LZ. 1911 Sp. 858ff. Andrerseits kommt nach dem Zwecke des § 30 nur eine echte, wirklich auch auf andauerndem Leistungsunvermögen beruhende Zahlungseinstellung in Betracht, nicht nur eine Vorspiegelung des Konkursgrundes, vielleicht in der Absicht, Zugeständnisse zu erschleichen oder Zwangszugriffe zu verleiden (vgl. z. B. RG. Bd. 50 S. 41). Denn, wenn der Konkursgrund nicht in Wahrheit besteht, gebührt noch jedem Gläubiger volle Befriedigung. — Daß die Zahlungsunfähigkeit weiteren Kreisen wirklich auch bekannt geworden sei, setzt der § 30 nicht voraus. Es genügt, daß sie erkennbar geworden ist, wäre es auch nur dem Anfechtungsgegner selbst. RG. Bd. 132 S. 281.

in einer allgemeinen Stundung) erlangt, dann kommen beim Eintritt einer abermaligen, nun zum Konkurse führenden Zahlungsunfähigkeit die Äußerungen jenes überwundenen Konkursgrundes für die besondere Konkursanfechtung nicht weiter in Betracht. Die erste Zahlungseinstellung hat ihre Maßgeblichkeit endgültig verloren. Wie aber der Schuldner seine Zahlungen nur einstellt, wenn er wegen andauernden Geldmangels aufhört, seine Verbindlichkeiten im allgemeinen zu erfüllen, so liegt eine den Konkursgrund behebende Wiederaufnahme der Zahlungen auch nur dann vor, wenn neue Mittel oder neuer Kredit es ihm ermöglicht haben, die Gläubiger in ihrer Allgemeinheit wieder zu befriedigen.

4. Wenn ein gerichtliches **Vergleichsverfahren** gescheitert und in den Konkurs übergegangen ist, steht in einem solchen Anschlußkonkurse (§§ 24, 71, 80 VerglO.) die Kenntnis des Vergleichsantrags der Kenntnis des Konkursantrags gleich (§§ 87 I, 82 VerglO.). Für die Anfechtbarkeit aus § 30 KO. gesellt sich daher der Zahlungseinstellung und dem Konkursantrag als dritter anfechtungsrechtlicher Stichpunkt der Vergleichsantrag. Auch bleibt die Dauer des Vergleichsverfahrens außer Ansatz für die Frist des § 33 KO., demzufolge eine mehr als sechs Monate vor dem Konkurse liegende Handlung aus dem Grunde einer Kenntnis der Zahlungseinstellung nicht mehr angefochten werden kann [oben 2 a. E.]. Eine vor dem Vergleichsverfahren liegende, dem § 30 KO. widerstreitende Handlung hat nicht schon um deswillen aufgehört anfechtbar zu sein, weil das Vergleichsverfahren eröffnet wurde. Seine Schwebe spricht gerade für den Fortbestand des Konkursgrundes. Nimmt der Vergleichsschuldner in der Tat und allgemein seine Zahlungen wieder auf, dann verliert freilich eine frühere Zahlungseinstellung ihre anfechtungsrechtliche Maßgeblichkeit. Dann ist aber auch das Vergleichsverfahren einzustellen, ohne daß ein Anschlußkonkurs zu eröffnen wäre. Auch eine während des Vergleichsverfahrens vorgenommene Rechtshandlung kann im Anschlußkonkurse nach § 30 KO. anfechtbar sein. Das bestätigen die erwähnten Vorschriften des § 87 VerglO.[9]).

II. Die Absichtsanfechtung (§ 31 KO., § 3 Nr. 1, 2 AnfG.).

1. Die Absichtsanfechtung ist derjenige Anfechtungsgrund, von dem die geschichtliche Entwicklung der ganzen Einrichtung ausgeht[10]), und umfaßt zeitlich das weiteste Anwendungsgebiet. Neben ihr steht ein starker Strafschutz (§§ 239, 243). Sie tritt in zweifacher Gestaltung auf. Im Regelfalle gehört die Benachteiligungsabsicht und ihre Kenntnis zum anspruchbegründenden Tatbestand; im Ausnahmefalle veranlaßt der Verdacht dieser Absicht und ihrer Kenntnis den Gesetzgeber zu einer wesentlichen Erleichterung der Anfechtbarkeit.

2. **Regel.** Anfechtbar ist jede Rechtshandlung, die der Schuldner in der dem anderen Teile bekannten Absicht, seine Gläubiger zu benachteiligen, vorgenommen hat (§ 31 Nr. 1 KO., § 3 Nr. 1 AnfG.). Vorausgesetzt wird also dreierlei:

a) Eine „Rechtshandlung" des Schuldners und zwar im Konkurs eine Rechtshandlung aus den letzten dreißig Jahren vor der gerichtlichen Erhebung des Rückgewähranspruchs (§ 41). Die Absichtsanfechtung greift also auf die Vermögensentäußerungen eines ganzen Menschenalters zurück (siehe überdies den § 41 II). Der Einzelanfechtung ist eine wandelbare Zehnjahrfrist und eine feste Dreißigjahrfrist gezogen (§ 12 AnfG.).

b) Die Absicht des Schuldners, seine Gläubiger zu benachteiligen. Im Sinne der Anfechtungslehre ist Absicht der auf den Erfolg der Gläubigerbenachteiligung gerichtete Wille. Daß die Benachteiligung den ausschließlichen oder den letzten Zweck der Schuldnerhandlung bildete, wird nicht vorausgesetzt. Auch mittelbares Wollen genügt[11]). Nicht dagegen

---

[9]) Näheres Jaeger KO.[7] § 30 Anm. 11a, 16a, 65, 66 mit Verw. Über die Unanfechtbarkeit der Zweckverwendung von Vergleichsdarlehen oben S. 132 Note 14, über die Unanfechtbarkeit einer Honorierung der Aufsichtsperson S. 139.

[10]) Eine alienatio in fraudem creditorum und conscientia fraudis wird auch heute im Regelfall vorausgesetzt, im Ausnahmefall immerhin geargwöhnt. Siehe oben S. 135 Note 1.

[11]) Sonst würde der gesetzliche Regelfall fast aller Bedeutung ermangeln. Aus reiner Boshaftigkeit verschleudert ein Schuldner wohl nur selten seine Habe. Der Endzweck seines Handelns geht meist dahin, seine Existenz zu retten oder nahestehende Gläubiger zu begünstigen. Solchenfalls ist die Benach-

Fahrlässigkeit, nicht das Bewußtsein der Benachteiligung. Möglicherweise lassen freilich die Umstände den Schluß vom Bewußtsein auf den Willen der Benachteiligung zu. Ob der Schuldner die Benachteiligung aller oder einzelner, bestimmter oder unbestimmter, gegenwärtiger oder künftiger Gläubiger gewollt hat, ist an sich belanglos. Waren aber zur Zeit der Handlung überhaupt keine Schulden vorhanden, so wird sich eine Benachteiligungsabsicht schwer beweisen lassen.

Auch die Deckung — und zwar nicht nur eine dem Gläubiger nicht gebührende, vielleicht verfrühte, durch Leistung an Erfüllungs Statt oder trotz Unerzwingbarkeit (etwa auf Spiel- oder Wettschulden) bewirkte, sondern selbst die vollkommen kongruente Deckung (Sicherung oder Befriedigung) unanfechtbar begründeter Forderungen — kann der Absichtsanfechtung unterliegen. So besonders, wenn der Schuldner seine letzten Mittel einem Gläubiger im Einverständnisse mit diesem und auf Kosten aller übrigen zuwendet. Hier wird die Absichtsanfechtung dringendes Bedürfnis, wenn die Voraussetzungen des § 30 Nr. 1 Fall 2 KO. nicht gegeben oder doch nicht erweislich sind, erst recht, wenn ohne sie die Eröffnung des Konkurses mangels Zulänglichkeit der Masse zur Kostendeckung nicht zu erzielen ist (vgl. §§ 107, 204 KO.).

Beispiel. Der Schuldner wendet die Restwerte seines Vermögens in Höhe von 50000 der Bank A mit dem von ihr erkannten Willen zu, die Befriedigung seiner anderen, über die Vermögenslage getäuschten oder durch Prozeßschikanen hingehaltenen Gläubiger B, C und D zu vereiteln; B ficht die Bankdeckung nach § 3 Nr. 1 AnfG. an. Nun wäre es gewiß unbillig, wenn ihm allein jene Restwerte von 50000 zugute kämen. Es bedarf ja aber nur der rechtzeitigen Konkurserwirkung, um eine anteilsmäßige Befriedigung zu sichern (vgl. § 13 III AnfG.). Vielleicht war zur Zeit der Bankdeckung weder eine Zahlungseinstellung erfolgt noch der Konkurs beantragt, so daß für eine Anfechtbarkeit nach § 30 kein Raum ist. Um so dringender macht sich dann das Bedürfnis der Zulässigkeit einer Absichtsanfechtung geltend. Schiebungen solcher Art sind häufige Vorgänge[12]).

c) Endlich muß die Benachteiligungsabsicht dem anderen Teile zur Zeit der Vollendung seines Erwerbes bekannt gewesen sein. War der Anfechtungsgegner beim Erwerbe vertreten, so findet der § 166 BGB. unmittelbare Anwendung. Es schadet also z. B. die Kenntnis des das Rechtsgeschäft abschließenden Vormunds, nicht die des durch ihn erwerbenden Mündels. Hatte der Schuldner durch einen Vertreter gehandelt, so wird, was die Absicht zu benachteiligen betrifft, der § 166 BGB. entsprechend verwertbar sein.

Was die Beweislast angeht, so ist zur Begründung des Rückgewähranspruchs zu behaupten und im Streitfalle zu beweisen, daß die Rechtshandlung vom Schuldner in der Absicht, seine Gläubiger zu benachteiligen, vorgenommen, und daß diese Absicht vom Anfechtungsgegner im maßgebenden Zeitpunkt erkannt worden ist. Der Beweis stößt erfahrungsgemäß auf Schwierigkeiten. Nicht nur, weil die Absicht des Schuldners und das Erkennen des Gegners „innere" Tatsachen sind, sondern auch wegen der Unsicherheit des Begriffes der Benachteiligungsabsicht. Dem Anfechtungsgegner kann freilich der Eid zugleich darüber, daß sein „Rechtsvorgänger" (der Schuldner) die Gläubiger benachteiligen wollte, und über das Erkennen dieser Absicht zugeschoben werden (§§ 445, 459 ZPO.), aber in ersterer Hinsicht nur unter Angabe bestimmter, für die behauptete Absicht schlüssiger Tatsachen (§ 451 ZPO.), eine heikle und gewagte Beweisführung. Sie bleibt dem Anfechtenden erspart, wenn die nun zu betrachtende Besonderheit gilt.

3. **Ausnahmen.** Trifft der Schuldner kurz vor seinem Zusammenbruch mit nahen Angehörigen Abmachungen, die seinen Gläubigern zum Schaden gereichen, dann liegt der Verdacht der Benachteiligungsabsicht und ihrer Kenntnis so nahe, daß der Gesetzgeber diese Merkmale dem anspruchbegründenden Tatbestand überhaupt nicht einreiht, sondern lediglich dem Gegner einen Entlastungsbeweis vorbehält. In diesem Sinne wird bestimmt (§ 31 Nr. 2 KO., § 3 Nr. 2 AnfG.): bei entgeltlichen, die Gläubiger schon „durch den Abschluß" (also unmittelbar) benachteiligenden Verträgen, die der Schuldner im Vorjahre des Konkurses (oder der Einzel-

---

teiligung aller oder aller andern Gläubiger notwendig mitgewollt. Ein eventuelles Wollen der Benachteiligung für einen als möglich vorausgesehenen Fall, z. B. des Fehlschlagens einer Spekulation oder Sanierung, auf deren Gelingen der Schuldner rechnete, liegt durchaus im Bereiche der ratio legis.

[12]) Zur Streitfrage eingehend Jaeger KO.[7] § 31 Anm. 2. Hier die Rechtsprechung des Reichsgerichts, die im wesentlichen mit unserer Auffassung übereinstimmt.

anfechtung) mit gewissen Angehörigen eingeht, hat (im Streitfalle) nicht der Anfechtende die Kenntnis, sondern der Anfechtungsgegner die Unkenntnis einer Benachteiligungsabsicht des Schuldners zu beweisen. Zur Rechtsvermutung ist der Verdacht hier ebensowenig erhoben als im Falle des § 30 Nr. 2 KO. Vielmehr bildet die Behauptung der Redlichkeit den Tatbestand einer rechtsverneinenden Einwendung.

Auf diese Einwendung ist auch der Empfänger einer kongruenten Deckung angewiesen, sobald die Anfechtungserfordernisse des Ausnahmefalles feststehen. Doch liegen die Dinge, wenn der Gegner nur erhalten hat, was ihm gebührte, tatsächlich meistens so, daß er seine Redlichkeit nicht weiter darzutun braucht, ein Erfahrungssatz, der sich im Bereiche der freien Stoffwürdigung (§ 286 ZPO.) Geltung verschaffen kann, nicht eine rechtssatzmäßige Umkehr der Beweislast[13]).

Die verdachterweckende „Angehörigkeit" des Ausnahmefalles beschränkt sich auf Beziehungen unter natürlichen Personen. Unlautere Schiebungen, die Gesellschaftsorgane zugunsten ihrer nächsten Verwandten vollziehen, werden von der Besonderheit nicht betroffen. In dieser Hinsicht bedarf das Gesetz der Fortbildung. Schon jetzt aber muß eine seinem Zwecke gerecht werdende Auslegung für dessen Bereich den „Eigendirektor" von Einmanngesellschaften einer natürlichen Person gleichbehandeln[14]).

Hatte ein Vergleichsverfahren den Konkurs aufgehalten, dann wird der Gefahr, daß die Jahresfrist des § 31 Nr. 2 KO. inzwischen abgelaufen sein könnte, durch die Bestimmung des § 87 II VerglO. vorgebeugt: die seit Eröffnung des Vergleichsverfahrens verstrichene Zeit bleibt außer Ansatz, die Jahresfrist wird also statt von der Eröffnung des Konkurses von der Eröffnung des fehlgeschlagenen Vergleichsverfahrens ab zurückberechnet[15]).

III. Die Schenkungsanfechtung (§ 32 KO., § 3 Nr. 3, 4 AnfG.).

1. Das geltende Recht unterwirft Freigebigkeiten als solche einer selbständigen Rückgewährpflicht[16]). Das rechtfertigen innerhalb angemessener Zeitschranken Rücksichten der Billigkeit und zwar auch für solche Fälle, in denen die Zuwendung sich erst infolge des Hinzutretens weiterer Umstände zu einer Benachteiligung der Gläubiger auswächst. Denn im Falle des Widerstreits muß unentgeltlicher Erwerb entgeltlich begründeten Rechten weichen[17]). Anfechtbar sind „unentgeltliche Verfügungen" aus dem letzten und, wenn sie zugunsten des Ehegatten erfolgten, auch aus dem vorletzten Jahre vor dem Konkurs oder der Einzelanfechtung. Ältere Freigebigkeiten können noch der Absichtsanfechtung ausgesetzt sein. Die beiden Fristen der Schenkungsanfechtung erweitern sich für den Fall des Anschlußkonkurses insofern, als die Dauer des gescheiterten Vergleichsverfahrens außer Ansatz bleibt (§ 87 II VerglO.).

[13]) So mit Recht die Praxis (zusammenfassend RG. Bd. 125 S. 250). Auch gegenüber Akten, die als „reine Erfüllungsgeschäfte" auftreten, bleibt also dem anfechtenden Verwalter oder Einzelgläubiger die Aufdeckung der wahren Sachlage erspart, ein erwünschtes Ergebnis, weil nicht selten die angebliche Forderung des Angehörigen (der persona suspecta) nur eine erdichtete ist. Steht einmal fest, daß der Gesetzeszweck nur dann voll zu erreichen ist, wenn auch Erfüllungsgeschäfte der Sonderbehandlung des § 31 Nr. 2 KO. und des § 3 Nr. 2 AnfG. zugänglich sind, dann muß das Geben und Nehmen einer Leistung zum Zwecke der Erfüllung im Sinne dieser Vorschriften stets als „entgeltlicher Vertrag" gelten, mag auch im Einzelfalle der Erfüllungserfolg nicht als Willenswirkung anzusehen sein.

[14]) Grundsätzlich zustimmend RG. Bd. 130 S. 343f.

[15]) Näheres Jaeger KO. § 31 Anm. 33a mit Verw.

[16]) Die Schenkungsanfechtung bildet nicht mehr eine Unterart der Absichtsanfechtung [oben S. 135 Note 1]. Sie ist eine eigne Anfechtungsart, wie vom Benachteiligungswillen des Schuldners so auch von einer Krise im Sinne des § 30 unabhängig. Mit irgendeinem Tatbestande der unerlaubten Handlungen hat sie nichts gemein.

[17]) Eine seit alters geltend gemachte Erwägung (Dig. 42, 8, 6, 11). Daher auch die Unanmeldbarkeit der Freigebigkeitsansprüche, die ohne besondere Zeitschranke Anfechtungen erspart (§ 63 Nr. 4), und die Zurücksetzung im Nachlaßkonkurse (§ 226). Das allgemeine Anfechtbarkeitserfordernis der Gläubigerbenachteiligung gilt auch für die Schenkungsanfechtungen; doch braucht sie, da keine Besonderheit verordnet ist, der Regel entsprechend nur eine mittelbare zu sein, also nicht schon im Zeitpunkte der Zuwendung selbst einzutreten. Der Bestand einer Schenkung, auch einer vollzogenen, kann daher noch durch später entstehende Schulden in Frage gestellt werden. Siehe oben S. 138f.

a) Den Hauptfall der unentgeltlichen Verfügung im Sinne des § 32 KO. (§ 3 Nr. 3, 4 AnfG.) bildet der Schenkungsvertrag (§ 516 BGB.) mit Einschluß der verschleierten, d. h. durch ein entgeltliches Scheingeschäft verdeckten Schenkung (vgl. § 117 II BGB.). Darum nennen wir die Rückforderung von Freigebigkeiten als solchen „Schenkungsanfechtung". Schenkungsversprechen und Schenkungsvollzug (Verpflichtungs- und Erfüllungsgeschäft) bilden, wenn sie ein einheitlicher Zuwendungswille verbindet, nach dem Zwecke der Gläubigeranfechtung als Ganzes „die" unentgeltliche Verfügung des Schuldners, mögen sie nun (wie bei der Handschenkung) auch zeitlich zusammenfallen oder nicht. Es genügt zur Anfechtbarkeit, daß ein wesentlicher Bestandteil des Erfüllungsgeschäftes (im Bereiche des Grundbuchverkehrs z. B. die Eintragung) innerhalb der Anfechtungsfristen liegt, mag der Schuldner auch die freigebige Verpflichtung schon vorher übernommen haben. Befriedigt sich dagegen der Freigebigkeitsgläubiger wider Willen des Schuldners durch Aufrechnung oder Vollstreckung, so bildet zwar das Schenkungsversprechen des Schuldners, nicht aber dessen Vollzug eine „von ihm vorgenommene" Freigebigkeit. Hier muß also bereits das Versprechen, wenn die Schenkungsanfechtung statthaft sein soll, innerhalb der gesetzlichen Zeitschranken liegen.

Eine viel umstrittene Frage. Freilich beruht der Erwerb des Gläubigers auch hier auf einem unentgeltlichen Rechtsgrund. Allein das Gesetz verlangt mit klaren Worten, daß der Schuldner selber die Freigebigkeit (wenn diese schon als solche anfechtbar sein soll) während der Ein- oder Zweijahrfrist „vorgenommen" hat. Bei erzwungener Erfüllung bilden Versprechen und Vollzug eben nicht eine einheitliche Rechtshandlung des Schuldners. Wohl aber kann seine anfechtbare Rechtshandlung wie sonst auch in einem Verpflichtungsgeschäfte (im Schenkungsversprechen) bestehen. Daß „die unentgeltliche Verfügung" des Anfechtungsrechtes eine „Verfügung" im engeren Fachsinne des BGB. sein müßte, trifft hier ebensowenig zu als etwa bei den Wendungen „letztwillige Verfügung", „Verfügung von Todes wegen". Bei einverständlichem Zusammenwirken des Schuldners und des Gläubigers kann auch der im Vollstreckungsweg erlangte Erwerb eine Zuwendung „des Schuldners" sein [oben S. 138 Note 3][18]).

b) Die Schenkung stellt nur den regelmäßigen, nicht den ausschließlichen Anwendungsfall „unentgeltlicher Verfügungen" dar. Eine rechtsgeschäftliche Einigung zwischen Spender und Erwerber über die Unentgeltlichkeit wird nicht vorausgesetzt. Die Bewidmung der Stiftung durch den Stifter (vgl. § 82 BGB.), die bewußte Zahlung auf eine nicht bestehende, aber vom Empfänger für bestehend erachtete Schuld (vgl. § 814 BGB.) ist nach dem Zwecke des Gesetzes eine als solche anfechtbare Freigebigkeit. Desgleichen die Aufgabe des Eigentums an einer Sache, damit ein anderer sich diese ohne Leistung eines Gegenwertes aneigne (§ 958 BGB.), oder der unentgeltliche Verzicht auf einen Nießbrauch (§ 1064 BGB.) oder auf ein Fahrnispfand (§ 1255 BGB.), ebenso ein gerichtlicher Verzicht oder ein gerichtliches Anerkenntnis in freigebiger Absicht (§§ 306 f. ZPO.). Ob eine Leistung des Empfängers als Entgelt (Äquivalent) für die Leistung des Schuldners anzusehen sei, das hängt nicht rein objektiv vom Wertverhältnis, sondern zunächst von der Veranschlagung durch die Beteiligten ab. Wer aus Not unter Wert verkauft oder aus Liebhaberei über Wert einkauft, nimmt auch hinsichtlich des Wertunterschieds keine unentgeltliche Verfügung vor: dort bildet die alsbaldige Erlangung der Barmittel das erstrebte „Entgelt", hier kommt der Liebhaberwert in Ansatz. Insofern hat auch die Schenkungsanfechtung eine subjektive Voraussetzung.

c) Die Erfüllung einer eigenen rechtsbeständigen Verbindlichkeit bildet, für sich betrachtet, einen entgeltlichen Vorgang. Das Entgelt liegt in der Schuldbefreiung. Besteht also die Verbindlichkeit (z. B. als Aussteuerpflicht im Sinne des § 1620 BGB.) schon kraft Gesetzes, dann bleiben Zuwendungen, die nur dieser Pflicht genügen, einer Schenkungsanfechtung entrückt. Ist die Verbindlichkeit rechtsgeschäftlich begründet worden, so kann die Begründung (z. B. durch ein formrichtiges Schenkungsversprechen) eine Freigebigkeit darstellen[19]), die Erfüllung für sich allein aber nicht. Leistet der Schuldner zu dem Zweck, eine erfüllbare, aber nicht erzwingbare Pflicht (z. B. eine Spiel- oder Wettschuld) zu erfüllen, dann liegt auch in dieser Leistung keine Freigebigkeit. Anfechtungsrechtlich jedenfalls reiht sich eine solche Erfüllung „unvollkom-

[18]) Zur Streitfrage eingehend Jaeger KO.[7] § 32 Anm. 3 mit Verw.

[19]) Die (wie ausgeführt) gesondert oder mit der Erfüllung anfechtbar sein kann.

mener Verbindlichkeiten" im Gefühle moralischer Verantwortlichkeit der umfassenderen Gruppe von Leistungen ein, die durch sittliche Pflichten oder Anstandsrücksichten geboten werden. Dahin gehört die Unterhaltung notleidender Geschwister, die Entschädigung eines schlecht Beratenen durch den Berater, die Nachzahlung durch Zwangsvergleich erlassener Teilbeträge, die freiwillige, aber als sittliche Pflicht empfundene Aufwertung und namentlich eine angemessene Ausstattung im Sinne des § 1624 BGB.[20]). Das Gesetz geht noch weiter. Durch ausdrückliche Vorschriften entzieht es Zuwendungen, die nach Anlaß, Art und Maß **gebräuchliche Gelegenheitsgaben** darstellen (z. B. angemessene Weihnachts-, Hochzeits- oder Taufspenden) der Schenkungsanfechtung selbst dann, wenn beide Teile die Zuwendung als echte Freigebigkeit betrachten (§ 32 Nr. 1 KO., § 3 Nr. 3 AnfG.)[21]). Die Erfüllung einer fremden Schuld kann reine Freigebigkeit sein, wenngleich die Forderung des Gläubigers auf einem vollwirksamen und entgeltlichen Rechtsgeschäft beruht. Macht auch der Gläubiger einen nur durch Einbuße der Forderung erkauften und insofern entgeltlichen Erwerb, so kann doch vom Standpunkte des Zahlenden aus, auf den es hier ankommt (§ 37 KO., § 7 AnfG.), die Leistung ein ohne jedes Entgelt bewirktes Vermögensopfer darstellen[22]).

d) Die Anfechtbarkeit unentgeltlicher Zuwendungen an den Ehegatten[23]) ist zeitlich erweitert. Sie greift auf die letzten zwei Jahre vor dem Konkurs oder der Einzelanfechtung zurück (§ 32 Nr. 2 KO., § 3 Nr. 4 AnfG.). Die Ausnahme verfolgt aber keinen anderen Zweck als den, die Zeitschranke der Anfechtbarkeit zu erstrecken. An der begrifflichen Abgrenzung der Freigebigkeiten durch § 32 Nr. 1 KO., § 3 Nr. 3 AnfG. will sie selbstverständlich nichts ändern. Darum bleiben gebräuchliche Gelegenheitsschenkungen an Ehegatten nicht minder als solche an Dritte der Schenkungsanfechtung entzogen[24]).

Für die Anfechtbarkeit ehegüterrechtlicher Verträge gelten heute die allgemeinen Regeln. Eine Schenkungsanfechtung bleibt daher beispielsweise außer Betracht, wenn der Ehemann beim Güterstande der Nutzverwaltung die nach § 1391 BGB. geschuldete Sicherheit oder die

---

[20]) Für den Überschuldeten besteht freilich eine solche Pflicht auch nicht als sittliche. Wo sie aber als sittliche besteht und erfüllt wird, erscheint die Anfechtbarkeit (vielleicht um später begründeter Schulden willen) nicht nur als unverständliche Härte. Sie widerstreitet auch der in den §§ 534, 814, 1620 BGB. zur gesetzlichen Anerkennung gelangten Verkehrsauffassung. Näheres Jaeger KO.[7] § 32 Anm. 5 mit Rechtsprechung u. Schrifttum zur Streitfrage.

[21]) Beispiel. Der Braut oder dem Bräutigam macht ein vermögender Verwandter oder Freund (nicht — wie im Bereiche des § 1624 BGB. — der Vater oder die Mutter) bei der Hochzeit zu Ausstattungszwecken eine Schenkung in den Schranken des Gebräuchlichen. Ein halbes Jahr später reißt der Ruin seines Bankhauses den Spender ganz unversehens in Konkurs. Die Schenkungsanfechtung bleibt ausgeschlossen. Ist der Spender ungewöhnlich begütert, dann kann auch eine Gabe, die dem Durchschnitt der Menschen als ungewöhnlich hoch erscheint, noch eine „gebräuchliche" Gelegenheitsspende sein. Nur muß sie sich in den Grenzen einer „verständigen" Wirtschaftsführung halten (vgl. den Beurteilungsmaßstab des § 119 I BGB.). Mit Recht hat daher das Reichsgericht Bd. 124 S. 59 die Möglichkeit einer gebräuchlichen Gelegenheitsgabe für den Fall bejaht, daß ein mehrfacher Millionär seiner Frau zu Weihnachten einen Pelz im Preise von 27000 *RM* geschenkt hatte. Dagegen erklärt der Reichsfinanzhof JW. 1926 S. 1718 Nr. 5 es für ausgeschlossen, daß eine Weihnachtsspende in Höhe von 20000 *RM*, die ein zwanzigfacher Millionär seinem neugeborenen Erstling in die Wiege legt, in den Schranken des Üblichen bleibe. Das Preisrätsel, wie hoch zwanzigfache Millionäre den Gewinn eines Stammhalters zu veranschlagen „pflegen", vermag und braucht der Richter nicht zu lösen. Ihm genügt die Feststellung, daß die Gabe nach Lage des Falles durchaus noch mit einer verständigen Wirtschaftsführung zu vereinbaren war. Anders liegen die Dinge, wenn die Zuwendung nach Art oder Umfang keinen inneren Zusammenhang hat mit der „Gelegenheit", bei der sie betätigt wird, wie etwa die Schenkung ungewöhnlich kostbarer Schmucksachen aus Anlaß einer Liebschaft, wenn auch gelegentlich eines Festes (vgl. OLG. Bd. 48 S. 72). Die sog. „Weihnachtsgratifikationen" an Angestellte bilden nicht selten bedungene Dienstbezüge (vgl. § 61 Nr. 1) und gehören dann als entgeltliche Leistungen überhaupt nicht hierher.

[22]) Im Ergebnis übereinstimmend z. B. RG. Bd. 10 S. 87, Bd. 38 S. 8, Bd. 51 S. 415. In zutreffender Würdigung des Anfechtungszweckes erkennt RG. Bd. 10 S. 87, Bd. 92 S. 227 an, daß auch die Freigebigkeitsanfechtung eine Bereicherung des Empfängers im Sinne endgültiger Vermögensmehrung nicht voraussetzt.

[23]) An den Ehemann oder an die Ehefrau (während der Ehe, nicht an den Bräutigam oder an die Braut, auch nicht an eine noch so reichlich beschenkte „Geliebte").

[24]) Zust. jetzt auch RG. Bd. 124 S. 59 (im übrigen siehe Jaeger aaO. Anm. 17).

nach § 1421 BGB. geschuldete Rückgewähr geleistet hat. Denn er hat insoweit nur eine Verbindlichkeit gegenüber der Frau erfüllt[25]).

Auch für die Anfechtbarkeit einer Begünstigung des Ehegatten durch Verträge auf Leistung an einen Dritten (§§ 328ff. BGB.) sind Besonderheiten nicht vorgesehen. Hier spielen Zuwendungen unter Lebenden[26]) und solche von Todes wegen, besonders als Lebensversicherungen auf den Todesfall, eine erhebliche Rolle. Meist liegen die Dinge so, daß der Vertrag zugunsten eines Dritten unter den Vertragsgenossen selbst unanfechtbar, die durch den Vertrag vermittelte Zuwendung an den Dritten aber anfechtbar ist, namentlich als Freigebigkeit des Versprechensempfängers (nachmaligen Gemeinschuldners) zugunsten des Dritten (z. B. dessen Ehegatten). Zugewendet wird dem Dritten die ganze auf Grund des Vertrags an ihn bewirkte Leistung (z. B. die Versicherungssumme); zurückzugewähren aber hat er nur, was innerhalb der kritischen Fristen auf Kosten der Masse weggegeben worden ist (z. B. den Versicherungsaufwand dieser Zeit). Anders liegt der Fall, wenn der Versprechensempfänger (z. B. Versicherungsnehmer) zunächst selbst der Berechtigte war und erst später über sein Recht zugunsten des Dritten anfechtbar (z. B. unentgeltlich) verfügt hatte. Hier ist auf Kosten der Konkursmasse der ganze Wert der Vertragsleistung (also z. B. der volle Zukunftswert der Versicherung, nicht nur der Versicherungsaufwand, aber auch nicht nur der Zeitwert, den die Versicherung bei der Verfügung oder beim Erbfall hat) aufgeopfert und dementsprechend nach § 37 zurückzugewähren[27]).

e) **Die Beweislast** dafür, daß der Schuldner die Zuwendung unentgeltlich und innerhalb der kritischen Zeit vorgenommen hat, trägt der den Rückgewähranspruch erhebende Konkursverwalter oder Einzelgläubiger, auch bei Zuwendungen an nahe Angehörige des Schuldners. Eine Benachteiligungs- oder Begünstigungsabsicht des Schuldners und deren Kenntnis setzt die Schenkungsanfechtung nicht voraus. Auch ist die Vermögenslage des Spenders im Zeitpunkte der Zuwendung unwesentlich.

2. Einer **übertragenen** Schenkungsanfechtung unterwirft das Gesetz die Deckung von Pflichtteilen, Vermächtnissen oder Auflagen. Wenn nämlich der Erbe solche Schulden für Rechnung des Nachlasses erfüllt oder sicherstellt, so deckt er damit zwar eigene rechtsbeständige

[25]) Anders die ältere, durch die reichsgesetzliche Regelung des ehelichen Güterrechts verdrängte Gesetzesfassung. Ob etwa eine Anfechtbarkeit nach § 30 oder nach § 31 KO. (§ 3 Nr. 1, 2 AnfG.) besteht, ist eine andere, aber gleichfalls nach allgemeinen Regeln zu beurteilende Frage.

[26]) Beispiel. Hatte der nachmalige Gemeinschuldner ein an sich nur auf 100000 zu wertendes Grundstück an einen darauf besonders erpichten Liebhaber zum Preise von 200000 verkauft und bereits im Kaufvertrage die Zahlung dieser 200000 schenkweise an seine Ehefrau ausbedungen, dann geht die Rückgewährforderung der Konkursmasse (§ 32 Nr. 2 mit § 37) gegen die Ehefrau dahin, daß diese den Anspruch auf die 200000 an die Konkursmasse abtrete. Hat die Frau den Kaufpreis bereits erhalten, dann muß sie ihn voll — als gutgläubige Empfängerin in den Grenzen der Bereicherung (§ 37 II) — zur Masse erstatten. Der anfechtungsrechtliche Rückgewähranspruch der Masse hat also hier denselben Inhalt wie dann, wenn der Ehemann den Kaufpreis ursprünglich sich selber hatte versprechen lassen und später seine Forderung an die Frau verschenkte. Nur beginnt letzternfalls die Anfechtungsfrist (§ 32 Nr. 2) erst mit der Abtretung, ersternfalls bereits mit dem Kaufabschluß. Auch im ersten Falle war der volle Wert von 200000 auf Kosten der Masse aufgeopfert worden, weil das Grundstück diesen Wert darstellte, sobald ihn der zahlungsfähige Bieter zu leisten bereit war.

[27]) Beispiel. Hatte der nachmalige Gemeinschuldner eine Lebensversicherung auf den Todesfall zugunsten seiner Ehefrau für ein Kapital von 100000 abgeschlossen, dann gehört, wenn er stirbt und über seinen Nachlaß Konkurs eröffnet wird, der Anspruch auf die Versicherungssumme nicht zum Nachlaß und darum auch nicht zur Nachlaßkonkursmasse, sondern unmittelbar zum Vermögen der Witwe (§ 330 BGB., vgl. § 167 VVG.). Ihre Rückgewährpflicht aus § 32 Nr. 2 mit § 37 beschränkt sich auf den Versicherungsaufwand der letzten zwei Jahre vor Konkursbeginn (Prämien samt Kosten und Steuern). Hätte der Mann schon drei Jahre vorher durch Zahlung einer Einheitsprämie seiner Verpflichtung als Versicherungsnehmer voll genügt, dann würde die Schenkungsanfechtung gänzlich versagen. Hätte er erst während der letzten zwei Jahre die ursprünglich nicht zugunsten eines Dritten abgeschlossene Versicherung unentgeltlich seiner Ehefrau zugewendet, dann müßte diese die volle Versicherungssumme zurückgewähren. Siehe aus der Rechtsprechung RG. Bd. 61 S. 218, Bd. 62 S. 46, Bd. 66 S. 158. Gerät der Versicherungsnehmer in Konkurs, ehe der Versicherungsfall eingetreten ist, so übt der Konkursverwalter nach § 6 KO. die Rechte des Versicherungsnehmers (z. B. den Rückkauf, den Widerruf der Bestimmung eines Bezugsberechtigten) aus.

„Verbindlichkeiten“ (§§ 1967 II, 1979 BGB.). Die Leistung soll aber „wie eine unentgeltliche Verfügung des Erben“ anfechtbar sein, weil diese Verbindlichkeiten im Verhältnisse zu andern Nachlaßschulden keinen stärkeren Schutz verdienen als Freigebigkeiten, § 222 (§ 236) KO., § 3a AnfG. Vgl. § 228 I KO.[28]).

IV. Anfechtbarkeit der Teilhaber-Begünstigung nach § 342 HGB.

Eine eigenartige Anfechtbarkeit sieht der § 342 HGB. vor. Sie steht selbständig neben den Anfechtungsgründen der §§ 30—32 (vgl. § 3 I EG.KO.) und greift nur zugunsten einer Konkursmasse, nicht auch außerhalb des Konkurses zugunsten von Einzelgläubigern Platz. Hat nämlich ein Kaufmann seinem stillen Gesellschafter ganz oder teilweise dessen Einlage zurückgewährt[29]) oder dessen Verlustanteil erlassen, so sind diese Zuwendungen im Konkurse des Geschäftsinhabers als solche[30]) anfechtbar, wenn sie auf Grund einer im Konkursvorjahre getroffenen Übereinkunft[31]) erfolgten. Nur steht dem stillen Gesellschafter der rechtsverneinende Einwand offen, daß der Konkurs seinen Grund in Umständen habe, die erst nach jener Übereinkunft und (was der Zweck des Gesetzes ergibt) unabhängig von ihr eingetreten sind. So etwa wenn der Konkurs nur die Folge einer später unternommenen und fehlgeschlagenen Spekulation oder des späteren Zusammenbruchs eines dem Schuldner nahestehenden Hauses ist.

Die Anfechtbarkeit des § 342 HGB. beruht auf dem Gedanken, daß der stille Teilhaber in den Grenzen seiner Verlustbeteiligung nicht wie ein Darlehnsgeber mit den Geschäftsgläubigern konkurriert, sondern eine Garantiehaft trägt (vgl. § 341 I HGB.). Diese Sicherheit darf der Geschäftsinhaber nicht willkürlich noch kurz vor seinem Konkurse verkümmern. Jenseits der Garantiegrenzen aber ist der stille Teilhaber Konkursgläubiger. Darum wird trotz der uneingeschränkten Fassung des § 342 I HGB. die Rückgewähr des den Verlustanteil übersteigenden Einlagewertes als Befriedigung eines Konkursgläubigers (§ 341 I HGB.) nur unter den besonderen Voraussetzungen der §§ 30, 31 KO. anfechtbar sein[32]).

Im Anschlußkonkurse muß entsprechend dem § 87 II VerglO., der den Fall des § 342 HGB. wohl nur versehentlich unerwähnt läßt, die Dauer des gescheiterten Vergleichsverfahrens

---

[28]) Beispiel. Innerhalb der letzten zwei Jahre vor Eröffnung des Nachlaßkonkurses übereignet der Erbe an seine Ehefrau ein ihr vermachtes Grundstück. Zu dieser Zeit sprechen die Umstände für volle Zulänglichkeit des Nachlasses. Ein späterer Verlust führt unversehens zur Überschuldung und zur Eröffnung des Nachlaßkonkurses. Die Frau hat nach § 32 Nr. 2 mit § 37 das Grundstück zur Nachlaßkonkursmasse zurückzugewähren. — Auch die Zuwendung des Vermögens an eine letztwillig errichtete, vom Erblasser durch Vermächtnis bewidmete Stiftung (§§ 83, 84 BGB.) gehört hierher.

[29]) Auch durch Leistung an Erfüllungs Statt, auch durch Sicherstellung der Rückgewähr (etwa im Wege der Sicherungsübereignung). Immer aber wird ein Handeln des Gemeinschuldners vorausgesetzt.

[30]) Also ohne daß die Voraussetzungen des § 30 (Krisengeschäft) oder des § 31 (Benachteiligungsabsicht) oder des § 32 KO. (Freigebigkeit) vorzuliegen brauchten. Der § 342 HGB. ist auch nicht etwa unter dem Gesichtspunkt eines Verdachts dem einen oder andern Tatbestande der KO. eingereiht, sondern steht durchaus selbständig neben diesen und kann mit ihnen konkurrieren. Stützt aber der Konkursverwalter den anfechtungsrechtlichen Rückgewähranspruch auf einen Tatbestand der §§ 30—32 KO., dann schlägt der Einwand des § 342 II HGB. nicht durch. Das allgemeine, jeder Gläubigeranfechtung begriffswesentliche Erfordernis einer (wenigstens mittelbaren) Gläubigerbenachteiligung gilt auch für den § 342 I HGB. Die §§ 35—41 KO. sind anwendbar (§ 342 III HGB.). Auch die Form der Geltendmachung ist die gleiche wie bei den Anfechtungsarten der KO.

[31]) Die Übereinkunft muß innerhalb des Konkursvorjahres abgeschlossen sein; innerhalb dieser Zeit muß also der Geschäftsinhaber sich dazu verstanden haben, die Preisgabe der Garantiehaft zu bewilligen. War die Übereinkunft schon früher erfolgt, aber erst im Konkursvorjahr ausgeführt worden, dann versagt die besondere Anfechtbarkeit des § 342 HGB. So aber stets auch dann, wenn nicht eine Bewilligung des Geschäftsinhabers, sondern von vornherein schon der (wenn auch erst im Konkursvorjahre zustandegekommene) Gesellschaftsvertrag selber die Rückgabepflicht begründet (vgl. RG. Bd. 84 S. 438). Erst recht dann, wenn der ganze Gesellschaftsvertrag nichtig oder nach § 142 BGB. (z. B. wegen arglistiger Täuschung) rückwirkend vernichtet worden war, der Dritte sein Kapital also überhaupt nicht als Gesellschafter zurückerhalten hatte (vgl. RG. LZ. 1915 Sp. 507).

[32]) Die Erlassung des die Garantiehaft übersteigenden Teiles der rückständigen Einlage ist überhaupt nicht anfechtbar, auch nicht nach den Vorschriften der KO. Denn durch sie wird, wie der § 342 II HGB. ergibt, die Konkursmasse nicht verkürzt. Es fehlt also am allgemeinen Erfordernis einer Benachteiligung der Konkursgläubiger [oben S. 138f.].

bei Berechnung der Frist des § 342 HGB. außer Ansatz bleiben. Eine gegenteilige Behandlung wäre sachwidrig. Der Anschlußkonkurs hat nicht etwa im gescheiterten Vergleichsverfahren „seinen Grund" (§ 342 II HGB.), sondern in der von diesem vorausgesetzten und nicht behobenen Zahlungsunfähigkeit (§§ 1 I, 71 I, 80 I VerglO.).

§ 23.

d) Wesen und Inhalt der Anfechtbarkeit.

I. Gesetzliches Rückgewährschuldverhältnis.

Aus dem Anfechtungstatbestand erwächst von Rechts wegen ein Schuldverhältnis, kraft dessen der Anfechtungsgegner verpflichtet ist, die Zugriffslage herzustellen, die bestehen würde, wenn die anfechtbare Handlung unterblieben wäre. In diesem Sinne sagen unsere Gesetze (§ 37 KO., § 7 AnfG.), die Vermögensentäußerung sei „zurückzugewähren", und halten damit den bezeichnenden Ausdruck der Digesten „restituere" fest (Dig. 42, 8). Der Rückgewähranspruch bildet innerhalb des Konkurses einen Bestandteil der gemeinsamen Befriedigungsmasse, außerhalb des Konkurses ein Sonderrecht des Einzelgläubigers.

1. Die Haftung des Anfechtungsgegners (die Anfechtbarkeit) entsteht unmittelbar kraft Gesetzes und ist schuldrechtlicher Art.

a) Die Rückgewährpflicht erwächst, sobald alle Begriffsmerkmale des gesetzlichen Tatbestandes erfüllt sind. Dann schon von Rechts wegen. Sie entsteht nicht etwa erst mit Abgabe einer rechtsgestaltenden Erklärung gegenüber dem Anfechtungsgegner. „Anfechten" bedeutet hier nicht eine private oder gerichtliche Umstoßung (Vernichtung) des benachteiligenden Vorgangs, sondern das Verlangen einer Rückgewähr, deren Vollzug die den Gläubigern nachteiligen Folgen der anfechtbaren Handlung ausgleichen soll. Eine Handlung ist „anfechtbar", sie kann „angefochten werden", besagt also: sie begründet einen Anspruch auf Rückgewähr[1]). Den Inhalt dieses Schuldverhältnisses bestimmt das Gesetz ganz selbständig und eigenartig (§§ 37—40 KO., §§ 7, 8, 11 AnfG.), keineswegs etwa im Sinne einer an die Vernichtung des rechtlichen Erwerbsgrundes anknüpfenden Bereicherungshaftung. Die anfechtbaren Benachteiligungen sind nicht bloß Rechtsgeschäfte oder sonstige Erscheinungen des bürgerlichen Rechts, vielmehr in den weit überwiegenden Fällen Vorgänge des öffentlichen Rechts, besonders Zwangsvollstreckungen (vgl. § 35 KO., § 6 AnfG.). Schon deshalb kann von einer Maßgeblichkeit der §§ 142, 143 BGB. gar keine Rede sein. Zudem sind dem bürgerlichen Recht Anfechtungen mit der Folge einer nur relativen Vernichtung des Erwerbsgrundes fremd[2]).

b) Die Rückgewährpflicht ist ein gesetzliches Schuldverhältnis eigener Art. Sie stellt keine Bereicherungshaftung dar, da sie weder auf dem Mangel eines rechtlichen Erwerbs-

---

[1]) Ähnlich spricht man in Fällen des § 2329 BGB. davon, daß der Pflichtteilsberechtigte die (den Pflichtteil verkürzende) Schenkung anfechte. Auch dort stellt die Haftung des Dritten ein unmittelbar im Gesetze begründetes Schuldverhältnis dar.

[2]) In der heutigen Rechtsprechung ist die (schon vor 1900 herrschende) Auffassung der Anfechtbarkeit als gesetzlichen Schuldverhältnisses anerkannt (siehe z. B. RG. Bd. 42 S. 367, Bd. 52 S. 340, Bd. 58 S. 44, 107, Bd. 70 S. 113, Bd. 71 S. 176, Bd. 91 S. 369, Bd. 103 S. 121, Bd. 130 S. 385, Bd. 131 S. 342, Bd. 133 S. 46). Sie entspricht auch der überwiegenden Meinung des Schrifttums (jetzt z. B. auch Th. Wolff, KO.² § 29 Anm. 13, 14). Die Anwendbarkeit der §§ 142, 143 BGB. vertreten besonders Hellwig, ZZP. 26 S. 474ff. u. Hellmann, Lehrb. § 34. Eine eigenartige, vorwiegend auf den Sonderfall der Einzelanfechtung durch Einrede zugeschnittene Lehre hat Geib ArchZivPrax. 113, 335ff. u. 119, 157ff. (vgl. LZ. 1922 Sp. 601ff.) aufgestellt. Er nimmt an, daß der anfechtbare Erwerb von vornherein und unmittelbar (nicht erst kraft vernichtender Erklärung) dergestalt „unwirksam" sei, daß ihn der Anfechtende kraft publizistischer Anfechtungsbefugnis in die Zwangszugriffsmasse einbeziehen dürfe; daß aber wegen des Vollstreckungsausfalles eine privatrechtliche Geldersatzpflicht des Erwerbers bestehe. Näheres Jaeger KO.⁷ § 29 Anm. 10ff.

grundes beruht noch auf die Bereicherung beschränkt ist[3]). Sie bildet als solche aber auch keine Haftung aus unerlaubter Handlung, da nicht einmal die Absichtsanfechtung die Begriffsmerkmale eines Deliktstatbestandes im Sinne des bürgerlichen Rechts enthält und auch sie ein inhaltlich von der Schadensersatzpflicht wegen unerlaubten Verhaltens verschiedenes Schuldverhältnis auslöst. Wenn der nachmalige Gemeinschuldner als Wechselgläubiger vor den Augen des Wechselschuldners und in der ausgesprochenen Absicht, die Gläubiger zu benachteiligen, den Wechsel ins Feuer wirft oder als Träger eines Rechts an einem fremden Grundstück nach Verständigung des Eigentümers das Recht durch einen gegenüber dem Grundbuchamt erklärten Verzicht aufgibt und löschen läßt oder im Prozesse mit der dem Gegner erkennbaren Benachteiligungsabsicht die Einlegung eines Rechtsmittels, die Erhebung einer Einrede unterläßt, wird der Erwerber ohne weiteres nach § 31 Nr. 1 rückgewährpflichtig. Irgendein unerlaubtes Verhalten im Sinne der §§ 823, 826 BGB. braucht ihm dabei nicht zur Last zu fallen. Die Vermögensverschiebung, die ihn haftbar macht, kann eintreten, ohne daß er sie will und ohne daß er den Eintritt zu hindern vermöchte. Wo bleibt da „sein" Delikt? Wohl kann der anfechtbare Vorgang zugleich eine unerlaubte Handlung des Rückgewährschuldners bilden. Dann stehen zwei Haftungen nebeneinander, deren jede ihre eigenen Voraussetzungen und ihre eigenen Rechtsfolgen hat[4]).

2. Dem Inhalte nach bestimmt der § 37 KO. die Haftung des Anfechtungsgegners als die Pflicht, alles, was auf Kosten des Schuldnervermögens (durch Rechtsübertragung, Rechtseinräumung, Rechtsverzicht) aufgeopfert worden war, zur Konkursmasse zurückzugewähren. Damit stellt das Gesetz zugleich klar, in welchem Sinne es um der Konkursgläubiger willen der sie benachteiligenden Vermögensentäußerung die Wirksamkeit versagt[5]).

a) In erster Linie geht der Anfechtungsanspruch auf Rückgewähr in Natur, ohne daß der Gegner (auch der redliche) zur Einlösung befugt wäre. Diese Rückgewähr besteht bei Anfechtbarkeit einer Rechtsübertragung in der Rückübertragung (Rückübereignung,

---

[3]) Vgl. §§ 812, 818 BGB. Nur als Ausnahme kommt eine Begrenzung der Rückgewährpflicht auf die Bereicherung vor (§§ 37 II, 40 III KO., §§ 7 II, 11 III AnfG.). Für den ganzen Regelbereich der Anfechtung ist damit der eigenartigste Satz der Bereicherungshaftung (§ 818 III BGB.) abgelehnt.

[4]) Die herrschende Doktrin des gemeinen Rechts hatte die actio Pauliana als Deliktsklage behandelt. Das deutsche Recht lehnt diese Vorstellung frühzeitig ab (vgl. Alf. Schultze Savigny Z. Bd. 41 German. Abt. S. 210ff.). Von der heutigen Rechtslehre wird die deliktische (wie die kondiktizische) Natur der Anfechtungsschuld fast einhellig verworfen. In der Praxis haben die VZS. des RG. bereits im Urteil vom 28. 6. 1888 Bd. 21 S. 420 dem Rückgewähranspruch aus § 30 Nr. 2 KO. Deliktsnatur und Verfolgbarkeit im Gerichtsstande des § 32 ZPO. abgesprochen, was für alle Fälle der besonderen Konkursanfechtung und der Schenkungsanfechtung festgehalten wird (LZ. 1915 Sp. 369). Anders für die Absichtsanfechtung RG. Bd. 48 S. 402 u. ö. Daß kein Anfechtungstatbestand als solcher schon die Anwendbarkeit einerseits der §§ 823 II, 826, andrerseits der §§ 134, 138 BGB. rechtfertigt, gibt das RG. in zahlreichen neuen Erkenntnissen zu (vgl. z. B. Bd. 56 S. 230, Bd. 69 S. 146, Bd. 74 S. 225; LZ. 1912 Sp. 183; 1917 Sp. 257). Damit hat es die rechte Bahn betreten. Vereinzelt finden sich aber heute noch Schriftsteller, die jeden Anfechtungsanspruch als Deliktsanspruch ansehen und sich mit der nur den Begriff vernebelnden Phrase vom „antisozialen Verhalten" (des Erwerbers) begnügen. Eingehend Jaeger KO.[7] § 29 Anm. 4ff.

[5]) Inwiefern sie „als den Konkursgläubigern gegenüber unwirksam" angefochten werden kann (§ 29). Dem Anfechtungszwecke genügt es, daß die den Konkursgläubigern nachteiligen Folgen des anfechtbaren Vorgangs beseitigt werden. Dazu ist der Anfechtungsgegner schuldrechtlich verpflichtet. Nur in diesem eigenartig beschränkten Sinne besteht eine „Unwirksamkeit" des Benachteiligungsaktes. Einen dem Anfechtungszwecke genügenden Ausgleich schafft der Anfechtungsschuldner nur dann, wenn er die Zugriffslage herstellt, die jetzt ohne die Vermögensentäußerung bestehen würde. Diesen Sinn hat, wie bereits betont, die Pflicht zur „Rückgewähr". Dabei darf der Ausdruck nicht zu der Auslegung verleiten, als müsse der zur Masse zu leistende Gegenstand schon in derselben Gestalt dem Schuldnervermögen angehört haben. War ein schuldrechtlicher Anspruch auf Verschaffung einer bestimmten (z. B. gekauften oder vermachten) Sache anfechtbar abgetreten und die Erfüllung an den Anfechtungsgegner bewirkt worden, dann ist die ihm geleistete Sache selber Rückgewährgegenstand, obgleich der Gemeinschuldner ihr Eigentum nie erworben hatte. Entsprechendes gilt bei anfechtbaren Verträgen auf Leistung an Dritte. Herzustellen ist also der Zustand, in dem sich die Konkursmasse befinden würde, wenn die anfechtbare Vermögensentäußerung unterblieben wäre, nicht gerade der Zustand, in dem das Schuldnervermögen sich vor jener Entäußerung befunden hat. Allemal aber wird eine Vermögensentäußerung vorausgesetzt, deren nachteilige Folgen die „Rückgewähr" ausgleichen soll.

Rückabtretung) an die Konkursmasse[6]), bei Anfechtbarkeit einer Begründung dinglicher Lasten (z. B. von Pfändungspfandrechten) in deren Aufgabe zugunsten der Konkursmasse[7]), bei Anfechtbarkeit eines Unterlassens in der Wiederausgleichung des der Masse Entgangenen (z. B. nach unterlassenem Unterbrechen der Verjährung im Verzicht auf die Verjährungseinrede).

b) Soweit die Rückgewähr in Natur untunlich ist, wie etwa in Fällen einer anfechtbaren Geldzahlung, einer durchgeführten Geldvollstreckung oder nach Untergang des Anfechtungsgegenstandes, haftet der Anfechtungsschuldner auf Werterstattung. Auch dies bestimmt der § 37 selbst, indem er den Gegner schlechthin verpflichtet, den Ausfall auszugleichen, den die Konkursmasse infolge der anfechtbaren Vermögensentäußerung erlitten hat. Das Gesetz läßt die Vollhaftung keineswegs nur bei Unredlichkeit oder Verschulden des Erwerbers eintreten. Er hat für die Regel den gesamten Ausfall auszugleichen, der mit der anfechtbaren Vermögensentäußerung in ursächlichem Zusammenhang steht, also den vollen Wert zu erstatten, den der aufgeopferte Gegenstand samt Nutzungen und Zuwachs jetzt für die Masse hätte, wenn die Entäußerung unterblieben wäre. Der Anspruch auf Wertausgleich ist kein Schadensersatzanspruch (im Sinne der §§ 249ff. BGB.), kann aber wie der ursprüngliche Rückgewähranspruch bei Verzug oder bei Eintritt der Rechtshängigkeit eine Forderung auf Schadensersatz auslösen.

c) Abgeschwächt wird die Rückgewährpflicht, sie gehe auf Rückgabe dem Stücke nach oder auf Wertersatz, nur in dem besonderen Falle der Schenkungsanfechtung (§§ 32, 222) und auch insoweit nur bei gutem Glauben des Bedachten (§ 37 II KO. mit §§ 818, 819 BGB.). Soweit er noch in gutem Glauben und noch vor Eintritt der Rechtshängigkeit aufgehört hat bereichert zu sein, ist er jeder Art von Rückgewährpflicht überhoben. Sein guter Glaube entfällt aber erst dann, wenn er weiß oder wissen muß, daß die Befriedigung der Konkursgläubiger infolge der Freigebigkeit verkürzt ist.

d) Auch das Ziel der Einzelanfechtung wird als „Rückgewähr" bezeichnet: Der Anfechtungsgegner hat den anfechtbar veräußerten Gegenstand zum Zwecke der Befriedigung des anfechtenden Gläubigers so „zurückzugewähren", als ob der Gegenstand noch zum Schuldnervermögen gehörte (§ 7 AnfG.). Während aber die konkursrechtliche Rückgewähr zur gemeinsamen Befriedigungsmasse fließen muß, um den benachteiligten Gläubigern zugeführt werden zu können (§§ 3, 37 KO.), wird dem Zwecke der Einzelanfechtung genügt, wenn der Anfechtungsgegner dem anfechtenden Gläubiger den Zwangszugriff auf den anfechtbaren Erwerb so erschließt, als gehörte dieser noch zum Schuldnervermögen. Eine solche Herstellung des vereitelten Sonderzugriffs kann Auskünfte über Umfang und Entwicklung des anfechtbaren Erwerbs (namentlich bei der Veräußerung eines Sachinbegriffs oder eines ganzen Vermögens), die Herbeischaffung verschleppter Sachen, die Neuerrichtung von Urkunden einschließen, also positive Leistungen erfordern. Häufig aber wird der Einzelanfechtungsanspruch schon dadurch erfüllt, daß der An-

---

[6]) Also an den Masseträger als solchen, bei Grundstücken unter gleichzeitiger Eintragung des Konkursvermerks (§ 113). So wird der Konkursverwalter in die Lage versetzt, eine anfechtbar veräußerte (z. B. verschenkte) Sache als Massebestandteil ihrer Bestimmung (§ 3) zuzuführen. Sind Rückgewähr und Verwertung gleichzeitig ausführbar, dann läßt sich deren Vollzug dadurch vereinfachen, daß der Anfechtungsgegner die Übereignung statt an die Masse unmittelbar an die vom Verwalter bestimmten Käufer vornimmt. Auch diese Leistung kann als „Rückgewähr" verlangt werden (Jaeger KO.[7] § 37 Anm. 14), aber keineswegs nur sie (ungenau RG. Bd. 56 S. 143, Bd. 67 S. 22). Bei Anwendbarkeit der §§ 142, 143 BGB. würde infolge formloser Anfechtungserklärung des Verwalters das Eigentum von selbst an die Konkursmasse zurückfallen (vgl. §§ 894, 899 BGB.), die Sache daher im Konkurse des Anfechtungsgegners der Aussonderung unterworfen sein (§ 43 KO.).

[7]) Sind grundbuchrechtliche Belastungen anfechtbar, so geht der Rückgewähranspruch ebenfalls auf Vollbeseitigung (Löschungsbewilligung); wenn diese aber zu einem den Anfechtungszweck vereitelnden Aufrücken von Nachmännern führen würde, auf einen zugunsten der Konkursmasse wirkenden Verzicht (z. B. des Hypothekengläubigers auf eine anfechtbare Vorhypothek in der Form und mit der Folge des § 1168 BGB.). Näheres Jaeger KO.[7] § 29 Anm. 27.

fechtungsgegner den Zwangszugriff des anfechtenden Gläubigers auf den Anfechtungsgegenstand **duldet**. Bei Unmöglichkeit der Rückgewähr in Natur haftet der Anfechtungsgegner auch dem Einzelgläubiger auf Werterſatz[8]). Die Erſatzſumme iſt an den anfechtenden Gläubiger ſelbſt zu zahlen. Zahlung an den Schuldner würde den Anfechtungserfolg in Frage ſtellen und den Anfechtungsgegner nur befreien, ſoweit ſie die Gläubigerbenachteiligung beſeitigt.

e) Als bloßer Verſchaffungsanſpruch bildet die Rückgewährforderung der Konkursmaſſe wie die des Einzelgläubigers im Konkurſe des Rückgewährſchuldners nur **eine Konkursforderung**. Der gefährdete Rückgewähranſpruch kann in ſeiner Richtung auf Zahlung einer Geldſumme durch **Arreſt** (§ 916 ZPO.), in ſeiner Richtung auf ein individuelles Leiſten durch **einſtweilige Verfügung** (z. B. durch das Verbot einer Veräußerung der rückzugewährenden Sache, §§ 935, 938 ZPO.) geſichert werden. **Vormerkbar** kann nur der konkursmäßige Anfechtungsanſpruch auf Änderung einer anfechtbar begründeten Rechtslage (z. B. auf Rückübereignung an die Maſſe oder auf Aufgabe einer anfechtbar erworbenen Belaſtung eines Maſſegrundſtücks) ſein (§§ 883 ff. BGB.). Der Einzelanfechtungsanſpruch hat keinen zur Vormerkung geeigneten Inhalt.

II. Anfechtungsgegner.

Als Rückgewährſchuldner haftet zunächſt der erſte Erwerber des dem Schuldnervermögen entzogenen Vermögensgegenſtandes. Seinen **Rechtsnachfolgern** gegenüber hängt die Anfechtbarkeit von eigenen Vorausſetzungen ab. § 40 KO., § 11 AnfG.

1. Auch **der Rechtsnachfolger** haftet:

a) ſelbſtverſtändlich kraft Eintritts **in die Anfechtungsverbindlichkeit**, namentlich als Erbe[9]);

b) als Sonderrechtserwerber **des Anfechtungsgegenſtandes** (z. B. der anfechtbar übereigneten und dann weiterübereigneten Sache) nur dann, wenn noch weitere, die Mithaftung des neuen Erwerbers rechtfertigende Umſtände hinzutreten, nämlich

α) wenn der Nachmann **unentgeltlich** erworben hat[10]),

β) wenn er beim Erwerbe die Umſtände **kannte**, die den unmittelbaren Vorerwerb anfechtbar machen[11]),

γ) wenn er ein **Angehöriger des Schuldners** (nicht des Vorerwerbers) iſt, es ſei denn, daß ihm der die Anfechtbarkeit des Vorerwerbs begründende Tatbeſtand bei ſeinem eigenen Erwerb unbekannt war[12]).

---

[8]) Auch hier beſchränkt die Rückgewähr ſich nur im Falle der Schenkungsanfechtung gegenüber einem gutgläubigen Bedachten auf die Bereicherung (§ 7 II AnfG.).

[9]) Sei es als Erbe des Erſterwerbers oder des rückgewährpflichtigen Nachfolgers. Für **Art und Umfang** der Erbenhaftung ſind auch hier die allgemeinen Vorſchriften der §§ 1975 ff., 2058 ff. BGB. maßgebend. Die Anfechtungsverbindlichkeit kann auch anders als durch Erbfolge übergehen (übernommen oder mitübernommen werden), wie z. B. auf Grund des § 419 BGB., der §§ 25, 303 ff. HGB. Alsdann werden nicht etwa die Vorſchriften des § 40 I KO. und des § 11 Anf.G. entſprechend, ſondern es werden jene anderen Rechtsſätze unmittelbar maßgebend.

[10]) Bei gutgläubigem Erwerbe beſchränkt ſich die Rückgewährpflicht dieſes Nachmanns auf die Bereicherung (§ 40 III KO., § 11 III AnfG.).

[11]) Stützt der anfechtende Konkursverwalter die Anfechtbarkeit des Erſterwerbs auf den § 31 Nr. 2, dann braucht er nicht etwa zu beweiſen, daß der Erſterwerber um eine Benachteiligungsabſicht des Gemeinſchuldners gewußt habe; vielmehr hat der Beklagte zu beweiſen, daß dem Erſterwerber ſolche Abſicht unbekannt war. Denn ihre Kenntnis gehört nicht, auch nicht kraft geſetzlicher Vermutung, zum anſpruchbegründenden Tatbeſtande des § 31 Nr. 2. Sonſt wäre es dem Angehörigen des Gemeinſchuldners ein leichtes, die Verſchärfung der Anfechtbarkeit des § 31 Nr. 2 zu vereiteln, indem er den Erſterwerb weiterverſchiebt. Zuſt. z. B. RG. Bd. 71 S. 353, LZ. 1910 Sp. 941.

[12]) Der auf Rückgewähr verklagte Angehörige des Schuldners hat ſomit als persona suspecta (im Sinne des § 31 Nr. 2 KO., § 3 Nr. 2 AnfG.) **einzuwenden** und im Streitfalle zu beweiſen, daß ihm zur Zeit ſeines Erwerbs die zur Anfechtbarkeit des Vorerwerbs führenden Umſtände unbekannt waren.

2. Die Sonderrechtsnachfolge in den anfechtbar erworbenen und weiterveräußerten Gegenstand (Sache oder Recht) kann voller oder begrenzter Rechtsübergang sein, also z. B. auf Übereignung oder Abtretung, aber auch auf Bestellung einer Dienstbarkeit, auf Verpfändung oder Pfändung beruhen. Sie kann auch in der Weiterüberweisung eines anfechtbar erworbenen Gläubigerrechts durch Indossament begründet sein. Desgleichen in der Abstufung einer Besitzmittlerschaft, etwa durch Verpachtung. Der Übergang kann sich vor oder nach Konkursbeginn vollziehen. Keine Rechtsnachfolge löst die „Rechtsverdrängung" aus, wie sie sich durch Ersitzung, Vermischung, Verarbeitung, Fund oder Zwangsenteignung vollzieht. Denn hier leitet der Erwerber sein Recht überhaupt nicht vom Rechte eines anderen her.

3. Ein Sonderrechtsnachfolger haftet immer nur dann, wenn auch der unmittelbare Vorerwerb sich anfechtbar vollzogen hatte. Bei wiederholter Weiterveräußerung muß also die Anfechtbarkeit des Ersterwerbs und aller Zwischenerwerbsvorgänge „begründet" sein, wenn der Schlußerwerber rückgewährpflichtig werden soll. Dabei haftet der Nacherwerber des anfechtbar veräußerten Gegenstandes neben dem Vorerwerber, nicht an dessen Statt. Keineswegs ruht die Rückgewährpflicht dergestalt auf einer anfechtbar veräußerten Sache, daß deren jeweiliger Besitzer oder Eigentümer und nur er rückgewährpflichtig wäre[13]). Der Ersterwerber kann die Haftung nicht dadurch von sich abschütteln, daß er das Erworbene einem anderen zuschiebt. Er haftet regelmäßig trotz der Weiterveräußerung fort[14]). Der Nachmann wird zwar nur für den Bereich der Rechtsnachfolge[15]) rückgewährpflichtig. Soweit aber die Rückgewährverbindlichkeiten aufeinander folgender Erwerber sich decken, besteht ein gesetzliches Gesamtschuldverhältnis[16]).

III. Gegenrechte des Rückgewährschuldners.

Vollzieht der Anfechtungsgegner die ihm obliegende Rückgewähr zur Konkursmasse, dann erwachsen, wenn er für das anfechtbar Empfangene seinerseits ein Entgelt geleistet hat, nun für ihn Bereicherungsansprüche, die bald als Masseschulden (§ 38 Satz 1), bald als Konkursforderungen (§ 38 Satz 2) verfolgbar sein können. Als Massegläubiger im Sinne des § 59 Nr. 3 darf er seine Gegenleistung zurückfordern, wenn sich ihr Objekt (z. B. als Einzelsache) noch unterscheidbar in der Masse vorfindet (dann dem Stücke nach) oder wenn die Masse selbst um den Wert der Gegenleistung bereichert ist (dann dem Werte nach). Letzteres ist namentlich der Fall, wenn der Konkursverwalter den Gegenstand der eigenen Leistung des Rückgewährschuldners für Rechnung der Masse verwertet hat. Auch für die Masseschuld (§ 38 Satz 1) gelten die im § 818 BGB. aufgestellten Sätze der Bereicherungshaftung. Ist aber die Konkursmasse nicht selber um den Gegenwert bereichert, hatte ihn z. B. der Schuldner schon vor Konkursbeginn für sich eingezogen, ihn verbraucht oder verschenkt, dann erwächst der Bereicherungsanspruch des Gegners als Konkursgläubigerrecht (§ 38 Satz 2). In jedem Falle entsteht der Anspruch erst, wenn und soweit der Gegner die ihm nach § 37 obliegende Rückgewähr wirklich auch vollzieht: er hat vorzuleisten. Und auch wenn er vorgeleistet hat, fällt der Gegenstand seiner eigenen Leistung nicht etwa von selbst an ihn zurück: es bedarf der Rückübertragung, also z. B. bei Sachen der Rückübereignung. Sehr häufig ist der anfechtbare Empfang für den Erwerber mit dem Verlust einer Forderung, besonders einer Konkursforderung, verknüpft. So, wenn er als Konkursgläubiger während der Krise befriedigt wird (§ 30 Nr. 1 Fall 2, Nr. 2).

---

[13]) Der Anfechtungsanspruch ist weder actio in rem noch actio in rem scripta.

[14]) Nur im Ausnahmefalle des § 37 II KO. (§ 7 II AnfG.) erlischt die Haftung des gutgläubigen Ersterwerbers durch eine Weitergabe des Geschenks, die unentgeltlich und bei gutem Glauben erfolgt.

[15]) Wenn der nachmalige Gemeinschuldner dem A 100000, dieser davon dem B 50000 geschenkt hatte, haftet B nach § 40 II Nr. 3 natürlich nur auf Rückgewähr einer Summe von 50000 (bis zu dieser Höhe freilich mit seinem ganzen Vermögen), weil er nur insoweit „Rechtsnachfolger" wurde.

[16]) Hatte z. B. der nachmalige Gemeinschuldner die letzten Mittel im Betrage von 25000 RM seiner Tochter in der ihr bekannten Absicht der Gläubigerbenachteiligung unentgeltlich zugewendet, diese die volle Summe an ihren mit dem Sachverhalt vertrauten Ehemann weiterverschenkt, dann haften Tochter und Schwiegersohn des Gemeinschuldners, jene aus § 31 Nr. 1, dieser aus § 40 II Nr. 2 (ergänzend aus Nr. 3), als Gesamtschuldner im Sinne der §§ 421—425 BGB. auf Rückgewähr eines Kapitals von 25000 zur Konkursmasse.

Bliebe hier die anfechtbar getilgte Konkursforderung trotz Rückgewähr der freiwilligen oder erzwungenen Erfüllung erloschen, dann würde die Konkursmasse um die Dividende auf Kosten des Anfechtungsgegners bereichert. Infolge der Rückgewähr würde ihm also ein Bereicherungsanspruch auf Wiederherstellung seines Konkursgläubigerrechts erwachsen. Die Umständlichkeit einer solchen Wiederherstellung erspart der § 39: eine um die angefochtene Leistung aufgeopferte Forderung des Gegners lebt infolge des Rückgewährvollzugs von selbst wieder auf[17]). Bei der Einzelanfechtung darf der Anfechtungsschuldner den Anspruch auf Erstattung eines von ihm geleisteten Gegenwertes oder eine infolge der Rückgewähr wiederauflebende Forderung nur dem Schuldner gegenüber[18]) geltend machen. § 8 AnfG.

§ 24.

e) Die Geltendmachung der Anfechtbarkeit.

I. Form.

Rücksichten der Verkehrssicherheit gebieten, daß die Gläubigeranfechtung als Eingriff in das Vermögen eines Dritten[1]) auf rechtsförmliche Weise geschehe. Formlose rechtsgeschäftliche Ausübung im Sinne der §§ 142, 143 BGB. würde, abgesehen davon, daß Vorgänge des bürgerlichen Rechts nur in den selteneren Fällen Gegenstand der Gläubigeranfechtung sind, ganz unerträgliche Schwebezustände heraufbeschwören. Denn von diesem Standpunkt aus könnte die richterliche Entscheidung über das Begründetsein des Anfechtungsrechtes auf unbestimmte Zeit hinausgezögert werden, wenn nur innerhalb der gesetzlichen Fristen (§ 41 KO., § 12 AnfG.) der Anfechtungswille dem Anfechtungsgegner mündlich oder in schlüssigem Verhalten kundgemacht worden wäre. Darum spricht das AnfG. auch nur von einer Anfechtung „im Wege der Klage" oder „im Wege der Einrede" (§§ 9, 5). Für die Konkursanfechtung muß bei völliger Wesensgleichheit dasselbe gelten. Im Einklange damit erkennt ein längst zum Gewohnheitsrecht erstarkter Gerichtsgebrauch an, daß innerhalb wie außerhalb des Konkurses die Anfechtbarkeit in einer zur Fristenwahrung ausreichenden Weise **nur gerichtlich** geltend gemacht werden kann[2]).

---

[17]) Hatte beispielsweise ein Konkursgläubiger nach der Zahlungseinstellung Waren des Gemeinschuldners gepfändet und sich aus dem Versteigerungserlöse befriedigt, dann lebt, sobald er den Entgang der Masse ausgeglichen hat, seine alte Forderung als Konkursforderung von Rechts wegen und rückwirkend wieder auf. War die wiederauflebende Forderung des Gegners unanmeldbar, dann bleibt er auch mit ihr von der Konkursteilnahme ausgeschlossen.

[18]) Dieser Ausschluß jeglicher Konkurrenz des Anfechtungsschuldners mit dem anfechtenden Einzelgläubiger kann eine weit über den Anfechtungszweck hinausgehende und nur durch alsbaldige Konkurseröffnung abzuwendende Härte ergeben.

[1]) Vielleicht in einen vollkommen einwandfreien Rechtserwerb, wie er etwa durch ordnungsmäßige, noch vor Eintritt der Krise vollzogene Pfändung wegen eines unanfechtbaren Anspruchs (§ 30 Nr. 2) oder durch gutgläubigen Empfang eines Geschenks aus den Händen eines redlichen und damals noch sehr vermögenden Spenders (§ 32) begründet sein kann. Soll auch in solchen Fällen den Erwerber der Vorwurf „antisozialen Verhaltens" treffen? Siehe oben S. 153 Note 4.

[2]) Eingehend Jaeger KO.[7] § 29 Anm. 59ff. mit Verw., dazu noch RG. v. 15. 4. 1931 LZ. Sp. 839ff., v. 5. 6. 1931 Bd. 133 S. 46. Streit besteht nur noch vereinzelt und nur in der Theorie. Dabei gibt es Schriftsteller, die der Anfechtbarkeit nur schuldrechtliche Kraft zuschreiben (also die Unanwendbarkeit des § 142 BGB. anerkennen) und doch den § 143 BGB. anwenden (z. B. Kohler Leitfaden § 21), wie umgekehrt solche, die den § 142 BGB. für anwendbar halten, aber den § 143 BGB. ablehnen (z. B. Hellwig System I, S. 274, 433). Die Anpassung des § 41 I 2 KO. (§ 12 I 2 AnfG.) an den Wortlaut des § 124 II 2 BGB. beruht auf einem im übrigen unverbindlichen, in der Praxis längst erkannten Irrtum der Novellenverfasser (1898). Da die Beteiligten, wie die Erfahrung lehrt, sich in keinem erheblichen Falle ohne Richterspruch zu beruhigen pflegen, würde die Maßgeblichkeit des § 143 BGB. auch durchaus nicht im Sinne der Vereinfachung wirken. Einen so folgenschweren Eingriff in Drittrechte dem Anfechtenden besonders bequem zu machen, besteht wahrlich kein Anlaß. Für die Einzelanfechtung empfiehlt nun der Entwurf einer ZPO. (1931) eine eigenartige Regelung, die den mit dem Zwange zur streitgerichtlichen Anfechtung verknüpften

1. Hauptart der gerichtlichen Geltendmachung des Rückgewähranspruchs[3]) ist die Anfechtungsklage. Bei der Konkursanfechtung kann sie Leistungs- oder Feststellungsklage sein, bei der Einzelanfechtung nur eine den Umfang und die Art der Rückgewähr genau bestimmende Leistungsklage (§ 9 AnfG.). Die Schranke soll bei der Einzelanfechtung verhüten, daß Gericht und Gegner durch doppelte Prozesse behelligt werden, während bei der Konkursanfechtung in wichtigen Fällen die Feststellungsklage des Verwalters, namentlich gegenüber anfechtbar erworbenen Konkursgläubigerrechten, zur Streiterledigung vollkommen ausreichend sein kann.

So etwa, wenn der Anmelder unter den Umständen des § 30 Nr. 1 Fall 1 oder des § 31 dem jetzigen Gemeinschuldner Waren weit über Wert verkauft, geliefert und im Versäumnisverfahren eine noch vor dem Konkurs in Rechtskraft erwachsene Verurteilung des Schuldners zur Zahlung des nun angemeldeten Kaufpreises erwirkt hatte. Klagt hier der die Konkursforderung bestreitende Verwalter (wie üblich) mit dem Antrage, festzustellen, daß sein Widerspruch begründet sei, so erstrebt er in Wahrheit die Feststellung, daß das behauptete Konkursgläubigerrecht nicht oder doch in der angemeldeten Höhe nicht besteht [siehe unten S. 180]. Meist klagt auch der Konkursverwalter auf Verurteilung des Anfechtungsgegners zur Leistung, z. B. zur Rückübereignung verschenkter Inhaberpapiere oder zur Rückabtretung verschenkter Außenstände an die Konkursmasse. Die mit der Einzelanfechtung begehrte Leistung besteht, wie oben S. 154f bemerkt, regelmäßig in einem Dulden des anfechtbar vereitelten Zwangszugriffs. Der Einzelgläubiger klagt also z. B. dahin: den Gegner zu verurteilen, daß er wegen einer Darlehnsforderung von 10000 *RM* mit Zinsen zu vier vom Hundert seit 1. April 1931 und 300 *RM* Kosten die Zwangsvollstreckung in das Wohnhaus Marktplatz 10 in Felden, Grundbuch für Felden Bd. 1 Blatt 22, so zu dulden habe, als gehörte das Grundstück noch zum Vermögen des N. N. (des Schuldners); nicht aber, wie der Antrag häufig lautet, dahin: anzuerkennen, daß die Übereignung des Grundstückes an den Beklagten dem Kläger gegenüber unwirksam sei (die richterliche „Anerkennung" wäre in Wahrheit die nach § 9 AnfG. zu vermeidende bloße Feststellung, mit einer rechtsgeschäftlichen Anerkennung durch den Beklagten aber würde dem Anfechtungszwecke gar nicht gedient sein). Vgl. § 139 ZPO. Eine Klage des Anfechtungsgegners auf Feststellung des Nichtbestehens des vom Einzelgläubiger behaupteten Rückgewährschuldverhältnisses kann unter den allgemeinen Voraussetzungen des § 256 ZPO., besonders nach einer Ankündigung gemäß § 4 AnfG., recht wohl zulässig sein. Um so zweifelloser besteht diese Statthaftigkeit gegenüber einer vom Konkursverwalter behaupteten Rückgewährpflicht.

Da die Anfechtbarkeit ein unmittelbar im Gesetze begründetes Rückgewährschuldverhältnis darstellt, kommen als Gerichtsstände der Anfechtungsklage weder Orte der Vertragserfüllung (§ 29 ZPO.) noch Orte der unerlaubten Handlung (§ 32 ZPO.) in Betracht. Ebensowenig ist für die Klage auf Rückgewähr anfechtbar veräußerter Liegenschaften oder Liegenschaftsrechte der dingliche Gerichtsstand des § 24 ZPO. begründet. Noch besteht die ausschließliche Zuständigkeit des § 771 ZPO. für die Klage auf Rückgewähr eines anfechtbaren Vollstreckungserwerbes[4]). Für die Regel kommt als Gerichtsstand der Anfechtungsklage der Wohnsitz (Sitz) des Beklagten zur Zeit der Klagerhebung in Betracht (§§ 13ff. ZPO.). Die sachliche Zuständigkeit bestimmt sich nach dem Werte des Gegenstandes der beanspruchten Rückgewähr, bei Anfechtungsklagen auf Zahlung einer Geldsumme also durch diese, bei Klagen auf Rückgewähr in Natur nach dem

---

Hemmnissen der Pfändung (nicht auch der Liegenschaftsvollstreckung) abhelfen soll (§§ 857ff., Begr. S. 506ff.). Danach wäre das Vollstreckungsgericht zu ermächtigen, die Erhebung der Anfechtungsklage oder Anfechtungseinrede dadurch zu ersparen, daß es „den Rückruf eines anfechtbar veräußerten Gegenstandes beschließt". Dieser Rückruf soll mit Zustellung an den Anfechtungsgegner wirksam werden, zugunsten bereits erfolgter Pfändungen nach rückwärts, und zwar in dem Sinne, daß die Nichtzugehörigkeit zum Schuldnervermögen aufhört, den Zugriff zu hindern. Lehnt das Vollstreckungsgericht den Rückruf ab, dann bleibt der Gläubiger auf die streitgerichtliche Geltendmachung der Anfechtbarkeit angewiesen. Rechtskraftfähig wird über sie auch im Falle des Rückrufes nur erkannt, wenn das Streitgericht auf Vollstreckungsbeschwerde (§§ 842f. Entw.) zum Spruche kommt. Die geistvollen Vorschläge verdienen ernste Erwägung. Bedenkenfrei sind sie nicht. Eine zweckentsprechende Neufassung des Anfechtungsgesetzes (die aber mit einer Reform der Konkursordnung Hand in Hand gehen müßte) wäre vorzuziehen. Jedenfalls bedarf die Kernfrage, ob und wann der Rückruf fristwahrend wirkt, einer zweifelsfreien Klärung. Läßt es sich aber überhaupt rechtfertigen, daß die Vollstreckungsbehörde in so überaus heiklen Fragen des bürgerlichen Rechts zum einseitigen Vorteile des Gläubigers eingreift, daß sie dem Dritterwerber sogar Wertersatzzahlungen bestimmter Höhe anbefehlen darf, daß dieser genötigt wird, die Unanfechtbarkeit seines Erwerbes geltend zu machen?

[3]) Die Wendungen „den Anfechtungsanspruch erheben", „das Anfechtungsrecht ausüben", „die Anfechtung erfolgt" (§§ 5, 9, 13 AnfG.) sind gleichbedeutend. Anspruch und Recht fallen zusammen.

[4]) Anders für Fälle des § 30 das Reichsgericht. Näheres Jaeger KO.[7] § 29 Anm. 17f. mit Verw.

durch richterliches Ermessen (§ 3 ZPO.) zu schätzenden Werte dieser Rückgewähr, also z. B. bei einer Klage auf Rückübereignung eines lastenfreien Grundstücks durch dessen vollen Verkehrswert. Für die Anfechtung von Pfand- und anderen Wertrechten, auch der durch Sicherungsübereignung begründeten, wird der § 6 ZPO. maßgebend.

Der für die Wahrung der Ausschlußfristen (§ 41 KO., § 12 AnfG.) maßgebende Zeitpunkt der Klagerhebung liegt in der Zustellung der Klageschrift an den Anfechtungsgegner (§ 253 mit §§ 496 III, 498 III, vgl. § 207 I ZPO.). Die Zustellung eines bloß vorbereitenden Schriftsatzes oder irgendwelche (schriftliche oder mündliche) außergerichtliche Anfechtungserklärung reichen zur Einhaltung der Anfechtungsfristen nicht aus. Wohl aber können im Verlaufe schwebender Prozesse Anfechtungsansprüche fristwahrend durch Zustellung von Schriftsätzen im Wege einer Widerklage, Zusatzklage oder Klagänderung nach Maßgabe des § 281 ZPO. erhoben werden. Solche Schriftsätze sind bestimmende (nicht nur vorbereitende), da sie die Erhebung der Neuklage bereits vollziehen. Teilklagen wirken fristwahrend nur für den eingeklagten Teil der Rückgewähr[5]).

Die Klage muß, wenn sie die Ausschlußfristen wahren soll, sich — unbeschadet einer entsprechenden Anwendbarkeit des § 212 II BGB. [unten III] — als zulässig erweisen und auf einen bestimmten Anfechtungstatbestand gegründet sein. Eine Änderung des Klagegrundes oder eine nicht durch einen nachträglichen Wandel des Sachverhalts veranlaßte Änderung des Rückgewährantrags, wirkt, auch wenn sie nach § 264 (§ 527) ZPO. zugelassen wird, nur als Neuklage und vermag sich daher nach Ablauf der Ausschlußfristen nicht mehr durchzusetzen. Anders, wenn der Konkursverwalter am Klagegrunde festhält und nur unwesentliche „Anführungen" (im Sinne des § 268 Nr. 1 ZPO.) ergänzt oder berichtigt oder wegen einer nachträglichen Änderung des Sachverhalts statt der ursprünglichen begehrten Rückgewähr in Natur nun Werterſatz fordert (§ 268 Nr. 3 ZPO.). Nur in diesem Sinne trifft es zu, wenn RG. Bd. 132 S. 284 annimmt, daß auch eine nicht „schlüssige" Anfechtungsklage die Fristen wahre. Da Teilklagen nur die eingeklagten Teilansprüche geltend machen, haben Antragserweiterungen (im Sinn des § 268 Nr. 2 ZPO.) nach Fristablauf auch nicht mehr die Kraft, die Erstreckung des Rückgewähranspruchs zu sichern.

2. Durch Einrede oder Gegeneinrede im prozeßrechtlichen Sinne (exceptio oder replica Pauliana) wird der Anfechtungsanspruch im Anwendungsgebiete des § 128 ZPO. erst erhoben, wenn das Verteidigungsmittel in der mündlichen Verhandlung vorgebracht wird. Rechtshängigkeit des Rückgewähranspruchs begründen Einrede und Gegeneinrede nicht (weshalb auch für den § 281 ZPO. kein Raum ist); aber als gerichtliche Geltendmachung wahren sie die Anfechtungsfristen.

Wird die mündliche Verhandlung nach § 7 EntlVO. i. F. v. 13. Mai 1924 verdrängt, dann wirkt der prozeßordnungsmäßige Zugang der schriftlichen Anfechtungserklärung gleich einem Vorbringen in mündlicher Verhandlung. Dieser Erfolg steht aber erst fest, wenn das Gericht (was trotz der Parteieinigung seinem Ermessen überlassen bleibt) in der Tat ohne mündliche Verhandlung erkennt. Den Hauptfall einer „Erhebung des Anfechtungsanspruchs im Wege der Einrede" (§ 5 AnfG.) bildet der, daß der anfechtungsberechtigte Einzelgläubiger die Anfechtbarkeit dem Drittwiderspruche (§ 771 ZPO.) dessen entgegen hält, der am Objekte des Gläubigerzugriffs ein Recht anfechtbar erworben hat, also z. B. einer Widerspruchsklage der Ehefrau des Schuldners, die das Eigentum an den jetzt durch einen Gläubiger des Mannes gepfändeten Möbeln oder Wertpapieren binnen der letzten zwei Jahre vor Erhebung der Anfechtungseinrede durch Schenkung vom Manne erlangt hat (§ 3 Nr. 4 AnfG.). Die Bedeutung des § 5 AnfG. erschöpft sich keineswegs darin, daß er die Erhebung der Einrede vor Erlangung des Vollstreckungstitels verstattet. Er stellt vor allem klar, daß die Anfechtbarkeit durch Einrede (im Sinne der ZPO.) geltend gemacht werden kann, was um so wertvoller ist, als jede der verschiedenen Anfechtungstheorien hier auf konstruktive Schwierigkeiten stößt[6]).

3. Soweit der anfechtungsrechtliche Rückgewähranspruch auf Zahlung einer Geldsumme geht, ist er mahnfähig und wird fristwahrend durch Zustellung des Zahlungsbefehls erhoben.

---

[5]) Ebenda § 41 Anm. 6; über freiwillige Erfüllung § 29 Anm. 61.

[6]) Diesen Fragen widmet Geib ArchZivPrax. Bd. 119 S. 157 ff. eindringende Untersuchungen. Er lehrt, im Beispielsfalle liege eine Einrede weder im Sinne des BGB. noch in dem der ZPO. vor, und will dem Pfändungspfandgläubiger auch nach Ablauf der Anfechtungsfristen die Geltendmachung der Anfechtbarkeit zur Abwehr der Widerspruchsklage zugestehen. Über die Vorschläge des neuen Prozeßgesetzentwurfs siehe oben Note 2.

Diese wahrt die Anfechtungsfristen nach Maßgabe der §§ 693 II, 696 III, 700 Satz 1 ZPO. auch bei landgerichtlichen Streitwerten (also über den Bereich des § 496 III ZPO. hinaus) mit rückwirkender Kraft.

II. Ausübungsmacht.

Das konkursmäßige Anfechtungsrecht auszuüben, ist ausschließlich der Konkursverwalter ermächtigt (§ 36). Das ist angemessen, weil er die zur gemeinschaftlichen Befriedigung der Konkursgläubiger dienende Masse zu sammeln und ihrer Bestimmung zuzuführen hat (§§ 117, 149 ff.). Der Rückgewähranspruch selbst aber wird als Bestandteil dieser Masse behandelt (§ 37). Wie andere Masserechte (§ 6) übt daher der Konkursverwalter den Rückgewähranspruch in Zwangsvertretung des Masseträgers, wenngleich zum Vorteile der Konkursgläubiger, aus[7]). Parteieide hat der Verwalter nach § 473 I ZPO. zu leisten. Der Gemeinschuldner und die einzelnen Konkursgläubiger sind zeugnisfähig. Hinsichtlich des rückzugewährenden Anfechtungsgegenstandes erscheint der Gemeinschuldner im Sinne des § 445 ZPO. als Rechtsvorgänger des Anfechtungsgegners. Bei der Einzelanfechtung dagegen verfolgt jeder Gläubiger den Rückgewähranspruch als eigenes Recht und im eigenen Namen. Es stehen so viele Anfechtungsansprüche nebeneinander, als benachteiligte Gläubiger vorhanden sind. Mehrere können als einfache Streitgenossen (§§ 60, 61 ZPO.) zusammen, sie können aber auch einzeln die Anfechtungsklage erheben. Soweit der Anfechtungsgegner die geschuldete Rückgewähr an einen Anfechtungsberechtigten bewirkt, befreit er sich zugleich gegenüber den Konkurrenten. Weder die Erhebung der Einzelklage noch die Erstreitung eines obsiegenden Urteils noch dessen Rechtskraft begründen einen Vorrang zugunsten des Einzelgläubigers. Ja selbst die Erwirkung einer dinglichen Sicherheit (z. B. durch Pfändung oder Liegenschaftsbeschlagnahme) und die Befriedigung des Einzelgläubigers hat, wenn sie unter den Anzeichen des Konkurses erfolgt, dem § 13 III AnfG. zufolge nur einen unsicheren Bestand [unten IV 1].

„Anfechtungsbefugt" ist der Einzelgläubiger nach § 2 AnfG. erst dann, wenn seine Forderung gegen den Schuldner fällig, vollstreckbar und uneinbringlich, also ihre Beitreibung aus der dem Schuldner noch verbliebenen Zugriffsmasse fruchtlos versucht oder aussichtslos ist. Erst damit rechtfertigen sich Klage und Vollstreckung gegenüber dem Dritterwerber.

Das Rechtsschutzinteresse für eine Klage auf Verurteilung des Schuldners selbst zur (alsbaldigen) Leistung liegt, was ein Umkehrschluß aus den §§ 257—259 ZPO. bestätigt, im allgemeinen schon dann vor, wenn die Forderung gegen ihn entstanden und fällig, aber unerfüllt ist, also das Bedürfnis der Befriedigung aus dem Schuldnervermögen besteht. Das Rechtsschutzinteresse für eine Leistungsklage gegenüber dem Dritten aber, der auf Kosten des Schuldnervermögens anfechtbar erworben hat (§ 9 AnfG.), setzt voraus, daß ein Bedürfnis zur Befriedigung auch aus diesem (nicht mehr zum Schuldnervermögen gehörenden) Erwerb besteht. So erklärt sich der § 2 AnfG. zwanglos. Im Konkurse rechtfertigt die Konkurslage ohne weiteres das Anfechtungsinteresse. Begründet (entstanden) ist die Einzelanfechtung wie die Konkursanfechtung bereits dann, wenn die allgemeinen und die besonderen Erfordernisse des gesetzlichen Anfechtungstatbestandes erfüllt sind. Wer erst nach der Vermögensentäußerung Gläubiger wird, dessen Anfechtungsrecht kann natürlich nicht vor dem Gläubigerrecht entstehen, da sich ja ihm gegenüber das Benachteiligungserfordernis nicht früher erfüllt. Von unserm Standpunkt aus stellt der § 2 AnfG., indem er Vollstreckbarkeit, Fälligkeit und Uneinbringlichkeit der Forderung verlangt, Vorbedingungen für die Zulässigkeit der Anfechtungsklage auf. Fehlt es an ihnen, dann ergeht Prozeßabweisung, also ein Urteil, das über die Frage, ob das Anfechtungsrecht besteht oder nicht, keinen rechtskraftfähigen Ausspruch enthält. Damit eine Verurteilung des Anfechtungsbeklagten in der Sache statthaft sei, genügt es, wenn Rechtsschutzbedürfnis (§ 2) und Anspruchsentstehungsgrund (§ 3 AnfG.) im Zeitpunkte der letzten Tatsachenverhandlung gegeben sind. Ist der Titel gegen den Schuldner ein erst vorläufig vollstreckbares oder nur unter Vorbehalt erlassenes Urteil, dann soll nach § 10 AnfG. zwar die alsbaldige und unbedingte Verurteilung des Anfechtungsbeklagten statthaft, die Vollstreckbarkeit dieser Verurteilung aber (im Sinne des § 726 I ZPO.) vom Eintritte der Rechtskraft oder der Vorbehaltlosigkeit jenes Titels abhängig zu machen sein.

Der Anfechtungsanspruch des Einzelgläubigers steht und fällt mit dessen Forderung. Mit ihr geht er über und unter. Er führt insofern ein unselbständiges rechtliches Dasein. Darum

[7]) Entsprechende Vereinfachungen der rechtlichen Behandlung enthalten z. B. die §§ 171 II, 217 II HGB., § 1978 II BGB. Siehe oben S. 88.

stellt er aber doch gegenüber der Forderung des benachteiligten Gläubigers einen eigenen neuen Anspruch dar. Deshalb und wegen der grundsätzlichen Beschränkung der Rechtskraft auf das Verhältnis der Parteien zueinander (§ 325 ZPO.) kann keine Rede davon sein, daß mit rechtskräftiger Verurteilung des Schuldners dem Anfechtungsgegner alle Einwendungen gegen den Bestand der zuerkannten Forderung abgeschnitten wären. Noch weniger rechtfertigt sich die Annahme, daß der gegen den Schuldner erwirkte Vollstreckungstitel dem Anfechtungsbeklagten die Verteidigung verschränke, für solche Titel, die wie Vergleiche und vollstreckbare Urkunden (§ 794 Nr. 1 u. 5 ZPO.) der Rechtskraft gar nicht zugänglich sind.

Nach der Begründung zum § 2 AnfG. (S. 13) soll der Anfechtungsgegner nur Einwendungen haben, die der Schuldner selbst gegen den im Titel bezeichneten Anspruch vorbringen könne, und darüber hinaus lediglich geltend machen dürfen, der Titel sei vom Gläubiger durch Kollusion, also in arglistigem Zusammenspielen mit dem Schuldner erwirkt. Auf diesem Boden steht bei uns (anders in Österreich und in der Schweiz) die vorherrschende Meinung, auch (aber ohne einheitliches Prinzip und ohne stichhaltige Gründe) RG. Bd. 68 S. 139, Bd. 74 S. 317, Bd. 96 S. 338. Der Versuch, ein entsprechendes Ergebnis als Nebenfolge der Vollstreckbarkeit zu erklären, scheitert schon am Mangel einer ausreichenden gesetzlichen Stütze. Konkursanfechtung und Einzelanfechtung haben, soweit sie einander entsprechen, ganz übereinstimmende Entstehungstatbestände (§§ 31, 32 KO., § 3 AnfG.). Während sich aber im Konkurse das Bedürfnis einer Heranziehung anfechtbar entäußerter Werte schon aus der Konkurslage ergibt, bedarf es bei der Einzelanfechtung der besonderen, im § 2 AnfG. geregelten Rechtfertigung. Die Vollstreckbarkeit der Forderung ist nur eine der drei dort aufgestellten Voraussetzungen und sie würde, wenn sie wirklich ein Erfordernis für die Entstehung des Anfechtungsrechtes selber wäre, dieses doch nur (von Fälligkeit und Uneinbringlichkeit im Sinne des § 2 abgesehen) verbunden mit den Erfordernissen des § 3 AnfG. begründen können, die — wie immer der § 2 auszulegen sein mag — den wesentlichsten Entstehungstatbestand enthalten. Um eine bloße Nebenwirkung der Vollstreckbarkeit handelt es sich also gewiß nicht. Dagegen spricht auch der § 5 AnfG., der eine „Erhebung des Anfechtungsanspruchs" vor Erlangung eines Titels gegen den Schuldner verstattet. Ja es sieht das in den Grundzügen unserer Regelung folgende österreichische Recht bei der Anfechtungseinrede überhaupt vom „formellen" Erfordernisse der Vollstreckbarkeit ab (§ 10 AnfO.), verlangt also auch keine Nachbringung des Titels vor der Entscheidung über die Einrede (wie dies unser § 5 AnfG. tut). Wie in den §§ 29ff. KO. bedeutet in den §§ 1ff. AnfG. das Wort „Gläubiger" die in ihren Befriedigungsaussichten beeinträchtigten Forderungsträger. Der Ausdruck hat materiellrechtlichen, nicht formellrechtlichen Sinn. Schließlich wäre es auch bare Willkür zu behaupten, gegenüber jedem Vollstreckungstitel, der wider den Schuldner vorliege, sei der Anfechtungsgegner auf die Rüge der Arglist und auf die nach der letzten „Tatsachenverhandlung" entstandenen Einwendungen angewiesen. Wie sollte eine derartige Beschränkung gegenüber Vergleichen oder vollstreckbaren Urkunden zu begründen sein?[8])

III. Zeitschranken.

Die Anfechtungsklage muß bei der Konkursanfechtung innerhalb einer (allzu knapp bemessenen) einjährigen, mit Eröffnung des Konkurses beginnenden Ausschlußfrist vom Konkursverwalter erhoben werden. Die Anfechtungseinrede verbleibt ihm auch späterhin. § 41 KO. Die Einzelanfechtung steht im Falle des § 3 Nr. 1 AnfG. unter einer zehnjährigen Ausschlußfrist, die mit dem Zusammentreffen von Fälligkeit und Vollstreckbarkeit des Hauptanspruchs oder mit der späteren Vollendung des anfechtbaren Aktes beginnt. § 12 AnfG. Die Ein- und Zweijahrfristen des § 3 Nr. 2—4 (mit § 3a) AnfG. und nur sie können im Wege einer außergerichtlichen Anfechtungsankündigung nach Maßgabe des § 4 AnfG. verlängert werden.

---

[8]) Als Nebenfolge der Vollstreckbarkeit betrachtet namentlich Kuttner Privatrechtliche Nebenwirkungen der Zivilurteile (1908) S. 40ff., 198ff., 225ff. die Einzelanfechtung. Auch Rosenberg Zivilprozeßrecht[3] (1931) § 187 II 4 (S. 649) steht dieser Auffassung nahe, indem er lehrt: sowenig wie für die Vollstreckbarkeit (den sog. Vollstreckungsanspruch) sei „das wirkliche Bestehen und Zustehen einer Forderung" Voraussetzung der Anfechtbarkeit, sondern ein „Vollstreckungstitel, durch den sie festgestellt werde". Der Vollstreckungstitel im allgemeinen hat nun aber überhaupt nicht die Aufgabe, die Forderung „festzustellen" (was nur ein Richterspruch vermag), er hat sie inhaltlich zu bestimmen. Er deckt freilich die Forderung insofern, als er dem „Schuldner" die Last einer Abwehrklage aufbürdet (§§ 767, 796, 797 ZPO.). Es besteht aber ein gewaltiger Unterschied zwischen dem was dem Schuldner und dem was dem dritten Anfechtungsgegner zugemutet werden darf [oben II S. 160]. Jedenfalls erkennt Rosenberg selber an, daß bei Vergleichen und vollstreckbaren Urkunden der Forderungsbestreitung durch den Anfechtungsgegner „keine Schranke" gesetzt sei. Dann trifft es aber auch nicht zu, daß der Titel als solcher die Anfechtbarkeit deckt.

Die Novelle von 1898 hat an Stelle der Verjährungsfrist im § 41 I 1 KO. wie im § 12 AnfG. eine Ausschlußfrist gesetzt, in der unzutreffenden Annahme, das Anfechtungsrecht sei kein Anspruch und sei darum nicht verjährbar. So erklärt sich die Anpassung an den Wortlaut des § 124 BGB. Dieser Irrtum bindet die Auslegung insoweit nicht, als er im Gesetze selbst keinen Ausdruck gefunden hat. Da es aber dabei geblieben ist, daß zur Wahrung der Anfechtungsfristen wie zur Unterbrechung von Verjährungsfristen gerichtliche Geltendmachung des Anspruchs erfordert wird, muß der Begriff der gerichtlichen Geltendmachung dem § 209 II BGB. gemäß bestimmt, auch der § 212 BGB. entsprechend angewandt werden[9]). Durch Einrede kann der Konkursverwalter auch nach fruchtlosem Ablauf der Jahresfrist des § 41 I 1 die Erfüllung einer anfechtbar begründeten schuld- oder sachenrechtlichen Leistungspflicht verweigern (§ 41 II). Einzelanfechtungsansprüche erlöschen infolge dieses Fristablaufs überhaupt nicht[10]).

IV. Einfluß des Schuldnerkonkurses auf die Einzelanfechtung.

Der Konkurs des Schuldners setzt der Einzelvollstreckung (§ 14 KO.) und damit der ihr dienenden Einzelanfechtung der Konkursgläubiger ein Ziel. Par condicio omnium creditorum facta est. Darum gehen die anfechtungsrechtlichen Sonderansprüche der persönlichen Gläubiger auf in dem vom Verwalter auszuübenden Rückgewähranspruch der Konkursmasse. Auf diesem Gedanken beruhen die Vorschriften des § 13 AnfG.

1. Der einzelne Konkursgläubiger (nicht der Absonderungsberechtigte als solcher) verliert infolge der Konkurseröffnung den Anfechtungsanspruch. Nicht ihm zu seinem Sondervorteile, sondern dem Konkursverwalter zum Vorteile der gesamten Konkursgläubigerschaft steht während des Konkurses die Weiterverfolgung vorher erhobener Anfechtungsansprüche, auch die Ausnutzung eines bereits erstrittenen rechtskräftigen Urteils zu (§ 13 I AnfG.). Ja selbst eine vor dem Konkurs erwirkte Sicherung oder Befriedigung hat der Einzelgläubiger, wenn er sie in Kenntnis der Zahlungseinstellung oder des Konkursantrags erlangte, unter dem Gesichtspunkte des § 30 Nr. 1 Fall 2 KO. der gemeinsamen Befriedigungsmasse zuzuführen (§ 13 III AnfG.). Der noch nicht rechtskräftig entschiedene Einzelprozeß des Konkursgläubigers wird durch den Konkurs gleich einem Teilungsmassestreit unterbrochen, da nun das Recht auf Rückgewähr einen Bestandteil der Konkursmasse bildet (§ 13 II 1 AnfG.; vgl. § 10 KO., § 240 ZPO.). Der Verwalter kann den Prozeß aufnehmen und erforderlichenfalls den Klagantrag erweitern, auch wenn die Fristen der Konkursanfechtung (§§ 31, 32 KO.) verstrichen sind, oder — jedoch lediglich nach Maßgabe der KO. — eine eigene Anfechtungsklage erheben. Lehnt der Verwalter die Aufnahme ab, so kann der Prozeß im Kostenpunkt, aber auch nur insoweit, schon während des Konkurses unter den ursprünglichen Parteien (der Masseträger bleibt — nun wieder verfügungsbefugt — in der Parteirolle) ausgetragen werden. § 13 II 2—5.

2. Nach Beendigung des Konkurses stehen die Anfechtungsansprüche wieder den einzelnen Gläubigern zu. Ihre eigenen, schon vor dem Konkurse begründeten Anfechtungsansprüche können sie wieder für eigene Rechnung verfolgen, soweit diese Ansprüche nicht durch Verfügungen des Konkursverwalters (Empfangnahme der Rückgewähr, Verzicht, Stundung) verbraucht oder abgeschwächt sind (§ 13 IV AnfG.). Anfechtungsansprüche, die der Konkursverwalter für die Masse neu erhoben hatte, hören bei Konkursbeendigung auf begründet zu sein. In solche Prozesse können Einzelgläubiger nicht eintreten.

Beispiel. Wenn der Konkursverwalter die Befriedigung, die sich ein Konkursgläubiger während der Krise durch Zwangsvollstreckung verschafft hatte, nach § 30 Nr. 2 (§ 35) durch Klage angefochten und im ersten Rechtszug die Verurteilung des Beklagten zum Wertersatz erstritten hat, nun aber der Konkurs beendet (vielleicht auf Grund eines Zwangsvergleichs aufgehoben) wird, hört der Anfechtungsanspruch auf begründet zu sein. Das Erlöschen kann im Berufungsverfahren noch geltend gemacht werden. Kommt es aber zur Konkursbeendigung erst nach dem Schlusse der Berufungsverhandlung, dann wird nach der Gestaltung unseres Rechtsmittelverfahrens das Revisionsgericht nur vor die Frage gestellt, ob der eingeklagte Anfechtungsanspruch nach dem Sachverhalt am Schlusse der Berufungsverhandlung begründet war (§ 561 I 1 ZPO.). Es hat daher eine Revision des Beklagten als unbegründet zurückzuweisen und ihm auch die Kosten des dritten Rechtszuges aufzubürden. So zutreffend RG. Bd. 128 S. 66. Entsprechendes gilt für die Widerklage des Verwalters (auf sie bezieht sich RG. aaO.). Ebenso würde das

---

[9]) Jaeger KO.[7] § 29 Anm. 60, § 41 Anm. 3a mit Rechtspr.

[10]) Siehe RG. Bd. 62 S. 200, Bd. 91 S. 90, Bd. 95 S. 224 und dazu Jaeger KO.[7] § 36 Anm. 15, § 41 Anm. 10.

Revisionsgericht zu erkennen haben, wenn der Verwalter die Anfechtbarkeit nur einredeweise (etwa gegenüber einer Klage auf abgesonderte Befriedigung aus einem während der Krise erworbenen Wertrecht) verfochten hätte. Letzternfalls würde der Gegner seine Revision nicht etwa mit der Behauptung stützen können, sein vom Berufungsgericht wegen Anfechtbarkeit aberkannter Anspruch sei nun begründet, weil die Anfechtbarkeit (des § 30 KO.) infolge Konkursbeendigung erloschen sei. Dem stünde wiederum der § 561 I 1 ZPO. entgegen, der es dem Revisionsgericht versagt, die nachträglich eingetretene Tatsache des Erlöschens der Anfechtbarkeit zu berücksichtigen. Ebendarum beschränkt sich aber auch die Rechtskraft auf den Sachverhalt am Ende der Berufungsverhandlung. Wollte daher der frühere Gemeinschuldner den auf Klage oder Widerklage des Konkursverwalters zuerkannten Rückgewähranspruch beitreiben, so könnte der Gegner der Vollstreckung nach § 767 (vgl. Abs. II) ZPO. wehren. In einem neuen Prozesse darf der Gegner das Erlöschen der Anfechtbarkeit geltend machen.

3. In Ansehung des konkursfreien Neuerwerbs steht den Konkursgläubigern die Einzelanfechtung und für ihren Bereich auch die Einzelvollstreckung trotz des § 14 KO. schon während des Konkurses frei (§ 13 V AnfG.).

V. Revisionsgericht in Sachen der Gläubigeranfechtung innerhalb und außerhalb des Konkurses ist seit 1900 ausschließlich das Reichsgericht (Art. IX EG.KNov.), während für das Konkursprivatrecht im übrigen dem bayrischen Obersten Landesgericht noch immer eine mit dem Reichsgericht konkurrierende Revisionszuständigkeit zukommt (§ 8 EG.GVG., §§ 7ff. EG.ZPO.).

Dritter Abschnitt.

Das Konkursverfahren.

§ 25.

1. Die Regelung im allgemeinen.

I. Gesamtgepräge.

Seinem einheitlichen Zwecke nach bildet das Konkursverfahren eine besondere Art des bürgerlichen Rechtsganges, aber eben nicht ein Erkenntnisverfahren, sondern ein Vollstreckungsverfahren. Das Konkursgericht als solches hat Rechtsstreitigkeiten nicht zu entscheiden und vollzieht die Feststellung der Konkursgläubigerrechte, soweit sie innerhalb des Konkursverfahrens stattfindet, lediglich in beurkundender, nicht in erkennender Amtstätigkeit. Die vor ihm stattfindenden Verhandlungen der Beteiligten, wie sie sich im Wahl-, Prüfungs-, Schluß- und Vergleichstermin abspielen, sind keine Streitverhandlungen vor dem „erkennenden" Gericht im Sinne des § 128 ZPO. und ebendarum auch nicht öffentlich im Sinne des § 169 GVG. Auch als Vollstreckungsverfahren reiht der Konkurs sich nicht etwa der „Zwangsvollstreckung" des achten Buches der ZPO. ein. Er tritt als gleichzeitige Erfassung alles beschlagsfähigen Schuldnervermögens zugunsten aller persönlicher Gläubiger unter grundsätzlichem Gleichrange selbständig neben die Zwangsvollstreckung einzelner Gläubiger in einzelne Zugriffsgegenstände unter Vorrang des Erstzugriffs[1]). Weiterhin bleibt wohl zu beachten, daß Sammlung, Verwertung und Ausschüttung der Teilungsmasse überhaupt nicht Aufgaben des Konkursgerichts sind. Die Gerichtstätigkeit beschränkt sich insoweit der Hauptsache nach auf Bestellung und Überwachung des Güterpflegers, der seinerseits keine staatliche Zwangsmacht ausübt und innenrechtlich mit anderen Selbstverwaltungsorganen (dem Gläubigerausschuß und der Gläubigerversammlung) zusammen wirkt[2]). So hat das Konkursgericht in erheblichem Umfange Verrichtungen wahrzunehmen, die begrifflich der freiwilligen, nicht der streitigen Rechtspflege angehören. Dem Endziele nach stellt sich aber das gerichtliche Verfahren als Unterart des Zivilprozesses dar. So wird es auch vom Gesetze behandelt, das ergänzend die Vorschriften des Prozesses, nicht die der freiwilligen Gerichtsbarkeit für maßgeblich erklärt (§ 72). Beispielsweise finden im Konkursverfahren allgemeine prozeßrechtliche Vorschriften über Verhandlungsleitung, Sitzungspolizei und Gerichtssprache, über Mitwirkung des Urkundsbeamten und Aufnahme von Protokollen

---

[1]) Die der Einzelvollstreckung (Singularexekution) eigentümliche Vorbedingung des vollstreckbaren Titels ist mit zweckentsprechender Gestaltung der Gesamtvollstreckung (Universalexekution) unvereinbar. Zugleich liegt darin, daß die letztere auch auf Antrag des Schuldners selbst stattfindet, ein wesentlicher Gegensatz zur Zwangsvollstreckung der ZPO. Seinem Zwecke als Zwangsbefriedigungsverfahren wird der Konkurs endlich auch dann gerecht, wenn er nicht in eine Verwertung und Verteilung der Masse, sondern in eine durch Zwangsvergleich bestimmte andere Befriedigungsart ausmündet.

[2]) Es gibt also kein konkursgerichtliches Verwertungsverfahren und kein konkursgerichtliches Verteilungsverfahren. Der Konkursverwalter schaltet nach pflichtmäßigem Ermessen unter persönlicher Verantwortlichkeit (§ 82) im allgemeinen Rahmen des Gesetzes. Dieses enthält Vorschriften in den §§ 118—125 über Ermittelung, Festlegung und Sicherung, in den §§ 127—137 über Verwaltung und Verwertung, in den §§ 149—172 über Verteilung der Masse.

in den Terminen des Konkurses, über Ausschließung und Ablehnung von Gerichtspersonen, über Prozeßfähigkeit, Vertretung und Beistandschaft, über die Art der Beweisaufnahme und über das Beschwerdeverfahren sinngemäße Anwendung[2a]).

II. **Die Haupteigentümlichkeiten** des Konkursverfahrens sind:

1. Die Mündlichkeit ist freigestellt (§ 73 I)[3]). Darum sind die Entscheidungen, die das Konkursgericht als solches erläßt, Beschlüsse, nicht Urteile. Als Rechtsmittel kommt dementsprechend nur die Beschwerde in Betracht, diese mit der Maßgabe, daß alle nicht für unanfechtbar erklärten Entscheidungen im Konkursverfahren der Beschwerde und zwar stets der sofortigen Beschwerde (im Sinne des § 577 ZPO.) unterliegen[4]). Beschwerdefähig können auch reine Zweckmäßigkeitsanordnungen sein, die das Konkursgericht nach freiem Ermessen zu treffen hat (etwa in Fällen der §§ 87 I, 135 II). Zur Beschwerde befugt ist jede Person, deren Rechtslage durch die Entscheidung beeinträchtigt (beschwert) wird, besonders ein abgewiesener Antragsteller[5]). Entscheidungen des Beschwerdegerichts werden erst wirksam mit Eintritt der Rechtskraft (§ 705 ZPO.), es sei denn, daß ihnen das Beschwerdegericht eigens eine sofortige Wirksamkeit beilegt (§ 74). Auf diese Weise soll wiederholter Wechsel in der Maßgeblichkeit folgenschwerer Beschlüsse verhütet werden. Hat etwa das Amtsgericht den Konkurs eröffnet, das Landgericht auf Beschwerde (§ 109) den Eröffnungsbeschluß aufgehoben, dann bleibt dieser mangels gegenteiliger Anordnung noch so lange wirksam, bis der Aufhebungsbeschluß des Landgerichts die Rechtskraft erlangt. Bestätigt hier das Oberlandesgericht auf weitere Beschwerde (§ 568 ZPO.) den amtsgerichtlichen Eröffnungsbeschluß, dann brauchen die Maßnahmen der §§ 110, 111 nicht neuerdings getroffen zu werden. Der Konkursbeschlag (§§ 6ff.) hat keine Unterbrechung erlitten.

2. Der Untersuchungsgrundsatz (die Offizialmaxime) gilt insofern, als das Konkursgericht nicht nur zur Vorbereitung der ihm obliegenden konkursleitenden Maßnahmen, wie der Eröffnung oder Einstellung des Verfahrens, der Bestätigung oder Verwerfung eines Zwangsvergleichs, sondern auch zur Klärung von anderen den Konkurs beeinflussenden Verhältnissen, wie etwa zu der vom Verwalter erbetenen Klärung der Aussichten einer im Ermessen des Verwalters stehenden Prozeßführung, die erforderlichen Ermittelungen anzuordnen ermächtigt und verpflichtet ist (§ 75). Unter diesem Gesichtspunkte kann das Konkursgericht schriftliche Auskünfte von Amts- und Privatpersonen einholen (vgl. § 272 b II Nr. 2 ZPO.), Akten und Buchauszüge beischaffen, Zeugen und Sachverständige prozeßordnungsmäßig vernehmen. Eingriffe in die Selbstverwaltung sind ihm damit nicht gestattet. Auch setzen wichtige Entschließungen (z. B. in Fällen der §§ 84, 99, 103, 202) einen Antrag Beteiligter voraus.

[2a]) Ebenso z. B. auch der § 319 ZPO. auf die Berichtigung eines offenbaren Irrtums im Konkurseröffnungsbeschlusse. Der eine solche Berichtigung ablehnende Beschluß ist nach § 319 III ZPO. unanfechtbar, weil im Bereiche dieser Sonderregelung für die Anwendbarkeit des § 73 III KO. kein Raum bleibt (OLG. Stuttgart v. 26. 2. 1931 JurRundsch. Nr. 1787). Entsprechend anwendbar ist auch der § 276 ZPO., der das um Konkurseröffnung angerufene Gericht zur Verweisung ermächtigt (zust. jetzt RG. Bd. 131 S. 198 für das Konkursabwendungsverfahren).

[3]) Wie für Entscheidungen des Vollstreckungsgerichts (§ 764 III ZPO.). Gegensatz: § 128 ZPO. Wo die KO. vorschreibt, die Beteiligten vor der Entscheidung zu „hören", wie z. B. in Fällen der §§ 84 II, 95, 101 II, 105 II, 203 II, verlangt sie nur, daß ihnen vorher Gelegenheit geboten werde, sich mündlich oder schriftlich zu äußern (vgl. den Wortlaut des § 136 IV GVG.).

[4]) Wie die Entscheidungen, die im Zwangsvollstreckungsverfahren ohne mündliche Verhandlung ergehen können (§ 793 ZPO.). Beschwerdefähig ist danach z. B. die gerichtliche Honorarfestsetzung in Fällen der §§ 85, 91 [siehe oben § 13 zu Note 26, dort auch über die Frage der Anwendbarkeit des § 568 III ZPO.]. Für unanfechtbar erklärt die KO. z. B. die Entscheidungen der §§ 163, 190. Die Anfechtbarkeit des Eröffnungsbeschlusses beschränkt sie subjektiv im § 109.

[5]) Dem Konkursverwalter kann die Beschwerde zustehen kraft eigenen Rechts (z. B. wegen allzu knapper Bemessung der ihm nach § 85 gebührenden Vergütung) oder wegen Verletzung der von ihm wahrzunehmenden fremden Belange (z. B. wenn das den Konkurs einstellende Gericht mit Unrecht Masseunzulänglichkeit im Sinne des § 204 angenommen hat). Die Beschwerdebefugnis des Gemeinschuldners oder eines einzelnen Gläubigers wird durch die des Konkursverwalters nicht verdrängt. Gläubigerausschuß und Gläubigerversammlung hat das Gesetz zu Beschwerden nicht ermächtigt. Beide ermangeln eigner Persönlichkeit.

3. Amtsbetrieb (Offizialbetrieb) findet insofern statt, als die Konkurstermine und die Anmeldefrist von Amts wegen zu bestimmen und bekanntzumachen (§§ 110f., 162, 179) und als alle Entscheidungen, auch die verkündeten (anders § 329 III ZPO.), den Beteiligten von Amts wegen zuzustellen sind (§ 73 II). Durch öffentliche Bekanntmachung werden die Einzelzustellungen ersetzt (§ 76).

Die öffentliche Bekanntmachung spielt nach der Natur des Konkurses eine bedeutsame Rolle im Verfahren. Sie geht regelmäßig vom Konkursgericht (Hauptfälle: §§ 81, 93, 98, 111, 116, 163, 190, 198, 203, 205), vereinzelt vom Konkursverwalter aus (§ 151), muß mindestens einmal im Amtsverkündungsblatte des Konkursgerichts erscheinen und gilt als bewirkt mit Ablauf des zweiten Tages seit der Ausgabe (d. h. dem tatsächlichen Erscheinen) des die Anzeige oder (bei wiederholtem Einrücken) die erste Anzeige enthaltenden Amtsverkündungsblattes (§ 76 I). Das Konkursgericht kann nach Ermessen weitere Veröffentlichungen durch andere Blätter (z. B. Lokalzeitungen) oder in anderer Weise (z. B. Anschlag an die Gerichtstafel, im Gemeindehaus, auf der Börse) anordnen (§ 76 II). Die öffentliche Bekanntmachung wirkt als Zustellung an alle Beteiligten, sogar in solchen Fällen, in denen (wie z. B. nach § 111 III) eine besondere Zustellung stattfinden soll (§ 76 III). Dieser wichtige und zweckmäßige Rechtssatz ermöglicht es, alle Einzelzustellungen (vgl. § 73 II) durch eine einheitliche Bekanntmachung zu erübrigen und eine einheitlich beginnende Beschwerdefrist gegenüber allen Beteiligten in Lauf zu setzen (§ 76 I 2 KO. mit § 577 II 1 ZPO.). Wo das Gesetz (wie im § 111 III) Sonderzustellungen vorschreibt, hat das Gebot neben der öffentlichen Bekanntmachung nur den Sinn einer Ordnungsvorschrift. Verstöße beeinträchtigen also die Wirksamkeit der in der Bekanntmachung zu erblickenden Zustellung nicht. Nach § 77 können jene Sonderzustellungen schon durch Aufgabe zur Post (Einwurf in den Briefkasten, Einlieferung am Postschalter, §§ 175, 213 ZPO.) im Gegensatze zur tatsächlichen Vollziehung „durch die Post" bewirkt werden[6]).

4. Auf den Konkurs und auf das gerichtliche Konkursabwendungsverfahren haben die Gerichtsferien (wie auf die Zwangsvollstreckung) keinen Einfluß. § 202 GVG.

5. Das Konkursverfahren wird eröffnet und beendigt durch rechtsförmliche Beschlüsse des Konkursgerichts. Die Eröffnung setzt stets einen Antrag voraus.

§ 26.

2. Das Konkursgericht.

I. Zuständigkeit.

1. Mit den Verrichtungen des Konkursgerichts hat das Reich die Amtsgerichte, also Einzelgerichte, betraut. Die Zuständigkeit ist wie alle Verrichtungszuständigkeit eine ausschließliche. Örtlich und zwar ebenfalls ausschließlich ist zuständig das Amtsgericht der gewerblichen Niederlassung (d. h. der zum unmittelbaren und selbständigen Geschäftsabschluß ermächtigten Betriebsstelle, vgl. § 21 ZPO.), der einzigen oder der Hauptniederlassung des Schuldners, bloß ergänzend das Amtsgericht seines allgemeinen Gerichtsstandes (§ 71 I „seine" gegen § 238 I „eine"). Hat also z. B. ein Kaufmann seinen Wohnsitz in einem Vororte Berlins, die gewerbliche Niederlassung aber im Stadtinnern, dann ist nur das Amtsgericht der Niederlassung zuständig. Die Maßgeblichkeit des Wohnsitzes wäre hier zweckwidrig. Sind an sich mehrere inländische Amtsgerichte örtlich zuständig, weil z. B. der Schuldner einen mehrfachen Wohnsitz hat (§ 7 II BGB. mit § 13 ZPO.), so entscheidet der Erstantrag (§ 71 II)[1]).

---

[6]) Einige wichtige Beschlüsse müssen auszugsweise auch durch den Reichsanzeiger veröffentlicht werden (§§ 111 II, 116, 163 III, 190 III, 198 II, 205 II). Der nicht unerhebliche Kostenaufwand war vorübergehend unterbunden worden. VO. v. 14. Februar 1924 § 3 I (RGBl. I S. 119), wieder aufgehoben durch VO. v. 26. Juni 1925 (RGBl. I S. 88); siehe auch LZ. 1924 Sp. 8.

[1]) Also die erste Beantragung, nicht die erste Eröffnung des Konkurses. Der Antrag legt die Zuständigkeit fest; ein späterer Wandel der sie begründenden Umstände (z. B. Wegzug des Schuldners), hebt die Zuständigkeit nicht auf (§ 72 KO. mit § 263 Nr. 2 ZPO.). Die Rechtskraft des Eröffnungsbeschlusses heilt jeden Mangel der Zuständigkeit. Abweichend vom § 71 bestimmt der § 214 (vgl. § 236) den Gerichtsstand des Nachlaßkonkurses.

Im Auslande sind noch vielfach Kollegialgerichte mit den Aufgaben des Konkursgerichts betraut. Nach Durchführung des Gedankens der Selbstverwaltung und nach Beseitigung der vis attractiva concursus [oben S. 10] war es angemessen, dem Einzelrichter nicht nur die obervormundschaftliche (Anordnung und Überwachung der Güterpflege), sondern auch die noch verbliebene prozessuale Richtertätigkeit zuzuweisen. Eine Abschiebung von Richteraufgaben auf Urkundsbeamte der Geschäftsstelle, wie sie a. VI EntlG. für die wichtigsten Funktionen des Vollstreckungsgerichts vorsieht, ist nicht zugelassen.

2. Hat der Schuldner im Deutschen Reiche keinen allgemeinen Gerichtsstand, aber „eine" gewerbliche Niederlassung, so ist beim Gerichte dieser Niederlassung ein Inlandskonkurs möglich, jedoch nur in Beschränkung auf das Inlandsvermögen (§ 238 I). Wenn der Schuldner im Reiche weder einen allgemeinen Gerichtsstand noch eine Niederlassung hat, aber ein Gut bewirtschaftet oder für sich bewirtschaften läßt, so kann beim Amtsgericht der Gutswirtschaft ein Konkurs über das Inlandsvermögen eröffnet werden (§ 238 II). Fehlt auch ein solches Gut im Inlande, so ist das Inlandsvermögen dem Konkurse verschlossen und nur Zwangsvollstreckungen zugänglich. Dies alles gilt ohne Rücksicht darauf, ob der Schuldner Inländer oder Ausländer ist, ob seine Gläubiger Inländer oder Ausländer sind.

II. Aufgaben.

1. Begrifflich lassen sich zwei verschiedenartige Gruppen von Obliegenheiten des Konkursgerichts unterscheiden:

a) Prozessuale Aufgaben des Konkursgerichts sind besonders die Eröffnung (§§ 102ff.) und Beendigung des Konkursverfahrens (§§ 163, 190, 202ff.), die Anordnung der Zwangshaft und anderer Sicherheitsmaßregeln (§§ 101, 106, 110, 113), die Entscheidung über ungewisse Stimmrechte (§§ 95, 96) und über Einwendungen gegen die Verteilungspläne des Verwalters (§§ 158, 162)[2].

b) Dagegen gehört begrifflich der freiwilligen Gerichtsbarkeit an die Ernennung und Überwachung des Verwalters (§§ 78ff., 110), die Bestellung eines vorläufigen Gläubigerausschusses (§ 87), die Honorarfestsetzung (§§ 85, 91), die Berufung und Leitung der Gläubigerversammlungen (§§ 93ff., 110, 179; vgl. § 99), die Beurkundung des Prüfungsergebnisses (§ 145), die Hinterlegungsanordnung (§ 169) und die Bestätigung oder Verwerfung eines Zwangsvergleichs (§§ 184ff. KO.)[3].

2. Nach positivem Recht unterliegen „Entscheidungen im Konkursverfahren", auch soweit sie begrifflich Administrativakte darstellen, der sofortigen Beschwerde des Zivilprozesses (§§ 73 III, 72 KO. mit § 577 ZPO.), nicht etwa — wie Beschlüsse des Vormundschaftsgerichts — dem Beschwerdeverfahren der freiwilligen Gerichtsbarkeit (§§ 19ff., 57ff. FGG.). So z. B. auch die Ernennung des Konkursverwalters (§ 78 I), die Festsetzung seiner Gebührnisse (§ 85), die Bestätigung oder Verwerfung des Zwangsvergleichs (§ 189). Einzelne Entscheidungen sind für unanfechtbar erklärt (z. B. §§ 95, 96, 163, 190).

3. Scharf zu trennen von der Tätigkeit des Konkursgerichts als solchen sind Verrichtungen, die „das Amtsgericht, bei welchem das Konkursverfahren anhängig ist", als Vollstreckungsgericht (§ 125) oder als Prozeßgericht (§§ 146 II, 164 III, 206) wahrzunehmen hat.

4. Für Schädigungen der Beteiligten durch Amtspflichtverstöße des Konkursrichters haftet dem Verletzten das Land, dem Lande der Richter (a. 131 RV. mit § 839 BGB., a. 77 EG.BGB.)[4].

---

[2]) Rechtsstreitigkeiten, die aus Anlaß des Konkurses über behauptete Aus- oder Absonderungs-, Anfechtungs-, Konkurs- oder Massegläubigerrechte entstehen, sind außerhalb des Konkursverfahrens vor den zuständigen Prozeßgerichten auszutragen. Siehe oben S. 10 Note 4.

[3]) Vgl. die Parallele der §§ 1774, 1789, 1822 Nr. 12, 1837, 1886ff., 1915 BGB., § 35 FGG.

[4]) Ein Beispiel aus der Praxis unten § 27 Note 15.

§ 27.

3. Das Eröffnungsverfahren.

I. Die Konkursvoraussetzungen.

Der Konkurs hat seine besonderen Zulässigkeitserfordernisse. Er darf nur eröffnet werden, wenn ein ausreichender sachlicher Grund und ein ordnungsmäßiger Antrag vorliegt.

1. **Konkursgrund** ist in der Regel die Zahlungsunfähigkeit, d. h. das auf dem Mangel von Zahlungsmitteln beruhende andauernde Unvermögen des Schuldners, seine fälligen Geldverbindlichkeiten im wesentlichen noch zu berichtigen. Der Zustand der Zahlungsunfähigkeit kann auf verschiedene Weise kund werden. Seine Haupterscheinungsform — nicht einen selbständigen Konkursgrund — bildet die Zahlungseinstellung des Schuldners (§ 102). Die Zahlungsunfähigkeit kann sich aber auch anders als im Verhalten des Schuldners offenbaren [oben S. 144].

Verschieden von der Zahlungsunfähigkeit (Insolvenz) ist die Überschuldung (Insuffizienz), d. h. das Überwiegen der Passiven über die Aktiven[1]). Da die werbende Kraft der menschlichen Persönlichkeit und das ihr geschenkte Vertrauen (ihr Kredit) im Verkehrsleben Vermögen bedeuten, wäre es verfehlt, bei natürlichen Personen und bei Gesellschaften mit persönlichem Grundgepräge, wie bei der offenen Handelsgesellschaft (§ 209 I), die Überschuldung als Konkursgrund genügen zu lassen. Anders liegt die Sache bei der kapitalistischen Gesellschaft und beim Nachlasse. Bei ersterer, besonders bei der Aktiengesellschaft, ist auch die Überschuldung (§§ 207, 213 KO., vgl. § 63 I GmbHG.), beim Nachlasse nur die Überschuldung Konkursgrund (§§ 215, 236): dort droht die Weiterführung des Unternehmens Gläubigern und Aktionären zum Unheil zu gereichen; hier liegt eine in ihrer Entwicklung abgeschlossene Haftungsmasse vor.

Der Konkursgrund des gemeinen Rechts war die Überschuldung (Vermögensunzulänglichkeit). Nach dem Vorgang italischer Stadtrechte hat Frankreich für den kaufmännischen Konkurs der Zahlungsunfähigkeit entscheidendes Gewicht beigelegt, aber so, daß es nicht diese selber, sondern ihre Haupterscheinungsform, die Zahlungseinstellung (cessation des paiements), zum Konkursgrunde stempelte. Noch heute beherrscht die Regelung des a. 437 c. com. weite Gebiete des Auslandes. Unser § 102 sucht sie zu verbessern: Konkursgrund ist die Zahlungsunfähigkeit, Zahlungseinstellung ihr wichtigstes, aber nicht ihr einziges Kennzeichen. Die Überschuldung, wie das wiederholt im Reichstag beantragt wurde, auch bei natürlichen Personen als Konkursgrund genügen zu lassen, wäre ein Rückschritt schlimmster Art, der einem kapitalschwachen Unternehmer den Aufstieg, einem notleidenden, wenn auch noch so gut kreditierten, die Rettung verschränken und die Zahl der Konkurse verhängnisvoll steigern müßte. Das neue österreichische Recht folgt im § 68 KO. v. 1914 fast wörtlich unserm § 102. Die hier wie dort erörterte Streitfrage, ob die Zahlungseinstellung eine widerlegbare oder eine unwiderlegbare Vermutung der Zahlungsunfähigkeit bilde, ist müßig. Im Bereiche des Untersuchungsgrundsatzes (§ 75) haben Erleichterungen der Beweisführung überhaupt keinen Sinn. Die Bedeutung des § 102 II liegt darin, gegenüber einer die vorausgehenden Gesetze beherrschenden Begriffsverwirrung klarzulegen, daß die Zahlungseinstellung nicht selber Konkursgrund, sondern nur ein Anzeichen (wenn auch das weitaus wichtigste) des Konkursgrundes ist. Vorgespiegelte Zahlungseinstellung bindet den Richter nicht. Echte hat ihren Grund in der Zahlungsunfähigkeit. Ihr gegenüber kommt begrifflich eine Widerlegung nicht in Frage. Zur Zahlungsunfähigkeit gehört andauernder, nicht nur vorübergehender Mangel an Barmitteln. Wenn eine Sparkasse vor dem plötzlichen Ansturme der verängstigten Einleger ihren Betrieb schließt, aber nach kurzer Stockung wieder über die erforderlichen Barmittel verfügt, war ihr Leistungsunvermögen keine Zahlungsunfähigkeit, die Schließung des Geschäfts keine Zahlungseinstellung [oben S. 144]. Auch muß das Unvermögen die fälligen Geldschulden im allgemeinen treffen. Vereinzeltes Ausbleiben der Leistung genügt nicht, vereinzeltes Leisten aber ist mit dem Begriffe der Zahlungsunfähigkeit vereinbar. Ein Unternehmer, der seine Alltagsbedürfnisse bar bestreitet, seine Angestellten pünktlich entlohnt

[1]) Dabei zählen auch nicht fällige (gestundete) Verbindlichkeiten mit. Der Schuldner kann trotz Überwiegens der Passiven zahlungsfähig sein, weil er Kredit genießt, und trotz Überwiegens der Aktiven zahlungsunfähig, wenn die Aktiven (etwa als Liegenschaften zur Zeit einer Grundstückskrise, als derzeit unkündbare Hypotheken, als Auslandswerte) zur Befriedigung der drängenden Gläubiger nicht bereit stehen. Zahlungsmittelknappheit und Kreditnot zeitigen viele Fälle von Zahlungsunfähigkeit ohne Überschuldung. Bei normaler Lage der Volkswirtschaft fallen Zahlungsunfähigkeit und Überschuldung meist zusammen.

und vielleicht sogar einzelne erheblichere Rückstände zu zahlen vermag, ist gleichwohl zahlungsunfähig, wenn er die Allgemeinheit seiner drängenden Gläubiger nicht rechtzeitig befriedigen kann. Besonderheiten, wie die des Genossenschaftskonkurses, sind später zu erörtern.

Das Konkursverfahren ist, wie schon der Name concursus creditorum anzeigt, auf eine Mehrheit konkurrierender Gläubiger angelegt. Daß sich aber eine solche Mehrheit melde, setzt unsere KO. nicht voraus. Der Konkurs bietet auch zugunsten eines einzelnen Gläubigers die Möglichkeit, das gesamte Schuldnervermögen auf einmal in Beschlag zu nehmen und die Haftungsmasse im Wege der besonderen Konkursanfechtung des § 30 zu erweitern[2]).

2. Zum **Konkursantrag** ist regelmäßig sowohl der (künftige) Gemeinschuldner als jeder (künftige) Konkursgläubiger berechtigt (§ 103). Der Antrag kann schriftlich eingereicht oder zu Protokoll der Geschäftsstelle erklärt werden (vgl. § 496 II ZPO.). Der Schuldner hat den Antrag durch Vorlage einer Vermögensübersicht zu stützen (§§ 104, 101 II). Die Zulässigkeit eines Gläubigerantrags setzt Glaubhaftmachung der Konkursforderung und des Konkursgrundes voraus (§ 105 I). Sofort nach der Antragstellung kann das Konkursgericht zweckdienliche Sicherungsmaßnahmen treffen, Siegelanlage, Sequestration wertvoller Vermögensstücke, Inhaftnahme des Schuldners verfügen und namentlich ein allgemeines Veräußerungsverbot an diesen erlassen (§ 106).

Die freiwillige und rechtzeitige Konkursbeantragung durch den Schuldner selbst wird weder durch Inaussichtstellung rechtlicher Vorteile gefördert noch im Regelfalle durch Androhung rechtlicher Nachteile erzwungen. Nur vereinzelt wirkt die Verschleppung des Antrags auf Einleitung des gerichtlichen Verfahrens sich nachteilig aus (§§ 187, 240 Nr. 2 KO., § 22 Nr. 4 VerglO.). Die Güterabtretung (cessio bonorum) hat der § 4 EG.KO. als gesetzliche Einrichtung beseitigt. Die noch gemeinrechtlich mit ihr verknüpfte Rechtswohltat des Notbedarfs gegenüber älteren Ansprüchen ersetzen die reichsrechtlichen Pfändbarkeitsbeschränkungen[3]).

In besonderen Fällen hat jedoch das Reichsrecht (außerhalb der Konkursordnung, nicht diese selbst) eine **Pflicht** zur Konkursbeantragung ausgesprochen. So für die Organe juristischer Personen des bürgerlichen und des öffentlichen Rechts bei Überschuldung, für die Organe handelsrechtlicher Körperschaften bei Überschuldung und bei Zahlungsunfähigkeit, für Erben und Nachlaßverwalter (aber seltsamerweise nicht für Testamentsvollstrecker) bei Nachlaßüberschuldung. Diese Pflicht steht unter strenger Verantwortlichkeit für den durch ihre Versäumung verursachten Schaden, bei den handelsrechtlichen Körperschaften auch unter schwerer Strafbarkeit und hat sich als ein zweischneidiges Schwert erwiesen. Gedacht als Maßnahme zum Schutze der Gläubiger, bei Körperschaften auch der Mitglieder, wirkte sie sich nur allzuoft zum Unsegen derer aus, die sie schützen sollte. Sie vereitelte Sanierungen und förderte den Zusammenbruch. Durch Verordnungen der Kriegs- und Nachkriegszeit war sie daher in bestimmten Grenzen ausgeschaltet worden[4]). Ein Gesetz vom 25. März 1930 (RGBl. I S. 93) „über die Pflicht zum Antrag auf Eröffnung des Konkurses oder des gerichtlichen Vergleichsverfahrens" hat einerseits „die zeitweilige Außer-

[2]) Siehe RG.Zivils. Bd. 11 S. 42, Straff. Bd. 39 S. 327. Das österreichische Recht fordert eine Mehrheit von mindestens zwei Konkursgläubigern oder (bezeichnenderweise) ein Konkursgläubigerrecht und einen Anfechtungsanspruch (§ 73 KO. v. 1914). Den Mehrheitsmangel behandelt es als „Konkurshindernis" im Sinne von II.

[3]) Über die Entartung der cessio bonorum und über die Entwicklung im spanischen Recht siehe Kohler Leitfaden² S. 9f., 25f.; über das aus der cessio bonorum hervorgegangene concordat par abandon unten 225 Note 1.

[4]) Durch VO. v. 8. August 1914 (RGBl. S. 365) bei handelsrechtlichen Körperschaften für den Fall der Zahlungsunfähigkeit (nicht auch der Überschuldung), durch VO. v. 28. April 1920 (RGBl. S. 696) i. F. des Ges. v. 24. Dezember 1922 (RGBl. 1923 I 21) überall für solche Überschuldung, die sich aus Fremdwährungsverbindlichkeiten oder Goldklauseln infolge des Marksturzes ergab. Auch für solche Überschuldungen, die sich bei Aufstellung der Goldmarkeröffnungsbilanz errechneten, entfiel zeitweilig die Konkursantragspflicht der Organe einer Aktiengesellschaft, Kommanditaktiengesellschaft oder GmbH. (§ 14 VO. v. 28. Dezember 1923, RGBl. I 1253). In allen diesen Fällen war aber die Konkursantragsbefugnis des Schuldners und seiner Gläubiger unberührt geblieben. Neuestens ermächtigt der Reichspräsident in der Vierten NotVO. v. 8. Dezember 1931 (RGBl. I S. 699) 4. Teil V. Kap. a. 1 § 1 „mit Rücksicht auf die Wirtschaftskrise" die Reichsregierung zu besonderen Bestimmungen „über die Pflichten, die sich im Zusammenhang mit der Aufstellung einer Bilanz ergeben" (RGBl. aaO. S. 715).

kraftsetzung" der Antragspflichten aufgehoben (a. I), andrerseits aber die im BGB., HGB., GmbHG. und GenG. geregelten Antragspflichten dahin gemildert, daß bei Zulässigkeit des gerichtlichen Konkursabwendungsverfahrens wahlweise entweder dieses oder der Konkurs beantragt und daß der Antrag nicht ohne jedes, sondern nur ohne schuldhaftes Zögern gestellt werden muß (a. II—V)[5]). Im Notverordnungswege sind schließlich die Antragsfristen des § 240 II HGB. und des § 64 I 1 GmbHG. von zwei auf drei Wochen erweitert worden (VO. v. 1. u. v. 6. August 1931, RGBl. I S. 419, 433). Überall ist es nur der Schuldner oder ein Schuldnervertreter, nicht ein Gläubiger, den die Antragspflicht trifft. Nirgends wird der Antrag durch eine dem Konkursgericht zur Amtspflicht gemachte Eröffnung des Verfahrens ersetzt [siehe aber die Besonderheit unter 3]. Da Stundungen zwar den Eintritt der Zahlungsunfähigkeit aufhalten, nicht aber die Tatsache der Überschuldung ausräumen können, besteht die Pflicht, wegen Überschuldung den Konkurs zu beantragen, auch dann, wenn die den Aktivbestand des Schuldnervermögens überwiegenden Passiven noch gar nicht fällig, vielleicht in ihrer Allgemeinheit gestundet sind. Die außergerichtliche Sanierung wird damit verhindert.

Umgekehrt entfällt sogar die private Berechtigung zum Konkursantrage bei Versicherungsaktiengesellschaften und Versicherungsvereinen auf Gegenseitigkeit sowie bei Bausparkassen. Den Konkurs einer solchen Anstalt darf nur die Aufsichtsbehörde beantragen, damit die von ihr eingeleiteten Sanierungsmaßnahmen nicht etwa durch unzweckmäßige Konkursanträge der Schuldner- oder Gläubigerseite durchkreuzt werden können. §§ 88, 89, 93 I Nr. 10, 112 I, 133 III AufsG. v. 6. Juni 1931 (RGBl. I S. 315)[6]).

3. Konkurseröffnungen von Amts wegen lehnt das Gesetz mit Recht ab. Ältere und ausländische Regelungen gegenteiligen Inhalts haben sich als sachwidrig erwiesen[7]). Doch kommt es einer Konkurseröffnung von Amts wegen sehr nahe, wenn der Vergleichsantrag kraft gesetzlicher Unterstellung als nicht rücknehmbarer Konkursantrag des Schuldners zu behandeln ist. Dies soll geschehen in Fällen, in denen der Vergleichsantrag abgelehnt, das Vergleichsverfahren eingestellt oder der Vergleich verworfen wird (§§ 24, 71, 80 VerglO.). Alsdann muß das Gericht „zugleich über die Eröffnung des Konkurses entscheiden". Das bedeutet aber nicht: nun ohne weiteres den Konkurs eröffnen, sondern zunächst einmal prüfen, ob derzeit wirklich auch die sonstigen Konkursvoraussetzungen erfüllt sind. Fehlt es etwa an einer die Kosten deckenden Masse oder hat der Schuldner inzwischen (vielleicht im Wege außergerichtlicher Verständigung mit seinen Gläubigern) die Zahlungsunfähigkeit überwunden, dann darf das Gericht den Konkurs selbstverständlich nicht eröffnen und, solange insoweit Zweifel bestehen, muß es seine Entscheidung aufschieben[8]). Im Einklange mit der gesetzlichen Deutung des Vergleichsantrags als Konkursantrag des Schuldners steht der Satz des § 87 I VerglO., daß eine Kenntnis vom Vergleichsantrag anfechtungsrechtlich wie die Kenntnis des Konkursantrags zu behandeln sei [oben S. 145].

---

[5]) Wer der gesetzlichen Alternativpflicht dadurch genügt hat, daß er die Eröffnung des gerichtlichen Vergleichsverfahrens beantragte, braucht, wenn dieser Antrag abgelehnt wird oder das daraufhin eröffnete Vergleichsverfahren scheitert, nicht etwa noch eigens den Konkursantrag zu stellen. Der Vergleichsantrag wird ja, wenn der Rettungsversuch scheitert, kraft Gesetzes in einen Konkursantrag umgedeutet [siehe den Text unter 3]. Cahn LZ. 1931 Sp. 1022. Wo das Vergleichsverfahren unzulässig ist, verbleibt es bei der ausschließlichen Konkursantragspflicht. So für Liquidatoren im Rahmen der §§ 88, 91 VerglO.

[6]) Bei Versicherungsunternehmungen und Bausparkassen tritt an Stelle der Konkursantragspflicht die unter besonderem Strafschutz stehende Verbindlichkeit der Organe, den Konkursgrund der Aufsichtsbehörde anzuzeigen (§§ 88, 112, 129, 130, 141 AufsG. i. F. v. 6. Juni 1931). Das gerichtliche Vergleichsverfahren zur Abwendung des Konkurses findet bei diesen Anstalten nicht statt, da die Sanierung amtliche Angelegenheit der Aufsichtsbehörde ist (§ 94 VerglO., § 120 AufsG.). Siehe unten S. 221.

[7]) So der dem französischen Recht entstammende, noch von der preuß. KO. (1855) festgehaltene Satz, daß der kaufmännische Konkurs um entfernter Gläubiger willen auch ohne Antrag eröffnet werden könne. Siehe Motive zum Entw. der KO. S. 325 f. Das neuzeitliche Konkursrecht (Österreich, Schweiz, Holland, England, Vereinigte Staaten usw.) verwirft die Konkurseröffnung von Amts wegen.

[8]) Sonst ergeben sich Absonderlichkeiten wie im Falle KonkTreuh. 1929 S. 34 f., wo das Vergleichsgericht trotz eines unterdessen erzielten Güteausgleichs den Konkurseröffnungsbeschluß erließ.

II. Konkurshindernisse.

Auch wenn der Konkursgrund vorliegt, können der Erwirkung des Konkurses Umstände im Wege stehen, die — solange sie nicht überwunden werden — eine Eröffnung des Verfahrens ausschließen. Sie hemmen die Zulässigkeit des Konkurses. Dahin gehört:

1. Das gerichtliche **Vergleichsverfahren.** Weil es gerade den Zweck verfolgt, den Konkurs abzuwenden, muß es dessen Statthaftigkeit hindern. Diesem Gedanken verleiht der § 31 VerglO. Ausdruck in dem Gebote, von der Vergleichsbeantragung ab bis zur rechtskräftigen Erledigung des Vergleichsverfahrens Konkursanträge (eines Gläubigers) auszusetzen. Der Schutz dient dem Schuldner. Erwirkt dieser die Einstellung des Vergleichsverfahrens (§ 79 I Nr. 1 VerglO.), dann räumt er auch das Konkurshindernis aus. Andrerseits kann er den Konkurs auch noch aufhalten, wenn ihn ein Gläubiger bereits beantragt hat (§ 1 III VerglO.). Im einmal eröffneten Konkurse wäre der Vergleichsantrag nicht mehr zulässig. Anfechtungsrechtliche Bedeutung (§ 30 KO.) kann der in seiner Wirksamkeit gehemmte Gläubigerkonkursantrag als solcher gewinnen, wenn es beim Scheitern der Rettungsversuche zu einer Ablehnung der Konkurseröffnung mangels Masse kommt und nun der Antragsteller den Konkursantrag unter Kostenvorschuß wieder aufnimmt[9]). Wird auf den unterstellten Schuldnerantrag der Konkurs eröffnet, dann ist der Gläubigerantrag endgültig gegenstandslos geworden[10]).

2. Die **Unzulänglichkeit** der Masse zur Kostendeckung (§ 107). Da der Staat für die Kosten des Konkursverfahrens ebensowenig einsteht wie für die Kosten eines sonstigen Zivilprozesses, hat[11]) das Konkursgericht den Konkursantrag abzuweisen, wenn nach richterlichem Ermessen die vorhandenen Mittel nicht einmal den Kostenaufwand des Verfahrens decken. So z. B. wenn die Überlastung des vorhandenen Vermögens (vielleicht mit dem gesetzlichen Vermieterpfandrecht oder auf Grund von Sicherungsübereignungen) feststeht. Dieses Konkurshindernis wird, was namentlich bei begründeter Aussicht auf Wiedergewinn von Massewerten im Anfechtungswege bedeutsam ist, überwunden durch freiwilligen **Vorschuß** eines die Massekosten des § 58 Nr. 1, 2 deckenden Betrags, einerlei, wer das Geld aufbringt[12]). Schuldner mit unzulänglicher Masse hat das Konkursgericht für fünf Jahre in die sog. schwarze Liste einzutragen[13]).

a Durch den Kostenvorschuß soll die Eröffnung des Konkurses ermöglicht werden. Ob es gelingt, ihn durchzuführen, ist eine spätere Sorge. Schon die Eröffnung bietet den hohen Gewinn, daß nun die wichtigste Anfechtungsart, die besondere Konkursanfechtung (§ 30), erschlossen und die Gleichbehandlung der persönlichen Gläubiger angebahnt wird. Sonst hätte der Schuldner die Macht, durch noch so unlautere Verschiebung seiner Zugriffsmittel Konkurs und Konkursanfechtung zu hintertreiben. Ist das Verfahren einmal eröffnet, dann mag die Gemeinschaft der Interessenten sehen, wie sie den Kostenaufwand der erforderlichen Prozesse und des einstweiligen Fortbetriebs der Unternehmung des Schuldners aufbringt. Dem Antragsteller allein ist das nicht zuzumuten. Unter diesem Gesichtspunkt löst sich die Streitfrage über den Umfang des Kostenvorschusses. Es liegt nahe zu folgern: da die Masseschulden den Massekosten vorgehen (§ 60), „decke“ die Massekosten nur ein Vorschuß, der auch die voraussichtlich unvermeid-

---

[9]) Jaeger KO.[7] § 30 Anm. 16a.

[10]) Einer förmlichen Rücknahme durch den Gläubiger bei Gefahr der „Abweisung“ (Kiesow, VerglO.[3] § 31 Anm. 5) bedarf es wohl nicht. Zweckmäßiger wird umgekehrt anzunehmen sein, daß über den ausgeschalteten Gläubigerkonkursantrag nur zu erkennen ist, wenn er nach Wegfall des Hemmnisses wieder aufgenommen wird.

[11]) Die Ermächtigung des Gerichts, den Antrag abzuweisen („kann“, § 107 I 1), wird zur Amtspflicht, sobald die Unzulänglichkeit der Masse zur Kostendeckung feststeht. Auch sonst (z. B. im § 75) hat das Wort „kann“ diesen Sinn. In zweifelhaften Fällen empfiehlt sich die Eröffnung, zumal der Mangel auch in einem späteren Stadium noch zu berücksichtigen ist (§ 204). Bei Prüfung der Massezulänglichkeit sind erreichbare Auslandsbestandteile der Masse in Rechnung zu stellen.

[12]) Es geht aber nicht an, die künftige Rückgewähr, auch die bestimmt erhoffte, bei Prüfung der Massezulänglichkeit ohne weiteres als Aktivposten anzusetzen. Dem steht das Kostenrisiko der Masse entgegen (§ 59 Nr. 1). — Wer den Vorschuß leistet, rückt entsprechend dem § 774 BGB. in die Rangstelle des durch den Vorschuß gedeckten Massegläubigers ein.

[13]) Der § 107 II KO. entspricht dem § 915 ZPO. Das Verzeichnis steht jedermann zur Einsicht offen. Es müßte aber, wenn es den Zweck der Sicherung des Kreditwesens erreichen sollte, auf Staatskosten bekanntgemacht werden.

baren Masseschulden sicherstelle. Diese Erwägung hat den Gerichtsgebrauch zu geradezu abenteuerlichen Vorschußforderungen verleitet. Dem stehen aber Fassung und Zweck des Gesetzes entgegen. Der § 107 I 2 verlangt nur den Vorschuß eines die Kosten des § 58 Nr. 1, 2 deckenden Betrags und stellt eben damit (ohne Rücksicht auf den § 60) den vorgeschossenen Betrag unter die ausschließliche Verwendung für den gesetzlichen Zweck. Ihm allein hat der Verwalter bei eigner Verantwortlichkeit (§ 82) die vorgeschossenen Gelder zuzuführen. Nur so wird es möglich, den Vorschuß in einer dem Antragsteller zumutbaren Höhe zu halten, und die Vorteile der Konkurseröffnung zu erzielen[14]). Eine Einstellung des eröffneten Konkurses nach § 204 bleibt dem Gericht allezeit vorbehalten.

Vom freiwilligen Vorschusse des § 107 I KO. sind die vom Antragsteller nach Maßgabe der §§ 74, 78, 84 GKG. vorzuschießenden Gebühren und Auslagen zu unterscheiden. Jener geht über das Gericht an den Verwalter, diese behält die Staatskasse ein. Kraft Armenrechts oder kraft Gebührenfreiheit wird die Vorschußlast des § 107 KO. im Gegensatze zum § 74 IV GKG. nicht ausgeschaltet.

Der Vorschuß des § 107 KO. bedeutet ein durch Vorauszahlung verwirklichtes Einstehen für fremde Schuld, eben für die Massekosten des § 58 Nr. 1, 2. So löst sich die Frage nach der Rechtsstellung, die der Vorschußleistende im Konkursverfahren einnimmt. Er rückt entsprechend einem Bürgen (§ 774 BGB.) kraft Gesetzes in die Rangstelle des von ihm gedeckten Masseanspruchs ein. Eine ungerechtfertigte Bereicherung der Masse (§ 59 Nr. 3) liegt nicht vor.

Nach § 107 II hat das Konkursgericht die schwarze Liste zu führen. Der Amtsrichter muß sich also selbst um die folgenschwere Eintragung bekümmern, wie ihm dies auch noch besonders durch Dienstanweisungen der Länder zur Pflicht gemacht wird. Die Eintragung selbst ist keine Entscheidung im Sinne des § 73 III KO., wohl aber unterläge der die Löschung einer beanstandeten Eintragung ablehnende Beschluß der sofortigen Beschwerde. Es ist vorgekommen, daß durch Versehen der Geschäftsstelle statt des Schuldners der Gläubiger auf die schwarze Liste gesetzt und erheblich geschädigt wurde. Die spätere Löschung hat den Schaden nicht ausgeglichen. Mit Recht wurde anerkannt, daß der Staat die Verschuldung des verantwortlichen Beamten zu vertreten habe. Denn auch die rechtspolizeiliche Tätigkeit der Führung des Schuldnerverzeichnisses ist Ausübung öffentlicher Gewalt im Sinne des a. 131 RV. (§ 839 BGB., a. 77 EG.BGB.)[15]).

III. Einfluß des Ausgleichsverfahrens.

Forderungen gegen einen Deutschen, die nach a. 296 Nr. 1—4, 72 Versailler Diktat dem Ausgleichsverfahren unterliegen, sind in einem auf anderweiten Antrag eröffneten Inlandskonkurse zwar anmeldbar, aber zunächst weder zu prüfen noch festzustellen. Auf Grund einer solchen Forderung kann der Gläubiger den Konkurs vorerst nicht erwirken. Die Schranken fallen, sobald dem Gläubiger die im § 25 Anlage zum a. 296 Vers. Dikt. vorgesehene Bescheinigung erteilt wird. §§ 7, 9, 11 ReichsausgleichsG. i. F. v. 20. November 1923 (RGBl. I S. 1135).

IV. Der Eröffnungsbeschluß.

1. Das Konkursgericht hat die allgemeinen Prozeßvoraussetzungen und die besonderen Konkursvoraussetzungen von Amts wegen zu prüfen. Es hat den Konkursantrag als unzulässig abzuweisen, wenn seine Zuständigkeit[15a]), die Konkursfähigkeit des Schuldners (es ist z. B. der Konkurs einer Gesellschaft des bürgerlichen Rechts beantragt), die Prozeßfähigkeit des Antragstellers oder die Vertretungsmacht seines Vertreters zu verneinen, aber auch wenn der Konkurs bei einem ebenfalls zuständigen anderen Gericht beantragt (§ 71 II) oder anderswo rechtskräftig eröffnet ist. Fehlt es an der erforderlichen Zahlungsunfähigkeit oder Überschuldung, dann ist der Konkursantrag unbegründet. Fehlt die Zuständigkeit oder vermag sich das Gericht vom Vorliegen der Konkursvoraussetzungen, namentlich des Konkurs-

---

[14]) Es ist das Verdienst von Leop. Levy KonkTreuh. 1928 S. 118ff. gegen Jaeger KO.[5] § 107 Anm. 4 und das diesem folgende Schrifttum (z. B. Mentzel KO.[3] § 107 Anm. 2) den Weg einer brauchbaren Gesetzesauslegung gebahnt zu haben. Ob man die vorgeschossenen Gelder als ein nicht zur Masse gehörendes Treugut des Verwalters (so Levy) oder ob man die Zweckgebundenheit dieser Massemittel (mit dem Text) für entscheidend ansieht, ist eine Frage von untergeordneter Bedeutung. In dem von Levy mitgeteilten Falle hatten zwei Künstler wegen Gagen in Höhe von 584 u. 450 RM den Konkurs eines Theaterunternehmers beantragt, das Gericht aber im Hinblick auf zu erwartende Betriebsschulden vom Antragsteller 156000 RM Kostenvorschuß gefordert. Ein Hohn auf das Gesetz. Über eine ihm zu niedrig erscheinende Bemessung des Vorschusses kann der Schuldner sich nicht beschweren (zust. OLG. Hamburg v. 5. Juli 1920 LZ. Sp. 966 Nr. 2, Hamm v. 15. Mai 1926 JW. S. 2115 Nr. 12). Wohl aber steht dem Antragsteller gegen die Anordnung der Vorschußleistung die sofortige Beschwerde nach § 73 III KO. offen (zust. OLG. Hamm aaO.).

[15]) RG. Bd. 118 S. 241.

[15a]) Über die Möglichkeit einer Verweisung an das zuständige Konkursgericht siehe oben S. 165 Note 2a.

grundes, nicht vollkommen zu überzeugen, so muß es den Eröffnungsantrag abweisen. Zur Abweisung des Eröffnungsantrags führt auch das Ausbleiben des geforderten Kostenvorschusses und für die Schuldverhältnisse des Ausgleichsgesetzes der Vorgang des Ausgleichsverfahrens [oben II u. III]. Im Zweifel sind amtliche Ermittelungen geboten (§ 75). Keinesfalls bindet den Richter die Aussage des Schuldners (§ 105 II, III).

2. Die Entscheidung des Konkursgerichts unterliegt der sofortigen Beschwerde. Beschwerdeberechtigt ist:

a) bei Eröffnung ausschließlich der Schuldner[16]),

b) bei Nichteröffnung ausschließlich der abgewiesene Antragsteller, als solcher auch der Schuldner (§ 109).

Der Beschluß der Eröffnung des Konkurses über Versicherungsaktiengesellschaften, Versicherungsvereine auf Gegenseitigkeit und Bausparkassen, den nur die Aufsichtsbehörde beantragen kann, ist selbst unanfechtbar (§§ 88, 112 AufsG. i. F. v. 6. Juni 1931, RGBl. I S. 315). Der Eröffnungsantrag aber unterliegt der Berufung zum Reichsaufsichtsamt (§§ 93 I Nr. 10, 94, 95 AufsG.). Hebt dieses den Antrag auf, so hat das Konkursgericht den Konkurs „einzustellen" (§ 95 I AufsG.), d. h. hier den Eröffnungsbeschluß aufzuheben (§ 116 KO.).

3. Schon während des Eröffnungsverfahrens kann das Konkursgericht alle ihm zur Sicherung der künftigen Konkursmasse dienlich erscheinenden einstweiligen Anordnungen treffen, namentlich Zwangsvorführung und Haft des Schuldners, Siegelung, Sequestration oder Betriebseinstellung verfügen und Veräußerungsverbote erlassen [oben S. 33]. Wird darauf der Eröffnungsantrag abgewiesen oder wirksam zurückgenommen, dann muß es von Amts wegen auch diese einstweiligen Anordnungen aufheben. § 106. Schon vorher steht ihm eine Aufhebung wegen Veränderung der Umstände frei. Die Kosten werden im Konkurse zu Massekosten (§ 58 Nr. 1). Bei Antragsabweisung hat sie der Antragsteller zu tragen.

4. Der Eröffnungsbeschluß hat die Stunde der Konkurseröffnung genau festzulegen (§ 108)[17]). Schon mit diesem Zeitpunkte, nicht erst mit der Bekanntmachung oder mit Eintritt der Rechtskraft des Beschlusses, hebt der Konkursbeschlag an, setzen also die Wirkungen ein, die der Konkurs auf das ihm verfallende Vermögen (besonders im Sinne der §§ 6 ff., 10 ff., 14 ff., 17 ff.) ausübt[18]). Die Rechtskraft des Eröffnungsbeschlusses heilt einen Mangel der Zuständigkeit, des Konkursgrundes und der Ordnungsmäßigkeit des Konkursantrags.

---

[16]) Nicht ein Gläubiger, so dringend auch das Interesse der Gläubiger an der Nichteröffnung des Verfahrens durch ein unzuständiges Gericht oder beim Fehlen des Konkursgrundes sein kann. Darin liegt ein großer Mangel unserer KO., den beispielsweise das österreichische Recht (§ 72 KO. von 1914) vermeidet. Wegen der Wirksamkeit der Entscheidung des Beschwerdegerichts (§ 74) siehe oben S. 165, wegen der Anfechtbarkeit einer im scheiternden Vergleichsverfahren ausgesprochenen Konkurseröffnung unten S. 246 Note 2.

[17]) Nach französischem Recht (a. 441 c. com.) hat das Konkursgericht zugleich den Zeitpunkt der Zahlungseinstellung mit allgemeiner Maßgeblichkeit festzusetzen, um widersprechenden Annahmen (z. B. bei Anfechtungs- und Aufrechnungsstreitigkeiten) vorzubeugen. Dem folgte die preuß. KO. von 1855 (§ 122). Trotz der in den Motiven S. 332 ff. geltend gemachten Bedenken empfiehlt sich eine einheitliche Festlegung. Wie ihre Anfechtbarkeit zu regeln sei, ist eine Frage für sich.

[18]) Siehe oben § 11 II. Schon in diesem Zeitpunkt gehen also Verwaltung und Verfügung vom Schuldner auf den Konkursverwalter über. So auch dann, wenn ein Antrag des Schuldners, das gerichtliche Vergleichsverfahren zur Abwendung des Konkurses zu eröffnen, scheitert und mit der Ablehnung der Eröffnung des Vergleichsverfahrens die Eröffnung des Konkurses und (wie üblich) die Bestellung eines Konkursverwalters verbunden wird (§ 24 VerglO.). Kommt es dagegen, nachdem das gerichtliche Vergleichsverfahren einmal eröffnet war, zur Verwerfung des bereits angenommenen Vergleichs (§ 71 VerglO.) oder zur Einstellung des Verfahrens (§ 80 VerglO.) und in Verbindung mit diesen Beschlüssen zur Eröffnung des Konkurses, dann löst erst die Rechtskraft der Konkurseröffnung die gesetzlichen Konkursfolgen aus (§§ 71 II, 80 II VerglO.). Insolange dauern die Wirkungen des Vergleichsverfahrens an. Konkurs- und Vergleichsverfahren schließen einander aus. Kiesow VerglO.³ § 24 Anm. 13—15. Würde also in den Fällen der §§ 71, 80 VerglO. ein schon ernannter Konkursverwalter als solcher tätig werden, ehe die Konkurseröffnung rechtskräftig geworden ist, so würde er ohne gesetzliche Vertretungsmacht handeln, eine daraufhin ausgesprochene Aufhebung des Eröffnungsbeschlusses träfe also unwirksame Verwalterhandlungen an. Gegensatz: Note 22.

5. Der Eröffnungsbeschluß enthält auch die zur Entwicklung des Verfahrens erforderlichen konkursleitenden Anordnungen. Nach § 110 muß nämlich das Konkursgericht zugleich mit der Eröffnung des Verfahrens von Amts wegen einen Verwalter ernennen (§ 78), den Wahltermin zum Vorschlag eines anderen Verwalters (§ 80) und zur Bestellung eines Gläubigerausschusses (§ 87) anberaumen, den offenen Arrest[19]) — ein Verbot, an den Schuldner zu leisten, und ein Gebot, den Besitz massezugehöriger Sachen sowie die Inanspruchnahme von Absonderungsrechten zu melden (§ 118) — erlassen, die Frist zur Anmeldung der Konkursforderungen bestimmen (§ 138) und den allgemeinen Prüfungstermin zur Erörterung der Anmeldungen ansetzen (§ 141). Musterfall: unten S. 239.

6. Die Konkurseröffnung wird öffentlich bekanntgemacht und im Grundbuch sowie im Handels-, Genossenschafts- und Vereinsregister eingetragen (§§ 111—116). Die Eintragung „des Konkursvermerks" muß in allen Grundbüchern, d. h. auf jedem Grundbuchblatt erfolgen, auf dem ein zur Masse gehörendes Buchrecht eingetragen ist (§ 3 GBO.)[20]).

7. Eine „wirksam" gewordene **Aufhebung** des Eröffnungsbeschlusses (§§ 74, 109) macht die gesetzlichen Folgen der Konkurseröffnung, besonders Rechts- und Ehrenminderungen, aber auch nur die unmittelbaren Konkursfolgen wieder rückgängig. Sobald die Aufhebung des Eröffnungsbeschlusses „rechtskräftig" (§ 705 ZPO.) geworden ist, hat der Gerichtsschreiber des Konkursgerichts „die Aufhebung des Verfahrens" öffentlich bekanntzumachen (§ 116).

Zu den unmittelbaren Konkursfolgen, die rückwirkend entfallen, gehören z. B. die Rechtsminderungen, die der Gemeinschuldner erleidet (besonders nach § 6), das Erlöschen von Geschäftsbesorgungsverträgen und Vollmachten, die Auflösung von Gesellschaften, das Verbot der Sondervollstreckung und die Erwerbsschranken des § 15. Darum kann die Wirksamkeit der vom Gemeinschuldner vorgenommenen Rechtshandlungen nicht auf Grund des ehemaligen Eröffnungsbeschlusses in Frage gestellt werden[21]). Andrerseits müssen die Handlungen des durch die Autorität des Gerichts bestellten Verwalters ihre Wirksamkeit bewahren. Seine gesetzliche Vertretungsmacht erlischt nur für die Zukunft. Diese Grenzen der Rückwirkung entsprechen den im § 115 BGB. mit § 32 FGG. ausgesprochenen Rechtsgedanken[22]). Für die Prozeßunterbrechung gilt Besonderes [oben S. 51]. Nur mittelbare Konkursfolgen sind die Folgen der Anmeldung im Konkurse [darüber S. 176].

---

[19]) Der „offene Arrest" entstammt dem gemeinrechtlichen Gerichtsgebrauch (Endemann Konkursverfahren 1889 S. 95 Note 34), aus dem er in das preußische Recht (AGO. I 50 §§ 38, 204ff., KO. v. 1855 §§ 137, 145—148) übergegangen war. Er bedeutet einen allgemeinen, an eine unbestimmte Vielheit (daher „offen") gerichteten Befehl, keine Beschlagnahme im Sinne der heutigen Arrestvollziehung (§§ 930ff. ZPO.). Er begründet keine Verpflichtung zur Sachleistung an die Masse (soweit Ansprüche des Gemeinschuldners auf Herausgabe oder Verschaffung zur Masse gehörender Sachen bestehen, kann sie der Konkursverwalter nur im Prozeßwege verfolgen), wohl aber eine gesetzliche Anzeigepflicht. Wer die rechtzeitige Anzeige schuldhaft unterläßt, hat der Konkursmasse allen durch die Unterlassung verursachten Schaden (z. B. eine zwischenzeitliche Wertminderung) zu ersetzen (§ 119). Vgl. § 242 Nr. 1. Die im preußischen Recht (AGO. § 206, KO. § 147) auf Unterlassung der Anzeige angedrohte Rechtsverwirkung ist als „nicht zu billigende Privatstrafe" gefallen (Motive S. 342). Dem französischen Konkurssystem ist der offene Arrest fremd.

[20]) Siehe oben S. 33.

[21]) Nur müssen einseitige empfangsbedürftige Willenserklärungen (z. B. Kündigung, Aufrechnung, Anfechtung wegen eines Willensmangels), die der Schuldner in der Zwischenzeit abgegeben hat, aber als Gemeinschuldner wirksam nicht hätte abgeben können, endgültig ohne Wirksamkeit bleiben, da bei ihnen der Gegner keine Schwebe zu dulden braucht (siehe die §§ 111, 174, 180 BGB.). Anders, wenn er sich mit ihnen einverstanden erklärt und so die Ungewißheit auf sich genommen hat. Daß er sie ausdrücklich zurückgewiesen haben müßte, setzt die Unwirksamkeit nicht voraus.

[22]) Auch die KO. selbst bestätigt den Fortbestand der Wirksamkeit einer vom Verwalter im Rahmen seiner gesetzlichen Ermächtigung vorgenommenen Handlung, indem der § 116 Satz 2 mit § 191 klarstellt, daß auch Neuverpflichtungen aus der Verwaltertätigkeit (§ 59 Nr. 1), wie z. B. aus dem Verkauf von Massesachen, trotz Aufhebung des Eröffnungsbeschlusses als Masseschulden zu berücksichtigen sind. Auch einseitige Willenserklärungen des Verwalters, besonders Kündigungen auf Grund der §§ 19, 22, bleiben bei Bestand. Vielleicht würde der Gegner selbst gekündigt haben, wenn es der Verwalter nicht getan hätte. Die abweichende Ansicht von Mittelbach Konk.Treuh. 1927 S. 23f. ist schon aus Gründen der Verkehrssicherheit unannehmbar. Was für die unmittelbar erwirkte, aber auf Beschwerde aufgehobene

§ 28.

4. Das Feststellungsverfahren.

I. Die Anmeldung.

1. Die Konkursgläubiger müssen, wenn sie Befriedigung aus der Masse anstreben, ihre Forderungen anmelden und sie prüfen lassen (§ 12). Dies gilt für alle Konkursforderungen, für bevorrechtigte wie für nichtbevorrechtigte, für öffentlichrechtliche wie für privatrechtliche, auch für rechtshängige, ja selbst für rechtskräftig zuerkannte.

Die Anmeldefrist wird schon im Eröffnungsbeschlusse bestimmt und je nach Lage des Falles vom Gericht auf zwei Wochen bis zu drei Monaten bemessen. §§ 110, 138. Sie ist keine Ausschlußfrist. Allein nur rechtzeitige Anmeldungen brauchen im allgemeinen Prüfungstermin erörtert zu werden. Darum muß der Nachzügler die Kosten eines besonderen Prüfungstermins (§ 44 GKG.) gewärtigen und, wenn bereits Verteilungen erfolgt sind, sich die Verweisung auf die „Restmasse" gefallen lassen (§§ 142, 155). Endgültig geschlossen ist der Kreis der Konkursteilnehmer, wenn zwei Wochen seit Bekanntgabe der Schlußverteilung verstrichen sind (§§ 151 f., 155, 166 Satz 1). Eine Änderung der ursprünglichen Anmeldung wird als Neuanmeldung behandelt (§ 142 II).

Mit dieser Regelung des Anmeldeverfahrens folgt das Reichsrecht den bewährten Vorschriften der preuß. KO. von 1855 (§§ 164 ff.), die ihrerseits eine Fortbildung des französischen Rechts (Art. 491 ff. c. com.) darstellen. Abgelehnt wird damit das gemeinrechtliche Präklusionssystem, das dem wachsamen Gläubiger ein Anrecht auf Ausschließung des säumigen zuerkennt, zur Vermeidung von Härten aber schließlich in eine fast schrankenlose, das Verfahren stark verschleppende Zulassung von Restitutionen verfallen ist. Auch die Einrichtung der Konkurstabelle entstammt dem preußischen Recht (Instruktion v. 6. August 1855). Sie hat anderwärts, besonders in Österreich („Anmeldungsverzeichnis", § 108 KO.) Nachahmung gefunden und sich überall bewährt. Die Wirksamkeit der Eintragung unbestrittener Gläubigerrechte in die Tabelle wird vom § 144 I in einer besonders glücklichen, das preußische Recht noch übertreffenden Weise geordnet (vgl. Motive S. 362, 363 f.). Auch die gemeinrechtliche Scheidung zwischen dem die Gläubigerrechte feststellenden „Liquidationsverfahren" und dem die Rangfolge ordnenden „Prioritätsverfahren" ist gefallen (§§ 139, 141). Die Säuberung der Schuldenmasse von „Vindikanten" und „Hypothekariern" (im Gegensatze zu den „Chirographariern"), die dem gemeinen Rechte nicht gelungen war, ist heute erreicht [oben S. 100 f.]. Als creditores chirographarii (vgl. z. B. Dig. 42, 5, 38, 1) bezeichnete das gemeine Konkursrecht die nichtpfandgesicherten einfachen oder bevorrechtigten Konkursgläubiger, die sich höchstens auf eine „Handschrift" des Schuldners (auf einen Schuldschein) berufen konnten.

„Anmelden" heißt Teilnahme am Konkurse selbst und an den Vorteilen der konkursmäßigen Feststellung begehren. Die Anmeldung erfolgt schriftlich oder zu Protokoll der Geschäftsstelle und zwar in Reichswährung (§ 69). Betrag, Grund und Vorrecht der Forderung müssen angegeben[1]), etwaige Beweisstücke (Schuldschein, Wechsel, Kaufbrief, namentlich aber

---

Konkurseröffnung gilt, trifft auch im Falle des § 24 VerglO. zu [oben Note 18]. Wenn hier das OLG. München v. 3. 3. 1931 Recht Nr. 749 die Kündigung von Geschäftsräumen durch den Vermieter (§ 19 KO.) nach Aufhebung des Konkurseröffnungsbeschlusses im anschließenden Vergleichsverfahren für unwirksam erklärt, kann diesem Ergebnis unter dem Gesichtspunkt zugestimmt werden, daß dem Vermieter durch die Besonderheit des § 29 II Nr. 2 VerglO. die Befugnis vorzeitiger Lösung der Miete für das Vergleichsverfahren versagt wird. Die Ansicht aber, daß auch Handlungen des zwischenzeitlichen Konkursverwalters, „soweit sie die Erreichung des Vergleichszweckes erschweren" könnten, unwirksam wären, ist — von der Unsicherheit des Maßstabes abgesehen — ohne gesetzliche Stütze. Ratsam aber kann es sein, in Fällen des § 24 VerglO. auch die Bestellung des Konkursverwalters bis zur Rechtskraft aufzuschieben. Dann verliert der Schuldner zwar für den Schwebezustand sofort die Macht der Verwaltung und Verfügung, aber es tritt (wie auch bei allgemeinen Veräußerungsverboten im Sinne des § 106 KO.) zunächst kein Zwangsvertreter an seine Stelle. Gesetzliche Bedenken bestehen nicht. Siehe unten S. 246 Note 2.

[1]) „Den Grund" der Forderung bildet der Tatbestand, der nach dem Gesetz für ihre Entstehung wesentlich ist (vgl. RG. Bd. 93 S. 14). Er muß so bestimmt angegeben werden, daß die Angabe den Anspruch im einzelnen kennzeichnet (individualisiert). Beispiele: „Ich melde an 500 *RM* Kaufpreis für folgende am 1. Februar 1931 gelieferte Waren" . . . ., „500 *RM* Darlehn vom 1. Dezember 1930 . . .", „500 *RM* Honorar für ärztliche Behandlung des Gemeinschuldners im Jahre 1930 und beanspruche

auch Titel im Sinn des § 146 VI) sollen in Urschrift oder in Abschrift beigefügt werden. § 139. Anmeldungen, die den wesentlichen Erfordernissen nicht genügen, sind als unzulässig zurückzuweisen[2]).

Auch Steuerkonkursforderungen müssen auf Grund, Betrag und Vorrecht angemeldet werden. Als Steuerbescheid im Sinne des § 212 RAbgO. i. F. v. 1931 kann die Anmeldung selber nicht wirken. Vielmehr muß auch Steuerkonkursforderungen auf dem allgemein für Konkursforderungen maßgebenden Wege der Prüfung und Feststellung die Konkursteilnahme erschlossen werden. Eine bereits laufende Rechtsmittelfrist unterbricht der Konkurs[3]). Dagegen sind Steuermasseansprüche [oben S. 130f.] den Schranken der §§ 12, 14, 139ff. nicht unterworfen, sondern ungehemmt gegenüber dem Konkursverwalter verfolgbar.

2. Die Anmeldungen werden nach § 140 vom Urkundsbeamten der Geschäftsstelle in ein Gläubigerverzeichnis, **die Tabelle,** eingetragen und wie diese selbst zur Einsicht der Beteiligten aufgelegt[4]).

3. „Rechtshängigkeit" im allgemeinen begründet die Anmeldung nicht. Auch rechtshängige, ja selbst rechtskräftig zuerkannte Ansprüche können und müssen angemeldet werden. In einzelnen Wirkungen aber „steht" die Anmeldung „der Erhebung der Klage gleich"[5]):

a) Sie führt zur Prüfung und rechtskräftigen Feststellung und damit sowohl zur konkursmäßigen Befriedigung als zu den Vorteilen, die aus der Feststellung für die Rechtsverfolgung außerhalb des Konkurses erwachsen (§§ 164, 194, 206). Ohne Anmeldung keine Prüfung, ohne Prüfung keine Feststellung [siehe unten III 3].

b) Sie — nicht der Konkurs als solcher — unterbricht als gerichtliche Geltendmachung den Lauf der Verjährung (§ 209 II Nr. 2 BGB.). Die Unterbrechung dauert fort, bis der Konkursbeendigungsbeschluß wirksam geworden ist, und gilt bei Zurücknahme der Anmeldung als nicht eingetreten. § 214 BGB. Wird der Eröffnungsbeschluß auf Beschwerde aufgehoben (§§ 109, 116), so bewendet es bei der Unterbrechung und zwar für die Zeit von der Anmeldung bis zum Eintritt der Rechtskraft des Aufhebungsbeschlusses. Denn die Unterbrechung ist Anmeldungsfolge, nicht unmittelbare Konkursfolge [oben S. 174].

II. Die Prüfungsverhandlung.

1. Gleich bei Eröffnung des Konkurses bestimmt das Konkursgericht den allgemeinen Prüfungstermin (§§ 110, 138 Satz 2). Hier und in etwaigen besonderen Prüfungsterminen (§ 142) werden die angemeldeten „Konkursforderungen" einzeln nach Betrag und Vorrecht erörtert (§ 141 I). Zu diesem Zweck hat der Konkursrichter jede Anmeldung auf-

---

bevorzugte Befriedigung" (ein Hinweis auf die Gesetzesstelle des § 61 Nr. 4 wird dem Gläubiger nicht zugemutet). Unwirksam wäre: „ich melde 500 *RM* an", aber auch „ich melde 500 *RM* Kaufpreis an" (RG. Bd. 39 S. 45). Der Forderungsbetrag ist in Reichswährung (§ 69) auszudrücken. Mit Rücksicht auf den rasenden Verfall der Papiermark hatte die verspätete VO. v. 14. 2. 1924 über die Goldmarkrechnung im Konkurse (RGBl. I S. 115) im § 2 durch Sollvorschrift dem Gläubiger die Anmeldung in Goldmark und durch Mußvorschrift der Geschäftsstelle die Eintragung in Goldmark vorgeschrieben [oben S. 19, 54]. Valutaforderungen: oben S. 45, 215. Über die Wertberechnung bei Ansprüchen, die auf Feingold (Goldmark) lauten, siehe nun die VO. v. 14. 10. 1931 RGBl. I S. 569.

[2]) Das Konkursgericht hat nur eine den wesentlichen Erfordernissen entsprechende Anmeldung der Prüfung zu unterbreiten (§ 141) und darum die Amtspflicht, andere Anmeldungen durch förmlichen beschwerdefähigen Beschluß (§ 73) zurückzuweisen. Eine sachliche Entscheidung über Grund, Betrag oder Vorrecht der Forderung ergeht dabei natürlich nicht.

[3]) RFH. Bd. 19 S. 355, Bd. 21 S. 310; im übrigen siehe namentlich Bley ZZP. 51 S. 256ff. Steuer u. Wirtschaft 1928 S. 1107ff., Fein Konkurs u. Steuerverfahren (1931) S. 19ff., 39ff., 50f. mit Verw.

[4]) Das Reichsrecht überläßt die Gestaltung der Tabelle den Landesjustizverwaltungen. In der Hauptsache stimmen die Formulare überein. Die Tabelle wird im Prüfungsverfahren dem Terminprotokoll einverleibt. Muster: unten S. 240f.

[5]) Eine Art der gerichtlichen Rechtsverfolgung, durch die nach dem Zwecke der §§ 847, 1300 BGB., § 852 ZPO. die dort bezeichneten Ansprüche ihre höchstpersönliche Natur abstreifen, ist auch die Anmeldung zum Konkurs, obgleich sie keine „Rechtshängigkeit" auslöst.

zurufen und den Beteiligten Gelegenheit zur Aussprache zu bieten. Die Anwesenheit des anmeldenden Gläubigers ist nicht erforderlich (§ 143)[6]). Eine Bestreitung wirkt aber nur, wenn sie im Termine selbst erfolgt (§ 144 I). Über die mündliche Prüfungsverhandlung wird ein Protokoll aufgenommen (§ 72 KO. mit §§ 159ff. ZPO.). Das Prüfungsergebnis hat „das Gericht" (der Urkundsbeamte auf Weisung des Konkursrichters) unmittelbar nach der einzelnen Erörterung in die Tabelle einzutragen, die nun zu einer Anlage des Protokolls wird (§ 145 I).

2. Die Erörterung verfolgt einen doppelten Zweck: einmal das Konkursgläubigerrecht des Anmelders zu prüfen, sodann einen persönlichen Widerspruch des Schuldners festzustellen (§ 144).

a) Konkursgläubigerrechte können dem § 144 I zufolge nur **bestritten** werden:

α) Vom Konkursverwalter als gesetzlichem Vertreter des Schuldners. In dieser Erklärung liegt der Schwerpunkt des Prüfungsverfahrens[7]).

β) Von jedem Gläubiger, dessen Anmeldung nicht zurückgewiesen ist[8]). Der einzelne Gläubiger bestreitet kraft eigenen Rechtes, wenn auch sein Widerspruch nach Lage der Sache im Erfolg allen Gläubigern zustatten kommen muß (§ 147).

Die Person des Widersprechenden, die Richtung und der Umfang des Widerspruchs sind im Prüfungstermine genau zu bestimmen und in der Tabelle urkundlich festzulegen. Die Tabelle muß sonach ergeben, ob und inwieweit der Bestand, das Vorrecht oder die Konkursforderungseigenschaft des angemeldeten Anspruchs (§§ 3, 5 II, 63) bestritten worden ist[9]). Daß der Anspruch nicht oder nicht mehr bestehe, daß er dem Anmelder nicht zustehe[10]), daß er bedingt oder verjährt sei, kann wie der Verwalter jeder Konkursgläubiger geltend machen. Aus dem Grunde konkursmäßiger Anfechtbarkeit dagegen kann nur der Verwalter widersprechen (§ 36).

b) Auch der Schuldner persönlich kommt im Prüfungsverfahren zu Wort, zunächst freilich nur der Aufklärung halber (§§ 141 II, 100). Durch seinen Widerspruch (gegen Bestand oder Betrag der Forderung) wird die Feststellung des Konkursgläubigerrechts und die Konkursteilnahme nicht ausgeschlossen[11]), wohl aber verhindert, daß die festgestellte Forderung nach dem Konkurse gegen den Schuldner vollstreckt werden kann (§§ 164 II, 194, 206). Um diese Vollstreckbarkeit zu erwirken, darf der Gläubiger schon während des Konkurses eine

---

[6]) Auch wenn der Anmelder unvertreten ausbleibt (tatsächlich der häufigste Fall), ist seine Forderung zu prüfen. Er kann sich im Prüfungstermine durch einen (prozeßfähigen) Bevollmächtigten vertreten lassen (§ 72 KO. mit §§ 79, 88 II ZPO.). Der Konkursverwalter muß am Prüfungsverfahren teilnehmen und zwar persönlich (vgl. §§ 83, 84). Siehe die folgende Note.

[7]) Eben darum ist die Anwesenheit des Verwalters im Termine geboten. Sein Übergewicht reicht so weit, daß bei stark in Anspruch genommenen Gerichten nicht selten die Längsspalte der Tabelle, die das „Ergebnis der Prüfungsverhandlung" verzeichnet, schon vor Beginn des Prüfungstermins auf Grund der Erhebungen des Konkursverwalters vorläufig ausgefüllt wird. Wie bei „Konstituierung der Aktivmasse" handelt der Konkursverwalter „bei Konstituierung der Passivmasse" in Zwangsvertretung des Masseträgers und vereinigt sachgemäß die Rollen, die gemeinrechtlich auf einen curator und auf einen contradictor verteilt waren, aber durch keine innere Gegensätzlichkeit geschieden sind [oben S. 79 Note 2.]

[8]) Mag auch seine eigene Anmeldung auf Widerstand stoßen oder schon gestoßen sein. Doch verliert seine Bestreitung die Wirksamkeit, sobald ihm selber das Konkursgläubigerrecht rechtskräftig aberkannt wird. Es fragt sich nur, ob dieser Wegfall der Bestreitungsbefugnis so frühzeitig eintritt, daß er nach Lage des Feststellungsprozesses in diesem noch berücksichtigt werden kann. Meist scheuen die Gläubiger mit Rücksicht auf das Kostenrisiko des Feststellungsprozesses die Bestreitung. Darum pflegen Widersprüche vom Verwalter und nur von ihm auszugehen.

[9]) Die Verfolgbarkeit als Konkursforderung fehlt dem Anspruch z. B. dann, wenn er eine durch Scheinkauf verdeckte Schenkungsforderung ist. Der Tabellvermerk in der Spalte des Prüfungsergebnisses lautet also beispielsweise: „Bestritten vom Verwalter" oder „bestritten vom Verwalter in Höhe von 500 RM" [Muster: unten S. 241]. Den Grund, aus dem Rechtsbestand, Betrag, Vorrecht oder Anmeldbarkeit bestritten werden, braucht der Widersprechende im Prüfungstermine selbst noch nicht anzugeben. In die Tabelle wäre eine Grundangabe nicht einzutragen; für den Feststellungsprozeß hätte ein solcher Eintrag keine bindende Kraft.

[10]) Sondern einem anderen z. B. als dem wahren Erben, als Zessionar oder als Indossatar.

[11]) Das ergibt der § 144 I. Darum beurkundet die Tabelle den Schuldnerwiderspruch nicht in der Spalte des Prüfungsergebnisses, sondern in der allgemeinen Bemerkungsspalte.

Klage (auf Feststellung oder auf Verurteilung zur Leistung nach dem Konkurse) gegen den Schuldner persönlich erheben oder (nur dies bestimmt der § 144 II ausdrücklich) eine schon schwebende aufnehmen. Der Schuldner selbst kann die Klage zur Abwehr weder erheben noch aufnehmen, da seinem Rechtsschutzbedürfnisse durch die gesetzliche Widerspruchsfolge ausreichend gedient ist. Hatte ihn ein unabwendbares Ereignis abgehalten, im Prüfungstermine zu erscheinen, so wird ihm auf Antrag Wiedereinsetzung gegen diese Terminsversäumung wie gegen eine Notfristversäumung gewährt. Im Gesuch um Wiedereinsetzung ist der Widerspruch nachzuholen (§ 165). Ausgebliebenen Gläubigern wird sie versagt.

3. Das „Ergebnis" der Prüfung wird vom Konkursgericht in die Tabelle **eingetragen.** § 145. Damit beurkundet das Gericht die Anerkennung („festgestellt" d. h. nicht bestritten) oder die Bestreitung („bestritten von ... in Höhe ...") der angemeldeten Forderung durch die Beteiligten. Es hat also durch die Eintragung lediglich zu bezeugen, wie die Beteiligten sich zur Anmeldung gestellt haben. In keinem der beiden Fälle enthält der Vermerk selbst eine gerichtliche „Entscheidung". In eigenartiger, überaus zweckmäßiger Unterstellung aber verleiht das Gesetz (§ 145 II) der Eintragung des positiven Ergebnisses die Wirksamkeit eines rechtskräftigen Urteils über Betrag und Vorrecht der Forderung gegenüber allen übrigen Konkursgläubigern. Es knüpft an den förmlichen Feststellungsvermerk des Konkursgerichts eine die Konkursteilnahme gewährleistende erweiterte Rechtskraft (§ 145 II), gegebenenfalls auch Rechtskraft und Vollstreckbarkeit außerhalb des Konkurses (§§ 164 II, 194, 206), Erfolge, die noch über die Wirksamkeit unanfechtbarer Urteile der Prozeßgerichte hinausgehen.

Nach § 144 I „gilt" die Forderung für die Konkursteilnahme als „festgestellt", soweit weder der Verwalter noch ein Konkursgläubiger bestritten hat. Nach § 145 II „gilt" die „Eintragung" dieses Ergebnisses in die Tabelle so viel „wie ein rechtskräftiges Urteil gegenüber allen Konkursgläubigern". Es wird also der Tabellvermerk, obwohl er nur eine gerichtliche Beurkundung des Parteiverhaltens bildet, und erst dieser Vermerk mit urteilsmäßiger Rechtskraft und zwar mit einer gegenüber dem § 325 I ZPO. erweiterten Rechtskraft ausgestattet. Der Vermerk steht in der Spalte des Prüfungsergebnisses und lautet: „festgestellt", bei Vorrechtsforderungen „Betrag und Vorrecht festgestellt", bei absonderungsberechtigten Konkursforderungen „festgestellt; als Konkursforderung in Höhe des Ausfalls" [oben § 17 Note 47]. Dem Absonderungsrecht selber kommt, auch wenn seine Anerkennung durch den Verwalter in der Bemerkungsspalte der Tabelle beurkundet wird, die Fiktion des § 145 II nicht zugute. Sie gilt nur der persönlichen Forderung (zust. RG. v. 15. 4. 1930 WarnRspr. Nr. 127 a. E.). Über die Nachhaltigkeit der Inhaltsänderung von Ansprüchen (§ 69) siehe oben S. 153. Hat auch der Schuldner selbst nicht widersprochen, so wirkt ihm persönlich gegenüber der Vermerk nicht nur für den Konkurs, sondern auch für die Verfolgung der festgestellten Forderung außerhalb des Konkurses Rechtskraft und Vollstreckbarkeit. Die Erstreckung der Rechtskraft des Feststellungsvermerks auf das Verhältnis zu „allen Konkursgläubigern" (§ 145 II) bedeutet nach dem Zwecke der Vorschrift eine Wirksamkeit gegenüber den Trägern anderer Konkursforderungen, die sich nun die Konkurrenz der festgestellten gefallen lassen müssen, keineswegs aber gegenüber der Inanspruchnahme des nämlichen Konkursgläubigerrechts durch einen dritten Prätendenten. Der § 145 II steht also z. B. dem gesetzlichen Erben nicht entgegen, der nach einer zugunsten des Testamentserben erfolgten Feststellung Nichtigkeit des Testaments behauptet und unter diesem Gesichtspunkt als wahrer Träger des Konkursgläubigerrechts dem Testamentserben die bezogenen Anteile abfordert[12]).

Die rechtskräftige Feststellung kann **beseitigt** werden:

a) Kraft eines nach dem Prüfungstermin entstandenen, die festgestellte Forderung selbst treffenden Einwendungsgrundes (z. B. Zahlung mit konkursfreiem Gelde des Schuldners oder durch Dritte, Erlaß oder Aufrechnung) im Wege der Vollstreckungsgegenklage entsprechend dem § 767 ZPO. durch jeden Bestreitungsberechtigten[13]).

b) Aus Restitutions- oder Nichtigkeitsgründen im Wege der Wiederaufnahme des Verfahrens entsprechend den §§ 578 ff. ZPO. durch jeden Bestreitungsberechtigten[14]). Im Wege

---

[12]) Zust. RG. Bd. 58 S. 369, 372; abw. Bd. 37 S. 1.

[13]) Siehe z. B. RG. Bd. 21 S. 336, Bd. 57 S. 271, Bd. 85 S. 54. Der Kläger beantragt: festzustellen, daß die Zwangsvollstreckung aus dem Tabellvermerk unzulässig geworden sei (anders noch Jaeger KO.[5] § 145 Anm. 11).

[14]) Siehe z. B. RG. Bd. 37 S. 386 (es wird eine Urkunde neu aufgefunden, die den nachzuholenden Widerspruch stützt).

der Wiedereinsetzung kann die Bestreitung des Konkursgläubigerrechts nicht nachgeholt werden[15]).

Rechtskraftwirkung knüpft das Gesetz (§ 145 II) nur an den Eintrag des wahren Prüfungsergebnisses. Gegen die Unrichtigkeit oder gegen das Vergessen einer Eintragung findet zwar mangels einer „Entscheidung" keine Beschwerde statt. Wohl aber unterliegt der auf einen Berichtigungsantrag ergehende Beschluß des Konkursgerichts der sofortigen Beschwerde (§ 73).

III. Der Feststellungsprozeß.

1. Bei Forderungen, die im Termin unbestritten bleiben, mündet das Prüfungsverfahren in die Feststellung aus. Streitig gebliebene bedürfen nun noch einer eigenen Feststellung. Das Reichsrecht überläßt sie Einzelprozessen außerhalb des Konkursverfahrens. Damit lehnt es vor allem die Einrichtung eines vom Konkursgericht zu erlassenden „gemeinschaftlichen Liquidations- und Prioritätserkenntnisses" ab, das als Hauptursache der unerträglichen Verschleppung des Verfahrens dem gemeinrechtlichen Konkurse zum Verhängnis geworden war. Es übt aber weiter auch keinen Zwang zur Austragung der Widersprüche noch ordnet es an, daß über diese schließlich von Amts wegen zu entscheiden sei[16]). Jedem Anmelder bleibt es überlassen, streitige Ansprüche zur Anerkennung zu bringen. In der Gefahr, bei den Verteilungen nicht mehr zum Zuge zu gelangen, liegt ein vollkommen ausreichender Antrieb zu ungesäumtem Vorgehen. Möglicherweise erledigen sich Widersprüche auch durch Rücknahme oder durch Wegfall der Widerspruchsbefugnis. Nachträge in der Tabelle wahren den Überblick über den Stand der Dinge.

2. Unter den „streitiggebliebenen", also noch wirksam vom Verwalter oder von einem Konkursgläubiger bestrittenen Forderungen erfahren nach § 146 zugriffsreife („titulierte") und noch nicht zugriffsreife („nicht titulierte") eine grundverschiedene Behandlung[17]). Jene werden vor diesen begünstigt.

Zugriffsreif im Sinne der konkursmäßigen Vollstreckung sind Forderungen, für die ein Vollstreckungstitel oder doch ein — wenn auch nicht vollstreckbares — Endurteil vorliegt. Auch sie sind anzumelden und zu prüfen. Auch sie werden streitig durch den Widerspruch des Verwalters oder eines Gläubigers. Allein bei ihnen hat der Widersprechende (Opponent) den Widerspruch (§ 146 VI), bei anderen hingegen der Anmelder (Liquidant) die Feststellung zu betreiben (§ 146 I—V). Der Anmelder einer nicht zugriffsreifen Forderung wird also durch Bestreitung in die Klägerrolle gedrängt[18]) und genötigt, jeden Wider-

---

[15]) Das ergibt ein Gegenschluß aus § 165 KO. Ob eine sittenwidrige Erschleichung der konkursmäßigen Feststellung (über den Bereich der Restitutionsklage hinaus) auf Grund des § 826 BGB. bekämpft werden kann, das hängt mit der hier nicht zu lösenden, bei Rosenberg Zivilprozeßrecht[3] § 163 eingehend erörterten Streitfrage über das Wesen der Rechtskraft zusammen. Die dort abgelehnte Praxis des Reichsgerichts führt zur Bejahung.

[16]) Gegen die abweichende Regelung des französischen Rechts und älterer Landesgesetze (Bayern, Baden, Hannover) treffend die Motive S. 364 f.

[17]) Die eingebürgerte Bezeichnung „tituliert" ist unschön und keinesfalls genauer als „zugriffsreif". Auch das nicht vollstreckbare Urteil, etwa ein rechtskräftiges Feststellungsurteil, verleiht dem zuerkannten Anspruch die Gunst des § 146 VI. Das österreichische Gesetz (§ 110 II KO.) redet von „vollstreckbaren" Forderungen, begreift aber seinem Zwecke nach darunter auch solche, die in bloß feststellenden Urteilen anerkannt sind. Solche Anerkennung ist sicher gewichtiger als die Verbriefung in einer vollstreckbaren Urkunde (§ 794 I Nr. 5 ZPO.).

[18]) Wie auch sonst im Zivilprozesse nimmt der Kläger um der Beweislast willen die minder günstige Stellung ein. Der Grundgedanke des § 146 ist nun offenbar der: dem Anmelder einer bereits urteilsmäßig zuerkannten oder doch wenigstens vollstreckbaren Forderung gebühren die Vorteile der Beklagtenrolle. Die Regelung soll überdies leichtfertigen Widersprüchen gegen zugriffsreife Ansprüche vorbeugen (Motive S. 367). Urteile nichtdeutscher Gerichte genügen dem § 146 VI KO., wenn sie im Inlande nach § 328 ZPO. Rechtskraft wirken, mögen sie auch der Vollstreckbarkeit noch ermangeln (§ 722 ZPO.). Desgleichen Schiedssprüche (§§ 1040, 1042 ZPO.), auch ausländische, wenn sie im Inlande Rechtskraft äußern. Ferner Vergleiche (§ 794 I Nr. 1) und Schiedsvergleiche mit Unterwerfungsklausel (§ 1044a ZPO.). Außer Endurteilen und Vollstreckungsbefehlen (§ 700 ZPO.) erfüllen Vollstreckungstitel die Voraussetzungen des § 146 VI KO. nur, falls sie „mit der Vollstreckungs-

spruch niederzukämpfen, während Anmelder zugriffsreifer Forderungen am Konkurse teilnehmen dürfen, bis ein Widerspruch rechtskräftig für begründet erklärt wird. Der Antrieb zur Austragung des Streites gestaltet sich verschieden:

a) dem Anmelder einer zugriffsreifen Forderung sind die Anteile ungeachtet eines Widerspruchs auszuzahlen, von der Geltendmachung des Widerspruchs ab sind sie für ihn einzubehalten (§ 168 Nr. 1);

b) ein anderer Anmelder dagegen wird bei Verteilungen überhaupt erst berücksichtigt, wenn er rechtzeitig die Erhebung der Feststellungsklage nachweist, und von da ab zunächst nur durch Zurückbehaltung der Anteile (§§ 152, 155, 168 Nr. 1).

3. Die „Feststellungsklage" (§§ 146 II, 152 Satz 1) erstrebt richterliche Anerkennung, der Widerspruch richterliche Aberkennung des Konkursteilnahmerechts. Das Konkursteilnahmerecht ist aber nicht etwa eine von der Konkursforderung verschiedene öffentlichrechtliche Machtbefugnis, sondern die angemeldete Forderung selbst in einer bestimmten Wirksamkeit. Sie ist festzustellen als eine nicht bevorrechtigte oder mit bestimmtem Vorrecht ausgestattete „Konkursforderung" (§§ 3, 63) bestimmten Betrags. Festgestellt wird also die Konkursforderung (das Konkursgläubigerrecht, es gehöre dem bürgerlichen oder z. B. als Steueranspruch dem öffentlichen Recht an). Der Rechtsstreit ist ein echter Feststellungsprozeß. Dies stellt das Gesetz schon durch seinen Wortlaut außer Zweifel, indem es ausdrücklich die Klage als Feststellungsklage und als ihren Gegenstand die Forderung bezeichnet (§§ 144, 146, 147, 152, 168 Nr. 1). Doch gelten Besonderheiten für die Zulässigkeit und für die Wirksamkeit der Klage. Das im § 256 ZPO. geforderte Rechtsschutzbedürfnis ergibt sich — dem Zwecke der Konkursfeststellung entsprechend — aus der Bestreitung des angemeldeten Anspruchs im Prüfungsverfahren: insofern bilden Anmeldung und Prüfung von Amts wegen zu berücksichtigende Erfordernisse der Klagezulässigkeit[19]). Auch der Gerichtsstand ist eigens geregelt [unten 4]. Das der Klage stattgebende Urteil erschöpft sich in der Feststellung [S. 242]. Von einem Leistungsbefehl an den Konkursverwalter oder gar an einen bestreitenden Gläubiger als Beklagten ist keine Rede. Allerdings erschließt der die Konkursforderung feststellende Richterspruch die Gesamtvollstreckung (Konkursteilnehmer) und die Zwangsvollstreckung nach dem Konkurse. Das sind aber nicht unmittelbare, sondern durch die eigenartige Wirksamkeit des Tabelleintrags vermittelte Urteilsfolgen (§ 146 VII mit §§ 145 II, 164 II).

4. Der Streit um das Konkursgläubigerrecht spielt sich außerhalb des Konkurses ab[20]).

---

klausel versehen" sind (§§ 724ff., 797, 797a ZPO.), was auch noch während des Konkurses geschehen kann, da die Erteilung der Klausel noch keine „Zwangsvollstreckung" ist (§ 14). Der Steuerbescheid (nicht die Anmeldung als solche) macht eine Steuerkonkursforderung zugriffsreif. Die dem § 146 VI genügende Urkunde muß im Prüfungstermine vorliegen, damit sie die Beteiligten einsehen können. Erfolgt die Vorlage nicht spätestens jetzt, dann greift die Vergünstigung nicht Platz (RG. Bd. 85 S. 68). Auch setzt diese stets voraus, daß der Widerspruch seiner Richtung nach der Urteilskraft oder Vollstreckbarkeit entgegentritt. Wird lediglich das für eine zuerkannte oder vollstreckbare Forderung beanspruchte Vorrecht oder lediglich ihre Konkursforderungseigenschaft (Anmeldbarkeit) oder lediglich die Höhe der vom Anmelder nach § 69 getroffenen Schätzung bekämpft, dann hat der Anmelder die Feststellung zu betreiben: „für" seine bestrittene Inanspruchnahme steht ihm ein Titel im Sinne des § 146 VI nicht zu Gebote. Das ist namentlich von Belang für Steuervorrechte [S. 181].

[19]) So auch ständig das Reichsgericht (Bd. 39 S. 47, Bd. 51 S. 96, Bd. 86 S. 396, Bd. 130 S. 334 u. a.). Als Feststellungsklage kennzeichnet z. B. RG. Bd. 55 S. 160 den Rechtsstreit. Im übrigen eingehend E. Bley Feststellung des Konkursgläubigerrechts (1914).

[20]) Das ist der Sinn der Worte „Auf die Feststellung ist im ordentlichen Verfahren Klage zu erheben" (§ 146 II 1). Die Wendung erklärt sich geschichtlich. Das Gesetz verwirft den gemeinrechtlichen Grundsatz, demzufolge die Liquidationsprozesse vom Konkursgerichte selbst zu entscheiden waren, und läßt die vis attractiva nur in der Vorschrift des § 146 II 2 über die örtliche Zuständigkeit des zur Entscheidung der Feststellungsklage berufenen Prozeßgerichts nachklingen. Keineswegs sollen daher, wie RG. Bd. 32 S. 231 behauptet hatte, die außerordentlichen Prozeßarten (besonders der Urkunden- und Wechselprozeß) ausgeschlossen sein (vgl. dagegen RG. Bd. 50 S. 412, KG. OLG. 29 S. 137f.). Da „die Feststellung der Konkursforderung", wie die Zuerkennung eines Anspruchs auf Zahlung einer bestimmten Geldsumme (§ 146 IV) wirkt, kann keine Rede davon sein, daß der § 592 ZPO. die Erhebung oder Fortführung des Urkundenprozesses zum Zwecke der Feststellung eines Konkursgläubigerrechts aus-

Nur sind die der ordentlichen Gerichtsbarkeit unterworfenen und nicht schon vor dem Konkurse rechtshängig gewordenen Ansprüche je nach dem Streitgegenstand vor das Amtsgericht oder vor das Landgericht des Konkurses und zwar unter Ausschließlichkeit der örtlichen — nicht auch der sachlichen — Zuständigkeit verwiesen. § 146 II, vgl. § 164 III, 194, 206 II. Der Streitwert bestimmt sich nicht nach dem Nennbetrage der Forderung, sondern nach der dem Anmelder in Aussicht stehenden Konkursdividende, auch für zugriffsreife Forderungen (§ 148). Bei der Zuständigkeit eines Sondergerichts, einer Verwaltungsbehörde oder eines Verwaltungsgerichts und bei dem durch diese Zuständigkeit bestimmten Verfahren bewendet es auch für den Feststellungsprozeß (§ 146 V). Desgleichen bei der Anordnung schiedsrichterlicher Schlichtung von Forderungsstreitigkeiten.

Unstreitig ist daher die Feststellung nach Grund oder Betrag bestrittener Ansprüche von Arbeitnehmern aus dem Arbeits- oder Lehrverhältnis vor den Arbeitsgerichtsbehörden (§ 2 I Nr. 2, II ArbGG.) und in dem für diese maßgebenden „Urteilsverfahren" (§§ 46ff. ArbGG.), die Feststellung nach Grund oder Betrag bestrittener Steuerkonkursforderungen [oben S. 130] vor den für Steuersachen zuständigen Finanzbehörden und in dem für diese maßgebenden Feststellungs- und Rechtsmittelverfahren (für Reichssteuern also nach den Sätzen der RAbgO.) zu betreiben. Anerkannt (wenn auch nicht widerspruchslos) wird weiter, daß über die gleichzeitige oder gesonderte Feststellung eines bestrittenen Lidlohnvorrechts (§ 61 Nr. 1 KO.) ebenfalls nach § 2 I Nr. 2, II (nicht etwa nur nach § 3) ArbGG. die Arbeitsgerichtsbehörden zu erkennen haben (so ständig das RAG. z. B. v. 27. 11. 1929 KonkTreuh. 1930 S. 25f. Nr. 5, v. 10. 12. 1930, v. 9. 5. 1931, v. 22. 4. 1931 KonkTreuh. 1931 S. 29f. Nr. 2, S. 107f. Nr. 4, S. 170f. Nr. 4). Das Urteil v. 27. 11. 1929 bemerkt treffend: „es wäre prozeßpolitisch kaum verständlich, wenn der Gesetzgeber einen Kläger zwänge, denselben Tatbestand und dasselbe materiellrechtliche Verhältnis, aus dem das Arbeitsgericht die Berechtigung der Lohnforderung hergeleitet habe, zwecks Feststellung ihres Konkursvorrechts noch einem anderen, dem ordentlichen Gerichte zu unterbreiten." Trotzdem nehmen Rechtslehre und Rechtsprechung fast einmütig an, daß der Streit über Steuervorrechte nur vor den ordentlichen Gerichten auszutragen sei (RG. Bd. 114 S. 372, Bd. 116 S. 368; RFH. Bd. 20 S. 240; ObstLG. v. 2. 4. 1930 JurRundsch. Nr. 1648; OLG. Frankfurt a. M. v. 9. 10. 1930 JW 1931 S. 326 Nr. 5 mit Note Niemann; Fein aaO. S. 71ff. mit Verw.). Danach würde sich also, wenn eine Steuerkonkursforderung dem Grund oder Betrag und dem Vorrecht nach bestritten wird, stets ein zwiespältiges Verfahren nötig machen, jener Streit im Steuerverfahren, dieser im Zivilprozesse durchzufechten sein. Wir hätten in der Tat hier den vom RAG. als „prozeßpolitisch kaum verständlich" bezeichneten Zwiespalt. Mit Recht weist demgegenüber Bley ZZP. 51 S. 266f., Steuer u. Wirtschaft 1928 S. 1143ff. darauf hin, daß sich ja der ganze Vorrechtsstreit nur um die Frage dreht, ob die angemeldeten Ansprüche „Forderungen wegen öffentlicher Abgaben" sind, die „im letzten Jahre" vor Konkurseröffnung „fällig" wurden oder „nach § 65 als fällig gelten". Denn nur das verlangt der § 61 Nr. 2 KO. Treffen diese Voraussetzungen zu, dann besteht das Vorrecht. Sie festzustellen sind die Finanzbehörden gewiß nicht minder befähigt als die ordentlichen Gerichte. Wenn man aber meint, das unerfreuliche Ergebnis deshalb hinnehmen zu müssen, weil das Vorrecht in einem „rein privatrechtlichen Verhältnisse" begründet, der Vorrechtsstreit also ein „bürgerlicher Rechtsstreit" im Sinne des § 13 GVG., nicht eine „Steuersache" im Sinne des § 227 RAbgO. sei (in diesem Hinweis erschöpft sich die Begründung der herrschenden Ansicht, siehe z. B. Niemann aaO.), so wird eben dadurch die Fehlerquelle aufgedeckt. Das Konkursvorrecht ist ja nicht ein neben der Forderung stehendes Rechtsverhältnis, sondern nur eine Eigenschaft der Forderung. Es gehört also dem gleichen Rechtsgebiet an wie diese [oben S. 65]. Steueransprüche und Steuervorrechte sind Verhältnisse des öffentlichen Rechts. Die Staatsbehörde, die über Rechtsgrund, Entstehung und Fälligkeit des Steueranspruchs zu erkennen hat, muß auch dazu berufen sein, die ganz und gar auf diese Fragen abgestellte Vorrechtsentscheidung zu erlassen. Die zwingende Rangordnung des Konkurses (§ 61) bildet ebensowenig als etwa die der Liegenschaftsvollstreckung (§ 10 ZVG.) eine „rein privatrechtliche" Regelung. Weiter aber ist es auch verfehlt, wenn RG. Bd. 116 S. 372 aus § 146 VI KO. den Schluß zieht, es habe nicht der Anmelder die Bejahung, sondern der Widersprechende die Verneinung des Vorrechts zu erwirken, daher im Regelfalle der Verwalter eine Widerspruchsklage gegen den Fiskus zu erheben. Der

---

schlösse, oder gar davon, daß der Antrag auf solche Feststellung eine Abstandnahme vom Urkundenprozeß im Sinne des § 596 ZPO. bedeutete (die dem Gläubiger in zweiter Instanz gar nicht mehr einseitig freisteht). Die Ansicht, daß ein anhängiger Urkundenprozeß von Rechts wegen bei Konkurseröffnung in den ordentlichen Prozeß übergehe, ermangelt jeder gesetzlichen Stütze. In der Praxis wird die Langwierigkeit und Kostspieligkeit der Konkursfeststellungsprozesse viel beklagt (vgl. DJZ. 6 Sp. 327). Um so mehr macht sich das Bedürfnis nach der Zulässigkeit beschleunigter und verbilligter Verfahrensarten geltend. Unbedenklich muß als „ordentliches Verfahren" im Sinne des § 146 II das Verfahren auf Schiedsurteil gemäß den §§ 18ff. EntlVO. gelten, wobei für das gebotene amtsgerichtliche Schiedsurteilsverfahren (§ 20 daselbst) die Streitwertbestimmung des § 148 KO. zu beachten ist. Ein Güteverfahren vor dem Feststellungsprozesse wird sich in aller Regel nach § 495a I Nr. 6 ZPO. erübrigen.

Titel — der etwa in einem schon vor Konkursbeginn erlassenen Steuerbescheid enthalten ist [oben S. 179f. Note 18] — deckt Grund und Betrag, aber nicht auch das Vorrecht der Forderung, von dem er ja mit keiner Silbe redet (zust. ObstLG. aaO.). Mit Recht hat daher in den Fällen RG. Bd. 114 S. 372 u. OLG. Frankfurt aaO. der Steuerfiskus die Vorrechtsfeststellung betrieben [siehe oben Note 18 a. E.], nur hätte er sie als „Steuersache" betreiben sollen. Zu diesem Zwecke hat das Finanzamt als das nach § 146 V KO. zuständige Verwaltungsgericht zunächst einen das Vorrecht feststellenden Bescheid zu erlassen, wie es sich (nach RFH. Bd. 17 S. 186) beim Streit über den Bestand eines nicht unter den § 146 VI KO. fallenden Steueranspruchs auf dessen Feststellung beschränken muß. Bley Steuer u. Wirtschaft 1928 Sp. 1123 Nr. 53.

Schwebte schon bei Konkursbeginn ein Rechtsstreit über Grund oder Betrag der Forderung, so ist deren Feststellung durch „Aufnahme" des nach § 240 ZPO. unterbrochenen Prozesses zu betreiben (§ 146 III), die Feststellung einer noch nicht zugriffsreifen Forderung also durch Aufnahme des Anmelders gegenüber dem Widersprechenden. Der Widersprechende rückt (auch als Gläubiger) in die Prozeßlage des Schuldners ein. Der Rechtsstreit bleibt beim bisherigen Gericht anhängig. In der Regel bedarf es einer Umstellung des Klagantrags. Hatte der Anmelder auf Leistung geklagt, so muß er nun Feststellung beantragen, nötigenfalls mit der durch die § 69 KO. gebotene Änderung. Wird auch das von ihm beanspruchte Konkursvorrecht bestritten, so kann er den Klagantrag auf Vorrechtsfeststellung erweitern und zwar einseitig auch noch im Berufungsverfahren. Siehe die §§ 268 Nr. 2, 3, 529 IV ZPO. Wird die eingeklagte Forderung im Prüfungstermin „festgestellt", aber das vom Kläger beanspruchte Vorrecht bestritten, dann ist für eine dessen Feststellung bezweckende „Aufnahme" kein Raum. Vielmehr muß der Kläger nun auf die Vorrechtsfeststellung eine neue Klage erheben[21]).

Ob und welche Rechtsbehelfe zur Verfolgung des Widerspruchs gegenüber einer im Sinne des § 146 VI zugriffsreifen Forderung bestehen, bestimmt sich nach allgemeinen Vorschriften. Gegenüber einem noch nicht rechtskräftigen Endurteil kann eine „Aufnahme" des Prozesses verbunden mit Einlegung des zulässigen (dem Schuldner zustehenden) Rechtsmittels oder Einspruchs nach Analogie des § 146 III, gegenüber rechtskräftigen Urteilen eine Wiederaufnahme oder Vollstreckungsgegenklage in Betracht kommen. Auch die Konkursanfechtung kann Platz greifen (§ 35), aber nur der Verwalter kann sie — sei es klage-, sei es einredeweise — geltend machen (§ 36). Ein Widerspruch gegenüber zugriffsreifen Steuerkonkursforderungen kann im Rechtsmittelverfahren, gegenüber rechtskräftigen Steuerbescheiden vielleicht auf Grund der §§ 86, 94, 222 I Nr. 4 RAbgO. zum Ziele führen. In Ermangelung solcher Rechtsbehelfe sind Widersprüche überhaupt nicht durchführbar.

5. Die neuerhobene wie die aufgenommene Feststellungsklage muß auf den Schuldgrund gestützt und auf den Betrag beschränkt werden, der in der Anmeldung oder im Prüfungstermin angegeben worden ist. § 146 IV mit §§ 139 (Satz 2), 142. Will der Anmelder seinen Anspruch auf einen wesentlich verschiedenen Entstehungstatbestand gründen oder dem Betrag oder Vorrechte nach erweitern, so bedarf es erneuter Anmeldung und Prüfung. Auch hier gilt: ohne Anmeldung keine Prüfung, ohne Prüfung keine Feststellung [oben S. 176][22]).

---

[21]) Schwebt gegen den Anmelder der bestrittenen Forderung eine negative Feststellungsklage, so gilt ebenfalls das gesetzliche Gebot, den unterbrochenen Rechtsstreit „aufzunehmen" und „durch" diese Aufnahme „die Feststellung" der streitig gebliebenen Forderung „zu verfolgen" (§ 146 III). Dem Gebote kann der hier in der Beklagtenrolle stehende Anmelder nur dadurch entsprechen, daß er den Sachabweisungsantrag nun zum Antrag auf Feststellung der angemeldeten Forderung verstärkt. Die Zulässigkeit, ja die Notwendigkeit dieser Änderung ergibt sich ohne weiteres aus § 146 III, der dem Anmelder jedes Rechtsschutzbedürfnis für eine eigene Klage oder Widerklage abspricht. Darum muß die Änderung auch noch im Revisionsverfahren statthaft und im Berufungsverfahren von einer Einwilligung des Gegners im Sinne des § 529 IV ZPO. unabhängig sein (RG. v. 9. 7. 1915 LZ. Sp. 1274), ähnlich wie etwa die den Schranken der Widerklage überhobene Geltendmachung von Erstattungsansprüchen „in dem anhängigen Rechtsstreit" auf Grund des § 717 II (§ 281) ZPO. Über die Form der „Aufnahme" siehe oben S. 49.

[22]) Um die Übereinstimmung des Antrags und des Urteils mit der Anmeldung zu sichern, hat das Konkursgericht dem Anmelder einen beglaubigten Tabellauszug zu erteilen (§ 146 I 2), nach der Praxis von Amts wegen (RG. Bd. 85 S. 64). Antrag und Urteil nehmen auf den Tabelleintrag Bezug. Muster: unten S. 242.

6. Der obsiegende Teil hat eine entsprechende Abänderung des Tabelleintrags beim Konkursgerichte zu beantragen (§ 146 VII). Dabei ist jedoch zu beachten, daß im Falle mehrfacher Bestreitung die Feststellung des Konkursgläubigerrechts nur durch Überwindung aller Widersprüche erzielt wird (§ 144 I). Der Sieg eines einzigen Gegners verneint das Konkursgläubigerrecht und kommt darum notwendig allen Konkursgläubigern zustatten. Daher bilden mehrere Opponenten, die zusammen klagen oder verklagt werden, eine besondere Streitgenossenschaft im Sinne der §§ 62, 472 ZPO.). Andrerseits besteht keine Zwangsstreitgenossenschaft der Art, daß alle Opponenten zusammen klagen oder verklagt werden müßten. Die Klagenverbindung ist zweckmäßig (vgl. § 147 ZPO.); notwendig ist sie nicht.

Die Anwendbarkeit des § 62 ZPO. folgt aus § 147 KO.: weil eine einzige Verneinung des Konkursgläubigerrechts zugunsten aller Konkurrenten wirkt, kann das Bestehen dieses Rechtes (des streitigen Rechtsverhältnisses) im Endergebnisse nur einheitlich bejaht werden. Siehe RG. Bd. 5 S. 414, Bd. 96 S. 254 (ohne Rücksicht auf die Begründung der verschiedenen Widersprüche). Der dem Verwalter oder Gläubigeropponenten als Nebenintervenient beitretende Gläubiger (er mag seinerseits bestritten haben oder nicht) hat demgemäß die Rechtsstellung des § 69 ZPO. Desgleichen der einem Gläubigeropponenten beitretende Verwalter, der zur Nebenintervention auch dann befugt ist, wenn er seinerseits nicht bestritten hatte (KG. OLG. 31 S. 16).

§ 29.

5. Die Konkursverteilungen.

I. **Die Teilungsmasse**, d. h. die Gesamtheit der Gelder und Geldguthaben, die nach Vollzug der abgesonderten Befriedigung, der Aufrechnung und der Massegläubigerdeckung zur Aufteilung unter die Konkursgläubiger verbleiben[1]), ist nach dem Grundsatze der staatlich überwachten Selbstverwaltung nicht durch das Gericht, sondern unter dessen Aufsicht durch den Konkursverwalter dem Zwecke der Gläubigerbefriedigung zuzuführen. Dabei folgt unser Reichsrecht einer zur Weltherrschaft gelangten Richtschnur des französischen Rechts, derzufolge Ausschüttungen stattfinden können, sobald und so oft ein die Verteilung lohnender Massebestand flüssig geworden ist. Nur müssen stets die Ergebnisse des allgemeinen Prüfungstermines (§ 141) abgewartet werden, da sie erst Aufschluß über die Bezugsrechte, ihre Grenzen und ihre Reihenfolge gewähren.

Die heutige Ordnung der Verteilungen bedeutet einen erheblichen Fortschritt gegenüber dem gemeinrechtlichen „Distributionsverfahren", in dessen Bannkreise sich zahlreiche Landesgesetze bewegten. Für die Regel war dort nur einmal zu verteilen und zwar erst dann, wenn alle Aktiven versilbert, alle Passiven mit ihrer verwickelten Vorrechtsordnung festgestellt waren. Bis dahin blieben flüssige Massemittel, nicht oder nur unzulänglich verzinst, auch Gläubigern mit unzweifelhaften Ansprüchen vorenthalten. Die Verteilungsanweisung hatte das Konkursgericht in einem (ursprünglich mit dem Erkenntnis über die „Liquidität" und die „Priorität" verbundenen) Distributionsbescheide zu erlassen. Eine Vorausbefriedigung einzelner Gläubiger war nur kraft besonderer Anordnung und nur unter besonderen Schutzmaßnahmen statthaft.

Um das Zustandekommen von Zwangsvergleichen zu fördern, ermächtigt der § 160 das Konkursgericht, einen einstweiligen Aufschub der Verteilungen durch beschwerdefähigen Beschluß (§ 73) anzuordnen, wenn der Schuldner den Aufschub beantragt, ehe die Ausschlußfrist (§ 152) abgelaufen ist.

II. Das Gesetz unterscheidet **Abschlags-, Schluß- und Nachtragsverteilung**. Auf „festgestellte" Vorrechtsforderungen kann der Verwalter mit gerichtlicher Genehmigung unabhängig von diesen Verteilungen Zahlung leisten (§ 170). So namentlich, um Lohnrückstände in großen Betrieben zu decken (§ 61 Nr. 1).

[1]) In dieser, die letzte Entwicklungsstufe der Zugriffsmittel darstellenden engern Bedeutung gebraucht der § 148 den Ausdruck „Teilungsmasse". Sie bildet den Gegenstand der in den folgenden Vorschriften des Gesetzes (§§ 149—172) geordneten „Verteilung". Die dabei zu berücksichtigenden Konkursforderungen und nur sie stellen die „Schuldenmasse" der §§ 138 ff. dar. Im weiteren Sinne der §§ 117 bis 137 bedeutet „Teilungsmasse" alles zur Konkursmasse gehörende Vermögen (§§ 1, 2) mit Einschluß der Anfechtungsrückgewähr (§ 37). Massegläubiger sind unabhängig von den Konkursverteilungen („vorweg") zu befriedigen (§ 57). Sie können in den Grenzen des § 172 den Konkursgläubigern bei jeder Verteilung vorgreifen.

1. Abschlagsverteilungen soll[2]) der Verwalter nach dem Prüfungstermine vornehmen, „so oft hinreichende bare Masse vorhanden ist" (§ 149). Die Gläubiger brauchen also nicht auf Befriedigung zu warten, bis die ganze Masse verwertet und jeder Feststellungsstreit erledigt ist. In rasch verlaufenden Konkursen sind Abschlagsverteilungen entbehrlich.

2. Die Schlußverteilung erfolgt nach § 161, sobald die Verwertung der Masse vollzogen ist. Mit ihr endet normalerweise die Ausschüttung der Masse.

3. Eine Nachtragsverteilung findet statt, wenn nach Beginn des Vollzugs der Schlußverteilung weitere Masse verfügbar wird (§ 166). So z. B. wenn zurückbehaltene Beträge frei werden, weil eine auflösende Bedingung eintritt, eine aufschiebende ausfällt oder ein Anmelder im Feststellungsstreit unterliegt; wenn irrtümlich geleistete Zahlungen zur Masse zurückfließen; wenn verheimlichte oder beiseite geschaffte Sachen des Schuldners erst hinterher vom Verwalter ermittelt werden. Nachtragsverteilungen (eine oder mehrere) erfolgen auf Grund der „Schlußverteilungsliste" und bilden darum bloße Anhängsel zur Schlußverteilung. Wird eine Nachtragsverteilung erst nach Konkursaufhebung angeordnet, so setzt auch erst mit dieser Anordnung der Konkursbeschlag für den Bereich der Nachtragsverteilungsmasse aufs neue ein. Der Vollzug obliegt dem bisherigen oder einem gerade für diesen Zweck zu bestellenden Konkursverwalter[3]). Besonderes gilt in Genossenschaftskonkursen [unten S. 205 ff.].

III. Alle Verteilungen liegen in der Hand **des Konkursverwalters.** Er hat sie vorzubereiten, anzukündigen (§ 151) und zu vollziehen (§ 167). Zu Abschlagsverteilungen bedarf er der Zustimmung eines etwaigen Gläubigerausschusses, zur Schlußverteilung auch der Zustimmung des Konkursgerichts (§§ 150, 161). Eine Nachtragsverteilung findet nur auf besondere konkursgerichtliche Anordnung statt (§ 166). Die Anteile sind beim Verwalter „zu erheben", die Schulden also Holschulden (vgl. § 169 KO. gegen § 270 BGB.).

Berücksichtigt werden die festgestellten und von den bestrittenen die im Sinne des § 146 VI zugriffsreifen Ansprüche. Sonst gelangen bestrittene Forderungen nur zum Zuge, wenn der Anmelder dem Verwalter binnen der kurzen „Ausschlußfrist" des Verteilungsverfahrens [S. 185] nachweist, daß er durch Klagerhebung oder Prozeßaufnahme begonnen hat, die Feststellung zu betreiben (§ 152), ein Nachweis, der sich natürlich erübrigt, wenn die Betreibung gegen den Verwalter selbst gerichtet worden ist. Im Feststellungsstreit befangene, bedingte oder nur für den Ausfall zu befriedigende Konkursforderungen werden nicht durch Auszahlung, sondern zunächst durch Zurückbehaltung der Anteile berücksichtigt (§ 168). Dabei gilt die doppelte Besonderheit, daß aussichtslose Anwartschaften bedingt Berechtigter (§ 154 II) und Ausfallforderungen von Absonderungsgläubigern, die ihren wirklichen Ausfall auch jetzt noch nicht nachgewiesen haben (§ 153), für die Schlußverteilung und eben damit auch für eine etwaige Nachtragsverteilung (§ 166) ausscheiden: insoweit einbehaltene Anteile werden für die Schlußverteilung frei (§ 156)[4]). Anteile, die auch noch bei der Schlußverteilung oder einer sie ergänzenden Nachtragsverteilung zurückbehalten werden mußten (§ 168 Nr. 1, 2, 4), und solche,

---

[2]) Amtspflicht im Sinne der §§ 82—84. Durch Klage verfolgbare Ansprüche der Gläubiger begründet der § 149 nicht. Auch hat das Konkursgericht nicht die Macht, selber Verteilungen anzuordnen oder gar vorzunehmen.

[3]) War der Konkursbeschlag noch nicht erloschen, so besteht für den beschränkten Zweck der Nachtragsverteilung, also hinsichtlich der Nachtragsmasse, die Zwangsvertretungsmacht des beibehaltenen Konkursverwalters einfach fort, besonders auch für die Einklagung neu ermittelter Außenstände. Vgl. RG. Bd. 28 S. 68, Bd. 53 S. 265. Hatte der Konkursbeschlag bei Anordnung der Nachtragsverteilung bereits geendet, so setzt er mit Zustellung des Anordnungsbeschlusses an den Schuldner wieder ein, aber ex nunc, nicht ex tunc: nur für die Zukunft verliert der Schuldner die Verfügungsmacht in Ansehung der Nachtragsmasse (§ 6), nur für die Zukunft wird den Konkursgläubigern der Sonderzugriff auf Gegenstände dieser Masse verwehrt (§ 14).

[4]) Das Nähere siehe oben S. 55 f. (bedingte Ansprüche), S. 123 (Ausfallforderungen), S. 179 f. (Feststellungsstreit). Die unter das Reichsausgleichsgesetz fallenden Schuldverhältnisse sind nach dessen § 11 I 3 im Falle der Anmeldung durch Rückbehaltung und Hinterlegung von Anteilen zu berücksichtigen, die der angemeldeten Höhe entsprechen. Siehe oben S. 172.

die zahlbar waren, aber unerhoben geblieben sind, hat der Konkursverwalter auf Anordnung des Gerichts für Rechnung der Beteiligten (aber im Namen des Trägers der Konkursmasse) zu hinterlegen (§ 169).

Vor jeder Abschlagsverteilung und vor der Schlußverteilung hat der Konkursverwalter eine Verteilungsliste, d. h. ein Verzeichnis der zu berücksichtigenden Forderungen unter Bekanntmachung der Gesamtsumme und des verfügbaren Massebestandes auf der Geschäftsstelle des Konkursgerichts zur Einsicht aufzulegen (§ 151). Mit dem Vollzuge der Bekanntmachung (§ 76 I 2) beginnt die zweiwöchige „Ausschlußfrist" des Verteilungsverfahrens (§ 152 mit §§ 153, 155, 157, 158, 160). Die Verteilungspläne des Verwalters unterliegen einem zeitlich begrenzten Einwendungsverfahren (§§ 158, 162). Einwendungen gegen eine Abschlagsverteilungsliste sind vor Ablauf einer Woche nach Ende der Ausschlußfrist (§ 158 I), Einwendungen gegen das Schlußverzeichnis im Schlußtermine selber vorzubringen (§ 162 I). Die Entscheidung erfolgt in beiden Fällen durch das Konkursgericht und unterliegt sofortiger Beschwerde (§§ 158 II, 162 II, 73).

Der zuzuteilende Betrag, die Dividende, wird für Abschlagsverteilungen in Prozentsätzen bestimmt (§ 159), für die Schlußverteilung durch vollständige Aufteilung der Restaktiven ermittelt[5]).

IV. **Säumige** Konkursgläubiger erleiden Einbußen. Wer bei einer Abschlagsverteilung unberücksichtigt bleiben mußte, hat allerdings Nachzahlung aus der „Restmasse" zu beanspruchen, „soweit diese reicht und nicht infolge des Ablaufs einer Ausschlußfrist für eine neue Verteilung zu verwenden ist", wenn er die gesetzlichen Berücksichtigungserfordernisse (§§ 152, 153) nachträglich erfüllt. § 155. Wer aber die Ausschlußfrist für die Schlußverteilung versäumt, verwirkt für diese und folglich nach § 166 Satz 1 auch für etwaige Nachtragsverteilungen endgültig jedes Anrecht auf konkursmäßige Berücksichtigung. Da der Ausschluß als gesetzliche Säumnisfolge eintritt, sind die dadurch zu höheren Dividenden gelangenden Nichtsäumigen Ansprüchen der Nachzügler wegen „ungerechtfertigter" Bereicherung (§ 812 BGB.) enthoben[6]). Nur an den Schuldner kann der Säumige sich noch halten [unten § 30 II 1].

6. Die Beendigung des Verfahrens.

§ 30.

a) Die Konkursbeendigung im allgemeinen.

I. Überblick.

Wie die Eröffnung erfolgt die Beendigung des Verfahrens durch einen förmlichen Beschluß des Konkursgerichts. Wie jene wird diese öffentlich bekanntgemacht (§§ 116, 163, 190, 205). Die Gründe der Konkursbeendigung hat das Gesetz erschöpfend bestimmt.

---

[5]) Für Abschlagsverteilungen hat der Verwalter, beim Vorhandensein eines Gläubigerausschusses dieser auf „Antrag" d. h. hier auf gutachtlichen (nicht bindenden) Vorschlag des Verwalters den auszuzahlenden Prozentsatz zu bestimmen; der Verwalter hat ihn den berücksichtigten Gläubigern mitzuteilen, um sie zur Erhebung ihrer Anteile zu veranlassen (§ 159; vgl. § 77 II mit § 76 III). Der ganze verfügbare Bestand braucht nicht ausgeschöpft zu werden. Für die Schlußverteilung ist eine förmliche Festsetzung und Mitteilung des Prozentsatzes nicht vorgeschrieben. Zunächst ermöglicht die Bekanntmachung des § 151 den Beteiligten eine Veranschlagung. Nach Erledigung etwaiger Einwendungen hat dann der Verwalter die Amtspflicht, die auf die einzelnen Forderungen entfallenden Beträge zu berechnen und den Gläubigern mitzuteilen. Diese Mitteilung bildet den Beginn des Vollzugs der Schlußverteilung (vgl. § 166). In keinem Falle verleiht die Mitteilung dem einzelnen Gläubiger einen durch Klage gegen den Verwalter verfolgbaren Anspruch auf den Verteilungsvollzug (str.).

[6]) Massegläubigern zieht der § 172 minder strenge Schranken. Von der Ausschlußfrist des § 152 bleiben sie unberührt und verlieren dadurch, daß sie den rechtzeitigen Zugriff auf die Schlußverteilungsmasse versäumen, nicht auch den Anspruch auf Deckung aus einer Nachtragsverteilungsmasse.

Der Konkurs endet:

1. **rückwirkend** (ex tunc) durch „Aufhebung des Eröffnungsbeschlusses" nach § 116 [oben S. 174];
2. **für die Zukunft** (ex nunc) entweder
   a) durch „Aufhebung des Konkursverfahrens" d. h. durch eine seinem Zweck entsprechende, die Befriedigung der Konkursgläubiger unter Verlustgemeinschaft regelnde Lösung, sei es nach „Verteilung" der Masse (§ 163) oder auf Grund eines „Zwangsvergleichs" (§ 190);
   b) durch „Einstellung des Konkursverfahrens" d. h. durch vorzeitigen Abbruch, sei es, daß ihn der Schuldner mit Zustimmung der Gläubiger erwirkt (sog. Konkursverzicht, § 202) oder daß ihn das Konkursgericht wegen Massemangels verfügt (§ 204).

II. **Aufhebung** des Konkursverfahrens.

1. Nach Abhaltung des Schlußtermins, also im Falle der Ausschüttung der Masse, hat das Konkursgericht die Aufhebung des Konkursverfahrens zu beschließen (§ 163). Den Schlußtermin beraumt es von Amts wegen an, wenn es die Vornahme der Schlußverteilung genehmigt (§§ 161, 162). Der Schlußtermin ist eine Gläubigerversammlung mit dreifacher Aufgabe. Erstlich dient er zur Abnahme der Schlußrechnung des Verwalters, in der dieser seine Geschäftsführung offenzulegen hat (§ 86)[1]; zweitens zur Erhebung von Einwendungen gegen das Schlußverzeichnis[2]) und drittens zur Beschlußfassung über unverwertbare Massegegenstände[3]). Hat der Konkurs auf solche Art seinen Abschluß gefunden, dann können Konkursforderungen, soweit sie nicht getilgt worden sind, unbeschränkt gegenüber dem Schuldner geltend gemacht werden (Grundsatz der freien Nachforderung, § 164 I[4]). Ob freilich ein Schuldner der ungedeckten Verbindlichkeiten nachbleibt, das ist eine Frage für sich. Eine juristische Person als Schuldnerin erlischt mit Ausschüttung der Masse, namentlich als Aktiengesellschaft oder als Gesellschaft m. b. H. (§ 292 Nr. 3 HGB., § 60 Nr. 4 GmbHG.)[5]), und die Verantwortlichkeit

---

[1]) Mag das Verwalteramt während des Konkurses (z. B. im Entlassungsfall) oder mit diesem, sei es bei dessen Aufhebung oder bei dessen Einstellung, sein Ende finden. Einwendungsberechtigt ist der Gemeinschuldner, jeder Konkursgläubiger und ein nachfolgender Verwalter. Soweit diese Beteiligten nicht im Schlußtermine selbst Beanstandungen erheben, wird der Verwalter ihnen gegenüber nach § 86 Satz 4 entlastet für seine gesamte im Bericht dargelegte Geschäftsführung. Ansprüche, die den Beteiligten nicht aus der im Bericht offenbarten und zu offenbarenden Verwaltungstätigkeit, sondern aus besonderen Rechtsgründen (z. B. vorsätzlicher Missetat, §§ 823, 826 BGB.) erwachsen, und Ansprüche von dritten Verletzten (z. B. Aussonderungsberechtigten, Massegläubigern) werden durch das Unterbleiben von Einwendungen im Schlußtermine nicht berührt. Siehe auch die folgende Note.

[2]) Die in der besonderen Ausschlußfolge des § 86 Satz 4 geregelte Entlastung des Verwalters ist nicht zu erstrecken auf den Fall, daß ein Konkursgläubiger die Nichtaufnahme seiner Forderung in das Schlußverzeichnis im Schlußtermin unbeanstandet läßt (§ 162 mit § 158 II). Er verwirkt damit seine Rechte gegenüber der Konkursmasse, nicht aber (unbeschadet des § 254 BGB.) auch gegenüber dem Konkursverwalter (§ 82). Eine umstrittene Frage. Zust. RG. Bd. 87 S. 151.

[3]) Wegen der Freigabe an den Schuldner siehe oben S. 93f. Die Gläubigerversammlung kann auch beschließen, daß der Verwalter ermächtigt wird, den schwer zu verwertenden Gegenstand, z. B. eine unsichere Forderung, zu einem Bruchteil ihres Nennwertes einem Gläubiger, der darauf eingeht, an Erfüllungs Statt zu überlassen (§ 364 I BGB.).

[4]) Nach englischem und nordamerikanischem Rechte kann der Schuldner in bestimmten Schranken auch ohne Zwangsvergleich von der Nachzahlungspflicht durch einen gerichtlichen Entlastungsbeschluß (order of discharge) befreit werden.

[5]) Dagegen kann in den Fällen des Zwangsvergleichs und Konkursverzichtes die „Fortsetzung" dieser handelsrechtlichen Körperschaften, wenn sie erst durch den Konkurs in den Auflösungszustand versetzt worden waren, von den Mitgliedern beschlossen (§ 307 II HGB., § 60 I Nr. 4 GmbHG.) und so eine Rückbildung aus dem Abwicklungsstand in den Erwerbsstand unter Wahrung der Identität erzielt werden [oben S. 20]. Für Vereine des BGB. ist diese Besonderheit nicht zugelassen. Bei ihnen bleibt nur der Weg einer für die Zukunft wirkenden Neubildung. Die Rückbildung ist auch bei Genossenschaften ausgeschlossen, für die ihnen nachgearteten Versicherungsvereine auf Gegenseitigkeit aber gleichwohl zugelassen (§ 49 Satz 2 AufsG.) und für den Fall des Konkursverzichts bedeutsam (einen Zwangsvergleich gibt es im Konkurse der Gegenseitigkeitsvereine so wenig als im Genossenschaftskonkurse, § 116 GenG., § 52 II AufsG.). Offene Handelsgesellschaft: § 144 HGB.

eines Erben, der das Recht der Haftungsbeschränkung nicht verwirkt hat, erschöpft sich regelmäßig infolge Durchführung des Nachlaßkonkurses (vgl. § 1989 BGB.). Andrerseits wirkt die Feststellung zur Konkurstabelle (§ 145), wenn ein persönlicher Widerspruch des Schuldners unterblieben oder überwunden worden ist (vgl. § 144 II), ihm gegenüber auch außerhalb des Konkurses urteilsmäßige Rechtskraft und Vollstreckbarkeit. § 164 II, III. Ebendarum werden die auf Grund der §§ 65, 69, 70 eingetretenen Änderungen festgestellter Konkursgläubigerrechte (Eintritt der Fälligkeit, Übergang in Geldforderungen, Kapitalisierung) dem Schuldner wie dem Gläubiger gegenüber dauernd maßgebend [oben S. 53].

2. Nach rechtskräftiger Bestätigung eines Zwangsvergleichs (§ 190). Auch er bildet eine dem Konkurszweck gemäße, einer Ausschüttung der Masse noch vorzuziehende Aufhebungsart[6]). Inwieweit das Nachforderungsrecht der Gläubiger beschränkt sein soll, hat der Vergleich ausdrücklich zu bestimmen (§ 174). Er trifft aber nur die nichtbevorrechtigten Konkursgläubiger (§§ 173, 193). Näheres unten § 31.

In beiden Fällen erklärt das Gesetz den Aufhebungsbeschluß für unanfechtbar, weil es (was freilich nicht bedenkenfrei ist) davon ausgeht, daß den Beteiligten nach Lage der Dinge an einem Aufschub der Konkursbeendigung nichts gelegen sein werde (§§ 163 I, 190 I). Beispiel eines Aufhebungsbeschlusses: S. 242. Anordnung und Grund der Aufhebung sind öffentlich bekanntzumachen (§§ 163 II, 190 II mit § 76). Die Aufhebung wird, und zwar einheitlich für alle Beteiligten wirksam mit Ablauf des zweiten Tages nach Ausgabe des die (erste) Anzeige enthaltenden Amtsverkündungsblattes (§ 76 I 2, III). Ist also z. B. das Blatt Montag, den 23. November 1931 am Ausgabeort, wäre es auch unter dem Datum des 22. oder 24., verbreitet worden, dann ist die Konkursaufhebung mit Ablauf des 25. November (Mittwoch Mitternacht) in Wirksamkeit getreten. Damit haben die unter IV bezeichneten Rechtsfolgen eingesetzt[7]).

III. **Die Einstellung** des Konkursverfahrens.

1. Auf Schuldnerantrag beschließt das Konkursgericht die Einstellung des Verfahrens, wenn ihr die Konkursgläubiger zustimmen. Für die Regel hat es den Ablauf der Anmeldefrist abzuwarten. Wer seinen Anspruch bis dahin nicht geltend gemacht hat, kann nicht verlangen, daß um seinetwillen der Konkurs fortgesetzt werde. Vor Ablauf der Anmeldefrist ist die Einstellung erschwert. Das Gesetz unterscheidet nämlich:

a) **Nach** Ablauf der Anmeldefrist „ist" einem Einstellungsantrage des Schuldners zu entsprechen, wenn alle Anmelder zustimmen. Bei angemeldeten, aber noch nicht festgestellten Forderungen kann das Gericht statt der Zustimmung eine Sicherstellung genügen lassen und, wenn der Anspruch unglaubhaft ist, auch von dieser absehen. § 202 I.

b) **Vor** Ablauf der Anmeldefrist bedarf es einer Zustimmung aller dem Gericht (etwa aus Angaben des Schuldners oder des Verwalters, §§ 104, 124) bekannten Gläu-

---

[6]) Das Zustandekommen eines Zwangsvergleichs sucht das Gesetz zu fördern, besonders in den §§ 110 II, 180, im § 160, in den §§ 133 Nr. 1, 135. Im Sinne der Gerichtsgebührenbewertung zählt die Aufhebung nach Abschluß eines Zwangsvergleichs zur normalen „Durchführung des Konkursverfahrens" (dreifache Gebühr wie bei Ausschüttung der Masse). Nur für Einstellungen ermäßigt sich die Gebühr. § 42 GKG.

[7]) Es wäre sachlich unangemessen, die Sondervorschrift des § 76 I 2 KO. (mit Wolff KO.[2] § 76 Anm. 2) in „entsprechender" Anwendung des § 222 I ZPO. (§ 72 KO.) dahin zu ergänzen, daß der zweite Tag, wenn er Sonn- oder Feiertag sei, nicht zähle, daß also stets nur der Ablauf eines Werktags maßgebend sein könne (die Bekanntmachung z. B. bei Ausgabe des Amtsblattes am Mittwoch, den 23. Dezember 1931, erst mit Ablauf des 28. Dezember „bewirkt" sei). Denn es kommt ja dem § 76 I 2 KO. nur darauf an, eine gewisse Mindestzeit offen zu halten, in der das Blatt seinen Lesern zugänglich wird. Sonn- und Feiertage bieten zum Lesen mehr Muße als Werktage. Die Vorschrift ist von der nämlichen Art wie der a. 71 RV. Sie muß aus sich selbst nach ihrem besonderen Zweck ausgelegt werden. Darüber, daß der Ausgabetag nicht zählt, läßt ihre Fassung keinen Zweifel. Sie selber besagt es, nicht etwa der § 222 I ZPO. mit § 187 I BGB. Der Streit ist wegen der allgemeinen Bedeutung des § 76 I KO. von erheblichem Belang.

biger, mögen auch ihre Forderungen noch nicht festgestellt oder noch gar nicht angemeldet sein. Die Zustimmung ist hier nicht durch Sicherstellung ersetzbar. Rechnet das Gericht mit dem Vorhandensein ihm unbekannter Gläubiger, dann wartet es den Ablauf der Anmeldefrist ab (§ 202 II: „kann").

Die Gläubiger pflegen dem Einstellungsantrage des Schuldners zuzustimmen, wenn eine außerkonkursmäßige Schuldenregelung gelungen ist. Jeder einzelne kann dem (öffentlich bekanntzumachenden) Antrage widersprechen (§ 203). Die Zustimmung bedeutet einen Verzicht der Konkursgläubiger auf die Fortsetzung des Konkursverfahrens, nicht auf die Forderungen oder ihre Beitreibung. Der Verzicht ist einseitige Prozeßhandlung, nicht Vertrag, wenn auch meist das Ergebnis einer außergerichtlichen Übereinkunft des Schuldners mit den Gläubigern. Eines solchen „Konkursverzichtes" bedarf es aber nur dann, wenn überhaupt noch unbefriedigte Konkursgläubiger da sind. Der Nachweis ihrer außerkonkursmäßigen Befriedigung durch den (vielleicht infolge eines Glücksfalles) zu Gelde gelangten Schuldner oder durch Dritte oder der Nachweis eines sonstigen Erlöschens der Forderungen (z. B. durch Aufrechnung oder Erlaß) erübrigt den Nachweis ihrer Zustimmung. Auch hier aber bildet der Schuldnerantrag im Sinne der §§ 202 f. den gesetzlich gewiesenen Weg der Konkursbeendigung. Andrerseits macht selbst ein allseitiger Konkursverzicht der Gläubiger den Schuldnerantrag nicht entbehrlich. Er ist die in jedem Falle unerläßliche Vorbedingung dieser Einstellungsart. Vom Schuldner muß die Initiative zum Abbruch des Verfahrens ausgehen[8]).

2. Von Amts wegen[9]) ist der Konkurs einzustellen, sobald sich ergeben hat, daß die vorhandene Masse nicht einmal mehr die Kosten des Konkurses deckt, es sei denn, daß jemand aus freien Stücken eine ausreichende Deckung vorschießt (§ 204)[10]). Diese Lage stellt sich nicht selten unversehens als Ergebnis verlorener Prozesse ein. Auch ein Zusammenbruch der Währung kann sie zeitigen.

Bei jeder Art der Einstellung unterliegt der Einstellungsbeschluß sofortiger Beschwerde (§§ 73 III, 205). Beidemal gilt der Grundsatz der freien Nachforderung (§ 206 II). Beidemal sind Masseansprüche (nicht auch bevorrechtigte Konkursforderungen) vor Ausantwortung der Masse an den Schuldner zu befriedigen oder doch (soweit sie bestritten, betagt oder bedingt sind) sicherzustellen[11]). Diese Aufgabe obliegt noch dem Konkursverwalter als solchem. Erst wenn er ihren Vollzug meldet, hat das Gericht die Einstellung zu verfügen[12]).

3. Andere Gründe der Konkurseinstellung erkennt das Gesetz nicht an. Die Einstellung des § 95 I AufsG. i. F. v. 1931 ist der Sache nach Aufhebung des Eröffnungsbeschlusses [oben S. 173]. Mängel der Zuständigkeit, des Konkursgrundes oder des Konkursantrags heilt die Rechtskraft des Eröffnungsbeschlusses. Der nachträgliche Wegfall des Konkursgrundes bildet keinen selbständigen Beendigungsgrund, kann aber auf dem Wege der §§ 202 f. zur Einstellung führen[13]). Der nachträgliche Eintritt einer Unzulänglichkeit der Masse zur Kostendeckung nötigt zur Einstellung nach § 204. Der Tod des Gemeinschuldners hält den Fortgang des Verfahrens nicht auf. Für die Zukunft finden die Regeln des Nachlaßkonkurses, soweit die besondere Lage

[8]) Das eingebürgerte Schlagwort „Einstellung wegen Konkursverzichts" ist also nicht ganz genau. Den Kernpunkt des § 202 bildet der Schuldnerantrag. Nur von ihm reden z. B. die §§ 144 I, 307 II HGB., § 60 I Nr. 4 GmbHG. Da die Einstellung auf dem Antrage des Passivbeteiligten beruht und da sie jeder Rückwirkung ermangelt, hinkt auch der beliebte Vergleich mit der Klagezurücknahme.

[9]) Natürlich kann jeder Interessent diese Einstellung anregen.

[10]) Steht der Mangel schon im Eröffnungsverfahren fest, so hat das Gericht den Konkursantrag nach Maßgabe des § 107 abzuweisen [oben S. 171 f.].

[11]) Nur das besagt nach dem Zwecke des Gesetzes die im § 205 II verordnete „entsprechende" Anwendbarkeit des § 191 (nicht auch, daß bevorrechtigte Konkursforderungen zu decken seien). Reichen die Mittel nicht einmal zur Volldeckung der Masseansprüche, dann greift der § 60 Platz.

[12]) Zust. OLG. Dresden v. 30. 9. 1916 JW. S. 1493 Nr. 7.

[13]) Bei nachträglichem Wegfalle des Konkursgrundes ist für eine „Aufhebung" des Konkursverfahrens (wie sie Wach LZ. 1907 Sp. 593 f. vorschlägt), kein Raum. Würde sie ausgesprochen, dann wäre damit z. B. die „Fortsetzung" des in Konkurs geratenen Verbandes [oben Note 5] vereitelt. Hier würde sich der Ausschluß einer Beschwerde (§ 163 I 2) empfindlich fühlbar machen.

des Falles es erlaubt, sinngemäße Anwendung. Namentlich nimmt der Erbe des bisherigen Gemeinschuldners nun als Träger des Massevermögens Rechte und Obliegenheiten eines Gemeinschuldners wahr [unten S. 209].

IV. Allen Arten der Beendigung rechtskräftig eröffneter Konkurse sind folgende **Rechtswirkungen** gemein:

1. Der Schuldner erlangt — vorbehaltlich besonderer Beschränkungen — die Verfügungs- und Prozeßführungsmacht hinsichtlich der noch vorhandenen Masse zurück (§§ 192, 206 I)[14]. Diese hört auf, „Sondergut" zu sein. Denn die Zweckbestimmung des § 3 hat sich erledigt. Eine „Konkursmasse" gibt es nicht mehr. Ihre anfechtungsrechtlichen Rückgewähransprüche erlöschen[15]. Die staatsbürgerlichen Rechte des Schuldners leben wieder auf, ohne daß es einer Wiedereinsetzung bedarf [oben S. 34].

2. Die Obliegenheiten des Verwalters, des Gläubigerausschusses und der Gläubigerversammlung erlöschen.

3. Die durch Anmeldung einer Konkursforderung bewirkte Unterbrechung der Verjährung und die Unterbrechung der die Masse betreffenden Prozesse endigen von selbst. § 214 (Besonderheit: Abs. III) BGB., § 240 ZPO.

4. Die Schranken fallen, die der Konkurs den persönlichen Gläubigern bei Verfolgung ihrer Ansprüche zieht (§§ 3, 63 mit §§ 12, 14, 15).

Alle diese Rechtsfolgen treten auch in den Fällen der Einstellung **nur für die Zukunft** ein[16]. Keine Art der Einstellung hat rückwirkende Kraft. Die im Konkurse vom Verwalter vorgenommenen Rechtshandlungen, wie Verkauf und Übereignung von Massestücken, Wahlbetätigungen nach § 17, Kündigungen nach § 19, Erhebung oder Aufnahme von Klagen und sonstige Prozeßhandlungen (Geständnisse, Anerkenntnisse, Eideserklärungen), bleiben maßgebend. Nur für die Zukunft gewinnt der Schuldner Verfügungs- und Prozeßführungsmacht zurück[17]. Seine Haftung für die vom Verwalter neubegründeten Masseansprüche beschränkt sich auf die Masse [oben S. 133].

---

[14]) Das gilt auch, wenn nach einer im Verteilungsverfahren erzielten Vollbefriedigung aller Gläubiger ein Aktivüberschuß verbleibt. Für den Bereich einer Nachtragsverteilung (§ 166) bleibt jedoch der Schuldner Gemeinschuldner, der Verwalter sein Zwangsvertreter. Siehe oben S. 184 Note 3. Im übrigen ist die Vertretungsmacht des Verwalters erloschen, er also z. B. auch nicht mehr ermächtigt, ein Grundstück aufzulassen, das er während des Konkurses zum Zwecke der Verwertung der Masse verkauft, aber dem Käufer und Massegläubiger (§ 59 Nr. 1) nicht — wie es die §§ 57, 191 I, 205 II gebieten — übereignet hatte. Der bisherige Gemeinschuldner ist mit der in seine freie Verfügung zurückfallenden Masse an die Masseschuld gebunden [oben S. 133]. Durch seine Genehmigung kann eine noch nach dem Konkurse vom Verwalter als solchem erklärte Auflassung nach rückwärts zu voller Wirksamkeit erstarken (§§ 177, 184 BGB.). Siehe den lehrreichen Fall RG. v. 22. 5. 1930 JurRundsch. Nr. 1647.

[15]) Dieser Wegfall der Anfechtbarkeit und andere sachliche Rechtsfolgen der Konkursbeendigung müssen im Revisionsverfahren unberücksichtigt bleiben, wenn der Konkurs erst nach dem Schlusse des Berufungsverfahrens endete. Denn nach § 561 ZPO. hat das Revisionsgericht nur zu prüfen, ob der Sachverhalt am Schlusse der Berufungsverhandlung das Berufungsurteil rechtfertigte. RG. Bd. 128 S. 66 [siehe oben S. 162].

[16]) Wann wird die Einstellung wirksam? Der Einstellungsbeschluß unterliegt zwar der sofortigen Beschwerde, doch hat diese keine aufschiebende Kraft (§ 572 ZPO.). Darum tritt die Einstellung bereits mit dem Vollzug ihrer Bekanntmachung (§§ 76 I, 205 I), nicht etwa erst mit der Rechtskraft des Beschlusses, einheitlich für alle Beteiligten in Wirksamkeit [siehe Note 7].

[17]) Den Gegensatz bildet die Aufhebung des Eröffnungsbeschlusses, die unmittelbare Konkursfolgen ex tunc zum Erlöschen bringt [oben I 1]. Freilich hört die im Sinne der §§ 7, 8 beschränkte Unwirksamkeit einer Rechtshandlung des Gemeinschuldners auch dann auf, wenn infolge einer Einstellung des Konkurses die geschützte Interessengemeinschaft der Konkursgläubiger wegfällt. Alsdann wird daher, wenn nicht eine anderweite Verfügung des Verwalters entgegensteht, jene Schuldnerhandlung wirksam, aber immer nur ex nunc [oben S. 31]. Zur Frage, ob in Fällen des § 24 II VerglO. die Aufhebung des Konkurseröffnungsbeschlusses unter Eröffnung oder Aufrechterhaltung des Vergleichsverfahrens den Bestand von Handlungen des vorübergehend tätig gewordenen Verwalters unberührt läßt, siehe oben § 27 Note 22.

V. Statistik der beendeten Konkurse[18].)

Im deutschen Reiche wurden beendet vom Hundert der Konkurse.

	nach Ausschüttung der Masse	infolge Zwangsvergleichs	kraft Konkursverzichts	mangels Masse	durch Aufhebung des Eröffnungsbeschlusses
1909—1913 durchschnittlich	67,1	22,3	1,8	8,8	—
1924	17,3	10,6	11,5	60,6	—
1925	50,0	19,0	2,8	27,5	0,7
1926	53,3	23,2	2,9	20,1	0,5
1927	64,6	18,3	1,8	15,1	0,2
1928	62,1	17,9	1,6	17,4	1,0
1929	62,5	17,9	1,2	17,6	0,8
1930	62,4	17,3	1,3	18,1	0,9

In 8491 während des Jahres 1930 beendeten Konkursen, für die das Ergebnis nachgewiesen war, erzielten die nichtbevorrechtigten Konkursgläubiger folgende Anteile (Dividenden, Vergleichsquoten):

0 in	bis unter 10	bis unter 20	bis unter 30	bis unter 40	bis unter 60	bis unter 80	bis unter 100	100
2995	1809	1198	1126	605	461	113	48	111

In diesen 1930 beendeten Konkursen beliefen sich die Massekosten auf 19,5, die Masseschulden auf 29,8, die Konkursforderungen auf 524,5 (darunter 61,9 bevorrechtigte und 462,6 nichtbevorrechtigte), die Massewerte auf 100,5 Millionen. Insgesamt sind also 473 Millionen Passiven ausgefallen (gegen 354 im Jahre 1929, eine ungeheuerliche Verschlechterung des wirtschaftlichen Ertrags der Konkurse).

§ 31.

b) Der Zwangsvergleich im besonderen.

I. Begriff und Wesen.

1. Zwangsvergleich (Zwangsausgleich, Nachlaßvertrag, Akkord, Konkordat) ist der vom Konkursgericht genehmigte Vertrag des Konkursschuldners mit den nicht bevorrechtigten Konkursgläubigern über eine bestimmte an Stelle der Konkursverteilungen tretende Befriedigung dieser Gläubiger (§§ 173, 174). Der Zwangsvergleich ist Rechtsgeschäft, nicht richterliches Urteil, auch nicht eine Verbindung von Rechtsgeschäft und Urteil. Für die Regel enthält er einen Teilerlaß unter irgendwelcher Sicherstellung der nichterlassenen Schuld, namentlich durch Vergleichsbürgen. Wesentlich ist aber weder der Erlaß noch die Sicherstellung. Vielmehr kann der Vergleich auch eine bloße Stundung festsetzen. Meist ist er zugleich Erlaß- und Stundungsvertrag. Meist auch Vergleich im Sinne des § 779 BGB.

Der Zwangsvergleich ist ein Vertrag und nur ein Vertrag, „geschlossen" dadurch, daß ein „Vorschlag" des Gemeinschuldners (§ 173) durch die nicht bevorrechtigten Konkursgläubiger „angenommen" wird (§§ 177, 182, 184), der aber, um wirksam zu werden, noch der „Bestätigung" durch das Konkursgericht bedarf (§ 184). Die Interessengemeinschaft der nichtbevorrechtigten Konkursgläubiger (vgl. § 188 I Nr. 2) kann den rechtsgeschäftlichen Annahmewillen in allseitigem Einvernehmen, kraft ausdrücklicher gesetzlicher Bestimmung aber auch durch Mehrheitsbeschluß erklären (§ 182). Rechtlich gilt der Mehrheitsbeschluß als Beschluß der Gesamtheit [siehe Note 2]. Das Erfordernis gerichtlicher Vergleichsbestätigung, das aufgestellt ist, um die Gläubiger (besonders eine überstimmte Minderheit) gegen Übervorteilung zu schützen, stellt wie die obervormundschaftliche Vergleichsbestätigung (§ 1822

[18]) Unterlage: Vierteljahreshefte zur Statistik des Deutschen Reiches 1931 II 23, 24, 25.

Nr. 12 BGB.) einen Akt staatlicher Fürsorgetätigkeit dar. Versagt das Gericht die Bestätigung, so bindet der Vergleich die Parteien ebensowenig wie ein nicht genehmigter Vergleich des Vormunds (vgl. § 1829 BGB.). Stärker als in diesem letzteren Falle wirkt der gerichtliche Konsens auch beim Zwangsvergleiche nicht. Die Bestätigung hat keineswegs, wie die sog. Urteilslehre (Begründer: A. S. Schultze, Konkursrecht S. 114ff.) behauptet, die Kraft eines rechtsgestaltenden Richterspruchs, für den die Beteiligten nur Anträge und Entscheidungsgrundlage zu liefern hätten. Den Inhalt des Vergleichs hat das Gericht nicht zu bestimmen. Es kann kein Jota zusetzen oder abstreichen. Es kann den Vergleich nur im ganzen verwerfen oder im ganzen bestätigen und ist bei der Verwerfung an feste gesetzliche Schranken gebunden. Nur aus der rechtsgeschäftlichen Natur des Vergleichs ist die Anfechtbarkeit des „vergleichsmäßigen Erlasses" wegen eines Willensmangels und nur aus ihr die Bedingbarkeit des Vergleichs [unten S. 196f.] erklärbar (§ 196). Wenn nach rechtskräftiger Vergleichsbestätigung Irrtum und Drohung als Anfechtungsgründe ausgeschaltet sind, wie das wohl ein Gegenschluß aus § 196 ergibt, so liegt darin eine auf Zweckmäßigkeitserwägungen beruhende Beschränkung, aber durchaus kein Gegengrund gegen die Vertragslehre. Ebensowenig spricht dagegen die gesetzliche Bankrottfolge des Erlaßwegfalles (§ 197). Antrag und Annahme geben dem Zwangsvergleich seinen Inhalt. Die Bestätigung ist zwar ebenfalls eine wesentliche Vorbedingung der Wirksamkeit des Vergleichs, hebt aber dessen rechtsgeschäftlichen Charakter ebensowenig auf als der erforderliche Staatsakt einer vormundschaftsgerichtlichen Genehmigung oder einer amtlichen Buchung. Wenn der Vormund ein Grundstück des Mündels übereignet, stellt der gesamte Vorgang einschließlich der gerichtlichen Erlaubnis und Eintragung ein einheitliches „Rechtsgeschäft" im Sinne des § 892 BGB. dar. Ebenso ist der Zwangsvergleich als Ganzes ein gerichtlich beurkundeter und genehmigter Vertrag, nicht eine vom Vertrag verschiedene, aus Rechtsgeschäft und Staatsakt gemischte Sonderbildung. Zust. RG. Bd. 77 S. 404, Bd. 92 S. 187, Bd. 119 S. 395, Bd. 122 S. 363, Bd. 125 S. 410 und die herrschende Lehre. Da aber über den Vorschlag im Vergleichstermine verhandelt und abgestimmt wird, erscheinen die Erklärungen der Parteien in der Form von Prozeßhandlungen, weshalb z. B. die Vertretungssätze der §§ 79ff., 85, 232 ZPO. entsprechend anwendbar sind (§ 72). So bildet der Zwangsvergleich seinem Inhalte nach einen Vorgang des bürgerlichen Rechts, seiner Form nach ein Prozeßrechtsgeschäft. Für die inhaltliche Beurteilung sind daher, soweit nichts anderes vereinbart oder gesetzlich verordnet ist, die allgemeinen Sätze des bürgerlichen Rechts, wie etwa die §§ 133, 157, 242, 284ff., aber z. B. auch der § 116 Satz 1 BGB. (bei geheimem Vorbehalt eines abstimmenden Gläubigers, RG. Bd. 77 S. 405) maßgebend. Ein Vergleich im Sinne des § 1822 Nr. 12 BGB. (der Vormund eines Konkursgläubigers stimmt ab) oder des § 133 Nr. 2 KO. (für einen Gemeinschuldner stimmt dessen Konkursverwalter) ist der Zwangsvergleich stets, auch wenn es an einem „gegenseitigen Nachgeben" im Sinne des § 779 BGB. fehlen sollte. Wie zum Begriffe des prozeßbeendenden Vergleichs nur das Einverständnis über die Streiterledigung (vgl. § 118a ZPO.), so gehört zum Begriffe des konkursbeendenden nur die Übereinkunft über eine Ersetzung des konkursmäßigen durch eine außerkonkursmäßige Befriedigung. Treffend hat bereits die Bremer Debitverordnung von 1843 im § 171 die Regelung des Zwangsvergleichs durch den Rechtssatz eingeleitet: „Der Begriff des Akkords ist nicht auf den Erlaß eines Teils der Forderungen beschränkt, sondern umfaßt jeden Vertrag des Falliten mit seinen Gläubigern über deren Befriedigung, sofern dadurch die Beendigung des Debitverfahrens herbeigeführt werden soll."

Die Zweckmäßigkeit des Zwangsvergleichs leuchtet ein: die Gläubiger werden in aller Regel ausgiebiger und rascher befriedigt als bei Durchführung des Konkurses; der Schuldner wird früher sowie unter Ersparung erheblicher Wertverluste und Kosten, meist auch unter endgültiger Entlastung, der freien Erwerbstätigkeit zurückgegeben[1]) und kann als handelsrechtlicher Verband aufrechterhalten werden; die oft weite Kreise beeinträchtigende Verkehrsstockung hört auf. So erscheint der Zwangsvergleich als eine erwünschte Konkurslösung, die nicht durch Selbstsucht oder Unverstand einer Gäubigerminderheit vereitelt werden darf. Darum läßt das Gesetz unter bestimmten Schutzmaßnahmen Mehrheitszwang zu. Das bedeutet: der Mehrheitsbeschluß wirkt kraft Gesetzes als einhellige rechtsgeschäftliche Willenserklärung aller beteiligten Konkursgläubiger[2]). Erhöhte Vorteile bietet ein Mehrheitszwang zur Abwendung drohender Konkurse [S. 216].

---

[1]) Es kann schon ein erheblicher Gewinn sein, wenn der Betrieb des Unternehmens nicht fremden Händen anvertraut zu werden braucht. Auch die Kosten verringern sich oft beträchtlich, da z. B. der besondere Aufwand der Verwertung entfällt und Honorar des Verwalters oder der Mitglieder eines Gläubigerausschusses erspart wird. Die allgemeine Gerichtsgebühr ist im Falle des Zwangsvergleichs nicht geringer als bei der Ausschüttung der Masse (§ 42; siehe aber z. B. auch § 45 GKG.).

[2]) Der Mehrheitszwang, die Möglichkeit der Majorisierung, ist das besondere Kennzeichen, das der Einrichtung den Namen „Zwangsvergleich" verliehen hat. Der Abstimmungsweg ist die gesetzliche Form für die Bildung einer einheitlichen Willenserklärung der nichtbevorrechtigten Konkursgläubiger. Wie im Vereins- und Verfassungsleben der „Gemeinwille" kund wird in den Entschlie-

2. Vertragsparteien sind der Schuldner (in Person) und die nichtbevorrechtigten Konkursgläubiger (§ 173). Bevorrechtigte Konkursgläubiger und Massegläubiger nehmen am Vertrage nicht teil und sind vorweg aus der Masse zu decken (§ 191). Absonderungsberechtigte Konkursgläubiger unterliegen dem Vergleich nur in Höhe ihres Verzichts oder Ausfalls (§ 64). Dem Konkursverwalter weist das Gesetz im Vergleichsverfahren nur eine Nebenrolle zu[3]).

3. Der Zwangsvergleich ist in allen Arten von Konkursen möglich, ausgenommen den Genossenschaftskonkurs und den Konkurs eines Versicherungsvereins auf Gegenseitigkeit (§ 116 GenG., §§ 52f. AufsG.)[4]).

II. **Die Voraussetzungen** eines Zwangsvergleichs sind:

1. Ein **Vorschlag** des Schuldners (Vertragsanerbieten). Der Vorschlag muß angeben, wie die Gläubiger befriedigt, ob und welche Sicherheiten ihnen geboten werden sollen (§ 174). Er ist — entsprechend dem § 496 II ZPO. (§ 72 KO.) — beim Konkursgericht einzureichen oder zu Protokoll der Geschäftsstelle anzubringen. Zum annahmefähigen Antrag wird er erst, wenn ihn der Schuldner mündlich im Termin erklärt. Bindend für den Schuldner und etwaige Vergleichsbürgen wird er durch die Annahme (§ 182), nicht früher, aber auch nicht erst durch die gerichtliche Vergleichsbestätigung. Siehe unten 3.

Die Sicherstellung bildet keinen wesentlichen Bestandteil des Vertrags und erübrigt sich ganz, wenn die Befriedigung der Vergleichsgläubiger nicht ratenweise, sondern alsbald und auf einmal durch vorher bereitgestellte Mittel erfolgt. Den Hauptfall der Sicherung stellt die Vergleichsbürgschaft dar. Pfandsicherungen stoßen wegen des Gebots der Gleichbehandlung aller, auch zur Zeit unbekannter Gläubiger [unten 4a] auf Schwierigkeit. Ein Treuhandliquidationsvergleich, demzufolge die Vergleichsgläubiger (vielleicht nach barer Berichtigung eines Bruchteils ihrer Forderungen) anteilsmäßig aus dem Erlöse der vom bisherigen Verwalter oder einem Dritten (einer natürlichen oder juristischen Person) als Treuhänder zu verwertenden Masse zu befriedigen, die Restschulden erlassen sein sollen, ist statthaft. Er führt freilich nicht zur Sanierung, sondern zur Liquidierung des Schuldnerunternehmens. Dem Gebot einer Gleichbehandlung aller, auch der unbekannten Konkursgläubiger (§ 181) wird zweifellos damit Genüge geleistet, daß der Schuldner sich verpflichtet, einem etwaigen Nachzügler für den Bruchteil der Forderung aufzukommen, den die übrigen im Gesamtergebnis erhalten haben. Eine Ausschließung unbekannter Konkursgläubiger im Aufgebotswege sieht das Gesetz nicht vor.[5])

ßungen der ausschlaggebenden Majorität, so bildet die Mehrheit auf dem Wege des § 182 den die Lage der Gesamtheit aller nicht bevorrechtigten Konkursgläubiger bestimmenden Willensentschluß. In den §§ 173, 182 liegt die rechtssatzmäßige Regelung der „Schließung" des Vertrags „zwischen dem Gemeinschuldner und den nicht bevorrechtigten Konkursgläubigern" und damit zugleich der Schlüssel zur Lösung der Frage über das Wesen des Zwangsvergleichs [oben S. 190f.]. Dem § 182 zufolge handelt in der Mehrheit die Gesamtheit. Omnes facere videntur, quod facit maior pars (Glosse ad l 7 § 19 Dig. II 14). Es trifft daher keineswegs zu, wenn Anhänger der Urteilslehre behaupten, vom Vertragsstandpunkt aus sei eine Bindung der Minderheit unerklärbar: aufgezwungener Wille sei kein Wille. Eines Rechtssatzes, der den Mehrheitswillen für maßgebend erklärt, bedarf es freilich. Ohne solchen wäre aber auch die Urteilstheorie, die Macht des Richters, Ansprüche der Minderheit zu schmälern, undenkbar.

[3]) Siehe die §§ 176, 179, 184. Eine Äußerung des Verwalters über die Annehmbarkeit der Vergleichsvorschläge verlangt das Gesetz (§ 177) nicht. Ihre Einholung ist aber üblich und besonders beim Fehlen eines Ausschusses zweckmäßig. Auch pflegen die Gerichte den Verwalter im Vergleichstermin als Gutachter zu hören. Die Vergleichsparteien betrauen ihn nicht selten mit der Vergleichsausführung, die er dann freilich nicht mehr als „Konkursverwalter" vollzieht.

[4]) In den Ausnahmefällen ist der konkursbeendende Zwangsvergleich auch als bloße Zwangsstundung unstatthaft. Die Ausnahmen beruhen darauf, daß hier die persönliche Haftung der Verbandsmitglieder den Gläubigern gerade im Konkursfalle zur Vollbefriedigung verhelfen soll. Diese Erwägung mag im allgemeinen den Ausschluß eines Kapitalerlasses rechtfertigen. Sanierenden Zwangsstundungen (mit und ohne Zinserlaß) steht sie nicht im Wege. Darum bedeutete der § 35 II AufsVO., der bei Geschäftsaufsichten über Genossenschaften einen konkursabwendenden Zwangsvergleich wenigstens in der Gestalt der Zwangsstundung (mit oder ohne Zinserlaß) verstattete, unleugbar einen Fortschritt. Die VerglO. (§ 91) hat sogar den Zwangskapitalerlaß eingeführt. Das ist bei der Gestaltung der genossenschaftlichen Verantwortlichkeit nicht bedenkenfrei (Kiesow VerglO. 3 S. 645ff.). Keinesfalls läßt sich der Gegensatz zur konkursrechtlichen Regelung für die Dauer aufrechterhalten.

[5]) Im übrigen siehe Jaeger, JW. 1918 S. 287ff.; RG. Bd. 89 S. 131. Beispiele von Vergleichsvorschlägen unten S. 242f. Über das concordat par abandon siehe S. 225f. Note 1.

Der Zwangsvergleich kann schon vor dem Prüfungstermine vorgeschlagen, aber erst in der Zeit zwischen Prüfungsverhandlung und Genehmigung der Schlußverteilung abgeschlossen werden (§ 173). Prüfungs- und Vergleichstermin darf das Gericht auf ein und denselben Tag ansetzen (§ 180). Ja, es können Wahl-, Prüfungs- und Vergleichsverhandlung in einer Tagfahrt aufeinander folgen (§ 110 II). Eine geplante Abschlagsverteilung kann das Gericht auf Schuldnerantrag aussetzen, um das Gelingen des geplanten Vergleichs zu fördern (§ 160).

Wird ein Vergleich vorgeschlagen, so hat das Gericht von Amts wegen zu prüfen, ob der Vorschlag inhaltlich genügend bestimmt ist (§ 174), und ob nicht etwa ein Vorgang des § 175 die Besorgnis unlauterer Verschleierung der Vermögenslage rechtfertigt (weil der Schuldner flüchtete, den Offenbarungseid verweigert, wegen betrügerischen Bankbruchs in Untersuchung oder schon verurteilt ist). Liegt ein Hindernis der einen oder anderen Art vor, so muß das Gericht den Vorschlag oder den Vergleich für unzulässig erklären. Auch den inhaltlich genügenden Vorschlag eines an sich zulässigen Vergleichs kann es zurückweisen, falls bereits in demselben Konkursverfahren ein Vergleichsversuch gescheitert ist (§ 176). Wird der Vorschlag nicht zurückgewiesen, dann holt das Gericht das Gutachten eines etwaigen Gläubigerausschusses (meist auch des Verwalters) über die Annehmbarkeit des Vorschlags ein (§ 177) und läßt Vorschlag und Gutachten zur Einsicht der Beteiligten auf der Geschäftsstelle auflegen (§ 178).

2. Die **Zustimmung** einer bestimmten Mehrheit der nichtbevorrechtigten Konkursgläubiger (Vertragsannahme). Die Abstimmung erfolgt im Vergleichstermine, zu dem die Beteiligten von Amts wegen geladen werden (§ 179). Zur Annahme bedarf es: einmal der einfachen Kopfmehrheit aller abstimmenden Stimmberechtigten, zugleich aber einer Dreiviertelmehrheit alles stimmberechtigten, wenn auch an der Abstimmung nicht teilnehmenden Kapitals (§ 182). Dieses doppelte Erfordernis einer Kopf- und einer Summenmehrheit will der Gefahr vorbeugen, daß viele kleine Gläubiger durch wenige große oder daß wenige große Gläubiger durch viele kleine vergewaltigt werden. Bei der Berechnung soll zur Verhütung von „Durchstechereien" der „für" den Vergleich stimmende Ehegatte des Schuldners oder Zessionar des Ehegatten (Strohmann) außer Betracht bleiben (§ 183)[6].

3. Nur **im Vergleichstermine** (§ 179) kann der Vergleich geschlossen werden. Hier müssen die Beteiligten ihre Erklärungen mündlich — sei es in Person oder durch das Mittel ordnungsmäßiger Vertretung — und zu Protokoll des Konkursgerichts abgeben (§§ 51, 79ff., 159ff. ZPO. mit § 72 KO.). Die Verhandlungen im Termine geben den Ausschlag. Frühere Erklärungen sind unverbindliche Ankündigungen. Spätere beeinflussen das Verhandlungsergebnis nicht mehr. Das gilt für Vertragsantrag und Vertragsannahme, aber auch für das Einstehen dritter Personen, also für die Vertragsparteien wie für Vertragsbürgen. Eine vorher zu den Gerichtsakten überreichte schriftliche Bürgschaftserklärung (siehe § 16 I Nr. 5 VerglO.) hat ebenfalls nur Ankündigungswert und kann im Termin inhaltlich abgeändert werden. Als solche bildet sie keinen Vollstreckungstitel. Nur öffentliche Urkunden (bestimmter Art und bestimmten Inhalts) äußern diese Wirksamkeit, gerichtlich beurkundete und bestätigte Zwangsvergleiche gegenüber dem Schuldner wie gegenüber Vergleichsgaranten nur nach Maßgabe des § 194 KO. und des § 75 VerglO. [unter III]. Nur im Termin selbst kann also auch die Übernahme einer Vergleichsbürgschaft vollzogen werden[7]).

---

[6]) Ein gegen den Vorschlag lautendes Votum des Ehegatten zählt. Im Zessionsfalle gelten Einschränkungen. Die innere Berechtigung der Vorschrift ist fragwürdig. Über das Stimmrecht einer noch **nicht** festgestellten, einer bedingten oder auf den Ausfall beschränkten Konkursforderung (§§ 95, 96 KO.) siehe oben S. 55, 56, 78, 123.

[7]) Jaeger KonkTreuh. 1929 S. 18f., zust. z. B. Obergericht Danzig v. 24. 9. 1931 LZ. Sp. 1400 Nr. 2; abw. für den konkursabwendenden Zwangsvergleich, Kiesow VerglO.³ S. 241ff. (RG. Bd. 122 S. 366 läßt die Frage offen).

4. Der durch Antrag und Annahme (1 und 2) zustandegekommene Vertrag bedarf, um wirksam zu werden, noch der **gerichtlichen Bestätigung** (§§ 184—189). Sie bildet einen Schutz gegen Übervorteilung der Gläubiger und gehört begrifflich wie ein obervormundschaftlicher Konsens der freiwilligen Gerichtsbarkeit an, obgleich das geltende Recht die Bestätigung dem Konkursgericht als solchem zuweist und sie der Beschwerde des Zivilprozesses unterstellt (§§ 73, 189). Sie hebt daher so wenig wie eine Genehmigung des Vormundschaftsgerichtes den rechtsgeschäftlichen Charakter des bestätigten Vertrags auf. Regelmäßig erfolgt die Bestätigung noch im Vergleichstermine (§ 184 II).

Die Verwerfung ist teils von Amts wegen (§§ 186, 187) teils nur auf Gläubigerantrag auszusprechen (§§ 188, 230 II, 236).

a) Der Vergleich muß **von Amts wegen** verworfen werden:

α) Bei unheilbarer Verletzung wesentlicher Vorschriften über den Vergleichsabschluß oder das ihm vorausgegangene Verfahren (§ 186 Nr. 1). Zu diesen Vorschriften gehört das Gebot der gleichmäßigen Befriedigung **aller** beteiligten Gläubiger. § 181. Eine unterschiedliche Bestimmung der Vergleichsrechte ist im Konkurse nur mit Einwilligung aller zurückgesetzten Gläubiger zulässig (§ 181 Satz 2). Wird der Vergleich ungeachtet eines Verstoßes gegen das Gebot der Gleichbehandlung bestätigt, so ist das Bevorzugungsabkommen — nicht der Zwangsvergleich selbst — schlechthin nichtig (§ 181 Satz 3). Der Stimmverkauf ist strafbar (§ 243).

Der § 181 fordert gleiches Recht für alle. Der Vergleich darf der Mehrheit keine anderen Rechte gewähren als der Minderheit, den an der Abstimmung teilnehmenden Gläubigern keine anderen als den nichtteilnehmenden, einzelnen keine anderen als der Allgemeinheit: keine höhere Quote, keine stärkere Sicherheit, keine frühere Deckung. Ermittelt das Gericht den Verstoß, dann muß es den Vergleich verwerfen (§ 186 Nr. 1). Ein Gläubiger kann den Verstoß im Antragswege zur Berücksichtigung bringen (§ 188 I Nr. 1). Meist werden Sonderbegünstigungen verheimlicht. Kommt es alsdann zur rechtskräftigen Bestätigung des Vergleichs, dann äußert er seine Wirksamkeit (§§ 189, 193), unbeschadet einer Anfechtbarkeit des Erlasses wegen Betrugs (§ 196). Die Sonderbegünstigung aber ist nichtig (§ 181 Satz 3), auch unter den zu Vereinbarenden selbst und ohne Rücksicht darauf, ob der Begünstigte an der Vergleichsschließung teilgenommen hat. Hat der Schuldner z. B. im allgemeinen 30%, einem ursprünglich widerstrebenden oder ihm nahestehenden Gläubiger aber in heimlicher Zusicherung 50% versprochen, dann verkürzt der rechtskräftig bestätigte Zwangserlaß auch die Forderung des Begünstigten auf 30%. Auch der Schuldner kann sich auf die Nichtigkeit der weitergehenden Zusage berufen. Hat er freilich die 50% ausbezahlt, dann scheitert jeder Bereicherungsanspruch am § 817 Satz 2 BGB. (RG. Bd. 72 S. 46). Während beim konkursbeendenden Zwangsvergleich Ausnahmen vom Gebote der Gleichbehandlung nur mit dem Willen aller Zurückgesetzten statthaft sind (§ 181 KO.), kennt der konkursabwendende Zwangsvergleich auch eine Zwangszurücksetzung (§ 5 II VerglO.). So wird es möglich, auf wirtschaftlich schwache Gläubiger Rücksicht zu nehmen und die Gleichgültigkeit der Träger ganz kleiner Forderungen (die eben durch Vollbefriedigung ausgeschaltet werden), unschädlich zu machen. Siehe unten S. 226.

β) Wenn nach der Vertragsannahme ein Fall der Vergleichsunzulässigkeit eintritt, z. B. der Schuldner wegen betrügerischen Bankbruchs rechtskräftig verurteilt wird (§§ 186 Nr. 2, 175).

γ) Wenn der Vergleich weniger als 20% bietet und dieses Mindereergebnis auf unredlichem Verhalten des Schuldners beruht (§ 187 Satz 1: gebotene Verwerfung von Amts wegen). Beruht es nur auf Leichtsinn, so ist die Verwerfung dem Ermessen des Konkursgerichts anheimgegeben, aber immerhin ohne Antrag möglich (§ 187 Satz 2: freigestellte Verwerfung von Amts wegen)[8].

---

[8]) Eine verfehlte Neuerung des Gesetzes von 1918. Weit stärker als die Würdigkeit des Schuldners wiegt der Vorteil seiner Gläubiger.

b) Der Vergleich muß **auf Gläubigerantrag** verworfen werden: wenn er unlauter zustande kam[9]) oder dem gemeinschaftlichen Wohle der beteiligten Gläubiger widerstreitet[10]) (§ 188).

III. **Wirkung.**

1. Der rechtskräftig[11]) bestätigte Zwangsvergleich wirkt für und gegen **alle** nichtbevorrechtigten Konkursgläubiger, einerlei, ob und wie sie abgestimmt haben. Auch für und gegen solche, denen nach den §§ 95, 96 ein Stimmrecht versagt worden war. Absonderungsrechte bleiben unberührt. Sogar streng abhängige Sicherungen bestehen unabgeschwächt weiter. Desgleichen die Mithaftung eines Bürgen oder Gesamtschuldners. § 193.

Auch wenn also die Konkursforderung infolge eines Zwangserlasses teilweise erlischt, besteht die dingliche oder persönliche Vollhaftung der Sicherheiten fort, die in Gestalt von Wertrechten irgend welcher Art an eignen Vermögensstücken des Schuldners oder am Vermögen Dritter begründet sind, oder die in der Verantwortlichkeit von Gesamtschuldnern und Bürgen ruhen (§ 193 Satz 2). Denn diese Sicherheiten sind gerade zu dem Zwecke geschaffen worden, dem Gläubiger Schutz gegen den Vermögensverfall des Schuldners zu bieten, eine Gewähr, die unzulänglich wäre, wenn sie nicht auch den Zwangsvergleich deckte. Entsprechendes bestimmt der § 73 II VerglO. Der Pfandhaftung gleich bleiben die durch Sicherungsübereignung, Sicherungsabtretung oder Eigentumsvorbehalt begründeten Deckungen bei Bestand. Wird etwa eine Konkursforderung auf 10000, die durch eine Bürgschaft, durch eine Sicherungshypothek, durch eine Pfandvormerkung oder durch Sicherungsübereignung gedeckt ist, infolge Zwangserlasses auf 4000 herabgesetzt, so bestehen nach wie vor die Bürgenhaftung, das Grundpfandrecht (dieses noch immer als Sicherungshypothek), die Vormerkung und die Sicherungsübereignung für volle 10000 weiter. Die Unterlage der unselbständigen Sicherungen bildet das unvollkommene Schuldverhältnis, das im Falle des Zwangserlasses nachbleibt [siehe unter 2]. Da nur die einfachen Konkursforderungen dem Vergleich unterliegen, bleiben Vorrechtsansprüche und Massegläubigerrechte unangetastet (vgl. § 191). Desgleichen die durch den § 63 von der Konkursteilnahme ausgeschlossenen Ansprüche. Daher sind z. B. Freigebigkeitsforderungen auf Kosten von Vollschulden ungemindert weiter verfolgbar, eine Regelung, die vom Standpunkte der Billigkeit aus ernsten Bedenken begegnet. Die Zinsen erlassener Kapitalbeträge eigens für miterlassen zu erklären [Beispiel S. 242, 243], empfiehlt sich schon wegen der Zweifelhaftigkeit des Zinsenlaufs im Konkurse [darüber oben S. 58]. Im Zweifel entspricht der Miterlaß dem Parteiwillen (zust. RG. Bd. 125 S. 411). Eine gesetzliche Regelung wäre dringend erwünscht. Der § 74 VerglO. unterwirft ausdrücklich Freigebigkeiten, im Zweifel auch Verfahrenszinsen und Teilnahmekosten (nicht aber auch Geldstrafen) trotz des Ausschlusses vom Vergleichsverfahren dem konkursabwendenden Zwangserlasse. Nach neuem österreichischen Rechte (§ 156 VII KO., § 53 VII AusglO.) tilgt der Zwangsausgleich Verfahrenszinsen und Teilnahmekosten (aber nicht Freigebigkeiten und Geldstrafen) von Rechts wegen. Ebenso die Tschechoslowakei (§ 156 III KO., § 60 III AusglO. i. F. v. 27. 3. 1931); ähnlich Jugoslawien, das aber Freigebigkeiten und beim konkursabwendenden Ausgleich auch Geldstrafen für verfolgbar erklärt, jedoch erst nach Ablauf der für Erfüllung der Vollschulden gezogenen Frist (§ 168 VII KO., § 59 VII AusglO. i. F. v. 22. 11. 1929). Was ein ausgleichsberechtigter Bürge oder Mitschuldner über die Vergleichsquote hinaus an den Gläubiger zahlt, kann er nicht seinerseits vom Schuldner verlangen. Dieser hat die Vergleichsquote ganz, aber nur einmal zu leisten. Mit dem vergleichsmäßig erfüllten Hauptanspruch erlischt der Erstattungsanspruch. RG. (VZS.) Bd. 14 S. 177 [oben S. 55f.]. Über die Besonderheit des § 211 II (Zwangsvergleich im Konkurse der offenen Handelsgesellschaft entlastet im Zweifel auch die Gesellschafter) siehe unten S. 200.

Die Feststellung zur Konkurstabelle bildet, falls auch der Schuldner persönlich nicht widersprochen hatte, gegen ihn und etwaige Selbstschuldgaranten nach rechtskräftiger Bestätigung des Vergleichs in dessen Grenzen einen Vollstreckungstitel. § 194. Sonach ist nur die „festgestellte" und auch vom Schuldner persönlich nicht bestrittene Forderung nach Maßgabe des Vergleichs vollstreckbar. Den Titel liefert nicht der Vergleich als solcher,

---

[9]) Besonders durch Begünstigung eines Gläubigers (§ 181), etwa auch durch Bestechung oder Bedrohung der Abstimmenden oder dadurch, daß ein Angehöriger des Schuldners Forderungen widerstrebender Gläubiger zu einem die Vergleichsquote übersteigenden Satz, also in Umgehung des § 181 aufkauft. Ob die unlautere Beeinflussung mit oder ohne Willen des Schuldners geschah, gilt gleich. Nur muß sie für den Vertragsabschluß ursächlich geworden sein („durch ... zustande gebracht").

[10]) Ein objektiver Maßstab. Der Fall liegt vor, wenn die Gläubiger bei Ausschüttung der Masse besser fahren würden als bei diesem Vergleich (etwa, weil dort eine unverhältnismäßig höhere Quote zu erhoffen wäre, weil die gebotene Sicherung nicht genügt, besonders der Vergleichsbürge ausreichender Leistungsfähigkeit ermangelt).

[11]) § 189 KO. mit § 705 ZPO.

sondern eine auch dem Schuldner gegenüber wirkende Feststellung (§ 144) im Rahmen des Vergleichs[12]).

2. Beim Zwangserlasse wirkt die Haftung des Schuldners in Höhe des Erlasses als unvollkommenes Schuldverhältnis nach. In ihm finden auch abhängige Sicherungsrechte, die nach § 193 Satz 2 als solche (z. B. als Hypotheken) weiter bestehen, ihren Rückhalt.

Daß die Konkursforderung für den erlassenen Teil als unerzwingbare, aber erfüllbare Verbindlichkeit fortbesteht, darauf weist das Gesetz selber im § 193 Satz 2 mit aller Deutlichkeit hin, insofern es streng abhängige Nebenhaftungen als solche auch für diesen Teil fortbestehen läßt (vgl. z. B. auch RG. Bd. 42 S. 118, Bd. 71 S. 364, Bd. 78 S. 77). Zahlt der Schuldner freiwillig den erlassenen Teil, dann vollzieht er nicht eine Schenkung (etwa im Sinne des § 32), noch kann er das Geleistete als Zahlung auf eine Nichtschuld kondizieren. Verspricht er nach dem Zustandekommen des Zwangserlasses, die erlassenen Beträge ganz oder teilweise nachzuzahlen, dann bleibt die Formvorschrift des § 518 BGB. unanwendbar. Mitunter wird, namentlich bei Zwangsvergleichen zum Zwecke der Konkursabwendung, die Abrede, daß der Schuldner im Falle späterer Besserung seiner Vermögenslage Nachzahlungen zu leisten habe, ausdrücklich zum Vergleichsinhalte gemacht (sog. Besserungsklausel, clause de retour à meilleure fortune). Für den Zwangsvergleich des belgischen Präventivakkortgesetzes vom 29. 6. 1887 (a. 25) besteht eine Nachzahlungspflicht sogar schon von Rechts wegen. Auch hängt nach zahlreichen Auslandsgesetzen der Wiedereintritt eines Schuldners in die ihm durch den Konkurs entzogenen staatsbürgerlichen Rechte von einer Vollzahlung seiner Verbindlichkeiten ab [oben S. 34]. Das Reichsrecht verwirft auch für den konkursabwendenden Zwangsvergleich die gesetzliche Nachleistungspflicht. Mit Recht. Denn in der Gewißheit endgültiger Entlastung liegt ein starker Antrieb und eine hohe Gewähr für den Wiederaufbau des Unternehmens. Wo Nachzahlungen im Vergleiche ausgemacht werden, kommt auch den bedingten Nachzahlungsansprüchen die vergleichsmäßige Vollstreckbarkeit (§ 194 KO., § 75 VerglO.) zugute. Nur haben die Gläubiger den Eintritt der Bedingung durch öffentliche oder mindestens öffentlich beglaubigte Urkunden zu beweisen (§ 726 ZPO.), mangels solcher Urkunden aber auf Erteilung der Vollstreckungsklausel eine eigene Klage zu erheben und in diesem Verfahren den Bedingungseintritt darzutun (§ 731 ZPO.)[13]).

IV. Aufhebung.

1. Die Nichterfüllung des Vergleichs bewirkt weder dessen Aufhebung von Rechts wegen noch verleiht sie den Gläubigern ein gesetzliches Rücktrittsrecht, etwa auf Grund des § 326 BGB. Das ist der Sinn des § 195[14]). Doch kann der Vergleich, da er ein Rechtsgeschäft ist, durch den Willen der Vertragsgenossen in dem Sinne unter eine **auflösende Bedingung** gestellt werden, daß der Erlaß im Falle der Nichterfüllung rückgängig gemacht wird (§ 158 II BGB.). Fehlt eine solche „kassatorische Klausel“, dann darf der Gläubiger nach deutschem

---

[12]) Verfehlt ist die noch immer nicht überwundene Vorstellung, als ob es der Zwangsvergleich sei, der Rechtskraft und Vollstreckbarkeit begründe. Das Gegenteil leuchtet ohne weiteres ein bei Forderungen, die zwar dem Zwangsvergleich nach § 193 Satz I unterworfen, aber nicht „festgestellt“, vielleicht gar nicht angemeldet worden sind. Die Feststellung zur Konkurstabelle bejaht, wenn auch ein Widerspruch des Schuldners nicht erhoben oder überwunden worden ist, mit Urteilskraft den Bestand des Gläubigerrechts, der Vergleich aber bestimmt, inwieweit und zu welcher Zeit zu erfüllen und von wem etwa noch für die Erfüllung einzustehen ist. So beschränkt der Vergleich den Feststellungsvermerk in seiner Wirksamkeit gegen den Schuldner. Nur einem Vergleichsgaranten gegenüber erweitert er die Vollstreckbarkeit. Wie im Falle des § 164 bedarf es im Falle des § 194 einer vom Urkundsbeamten des Konkursgerichts mit der Vollstreckungsklausel versehenen Ausfertigung des Tabelleintrags. Übrigens kommt einem Vergleichsgaranten (mag er als Bürge oder als Gesamtschuldner, mag er für die volle Vergleichsschuld oder nur für einen Teil eintreten) nach der besonderen Bestimmung des § 194 die Rechtswohltat der Vorausklage nur zu, wenn sie ihm im Vergleich ausdrücklich vorbehalten worden ist.

[13]) Der Schwierigkeit wird gesteuert, wenn die Nachzahlungspflicht nicht an „die Besserung“ selbst, sondern an deren Feststellung durch eine dazu berufene und befähigte Person (oder Personenmehrheit) geknüpft und die Unterschrift dieser Erklärung öffentlich beglaubigt wird. Siehe Klien KonkTreuh. 1927 S. 165 f., Kiesow VerglO.[3] § 73 Anm. 21 und das Beispiel unten S. 243.

[14]) Nach französischem Rechte, dem die meisten Auslandsgesetze (nicht z. B. Österreich) folgen, kann wegen Nichterfüllung des Vergleichs auf dessen Aufhebung geklagt werden (a. 520 c. com., a. 1184 c. civ.). Dem § 195 entspricht der § 78 VerglO., dessen Bedeutung freilich durch den § 7 VerglO. stark abgeschwächt wird [unten S. 233 Note 11].

Recht in einem neuen Konkurse des Schuldners nur die noch unbezahlte Vergleichsrate anmelden[15]).

2. War der Vergleich durch Betrug (z. B. wissentlich falsche Darstellung der Vermögenslage, verheimlichte Sonderbegünstigung) zustande gebracht, so kann jeder Gläubiger für seine Person den „Erlaß" **anfechten** (§ 196)[16]). Wird der Schuldner wegen betrügerischen Bankbruchs (§ 239), also z. B. wegen vorsätzlicher Vermögensverheimlichung oder Schuldenerdichtung verurteilt, dann tritt mit der Rechtskraft des Strafurteils die vergleichsmäßige Herabminderung der Rechte für alle Gläubiger von selbst außer Kraft (§ 197)[17]). In beiden Fällen bleiben die Vergleichsvorteile, besonders die Rechte gegen Vergleichsbürgen, für die Gläubiger bestehen (§§ 196, 197), aber natürlich nur in den Vergleichsschranken, nicht etwa nun für die volle Höhe der Schulden. Im zweiten Falle wird, wenn die Konkurskosten gedeckt sind oder durch freiwillige Vorschüsse gedeckt werden, das Konkursverfahren auf Antrag eines Gläubigers wieder aufgenommen. Das aufgenommene Verfahren (der Nachkonkurs) gilt als Fortsetzung des früheren. Doch dürfen neue Gläubiger beitreten. §§ 198—201[18]).

---

[15]) Wer also z. B. in dem durch Zwangsvergleich mit einer Quote von 30% beendeten Konkurse eine Forderung auf 1000 hatte, kann, wenn der Schuldner die Quote nicht leistet und neuerdings in Konkurs verfällt, im zweiten Verfahren von vornherein nur 300 anmelden, diese freilich, wenn jene 1000 konkursmäßig festgestellt waren, als zugriffsreife Forderung (§ 146 VI). Ein etwaiger Bürge haftet vergleichsmäßig für die von ihm garantierte Teilzahlung fort. Gegenüber der Gefahr schwerer Einbußen im Falle der Nichterfüllung des Vergleichs empfiehlt sich dringend die Aufnahme der kassatorischen Klausel. Entbehrlich ist sie (wie eine andere Sicherung) dort, wo der Vergleich auf einmalige Barzahlung mit schon bereitstehenden Mitteln geht. Auch, wo sie wirksam wird, führt sie (was ein Gegenschluß aus § 198 ergibt) nicht zur „Wiederaufnahme" des Konkurses. Wohl aber treten alsdann im Neukonkurse die Altgläubiger mit der vollen, noch ungetilgten Höhe ihrer Forderungen auf. Beispiel eines Zwangsvergleichs auf Ratenzahlung mit Vergleichsbürgschaft und kassatorischer Klausel unten S. 242. Beim konkursabwendenden Zwangsvergleich wird ein Erlaß im Falle der Nichterfüllung kraft Gesetzes nach näherer Maßgabe des § 7 VerglO. hinfällig [unten S. 233].

[16]) Ein besonders geregelter Fall der Anfechtbarkeit wegen eines Willensmangels, nämlich wegen arglistiger Täuschung (im Sinne des § 123 I BGB.). Die §§ 142, 143 BGB. finden sinngemäße Anwendung. Durch solche Anfechtung wird nicht der Zwangsvergleich im ganzen, sondern nur die vergleichsmäßige Herabminderung der Forderung des einzelnen anfechtenden Gläubigers vernichtet. Eine „Wiederaufnahme" des Konkurses (§§ 198ff.) findet hier nicht statt. Im Neukonkurs aber sind die ungetilgten Altforderungen zum vollen Betrag anmeldbar. „Erlaß" bedeutet in den §§ 196, 197 jedes Nachlassen am Gläubigerrecht, auch die bloße Stundung. Dem § 196 KO. entspricht der § 77 VerglO.

[17]) Dem § 197 KO. entspricht der § 76 VerglO. Dingliche und persönliche Sicherheiten, die einem Vergleichsgläubiger schon früher bestellt waren, hatte der Zwangsvergleich gar nicht berührt (§ 193 Satz 2 KO., § 73 II VerglO.).

[18]) Die Regelung ist zwiespältig und praktisch ohne Belang. Näheres im Kommentar.

Vierter Abschnitt.

Die besonderen Konkursarten.

§ 32.

1. Überblick.

I. Besonderheiten[1]) der sachlichen und der verfahrensrechtlichen Gestaltung des Konkurses weisen folgende Hauptgruppen auf:

1. Der Konkurs der offenen Handelsgesellschaft (sowie der Kommandit- und der Kommanditaktiengesellschaft) nach den §§ 209—212.

2. Der Konkurs der Aktiengesellschaft nach den §§ 207, 208. Diese Besonderheiten gelten entsprechend für andere juristische Personen (rechtsfähige Vereine und Stiftungen) sowie für Vereine ohne Rechtsfähigkeit (§ 213), die im Konkurse wie rechtsfähige Vereine behandelt werden [oben S. 20f.]. Der Konkurs einer Gesellschaft mit beschränkter Haftung ist eigens, aber in inhaltlicher Übereinstimmung mit dem Konkurse der Aktiengesellschaft gestaltet (§§ 63f., 71, 83f. GmbHG.) und wird [unten § 34] mit diesem behandelt.

3. Der Konkurs der eingetragenen Genossenschaften nach den §§ 98—142, 147, 148 GenG. Ihm entspricht in wesentlichen Punkten der Konkurs eines Versicherungsvereins auf Gegenseitigkeit. Siehe unten S. 207f..

4. Der Nachlaßkonkurs nach den §§ 214—235 KO. Seinen Eigentümlichkeiten unterliegt auch der Konkurs einer fortgesetzten Gütergemeinschaft (§ 236).

Die stille Gesellschaft ist als solche nicht konkursfähig: das Geschäftsvermögen gehört dem Inhaber allein (§ 335 HGB.). Auch der stille Gesellschafter aber darf seine Einlage, soweit sie den vertragsmäßigen Verlustanteil nicht übersteigt, im Konkurse des Geschäftsinhabers nicht etwa als Konkursgläubiger zurückfordern. Insoweit trägt der stille Gesellschafter eine Garantiehaftung. Soweit dagegen die Einlage den vertragsgemäßen Verlustanteil übersteigt, ist der stille Teilhaber wie ein Darlehnsgeber Konkursgläubiger (§§ 340, 341 I HGB., § 16 KO.). Umgekehrt ist er bei rückständiger Einlage in Höhe des zur Deckung seines Verlustanteils erforderlichen Betrags Schuldner der Masse (§ 341 II HGB.). Rückgewähr und Erlaß der Einlage unterliegen im Konkurse des Geschäftsinhabers der Anfechtbarkeit des § 342 HGB. [oben S. 53].

II. Die Konkursmöglichkeit besteht bei allen konkursfähigen Verbänden und Anstalten so lange, als die Verteilung des Vermögens noch nicht vollzogen ist (§§ 207 II, 209 II, 213 KO., § 98 GenG.).

---

[1]) Soweit abweichende Vorschriften fehlen, bewendet es hier überall bei den Sätzen des Regelkonkurses. Über die Konkursfähigkeit und ihre Grenzen siehe oben S. 20ff. Wie beim Einzelkaufmann ist bei Handelsgesellschaften die Eröffnung des Konkurses, die Aufhebung des Eröffnungsbeschlusses, die Aufhebung des Konkurses selbst und dessen Einstellung von Amts wegen in das Handelsregister einzutragen (§ 32 HGB. mit § 6 HGB., § 13 III GmbHG.). Siehe ferner § 102 GenG., § 25 BGB.; siehe auch § 37 VerglO. Anzeigen der Geschäftsstelle an die Registerbehörden: §§ 112, 116, 163, 190, 205 KO.

III. Ist nach Konkursbeendigung noch Gesellschafts- oder Vereinsvermögen vorhanden, dann befinden sich Gesellschaft oder Verein kraft Gesetzes im Stande der Liquidation. So besonders bei Zwangsvergleich oder Einstellung auf Schuldnerantrag (§§ 190, 202). In diesen beiden Fällen können aber alle Handelsgesellschaften ihre „Fortsetzung" beschließen und so den Abwicklungszweck wieder mit dem Erwerbszwecke vertauschen (§§ 144, 161, 307, 320 HGB., § 60 Nr. 4 GmbHG.). Die „Rekonstitution" eines Vereins kann nur nach Maßgabe der §§ 21, 22 BGB. erfolgen, also nur dadurch, daß für einen Verband mit wirtschaftlichen Hauptzwecken die erneute Verleihung der Rechtsfähigkeit, sonst aber die erneute Eintragung in das Vereinsregister erwirkt wird[2]). Kommt es in Fällen des Zwangsvergleichs nicht zur „Fortsetzung", dann ruhen die Vergleichsschulden auf dem Abwicklungsverband. Für Genossenschaften und für Versicherungsvereine auf Gegenseitigkeit ist der Zwangsvergleich ausgeschlossen[3]).

IV. Im folgenden sind nur die typischen Erscheinungen der außerordentlichen Konkursarten zu behandeln. Auf Besonderheiten im Bereiche der übertragenen Anwendung wird kurz hingewiesen.

2. Die vorbildlichen Hauptfälle.

§ 33.

a) Konkurs der offenen Handelsgesellschaft.

I. Konkursgrund ist ausschließlich die Zahlungsunfähigkeit der Gesellschaft (§ 209 I)[1]). Den Konkursantrag kann als Schuldner jeder derzeitige[2]) Gesellschafter stellen; wenn sich die Firma bereits in Liquidation befindet, außerdem auch jeder Liquidator als solcher (§ 210). Eine Antragspflicht besteht nicht.

II. Gemeinschuldner sind die dermaligen Gesellschafter selbst in ihrer Eigenschaft als Mitträger des Gesellschaftsvermögens. Das Antrags-, Beschwerde-, Stimm- und Bestreitungsrecht eines Gemeinschuldners hat jeder dermalige offene Gesellschafter. Jeden von ihnen treffen die Obliegenheiten eines Gemeinschuldners, namentlich die Auskunftspflicht und der Wohnortszwang (§§ 100, 101, 125).

Jeder persönlich haftende Gesellschafter ist im Konkurse der Firma den Einbußen unterworfen, die ein Gemeinschuldner an seinen staatsbürgerlichen Rechten erleidet, also z. B. dem Verluste der Befähigung zum Laienrichteramt [oben S. 33 f.]. Jeder ist unmittelbar dem Konkursstrafrechte der §§ 239 ff. ausgesetzt. Im Konkurs einer Kommanditgesellschaft sind ebenfalls die persönlichen Gesellschafter, aber auch nur sie, nicht zugleich die Kommanditisten, Träger der Gemeinschuldnerrolle. Darum versagt das Gesetz den Kommanditisten auch die Befugnis, den Konkurs der Firma zu beantragen oder einen Zwangsvergleich vorzuschlagen (§§ 210, 211). — Liquidatoren spielen eine Rolle lediglich noch im Eröffnungsverfahren. Der Konkurs selbst verdrängt sie. Fortab haben Gemeinschuldnerrechte und Gemeinschuldnerpflichten nur die Gesellschafter wahrzunehmen. Auch gilt nicht etwa, wenn die Gesellschaft im Erwerbsstande dem Konkurse verfällt, die bisherige Ordnung der Vertretung weiter. Sie verliert, sobald die Gesellschaft in den Abwicklungsstand eintritt (§ 131 Nr. 3 HGB.), ihre Maßgeblichkeit. Die Gesellschafter handeln eigenen Namens im Konkurse.

III. Konkursgläubiger sind alle persönlichen Gläubiger der Firma, die einen bei Konkursbeginn begründeten und im Konkurse verfolgbaren Vermögensanspruch haben (§§ 3, 63), nicht Privatgläubiger eines einzelnen Mitglieds. Die Gesellschafter „können" Konkursgläubiger sein,

---

[2]) Siehe oben S. 186 Note 5.

[3]) Oben S. 192.

[1]) Oben S. 168.

[2]) Nicht ein schon ausgeschiedener Gesellschafter, sollte er auch zur Zeit des Antrags noch als Gesellschafter im Handelsregister eingetragen sein. RG. Bd. 93 S. 240 (der § 15 HGB. ist insoweit ohne Einfluß). Auch dann nicht, wenn er noch für Gesellschaftsschulden haftet (§ 159 sowie § 143 mit § 15 HGB.).

aber nicht für ihre Einlage[3]). Frühere Mitglieder sind Konkursgläubiger in Höhe ihres Auseinandersetzungsguthabens (§ 738 BGB.).

IV. Die Konkursmasse begreift alles bei Konkursbeginn beschlagsfähige Vermögen der Gesellschaft (§ 1), nicht aber Eigenvermögen der Gesellschafter. Zum Gesellschaftsvermögen gehören besonders die bereits entrichteten Einlagen sowie die Ansprüche auf Einlagerückstände und auf Schadensersatz gegen einzelne Mitglieder (z. B. nach §§ 111 ff. HGB.). Über die Einlagepflicht hinaus kann der Konkursverwalter des Gesellschaftskonkurses (was heute kaum mehr bestritten wird) die Gesellschafter auf Begleichung ihrer Passivsalden nicht belangen.

V. Für die Konkursbeendigung infolge Zwangsvergleichs gilt: der Vergleich setzt den einheitlichen Vorschlag aller Träger der Gemeinschuldnerrolle voraus[4]) und begrenzt im Zweifel zugleich die Haftung ihres Eigenvermögens (§ 211). Die Haftung von Pfändern, Bürgen und Mitschuldnern, auch von früheren Mitgliedern[5]), besteht nach § 193 Satz 2 KO. fort.

Der von keinem Mitglied bestrittene Feststellungsvermerk erkennt für die Zeit der Feststellung den Bestand der Gesellschaftsschuld gegenüber allen Mitgliedern an, läßt aber dem einzelnen noch persönliche Einwendungen (wie die eines gesonderten Erlasses) offen. § 129 I HGB. Eine Vollstreckung aus der Tabelle nach § 194 KO. findet nur gegenüber der fortgesetzten oder liquidierenden Gesellschaft selbst, nicht auch unmittelbar gegenüber den einzelnen Gesellschaftern statt[6]).

VI. Der Gesellschaftskonkurs hat bei uns die **Eigenkonkurse** der einzelnen Gesellschafter nicht rechtsnotwendig im Gefolge[7]). Kommt es aber zur Eröffnung eines Eigenkonkurses, so nehmen daran nicht nur die Eigengläubiger, sondern auch die Gesellschaftsgläubiger teil. Diese dürfen heute auch während des Gesellschaftskonkurses ihre vollen Forderungen von jedem Gesellschafter beitreiben (§§ 128 f. HGB.). Nur beim Zusammentreffen von Gesellschafts- und Eigenkonkurs werden die Gesellschaftsgläubiger im Eigenkonkurs ähnlich wie absonderungsberechtigte Konkursgläubiger beschränkt (§ 212 KO.): der Gesellschaftsgläubiger darf zwar im gleichzeitigen Eigenkonkurse sofort und voll anmelden, bezieht aber die Anteile nur für den feststehenden Ausfall- oder Verzichtbetrag[8]). Für mehrere nebeneinander eröffnete Privatkonkurse gilt nach § 68 KO. mit § 128 HGB. der Grundsatz der Doppelberücksichtigung. Er wird entsprechend auf den Fall anzuwenden sein, daß während des Gesellschaftskonkurses eine Teilzahlung aus einer konkursfreien Eigenmasse geleistet wird.

---

[3]) Sie dürfen also ihre „aktiven Kapitalanteile" nicht etwa als Konkursgläubiger anmelden [oben S. 52 f.]. Dagegen bilden z. B. Konkursforderungen die Ersatzansprüche, die einem Gesellschafter für Verwendungen und Verluste nach § 110 HGB. gegen „die Gesellschaft" zustehen; namentlich aber Forderungen, die ihm nicht anders als dritten Personen aus besonderen Rechtsgeschäften (z. B. Darlehnsverträgen) mit der Firma erwachsen sind.

[4]) Der Vorschlag muß also von allen persönlich haftenden Gesellschaftern ausgehen und im Vergleichstermine von ihrem übereinstimmenden Willen getragen sein. Liquidatoren haben, wie bemerkt, ausgespielt. Darum wird ihnen auch kein Vorschlagsrecht zugestanden. Ebensowenig ehemaligen Gesellschaftern. Entsprechend der § 164 ÖsterrKO. Im Sinne der §§ 175, 187, 197 schadet die Pflichtwidrigkeit auch nur eines der jetzigen offenen Gesellschafter (nicht mehr streitig).

[5]) Denn diese sind Mitschuldner des Gemeinschuldners (nicht selber Gemeinschuldner) im Sinne des § 193 Satz 2 KO. Vgl. RG. Bd. 29 S. 38, Bd. 56 S. 366.

[6]) Dies folgt aus dem Grundsatze des § 129 IV HGB.

[7]) Im Auslande zieht der Gesellschaftskonkurs die Privatkonkurse der persönlich haftenden Gesellschafter vielfach ohne weiteres nach sich (so z. B. in Italien und Spanien nach ausdrücklicher Gesetzesvorschrift, in Frankreich nach herrschender Meinung). Auch in Österreich war nach § 199 KO. v. 1868 im Falle der Eröffnung des Gesellschaftskonkurses von Amts wegen die Eröffnung der Privatkonkurse zu verfügen. Die KO. von 1914 hat sich unserm Reichsrecht angeschlossen, aber mit der zweckmäßigen Besonderheit, daß für eine Eröffnung der Privatkonkurse mit dem Gesellschaftskonkurs oder während desselben das Konkursgericht des Gesellschaftskonkurses zuständig ist (§ 65 II, vgl. § 70 II). So wird die einheitliche Behandlung beider Konkursgruppen trotz ihrer Selbständigkeit gefördert. Insofern ein geschäftsführender Gesellschafter als solcher am Sitze der Gesellschaft auch seine eigene gewerbliche Niederlassung hat, ermöglicht sich auch bei uns die gleichzeitige Eröffnung des Gesellschafts- und Privatkonkurses durch das Gericht am Sitze der Gesellschaft (LG. I Berlin v. 7. 10. 1929 KonkTreuh. 1930 S. 15 Nr. 3).

[8]) Siehe oben S. 125 mit S. 121 ff. Entsprechend § 132 III ÖsterrKO.

§ 34.

b) Konkurs der Aktiengesellschaft.

I. Konkursgrund ist neben der Zahlungsunfähigkeit der Gesellschaft nach § 207 I auch die Überschuldung[1]). Überschuldung liegt vor, wenn die wirklichen Schulden[2]) der Gesellschaft den wirklichen gegenwärtigen Wert ihres Vermögens übersteigen. Die gesetzlichen und die tatsächlich in Übung stehenden Bilanzierungsregeln, die im wesentlichen auf die Gewinnverteilung zugeschnitten sind, haben für die Ermittelung des Konkursgrundes keine bindende Kraft. Nicht die Buchwerte[3]), sondern die wahren Zeitwerte sind maßgebend. Auch sind Grundkapital (bei der GmbH. das Stammkapital) und echte Reservekonten für unsern Zweck nicht als Passiven in Ansatz zu bringen (gegen § 261 Nr. 5 HGB., § 42 Nr. 4 GmbHG.).

Zum Konkursantrag ist außer den Konkursgläubigern jedes Vorstandsmitglied[4]) und, wenn der Antrag im Liquidationsstadium gestellt wird[5]), jeder Liquidator (§ 208), nicht aber ein Aktionär als solcher, nicht die Generalversammlung oder der Aufsichtsrat berechtigt[6]). Vorstandsmitglieder und Liquidatoren sind unter strenger zivil- und strafrechtlicher Verantwortlichkeit zur Konkursbeantragung verpflichtet[7]).

II. Gemeinschuldnerin ist die Gesellschaft selbst als juristische Person. Sie behauptet für die Zwecke des Konkurses (zunächst freilich auch nur insofern) ihre Rechtspersönlichkeit und handelt, soweit Befugnisse und Obliegenheiten eines Gemeinschuldners wahrzunehmen sind, durch ihre verfassungsmäßig berufenen Vertreter. Die Gesellschaftsorgane fungieren in diesem Zweckbereiche fort, vom Konkursverwalter insoweit, aber auch nur insoweit ausgeschaltet, als dieser im Konkurs einer Einzelperson den Schuldner persönlich oder dessen gesetzlichen Vertreter (z. B. Vormund) verdrängt (§ 6). Dementsprechend haben beispielsweise die Mitglieder des Vorstandes der verganteten Aktiengesellschaft (nicht anders als der Vormund eines entmündigten Verschwenders) die Gemeinschuldnerrechte der Bestreitung im Prüfungstermine, der Beantragung eines Zwangsvergleichs und der Beschwerde auszuüben[8]), aber

---

[1]) Weshalb, darüber oben S. 168 f.

[2]) Auch die nicht fälligen (vgl. § 65 KO.), aber nur wahre Passiven. So zählt z. B. eine Bürgenhaftung der Firma nicht mit bei zweifelsfreier Zahlungsfähigkeit des Hauptschuldners.

[3]) So nicht die heute außerordentlich weitgehenden Abschreibungen, zumal sie keineswegs nur berechtigter Fürsorge für die Zukunft des Unternehmens zu dienen pflegen. Andrerseits aber auch nicht die Überbewertung von Sacheinlagen.

[4]) Bei der GmbH. jeder Geschäftsführer.

[5]) Auch hier besteht im Zweckbereiche der Abwicklung noch eine Verbandsperson mit Konkursfähigkeit. Häufig ist die Liquidation nur Vorläuferin des Konkurses. Im Falle liquidationsloser Übernahme einer Aktiengesellschaft durch eine andre kann die Vorausshaftung des § 306 IV HGB. im Wege eines Sonderkonkurses der Übernehmerin mit dem übernommenen Vermögen verwirklicht werden. Siehe oben S. 24.

[6]) Bei der GmbH. nicht die Gesellschafterversammlung, in keinem Falle Prokuristen oder Generalbevollmächtigte.

[7]) Entsprechend die Geschäftsführer einer GmbH. Näheres oben S. 169 f. Über die Beantragung des Konkurses bei Versicherungsanstalten S. 170, 173, 188.

[8]) Nach gesetzlicher Regel (Kollektivvertretung) aber nur zusammen und in einheitlichem Sinne (§ 232 I HGB.). Gleiches gilt für die Geschäftsführer einer im Konkurse stehenden GmbH. (§ 35 II 2 GmbHG.). Ist der Konkurs einer Aktiengesellschaft oder einer GmbH. im Stande der Liquidation eröffnet worden, so behalten die Gesellschaften ihre Liquidatoren als gesetzliche Gemeinschuldnervertreter (Kollektivvertretung: § 298 III HGB., § 68 I 2 GmbHG.). Anders als bei der offenen Handelsgesellschaft (vgl. § 211 I KO.) werden die Liquidatoren juristischer Personen nicht kraft Gesetzes verdrängt. Bleibt ihnen auch von der eigentlichen Liquidatorenaufgabe so gut wie nichts übrig, so kommen doch nach Lage der Sache nur sie noch für die gesetzliche Vertretung in Betracht, sei es für Aufgaben des Konkurses oder für solche, die unabhängig von ihm bestehen, wie z. B. die Einreichung und Berichtigung von Gesellschafterlisten nach den §§ 40, 69 GmbHG. (KGJ. 48 S. 134). Erforderlichenfalls ist ein Notvertreter im Sinne des § 29 BGB. zu bestellen.

auch die Gemeinschuldnerpflichten der Auskunft und des Offenbarungseides zu erfüllen[9]). Auch ist es denkbar, daß der Aufsichtsrat im Interesse der Gemeinschuldnerin tätig zu werden, etwa die Generalversammlung einzuberufen hat, um darüber zu beraten und zu beschließen, ob im Wege des Zwangsvergleichs oder der Einstellung auf Schuldnerantrag eine Rückbildung der Gesellschaft nach § 307 HGB. angestrebt werden soll (vgl. §§ 246, 253 II HGB.)[10]).

III. Konkursgläubiger sind alle persönlichen Gläubiger, die einen bei Konkursbeginn begründeten und im Konkurse verfolgbaren Vermögensanspruch an die Gesellschaft haben (§§ 3, 63). Der Aktionär als solcher ist nicht Gläubiger: die Aktieneinlage geht im Konkurse der Gesellschaft verloren[11]). Er kann aber Konkursgläubiger sein, nicht bloß (wie jeder Dritte) auf Grund besonderer Rechtsgeschäfte mit der Firma (z. B. einer Darlehnshingabe an sie), sondern auch mit Forderungen, die vor Konkursbeginn aus der Mitgliedschaft erwachsen sind, wie z. B. auf fällige Dividenden, auf Bauzinsen oder auf Rückzahlung wegen Kapitalsherabsetzung[12]).

Im Konkurse der Hypothekenbanken genießen die Pfandbriefgläubiger, im Konkurse der Versicherungsaktiengesellschaften (und der Versicherungsvereine a. G.) die Lebensversicherungsgläubiger eigenartige Vorrechte[13]).

IV. Die Konkursmasse begreift alles bei Konkurseröffnung beschlagfähige Gesellschaftsvermögen (§ 1). Seinen Grundstock bilden die Einlagen der Aktionäre. Unerhobene Einlagen hat der Konkursverwalter an den satzungsmäßigen Zahlungsterminen, soweit erforderlich, einzuziehen[14]). Zur Konkursmasse gehören auch etwaige Ersatzansprüche der Gesellschaft gegen Gründer, Vorstände, Aufsichtsräte oder Liquidatoren. Diese Ansprüche entstehen von vornherein als Forderungsrechte der Gesellschaft und unterliegen daher schon nach Maßgabe der §§ 1, 6 KO. der Verfügung des Konkursverwalters, auch seiner bindenden Vergleichsschließung. Aus Zweckmäßigkeitsgründen behandelt aber der § 217 HGB. auch das den einzelnen Gesellschaftsgläubigern auf Grund gesetzwidriger Zahlungen an Aktionäre gegen den Empfänger erwachsene Recht, wenn der Konkurs über die Gesellschaft eröffnet ist, als einen ausschließlich vom

---

[9]) Diese Pflichten treffen jedes einzelne Vorstandsmitglied, jeden einzelnen Geschäftsführer, jeden einzelnen Liquidator. Sie alle unterliegen den Zwangsmitteln des § 101 KO. Der Konkursverwalter hat nicht die Macht, den Gesellschaftsorganen ihre satzungsmäßigen Ämter zu entziehen. Durch eine Kündigung nach Maßgabe des § 22 vermag er nur das Dienstverhältnis zu lösen und so die Masse für die Zukunft zu entlasten. Über diese heikle Frage siehe Jaeger KO.[7] § 22 Anm. 12 mit Verw.

[10]) Vgl. RG. Bd. 81 S. 337. Siehe auch die bezeichnende Bestimmung des § 104 GenG.

[11]) Ebenso die Stammeinlage eines Gesellschafters der GmbH. samt etwaigen zu ihrer Ergänzung geleisteten Nachschüssen (§ 26 GmbHG.).

[12]) Dies ist für das Aktienrecht anerkannt. Für das Recht der GmbH. wird aus § 30 I GmbHG. gefolgert, daß die aus der Mitgliedschaft erwachsenen Forderungen bei nachträglichem Eintritt der Überschuldung wegfallen (siehe Hachenburg GmbHG.[5] § 29 Anm. 8, § 63 Anm. 15).

[13]) Darüber oben S. 70 ff. Die Forderungen aus Schuldverschreibungen der Gesellschaft werden im Verkehr häufig, auch soweit sie keine Sondervorrechte genießen, als „Prioritätsobligationen" bezeichnet, was besagen soll, daß die „Obligationäre" den Aktionären (die als solche aber gar nicht Gläubiger sind) vorgehen. Es handelt sich um einfache Konkursforderungen. Eine gemeinsame Vertretung regeln die §§ 18, 19 SchuldverschrG. Gesetzlich geboten ist die Bestellung eines gemeinsamen Pflegers für die Versicherten im Konkurs einer Lebensversicherungsanstalt (§ 78 AufsG. i. F. v. 6. 6. 1931).

[14]) Ebenso erhebt der Konkursverwalter einer GmbH. rückständige Einzahlungen auf die Stammeinlagen und rückständige Nachschüsse. Eine Aufrechnung gegenüber dieser Einlagepflicht ist den Mitgliedern versagt (§ 221 Satz 2 HGB., § 19 II GmbHG.). Die Gesellschafterversammlung kann auch noch im Laufe des Konkurses, etwa um mit diesen Mitteln einen Zwangsvergleich zur Erhaltung der GmbH. zu erzielen (§ 60 I Nr. 4 GmbHG.), die Einziehung von Nachschüssen beschließen (§ 26 GmbHG.). Alsdann bildet das Recht auf die Nachschüsse einen neuerworbenen, also nicht schon kraft Gesetzes zur Konkursmasse gehörenden Bestandteil des Gesellschaftsvermögens (§ 1 KO.). Entsprechendes gilt, wenn während des Konkurses der Aktiengesellschaft die Generalversammlung eine Kapitalerhöhung beschließt. — Die vielerörterte Frage, ob die Zeichnung von Aktien zur Aufbringung oder Erhöhung des Grundkapitals (§§ 189, 278 ff. HGB.) ein gegenseitiger Vertrag im Sinne des § 17 KO. sei, ist zu verneinen (zust. RG. Bd. 79 S. 176, Bd. 100 S. 3; siehe auch JurW. 1919 S. 190).

Konkursverwalter für gemeinschaftliche Rechnung der Beteiligten zu verfolgenden Bestandteil der Konkursmasse[15]).

V. Die Konkursbeendigung kann wie bei Einzelpersonen Aufhebung nach Ausschüttung der Masse oder Zwangsvergleich und Einstellung auf Schuldnerantrag oder wegen Mangels der Kostendeckung sein. Mit der Konkursbeendigung ist die Gesellschaft und ihre Firma erloschen, wenn alles Gesellschaftsvermögen in den Verteilungen aufgegangen war. Sonst befindet sich die Gesellschaft nun im Stande der Liquidation, einerlei ob der Konkurs schon in diesem Stande eröffnet wurde oder nicht. Zwar stellt der Konkurs selber eine Art der Liquidation dar, aber nur eine Auseinandersetzung mit den Gläubigern, nicht auch eine Auseinandersetzung unter den Mitgliedern. Diese bleibt noch zu vollziehen. Die Möglichkeit einer Fortsetzung der Gesellschaft erschließt das Gesetz nach Konkursaufhebung infolge Zwangsvergleichs und nach Konkurseinstellung auf Schuldnerantrag, aber auch in diesen Fällen nur, wenn nicht etwa der Konkurs erst im Liquidationsstadium eröffnet worden war[16]). In allen anderen Fällen kann die Gesellschaft bloß im Wege einer Neugründung wieder Leben gewinnen, nicht wieder als die alte.

§ 35.

c) Konkurs der eingetragenen Genossenschaft.

I. Die Eigenart des Genossenschaftskonkurses erklärt sich aus dem besonderen Gepräge des genossenschaftlichen Verbandes. Die eingetragenen Genossenschaften (Erwerbs- und Wirtschaftsgenossenschaften) sind im Genossenschaftsregister geführte Vereine, deren Mitgliederzahl (mindestens sieben) nicht geschlossen und deren Zweck die Förderung des Erwerbs oder der Wirtschaft der Mitglieder durch gemeinschaftlichen Geschäftsbetrieb ist. So z. B. Vorschuß-, Kredit-, Rohstoff-, Konsumvereine, Absatz- und Produktivgenossenschaften (§§ 1ff. GenG.). Ihre körperschaftliche Verfassung (Vorstand, Aufsichtsrat, Generalversammlung, §§ 24ff. GenG.) ähnelt derjenigen der Aktiengesellschaft. In ihrem Wesen sind aber beide Gesellschaftsformen völlig verschieden. Die Genossenschaftsform will wirtschaftlich Schwache verbinden und damit stark machen. Der genossenschaftliche Zusammenschluß soll Handwerker, Landwirte, Kleingewerbetreibende, Arbeiter, Verbraucher fördern in ihrem Erwerb und in ihrer Wirtschaft. Die zu diesem Zweck nötige Kreditunterlage wird aber nicht durch alsbaldige Ansammlung eines großen Vereinsvermögens, sondern durch eine in dreifacher Abstufung vorkommende Schuldentragungspflicht der Vereinsgenossen gewonnen (Personal-, nicht Kapitalhaftung). Das Vereinsvermögen ist kein festes Grundkapital, sondern veränderlich nach der jeweiligen, nur nach unten begrenzten Zahl der Mitglieder und nach der Höhe ihrer einzelnen Guthaben (société à capital variable). In diesen beiden Punkten — der Mitgliederhaftung und der Veränderlichkeit des Vereinsvermögens — liegen die wesentlichsten Gegensätze zur Aktiengesellschaft. Sie treten klar hervor im Genossenschaftskonkurse (§§ 98ff. GenG.).

Die Genossen sind nämlich bei allen Arten der Genossenschaften nur für **den Ausfall** verantwortlich, den der Genossenschaftsgläubiger im Genossenschaftskonkurs erlitten hat. Die Mitgliederhaftung steht zunächst in zweiter Reihe: als eine nur gegenüber der Genossenschaft begründete und auf den Konkursfall begrenzte „Nachschußpflicht" (Deckungspflicht). Unmittelbar an die einzelnen Genossen darf sich der Genossenschaftsgläubiger erst halten, wenn er durch die zur Genossenschaftskasse erhobenen Nachschüsse nicht gedeckt worden ist. Ein solcher Einzelzugriff erschließt sich aber den Genossenschaftsgläubigern nur bei zwei Arten der

---

[15]) Entsprechend § 171 HGB. für die Geltendmachung der Haftung der Kommanditisten im Konkurse der Kommanditgesellschaft. Vgl. RG. Bd. 74 S. 430. Aus ähnlichen Erwägungen ist die Konkursanfechtung ausschließlich dem Konkursverwalter zugewiesen. Siehe S. 88.

[16]) § 307 II HGB.; entsprechend § 60 I Nr. 4 GmbHG. Darüber oben S. 183 Note 5. Ein werbendes Unternehmen wird damit unmittelbar wieder in den Erwerbsstand zurückversetzt. Eine Liquidation, auch eine zwischenzeitliche, tritt nicht ein.

Genossenschaften, bei den Genossenschaften mit unbeschränkter Haftpflicht und bei den Genossenschaften mit beschränkter Haftpflicht. Diese beiden unterscheiden sich dadurch, daß bei der ersten die Verantwortlichkeit weder gegenüber der Genossenschaft noch gegenüber dem Gläubiger begrenzt ist, während sie sich bei der zweiten sowohl der Genossenschaft als dem Gläubiger gegenüber auf einen im voraus bestimmten Betrag (die Haftsumme) beschränkt. Bei der dritten Genossenschaftsart haben die Mitglieder gegenüber der Genossenschaft unbegrenzt, gegenüber dem Gläubiger aber überhaupt nicht für die Genossenschaftsschulden einzustehen: Genossenschaften mit unbeschränkter Nachschußpflicht. Sonach bildet die „Haftpflicht" der Genossen eine Verantwortlichkeit ganz eigener Art: nach innen, d. h. der Genossenschaft gegenüber, eine Deckungspflicht, nach außen, d. h. den Genossenschaftsgläubigern gegenüber, eine gesetzliche Ausfallbürgschaft hinter der Genossenschaft.

Der Konkurs einer Genossenschaft mit unbeschränkter Haft- oder Nachschußpflicht pflegt zur Vollbefriedigung der Gläubiger zu führen. Dieses Ergebnis wäre auf eine vom wirtschaftlichen Standpunkt aus weit vorteilhaftere Art zu erzielen, wenn die Nachschußpflicht der Genossen nicht erst innerhalb, sondern zur Abwendung des Konkurses verwirklicht würde[1]).

II. Die wichtigsten Besonderheiten des **Genossenschaftskonkurses** sind:

1. Konkursgrund ist die Zahlungsunfähigkeit; erst im Auflösungszustand auch die Überschuldung der Genossenschaft (§ 98 I GenG.)[2]). Bei den Genossenschaften mit beschränkter Haftpflicht genügt — wegen der in der Haftungsschranke liegenden Gefahr — schon während des Bestehens eine verschärfte, nämlich ein Viertel des Betrags der Haftsummen aller Genossen übersteigende Überschuldung (§ 140 Satz 1 GenG.).

2. Zum Konkursantrag ist auf der Schuldnerseite jedes Vorstandsmitglied, im Auflösungszustande jeder Liquidator berechtigt und verpflichtet (§§ 99, 100, 118, 140, 142 I 2, 148 I Nr. 2 GenG.)[3]). Wegen Masseunzulänglichkeit darf der Eröffnungsantrag (gegen § 107 KO.) nicht abgewiesen werden, weil der Konkurs den einzigen Weg zur Verwirklichung der Mitgliederhaftung bildet (§ 100 III GenG.).

3. Gemeinschuldnerin ist die für die Konkurszwecke[4]) als Abwicklungsverband (§ 101 GenG.) fortbestehende juristische Person, nicht die Gesamtheit der Genossen. Zur Wahrnehmung der Rechte und Pflichten eines Gemeinschuldners wirken im Zweifel die bisherigen Organe weiter (§ 104, vgl. auch §§ 117, 118 GenG.)[5]).

4. Zu den Konkursgläubigern der Genossenschaft können auch Genossen zählen. Nicht zwar mit ihren Geschäftsguthaben, wohl aber mit Forderungen, die sie aus besonderen

---

[1]) Die Vergleichsordnung (§ 91) sieht freilich ein gerichtliches Konkursabwendungsverfahren auch bei Genossenschaften vor [oben S. 192 Note 4]. Allein die Mitgliederhaftung der Genossen läßt sich in diesem Verfahren nicht durchsetzen. Sie ist nach wie vor nur mittels des Genossenschaftskonkurses realisierbar, zu dem möglicherweise auch ein einziger Gläubiger seine Zuflucht nehmen muß. Wohl aber gereicht es dem Konkursabwendungsverfahren zur Förderung, daß bei den eingetragenen Genossenschaften die Einlagepflicht der Mitglieder auch gegen den Willen einzelner im Wege der Satzungsänderung erhöht werden kann (§§ 16 II, 132 GenG.).

[2]) Zunächst also nur die Zahlungsunfähigkeit, da die Genossenschaft eine Personal-, nicht eine Kapitalvereinigung ist und da sie ihre Mittel unschwer erhöhen kann. Im Liquidationsstadium aber besteht keine begründete Aussicht mehr auf Besserung der Lage des Unternehmens. Von nun ab ist daher auch die Überschuldung Konkursgrund. Für deren Ermittelung gilt entsprechend, was S. 201 unter I ausgeführt ist.

[3]) Solange das gerichtliche Vergleichsverfahren statthaft, also die Genossenschaft noch nicht in den Auflösungsstand eingetreten ist (§ 91 Nr. 1 VerglO.), geht die Antragspflicht wahlweise auf den Konkurs oder das Konkursabwendungsverfahren. In diesem Sinne hat der a. V Ges. v. 25. 3. 1930 die §§ 99, 118, 140, 142 I 2, 148 I Nr. 2 GenG. neu gefaßt (mit Wirksamkeit vom 11. 4. 1930 ab). Siehe oben S. 169 f.

[4]) Zunächst aber auch nur für sie, weshalb z. B. der außerhalb dieses Zweckbereichs liegende Beitritt neuer Genossen im Konkursstande nicht zulässig ist (RG. Bd. 77 S. 154).

[5]) Hier gilt entsprechend, was S. 201 f. unter II über den Konkurs der Aktiengesellschaft gesagt ist. Das Gesetz erkennt den Fortbestand der Organisation und seine Notwendigkeit in ausdrücklichen Vorschriften an (z. B. in den §§ 104, 108, 117, 118 GenG.). Es bestimmt auch, daß Vorstand und Liquidator das Bestreitungsrecht der Gemeinschuldnerin im Prüfungsverfahren ausüben (§§ 115 II, 122 IV GenG.).

Rechtsgründen gegen die Genossenschaft erworben haben, etwa als Spareinleger einer Kreditgenossenschaft. Sie können auch durch Befriedigung von Genossenschaftsgläubigern deren Konkursforderungen nach näherer Maßgabe der §§ 122, 124 GenG. einlösen.

5. Zur Konkursmasse gehört alles beschlagsfähige Verbandsvermögen. Dieses wird ergänzt durch **die Nachschüsse** der Genossen (§§ 105ff. GenG.). Das Recht auf die erforderlichen Nachschüsse erwächst als Recht der Genossenschaft selbst. Es entsteht mit dem Konkurs und für diesen. Darum gehört es zur Konkursmasse. Darum ist der Konkursverwalter als solcher auch der berufene Leiter des Umlageverfahrens. Die Genossenschaftsorgane wirken unterstützend, zugleich zum Schutze der Genossen, mit (§§ 115, 117, 122, 141 GenG.). Die Grenzen der Nachschußpflicht lassen sich nur dadurch ermitteln, daß das Verzeichnis der bei der Schlußverteilung zu berücksichtigenden Forderungen aufgestellt, deren Gesamtsumme wie die Höhe des vorhandenen Massebestandes bekanntgemacht und damit die Ausschlußfrist in Lauf gesetzt wird (§§ 151, 152 KO.). Wie sonst auch hat das Gericht zur Erhebung von Einwendungen gegen das Schlußverzeichnis und zur Abnahme der Schlußrechnung „einen Schlußtermin" anzuberaumen (§ 162 KO.), nach dessen Abhaltung aber anders als sonst (§ 163 KO.) die Aufhebung des Konkurses nicht zu beschließen. Denn nun erst setzt die Pflicht der Genossen ein, durch Leistung von Nachschüssen die Masse zu ergänzen (§ 105 GenG.). Erhebung und Verteilung der Umlagen bilden nur eine weitere Entwicklungsstufe des Genossenschaftskonkurses.

a) Bei Genossenschaften mit unbeschränkter Haftpflicht (§§ 119—125 GenG.) hat der Konkursverwalter, sobald sich auf Grund der Konkursbilanz (§ 124 KO.) der Bedarf einigermaßen übersehen läßt, in einer einstweiligen Aufstellung, **der Vorschußberechnung** (§ 106 GenG.), den gesamten Fehlbetrag zu veranschlagen und ihn im Wege einer Umlage von den Genossen — im Zweifel nach Köpfen — zu erheben. Weitere Umlagen auf Grund von **Zusatzberechnungen** (§ 113 GenG.) können namentlich infolge Unvermögens einzelner Mitglieder oder erfolgreicher Beanstandung der Vorschußberechnung notwendig werden. Endgültig läßt sich der Fehlbetrag erst bestimmen, wenn das Konkursverfahren bis zum Beginne des Vollzugs der Schlußverteilung (§ 161 KO.) fortgeschritten ist. Diese abschließende Aufstellung, **die Nachschußberechnung** (§ 114 GenG.), ergänzt und berichtigt die Vorschußberechnung und etwaige Zusätze derselben[6]). Das Konkursgericht hat die Berechnungen aller Art in Terminen den Beteiligten zur Erörterung zu unterbreiten und nach Erledigung von Einwendungen (durch unanfechtbaren Beschluß), gegebenenfalls nach Berichtigung, für vollstreckbar zu erklären. Die Vollstreckbarerklärung kann der Genosse nur im Wege einer Klage gegen den Verwalter binnen einer Notfrist von einem Monat (seit Verkündung) anfechten. Das Urteil auf diese Klage wirkt Rechtskraft für und gegen alle Genossen[7]).

Verteilt wird zunächst, was die Genossenschaft selbst schon im Vermögen hat. Soweit dabei die in der Schlußverteilung (§ 161 KO.) berücksichtigten Konkursgläubiger ungedeckt bleiben, haben die Genossen Nachschüsse zu leisten (§§ 105, 122 GenG.). So kommt es, daß die Nachschüsse den Gläubigern stets im Wege eigenartiger **Nachtragsverteilungen** zugeführt werden (§ 115 GenG. mit § 166 KO.). Diese Nachtragsverteilungen beginnen erst, wenn die „Nachschußberechnung" für vollstreckbar erklärt ist. Bis dahin werden die Beiträge bei der nach § 132 KO. bestimmten Stelle hinterlegt oder sonstwie zinsbar angelegt (§ 110 GenG.). Ein Widerspruch der Gemeinschuldnerin im Prüfungsverfahren hindert überdies die

---

[6]) Die aufeinanderfolgenden Berechnungen komplizieren das Umlageverfahren, ermöglichen aber eine rechtzeitige Heranziehung greifbarer Mittel und verhüten Ausfälle, wie sie z. B. die Auswanderung von Genossen verursachen könnte.

[7]) Die beschlußmäßige Vollstreckbarerklärung erspart eine Ausklagung der Genossen durch den Verwalter und beschleunigt damit in zweckmäßiger Weise den Gang des Konkurses (siehe §§ 106—109 GenG.). Anfechtungsklagen (§ 111 GenG.) sind gegen den Konkursverwalter als gesetzlichen Vertreter der Gemeinschuldnerin zu richten und ohne Rücksicht auf den Streitwert beim Amtsgericht des Konkurses (als Prozeßgericht, nicht beim „Konkursgericht") zu erheben, vorbehaltlich einer die einheitliche Behandlung gewährleistenden Verbindung und etwaigen Verweisung an das übergeordnete Landgericht. Näheres bestimmt der § 112 GenG.

Auszahlung so lange, bis der Widerspruch im Klagewege beseitigt (§§ 115 II, 122 GenG.) oder zurückgenommen ist, mag auch die Forderung weder vom Konkursverwalter noch von einem konkurrierenden Konkursgläubiger bestritten und darum im Sinne des § 144 I KO. festgestellt worden sein. Denn die Befriedigung aus den der Genossenschaft von ihren Mitgliedern nachgeleisteten Werten steht sachlich auf einer Stufe mit Nachzahlungen des Schuldners nach beendetem Konkurse: wie ihm gegenüber bildet auch der Nachschußmasse gegenüber die konkursmäßige Feststellung bei Schuldnerwiderspruch keine ausreichende Zugriffsunterlage (vgl. § 164 II KO.). Die den Widerspruch der Gemeinschuldnerin (also der Genossenschaft), bekämpfende Klage ist gegen die Genossenschaft, vertreten durch Vorstand oder Liquidator zu richten und auch vom Gläubiger eines im Sinne des § 146 VI KO. zugriffsreifen Anspruchs zu erheben. Sie geht dahin, daß der Widerspruch für unbegründet erklärt werde, erstrebt also eine negative Feststellung im Sinne des § 256 ZPO. Eine besondere Zuständigkeitsvorschrift besteht nicht. Wenn außer der Gemeinschuldnerin der Konkursverwalter oder ein Konkursgläubiger im Prüfungsverfahren widersprochen hätte und dieser Widerspruch rechtskräftig für begründet erklärt würde, während noch gegen die Genossenschaft auf Feststellung des Unbegründetseins ihres Widerspruchs geklagt wird, wäre der letztere Prozeß in der Hauptsache gegenstandslos geworden, weil nun die Forderung aus der konkursmäßigen Berücksichtigung ausscheiden müßte.

Sollte ein Gläubiger noch nach Ablauf einer Wartefrist von drei Monaten seit Vollstreckbarerklärung der Nachschußberechnung nicht vollständig befriedigt sein, so darf er sich — binnen der nächsten zwei Jahre[8]) — unmittelbar an die einzelnen Genossen halten, die als Gesamtschuldner (nicht etwa nur zu Kopfteilen) und mit ihrem ganzen Vermögen für den Ausfall einzustehen haben. Der Zugriff gegen den einzelnen Genossen setzt aber einen wider diesen vollstreckbaren Titel voraus. Die Feststellung zur Konkurstabelle ist, auch wenn ein Gemeinschuldnerwiderspruch unterblieb, gegen die Genossen nicht vollstreckbar. Doch können diese das Bestehen einer Genossenschaftsschuld (für die Zeit der Feststellung) nicht bestreiten, wenn die Genossenschaft selber (durch Vorstand oder Liquidator) der Feststellung nicht widersprochen hat oder wenn ihr Widerspruch rechtskräftig verworfen oder zurückgenommen worden ist (§ 122 III GenG.). Der persönlich in Anspruch genommene Genosse rückt in die Rechte des befriedigten Gläubigers gegen die Genossenschaft ein. Wegen einer im Konkurse von irgendeiner Seite bestrittenen Forderung dürfen einzelne Genossen nicht verurteilt werden, solange die Bestreitung nicht erledigt, also die Haftung der Genossenschaft selbst nicht festgestellt ist (§ 122 V GenG.)[9]).

b) Bei Genossenschaften mit unbeschränkter Nachschußpflicht (§§ 126—130 GenG.) erschöpft sich die persönliche Verantwortlichkeit der Mitglieder in dem wie unter a verlaufenden Nachschußverfahren.

c) Bei Genossenschaften mit beschränkter Haftpflicht (§§ 131—142 GenG.) dürfen die Umlagen des Konkursverwalters [a] die satzungsmäßige Haftsumme nicht überschreiten und die Konkursgläubiger ihren Ausfall gegenüber dem einzelnen Genossen nur in Höhe der nicht schon durch die Umlagen aufgezehrten Haftsumme verfolgen.

---

[8]) Der in der unmittelbaren Haftpflicht des einzelnen Genossen begründete Anspruch („die Klage") „verjährt" nach § 123 GenG. spätestens in zwei Jahren seit Ablauf der Wartefrist.

[9]) Im freien Austrittsrechte der Genossen (§ 65 GenG.) liegt, da ihre Persönlichkeit den Genossenschaftsgläubigern zum Rückhalte dienen soll, eine erhebliche Gefahr. Stellen sich Anzeichen eines Zusammenbruchs des genossenschaftlichen Unternehmens ein, dann droht eine Massenflucht der Genossen. Ihr beugt zunächst der § 75 GenG. vor, demzufolge ein innerhalb der letzten sechs Monate vor Auflösung der Genossenschaft (namentlich auch vor der Auflösung infolge Eröffnung des Genossenschaftskonkurses) liegendes Ausscheiden von Genossen als nicht erfolgt gilt. Es rettet also den so kurz erst Ausgeschiedenen nicht vor der Nachschußpflicht und dem Einzelzugriff. Über den Bereich des § 75 hinaus unterwirft der § 125 GenG. alle binnen der letzten zwei Jahre vor der Eröffnung des Genossenschaftskonkurses ausgeschiedenen Mitglieder wegen der bis zu ihrem Ausscheiden begründeten und noch ungedeckten Genossenschaftsschulden ebenfalls der Einzelinanspruchnahme, sobald sechs Monate seit Vollstreckbarerklärung der Nachschußberechnung verstrichen sind.

6. In allen Fällen **muß** ein Gläubigerausschuß bestellt werden (§ 103 GenG.). Der hier mit besonders weitgehender Machtbefugnis ausgestattete Konkursverwalter soll zum Schutze nicht nur der Gläubiger, sondern auch der Genossen von vornherein wirksam überwacht werden.

7. Eine rechtsförmliche „Aufhebung" des Genossenschaftskonkurses im Sinne des § 163 KO. kann erst beschlossen werden, wenn das Nachschußverfahren vollkommen durchgeführt ist. Denn es bildet, wie unter 5 dargelegt ist, einen Bestandteil des Konkursverfahrens. Ein Zwangsvergleich (auch bloße Zwangsstundung) ist mit Rücksicht auf die Mitgliederhaftung unstatthaft (§ 116 I GenG.)[10]). Eben deshalb ist (was der § 100 III GenG. bestätigt) eine Einstellung wegen Masseunzulänglichkeit ausgeschlossen und eine Einstellung auf Schuldnerantrag erst nach Beginn der Schlußverteilung zulässig (§ 116 II GenG.). Eine „Fortsetzung" der Genossenschaft läßt das Gesetz auch im Falle der Einstellung auf Schuldnerantrag nicht zu.

III. Die bei **Versicherungsvereinen auf Gegenseitigkeit** begründeten Beitragspflichten der Mitglieder gegenüber dem Vereine werden im Konkurse des Vereins zu Nachschußpflichten im genossenschaftsrechtlichen Sinne (§ 50 AufsG.) und sind dementsprechend wie im Genossenschaftskonkurse vom Konkursverwalter (im Rahmen der satzungsmäßigen Grenzen) einzuziehen (§ 52 AufsG.)[11]). Eine unmittelbare Haftung der einzelnen beitragspflichtigen Mitglieder gegenüber den Vereinsgläubigern besteht aber auch im Konkursfalle nicht. Mit Rücksicht auf die Nachschußpflicht der Mitglieder gelten für die Konkursbeendigung die gleichen Schranken wie im Genossenschaftskonkurse nach II 7 (§ 52 II AufsG. mit § 116 GenG.). Der Antrag auf Einstellung des Konkurses im Sinne des § 202 KO. muß wie der Konkursantrag selbst (§ 88 AufsG.) der Aufsichtsbehörde vorbehalten bleiben[12]). Eine „Fortsetzung" des Versicherungsvereins nach solcher Einstellung und zwar auf Beschluß der obersten Vertretung (§ 36 AufsG.) ist anders als bei Genossenschaften zugelassen (§ 49 AufsG.). Ganz eigenartig ist die Rangvorschrift des § 51 AufsG. Danach gebührt die gemeine Masse[13]) den Konkursgläubigern konkursordnungsgemäß, aber mit der Abweichung, daß hinter allen übrigen Konkursforderungen in zwei Schlußgruppen folgen:

a) die Versicherungsansprüche der nachschußpflichtigen jetzigen und früheren Mitglieder, die ja als Mitglieder zugleich versichert sind;

b) zuletzt die Ansprüche auf Tilgung des Gründungsstocks, damit dieser seinen Gewährzweck erfülle[14]).

Im übrigen ist zu beachten, daß auch der Versicherungsverein auf Gegenseitigkeit unter den § 213 KO. fällt. Beim Mangel abweichender Rechtssätze gelten also für ihn, wie für die

---

[10]) Ein der Genossenschaft bewilligter Haftungserlaß würde notwendig auch den Genossen zugute kommen. Der Rückhalt, den die Genossenschaftsgläubiger in der persönlichen Verantwortung der Genossen finden, soll aber (dies ist der Zweck des § 116 I GenG.) auch einer Gläubigerminderheit nicht wider ihren Willen verkümmert werden. Das Gesetz (insofern zu weitgehend) erlaubt nicht einmal eine Zwangsstundung. Im gerichtlichen Konkursabwendungsverfahren dagegen wird sogar der Zwangserlaß verstattet [oben S. 192 Note 4].

[11]) Auch hier wird einer bei bevorstehender Katastrophe drohenden Abwanderung der Mitglieder durch Rückerstreckung der Nachschußpflicht vorgebeugt (§ 50, vgl. § 25 AufsG.).

[12]) Siehe oben S. 17). Der Vorstand muß den Eintritt der Zahlungsunfähigkeit oder Überschuldung des Unternehmens der (allein zum Konkursantrage befugten) Aufsichtsbehörde anzeigen. Diese Anzeigepflicht tritt an Stelle der Konkursantragspflicht (§ 88 II AufsG.), gilt auch für Verbände des früheren Rechts (nach Maßgabe der §§ 129, 130 AufsG.) sowie für Bausparkassen (§ 112 AufsG.) und steht unter eigenem Strafdruck (§ 141 AufsG.). Ein Vergleichsverfahren zur Konkursabwendung gibt es hier nicht (§ 94 VerglO.).

[13]) Über das Vorzugsrecht am Deckungsstock der Lebensversicherungsanstalten siehe S. 72f. Nur als Ausfallgläubiger nehmen die Bevorrechtigten an der gemeinen Masse teil.

[14]) Der Gründungsstock, der „die Kosten der Vereinserrichtung decken sowie als Gewähr- und Betriebsstock" dienen soll, wird regelmäßig durch Darlehen von Mitgliedern und Nichtmitgliedern aufgebracht (vgl. § 22 AufsG.). Diese Gründungsstockgläubiger bilden mit ihren Rückerstattungsansprüchen die letzte Klasse.

Versicherungsaktiengesellschaft, die §§ 207, 208 KO. Darum bildet auch bei Gegenseitigkeitsvereinen schlechthin, nicht erst im Auflösungsstande, die Überschuldung neben der Zahlungsunfähigkeit einen Konkursgrund (vgl. § 88 AufsG.). Bei ihrer Ermittelung muß die erst im Konkurs als Nachschußpflicht zu verwirklichende Verantwortlichkeit der Mitglieder dem Zwecke des § 50 AufsG. entsprechend außer Ansatz bleiben[15]).

§ 36.

d) Nachlaßkonkurs.

I. Zweck und Wesen.

Nachlaßkonkurs (§§ 214—235 KO.) ist der Konkurs über das beschlagsfähige Vermögen einer verstorbenen (§ 1922 I) oder für tot erklärten (§ 18 BGB.) Person. Nachlaßkonkurs und Nachlaßverwaltung bilden nach § 1975 BGB. die ordentlichen Wege, um die Beschränkbarkeit der Erbenhaftung zu verwirklichen[1]). Beide sind Pflegschaften zum Zwecke der Befriedigung der Nachlaßgläubiger. Eine jede kann sowohl von der Schuldnerseite (durch Erbenantrag) als von der Gläubigerseite erwirkt werden. Jede vereinigt in sich die Aufgaben des beneficium inventarii (Schutz des Erben sowie seiner eigenen Gläubiger gegen die Nachlaßgläubiger) und des beneficium separationis (Schutz der Nachlaßgläubiger gegen die Eigengläubiger des Erben). Zur Haftungsbeschränkung kann es daher auch ohne Zutun des Erben kommen. Bei Überschuldung des Nachlasses ist der Nachlaßkonkurs (§ 215 KO.), sonst — also namentlich auch bei zweifelhaftem Stande der Erbschaft — die Nachlaßverwaltung das geeignete Mittel der erbrechtlichen Gütersonderung. Diese äußert sich abgesehen von der Haftungsbeschränkung namentlich darin, daß ein an die Rechtsvereinigung des Erbfalls geknüpftes Erlöschen persönlicher und dinglicher Rechtsverhältnisse rückgängig gemacht (§ 1976, vgl. §§ 1977, 2013 BGB., § 225 KO.), und daß der Erbe hinsichtlich der bisherigen Führung erbschaftlicher Geschäfte den Nachlaßgläubigern gegenüber wie ein Verwalter fremden Vermögens behandelt wird (§§ 1978, 2013, vgl. §§ 1979, 2013 BGB.). Der Nachlaßkonkurs verdrängt eine bereits bestehende Nachlaßverwaltung (§ 1988 I BGB.). Er verdrängt auch, da er ja selbst einen öffentlichen Gläubigeraufruf zum Zwecke gemeinsamer Befriedigung einschließt, ein behufs Ausschließung von Nachlaßgläubigern schwebendes Aufgebotsverfahren (§ 993 ZPO.). So erklärt es sich, daß der Erbe, wenn der Nachlaßkonkurs infolge Ausschüttung der Masse oder infolge Zwangsvergleichs geendet hat, nur noch so haftet, wie wenn ein Aufgebotsverfahren durchgeführt worden wäre. § 1989 (§ 2013) BGB. Siehe auch § 229 KO. und unten V.

II. **Die Konkursvoraussetzungen** sind folgendermaßen geregelt:

1. Die Konkursmöglichkeit besteht im Interesse der Nachlaßgläubiger einerseits schon vor der Erbschaftsannahme, andrerseits ohne zeitliche Schranke [siehe aber 3] auch noch nach der Erbschaftsteilung (Gegensatz: § 2062 BGB.), endlich trotz Verwirkung der Haftungsbeschränk-

---

[15]) Sonst würde eine Überschuldung kaum jemals zu errechnen sein.

[1]) Ihnen gesellt sich jetzt als drittes Mittel zu diesem Zwecke „das Vergleichsverfahren zur Abwendung des Nachlaßkonkurses" (§ 92 VerglO.), dessen Eröffnung freilich nur von der Schuldnerseite erwirkt werden kann. Ob es wie der Konkurs nur bei Überschuldung oder auch bei Zahlungsunfähigkeit statthaft sei, ist streitig. Da für den nichtüberschuldeten Nachlaß keine Konkursgefahr besteht, liegt die Beschränkung des Vergleichsgrundes auf den Fall der Überschuldung nahe. Der Wortlaut des § 1 VerglO. und Erwägungen der Zweckmäßigkeit sprechen für die Gegenansicht (Kiesow VerglO.³ § 92 Anm. 15 mit Verw.). Ihr ist um so unbedenklicher beizupflichten, als es de lege ferenda fragwürdig erscheint, ob die Zahlungsunfähigkeit beim Nachlaß als Konkursgrund ausgeschaltet werden durfte (beachte z. B. Österreich § 69, Jugoslawien § 68, Tschechoslowakei § 1 III, die sämtlich Zahlungsunfähigkeit und Überschuldung als Nachlaßkonkursgründe anerkennen). Gegenüber den Schattenseiten des Nachlaßkonkurses bedeutet die Zulassung des Nachlaßvergleichsverfahrens einen unleugbaren Fortschritt. Siehe unten S. 221.

barkeit. § 216. Besondere **Konkurse** über einzelne Erbteile sind unstatthaft. § 235. Eine Erbschaftsveräußerung schließt den Nachlaßkonkurs nicht aus. §§ 232, 233.

2. Konkursgrund ist ausschließlich die Nachlaßüberschuldung[2]). § 215. Als Passiven zählen dabei auch die unter III 3 bezeichneten minderberechtigten Konkursforderungen.

3. Der Konkursantrag kann auf der Schuldnerseite von jedem Erben[3]), von einem Nachlaßverwalter oder einem andern Nachlaßpfleger oder von einem nachlaßverwaltenden Testamentsvollstrecker, auf der Gläubigerseite von jedem Nachlaßgläubiger (z. B. auch von einem Pflichtteilsberechtigten) ausgehen. Die Antragsbefugnis der Gläubiger, nicht auch die des Erben, ist zeitlich begrenzt und zwar auf die ersten zwei Jahre seit Annahme der Erbschaft[4]). §§ 217—220.

Erbe und Nachlaßverwalter sind zur Antragstellung verpflichtet, zwar ohne Strafzwang, aber bei Vermeidung persönlicher Haftbarkeit gegenüber den Nachlaßgläubigern für den ihnen durch Verletzung der Antragspflicht verursachten Schaden. Soweit das Nachlaßvergleichsverfahren zulässig ist (§ 92 VerglO.), geht die Pflicht wahlweise auf Beantragung dieses Verfahrens oder des Nachlaßkonkurses. § 1980 (i. F. v. 25. 3. 1930) mit § 1985 BGB.[5]). Einem „anderen Nachlaßpfleger" (vgl. § 217 I KO., § 780 II ZPO., § 2012 II BGB.) und einem Testamentsvollstrecker legt das Gesetz eine Antragspflicht zu Zwecken des Gläubigerschutzes nicht auf. Doch können auch sie innenrechtlich (dem Erben gegenüber) für schuldhafte Antragsunterlassung haftbar werden.

III. Auch hinsichtlich **der Konkursbeteiligten** gelten Besonderheiten:

1. Konkursgericht ist ausschließlich das Amtsgericht im letzten allgemeinen Gerichtsstande des Erblassers[6]). § 214.

2. Als Konkursschuldner kommt für die Zeit vor dem Erbfall nur der Erblasser[7]) in Betracht. Für die Folgezeit ist der Erbe als solcher Träger der Gemeinschuldnerrolle[8]). So stellt der Nachlaßkonkurs einen Sonderkonkurs des Erben über eine Sondermasse seines Vermögens (nämlich über das ererbte) dar. Stirbt ein Gemeinschuldner während des Konkurses, dann trägt fortab wie in einem von vornherein als Nachlaßkonkurs eröffneten Verfahren der Erbe die Gemeinschuldnerrolle. Nur ist der Kreis der Aktiven und Passiven geschlossen.

---

[2]) Bedenken gegen diese Vorschrift erhebt Graßhoff in der Festschrift für Heinitz (1926) S. 141. Siehe auch die vorige Note.

[3]) Auch wenn er die Beschränkbarkeit der Haftung endgültig verwirkt hat.

[4]) Entsprechend dem § 1981 II BGB. Auch auf Grund einer ausgeschlossenen Nachlaßverbindlichkeit, eines Vermächtnisses oder einer Auflage kann Nachlaßkonkurs beantragt werden, zwar nicht unbedingt, aber immerhin dann, wenn der Erbe bereits mit seinem Eigenvermögen im Konkurse steht. § 219 (eine Vorschrift von fragwürdiger Zweckmäßigkeit).

[5]) Vgl. §§ 1990—1992, 2013 BGB. Die strenge Konkursantragspflicht hatte zu der verhängnisvollen Steigerung der Nachlaßkonkurse und der damit verknüpften Verschleuderung der Hinterlassenschaften viel beigetragen. Jetzt mildert die Wahl für ihren Bereich diese Gefahren.

[6]) Nicht das Gericht seiner davon verschiedenen gewerblichen Niederlassung zur Zeit des Erbfalls. Die Anpassung an den neuen Wortlaut des § 71 ist wohl nur aus Versehen unterblieben. Siehe oben S. 166.

[7]) Auf seine Person kommt es namentlich dann an, wenn seine eigenen Rechtshandlungen nach Maßgabe der §§ 29ff. angefochten werden sollen.

[8]) Zust. z. B. RG. LZ. 1915 Sp. 225, 271. Auf die Person des Erben kommt es z. B. an, wenn dessen Verfügungen über Nachlaßgegenstände angefochten werden sollen. Er übt die Rechte eines Gemeinschuldners aus (z. B. zur Beschwerde nach § 109), er unterliegt den Pflichten (z. B. der §§ 100, 125) und Beschränkungen eines solchen (z. B. den §§ 101, 121). Eine Einbuße in seiner sonstigen (familienrechtlichen und staatsbürgerlichen) Rechtsstellung erleidet er nicht [oben S. 34]. Im Falle der Erbenmehrheit ist regelmäßig jeder einzelne Miterbe als Gemeinschuldner berechtigt und gebunden (siehe aber § 230). Der Nachlaßkonkursverwalter handelt in Zwangsvertretung des Erben als solchen (zust. z. B. RG. v. 11. 4. 1916 JW. S. 1357 Nr. 8). Rechtshandlungen eines Nachlaßpflegers oder Testamentsvollstreckers, die in der Zeit zwischen dem Erbfall und der Eröffnung des Nachlaßkonkurses dessen Masse im Sinne der §§ 29ff., 222 verkürzt haben, sind als Handlungen eines gesetzlichen Erbenvertreters anfechtbar.

3. **Konkursgläubiger** sind die Nachlaßgläubiger, also einerseits nicht die Eigengläubiger des Erben, andrerseits aber grundsätzlich alle Nachlaßgläubiger (§ 1967 BGB.)[9]. Nachlaßkonkursforderungen begründen sonach nicht nur die bevorrechtigten und die einfachen Konkursforderungen des Regelkonkurses (**vollberechtigte Nachlaßkonkursgläubiger**), sondern auch solche Ansprüche gegen den Nachlaß, die nach § 63 Nr. 1, 3, 4 KO. (Zinsen seit Konkursbeginn, Geldstrafen, Freigebigkeiten des Erblassers) im Regelkonkurs unanmeldbar sind oder nach den §§ 1973, 1974 BGB. durch Ausschlußurteil oder Ablauf der Ausschlußfrist eine Rangeinbuße erlitten haben (**minderberechtigte Nachlaßkonkursgläubiger**). Doch gelangen die minderberechtigten Gläubiger erst nach allen vollberechtigten zum Zuge. Diese Regelung soll die Verteilung eines nach Befriedigung der Vollgläubiger etwa verbleibenden Überschusses der Willkür des Erben entziehen. Die minderberechtigten Nachlaßkonkursgläubiger werden ihrerseits wieder nach einer verwickelten Rangfolge befriedigt. Dabei nehmen Pflichtteile die vorletzte, Vermächtnisse und Auflagen die letzte Stufe ein. Der Pflichtteil geht Vermächtnissen und Auflagen vor, diese aber stehen sich — mangels anderweiter Anordnung des Erblassers (§ 2189 BGB.) — im Range gleich. Die nach den §§ 1973, 1974 BGB. ausgeschlossenen Erblasserschulden gehen selbst nichtausgeschlossenen Pflichtteilsverbindlichkeiten vor. §§ 226—229[10]).

Die Überschuldung des Nachlasses ergibt sich möglicherweise **nur** infolge Einrechnung der minderberechtigten Passiven. Beruht sie lediglich auf Vermächtnissen und Auflagen, dann können die Beteiligten den Konkurs vermeiden. Die Antragspflicht, nicht auch die Antragsbefugnis des noch beschränkbar haftenden Erben entfällt[11]). Er darf (wenn er sich damit abgeben will) Vermächtnisse und Auflagen selber, aber nur in der Rangfolge des Nachlaßkonkurses, d. h. nach den übrigen Schulden und im Zweifel zu gleichen Teilen, berichtigen. §§ 1980, 1992, 2013 BGB. Die Deckung von Pflichtteilen, Vermächtnissen oder Auflagen, die der Erbe, wäre es auch in gutem Glauben an die Zulänglichkeit des Nachlasses aus Nachlaßmitteln bewirkt, unterliegt der Konkursanfechtung in gleicher Weise wie eine freigebige Verfügung des Erben aus dem Nachlasse. § 222[12]).

IV. **Die Konkursmasse** begreift alle bei Konkursbeginn beschlagsfähigen „Nachlaßgegenstände" (§ 1). Dazu gehören auch die Ersatzansprüche gegen den beschränkbar haftenden Erben nach Maßgabe der §§ 1978, 2013 BGB. Vgl. ferner § 1976 BGB. Ein in der Zeit zwischen dem Erbfall und der Eröffnung des Nachlaßkonkurses wegen einer Nachlaßverbindlichkeit oder wegen einer Eigenschuld des Erben in einen Nachlaßgegenstand erwirkter Vollstreckungsakt (Pfändung, Liegenschaftsbeschlagnahme, Zwangs- oder Arresthypothek) ermangelt im Nachlaßkonkurse schon von Rechts wegen der **Absonderungskraft**. Zwangsvormerkungen aus dieser Zeit wird die sonst nach § 24 eintretende Wirksamkeit versagt (§ 221)[13]).

---

[9]) **Konkursgläubigerrechte** begründen also namentlich vererbte Verbindlichkeiten des Erblassers (Erblasserschulden), aber auch mit dem Erbfall oder nach ihm für Rechnung des Nachlasses entstandene Verbindlichkeiten, z. B. aus Verwaltungshandlungen gesetzlicher Erbenvertreter oder aus eigener ordnungsmäßiger Nachlaßverwaltung des Erben (vgl. RG. Bd. 90 S. 91 ff.). Der § 224 fügt eine Reihe solcher Verbindlichkeiten den Masseschulden ein, ohne freilich damit dem Gläubiger das Konkursantragsrecht entziehen zu wollen. Die **Erbschaftssteuerschuld** ist an sich eine Eigenverbindlichkeit des aus der Erbschaft bereicherten Erben (§ 15 I ErbschStG.). Im Eigenkonkurse des Erben kommt sie als eine — nach Maßgabe des § 61 Nr. 2 bevorrechtigte — Konkursforderung zum Zuge. Zugleich aber haftet für die Erbschaftssteuer „der Nachlaß" als Gesamtschuldner (§ 15 III ErbschStG.). Insofern stellt die Schuld eine Nachlaßverbindlichkeit dar, die als solche im Nachlaßkonkurse — wiederum mit dem Vorrechte des § 61 Nr. 2 — verfolgt werden kann. War aber der Nachlaß schon beim Erbfalle so überschuldet, daß sich nach den steuerrechtlichen Bewertungsvorschriften kein steuerbarer Überschuß errechnet, dann besteht auch keine Erbschaftssteuerschuld (§§ 21 ff. ErbschStG.).

[10]) **Pflichtteilsgläubiger** können aber für den Nachlaßkonkurs überhaupt nur dann in Betracht kommen, wenn der nach den Regeln der Pflichtteilsberechnung gewertete Nachlaß im Zeitpunkte des Erbfalls (§ 2311 BGB.) **aktiv** war, die Unterbilanz sich also erst mit oder nach dem Erbfall eingestellt hat. Das wird meist übersehen. Wegen der Abfindung eines unehelichen Kindes im Nachlaßkonkurse siehe oben S. 57 Note 14.

[11]) Auch die Konkursantragsbefugnis der Nachlaßgläubiger besteht wie sonst (beachte § 219 I 2 KO.).

[12]) Oben S. 150 f. Die Einzelanfechtung ist entsprechend geregelt (§ 3a AnfG.). Deckung durch einen Testamentsvollstrecker: oben Note 8.

[13]) Siehe LZ. 1914 Sp. 552 f.

Der Kreis der Masseschulden ist erheblich erweitert (§ 224). Namentlich bilden Masseschulden auch die Ersatzansprüche des Erben auf Grund der §§ 1978, 1979 BGB.[14]), die Kosten standesmäßiger Beerdigung oder der Todeserklärung des Erblassers[15]) und die Verbindlichkeiten aus Rechtsgeschäften oder Prozessen eines Nachlaßpflegers oder Testamentsvollstreckers für Rechnung des Nachlasses[16]).

V. **Die Konkursbeendigung** kann wie beim Regelkonkurs Aufhebung (§§ 163, 190) oder Einstellung (§§ 202, 204) sein. Ein Zwangsvergleich erfordert bei Erbenmehrheit den einheitlichen Vorschlag aller Miterben. Die minderberechtigten Konkursgläubiger „nehmen an dem Zwangsvergleiche nicht teil", weder am Abschlusse noch an den Wirkungen (§ 230). Gläubiger, die dem Nachlaßkonkurse ferngeblieben sind, werden wie diejenigen zurückgesetzt, die ihre Ansprüche im Aufgebotsverfahren anzumelden versäumt haben (§ 1989 BGB.)[17]).

VI. Eigens geregelt ist die **Erbschaftsveräußerung** (§§ 232, 233). Der Alleinerbe hört, wenn er die Erbschaft verkauft (§§ 2371 ff., 2385 BGB.) und ihre Bestandteile dem Käufer verschafft, nicht auf Erbe zu sein. Der Käufer wird nicht Erbe, aber er haftet vom Kaufabschluß an neben dem Erben als Gesamtschuldner für die Nachlaßverbindlichkeiten (§§ 2382 f. BGB.). Rücksichten auf die Nachlaßgläubiger gebieten nun, daß auch künftig ein Konkurs über den Nachlaß selber, nicht etwa nur über die Forderung auf den Kaufpreis oder über diesen (der vielleicht im Hinblick auf die vom Käufer zu tilgenden Nachlaßverbindlichkeiten niedrig bemessen ist), statthaft bleibt. Diesen Erfolg sucht das Gesetz dadurch sicherzustellen, daß es bestimmt: „in Ansehung des Verfahrens" d. h. des Konkurses über den Nachlaß solle nicht der Erbe-Verkäufer, sondern der Käufer als Gemeinschuldner des Nachlaßkonkurses anzusehen sein (§ 232 I). Als Nachlaßkonkurs erfaßt das Verfahren die Nachlaßgegenstände nicht nur dann, wenn sie der Käufer (wie dies meist der Fall sein wird) bereits erworben hat, sondern auch schon vor dem Vollzuge der Verschaffung (vgl. auch § 232 II 3 mit § 223). Schon für die Beantragung eines nach Abschluß des Erbschaftskaufes zu eröffnenden Nachlaßkonkurses kommt als Gemeinschuldner nur noch der Käufer in Betracht, während der Verkäufer mit Rücksicht auf die Fortdauer seiner eigenen Haftung durch das ihm wie einem Nachlaßgläubiger zukommende Konkursantragsrecht geschützt wird (§ 232 II 1, 2). Im eröffneten Verfahren hat der Käufer als Gemeinschuldner namentlich die Befugnis zur Beschwerde gegen den Eröffnungsbeschluß, zur Bestreitung einer Konkursforderung, zum Vorschlag eines Zwangsvergleichs und zur Erwirkung einer Einstellung nach § 202 auszuüben. Wenn ein Miterbe seinen „Anteil am Nachlasse" veräußert (§ 2033 BGB.), rückt der Erwerber in die Rolle eines Miterben und Mitgemeinschuldners ein. Der § 232 gilt auch für ihn schon vom Abschlusse des der Veräußerung unterliegenden Schuldvertrags ab. Wie ein Verkauf der Erbschaft selbst wird deren Wiederverkauf durch den Erbschaftskäufer, aber auch deren Verschenkung oder Vertauschung dem § 232 unterstellt (§ 233).

VII. Wenn Nachlaßkonkurs (Nachlaßverwaltung) und Erbenkonkurs **zusammentreffen**, sind Nachlaßgläubiger, denen der Erbe endgültig unbeschränkt haftet, gegenüber der Erbenkonkursmasse auf diejenigen Rechte angewiesen, die ihnen zukämen, falls der Nachlaß ein zu ihrer abgesonderten Befriedigung dienender Bestandteil der Erbenkonkursmasse wäre. Sie unterliegen also dem Ausfallgrundsatze [S. 125 mit S. 121 ff.]. Die Doppelberücksichtigung wird ihnen um der Eigengläubiger des Erben willen versagt (§ 234).

VIII. **Gesamtgutskonkurs.** Sind in Fällen der allgemeinen Gütergemeinschaft oder der Fahrnisgemeinschaft beim Tode eines Ehegatten gemeinschaftliche Nachkommen vorhanden, dann tritt

---

[14]) Siehe § 224 Nr. 1 sowie die §§ 223, 225, 231.

[15]) § 224 Nr. 2 KO. mit § 1968 BGB., § 224 Nr. 3 KO. mit § 971 ZPO.

[16]) § 224 Nr. 5 KO., eine Vorschrift, die sich sehr verhängnisvoll auswirken kann. Es ist vorgekommen, daß nach längerer Testamentsvollstreckung ein Nachlaßkonkurs eröffnet wurde, in dem alle erheblichen Verbindlichkeiten Masseschulden aus Handlungen des Testamentsvollstreckers waren.

[17]) Ausnahme vom § 193 KO., insofern der Erbe diesen Gläubigern nicht vergleichsmäßig haftet) Im übrigen siehe wegen der ferneren Erbenhaftung die §§ 1990 f., 2000 (Satz 3), 2013, 2060 (Nr. 3) BGB.

zwischen dem überlebenden Ehegatten und den gesetzlich zur Beerbung des Verstorbenen berufenen Kindern oder Kindeskindern die fortgesetzte Gütergemeinschaft ein, nach ehelicher Fahrnisgemeinschaft freilich nur kraft Ehevertrags (§§ 1483ff., 1557 BGB.). Für den Bereich solcher Fortsetzung der Gemeinschaft wird die Erbfolge verdrängt (§ 1483 I 2 BGB.). Wie der Erbfall dem Erben kann aber der Eintritt fortgesetzter Gütergemeinschaft dem überlebenden Ehegatten eine neue Haftung aufbürden. So z. B. der Witwe als überlebendem Teile die Haftung für die aus der Gesamtgutsverwaltung des Mannes entstandenen Verbindlichkeiten, für die sie während der ehelichen Gütergemeinschaft nicht mit ihrem Eigenvermögen einzustehen hatte (vgl. §§ 1443 II, 1489 I BGB.). Eine derartige Neuhaftung soll sich nun nach § 1489 II BGB. in entsprechender Art auf das Gesamtgut beschränken wie die Erbenhaftung auf den Nachlaß, ordentlicherweise also im Wege einer Gesamtgutsverwaltung oder eines Gesamtgutskonkurses (§§ 1975, 2013 BGB.)[18]. Den Gesamtgutskonkurs unterstellt der § 236 KO. den Regeln des Nachlaßkonkurses. Die Gemeinschuldnerrolle nimmt ausschließlich der überlebende Ehegatte ein, nicht er mit den anteilsberechtigten Abkömmlingen[19]. Konkursgläubiger ist nur ein Gesamtgutsgläubiger der fortgesetzten Gemeinschaft und zwar nur ein solcher, dem das Gesamtgut schon zur Zeit ihres Eintritts gehaftet hatte[20]. Andrerseits gehören Gesamtgutsgegenstände, die erst nach dem Eintritt der fortgesetzten Gütergemeinschaft neu — also nicht etwa nur auf Grund bisheriger Bestände — erworben worden sind, nicht mehr zur Masse des Gesamtgutskonkurses (§ 1489 II BGB.).

---

[18]) Vielleicht auch eines gerichtlichen Vergleichsverfahrens über das Gesamtgut (§ 93 VerglO.).

[19]) Siehe § 236 Satz 4. Ein Zwangsvergleich ist daher vom überlebenden Ehegatten und nur von diesem vorzuschlagen.

[20]) § 236 Satz 2. Gläubiger, denen der Überlebende beim Eintritt der fortgesetzten Gütergemeinschaft schon persönlich haftete, haben an einer Abscheidung des Gesamtguts kein schutzwertes Interesse. Darum können sie den Sonderkonkurs über das Gesamtgut nicht erwirken (§ 236 Satz 3), wohl aber den einheitlichen Konkurs über alles, nach § 2 auch das ganze Gesamtgut erfassende Vermögen des Überlebenden.

Fünfter Abschnitt.

§ 37.

Das zwischenstaatliche Konkursrecht.

I. Universalität und Territorialität.

Je stärker sich in der Neuzeit der zwischenstaatliche Handelsverkehr entwickelt hat, um so wichtiger ist die Frage geworden, ob die Wirksamkeit eines Konkurses sich auf das Staatsgebiet des Konkursgerichts beschränkt (Territorialität), oder ob sie sich auch auf das Ausland erstreckt (Universalität). Unzweifelhaft wäre der Konkurszweck dann am vollkommensten zu erreichen, wenn alles wo immer befindliche Schuldnervermögen in einheitlichem Verfahren nach einheitlichen Regeln an die Gläubiger des In- und Auslandes verteilt würde. Darum empfahlen denn auch noch die Brüsseler Beschlüsse des Institut de droit international (1902) unter dem Einflusse der in der französischen und italienischen Doktrin vorherrschenden Strömung die Universalität für den Inhalt von Staatsverträgen. Allein der Versuch, ein Weltkonkursrecht aller Kulturstaaten zu schaffen, stößt auf unüberwindliche Schwierigkeiten, weil sich die unerläßliche Übereinstimmung der wesentlichen Rechtsgrundlagen (z. B. die einheitliche Regelung des Grundkreditwesens, der Beschlagsgrenzen, der Zuständigkeit) gar nicht erreichen läßt, nach dem Weltkriege noch viel weniger als unmittelbar zuvor. So mußte sich bereits das 1904 im Haag ausgearbeitete Projet relatif à la faillite, das noch vom Gedanken der Universalität ausgeht, damit begnügen, Muster für die gemeinsame Konkursbehandlung in einzelnen Staaten mit verwandter Rechtsordnung aufzustellen und zwar (ein bedenkliches Zeichen der Schwäche) ausschließlich für den kaufmännischen Konkurs. Auch die 1925 im Haag wiederholten Versuche, zu einer zwischenstaatlichen Regelung zu gelangen, sind gescheitert (JW. 1926 S. 308ff.). Die Konferenzen haben ergeben, daß für einen größeren Staatenkreis auf absehbare Zeit an eine Verwirklichung der Universalität des Konkurses nicht zu denken ist. Eine Vereinbarung unter einzelnen Staaten, deren Konkursordnungen sich inhaltlich nahestehen, hätte günstigere Aussichten. Das gilt besonders für die zur Zeit auch auf dem Gebiete des Konkursrechts erstrebte Rechtsangleichung mit Österreich. Soweit internationale Vereinbarungen fehlen, die dem Konkurse des einen Vertragsstaates Wirksamkeit auch im Gebiet eines anderen zuerkennen (und wir haben nur ganz vereinzelte und veraltete Übereinkünfte solcher Art), insoweit erheischt die Territorialität als der dem Wesen des Konkurses entsprechende Grundsatz Geltung. Denn wie die Staatsgewalt überhaupt hat die staatliche Vollstreckungsmacht, auf der die Zwangseinrichtung des Konkurses beruht, ihre Schranken in den Grenzen des Staatsgebietes.

II. Das geltende Reichsrecht.

Das deutsche Gesetz regelt in den §§ 5, 237, 238 KO. einige Hauptfragen des zwischenstaatlichen Konkursrechts, aber es regelt sie nicht nach einem einheitlichen Grundsatz.

1. Der § 238 begrenzt die Beschlagskraft des Inlandskonkurses nur dann auf das Inlandsvermögen, wenn im Inland kein allgemeiner Gerichtsstand des Schuldners (kein Wohnsitz oder Sitz), wohl aber ein Niederlassungsgerichtsstand zu ermitteln ist. Für die Regel hat

also der Verwalter des Inlandskonkurses alles ihm erreichbare[1]) Auslandsvermögen zur Masse zu ziehen. So beispielsweise (und zwar ohne Rücksicht auf die Staatsangehörigkeit des Schuldners) auch Auslandspatente, Forderungen an Schuldner mit ausländischem Wohnsitz oder Sitz, bei ausländischen Banken verwahrte Wertpapiere und Kostbarkeiten[2]). Diesem Gedanken einer Universalität des Inlandskonkurses nach der aktiven Seite entspricht die (übrigens auch auswärts geübte) gleichberechtigte Zulassung der Auslandsgläubiger im Inlandskonkurse [siehe unten 4].

2. Dem Auslandskonkurse dagegen versagt der § 237 eine universelle Beschlagskraft. Denn ungeachtet des Auslandskonkurses und eines damit verknüpften Verbots der Sondervollstreckung (wie es unser § 14 ausspricht) wird — mit Vorbehalt einer von Reichs wegen zu erlassenden Ausnahmeanordnung — der Zwangszugriff auf Gegenstände des Inlandsvermögens für zulässig erklärt, einerlei, ob sie beweglich oder unbeweglich, körperlich oder unkörperlich, vor oder nach Konkursbeginn vom Schuldner erworben sind, ob der Auslandskonkurs den Neuerwerb erfaßt oder nicht[3]). Für den deutschen Richter folgt aus diesem Standpunkt des Gesetzes: daß eine Wirksamkeit des Auslandskonkurses auf Inlandsvermögen grundsätzlich nicht anzuerkennen ist[4]); daß der Auslandskonkurs namentlich dem Schuldner die Verfügungsmacht in Ansehung seines inländischen Vermögens nicht entzieht; daß er insoweit das Vorgehen inländischer und ausländischer Gläubiger gegen den Schuldner selbst (seine persönliche Ausklagung) nicht verhindert[5]); daß er schwebende Inlandsprozesse nicht unterbricht.

3. Soweit das geltende Recht die Territorialität ausdrücklich ablehnt, bindet es den inländischen Richter und Konkursverwalter. Darüber hinaus gilt aber auch für das deutsche Recht die Territorialität, weil sie dem Wesen des Konkurses entspricht. Denn als Äußerung der Gewalt eines bestimmten Staates gilt dessen Konkursgesetz und wirkt dessen Konkurseröffnung nur für dessen Gebiet[6]). Darum entzieht der Auslandskonkurs dem Gemeinschuldner bürgerliche und staatsbürgerliche Rechte nicht mit Wirksamkeit für das Inland. Auch Zwangsanordnungen des ausländischen Konkursgerichts (im Sinne unseres § 101) gelten nur für das ausländische Staatsgebiet. Wenn dagegen ein konkursfähiger Verband mit ausländischem Verwaltungssitz im Ausland dem Konkurse verfällt und nach Auslandsrecht in den Zustand der Auflösung versetzt wird (wie etwa bei uns eine Aktiengesellschaft nach § 292 I Nr. 3 HGB.), muß auch das Inland diesen Wandel anerkennen, weil für den Bestand eines solchen Verbandes das Recht des Sitzes maßgebend ist.

Das Konkursverfahren, also z. B. Form und Inhalt der Anmeldung, Gang und Erfolg

---

[1]) Die Erlangung kann an tatsächlichen und an rechtlichen Hindernissen scheitern, an rechtlichen mit Rücksicht auf entgegenstehende Auslandsgesetze. Siehe RG. Bd. 54 S. 193, LZ. 1914 Sp. 1764 (hier das ältere österreichische Recht nach § 61 KO. von 1868), Bd. 90 S. 124 (Wegfall des Hindernisses infolge der Umsetzung unbeweglicher in bewegliche Werte).

[2]) Im Verhältnis zu Österreich wird der § 67 ÖsterrKO. v. 1914 bedeutsam, demzufolge zur österreichischen Konkursmasse auch im Auslande befindliche Fahrnis einzubeziehen, an Auslandskonkurse aber österreichische Fahrnis auszuliefern ist, wenn Gegenseitigkeit besteht und kein Konkurs in Österreich selber schwebt. Nach § 66 soll ein in Österreich eröffneter Konkurs alles bewegliche und das in Österreich belegene unbewegliche Vermögen erfassen. Für den Fall des Nachlaßkonkurses bestimmt das Nachlaßabkommen zwischen dem Reich und Österreich vom 16. Juli 1927 (RGBl. II S. 505, 878) im § 21 I 2: „Der Konkurs umfaßt nur den Teil des Nachlasses, der sich in dem Staate befindet, dessen Behörde den Konkurs eröffnet hat."

[3]) Wenn freilich der Auslandskonkursverwalter mit Mitteln der Auslandsmasse im Inlande Vermögen für diese Masse erwirbt, versagt der Zweck des § 237, die Inlandsgläubiger zu schützen. Sie würden vielmehr, wenn sie auch diesen Erwerb angreifen dürften, auf Kosten der Auslandsmasse einen ganz ungerechtfertigten Gewinn erzielen. RG. Bd. 114 S. 83 mit Kleinfeller JW. 1926 S. 2437 zu Nr. 10.

[4]) Vgl. RG. LZ. 1915 Sp. 1588.

[5]) Zust. RG. Bd. 89 S. 181.

[6]) Sehr bestimmt RG. Bd. 100 S. 242 mit Verw. (dem a. 265 II 2 SchweizKGes, der nicht vollbefriedigten Gläubigern die neue Vollstreckung auf Grund eines „Verlustscheins" verstattet, wenn der Schuldner zu neuem Vermögen gekommen ist, wird zutreffend die Maßgeblichkeit für die Rechtsverfolgung im Inland abgesprochen); ebenso RG. v. 13. 3. 1929 KonkTreuh. S. 90 Nr. 5.

der Prüfung[7]), die Verteilung, die Vergleichsschließung, wird geregelt durch das Gesetz des Konkursgerichts (lex fori). Dieses ist auch für den Rang der Konkursforderungen maßgebend, da er nur einheitlich bestimmt werden kann. Dingliche Rechte, kraft deren die Aussonderung oder die Absonderung einzelner Sachen beansprucht wird, sind kraft anerkannten zwischenstaatlichen Grundsatzes nach dem Gesetz der belegenen Sache (lex rei sitae) zu beurteilen. Ein im Auslande geschlossener Zwangsvergleich setzt dem Zugriff in- und ausländischer Gläubiger auf Inlandsvermögen keine Schranken, mögen sie dem Vergleich auch ausdrücklich zugestimmt haben[8]).

4. Der ausländische, d. h. der Reichsangehörigkeit ermangelnde und ebenso der staatenlose Gläubiger wird durch den § 5 I konkursrechtlich dem inländischen gleichgestellt. Die Gleichstellung bezieht sich auf „Gläubiger" überhaupt, nicht gerade nur auf Konkursgläubiger. So z. B. auch auf Ausländer, die als Grundschuldgläubiger eine abgesonderte (§ 47) oder als Massegläubiger eine den Konkursgläubigern vorgehende (§ 57) Befriedigung zu beanspruchen haben. Konkursforderungen, die auf ausländische Währung lauten, sind, wer auch ihr Träger sei, nach dem zur Zeit der Konkurseröffnung und am Orte der Konkursverwaltung maßgebenden Kurse in Reichswährung umzurechnen (§ 69) und mit diesem endgültig für den Konkurs maßgebenden Inhalt anzumelden.

Stellt ein ausländischer Staat in seinen Konkursen den deutschen Gläubiger schlechter als seine eigenen Staatsangehörigen, dann können Vergeltungsmaßnahmen gegen ihn selbst sowie gegen seine Angehörigen und die Rechtsnachfolger nur auf dem Wege des § 5 II KO., heute also nur durch einen mit Zustimmung des Reichsrates ergehenden Erlaß der Reichsregierung angeordnet werden (§§ 3, 5 ÜbergangsG., a. 56, 179 RV.). Die Retorsionsschranke des a. 276 (unter d) Versailler Dikt. ist nach dessen a. 280 am 10. Januar 1925 erloschen.

III. Über den Einfluß des Reichsausgleichsgesetzes siehe oben S. 172, 184 Note 4.

---

[7]) Unter welchen Voraussetzungen ausländische Rechtskraft und Vollstreckbarkeit (etwa im Sinne unserer §§ 145 II, 164 II) sich im Inland auswirken, das sind Fragen des allgemeinen Prozeßrechts. Über die sehr streitige Beurteilung der konkursmäßigen Anfechtbarkeit siehe Jaeger KO.[7] § 29 Anm. 67 ff. mit Verw.

[8]) RG. Bd. 52 S. 155 u. v. 13. 3. 1929 KonkTreuh. S. 90 Nr. 5.

Sechster Abschnitt.

Das gerichtliche Konkursabwendungsverfahren.

§ 38.

1. Die Entwicklung in Deutschland.

I. Der Konkurs ist ein Wertvernichter schlimmster Art und obendrein das teuerste Schuldentilgungsverfahren. Je größer das ihm verfallende Unternehmen ist, je weitere Wirtschaftskreise der Zusammenbruch in Mitleidenschaft zieht, desto erwünschter muß es sein, wenn Schuldner und Gläubiger durch Vereinbarung eines Ausgleichs dem Konkurse vorbeugen. Der Erfolg kann aber durch Eigensucht, Unvernunft oder Gleichgültigkeit eines einzigen Gläubigers vereitelt werden, wenn sein Widerstand nicht durch Mehrheitszwang zu überwinden ist. Diese Möglichkeit erschließt ein vom Gesetz verstatteter Zwangsvergleich zur **Abwendung** des Konkurses (ein **Präventivakkord**). Ein solcher bietet, da er die mit jeder Konkurseröffnung verknüpfte Güterentwertung verhütet, größere Vorteile als der erst im Konkursverfahren und zu dessen Beendigung verstattete Zwangsvergleich. Es ist bezeichnend, daß die Zwangsvergleichseinrichtung in der ältesten uns überlieferten Gestalt zur Abwendung des Konkurses dient. Denn der Zwangserlaß, den Mark Aurel in dem besonderen Falle der Nachlaßüberschuldung auf Beschluß einer Gläubigermehrheit mit behördlicher Bewilligung zuließ, bezweckte die Verhütung des drohenden Nachlaßkonkurses[1]). Auch die Zwangsstundung, die Justinian bei jeder Vermögensunzulänglichkeit unter entsprechenden Voraussetzungen bis zur Dauer von fünf Jahren erlaubte, sollte das miserabile auxilium cessionis bonorum erübrigen[2]). In langwieriger gewohnheitsrechtlicher Fortbildung ist die Einrichtung des Nachlaßpräventivakkords auf lebende Schuldner (zunächst auf flüchtige, dann auf anwesende) erstreckt und auch als Konkursbeendigungsart anerkannt worden. Erst die wirtschaftlichen Nöte des dreißigjährigen Krieges haben diese Entwicklung zum Abschlusse geführt.

Aus den Vorschriften Justinians, nach denen eine Mehrheit der Gläubiger dem Schuldner alle seine Verbindlichkeiten bis zu fünf Jahren zu stunden vermag, suchte die gemeinrechtliche Praxis die Zulassung von **Moratorien** (Indulten), d. h. von Ausstandsbewilligungen durch die Staatsgewalt herzuleiten und zwar zunächst als Spezialmoratorien (zugunsten eines einzelnen Schuldners). Sie galten meist für fünf Jahre (Quinquenellen). Die Erteilung von Generalmoratorien (zugunsten aller Schuldner oder bestimmter Schuldnerklassen) wurde besonders nach längeren Kriegen üblich. Die Indultbewilligung ging vom Kaiser auf die Landesherren und von diesen auf die Gerichte über. Viel mißbraucht hat sie sich zu einem Schädling des Verkehrs ausgewachsen und ist (seit Ausgang des 18. Jahrhunderts) in immer wachsendem Umfang verboten worden[3]). Die Reichsjustizgesetzgebung hat im § 4 EG. KO. die Generalmora-

---

[1]) L 7 §§ 17—19, L 8—10 Dig. 2, 14; L 23 Dig. 42, 8.

[2]) L 8 Cod. 7, 71.

[3]) Im Volksmund hieß es: „Quinquenellen gehören in die Höllen". Siehe Motive der KO. S. 467 ff., ferner H. Conrad Pfändungsbeschränkungen (1906) S. 193 ff., Loening „Indult" im Handwörterbuch der Staatswissenschaften[4] (1923) Bd. IV S. 424 ff.

torien, im § 14 II Nr. 4 EG. ZPO. die Spezialmoratorien beseitigt. Aufhebung der Schuldhaft (Ges. v. 29. 5. 1868) und Anerkennung der Konkursfreiheit des Neuerwerbs (§ 1 mit § 14 KO.) ermöglichen es auch dem Zahlungsunfähigen, durch Verwertung seiner Arbeitskraft ein neues wirtschaftliches Dasein zu gründen.

Die Reichsjustizgesetzgebung hat aber auch den Präventivakkord abgelehnt. Wohl findet sich noch in den §§ 233—256 des ersten Entwurfs einer KO. eine Regelung des „Vergleichsverfahrens zur Abwendung des Gemeinschuldverfahrens", erwachsen aus der Erkenntnis, daß zwar die Scheu vor dem Konkurse durch dessen zeitgemäße Ausgestaltung vermindert, daß aber auch durch „die beste Gemeinschuldordnung das Verlangen nach einem gerichtlichen Vergleichsverfahren nie völlig befriedigt" werde[4]). Allein der zweite Entwurf glaubte dieser Einrichtung entraten zu können. Ihm folgt das Gesetz[5]). Auf dem ablehnenden Standpunkte beharrt auch noch die Novelle von 1898, obwohl unterdessen im Ausland eine Gegenströmung eingesetzt hatte, die in deutschen Wirtschaftskreisen starken Widerhall fand. Selbst der deutsche Handelstag und der Deutsche Anwaltstag vermochten mit ihrer 1905 erhobenen dringlichen Befürwortung des Präventivakkordes zunächst nicht durchzudringen[6]). Allein die Bewegung schritt unaufhaltsam weiter. Nach einer eindrucksvollen Kundgebung des deutschen Mittelstandes in Berlin ersuchte 1913 der Reichstag die verbündeten Regierungen, ihm einen Gesetzentwurf über den Zwangsvergleich außerhalb des Konkurses vorzulegen[7]). Beim Ausbruch des Weltkriegs war dieses Verlangen noch nicht erfüllt. Auch das Kriegsnotrecht schlug zunächst einen anderen Weg ein.

II. Die Bundesratsverordnung vom 8. August 1914 (RGBl. S. 363) rief eine **„Geschäftsaufsicht** zur Abwendung des Konkursverfahrens" ins Leben mit dem Zwecke, infolge des Krieges notleidende, aber noch lebensfähige Einzelwirtschaften zu retten. Die Vermögensverwaltung des Schuldners war durch eine Aufsichtsperson zu unterstützen und zu überwachen; für die Dauer dieser Aufsicht blieb der Konkurs schlechthin ausgeschaltet, die Zwangsvollstreckung regelmäßig gehemmt. So hoffte man, ein Generalmoratorium, wie es feindliche und neutrale Auslandsstaaten einführten[8]), entbehren zu können. Wie die Notlage des Einzelunternehmens zu beheben sei, bestimmte die mit einem raschen Kriegsverlaufe rechnende Verordnung nicht. Sie bot auch keine Gewähr gegen allmählichen Vermögensschwund. Wohl gelang es da und dort dem Schuldner, in gütlicher Übereinkunft mit allen Gläubigern seine Verhältnisse zu ordnen. Mehrheitszwang war nicht zugelassen. Erst der Ausbau, den die Geschäftsaufsicht in der VO. vom 14. Dezember 1916 (RGBl. S. 1363) gefunden hat, sieht eine Ausmündung der Geschäftsaufsicht in den konkursabwendenden Zwangsvergleich vor. Damit war endlich, geboren aus der Not der Zeit, der Präventivakkord Wirklichkeit geworden, wenn auch noch immer nicht als selbständige Rechtseinrichtung[9]). Spätere Verordnungen (vom 8. Februar u. vom 14. Juni 1924, RGBl. I S. 51, 641) suchten das Verfahren straffer zu gestalten (seine zulässige Höchstdauer wurde eng begrenzt), verstärkten die Teilnahmerechte der Gläubiger und unterwarfen An-

---

[4]) Motive des I. Entwurfes (1873) Bd. 2 S. 221 im Einklang mit dem 4. Deutsch. Handelstag v. 1868 (ebenda S. 220).

[5]) Motive des II. Entwurfes (1874) S. 431ff., Protokolle S. 126f. Schon vorher hatten unter dem Einflusse des französischen Rechts von 1838 namentlich Preußen (1855) und Bayern (1869) jedes gerichtliche Verfahren zur Abwendung des Konkurses verworfen, während zahlreiche andere Landesgesetze an ihm festhielten (Motive II S. 431).

[6]) Das Reichsjustizamt hat die für seine Weigerung maßgebenden Gründe 1906 in einer Denkschrift veröffentlicht, deren Anlage über Gesetze und Erfahrungen des Auslandes berichtet. Siehe Jaeger DJZ. 1905 Sp. 753ff., LZ. 1907 Sp. 132ff., 584ff. Den stärksten Einfluß übte ein belgisches Gesetz von 1887 (loi sur le concordat préventif de la faillite).

[7]) Reichstagsdrucksachen 1912/13 Nr. 696, 844 Antrag Belzer); siehe dazu die späteren Drucksachen 1914/16 Nr. 476 (Anfrage Bassermann). Auch die für den 32. Juristentag erstatteten Gutachten empfehlen den Präventivakkord: 32. DJT. 1 S. 321ff. (Lieblich), S. 695ff. (Cahn). Siehe ferner Jörissen LZ. 1913 Sp. 50ff., 279ff.

[8]) Über die Generalmoratorien des Weltkriegs siehe Loening aaO. [oben Note 3] S. 426 mit Verw.

[9]) Systematische Darstellung: Jaeger Geschäftsaufsicht neuer Ordnung (1917). Siehe dazu noch ZZP. 48 (1920) S. 139ff.

ordnung wie Beendigung der Geschäftsaufsicht der längst gebotenen öffentlichen Bekanntmachung.

III. Selbständig geordnet hat den Präventivakkord erst das Gesetz über den Vergleich zur Abwendung des Konkurses **(die Vergleichsordnung)** vom 5. Juli 1927 (RGBl. I S. 139), das nach § 101 am 1. Oktober 1927 die Regelung der Geschäftsaufsicht ablöste[10]). Während die Geschäftsaufsicht als Rechtswohltat für den Schuldner gedacht war, sucht das neue Verfahren Schuldner- und Gläubigerbelange gleichmäßig zu wahren, aber auch weitere Wirtschaftskreise vor den Nachteilen allzuleicht zu erzielender Vergleiche zu schützen[11]).

IV. Unterdessen ist der Präventivakkord — freilich sehr verschiedenartig ausgeprägt — auch im Ausland immer weiter vorgedrungen. Die Bewegung steht überall noch im Flusse[12]).

§ 39.

2. Die Grundlagen der Einrichtung.

I. Zweck und Wesen.

Das Gesetz eröffnet einem Schuldner, der seiner Persönlichkeit und seiner Vermögenslage nach dessen würdig erscheint, einen Weg, den drohenden Konkurs dadurch zu verhüten, daß er unter gerichtlicher Mitwirkung ein die Schuldenbereinigung regelndes Abkommen mit seinen Gläubigern trifft. Diese Übereinkunft stellt einen Zwangsvergleich dar, weil sie durch eine bestimmte Mehrheit der Gläubiger den übrigen aufgenötigt werden kann und, gerichtlich bestätigt, auch Überstimmte oder Ferngebliebene bindet. Sie ist also von derselben Art wie der konkursbeendigende Zwangsvergleich. Gerechtfertigt wird die Einrichtung nicht nur durch die Vorteile, die sie den unmittelbar Beteiligten bietet, indem sie dem Schuldner Vermögen erhält und ihm den Wiederaufstieg erleichtert, seinen Gläubigern aber in aller Regel eine raschere und ausgiebigere Befriedigung gewährt als der Konkurs, sondern namentlich auch durch volkswirtschaftliche Erwägungen. Denn sie setzt dem Umsichgreifen des Zusammenbruchs und damit weiteren Verkehrsschädigungen ein Ziel. Trotz dieser Bedeutung für die Gesamtwirtschaft bleibt die Erwirkung des Vergleichsverfahrens, weil es nach geltendem Recht vor allem dem Schuldner (der Erhaltung seines wirtschaftlichen Daseins) dienen soll, auch dem Belieben des Schuldners überlassen: Eröffnung und Fortgang setzen seinen Antrag voraus[1]). Die Gläubiger haben kein Antragsrecht. Wohl können sie dadurch einen Druck auf den Schuldner üben, daß sie den Kon-

---

[10]) Über den Gesetzentwurf E. Bley ZZP. 52 (1927) S. 113ff. Das Gesetz ist in zahlreichen Ausgaben erläutert worden, eingehend W. Kiesow (3. Aufl. 1930), der S. XIIIff. das übrige Schrifttum nachweist.

[11]) Allerdings sollte das Gesetz die Wohlfahrt der Gläubiger viel stärker betonen. Daß gerade das notleidende, vielleicht ganz verfehlt angelegte, wirtschaftliche Unternehmen des Schuldners erhalten bleibt, darf nicht das ausschlaggebende Ziel des Präventivakkords sein. Er kann sich auch bewähren, wenn er den entlasteten Schuldner in andere Bahnen der Erwerbstätigkeit drängt. Alsdann wirkt das Verfahren sich als ein der Gesamtheit dienlicher „Reinigungsprozeß der Wirtschaft" aus. Ebendarum liegt der heute mehr und mehr in den Vordergrund tretende, vom Gesetz aber noch nicht geregelte Treuhandliquidationsvergleich ganz und gar im Zweckbereiche der Einrichtung. Treffend Bley aaO. S. 114.

[12]) Übersichten über das ausländische Recht gewähren die bei Kiesow S. XVI bezeichneten (bis 1928 reichenden, teilweise überholten) Schriften. Für die Fortentwicklung des auf Vereinheitlichung hinstrebenden mitteleuropäischen Rechts kommen namentlich die neuen Ausgleichsordnungen Ungarns, Jugoslawiens und der Tschechoslowakei, Weiterbildungen der österreichischen Ausgleichsordnung, in Betracht. Über sie M. Harnik das gerichtliche Ausgleichsverfahren I. Teil (Wien 1928, II. Teil 1931). Deutsche Ausgaben des tschechoslowakischen Insolvenzrechtes: E. Weiß Konkurs-, Ausgleichs- u. Anfechtungsgesetzgebung v. 27. März 1931 (2. Aufl. Reichenberg 1931), J. Voska Kommentar zu diesen Gesetzen (übersetzt von Dočekal, Prag 1931).

[1]) Nur hat das Gesetz die Konkursantragspflichten für solche Fälle, in denen es ein gerichtliches Vergleichsverfahren zuläßt, jetzt inhaltlich dahin verändert, daß entweder der Konkurs oder das Konkursabwendungsverfahren zu erwirken ist [oben S. 169f.].

kurs beantragen und so den Schuldner vor die Wahl stellen, entweder den Konkurs über sich ergehen zu lassen oder ihn durch Erwirkung des Vergleichsverfahrens abzuwenden (§ 1 III mit § 31 VerglO.). Die Vergleichsinitiative aber steht beim Schuldner. Nimmt er den Vergleichsantrag zurück, dann ist das Vergleichsverfahren nicht zu eröffnen[2]) und, wenn bereits eröffnet, wieder einzustellen[3]). Erst nachdem die Abstimmung über den Vergleichsvorschlag beendet ist, hat der Schuldner die Möglichkeit wirksamer Antragszurücknahme verloren (§ 79 I Nr. 1 VerglO.). Dem angenommenen Vergleiche vermag er sich nicht mehr einseitig zu entziehen.

Das gerichtliche Verfahren ist ganz und gar eingestellt auf den Zwangsvergleich. Ihn zustande zu bringen[4]), ist das einzige Verfahrensziel. Darin liegt ein bemerkenswerter Gegensatz zur Geschäftsaufsicht. Zwar wirkte diese in ihrer Schlußgestaltung tatsächlich nur noch als Vergleichsvorbereitung[5]); rechtlich aber stellte der Zwangsvergleich neben Volldeckung und Güteausgleich bloß eine der möglichen Lösungen der Geschäftsaufsicht dar. Das jetzige Vergleichsverfahren dient ausschließlich dem Zwangsvergleich, ja es darf erst eröffnet werden, wenn der Schuldner auf Grund eines außergerichtlichen Vorverfahrens einen bestimmten Vergleichsvorschlag mit der schriftlichen Erklärung der Gläubigermehrheit vorlegt, daß sie einer Eröffnung auf der Grundlage dieses Vorschlags zustimme (§§ 15 I, 16 I Nr. 4, 22 Nr. 1, 79 I Nr. 2 VerglO.). Auch die Überwachung des Schuldners (§ 40 VerglO.) soll nur eine Gewähr für lautere Vergleichsschließung bieten.

Der Anspruchsverwirklichung dient das Vergleichsverfahren nicht. Es kennt keine gesetzlich begrenzte Befriedigungsmasse. Zum Vermögen eines Vergleichsschuldners gehört auch dessen Neuerwerb. Daß der Schuldner während des Vergleichsverfahrens Verbindlichkeiten in bestimmter Weise decke, schreibt ihm das Gesetz nicht vor. Auch verleiht die Vollstreckbarkeit anerkannter Vergleichsansprüche (§§ 62 IV 2, 75 I VerglO.) dem Vergleichsverfahren weder Feststellungs- noch Zwangscharakter: Rechtskraft wirkt die Anerkennung nicht; vollstreckt werden darf sie erst nach Abschluß des Verfahrens, nicht in diesem. Die Ordnung der Schuldenbereinigung unter Mitwirkung des Gerichts ist begrifflich eine Angelegenheit der gestaltenden, also freiwilligen Rechtspflege. Das Gesetz aber reiht aus Zweckmäßigkeitsgründen das Verfahren dem Zivilprozeß ein (§ 8 VerglO.). So werden z. B. die §§ 41ff., 52ff., 78ff., 221f. ZPO., desgleichen die §§ 156ff., 176ff., 184ff. GVG. entsprechend anwendbar. Soweit eine Beschwerde stattfindet, ist sie nicht die der freiwilligen Gerichtsbarkeit, sondern die des Zivilprozesses (§§ 567ff., 577 ZPO.), wenn auch mit prozeßrechtlichen Besonderheiten (§ 14 VerglO.).

Für den Gesetzgeber lag die Behandlung des Vergleichsverfahrens als Zivilprozeß um so näher, als er es für geboten erachtete, den Vergleichsantrag beim Scheitern der Rettungsversuche in einen unwiderruflichen Konkursantrag umzudeuten und so das Vergleichsverfahren in den Konkurs überzuleiten (§§ 24, 71, 80 VerglO.). Diese verschleierte Konkurseröffnung von Amts wegen entspringt der Vorstellung, der Schuldner müsse hier als der Rettung unwert durch den Konkurs aus dem Wirtschaftsleben ausgetilgt werden (was sich doch tatsächlich gar nicht verwirklichen läßt). Damit hängt das Erfordernis der Mindestquote beim ziffermäßig bestimmten Zwangserlasse (§ 6 VerglO.) und ein Teil der Ablehnungsgründe zusammen (§§ 22, 23 VerglO.), die das Gericht, soweit sie zwingend sind, auch zur Einstellung des bereits eröffneten Vergleichsverfahrens nötigen (§ 22 mit § 79 I Nr. 2 VerglO.). Damit aber auch die übertriebene Beschleunigungssucht, die sich namentlich in der Kürze der Fristen (§§ 19, 26 II, 67 III), in der Erschwerung einer Vertagung des Vergleichstermins (§§ 66, 79 II, III) und im regelmäßigen Ausschluß der Beschwerde (§ 14 I VerglO.) bekundet, Mängel, die sich in der Praxis empfindlich fühlbar machen.[6])

---

[2]) Durch rechtzeitige Rücknahme wird auch die Eröffnung des Anschlußkonkurses unterbunden (es kommt nicht zu einer „Ablehnung der Eröffnung des Vergleichsverfahrens" im Sinne des § 24 VerglO.).

[3]) Dann ist aber zugleich über die Eröffnung des Konkurses zu entscheiden (§§ 79 I Nr. 1, 80 VerglO.).

[4]) Seine Erfüllung steht bereits außerhalb des gerichtlichen Verfahrens (§ 69 VerglO.).

[5]) Bley aaO. S. 121.

[6]) Bley aaO. S. 118ff., 123ff.

Ferien hat das Vergleichsverfahren sowenig als der Konkurs (§ 202 GVG. i. F. nach § 97 VerglO.). Die Gebühren des Gerichts und der Rechtsanwälte sind durch die §§ 99, 100 VerglO. geregelt worden.

II. Vergleichsgericht und Vergleichsbeteiligte.

1. **Vergleichsgericht** (so die §§ 33 II, 46 III) ist ausschließlich das für die Eröffnung des Konkurses zuständige Gericht (§ 1 I VerglO. mit §§ 71, 214, 236, 238 II KO.). Es wird niemals als erkennendes Gericht im Sinne des § 169 GVG. tätig: eine öffentliche Verhandlung findet vor ihm nicht statt. Sein Verfahren ist ein vom Untersuchungsgrundsatze (§ 9) beherrschtes Beschlußverfahren mit Amtsbetrieb (§ 8 VerglO., § 496 I 1 ZPO.). Zustellungen werden schon durch Aufgabe zur Post vollzogen und zwar in allen Fällen und an alle Beteiligten (§ 11 VerglO., § 175 I 3 ZPO.). Das Vergleichsgericht kann ohne mündliche Verhandlung entscheiden (§ 10 VerglO.), erläßt also stets Beschlüsse. Anfechtbar sind sie nur in den ausdrücklich bestimmten Fällen (§ 14 I): so die Konkursentscheidungen beim Scheitern der Vergleichsversuche (§§ 24, 71, 80)[7], Ordnungsstrafen gegen die Vertrauensperson (§ 45 IV) sowie die Festsetzung ihrer Auslagen und ihres Honorars (§ 46 III VerglO.). Rechtsmittel ist die sofortige Beschwerde, die hier binnen einer Woche seit der Verkündung oder der (schon mit Aufgabe zur Post!) bewirkten Zustellung eingelegt werden muß und immer nur als erste zulässig ist (§ 14 II VerglO.)[8].

Die Beschlüsse des Vergleichsgerichts dienen nicht nur der Leitung des Verfahrens. Auch sachliche Prüfungen sind ihm übertragen, namentlich zum Schutze der Gläubigerminderheit. So besonders in den Fällen der §§ 22 Nr. 4, 23, 41 II 3, 50 II, 66, 68 II, 79 II VerglO.

Beraten wird der Vergleichsrichter durch die „amtlichen Berufsvertretungen" der Wirtschaft, wenn der Schuldner Handel, Gewerbe oder Landwirtschaft betreibt, also durch die Industrie- und Handelskammer, durch die Handwerkskammer oder durch die Landwirtschaftskammer. Der Richter hat sie nach § 20 schon vor der Eröffnung zu hören, namentlich über die wirtschaftliche Wertung des Schuldners und über die Zulänglichkeit des den Eröffnungsantrag stützenden Angebots (§ 23 Nr. 1). Die Berufsvertretungen sind ferner vor Bestellung der Aufsichtsperson über deren Eignung zu hören (§ 41 II 5) und können auch ihrerseits eine bestimmte Person in Vorschlag bringen (§ 20 I 2, vgl. § 91 Nr. 4). Von der Eröffnung pflegt die Praxis auch den Berufsvertretungen Kenntnis zu geben. Die Berichte der Berufsvertretungen werden Bestandteile der Gerichtsakten und damit dem Vergleichsschuldner wie den Vergleichsgläubigern zugänglich (§ 8 VerglO. mit § 299 ZPO.).

2. **Vergleichsschuldner** (so § 78a GKG.) kann sein, wer Konkursschuldner sein kann (also z. B. der Verein ohne Rechtsfähigkeit und z. B. nicht die Gesellschaft des bürgerlichen Rechts). Denn begriffsmäßig entsprechen Vergleichs- und Konkursfähigkeit einander. Auch juristische Personen des öffentlichen Rechtes sind nur vergleichsfähig, wenn sie konkursfähig sind [oben S. 21 ff.]. Da aber das Gesetz davon ausgeht, daß es beim Vergleichsverfahren gerade darauf ankomme, das wirtschaftliche Dasein eines vertrauenswerten Schuldners zu erhalten[9]), erklärt es die „Einleitung" des Vergleichsverfahrens bei Verbänden im Auflösungsstande für unzulässig (§§ 88, 89 Nr. 1, 91 Nr. 1 VerglO.). Warum dann aber nicht z. B. auch bei liquidierenden Stiftungen (vgl. § 88 Satz 2 mit § 49 II BGB.)? Eine nicht bedenkenfreie

---

[7]) Mag nun der Beschluß die Konkurseröffnung aussprechen oder (besonders mangels Masse) ablehnen. Nur der Schuldner — nicht ein Gläubiger (ebenso bedenklich als in Fällen des § 109 KO.) — ist hier zur Beschwerde befugt und kann mit ihr nicht bloß eine Änderung der Entscheidung über die Konkurseröffnung, sondern auch die Eröffnung oder Fortsetzung des Vergleichsverfahrens und die Bestätigung des verworfenen Vergleichs erwirken (§§ 24 II 2, 71 I 4, 80 I 4). Zur Frage, ob solchenfalls Willenserklärungen, die inzwischen vom Konkursverwalter oder ihm gegenüber abgegeben worden sind, in Wirksamkeit bleiben, siehe oben § 27 Note 22 mit Note 18.

[8]) Die Rechtsmittelbeschränkungen des § 14 VerglO. gelten nur für die unmittelbar auf Grund dieses Gesetzes ergehenden Beschlüsse, nicht z. B. für den Beschluß, der eine Ablehnung des Vergleichsrichters für unbegründet erklärt oder eine Zeugnisverweigerung bestraft (§§ 46 II, 390 III ZPO.).

[9]) Siehe dagegen oben § 38 Note 11; Bley aaO. S. 117.

Beschränkung der Vergleichsfähigkeit gegenüber der Konkursfähigkeit ist auch für den Nachlaß verordnet, insofern das Vergleichsverfahren über ihn nicht mehr zugelassen wird, wenn der Erbe gegenüber allen oder auch nur gegenüber einzelnen Nachlaßgläubigern die Möglichkeit der Haftungsbeschränkung verwirkt hat oder wenn der Nachlaß geteilt ist (§ 92 Nr. 3 VerglO. gegen § 216 I KO.). Gesamtgut: § 93 VerglO. Weit eher leuchtet ein, daß beaufsichtigte Versicherungsunternehmungen (§ 94 VerglO.) und Bausparkassen (§§ 120, 133 III AufsG. i. F. v. 6. Juni 1931) zwar konkurs- aber nicht vergleichsfähig sind. Denn für sie ist ein amtliches Sanierungsverfahren vorgesehen, das den Schutz des Vergleichsverfahrens wohl erübrigt (§§ 88, 89, 112 AufsG.)[10]. Auf Kaufleute beschränkt sich das Vergleichsverfahren so wenig als der Konkurs.

Wie der Sonderkonkurs [oben S. 23 ff.] kann das Vergleichsverfahren den Schuldner auch nur als Träger einer getrennt haftenden Vermögensmasse treffen (z. B. den Erben als Träger des Nachlasses). Auf beschlagsfähiges Vermögen beschränkt es sich nicht (weshalb z. B. nach § 16 I Nr. 1 VerglO. auch unpfändbare Gegenstände aufzuzeichnen sind). Zwischen Alt- und Neuerwerb besteht kein Unterschied. Darum trifft ein allgemeines Veräußerungsverbot auch nach dem Erlasse des Eröffnungsbeschlusses erworbenes Vermögen (§ 54 I).

Schuldner, die einen konkursabwendenden Zwangsvergleich erstreben, müssen bereits konkursreif sein (§ 1 VerglO.). Der unleugbaren Tatsache, daß die Rettung um so aussichtsreicher und vorteilhafter für alle Beteiligten sein wird, je früher man sie versucht, hat der Gesetzgeber sich verschlossen[11]. Auch die ernste, andauernde Zahlungsschwierigkeit genügt ihm nicht. Der Konkursgrund muß bereits eingetreten, der Schuldner bereits zahlungsunfähig geworden sein. Zahlungsunfähigkeit ist stets Konkursabwendungsgrund. Überschuldung genügt, wo auch sie oder nur sie Konkursgrund ist. § 1 I, II VerglO.)[12].

Schuldner, die einen konkursabwendenden Zwangsvergleich erstreben, müssen ihrer wirtschaftlichen Persönlichkeit nach eines solchen würdig sein. Andere sollen durch Versagung des Vergleichsverfahrens zum Konkurse getrieben und als Schädlinge der Wirtschaft ausgetilgt werden. Auch dieser Versuch einer „Erziehung zur Schuldnermoral" ist ein Fehlgriff. Das faule Unternehmen geht vielleicht ein, der Unternehmer aber bleibt. Und vielleicht gelingt es ihm sogar, noch im Konkurse mit Hilfe eines Zwangsvergleichs auch das Unternehmen zu retten. Dann war der Verkehr durch diesen Konkurs ganz zwecklos erschüttert worden. Denkbar auch, daß ein im Sinne des Gesetzes würdiger Schuldner das Vergleichsverfahren in böser Absicht und mit vollem Gelingen mißbraucht. Denkbar, daß einem Unwürdigen Angehörige oder Großgläubiger beizuspringen bereit sind, mit deren Hilfe die Gläubiger weit besser fahren würden als im Konkurse. Auch hier darf letzten Endes nur die Wohlfahrt der Gläubiger entscheidend sein. Ob sie — die Gläubiger — den Schuldner im Einzelfall ihres Vertrauens wert erachten, darauf kommt es an[13]. Statt dessen hat das Gesetz rein objektiv und kasuistisch die Gründe aufgezählt, die in seinem Sinne notwendig (§ 22) oder möglicherweise (§ 23) den Schuldner vergleichsunwürdig machen und deshalb eine Ablehnung der von ihm beantragten Eröffnung des Vergleichsverfahrens gebieten oder gestatten. Die zwingenden Ablehnungsgründe sind zu-

---

[10]) Siehe oben S. 170. Auch hier freilich bleibt zu erwägen, daß beim Notleiden einer Versicherungsanstalt die wichtigste und nachhaltigste Abhilfe nach § 89 II AufsG. in der Herabsetzung von Lebensversicherungsansprüchen besteht, daß aber auch sehr erhebliche Verbindlichkeiten anderer Art in Betracht kommen können. „Obligationäre" aus inländischen Massenanleihen, besonders die Pfandbriefgläubiger einer Hypothekenbank, können nach den §§ 1 ff. SchuldverschrG. zum Zwecke der Konkursverhütung mit verstärkter Mehrheit Zinsherabsetzung und Kapitalstundung beschließen (§ 11 I SchuldverschrG., RG. Bd. 75 S. 270). Einen Kapitalerlaß vermag dagegen jene Mehrheit der Minderheit nicht aufzuzwingen (§ 12 III SchuldverschrG.). So bleibt auch für die Schuldverschreibungsgläubiger das Bedürfnis nach einem Zwangserlasse sowohl zur Beendigung als zur Abwendung des Konkurses. Wie die Versicherten sind die Pfandbriefgläubiger im Bereich ihrer Vorrechtsdeckung an der Vergleichsschließung unbeteiligt [oben S. 125 mit S. 121 ff.].

[11]) Bley aaO. S. 115 ff.

[12]) Also z. B. bei juristischen Personen (etwa Aktiengesellschaften) und beim Nachlasse [siehe oben S. 208 Note 1].

[13]) Bley aaO. S. 118 ff.

gleich zwingende Einstellungsgründe (§ 79 I Nr. 2). Zu ihnen (§ 22) gehören, abgesehen von einem unbehobenen Mangel ausreichender Vergleichsvorbereitung, Vorgänge, die den Verdacht einer Vermögensverschleierung erwecken (wie Flucht des Schuldners, Untersuchung oder Verurteilung wegen betrügerischen Bankbruchs), die auf unredliche oder leichtsinnige Verursachung des Vermögensverfalls oder auf böswillige Verschleppung des Vergleichsantrags schließen lassen, endlich auch die Unzulänglichkeit der vorhandenen Mittel zur Deckung der gerichtlichen Vergleichskosten (es sei denn, daß die Kosten vorgeschossen oder sichergestellt werden). Nach seinem Ermessen „kann" das Vergleichsgericht die Eröffnung ablehnen: wenn bei ziffermäßig bestimmtem Teilerlaß (nicht bei bloßen Stundungs- oder bei Liquidationsvergleichen) die Gläubiger weniger als 50% erhalten sollen und die Berufsvertretung [oben II 1] dieses Angebot für ungenügend erklärt, ferner wenn in den letzten fünf Jahren ein gerichtliches Konkursabwendungsverfahren eröffnet oder mangels Masse abgelehnt wurde oder binnen dieser Zeit der Schuldner den Offenbarungseid geleistet hatte oder zwecks Eideserzwingung verhaftet worden war (§ 23).

Dem Schuldner und seinem gesetzlichen Vertreter entzieht das Vergleichsverfahren die Befugnis der Verwaltung und Verfügung nicht, auch nicht die Prozeßführungsmacht. Gerichtliche Veräußerungsverbote, die nur nach Bedarf und nicht vor Eröffnung des Verfahrens verhängt werden dürfen, binden ihn lediglich an die vom Gericht angeordneten Schranken (Zustimmung der Vertrauensperson, § 57), deren Überschreitung Unwirksamkeit der Verfügung (nach näherer Maßgabe der §§ 54 ff., 83 Satz 2) und Verfahrenseinstellung oder Vergleichsverwerfung im Gefolge hat (§§ 79 I Nr. 3, 68 I Nr. 1, 71, 80). Die familienrechtlichen Einbußen, die sich mit dem Konkurse verknüpfen [oben S. 34], treffen den Vergleichsschuldner nicht. Seine staatsbürgerliche Rechtsstellung wird durch das Vergleichsverfahren an sich nicht berührt. Ein allgemeines Veräußerungsverbot (§§ 51 ff.) würde sich als solches auswirken (z. B. im Sinne des § 32 Nr. 2 GVG.). Vom Börsenbesuch schließt den Schuldner schon die Tatsache der Zahlungsunfähigkeit aus (§ 7 Nr. 6 BörsenG.).

3. **Vergleichsgläubiger**[14]) sind die Träger solcher Ansprüche, die im Konkursfall einfache Konkursforderungen bilden. Dies bestimmt der § 2 VerglO. mit dem Beifügen, daß die §§ 5, 64—70 KO. entsprechend anzuwenden seien.

a) **Keine** Vergleichsgläubigerrechte sind sonach:

α) Ansprüche, die in einem anstatt des Vergleichsverfahrens eröffneten Konkurse keine Konkursforderungen wären, weil sie nicht in persönlicher Haftung begründet, nicht aus dem Vermögen des Schuldners zu erfüllen, bei Eröffnung des Verfahrens nicht einmal aufschiebend bedingt oder betagt entstanden[15]) oder nicht erzwingbar sind [oben S. 52 ff.].

β) Vorrechtsansprüche des Konkurses, sie mögen allgemeine oder besondere sein. Die letzteren sind zum Betrage des Ausfalls (oder Verzichts) Vergleichsansprüche [oben S. 64 ff., 70 ff.].

γ) Die in einem Konkurse nach § 63 unanmeldbaren Ansprüche [oben S. 58 f.]. Doch werden sie, damit die durch den Ausschluß bezweckte Zurücksetzung nicht ins Gegenteil

---

[14]) Das Gesetz kennt diesen Ausdruck nicht. Es redet umständlich von Gläubigern, „die an dem Vergleichsverfahren beteiligt und von dem Vergleiche betroffen werden" (§ 2). Da aber alle „beteiligten" Gläubiger notwendig vom Vergleiche „betroffen" werden, hat der Zusatz keinen Sinn. Daß es auch einige nichtbeteiligte Gläubiger gibt, die vom Vergleich nach näherer Maßgabe des § 74 „betroffen" werden, obwohl sie im Vergleichsverfahren nicht mitwirken und nicht mitstimmen dürfen [unten 3 a γ], ist gewiß kein Grund, die sich geradezu aufdrängende Bezeichnung „Vergleichsgläubiger" zu vermeiden.

[15]) Daher auch nicht gesetzliche Unterhaltsansprüche für die Zukunft und die ihnen im § 3 II KO. gleichgestellten Ansprüche [oben S. 57 f.]. Aus § 2 Satz 2 VerglO. ergibt sich weiter, daß ein nicht auf eine feste Geldsumme in Reichswährung lautender Anspruch den §§ 69, 70 KO. entsprechend vom Schuldner bei Angabe im Gläubigerverzeichnis oder vom Gläubiger bei Anmeldung zu diesem (§§ 16 I Nr. 1, 60 VerglO.) zu berechnen ist.

umschlage, den für Vergleichsgläubiger geltenden Schranken unterworfen (§§ 3 I, III, 32ff., 36, 70, 84) und mit Ausnahme der Geldstrafen nach näherer Maßgabe des § 74 vom Vergleich betroffen.

δ) Die Aus- und Absonderungsansprüche des Konkurses, die letzteren unbeschadet des Ausfallgrundsatzes, demzufolge sie zwar mit ihrem mutmaßlichen Ausfall abstimmen, an der vergleichsmäßigen Befriedigung aber nur mit dem tatsächlich erlittenen Ausfall teilnehmen (§ 2 Satz 2 VerglO. mit § 64 KO.). Siehe oben S. 121ff. Eine Besonderheit ergibt sich daraus, daß Gläubiger, die sich binnen der Rückschlagssperre Zwangsdeckung verschafft haben, durch diese allein nach § 3 I, II VerglO. aus dem Kreise der Vergleichsgläubiger nicht herausgehoben werden [unten S. 227, 233].

ε) Die Massegläubigerrechte des Konkurses. Gläubiger aus gegenseitigen, bei Eröffnung des Vergleichsverfahrens noch beiderseits unerfüllten Schuldverhältnissen sind mit ihren Erfüllungsansprüchen keine Vergleichsgläubiger, werden aber solche mit ihren Entschädigungsansprüchen, wenn es auf Grund der §§ 28, 29 zu einer vorzeitigen Vertragslösung kommt (§§ 4, 30 VerglO.).

b) Wer kraft Gesetzes Vergleichsgläubiger („an dem Vergleichsverfahren beteiligt") ist, für und gegen den wirkt der Zwangsvergleich auch dann, wenn er dem Vergleichsverfahren fern bleibt oder überstimmt wird, wenn ihn das vom Schuldner aufgestellte Gläubigerverzeichnis versehentlich oder geflissentlich übergeht (§ 73)[16].

Stimmrechte haben nur Vergleichsgläubiger (§ 62). Nur sie sind zum Vergleichstermine zu laden (§ 27 II). Nur sie dürfen eine bestimmte Vertrauensperson vorschlagen (§§ 41, 45 II; vgl. § 42); nur sie oder ihre Vertreter können Mitglieder des Gläubigerausschusses werden (§ 48); nur sie den Offenbarungseid des Vergleichsverfahrens erwirken (§ 61); nur sie als Gläubiger dem Stimmrecht eines Konkurrenten oder der Anerkennung seiner Forderung widersprechen (§ 62 II, IV mit § 75). Nur die Verjährung ihrer Ansprüche ist von der Eröffnung bis zur rechtskräftigen Beendigung des Vergleichsverfahrens gehemmt (§ 39 VerglO., § 205 BGB.).

Wer kraft Gesetzes nicht Vergleichsgläubiger ist, kann durch freiwillige Beteiligung am Verfahren nicht zum Vergleichsgläubiger werden, auch nicht mit Zustimmung des Schuldners. Wohl erschließt der § 64 KO. dem absonderungsberechtigten Konkursgläubiger die Möglichkeit, durch Verzicht auf abgesonderte Befriedigung seiner Forderung die Vollberücksichtigung im Konkurse zu verschaffen. Entsprechendes gilt nach § 2 Satz 2 VerglO., wenn ein solcher Gläubiger im Vergleichsverfahren auf seine Sonderdeckung (z. B. sein Pfandrecht) verzichtet. Das Konkursvorrecht dagegen ist nur eine gesetzliche Eigenschaft der Forderung einer bestimmten Art (z. B. des Lohnanspruchs, § 61 Nr. 1 KO.). „Beansprucht" es der Gläubiger im Konkurse nicht ausdrücklich, dann muß es dem § 139 KO. zufolge unbeachtet bleiben. Der Gläubiger kann also in dem Sinne auf das Vorrecht verzichten, daß er sich verpflichtet, es im Konkurse nicht zu beanspruchen. Im Vergleichsverfahren aber hat dieser Vorgang keine Parallele. Die Art der Forderung ist es, die sie kraft des Gesetzes von den Vergleichsansprüchen ausschließt; an ihr aber ändert sich nichts, auch wenn der Gläubiger vor oder nach Eröffnung des Vergleichsverfahrens erklärt, er mache das Vorrecht (wozu ihm das Vergleichsverfahren gar keine Gelegenheit bietet) nicht geltend[17].

Die Stellung, die das Vergleichsgericht (etwa bei Berechnung der erforderlichen Gläubigermehrheiten oder bei der Entscheidung über Stimmrechte) zu der Frage nimmt, ob ein Gläubiger Vergleichs-

[16]) Die Bekanntmachung des Eröffnungsbeschlusses und des Vergleichstermins (§ 27) sowie der für den Vergleichsschuldner als Vollkaufmann — nur einen solchen trifft „das Stigma des Bankrottierers" (Bley aaO. S. 123) — bestehende Zwang, seiner Firma den Zusatz „im Vergleichsverfahren" beizufügen (§ 37), gewährleisten die Öffentlichkeit des Verfahrens. Ein in das Gläubigerverzeichnis (§§ 16 I Nr. 1, 17) nicht aufgenommener Gläubiger kann bis zum Beginn der Abstimmung über den Vergleichsvorschlag seine Forderung bei der Geschäftsstelle des Vergleichsgerichts anmelden und so eine Berichtigung des Verzeichnisses erwirken (§ 60). Gegen unlautere Verschweigung schützen in gewissen Grenzen die §§ 76, 77. Die gesetzliche Einführung eines dem Konkurs entsprechenden Anmeldungs-, Prüfungs- und Feststellungsverfahrens böte erhebliche Vorteile (Bley aaO.).

[17]) In diesem Sinne mit Recht Kiesow VerglO.³ § 2 Anm. 115 mit Verw. Namentlich können Gläubiger aus beiderseits noch unerfüllten Gegenseitigkeitsverträgen (§ 4) nur auf dem Wege des § 30 Vergleichsgläubiger werden (RG. Bd. 129 S. 228), nicht durch bloßen „Verzicht auf die Besserstellung", auch nicht dadurch, daß sie mit ihrem Willen Aufnahme in das Gläubigerverzeichnis finden und daraufhin dem Vergleichsvorschlage zustimmen.

gläubiger sei oder nicht, hat keine Wirksamkeit außerhalb des Vergleichsverfahrens. Sie bindet nicht einmal den Vergleichsrichter selbst für spätere Fälle. Erst recht nicht die Vollstreckungsbehörden und den Prozeßrichter[18]).

4. Eine „**Vertrauensperson**" (im Bedarfsfall auch eine Mehrheit von solchen) hat das Vergleichsgericht sofort „bei" der Eröffnung des Verfahrens zu bestellen (§ 40 I). Nur aus besonderen Gründen (so bei ganz einfachen, klaren Verhältnissen oder bei Kleinbetrieben) kann es — zur Kostenersparung — von der Bestellung absehen, wenn diese nicht ein „Gläubiger" (wohl nur ein Vergleichsgläubiger) oder der Schuldner beantragt (§ 40 II). Die Auswahl können die Gläubiger durch rechtzeitigen Vorschlag beeinflussen, ohne indessen das Gericht hinsichtlich der Eignung des Vorgeschlagenen zu binden (§ 41, vgl. § 45 II 2). Geeignet ist nur eine zu den gesetzlichen Aufgaben befähigte, des allseitigen „Vertrauens" würdige natürliche Person[19]). Ihr Name wird öffentlich bekanntgemacht und den Beteiligten (formlos) kundgegeben (§ 42).

Entspricht sonach die Art der Bestellung im wesentlichen der Ernennung des Konkursverwalters, so besteht doch eine grundsätzliche Verschiedenheit der Aufgaben. Die Vertrauensperson ist kein Verwalter[20]). Während der Konkursverwalter den Gemeinschuldner kraft Gesetzes aus der Verwaltung und Verfügung verdrängt und ausschließlich zur Ausübung der anfechtungsrechtlichen Rückgewähransprüche ermächtigt ist (§§ 6, 36 KO.), verbleibt dem Vergleichsschuldner die Geschäftsführung und, soweit er nicht durch ausdrückliche gerichtliche Anordnung beschränkt wird, auch die Verfügung über sein Vermögen, jedem einzelnen Vergleichsgläubiger aber die Ausübung seiner Anfechtungsansprüche. Die Auskunftsperson hat weder Rechtsgeschäfte an Stelle des Schuldners abzuschließen (auch keine Kündigungen oder Mahnungen abzugeben oder entgegenzunehmen) noch Rechtsstreitigkeiten an seiner Statt zu führen, noch übt sie Anfechtungsrechte aus. Sie ist ein Überwachungs- und Auskunftsorgan. Zu überwachen hat sie nach § 40 I die Geschäftsführung des Schuldners und dessen Lebenshaltung (§ 38). Um ein rechtzeitiges Einschreiten des Gerichts erwirken und über die Aussichten auf Erfüllung des Vergleichs berichten zu können, hat die Aufsichtsperson „die Verhältnisse des Schuldners zu prüfen" und dauernd im Auge zu behalten (§ 40 I, siehe im einzelnen die §§ 28 II 2, 33 II, 47 II, 48 I, 50 II, 53 II, 55 II, 62 II). Ihre Aufgabe unterstützen weitgehende Kontrollrechte gegenüber dem Schuldner (§ 47 I). Unmittelbar rechtsgestaltend wird die Vertrauensperson tätig, indem sie einer Verfügung nach § 57 oder einer Darlehnsaufnahme nach § 86 zustimmt und durch Widerspruch nach § 62 IV (§ 75 I) die Anerkennung eines ihr unbegründet erscheinenden Anspruchs vereitelt. Am Abschlusse des Zwangsvergleichs selbst nimmt die Aufsichtsperson ebensowenig teil als der Konkursverwalter.

Die Vertrauensperson hat Anspruch auf Erstattung ihrer Auslagen (z. B. für Porti, Schreibwerk, Reisen) und auf Vergütung ihrer Mühewaltung (§§ 46, 85). Sie haftet dem Vergleichsschuldner und jedem Vergleichsgläubiger kraft Gesetzes (§ 44) auf Ersatz eines durch schuldhafte Pflichtverletzung verursachten Schadens. Sie steht unter der Aufsicht des Gerichts und kann von diesem mit Ordnungsstrafe belegt, aus triftigem Grunde sogar entlassen werden (§ 45), hat aber ihre Aufgaben unter selbständiger Verantwortlichkeit zu erfüllen und nicht etwa als bloßes Werkzeug des Gerichts dessen Anweisungen zu folgen[21]).

5. Die zur Überwachung des Schuldners berufene Aufsichtsperson kann bei dieser Aufgabe unterstützt und ihrerseits überwacht werden durch einen vom Gericht zu bestellenden **Gläu-**

---

[18]) So z. B. nicht bei Anwendung der §§ 32, 33, 35 VerglO. [unten S. 227, 228f.]. Kiesow aaO. Anm. 117 mit Verw.

[19]) Nur wenn sie das „Vertrauen" des Gerichts und der beiden Vertragsparteien (der Vergleichsgläubiger und des Vergleichsschuldners) genießt (beide können ihre Bestellung erzwingen, beiden haftet sie, §§ 40, 44), darf auf eine gedeihliche Amtsführung gerechnet werden. Ein solches Vertrauen setzt aber Unparteilichkeit voraus. Die österr.AusglO. fordert im § 30 II „eine unbescholtene, verläßliche und geschäftskundige Person", die weder ein „naher Angehöriger" noch ein „Konkurrent" des Schuldners sein darf.

[20]) Auch nicht in Österreich, obgleich sie dort „Ausgleichsverwalter" heißt (§§ 30ff. österr. AusglO.).

[21]) Beamter ist sie so wenig als der Konkursverwalter. Wie bei ihm sind die Fragen der Gewerbe- und der Umsatzsteuerpflicht zu beurteilen. Näheres oben S. 27 Note 6.

bigerausschuß. Die Bestellung steht (auch bei Genossenschaften) im Ermessen des Gerichts. Nur auf Verlangen des Schuldners, der Vertrauensperson oder einer Gläubigermehrheit muß sie erfolgen (§ 48). Dem Ausschuß als solchem und seinen Mitgliedern stehen bestimmte Befugnisse zu, jenem auf Antrag und Gehör nach den §§ 45 II 2, 67 II, diesen zur Kontrolle des Schuldners und der Aufsichtsperson nach § 49 Satz 1 und zur Erwirkung von Verfügungsbeschränkungen nach § 50 II (vgl. auch § 49 Satz 2). Die Mitglieder des Ausschusses sind dem Schuldner und den Vergleichsgläubigern verantwortlich (§ 48 III). Das Gericht kann ihre Bestellung jederzeit widerrufen, sogar ohne Angabe von Gründen (§ 48 II). Vergütung haben sie nicht zu beanspruchen.

6. Die Gesamtheit der Gläubiger kann in einer **Gläubigerversammlung** zu Wort kommen, sei es um das Gericht aufzuklären oder um den einzelnen Gläubigern Aufklärung zu verschaffen. Die Einrichtung ist unausgebaut. Der Untersuchungsgrundsatz gibt dem Gericht die Macht, vor oder nach der Eröffnung des Verfahrens eine Versammlung einzuberufen (§ 9, vgl. § 45 II 2). Unerläßlich ist nur die Gläubigerversammlung, die über Annahme des Vergleichsvorschlags abzustimmen hat (§§ 59ff.). Jede Gläubigerversammlung muß vom Gericht berufen und geleitet werden. Über die Verhandlung wird ein Protokoll nach Maßgabe der §§ 159ff. ZPO. aufgenommen (§ 8).

§ 40.

3. Die Eröffnung des Vergleichsverfahrens.

I. Gang der Eröffnung.

1. Die Eröffnung des Vergleichsverfahrens setzt voraus:
   a) Als Vergleichsgrund die Zahlungsunfähigkeit des vergleichsfähigen Schuldners oder — wo als Konkursgrund Überschuldung erforderlich oder genügend ist — dessen Überschuldung [oben S. 168f., 221].
   b) Den beim zuständigen Gericht zu stellenden Vergleichsantrag des Schuldners [oben S. 218f.] und einen schon damit zu verbindenden Vergleichsvorschlag.

In dem Bestreben, das Verfahren aufs äußerste zu beschleunigen und zugleich aussichtslose Vergleichsversuche abzuschneiden, hat das Gesetz die Antragserfordernisse in den §§ 15—18 derart überspannt, daß ihre genaue Erfüllung häufig ganz ausgeschlossen ist. Die ganze Vergleichsanbahnung wird in ein außergerichtliches Vorspiel verwiesen. Nur würdigen [oben S. 221], ansehnliche Mindestleistungen bietenden und bereits „vergleichsfertigen" Schuldnern soll der Weg des gerichtlichen Vergleichsverfahrens erschlossen werden. Der Antrag muß nicht nur Gläubiger und Schuldner des Antragstellers im einzelnen verzeichnen (§§ 16 I Nr. 1, 17) und dessen Vermögensstand in einer eingehenden Übersicht klarlegen (§§ 16 I Nr. 2, 18), sondern bereits die schriftliche Erklärung einer nach Köpfen und Summen bestimmten Mehrheit der Gläubiger beibringen, daß sie mit der Eröffnung des Vergleichsverfahrens (nicht gerade mit diesem Vergleichsvorschlag) einverstanden sind (§ 16 I Nr. 4). Der Vorschlag selber kann auf Stundung (mit oder ohne Zinserlaß) oder (zugleich oder ausschließlich) auf einen ziffermäßig bestimmten Kapitalerlaß gehen, aber auch auf Befriedigung nach Maßgabe vorhandener Mittel, die meist einem Treuhänder zur Verwertung und zur anteilsmäßigen Verteilung übertragen werden[1]). Für den Vorschlag eines von vornherein ziffermäßig begrenzten Kapitalerlasses und

---

[1]) Sog. Treuhandliquidationsvergleich [Beispiel: unten S. 243]. Es kommen auch Treuhandvergleiche ohne Verbindung mit der Liquidationsaufgabe vor. Der näheren Regelung vermag das Gesetz sich auf die Dauer nicht zu entziehen. Siehe Emmerich Sanierung (I 1930) S. 134ff. und Alfr. Friedmann Empfiehlt sich eine gesetzliche Regelung des Treuhänderverhältnisses? (Sonderabdruck aus den Verhandlungen des 36. Deutsch. Juristentages 1930). Den Gedanken, den Konkurs des Schuldners dadurch zu verhüten, daß sein Unternehmen nicht saniert, sondern liquidiert wird, sucht ein französisches Gesetz vom 17. Juli 1856 (a. 541 c. com.) im concordat par abandon total ou partiel de l'actif

nur für ihn gilt das Erfordernis einer Mindestquote: bietet der Schuldner seinen Gläubigern nicht wenigstens 30% ihrer Forderungen, dann darf das Vergleichsverfahren gar nicht eröffnet werden (§§ 6, 15 I 2, 22 Nr. 1, 68 I Nr. 1); bietet er 30, aber weniger als 50%, dann kann die Eröffnung des Vergleichsverfahrens abgelehnt werden (§ 23 Nr. 1), auch bedarf es alsdann zur Vergleichsannahme einer noch besonders verstärkten Summenmehrheit (§ 63 III)[2]). Der Vorschlag muß allen vom Vergleich betroffenen Gläubigern (§§ 73 I, 74) gleiche Rechte gewähren. Doch ist eine offene Begünstigung einzelner Gläubiger oder Gläubigergruppen (besonders von Kleingläubigern) mit Zustimmung einer verstärkten Mehrheit der zurückzusetzenden Gläubiger, nicht wie im Konkurse (§ 181 Satz 2 KO.) nur mit Zustimmung ihrer aller statthaft (§ 5 II). Diese Zustimmung braucht auch nicht schon vor der Eröffnung nachgewiesen zu werden; es genügt, daß sie im Vergleichstermin erlangt wird. Versteckte Begünstigungen sind ihrem ganzen Umfange nach nichtig (mit Einschluß der Erfüllungsgeschäfte), vielleicht sogar strafbar (§§ 5 III, 96)[3]). Vergleichsvorschläge auf Teilerlaß stehen im Zweifel schon von Rechts wegen unter der sog. kassatorischen Klausel: Bei Verzug oder Konkurs des Schuldners wird der Erlaß — und selbstverständlich auch eine mit ihm verbundene Stundung[4]) — von selbst hinfällig (§ 7). Eine Sicherstellung braucht der Schuldner nicht anzubieten. Stellt er sie aber in Aussicht, dann muß er sie genau bezeichnen und, falls sie durch Bürgschaft geleistet werden soll, die schriftliche „Bürgschaftserklärung" beifügen (§§ 15 I 1, 16 I Nr. 5)[5]).

2. Über den Antrag hat das Vergleichsgericht erst nach Abschluß aller erforderlichen Ermittlungen und, wenn der Schuldner Handel, Gewerbe oder Landwirtschaft betreibt, nur nach Anhörung der Berufsvertretung [oben S. 220], zu entscheiden (§§ 20, 21). Bei unverschuldeter Unvollständigkeit des Antrags oder seiner Anlagen darf dem Schuldner eine kurze Nachholungsfrist bewilligt werden (§ 19). Die Ablehnung, die zugleich eine Entscheidung darüber nötig macht, ob der Konkurs zu eröffnen sei (§ 24)[6]), darf nur aus gesetzlichen Gründen erfolgen. Solche bilden neben dem Mangel einer allgemeinen Zulässigkeitsvorbedingung, etwa der Zuständig-

---

zu verwirklichen: Die Gläubiger werden dadurch befriedigt, daß der Schuldner ihnen seine gesamten Aktiven an Zahlungs Statt überläßt, und haben nun ihrerseits die so entstandene Rechtsgemeinschaft im Liquidationsweg aufzulösen. Über die Einbürgerung dieser Vermögensabtretung im schweizerischen Recht und gegen sie R. Haab Zeitschr. f. schweiz. Recht 47 (1928) S. 168ff. mit Verw.

[2]) Wie die Beurteilung der Vertrauenswürdigkeit des Schuldners sollte die der Art und Höhe seiner Leistung für jeden Einzelfall dem Selbstbestimmungsrechte der Gläubiger vorbehalten bleiben. Starre Mindestsätze verleiten den Schuldner leicht, zu versprechen, was er nicht erfüllen kann (vgl. z. B. den Fall RG. Bd. 132 S. 113, wo der Schuldner 70% in Raten versprochen und „überhaupt nichts gezahlt" hatte); andrerseits wachsen sie sich erfahrungsgemäß zu Höchstsätzen aus. Daß die der ziffermäßigen Erlaßbegrenzung ermangelnden und darum hinsichtlich der Leistungshöhe nicht gebundenen Liquidationsvergleiche so sehr in Aufnahme gekommen sind, das hängt ganz offensichtlich mit der Einführung der Mindestquote zusammen. Die Regelung ist um so bedenklicher, als ihr der Zwangsvergleich im Anschlußkonkurse nicht unterliegt.

[3]) Die Nichtigkeit besteht aber (wie im Falle des § 181 KO.) nur, soweit der Schutzzweck des Gesetzes reicht, keineswegs also dann, wenn der Zwangsvergleich gar nicht zustande kommt. Wer sollte hier geschützt, welcher Schutz „umgangen" werden können? Irrig für den § 181 KO. RG. v. 28. 2. 1931 JW. S. 2117f. Nr. 23 unter mißverständlicher Berufung auf die bisherige Rechtsprechung des Reichsgerichts (siehe Kleinfeller i. d. Fußnote). Wohl aber verfällt die Sonderabrede, wenn sie strafbar ist, unter den Gesichtspunkt des § 96 VerglO. mit § 134 BGB. der Nichtigkeit, ohne Rücksicht darauf, ob der Zwangsvergleich zustande kommt oder nicht (insofern zutr. RG. v. 13. 4. 1931 LZ. Sp. 1075 Nr. 10 für die frühere Geschäftsaufsicht).

[4]) Zust. RG. Bd. 132 S. 116.

[5]) Die Übernahme der Bürgschaft muß mündlich im Vergleichstermin erklärt werden [oben S. 193].

[6]) Beispiel: unten S. 244 Note 5. Die Umbiegung des Antrags in einen unwiderruflichen Konkursantrag läuft hier wie in den Fällen der §§ 71, 80 freilich dem Willen des Antragstellers, den Konkurs abzuwenden, schnurstracks zuwider und führt im Ergebnis (wenn das Gesetz sich auch scheute dies auszusprechen) zu einer Konkurseröffnung von Amts wegen [oben S. 170]. Ob der Konkursgrund jetzt wirklich auch vorliegt (vielleicht ist er unterdessen durch außergerichtliche Verständigung mit den Gläubigern behoben worden), ob jetzt eine seine Kosten deckende Masse vorhanden ist, das hat das Gericht von Amts wegen zu prüfen. Es hat nicht ohne weiteres den Konkurs zu eröffnen.

keit des Gerichts[7]), die besonderen — teils zwingenden (§ 22) teils freigestellten (§ 23) — Ablehnungsgründe des Gesetzes [oben S. 221].

3. Im Vorverfahren der Anbahnung des Vergleichs ist der Schuldner ganz auf sich selber gestellt. Eine Vertrauensperson wird hier noch nicht tätig. Auch gegen den Gläubigerzugriff besteht noch kein durchgreifender Schutz. Wohl kann der Schuldner Konkursanträgen der Gläubiger nach Maßgabe des § 1 III durch seinen eignen Vergleichsantrag begegnen (vgl. §§ 31, 69 III)[8]). Dem Zwangszugriff **einzelner** Gläubiger aber bleibt er, auch soweit sie Vergleichsgläubiger sind, vorerst noch preisgegeben und zwar auch dann noch, wenn er den Antrag auf Eröffnung des Vergleichsverfahrens bereits ordnungsmäßig gestellt hat. Zunächst besteht nur ein verhaltener, später aber zumeist — und dann nach rückwärts — zur Auswirkung gelangender Zugriffsschutz. Das Gesetz legt nämlich vor den Vergleichsantrag eine Sperrfrist von dreißig Tagen für den Fall, daß es zu der beantragten Eröffnung des Vergleichsverfahrens kommt, und mit der Folge, daß Vergleichsgläubiger[9]), die innerhalb dieser Zeitspanne zwangsweise eine Sicherung oder Befriedigung erwirken, der Deckung ungeachtet „am Verfahren beteiligt" und demgemäß den Folgen eines späteren Vergleichs ausgesetzt bleiben, nicht nur, wenn der Vergleichsversuch gelingt (§§ 3, 33, 70), sondern auch dann, wenn er scheitert und den Konkurs nach sich zieht (§ 84, vgl. auch § 74 II). Zwangssicherungen werden, wenn der Vergleich bestätigt oder der Anschlußkonkurs eröffnet wird, unwirksam; Zwangsbefriedigungen sind in beiden Fällen an den Schuldner oder an den Verwalter des Anschlußkonkurses wie ungerechtfertigte Bereicherungen zurückzugewähren (§§ 70, 84). Diese Unsicherheit des Zugriffs soll die von der Rückschlagssperre bedrohten Gläubiger abschrecken, obwohl der zwecks Vorbereitung des Antrags zur Offenbarung seiner Lage gezwungene Schuldner damit geradezu das „Signal zur Attacke" gibt[10]). Solche Deckungen aber, die ihnen während der Sperre freiwillig gewährt worden sind, also z. B. durch Zahlung, durch Verpfändung, durch Sicherungsübereignung oder Sicherungsabtretung, können im Vergleichsverfahren ihre volle Wirksamkeit entfalten, namentlich die durch Bestellung von Wertrechten gesicherten Gläubiger als Absonderungsberechtigte aus dem Kreise der Vergleichsbeteiligten herausheben[11]).

II. Der Eröffnungsbeschluß.

Das gerichtliche Vergleichsverfahren beginnt erst mit dem Wirksamwerden des Eröffnungsbeschlusses. Dieser Zeitpunkt begrenzt den Kreis der Vergleichsgläubiger (§ 2 VerglO.

---

[7]) Die Möglichkeit einer Verweisung entsprechend dem § 276 ZPO. (§ 8 VerglO.) wird jetzt auch vom RG. Bd. 131 S. 197 anerkannt.

[8]) Siehe oben S. 171.

[9]) Auch die Träger der im Konkurse nach § 63 KO. unanmeldbaren Ansprüche können sich während der Sperre keine im Vergleichsverfahren und im Anschlußkonkurse wirksame Deckung verschaffen (§§ 3 III, 33 I 2, 70, 84).

[10]) Siehe Bley aaO. S. 121 mit Verw. Zudem weiß noch niemand, ob es überhaupt zur Eröffnung des Vergleichsverfahrens kommen wird. Den Zugriffsgläubigern gelingt es vielleicht auch, durch Versagung ihrer Zustimmung (§ 16 I Nr. 4) die Eröffnung solange hinauszuzögern, bis ihr Zugriff der Rückschlagssperre entronnen ist.

[11]) Die Unebenheit macht sich besonders empfindlich fühlbar, wenn die unter dem Drucke der drohenden Zwangsvollstreckung, vielleicht an den zum Zwecke der Pfändung erschienenen Gerichtsvollzieher „freiwillig" geleistete Zahlung für das Vergleichsverfahren wirksam bleibt. So die vorherrschende Meinung. Siehe Kiesow VerglO.[3] § 3 Anm. 23, Jaeger KO.[7] § 30 Anm. 65 mit Verw. Schlimm steht es im Vorbereitungsstadium um den Kredit des Schuldners. Wie soll der zahlungsunfähige Fabrikunternehmer in dieser Zeit die Löhne für seine Arbeiter beschaffen? Wer ihm die Gelder borgt, wird bloßer Vergleichsgläubiger, für den Anschlußkonkurs einfacher Konkursgläubiger. Der Schutz des § 86 VerglO. gilt nur Darlehnsaufnahmen während des Vergleichsverfahrens. Bley aaO. S. 121. Ob der die Löhne vorschießende Geldgeber sich dadurch sichern kann, daß er sich die Vorrechtsansprüche der Arbeiter (§ 61 Nr. 1 KO.) von diesen am Fälligkeitstage Zug um Zug gegen Entrichtung der Lohnbeträge als Entgelt abtreten läßt, darüber bestehen in Bankkreisen lebhaft erörterte Zweifel. Der § 2 II LohnbeschlagnahmeG. schließt die Wirksamkeit einer solchen Abtretung nicht aus, weil der Schutzzweck des Gesetzes insoweit entfällt. Denn alles, was es dem Arbeiter gewährleisten will, hat er bei dieser Lage der Dinge erreicht. Das den abgetretenen Ansprüchen zukommende Lidlohnvorrecht übt auch der Zessionar aus (§ 401 II BGB.).

mit § 3 I KO.), löst die Vollstreckungssperre (§§ 32, 33) sowie die Hemmung der Verjährung von Vergleichsansprüchen aus (§ 39) und erübrigt für die Regel den Anlaß zu Klagerhebungen der Vergleichsgläubiger (§ 35). Mit Rücksicht auf seine Erheblichkeit muß der Zeitpunkt genau im Eröffnungsbeschlusse bestimmt werden; ergänzend soll (dem § 108 KO. entsprechend) die Mittagsstunde des Erlaßtages als Eröffnungsstunde gelten (§ 25). Schon bei der Eröffnung des Verfahrens hat der Richter den Vergleichstermin anzuberaumen (§ 26) und die Vertrauensperson zu bestellen (§ 40). Er kann auch schon im Eröffnungsbeschlusse selbst dem Schuldner Verfügungsbeschränkungen auferlegen (§ 50) und einen Gläubigerausschuß einsetzen (§ 48). Die Geschäftsstelle hat den Beschluß und den Vergleichstermin sofort zu veröffentlichen (Form: § 12) und den Schuldner wie die amtsbekannten Vergleichsgläubiger unter Zustellung des Beschlusses zu diesem Termine zu laden (§ 27; vgl. § 37). Solange die Entschließung des Richters, das Verfahren zu eröffnen, noch ein innenrechtlicher (wenn auch schon schriftlich abgeschlossener) Vorgang ist, steht dem Richter die Abänderung frei. Sobald aber der Beschluß einmal kundgemacht (veröffentlicht, zugestellt oder verkündigt) ist, setzt seine Wirksamkeit für den durch den Beschluß bestimmten Zeitpunkt ein. Ein Rechtsmittel gegen die Eröffnung hat niemand (§ 14 I). Beispiel eines Eröffnungsbeschlusses: unten S. 243 f.

III. **Folgen der Eröffnung.**

1. Für **den Vergleichsschuldner** hat die Eröffnung des Vergleichsverfahrens weit schwächere Wirkungen als eine Konkurseröffnung. Verwaltungs- und Verfügungsmacht verbleiben ihm [oben S. 222]. Doch darf er seine Mittel für sich und seine Familie nur verbrauchen, soweit dies zu einer (nicht absolut, sondern relativ beurteilt) „bescheidenen Lebensführung" unerläßlich ist (§ 38). Seiner Firma hat er nach § 37 den Zusatz „im Vergleichsverfahren" beizufügen [oben S. 223 Note 16]. Gesetzliche Verbote der rechtsgeschäftlichen Verfügung durch den Schuldner kennt das Vergleichsverfahren nicht. Doch kann das Vergleichsgericht behördliche Veräußerungsverbote zum Schutze der Vergleichsgläubiger (also solche im Sinne des § 136 BGB.) gegen den Schuldner erlassen (§§ 50—58). Sie können gleich bei Eröffnung oder im Laufe des Verfahrens, von Amts wegen oder auf Anregung ergehen. Dem Schuldner kann die Verfügung über bestimmte Einzelgegenstände (z. B. eine Liegenschaft, eine Grundschuld, ein Bankguthaben), aber auch die Verfügung über alle seine Aktiven (mit Einschluß etwaigen Neuerwerbs) verboten werden. Die Wirksamkeit solcher Verbote bestimmt sich „ausschließlich" nach den §§ 54—57 (§ 51 Satz 2). Zwangsverfügungen im Sinne des § 135 I 1 BGB. sind — anders als im Falle des § 106 KO. — im Vergleichsverfahren selbst nicht unstatthaft, für den Umfang der Vollstreckungssperre ist also insoweit nur der § 32 maßgebend. Nicht unter diese Sperrvorschrift fallende Gläubiger können daher auch ungeachtet eines allgemeinen Veräußerungsverbotes vollstrecken. Siehe aber § 772 ZPO. Mangels eines ferneren Bedürfnisses ist das Verbot aufzuheben (§ 58).

Auf dem Vergleichsschuldner (und wenn er prozeßunfähig ist, auf seinem gesetzlichen Vertreter) lasten bestimmte, erschöpfend aufgezählte Obliegenheiten. Sie sollen die zweckentsprechende Mitwirkung am Verfahren, die Offenlegung der Vermögensverhältnisse und die Erhaltung der vorhandenen Werte gewährleisten (§§ 22 Nr. 2 mit § 79 I Nr. 2, §§ 38, 47, 49, 51, 61 I, III). Ein äußerer Zwang zur Erfüllung wird nicht geübt. Doch können Pflichtverstöße nach näherer Maßgabe des § 79 zur Einstellung des Verfahrens, unter Umständen sogar zur Verwerfung des schon zustande gekommenen Vergleichs (§ 68) unter gleichzeitiger Entscheidung darüber führen, ob der Konkurs zu eröffnen sei.

2. **Die Vergleichsgläubiger** und ebenso die Träger der im Sinne des § 63 KO. unanmeldbaren Ansprüche werden in der Geltendmachung ihrer Rechte stark beschränkt. Sie dürfen während des Vergleichsverfahrens in Gegenstände des Schuldnervermögens **nicht vollstrecken.** Eine bei Eröffnung des Verfahrens schon und noch anhängige Vollstreckung ist für dessen Dauer vom Vollstreckungsgericht einstweilen einzustellen. Das Vergleichsgericht[12]) kann sogar (aber

[12]) Also nicht das örtlich zuständige Vollstreckungsgericht. Die Ermächtigung des Vergleichsgerichts wirkt sich im ganzen Reichsgebiet aus.

nur auf Antrag der Vertrauensperson) die endgültige Einstellung und die Aufhebung einer vor Eröffnung des Verfahrens erwirkten Vollstreckungsmaßregel (z. B. der Pfändung des Warenlagers) anordnen, wenn die Freigabe der Zugriffsgegenstände durch das gemeinsame Wohl der beteiligten Gläubiger geboten ist (besonders zur Fortführung des Betriebs). §§ 32—34. Die Vollstreckungsbehörden haben das Vollstreckungsverbot (§ 32) von Amts wegen zu beachten. Es will, wie das des § 14 KO., die Gleichlage der beteiligten Gläubiger wahren, indem es dem Zwangserwerb von Sonderdeckungen einen Riegel vorschiebt. Wie in Fällen des § 14 KO. ermangelt die unstatthafte Vollstreckung der bürgerlich-rechtlichen Wirksamkeit, löst also z. B. dingliche Belastungen des Zugriffsgegenstandes im Sinne der §§ 804, 866, 932 ZPO. nicht aus [oben S. 60f.]. Kommt es, weil der Vergleichsversuch scheitert, zum Anschlußkonkurse, dann bewendet es auch für diesen bei der für das Vergleichsverfahren verordneten Unwirksamkeit des Zugriffs (§ 83 Satz 1 VerglO.). Insoweit erübrigt sich eine Konkursanfechtung[13]).

Klagen der Vergleichsgläubiger erklärt das Gesetz nicht (wie der richtig verstandene § 12 KO.) im Zweckbereiche des Verfahrens für unzulässig. Schwebende unterbricht dessen Eröffnung nicht (anders § 240 ZPO.). Eine Störung des Verfahrens durch vermeidbare Klagen soll aber hintangehalten werden. Vollstrecken könnte der Gläubiger zunächst ohnehin nicht (§ 32). Den Erwerb eines Titels für die spätere vergleichsmäßige Vollstreckung aber gewährleistet ihm die Einrichtung des Verfahrens (§ 75). Auch ein Verjährungsablauf bedroht den Gläubiger nicht (§ 39). So hat er allein um deswillen, weil sein fälliger und vielleicht schon durch Mahnung geltend gemachter Anspruch unerfüllt geblieben ist, noch keinen Klaganlaß im Sinne des § 93 ZPO. Das ist der Grundgedanke des § 35 VerglO.: Erhebt ein Vergleichsgläubiger „nach[14]) Eröffnung des Verfahrens" Klage auf Verurteilung zur alsbaldigen oder künftigen Leistung[15]), obwohl er (oder sein Prozeßbevollmächtigter) vom Vergleichsverfahren weiß und nicht etwa ein besonderes Interesse an der alsbaldigen Verurteilung hat[16]), dann trifft ihn auch beim Obsiegen die Prozeßkostenlast, wenn der Vergleichsschuldner den Anspruch (soweit er zuerkannt wird) sofort im ersten dazu geeigneten Termin anerkennt.

Die Aufrechnung wird den unter das Vollstreckungsverbot (§ 32) fallenden Gläubigern nicht verwehrt. Könnten sie in einem statt des Vergleichsverfahrens schwebenden Konkurse wirksam aufrechnen (§§ 54, 55 KO.), dann dürfen sie es auch in und nach dem Vergleichsverfahren, ohne der in der Aufrechenbarkeit liegenden Deckung durch den Zwangsvergleich beraubt zu werden. § 36.

3. Einen eigenartigen Einfluß äußert das eröffnete Vergleichsverfahren auf schwebende **gegenseitige Schuldverträge.** Der Vertragsgegner des Vergleichsschuldners ist zunächst nicht Vergleichsgläubiger, wird es aber, wenn das vorzeitig gelöste Schuldverhältnis in einem Schadensersatzanspruche des Gegners aufgeht (§ 4 mit § 30 Satz 2). Die Lösung weicht von der konkursmäßigen Behandlung (§§ 17ff. KO.) nicht unerheblich ab.

a) Vor allem kann jeder Vertragsteil, auch der Gegner, ein jeder aber nur nach ausdrücklicher Ermächtigung durch das Vergleichsgericht, die (weitere) Erfüllung des zur Zeit der Eröffnung des Verfahrens beiderseits noch nicht ganz erfüllten Schuldverhältnisses ablehnen (§ 28 I). Dem Gegner mutet also das Gesetz nicht zu, schlechthin in der Gebundenheit zu verharren, wenn es dem unsicheren Schuldner so gefällt. Die Ermächtigung muß binnen kurzer Frist erwirkt und soll dem Schuldner[17]) nur erteilt

[13]) Jaeger KO.[7] § 14 Anm. 35 (mit Anm. 21f.) u. § 30 Anm. 65. Im übrigen siehe Wolfg. Bernhardt Vollstreckungssperre nach der VerglO. i. d. Leipz. Rechtswissensch. Studien Heft 38 (1929). — Über die Rückwirkung des Sperrverbots siehe S. 227, 233.

[14]) Eine schon vorher erhobene kann er weiterverfolgen, ohne der Besonderheit des § 35 ausgesetzt zu sein.

[15]) Feststellungsklagen im Sinne des § 256 ZPO. will der § 35 nicht hintanhalten.

[16]) Weil sie etwa der Schuldner im Gläubigerverzeichnis (§ 17 I 2) oder im Vergleichstermine (§ 62) bestritten hat. Kiesow VerglO.[3] § 35 Anm. 12.

[17]) Daß sie auch dem Gegner nur unter besonderen Voraussetzungen zu erteilen sei, bestimmt der § 28 nicht. Das pflichtmäßige Ermessen des Gerichts ist insoweit also nicht gebunden. Der Eigensucht des Gegners darf die Ermächtigung keinen Vorschub leisten. Kiesow VerglO.[3] § 28 Anm. 26. Befristet ist nach § 28 II 1 (§ 29 II) nur die Anbringung des Gesuchs um die behördliche Erlaubnis, nicht auch deren Erteilung noch deren Ausnutzung.

werden, wenn die (weitere) Erfüllung Zustandekommen oder Ausführbarkeit des Vergleichs gefährden würde, ihre Ablehnung aber dem Gegner keinen unverhältnismäßigen Schaden verursacht (§ 28 II).

b) Die Regel gilt für gegenseitige Schuldverträge aller Art, ausgenommen nur Miete, Pacht und Dienstvertrag [siehe c]. Ein dem § 23 KO. entsprechendes Erlöschen von Rechts wegen hat das Gesetz für Geschäftsbesorgungsverträge auch dann nicht verordnet, wenn der Vergleichsschuldner Geschäftsherr ist. Ebensowenig löst die Eröffnung des Vergleichsverfahrens (wie die des Konkurses, § 728 BGB.) von Rechts wegen Gesellschaften des bürgerlichen Rechts auf, deren Mitglied der Vergleichsschuldner ist. Ob und inwieweit hier überhaupt echte Gegenseitigkeit vorliegt, ist bestritten und zweifelhaft[18]). Die Kündbarkeit des § 723 (vgl. § 736) BGB. dürfte jedem Lösungsbedürfnisse genügen. Der § 28 VerglO. würde diese Kündbarkeit nicht verdrängen, hätte aber neben ihr kaum noch eine innere Berechtigung.

c) Für die Wiederkehrschuldverhältnisse der Miete, der Pacht und des Dienstvertrags[19]) gilt besonderes:

α) Ist der Vergleichsschuldner Vermieter, Verpächter oder Dienstnehmer, dann begründet das Vergleichsverfahren als solches überhaupt keine vorzeitige Lösbarkeit und zwar auf keiner Seite (§ 29 I). Beide Teile bleiben an den Vertrag, wie er lautet, gebunden, sofern nicht eine besondere gesetzliche Kündbarkeit besteht (z. B. auf Grund der §§ 626f. BGB.). Es bewendet beim § 4 VerglO., soweit nicht das Wiederkehrverhältnis abschnittweise bereits auf einer Seite ganz erledigt ist. Hat z. B. der Vermieter von Fahrnis (etwa einer Maschine, eines Kraftwagens) noch Mietzins für Vertragsabschnitte zu beanspruchen, für die er voll erfüllt hatte, dann ist er mit diesen Forderungen Vergleichsgläubiger, wie er im Konkurse gewöhnlicher[20]) Konkursgläubiger wäre. Das folgt aus dem Wesen des Wiederkehrschuldverhältnisses.

β) Ist der Vergleichsschuldner Mieter oder Pächter (und ihm der Vertragsgegenstand überlassen) oder ist er Dienstherr, dann tritt an Stelle der Ablehnungsbefugnis die Befugnis, nach gerichtlicher Ermächtigung zu jedem gesetzlichen Ziele zu kündigen, bei Mieten über Grundstücke und Räume aber mit der Maßgabe, daß nur der Schuldner (nicht der Vermieter) vorzeitig kündigen darf[21]). § 29 II Nr. 1 u. 2.

d) Erfüllungsablehnung (§ 28) und Kündigung (§ 29 II) verleihen dem dadurch geschädigten Vertragsgegner[22]) einen Anspruch auf Schadensersatz wegen Nichterfül-

---

[18]) Siehe Siber Grundriß des Schuldrechts (1931) S. 401ff. Für die Rechtsbeziehungen zwischen Mitglied und Verein hat RG. Bd. 100 S. 1 im entsprechenden Falle der Geschäftsaufsicht (§ 9 AufsVO.) den gegenseitigen Vertrag verneint. Auch bei der Gesellschaft des BGB. fragt es sich, wer — wenn eine größere Zahl von Gesellschaftern da ist — „der andere Teil" im Sinne des § 28 VerglO. sein sollte. Jeder einzelne Mitgesellschafter oder nur die Gesellschaft?

[19]) Dienstverträge auf Geschäftsbesorgung werden insoweit wie andere behandelt. Daß der Dienst gerade im Haushalt, Wirtschaftsbetrieb oder Erwerbsgeschäft des Vergleichsschuldners angetreten sei, wird nicht verlangt. Auch wird zwischen angetretenen und nicht angetretenen Dienstverträgen kein Unterschied gemacht. All das ist im Konkursverfahren anders.

[20]) Ein Absonderungsrecht kraft des gesetzlichen Vermieterpfandrechts käme in den Beispielsfällen nicht in Frage. Zinsvorausverfügungen bleiben wirksam.

[21]) Fahrnismieten und Dienstverträge können unter den Voraussetzungen des § 28 von beiden Teilen vorzeitig zu jedem gesetzlichen Ziele gekündigt werden (§ 29 II Nr. 1). Die unangetretene Grundstücksmiete (Pacht) bleibt, wenn der Vergleichsschuldner Mieter (Pächter) ist, überhaupt unter der Regel des § 28 (fristlose Ablehnung).

[22]) Nach dem Wortlaute des § 30 wird angenommen, daß der Gegner den Ersatzanspruch auch hat, wenn er selber den Vertrag vorzeitig löste, obwohl er das doch gerade tut, um sich vor Schaden zu bewahren (ein ganz sachwidriges Ergebnis). Daß dem Schuldner aus der Lösung durch den Gegner kein Ersatzanspruch erwächst, steht fest. Zur Frage der Verzichtbarkeit des gesetzlichen Ausschlusses von der Vergleichsbeteiligung (§ 4) siehe oben § 39 Note 17. Ob der künftige Vergleichsschuldner sich beim Abschlusse des Schuldvertrags die Befugnis zu vorzeitiger Lösung (§§ 28ff.) abdingen lassen kann, ist recht zweifelhaft (vgl. Schumann KonkTreuh. 1931 S. 177f., Weitzmann ebenda S. 178f.).

lung. Mit diesem Anspruch ist er aber nur Vergleichsgläubiger. § 30. Das gesetzliche Pfandrecht des Vermieters (Verpächters) deckt den Ersatzanspruch nicht (§ 29 II Nr. 3). Er wird also jedenfalls vom Zwangsvergleich betroffen.

§ 41.

4. Der Zwangsvergleich zur Konkursabwendung.

I. **Der Vergleichsabschluß** vollzieht sich auf Grund einer mündlichen Verhandlung und Abstimmung über den Vergleichsvorschlag in dem unter richterlicher Leitung stehenden Vergleichstermin, also in prozeßrechtlichen Formen (§ 59). Im Termine muß der Schuldner (wenn er prozeßunfähig ist, sein gesetzlicher Vertreter) erscheinen. Nur aus besonderen Hinderungsgründen darf er sich durch einen Bevollmächtigten vertreten lassen (§§ 61 I, II, 79 I Nr. 6, II, III, 80). Denn schon hier und schon auf Begehr eines einzigen Gläubigers hat der Schuldner den (auch die Verbindlichkeiten umfassenden) Offenbarungseid zu leisten (§§ 61 III, 66 Satz 2, 70 I Nr. 7, II, 80). Anwesend muß auch die Vertrauensperson sein. Denn sie hat über die Sachlage und besonders über die Aussichten auf Erfüllung des Vergleichs zu berichten (§ 47 II 2). Zum wesentlichen Verhandlungsinhalte gehört die „Erörterung" der Ansprüche. Sie findet statt an der Hand des vom Schuldner aufgestellten (§§ 16 I Nr. 1, 17), durch etwaige Anmeldungen ergänzten (§ 60) oder sonstwie (etwa nach Lösung schwebender Gegenseitigkeitsverträge, § 30) berichtigten Gläubigerverzeichnisses (§ 62). Während aber die Erörterung im Prüfungstermine des Konkurses eine Feststellung der Ansprüche nach Grund, Betrag und Vorrecht herbeiführen oder anbahnen soll (§§ 141, 144—146 KO.), erstrebt sie im konkursabwendenden Vergleichsverfahren zunächst nur eine Verständigung oder Entscheidung über das Stimmrecht. Über jede vom Vergleichsgericht aufgerufene Forderung hat der Schuldner sich zu erklären. Wird ein Widerspruch weder von ihm noch von der Vertrauensperson noch von einem Vergleichsgläubiger erhoben, dann gilt die Forderung ohne weiteres als stimmberechtigt. Zugleich aber ist sie dem Bestande nach „anerkannt". Solche Anerkennung und deren Beurkundung im Gläubigerverzeichnisse hat zwar nicht die Kraft urteilsmäßiger Feststellung. Wohl aber löst der Anerkennungsvermerk[1]) verbunden mit der Vergleichsbestätigung Vollstreckbarkeit gegenüber dem Schuldner, dessen Rechtsnachfolgern und denjenigen Vergleichsgaranten aus, die sich die Einrede der Vorausklage nicht eigens vorbehalten haben. § 62 mit § 75. Die Erzielung dieser Vollstreckbarkeit liegt ebenfalls im Zweckbereich des Erörterungsverfahrens, wenn sie auch nur einen mittelbaren, nicht den unmittelbaren Erfolg der Erörterung bildet. Von der Vollstreckbarkeit des § 194 (§ 164 II) KO. unterscheidet sie sich wesentlich dadurch, daß sie nicht auf rechtskräftiger Feststellung beruht.

Erhebt der Schuldner, die Vertrauensperson oder ein Vergleichsgläubiger im Termine[2]) Widerspruch gegen eine hier erörterte Forderung, ohne daß eine Einigung der Beteiligten gelingt, dann hat das Gericht zu entscheiden. Die Entscheidung ist unanfechtbar, kann aber vom Gericht auf Antrag eines Beteiligten bis zum Beginn der Abstimmung geändert werden. Ihre Wirksamkeit beschränkt sich auf das Stimmrecht. § 62 II. Ein Streit über Bestand oder Betrag der Forderung wäre im Weg eines Prozesses gegen den Schuldner auszutragen. Die Vertrauensperson oder Vergleichsgläubiger setzen sich durch Widerspruch im Termine der Gefahr einer persönlichen Ausklagung nicht aus. Eine Klage, die darauf abzielt, einen Widerspruch als solchen für unbegründet zu erklären, damit das im Gläubigerverzeichnis beurkundete Erörterungsergebnis (dem § 146 VII KO. entsprechend) berichtigt werden könne, sieht das Gesetz nicht vor[3]).

[1]) Der Urkundsbeamte der Geschäftsstelle hat in einer diesem Zwecke dienenden Spalte des Gläubigerverzeichnisses „das Ergebnis der Erörterung" einzutragen (§ 62 IV).

[2]) Für die Stimmrechtsermittelung kommen nur mündliche Erklärungen, nur Widersprüche „im Termin erschienener" Vergleichsgläubiger in Betracht (vgl. § 62 II 3).

[3]) Wie oben [S. 223 Note 16] bemerkt, bedarf das Erörterungsverfahren noch der gesetzlichen Ausgestaltung. Das geltende Recht bietet auch der Annahme, daß wenigstens der Schuldnerwiderspruch als solcher im Klageweg überwunden werden könne, keinen Rückhalt. Kiesow VerglO.³ § 62 Anm. 7.

Zum Zustandekommen des Vergleichs bedarf es stets einer doppelten **Mehrheit**, einer Kopf- und einer Summenmehrheit. Die Kopfmehrheit ist immer eine einfache, wird aber nach der Zahl nicht der im Vergleichstermin anwesenden[4]), sondern der überhaupt stimmbefugten Gläubiger berechnet. Die Summenmehrheit muß um so größer sein, je ungünstiger der Vergleichsvorschlag lautet: sie muß für die Regel mindestens $^3/_4$ der stimmbefugten Forderungen ausmachen[5]), bei ziffermäßig bestimmten[6]) und weniger als die Hälfte bietenden Erlaßvergleichen aber mindestens $^4/_5$, während es für eine bloße Stundung auf längstens ein Jahr[7]) genügt, wenn die Summenmehrheit $^1/_2$ des stimmbefugten Kapitals übersteigt (§ 63). Anders als im Konkurse gestattet das Gesetz schriftliche Zustimmung[8]) (§ 65). Das Ehegattenstimmrecht wird wie im Konkurse behandelt (§ 64 VerglO., § 183 KO.).

Wird die erforderliche Doppelmehrheit nicht erzielt, die Anberaumung eines neuen Termins aber nicht beantragt[9]) oder abgelehnt, dann hat das Vergleichsgericht das Verfahren einzustellen und zugleich darüber zu entscheiden, ob der Konkurs zu eröffnen sei (§§ 79 I Nr. 8, 80ff.).

II. Der angenommene Vergleich bedarf immer noch, um wirksam zu werden, **der Bestätigung** durch das Vergleichsgericht. Der die Bestätigung erteilende oder versagende Beschluß ist im Vergleichstermine selbst oder in einem nicht über eine Woche hinauszuschiebenden weiteren Termine zu verkünden. Vor der Bestätigung hat das Gericht dem Schuldner, der Vertrauensperson und dem etwaigen Gläubigerausschusse Gelegenheit zur mündlichen oder schriftlichen Äußerung zu bieten. § 67. Die Bestätigung darf nur aus den gesetzlich bestimmten Gründen versagt werden, die ähnlich wie im Konkurse teils von Amts wegen, teils nur auf Antrag zu berücksichtigen sind (§ 68). Nach der Annahme des Vergleichs kommt eine „Einstellung" des Verfahrens nicht mehr in Betracht, sondern nur entweder „die Bestätigung" oder „die Verwerfung des Vergleichs". Mit der Verwerfung verbindet sich die Entscheidung über die Frage der Konkurseröffnung (§§ 71, 72). Mit der Bestätigung ist die Aufhebung des Vergleichsverfahrens zu verkünden (§ 69). Bestätigung und Aufhebung sind unanfechtbar[10]). Auch der Verwerfungsbeschluß ist nicht als solcher beschwerdefähig. Wohl aber hat der Schuldner gegenüber der zugleich zu erlassenden Entscheidung über die Frage der Konkurseröffnung, auch gegenüber einer ablehnenden, binnen der Notfrist von einer Woche seit der Verkündung (§§ 14 II, 67 III) die Beschwerde und kann mit ihr auch geltend machen, daß der Vergleich zu Unrecht verworfen worden sei (§ 71). Der rechtskräftig verworfene Vergleich erlangt auch zustimmenden Gläubigern gegenüber keine Wirksamkeit.

III. Der konkursabwendende Zwangsvergleich ist wie der konkursbeendende ein Vertrag, der in prozeßrechtlichen Formen zwischen dem Schuldner und den durch die gesetzliche Mehrheit handelnden Vergleichsgläubigern abgeschlossen, wenn auch erst mit der gerichtlichen Bestätigung wirksam wird. Wie beim Zwangsvergleich des Konkurses sind es ausschließlich die rechts-

[4]) So ist es nach § 182 Nr. 1 KO. beim Zwangsvergleich im Konkurse. Die Erschwerung beim konkursabwendenden Vergleich wird durch die Möglichkeit schriftlicher Zustimmung gemildert.

[5]) So beim Erlaß bis zur Hälfte, bei Stundung über ein Jahr, beim Liquidationsvergleich.

[6]) Erlaß bestimmter Bruchteile (⅓, ½) oder Prozente (30 v. H., 40 v. H. usw.).

[7]) Mit oder ohne Erlaß des auf diese Zeit entfallenden Zinses.

[8]) Die Zustimmung muß dem Vergleichsvorschlage selbst gelten, nicht nur im Sinne des § 16 I Nr. 4 das Einverständnis „mit der Eröffnung eines Vergleichsverfahrens", wäre es auch auf Grund eines inhaltlich übereinstimmenden Anerbietens, ausdrücken und rechtzeitig, d. h. bis zum Schlusse der Abstimmung, dem Vergleichsgericht zugegangen sein.

[9]) Der Antrag auf „Vertagung" erfordert eine Kopfmehrheit von ¾ der anwesenden Vergleichsgläubiger, keine Summenmehrheit. Der neue Termin ist sofort zu verkünden und für die Regel nicht über zwei Wochen hinauszuschieben. In ihm ist die ganze Verhandlung zu wiederholen. § 66. Eine abermalige „Vertagung" ist nicht ausgeschlossen.

[10]) Mit der Aufhebung enden die verfahrensrechtlichen Schranken und die verfahrensrechtlichen Ämter. Angeordnete Verfügungsbeschränkungen hören auf zu wirken (§ 69 II). Ausgesetzte Konkursanträge gelten als nicht gestellt (§ 69 III 2). Wird die bisherige Vertrauensperson im Vergleiche damit betraut, dessen Erfüllung zu vollziehen oder zu überwachen, dann handelt sie fortab ausschließlich als Geschäftsbesorger der Vertragsgenossen, nicht mehr als „Vertrauensperson" (§ 69 III 1). Daher sind z. B. die §§ 44—46 fernerhin nicht mehr maßgebend.

geschäftlichen Willenserklärungen der Beteiligten, die das Vergleichsgedinge regeln. Die Staatsgewalt, handelnd durch das Vergleichsgericht, übt auf die inhaltliche Gestaltung des Vergleichs keinen bestimmenden Einfluß. Sie kann ihn nur so, wie er von den Parteien abgeschlossen wird, bestätigen oder verwerfen, seinen Inhalt aber in keiner Weise ändern. Er ist ein Rechtsgeschäft, nicht — auch nicht zugleich — ein Staatsakt. Das vorwiegend zum Schutze der Minderheit aufgestellte Bestätigungserfordernis nimmt ihm den Vertragscharakter ebensowenig als das dem Schutze des Mündels dienende Gebot gerichtlicher Genehmigung der Vergleiche eines Vormunds. Auch die **Vergleichsfolgen** bestimmt der § 73 VerglO. ganz im Einklang mit dem § 193 KO. Der Zwangsvergleich des Nachlaßvergleichsverfahrens wirkt wie der Zwangsvergleich des Nachlaßkonkurses (§ 92 Nr. 4). Die persönliche Mithaftung der Gesellschafter wird durch beide Vergleichsarten übereinstimmend begrenzt (§ 89 Nr. 4 VerglO., § 211 II KO.).

Zwei Besonderheiten sind jedoch hervorzuheben:

1. Der **konkursabwendende** Zwangsvergleich trifft auch die im Sinne des § 63 KO. unanmeldbaren Ansprüche außer den Geldstrafen. Insoweit werden Freigebigkeitsforderungen wie Vergleichsansprüche behandelt (auch Vergleichsbürgschaften kommen ihnen zugute), während die Kosten der Verfahrensteilnahme, Zinsen von Vergleichsansprüchen für die Verfahrensdauer und Kosten eines nach § 70 hinfällig werdenden Zwangszugriffs mangels eines vergleichsmäßigen Vorbehalts als erlassen gelten. § 74.

2. Der Zugriffserwerb eines nach § 3 unter die Rückschlagssperre fallenden Gläubigers verliert mit der Bestätigung des Vergleichs seine Wirksamkeit (§ 70). Auch diese Gläubiger sollen also den Vergleichsfolgen unterworfen sein. Dem Zwecke des Gesetzes entsprechend muß die Unwirksamkeit des § 70 allen Gläubigern gelten, die der Vergleich nach den §§ 73, 74 trifft, aber auch nur ihnen.

IV. Ein nachträglicher **Wegfall der Vorteile**, die der Vergleich dem Schuldner, nicht auch derer, die er den Gläubigern einräumt, kann sich auf dreierlei Art vollziehen:

1. Von Rechts wegen und zugunsten aller Gläubiger fallen die Vergleichsschranken, wenn der Schuldner rechtskräftig auf Grund bestimmter, seine Vertrauenswürdigkeit ausschließender Straftaten (vorsätzliche Verletzung der Offenbarungspflicht, betrügerischer Bankbruch) verurteilt wird. § 76 VerglO. (entsprechend dem § 197 KO.).

2. War der Vergleich durch Betrug (z. B. durch verheimlichte Sonderbegünstigung) zustande gebracht worden, dann kann jeder einzelne Gläubiger, der dies nicht rechtzeitig im Verfahren zu rügen vermochte, für seine Person durch Anfechtung die vergleichsmäßige Minderung seiner Rechte umstoßen. § 77 VerglO. (entsprechend dem § 196 KO.).

3. Wie andere Verträge [oben III] kann der Vergleich rechtsgeschäftlich bedingt werden. Ja es soll nach § 7 VerglO. die auflösende Bedingung (die Verwirkungsabrede) in gewissen Grenzen sogar unterstellt werden. Enthält nämlich der Vergleich einen Teilerlaß der Forderungen selbst (nicht nur von Zinsen), so wird im Zweifel angenommen: es solle der Erlaß — nicht der Vergleich im ganzen[11]) — hinfällig werden, wenn der Schuldner mit der Erfüllung des Vergleichs in Verzug oder vor der vollständigen Erfüllung in Konkurs gerät. Im Verzugsfalle tritt diese Wirkung nur im Verhältnis zu den Gläubigern ein, denen gegenüber Schuldnerverzug vorliegt, im Konkursfalle dagegen zugunsten aller Gläubiger, die noch nicht die volle

[11]) Aus dem Grunde der Nichterfüllung allein kann die Aufhebung des Vergleichs selber nicht verlangt werden. § 78 VerglO. (entsprechend dem § 195 KO.). Wohl aber kann im Vergleich ausdrücklich bedungen werden, daß er im ganzen hinfällig werden soll, wenn der Vergleichsschuldner nicht rechtzeitig erfüllt oder wenn er vor der Erfüllung in Konkurs gerät. Tritt die so gesetzte auflösende Bedingung ein, dann verlieren auch Vergleichsbürgschaften von selbst ihre Wirksamkeit. Der § 7 löst diese Rechtsfolge nicht aus. Zum Eintritte des Schuldnerverzugs ohne Mahnung nach § 284 II BGB. (mit § 7 VerglO.) genügt Nichtleisten am kalendermäßig bestimmbaren Ziel (KG. v. 17. 4. 1931 KonkTreuh. S. 157 f.). Zur Frage des Verzugsausschlusses bei ernsthafter Forderungsbestreitung siehe Eisold KonkTreuh. 1931 S. 165 mit Verw.

Quote erhalten haben. Bei bloßen Stundungsvergleichen, auch bei solchen mit Zinserlaß, gilt die Verwirkungsabrede nur kraft ausdrücklicher Vereinbarung.

In allen Fällen des Wegfalls der Vergleichsschranken haften Vergleichsbürgen, wenn nichts anderes vereinbart ist, in den Grenzen des Vergleichs fort[12]).

§ 42.

5. Der Anschlußkonkurs.

I. Begriff und Beginn.

1. Als Anschlußkonkurs pflegt der Konkurs bezeichnet zu werden, der sich den scheiternden gerichtlichen Vergleichsversuchen unmittelbar „anschließt" (vgl. § 3 III). Für drei Fälle eines solchen Anschlusses, nämlich

a. für die Ablehnung der Eröffnung des gerichtlichen Vergleichsverfahrens (§ 24),

b. für die Verwerfung des abgeschlossenen Vergleichs, also für die Versagung seiner Bestätigung (§ 71) und

c. für die Einstellung[1]) des Vergleichsverfahrens (§ 80),

hat das Gesetz einige konkursrechtliche Besonderheiten aufgestellt (§§ 82—87 VerglO.), die es rechtfertigen, diesem Konkurs auch einen eigenen Namen zu geben. Der Wortlaut des § 82 spricht dafür, daß die Aufzählung erschöpfend sein soll. Die entsprechende Anwendbarkeit aller oder einzelner der in den §§ 83—87 verordneten Eigentümlichkeiten auf andere Konkurse, deren Grund schon beim gescheiterten Vergleichsversuche den Vergleichsgrund gebildet hatte, muß indessen anerkannt werden. So, wenn die in Fällen der §§ 24, 71, 80 gebotene Entscheidung „über die Eröffnung des Konkursverfahrens" nur wegen einer später durch Vorschüsse ausgeglichenen Masseunzulänglichkeit oder nur in Verkennung des tatsächlich doch vorhandenen Konkursgrundes die unmittelbare Konkurseröffnung abgelehnt hatte, daraufhin aber ein wiederholter oder erstmals gestellter Konkursantrag zum Ziele führte.

2. Wirksam wird die Eröffnung des Anschlußkonkurses im Falle der Ablehnung des Vergleichsantrags zu dem durch den Beschluß bestimmten Zeitpunkt (§ 108 KO.), in den Fällen der Einstellung des Vergleichsverfahrens und der Verwerfung des Vergleichs dagegen erst mit Eintritt der Rechtskraft des Beschlusses (§§ 71 II, 80 II). Denn es sollen Vergleichsverfahren und Konkursverfahren nicht nebeneinander herlaufen. Vielleicht gelingt es dem Vergleichsschuldner, im Beschwerdeweg eine Fortsetzung des Vergleichsverfahrens oder eine Bestätigung des Vergleichs zu erwirken.

II. Regelung.

1. Für den Anschlußkonkurs gelten, abgesehen von der Anfechtung des durch das Vergleichsgericht erlassenen und deshalb unter den Sätzen des § 14 II VerglO. stehenden Eröffnungsbeschlusses, im allgemeinen die konkursrechtlichen Vorschriften. Namentlich begrenzt der Zeitpunkt des Wirksamwerdens der Konkurseröffnung [oben I 2], nicht derjenige der

---

[12]) Den Einfluß eines vor Erfüllung des Vergleichs ausbrechenden Konkurses auf Treuhandvergleiche hat das Gesetz leider nicht geregelt.

[1]) Die Einstellung bedeutet auch hier den vorzeitigen Abbruch des Verfahrens. Ihre Gründe zählt der § 79 auf. Zu ihnen gehört die Rücknahme des Vergleichsantrags durch den Schuldner, ein dessen Vertrauenswürdigkeit erschütterndes Verhalten (Verstoß gegen ein Veräußerungsverbot, unangemessener Aufwand, verweigerte Offenbarung seiner Verhältnisse) und die Nichterzielung der zur Vergleichsannahme nötigen Mehrheiten. Bei der Einstellung hat das Gericht zugleich zu prüfen und zu entscheiden, ob der Konkurs zu eröffnen sei. Geschieht das, dann hat der Schuldner (nur er) gegen die Konkurseröffnung, und mittelbar auch gegen die Einstellung die sofortige Beschwerde. Die Entscheidung über Einstellung und Konkurseröffnung wird erst mit Eintritt der Rechtskraft wirksam. § 80. Bekanntgabe der Einstellung: § 81.

Eröffnung des vorausgegangenen Vergleichsverfahrens den Kreis der Konkursgläubiger (§ 3 KO.). Von demselben Zeitpunkt ab sind nach rückwärts die Konkursvorrechte des § 61 KO. zu bemessen[2]). So kann es vorkommen, daß ein Gläubiger, der bei Eröffnung des Vergleichsverfahrens bevorrechtet und darum am Vergleichsverfahren nicht beteiligt war, nun für den Anschlußkonkurs zum einfachen Konkursgläubiger geworden ist. Ebenso sind die Neugläubiger des Vergleichsverfahrens nicht etwa als solche schon Massegläubiger des Anschlußkonkurses. Andrerseits bestimmt sich auch der Sollbestand der Konkursmasse nach dem Zeitpunkt, in dem die Eröffnung des Anschlußkonkurses wirksam wird. Vielleicht war das Schuldnervermögen bei Beginn des Vergleichsverfahrens erheblich größer. Doch trägt das Gesetz der Tatsache, daß unterdessen gerichtliche Vergleichsversuche stattgefunden und daß sie den Konkurs hingehalten haben, in einigen Sondervorschriften Rechnung.

2. Vor allem gilt es der Gefahr zu begegnen, daß der Aufschub des Konkurses Masseverkürzungen rechtsbeständig werden läßt, die bei zeitiger Konkurseröffnung anfechtbar (§§ 29 ff. KO.) oder schon von Rechts wegen unwirksam gewesen wären (§ 7 KO.).

a) Darum wird einmal für den Anschlußkonkurs der Kenntnis des Konkursantrags die Kenntnis des Vergleichsantrags anfechtungsrechtlich gleichgestellt (§ 87 I VerglO.). So erweitert sich der Bereich der besonderen Konkursanfechtung des § 30 KO. ganz erheblich und zwar namentlich gegenüber Deckungen, die einzelne Gläubiger auf Kosten der Allgemeinheit während der Krise zwangsweise oder durch freiwillige Verfügung des Schuldners erworben haben. Keineswegs aber wird die Zehntagefrist des § 30 Nr. 2 KO. auf die letzten zehn Tage vor dem Vergleichsantrag erstreckt.

b) Weiter werden die Anfechtungsfristen der §§ 31 Nr. 2, 32, 33 KO. und im Zusammenhange damit die zeitliche Aufrechnungsschranke des § 55 Nr. 3 KO. um die Dauer des gerichtlichen Vergleichsverfahrens erstreckt (§ 87 II, vgl. für die Einzelanfechtung § 98 VerglO.). Der Zeitraum, der seit „Eröffnung" des Vergleichsverfahrens (nicht seit dessen Beantragung) verstrichen ist, bleibt außer Ansatz; der Stichtag für die Rückberechnung jener Fristen wird also vom Tage der Konkurseröffnung auf den Tag der Eröffnung des fehlgeschlagenen Vergleichsverfahrens verlegt. Siehe oben S. 147.

c) Sodann ermangeln alle im Vergleichsverfahren verbotenen oder unter den Rückschlag der Sperre (§§ 3, 32—34 VerglO.) fallenden Sondervollstreckungen im Anschlußkonkurse schon von Rechts wegen der Wirksamkeit (§ 83 Satz 1, § 84 VerglO.). Insoweit wird dem Konkursverwalter die Anfechtung erspart. Namentlich begründen sperrwidrige Pfändungen, Grundstücksbeschlagnahmen und Zwangshypotheken keine Absonderungsrechte, auch nicht zugunsten der nach § 63 KO. unanmeldbaren Ansprüche. Sperrwidrige Befriedigungen sind wie ungerechtfertigte Bereicherungen zurückzugewähren (§ 84 Satz 1 VerglO.). Dieser Rückgewähranspruch gehört auch in solchen Fällen zur Masse des Anschlußkonkurses, in denen die kraft des § 39 KO. wieder auflebende Forderung nach § 63 KO. von der Konkursteilnahme ausgeschlossen ist. Der gesetzlichen Unwirksamkeit verfällt aber nur Zwangserwerb, nicht eine freiwillig eingeräumte Deckung. Darin liegt ein starker Anreiz für eigensüchtige Gläubiger, sich durch die dem Gemeinwohl besonders abträglichen Sicherungsübereignungen und Sicherungsabtretungen zu decken. Ihnen vermag der Konkursverwalter nur im Anfechtungswege beizukommen, es sei denn, daß sie im Sinne der §§ 138, 826 BGB. sittenwidrig wären.

d) Verfügungen des Schuldners, die entgegen einem im Vergleichsverfahren erlassenen Veräußerungsverbot vorgenommen und nicht durch Zustimmung der Aufsichtsperson wirksam geworden waren, bleiben unwirksam zugunsten der Masse des Anschlußkonkurses (§ 83 Satz 2 VerglO.). Diese Unwirksamkeit kann auch Gläu-

---

[2]) Sie werden nicht etwa um die Dauer des Vergleichsverfahrens erweitert [oben S. 69 Note 37].

bigern zugute kommen, deren Forderungen zur Zeit der verbotswidrigen Verfügung noch gar nicht entstanden waren.

3. Den Kreis der Massegläubiger erweitern für den Anschlußkonkurs die §§ 85, 86 VerglO.

a) Den Massekosten des § 58 Nr. 1, 2 KO. werden die Gerichtskosten des Vergleichsverfahrens (vgl. § 99 VerglO.) und die gerichtlich festgesetzten Ansprüche der Vertrauensperson auf Vergütung und Auslagen eingereiht.

b) Den Masseschulden des § 59 Nr. 1 KO. wird der Anspruch aus Darlehen gleichgestellt, die der Schuldner während des gerichtlichen Vergleichsverfahrens mit Zustimmung der Vertrauensperson zur Fortführung des Geschäfts oder zur Förderung des Vergleichsabschlusses oder der Vergleichserfüllung aufgenommen hat.

Sind Massegläubigerrechte solcher Art vor Eröffnung des Anschlußkonkurses befriedigt worden, so ist für anfechtungsrechtliche Rückgewähransprüche im Sinne der §§ 29 ff. KO. kein Raum, weil ja die Konkursgläubiger sich noch im Konkurse die Vorausbefriedigung der Massegläubiger gefallen lassen müssen (§ 57 KO.), von einer Benachteiligung der Konkursgläubiger — wie sie jede Art der konkursmäßigen Anfechtung voraussetzt — also keine Rede sein kann.

III. Konkurs nach außergerichtlichem Vergleichsversuch.

Der außergerichtliche Vergleich zu Zwecken der Konkursverhütung spielt noch immer eine erhebliche Rolle[3]). Was ihm abgeht, ist der Mehrheitszwang, der weder gesetzlich eingeführt noch gewohnheitsrechtlich gefestigt noch endlich aus Obersätzen abzuleiten ist, die sich aus allgemeinen Rechtsbegriffen gewinnen lassen. Der außergerichtliche Vergleich setzt allseitiges Einvernehmen voraus (Güteausgleich). Eine Vollstreckungssperre schützt die Sanierungsbestrebungen nicht. Auch durch Veräußerungsverbote können sie nicht sichergestellt werden (vgl. § 137 BGB.). Kommt es zum Konkurse, weil der Vergleichsversuch oder die Vergleichserfüllung scheitert, dann sind die Sätze des Anschlußkonkurses auch nicht entsprechend anwendbar. Anfechtungsmöglichkeiten können daher im Gegensatze zum § 87 VerglO. infolge des Konkursaufschubes endgültig erloschen sein. Das Honorar für Bemühungen um den außergerichtlichen Vergleich kann nicht als Massekostenanspruch im Sinne des § 85 VerglO. verfolgt werden. Die Forderung ist Konkursforderung. War sie vor Konkursbeginn erfüllt oder sichergestellt worden, dann droht — vom Falle der Bardeckung abgesehen [oben S. 142] — die Konkursanfechtung.

---

[3]) Eine sehr gediegene systematische Darstellung gibt Emmerich Sanierung I (1930) S. 44—201.

Beilagen.

A. Konkurseröffnung.

Beschluß.

Über das Vermögen des Kaufmanns Franz Faller in Gantheim wird heute am 22. April 1931 vormittags elfeinhalb Uhr das Konkursverfahren eröffnet[1]), da er seine Zahlungen eingestellt und die Konkurseröffnung beantragt hat[2]).

Zum Konkursverwalter wird Rechtsanwalt Dr. Stern, Marktstraße 7 hier, ernannt[3]).

Konkursforderungen sind bis 22. Juni 1931 beim Amtsgericht Gantheim anzumelden[4]).

Termin zur Beschlußfassung über die Beibehaltung des ernannten oder die Wahl eines anderen Verwalters sowie über die Bestellung eines Gläubigerausschusses[5]) und eintretenden Falles über die im § 132 KO. bezeichneten Gegenstände wird auf Freitag, den 22. Mai 1931, vormittags 9 Uhr, Termin zur Prüfung der angemeldeten Forderungen[6]) auf Sonnabend, den 11. Juli 1931 vormittags 9 Uhr vor dem unterzeichneten Gericht, Marktplatz 1 Erdgeschoß Zimmer Nr. 3, anberaumt.

Allen Personen, die eine zur Konkursmasse gehörende Sache in Besitz haben oder zur Konkursmasse etwas schuldig sind, wird aufgegeben, nichts an den Gemeinschuldner zu verabfolgen oder zu leisten, auch die Verpflichtung auferlegt, von dem Besitze der Sache und von den Forderungen, für die sie aus der Sache abgesonderte Befriedigung in Anspruch nehmen, dem Konkursverwalter bis zum 13. Juni 1931 Anzeige zu machen[7]).

Gantheim, den 22. April 1931.

Amtsgericht.

Richter.

---

1) § 108 KO.
2) §§ 102, 103 KO.
3) § 110 KO.
4) § 138 KO.
5) §§ 80, 87 KO.
6) § 141 KO.
7) Offener Arrest: § 118 KO. [oben S. 174].

B. Konkurstabelle

der in dem Konkursverfahren über das Vermögen des Kaufmanns

Beanspruchtes Vorrecht	Laufende Nummer	Name, Beruf und Wohnort des Gläubigers	Vertreter des Gläubigers, Hinweis auf die Vollmacht	Tag der Anmeldung	Angemeldeter Betrag *RM*	*Rpf*
1	2	3	4	5	6	
		Abteilung 1.				
I.	1.	Hurtig, Hans, Handlungsgehilfe hier.		26. 5. 31. Bl. 12.	100	—
II.	2. 1.	Stadt Gantheim.		27. 5. 31. Bl. 15.	85	—
	2.	Finanzamt Gantheim.		29. 5. 31. Bl. 16.	93	50
III.						
IV.	1.	Helfreich, Dr., Heinrich, prakt. Arzt hier.		26. 5. 31. Bl. 14.	150	—
V.						
		Abteilung 2.				
	1.	Eller, Emil, Tuchfabrikant hier.	Rechtsanwalt Ritter hier. Vollmacht Bl. 22.	30. 5. 31. Bl. 20.	200	—
	2.	Gebr. Goldberg, Bankgeschäft hier.	Rechtsanwalt Roth hier. Vollmacht Bl. 25.	30. 5. 31. Bl. 23.	1000	—
	3.	Reich, August, Rentner hier.		10. 6. 31. Bl. 26.	10000	—
	4.	Krämer, Karl, Kaufmann hier.		18. 6. 31. Bl. 27.	500	—

Franz Faller in Gantheim angemeldeten Forderungen.

Genaue Bezeichnung des Grundes der Forderung und der urkundlichen Beweisstücke	Ergebnis der Prüfungsverhandlung	Berichtigung	Bemerkungen
7	8	9	10
Gehaltsrückstand für das erste Vierteljahr 1931.	Betrag u. Vorrecht festgestellt. Gantheim, 11. 7. 1931. Richter. Schreiber.	Die Forderung ist Gehaltsrückstand für das Halbjahr vom 1. 10. 1930 bis 31. 3. 1931. Gantheim, 11. 7. 1931. Richter. Schreiber.	Vom Gemeinschuldner in Höhe von 30 *RM* bestritten Gantheim, 11. 7. 1931. Richter. Schreiber. Widerspruch des Gemeinschuldners rechtskräftig verworfen durch Urteil des Amtsgerichts Gantheim vom 3. 10. 1931. Gantheim, den 10. 10. 1931. Richter. Schreiber.
Wassergeld vom 1. 7. 1930 bis 22. 4. 1931.	Betrag festgestellt, Vorrecht vom Verwalter bestritten. Gantheim, 11. 7. 1931. Richter. Schreiber.		
Gewerbesteuer für II. Vierteljahr 1931	Betrag u. Vorrecht festgest. Gantheim, 11. 7. 1931. Richter. Schreiber.		
Kurkosten für die Zeit vom 1. 10. 1930 bis 31. 3. 1931.	Betrag u. Vorrecht festgest. Gantheim, 11. 7. 1931. Richter. Schreiber.		
Darlehnsforderung, Schuldschein vom 1. 5. 1930. Bl. 21.	Festgestellt Gantheim, 11. 7. 1931. Richter. Schreiber.		
Wechsel vom 15. 3. 1931. Bl. 24.	Bestritten vom Verwalter in Höhe von 500 Mk. Gantheim, 11. 7. 1931. Richter. Schreiber.	Der Verwalter hat seinen Widerspruch zurückgenommen. Gantheim, 20. 7. 1931. Richter. Schreiber.	
Hypothekendarlehn, eingetragen Abt. III Nr. 1 Grundbuch Gantheim Bd. 1 Bl. Nr. 100, Notariatsurkunde vom 10. 12. 1930.	Festgestellt; als Konkursfordreung in Höhe des Ausfalls. Gantheim, 11. 7. 1931. Richter. Schreiber.		Absonderungsrecht vom Verwalter anerkannt. Befriedigung nur wegen des Ausfalls verlangt. Ausfall nachgewiesen in Höhe von 500 *RM*. Gantheim, 20. 8. 1931. Richter. Schreiber.
Warenkaufpreisforderung lt. Rechnung vom 1. 1. 1931. Bl. 28.	Vom Gläubiger unter 3 zum ganzen Betrage bestritten. Gantheim, 11. 7. 1931. Richter. Schreiber.	Durch Urteil des Landgerichts Gantheim vom 14. 11. 1931 zum ganzen Betrage festgestellt. Gantheim, 21 11. 1931. Richter. Schreiber.	Bleibendes Stimmrecht durch Gerichtsbeschluß für 300 *RM* gewährt. Gantheim, 11. 7. 1931. Richter. Schreiber.

C. Konkursfeststellung (Klagantrag und Urteilsformel).

1. **Feststellungsklage des Anmelders** (§ 146 I KO.):

„Der vom Kläger im Konkurs über das Vermögen des Kaufmanns Franz Faller in Gantheim angemeldete Anspruch auf Zahlung von fünfhundert Reichsmark Kaufpreis (Abt. 2 Nr. 4 der Tabelle) wird in voller Höhe als Konkursforderung festgestellt."

2. **Widerspruchsklage des anfechtenden Konkursverwalters** (§ 146 VI mit §§ 35, 36 KO.):

„Der Widerspruch des Klägers gegen die im rechtskräftigen Urteil des Landgerichts Leipzig vom 1. April 1931 festgestellte Forderung des Beklagten auf Zahlung von zehntausend Reichsmark Kaufpreis (Abt. 2 Nr. 5 der Tabelle) wird für begründet erklärt"

oder

„Es wird festgestellt, daß dem Beklagten auf Grund des im Konkurs über das Vermögen des Kaufmanns Franz Faller in Gantheim angemeldeten Anspruchs auf Zahlung von zehntausend Reichsmark Kaufpreis (Abt. 2 Nr. 5 der Tabelle) ein Konkursgläubigerrecht nicht zusteht"[1]).

D. Konkursaufhebungsbeschluß[2]).

Das Konkursverfahren über das Vermögen des Kaufmanns Franz Faller in Gantheim wird, nachdem der Schlußtermin abgehalten worden ist, aufgehoben.

Gantheim, den 22. November 1931.

Amtsgericht.

Richter.

E. Zwangsvergleich im Konkurse.

I. **Ratenzahlung.**

1. Die nicht bevorrechtigten Konkursgläubiger erhalten vierzig vom Hundert ihrer Forderungen, zahlbar in zwei Raten zu je 20 v. H., am 15. September und am 15. Dezember 1931.
2. Die gesamte Restschuld wird mit Einschluß etwaiger Zinsen seit Konkursbeginn erlassen.
3. Für pünktliche Zahlung bürgt der Schwiegervater des Gemeinschuldners, Rentner Gustav Gareis in Gantheim.
4. Soweit die rechtzeitige Erfüllung ausbleibt, treten Erlaß und Stundung außer Wirksamkeit, unbeschadet der den Gläubigern durch den Vergleich gewährten Rechte.

---

[1]) Der angemeldete Anspruch ist anfechtbar nach § 30 Nr. 1 Fall 1 oder nach § 31 KO., weil er in einem Krisengeschäft zu weit übersetztem Preise begründet, übermäßigem Aufwand entsprungen oder zur Benachteiligung der Gläubiger erdichtet ist. Die Anfechtbarkeit, auf die sich der Widerspruch des Verwalters stützt, macht nach § 35 KO. auch vor der Rechtskraft des den Anspruch zuerkennenden Urteils nicht halt. Jaeger KO.[7] § 35 Anm. 6. Strafschutz: §§ 240 I Nr. 1, 242 I Nr. 2 KO. Im übrigen siehe oben S. 137, 141. Die erste (bequemere und gebräuchliche) Fassung lehnt sich an den Wortlaut des § 147 KO. an; die zweite gibt Aufschluß über die inhaltliche Wirksamkeit des Urteils.

[2]) **§ 163 KO.**

II. **Einheitliche Zahlung und Besserungsklausel.**

1. Die nicht bevorrechtigten Konkursgläubiger erhalten dreißig vom Hundert ihrer Forderungen, zahlbar binnen zwei Wochen nach rechtskräftiger Bestätigung des Vergleichs.

   Mit Auszahlung der Anteile ist der bisherige Konkursverwalter betraut. Die erforderlichen Beträge sind bei ihm hinterlegt.

2. Alle Restverbindlichkeiten werden mit Haupt- und Nebenansprüchen erlassen.
3. Ein Ausschuß, bestehend aus dem bisherigen Konkursverwalter, dem Bücherrevisor Emil Eller und dem Rechtsanwalt Konrad Kling hier, ist ermächtigt, während der nächsten fünf Jahre Einsicht in den Geschäftsbetrieb des Schuldners zu nehmen. Erklärt der Ausschuß innerhalb dieser Zeit, daß die Lage des Schuldners sich hinreichend gebessert habe, dann sind binnen des folgenden Vierteljahrs weitere zehn vom Hundert der Vergleichsansprüche nachzuzahlen[3]).

III. **Treuhandliquidationsvergleich.**

Vorschlag (in einfachster Gestalt):

Ich übertrage mein gesamtes Vermögen dem Bücherrevisor Rudolf Ritter in Gantheim als Treuhänder. Dieser hat es zu verwerten und den Erlös so zu verteilen, daß zunächst die nicht beteiligten Gläubiger voll befriedigt, dann die Kosten des Liquidationsverfahrens gedeckt und endlich die beteiligten Gläubiger anteilsmäßig befriedigt werden. Die letzteren verzichten auf alle Ansprüche gegen mich[4]).

F. Eröffnung des gerichtlichen Vergleichsverfahrens.

Beschluß.

Über das Vermögen des Kaufmanns Franz Faller in Gantheim wird heute am 22. April 1931 nachmittags fünfeinhalb Uhr das Vergleichsverfahren zur Abwendung des Konkurses eröffnet[1]).

Der Rechtsanwalt Dr. Stern, Marktstraße 7 hier, wird als Vertrauensperson bestellt[2]).

Zu Mitgliedern des Gläubigerausschusses werden bestellt:

1. der Kaufmann Emil Eller,
2. der Kaufmann Konrad Krämer,
3. der Rechtsanwalt Richard Rot, alle in Gantheim[3]).

---

[3]) Siehe oben S. 196. Nähere Angaben, etwa wie der Ausschuß beschließt, wie er sich ergänzt, wie die Nachzahlungsfrist zu berechnen sei, sind zur Vereinfachung des Musters hier unterblieben.

[4]) Nun bedarf es noch des Abschlusses eines Geschäftsbesorgungsvertrages zwischen dem Schuldner und dem Treuhänder, hierauf der Übertragung aller einzelnen Vermögensgegenstände an diesen. Siehe Levy VerglO.[2] (1929) S. 130; eingehend und beachtenswert Reimer bei Weinberg-Manasse VerglO.[4] (1930) S. 217 ff. Der Verband der Vereine Creditreform hat in einer Schrift „Die reformbedürftige Vergleichsordnung" (Leipzig 1931) für den Liquidationsvergleich im gerichtlichen Konkursabwendungsverfahren, der S. 9 als „die Hauptform der Vergleichserledigung" bezeichnet wird, mit einer Reihe von Vorschlägen die gesetzliche Regelung des Instituts angeregt. Namentlich wird vorgeschlagen, auch für Treuhandvergleiche eine Mindestquote zu setzen (je ungünstiger die Konkurskonjunktur, desto höher wollen weite Wirtschaftskreise diese Quote hinaufschrauben) und die Erfüllung gerichtlich zu überwachen (S. 35 ff.).

[1]) § 25 VerglO.

[2]) § 40 VerglO.

[3]) § 48 VerglO.

Termin zur Verhandlung über den Vergleichsvorschlag wird auf Freitag, den 22. Mai 1931, vormittags 9 Uhr, vor dem unterzeichneten Gericht Marktplatz 1 Erdgeschoß Zimmer Nr. 3 anberaumt[4]).

Gantheim, den 22. April 1931.

Amtsgericht.

Richter[5]).

G. Vergleichsvorschlag.

Mit seinem Antrag vom 18. April 1931 auf Eröffnung des Vergleichsverfahrens hatte der Schuldner gemäß § 15 VerglO. folgenden Vorschlag verbunden:

„Ich biete meinen am Vergleichsverfahren beteiligten Gläubigern vierzig vom Hundert ihrer Ansprüche gegen Erlaß des Restes und der Zinsen. Die erste Hälfte werde ich binnen einer Woche nach Bestätigung des Zwangsvergleichs, die zweite binnen weiterer drei Wochen bezahlen.

Für pünktliche Zahlung wird mein Schwiegervater, der Bankier Gustav Gareis in Gantheim, als Selbstschuldner Bürgschaft leisten."

Eine schriftliche „Bürgschaftserklärung" ist nach § 16 I Nr. 5 dem Antrag auf Eröffnung des Vergleichsverfahrens als Anlage beizufügen. Die Erklärung hat zunächst nur den Sinn der Zusicherung. Die Verbürgung selbst muß mündlich im Termin erklärt werden [oben S. 226].

H. Protokoll über den Vergleichstermin.

Verhandelt, Gantheim, den 22. Mai 1931[1]).

Gegenwärtig:

Amtsgerichtsrat Richter

Referendar Schreiber als Urkundsbeamter der Geschäftsstelle.

Im Vergleichsverfahren über das Vermögen des Kaufmanns Franz Faller in Gantheim sind im heutigen Vergleichstermin erschienen:

1. der Schuldner Franz Faller,

---

[4]) § 26 VerglO.; öffentliche Bekanntmachung: § 27 VerglO.

[5]) Wenn das Gericht die Eröffnung des Vergleichsverfahrens **ablehnt**, hat es nach § 24 VerglO. im selben Beschluß über die Eröffnung des Konkurses zu entscheiden. Es sagt dann etwa:

„Der Antrag des Kaufmanns Franz Faller in Gantheim, über sein Vermögen das Vergleichsverfahren zur Abwendung des Konkurses zu eröffnen, wird abgelehnt, weil er den Antrag böswillig verzögert hat (§ 22 Nr. 4 VerglO.).

Über sein Vermögen wird heute am 22. April 1931 vormittags elfeinhalb Uhr das Konkursverfahren eröffnet, da er seine Zahlungen eingestellt hat.

Zum Konkursverwalter wird" usw. wie oben im Konkurseröffnungsbeschluß unter A.

Mit der Eröffnung des Vergleichsverfahrens kann das Gericht die Anordnung von **Verfügungsbeschränkungen** verbinden (§§ 50ff. VerglO.), also schon im Eröffnungsbeschlusse beispielsweise sagen:

„Dem Schuldner wird verboten, über sein im Grundbuch von Gantheim Bd. 2 Blatt 22 eingetragenes Grundstück (Wohn- und Geschäftshaus Marktstraße 10) zu verfügen."

Dann hat es dem Grundbuchamt eine beglaubigte Abschrift des Beschlusses mit dem Ersuchen der Buchung des Verfügungsverbots zugehen zu lassen. § 55 mit § 53 I, II, IV VerglO.

[1]) § 59 VerglO.

2. die Vertrauensperson Rechtsanwalt Dr. Stern,
3. der Bürge Bankier Gustav Gareis in Gantheim,
4. die Mitglieder des Gläubigerausschusses,
5. die nachfolgenden Gläubiger und Gläubigervertreter:

....

....

....

....

Der Schuldner verliest den Vergleichsvorschlag, zu dem er sich im Eröffnungsantrag vom 18. April 1931 erboten hatte[2]).

Der Bürge erklärt: „Ich stehe für pünktliche Erfüllung des Vergleichs nach Maßgabe meiner schriftlichen Zusage vom 18. April 1931 als Selbstschuldner ein."

Die Vertrauensperson berichtet über die Lage des Schuldners, die Gründe seines wirtschaftlichen Zusammenbruchs, sein Verhalten im Vergleichsverfahren, die Angemessenheit seines Vorschlags und die Aussichten der Vergleichserfüllung. Sie empfiehlt, den Vorschlag anzunehmen, da er den Verhältnissen des Schuldners entspreche und da die Erfüllung durch die Bürgschaft einer vollkommen vertrauenswürdigen, zahlungsfähigen Bank gesichert sei. Die Mitglieder des Gläubigerausschusses befürworten gleichfalls die Annahme.

Auf Verlangen des Gläubigers Karl Krämer leistet der Schuldner den Offenbarungseid[3]) dahin: daß er nach bestem Wissen sein Vermögen und seine Verbindlichkeiten so vollständig angegeben habe, als er dazu imstande sei.

Den anwesenden Gläubigern und Gläubigervertretern wird Gelegenheit geboten, sich über Vorschlag und Bürgschaft zu äußern.

Sodann werden die Forderungen der Reihe nach aus dem berichtigten Gläubigerverzeichnisse verlesen; das Abstimmungsergebnis wird bei jeder Forderung im Verzeichnisse vermerkt[4]). Hierauf wird über den Vorschlag abgestimmt und als Ergebnis festgestellt, daß von 10 stimmberechtigten Gläubigern einschließlich derer, die laut Protokollanlage schriftlich zugestimmt haben[5]), 6 den Vorschlag annehmen und daß die Forderungen dieser 6 Gläubiger zusammen 80000 *RM* betragen, während sich die Forderungen aller stimmberechtigten Gläubiger auf insgesamt 100000 *RM* belaufen.

Damit ist der Vergleich angenommen[6]). Schuldner, Vertrauensperson und Gläubigerausschuß werden gehört[7]). Sie beantragen übereinstimmend, den Vergleich zu bestätigen.

Das Gericht beschließt und verkündet:

1. Der Vergleich wird bestätigt.
2. Das Vergleichsverfahren wird aufgehoben[8]).

Vorgelesen und genehmigt:

Richter. Schreiber.

---

[2]) § 61 VerglO.
[3]) § 61 III VerglO.
[4]) § 62 IV VerglO.
[5]) § 65 VerglO.
[6]) § 63 VerglO.
[7]) § 67 II VerglO.
[8]) §§ 67 III, 69 VerglO.

J. Einstellung des Vergleichsverfahrens und Eröffnung des Anschlußkonkurses[1]).

Beschluß.

Das Vergleichsverfahren über das Vermögen des Kaufmanns Franz Faller zu Gantheim wird eingestellt.

Über das Vermögen des Schuldners wird das Konkursverfahren eröffnet.

Der Bücherrevisor Reinhard Rot hier, Ottostraße 1, wird zum Konkursverwalter ernannt.

Dieser Beschluß wird erst mit Eintritt seiner Rechtskraft wirksam[2]).

Gründe.

Der Vergleichsschuldner hat seinen Gläubigern einen Vergleich in Höhe von 40% unter Erlaß der Restschuld angeboten. Zum Abschlusse des Vergleichs war nach § 63 VerglO. die Zustimmung von vier Fünfteilen der stimmberechtigten Forderungen erforderlich. Im Vergleichstermin haben aber nur drei Fünfteile zugestimmt. Deshalb war das Vergleichsverfahren einzustellen (§ 79 I Nr. 8 VerglO.), zugleich[3]) aber, da die Zahlungsunfähigkeit des Schuldners andauert, das Konkursverfahren über sein Vermögen zu eröffnen (§ 80 VerglO.).

Gantheim, den 22. Mai 1931.

Amtsgericht.

Richter.

---

[1]) Wir setzen voraus, daß im Vergleichstermin die erforderlichen Mehrheiten nicht erreicht worden sind.

[2]) § 80 II VerglO. (Entsprechendes gilt, wenn die erforderliche Doppelmehrheit erzielt, der Vergleich aber aus einem Grunde des § 68 verworfen worden ist, nach § 71 II). Da der Schuldner die Konkurseröffnung und mit ihr die Einstellung des Vergleichsverfahrens binnen einer Woche seit Verkündung oder Zustellung (§ 11) des Beschlusses mit sofortiger Beschwerde (unter Ausschluß einer weiteren) anfechten kann (§ 80 I mit § 14 II VerglO.), bei Erfolg der Beschwerde aber aus dem gleichzeitigen Schweben des Vergleichs- und des Konkursverfahrens Verwicklungen entstehen könnten, schiebt das Gesetz den Eintritt der Wirksamkeit auf. Eben darum empfiehlt es sich, erst nach Eintritt der Rechtskraft den Konkurseröffnungsbeschluß zu vervollständigen, indem dann ein weiterer Beschluß den Eintritt der Rechtskraft feststellt und die konkursleitenden Maßnahmen nachträgt, die außer der Ernennung des Konkursverwalters in einem Konkurseröffnungsbeschlusse zu treffen sind [oben A]. Wird keine Beschwerde eingelegt, dann wird die Konkurseröffnung rechtskräftig und wirksam mit Ablauf des Tages der einwöchigen Beschwerdefrist, der durch seine „Benennung" dem Tage der Verkündung oder Zustellung des Beschlusses entspricht. Ist der Beschluß z. B. Freitag, den 22 Mai 1931, verkündet oder zugestellt worden, dann treten die an die Erlassung und die an die Rechtskraft des Konkurseröffnungsbeschlusses geknüpften Folgen einheitlich mit Ablauf des 29. Mai 1931 (Freitag) ein. § 222 ZPO. (§ 8 VerglO.) mit §§ 187 I, 188 II Fall 1 BGB. Sobald sich aber das Dunkel gelichtet hat, das bisher die Wirksamkeit der Konkurseröffnung umschwebte, muß ohne Aufschub der die Rechtslage klärende Ergänzungsbeschluß erlassen und bekanntgemacht werden (§§ 110ff. KO.). Siehe dazu oben S. 174f. Note 22 (auch die Ernennung des Konkursverwalters kann dem Ergänzungsbeschlusse vorbehalten werden).

[3]) Über den Fall, daß das Vergleichsverfahren eingestellt, der Konkurs (etwa mangels Masse) nicht eröffnet wird, siehe § 81 (wie § 72) VerglO.

Nachtrag zu den §§ 20—24.

Anfechtung.

I. Zur Sicherung der **Reichsfluchtsteueransprüche** hat das Notverordnungsrecht eine **Anfechtung** eigener Art vorgesehen. § 10 IV (§ 13) VO. vom 8. Dezember 1931, Siebenter Teil Kapitel III Erster Abschnitt, RGBl. 1931 I S. 731 [RFStVO.], mit Durchführungsbestimmungen zur Reichsfluchtsteuer vom 28. Dezember 1931, RGBl. 1932 I S. 1 [DB.]. Die RFStVO. verfolgt den Zweck, Steuerpflichtigen die Abwanderung zu verleiden: der Abwandernde hat ein Viertel seines Vermögens binnen Monatsfrist abzugeben und im Säumnisfalle Beschlagnahme seiner Inlandshabe sowie öffentlichen Verruf zu gewärtigen. Die Beschlagnahme soll die Ansprüche auf Reichsfluchtsteuer, Geldstrafe, Zuschläge und Kosten decken und wird öffentlich bekannt gemacht (§ 9 RFStVO.). Nach der Bekanntmachung haben Leistungen an den Schuldner oder dessen Vertreter dem Reiche gegenüber befreiende Kraft nur bei unverschuldeter Unkenntnis der Beschlagnahme (§ 10 I—III RFStVO.; vgl. auch § 380 II RAbgO.); die in der Zeit zwischen der Entstehung der Steuerschuld (§ 4 RFStVO.) und der Bekanntmachung der Beschlagnahme (§ 9 Nr. 4 RFStVO.) vorgenommenen Handlungen sind anfechtbar (§ 10 IV RFStVO.).

II. Für **die Anfechtung** gilt:

1. Allgemeines Erfordernis ist auch hier eine Benachteiligung des Gläubigers, d. h. die Befriedigung der Reichsfluchtsteueransprüche muß unmittelbar oder doch mittelbar infolge der Handlung verkürzt sein.
2. Die besonderen Anfechtungstatbestände sind — entsprechend dem § 3 AnfG. — die der Absichts- und der Schenkungsanfechtung (§ 2 DB.). Nur schrumpfen die zeitlichen Schranken dahin zusammen, daß die anfechtbare Handlung in der Zeit nach Entstehung der Steuerschuld und vor Bekanntgabe der Beschlagnahme liegen [oben I], die Anfechtung selbst aber binnen eines Jahres seit dieser Bekanntgabe geschehen muß (§ 10 IV RFStVO., §§ 1, 3 DB.).
3. Die Anfechtung vollzieht sich durch einen „Anfechtungsbescheid" des Finanzamts, der dem Anfechtungsgegner zuzustellen ist und, wenn dieser im Inland einen Wohnsitz oder gewöhnlichen Aufenthalt nicht hat, schon durch Aufgabe eines „einfachen Briefes" an die letzte amtsbekannte Anschrift in Wirksamkeit gesetzt werden kann (§§ 5, 6 DB.). Als Rechtsmittel gegen den Anfechtungsbescheid sind — aber ohne aufschiebende Kraft (§ 8 III DB.) — nur die gegen Steuerbescheide der Finanzbehörden nach § 229 RAbgO. statthaften Behelfe gegeben. Der Rechtsweg ist ausgeschlossen. § 7 DB.
4. Die Anfechtung löst eine dem Betrage nach beschränkte Mithaftung des Anfechtungsgegners aus: er hat bis zur Höhe des gemeinen Wertes seines Erwerbs als Gesamtschuldner neben dem Steuerpflichtigen für dessen Verbindlichkeiten einzustehen. Den Betrag dieser Haftsumme setzt der Anfechtungsbescheid fest. §§ 4, 5 DB. Sie wird durch das Finanzamt im Verwaltungszwangsverfahren beigetrieben. § 8 DB.

III. Diese Anfechtung ist trotz ihrer Besonderheiten echte Gläubigeranfechtung. Mit der Geschäftsanfechtung im Sinne der §§ 142, 143 BGB. hat sie nichts gemein. Sie vernichtet nicht etwa rückwirkend den anfechtbaren Erwerbsvorgang (die Übereignung, Abtretung, Belastung, Erlassung), sondern löst nur eine rechnerisch beschränkte persönliche Mithaftung des Erwerbers für die Steuerschuld aus. Sie ist Einzelanfechtung und muß, wie jede andere Einzelanfechtung, wegen persönlicher Ansprüche der Konkursanfechtung weichen. Doch bleibt ihr Verhältnis zur Konkursanfechtung und zu den Einzelanfechtungen anderer Gläubiger ganz im Dunkel. Die Regelung ist unausgetragen. Ihre Härte wird durch Ausschaltung des ordentlichen Rechtsschutzes noch gesteigert.

Schlagwortverzeichnis.

Die großen Zahlen verweisen auf die Seiten, die hochgestellten kleinen auf die Fußnoten.

Die großen Zahlen verweisen auf die Seiten, die hochgestellten kleinen auf die Fußnoten.

Die großen Zahlen verweisen auf die Seiten, die hochgestellten kleinen auf die Fußnoten.

Die großen Zahlen verweisen auf die Seiten, die hochgestellten kleinen auf die Fußnoten.

Die großen Zahlen verweisen auf die Seiten, die hochgestellten kleinen auf die Fußnoten.

FSC
www.fsc.org
MIX
Papier | Fördert gute Waldnutzung
FSC® C083411

Kolibri 360 GmbH
Ferdinand-Jühlke-Straße 7
99095 Erfurt, Deutschland
produktsicherheit@kolibri360.de